근현대
세계대전사

근현대 세계대전사

한 권으로 읽는 나폴레옹 전쟁과 제1·2차 세계대전

황수현 · 박동휘 · 문용득 지음

1914-1918
WORLD WAR I

1941-1945
PACIFIC
THEATER OF
WORLD WAR II

1792-1815
FRENCH
REVOLUTIONARY
AND
NAPOLEONIC
WARS

UNITED
we are strong

1939-1945
EUROPEAN
THEATER OF
WORLD WAR II

플래닛미디어
Planet Media

머리말

전쟁은 인류의 역사와 궤적을 같이했다. 문명의 발달은 인류에게 번영을 가져다주었지만, 때로는 문명을 파괴하기도 했다. 특히 13세기 유럽에서 시작된 화약혁명은 전장에서의 살상력을 급격히 증가시켰다. 그리고 프랑스 혁명으로부터 시작된 나폴레옹 전쟁은 군대를 소수의 전문적인 상비군이 아닌 보편적 징병에 의한 대규모 국민군으로 전환시켰다. 결국 전장에서의 병력 규모는 이전에 비해 급격히 증가했고, 대병력의 충돌은 당연히 대규모 살상을 가져왔다.

프랑스 혁명은 유럽의 정치질서는 물론 전쟁의 양상을 새롭게 변화시켰다. 자유, 평등, 우애로 대표되던 프랑스 혁명의 기본이념 확산을 저지하기 위해 전제군주제를 유지하던 유럽 대부분의 국가들은 프랑스에 전쟁을 선포했다. 그리고 프랑스 혁명의 혼란 속에 군사적 천재인 나폴레옹이 등장했다. 프랑스에 반대하던 유럽 열강은 1792년부터 나폴레옹이 최종적으로 몰락한 1815년까지 일곱 차례에 걸쳐 대프랑스동맹전쟁을 전개했다.

대부분의 유럽 열강이 동참한 나폴레옹 전쟁은 진정한 대규모 국제

전쟁이었다. 전쟁 기간, 참전 국가, 참전 병력 등 모든 면에서 그 이전의 전쟁과는 명확한 차이를 보였다. 과학기술이 급진전함에 따라 전쟁의 강도는 격화되었고, 전쟁 피해도 급증했다. 이에 일부 군사사학자들은 나폴레옹 전쟁을 실질적인 세계대전의 출발점이자, 제0차 세계대전으로 규정하기도 했다. 군사사학자들은 나폴레옹 전쟁의 성격에 대해서는 의견이 분분하지만, 나폴레옹 전쟁이 근대 전쟁으로의 전환기적 성격을 갖는다는 점에 대해서는 대체로 동의한다.

이 책은 인류역사상 가장 참혹했던 세계대전을 집중적으로 조명한 전쟁사이다. 그동안 세계대전사는 전쟁사의 통사적 연구 차원에서 세계대전을 다루거나, 개별적인 세계대전만을 분석한 책이 대부분이었다. 하지만 이 책은 1792년에 등장하기 시작해 1945년에야 공식적으로 종결된 여러 세계대전을 개별적인 전쟁이 아니라 상호 연결된 전쟁이라는 관점에서 바라보고 분석했다. 비록 제2차 세계대전의 아시아판이라고 할 수 있는 태평양전쟁은 지역과 참전국에 있어 다른 세계대전과 약간의 차이는 있지만, 동시기에 유럽에서 촉발된 세계대전과 전혀 무관한 독립적인 전쟁이라고 할 수는 없다.

저자들은 나폴레옹 전쟁을 제0차 세계대전(1792~1815)이자 진정한 세계대전의 출발점으로 평가했다. 나폴레옹 전쟁이 남긴 상처와 갈등은 새로운 전쟁의 씨앗이 되었다. 이후 유럽 대륙의 신흥강국으로 등장한 독일은 프랑스와의 뿌리 깊은 갈등으로 인해 제1차 세계대전(1914~1918)과 제2차 세계대전(1939~1945)의 개전을 주도했다. 한편 독일의 팽창주의에 깊은 인상을 받은 일본은 근대화의 성공에 힘입어 아시아에서 독일과 같은 위상을 갖고자 했다. 그 과정에서 일본은 대동아공영권 건설이라는 허황된 목표 아래, 유럽의 제2차 세계대전과 연장선에 놓여 있는 태평양전쟁(1941~1945)을 일으켰다. 저자들은 이 4개의 전쟁을 상호 연결된 실질적인 세계대전이라고 보고 집필 대상으로 선정했다.

전·현직 사관학교 교수로 구성된 저자들은 사관생도들의 세계 전쟁사 교육을 위한 제대로 된 전공 서적이 부족함을 절감하고 우리가 그것을 직접 집필해보자는 순수한 열정에서 이 책을 집필하게 되었다. 교육 현장의 일선에서 사관생도들을 위한 보다 효과적인 전쟁사 교육을 위해 고민하고 연구한 산물이 바로 이 책이다. 지면의 제한으로 각각의 세계대전 전반을 상세하게 다루지는 못했지만, 국내 최초로 개별 세계대전의 상호 연관성까지 고려한 세계대전사를 출간했다는 점에서 의미가 크다. 저자들은 일차적으로 이 책을 사관생도 교육을 위한 전공 서적으로 집필했지만, 세계대전에 관심 있는 일반 독자들도 고려하여 되도록 이해하기 쉽게 서술하고자 노력했다.

이 책이 출간되기까지 많은 이들의 노력이 필요했다. 저자들의 집필을 응원하고, 적극 후원해주신 모든 분께 감사드린다. 또한 녹록지 않은 출판계의 어려운 현실 속에서도 군사사에 대한 남다른 애정과 소명의식으로 출판을 맡아주신 도서출판 플래닛미디어의 김세영 대표님과 이보라 편집장님께도 감사드린다. 특별히 마지막 순간까지 이 책의 출간을 위해 헌신적인 도움을 마다하지 않은 이강경 박사와 변혜인 소령에게도 이 기회를 빌려 고마움을 전하고 싶다. 군사사학자로서 이 책이 전쟁사 교육과 연구에 미약하나마 일조하기를 소망한다.

2024년 1월
집필진을 대표하여
황수현 씀

CONTENTS ──────────────

머리말 • 5

PART 1
나폴레옹과
세계대전의 서막 • 17

CHAPTER 1 시대적 배경:
프랑스 혁명과 세계적 전쟁의 서막
• 19

1. 프랑스 혁명 • 19
2. 혁명전쟁과 나폴레옹의 등장 • 26

CHAPTER 2 혁명전쟁 • 30
1. 격랑의 시기와 프랑스 육군 • 30
2. 제1차 대프랑스 동맹: 세계대전의
   길목에서 • 36
   발미 전투 • 42
   제1차 대프랑스 동맹의 확장 • 46
   툴롱 포위전 • 48
   제1차 이탈리아 전역 • 53
3. 제2차 대프랑스 동맹 • 58
   마렝고 전투 • 63

CHAPTER 3 나폴레옹 전쟁 1부:
투키디데스의 함정 • 69
1. 제3차 대프랑스 동맹: 나폴레옹 전
   쟁의 시작 • 69
   황제 나폴레옹과 군사혁신 • 71
   울름 전역 • 80
   아우스터리츠 전투 • 87
2. 제4차 대프랑스 동맹 • 93
   예나–아우어슈테트 전투 • 96
      전초전 • 97
      예나 전투 • 100
      아우어슈테트 전투 • 104
      추격전 • 109
   러시아 전역 • 111
      폴란드에서의 전투 • 111
      아일라우 전투, 프리틀란트 전투,
      그리고 틸지트 조약 • 114
3. 제5차 대프랑스 동맹 • 123
   토이겐–하우젠 전투 • 124
   아스페른–에슬링 전투 • 128
   바그람 전투 • 133

CHAPTER 4 나폴레옹 전쟁 2부:
군사적 천재의 몰락 • 139

1. 1812년 러시아 원정 • 139
   스몰렌스크 전투 • 147
   보로디노 전투와 모스크바 입성 • 150
   모스크바 철수 • 156
   베레지나 강 도하 • 160
2. 이베리아 반도 전쟁 • 163
   영국군의 등장과 포르투갈에서
   프랑스군의 축출 • 167
   나폴레옹의 직접 참전과 이베리아 반도
   재탈환 • 168
   웰즐리와 영국군의 귀환 • 171
   1810년 이베리아 반도의 전황 • 177
   1811~1813년 이베리아 전황 • 180
3. 제6차 대프랑스 동맹 • 184
   1814년 프랑스 본토 전투 • 191
4. 제7차 대프랑스 동맹 • 196
   워털루 전역 • 198
      콰트르브라 전투 • 200
      리니 전투 • 201
      와브르의 상황과 워털루 전투 • 202

CHAPTER 5 결론:
군사적 함의와 빈 체제,
새로운 전쟁으로 가는 길 • 213

1. 군사적 함의 • 213
2. 빈 회의와 유럽 협조체제 • 218
3. 나폴레옹이 남긴 유산 • 221

주(註) • 226
참고문헌 • 233

PART 2
제1차 세계대전: 근대의 종말과 총력전의 완성 • 235

CHAPTER 1 시대적 배경 • 237
1. 빈 체제의 성립과 붕괴 • 237
2. 프로이센의 군사혁신 • 238
3. 통일 독일제국의 탄생 • 244
4. 비스마르크의 복합적 동맹외교 추진 • 251

CHAPTER 2 전쟁의 원인 • 255
1. 세력균형의 변화 • 256
2. 독일의 제국주의 경쟁 동참 • 260
3. 발칸 반도에서의 민족주의 갈등 심화 • 266
4. 사라예보 사건의 발생 • 270

CHAPTER 3 개전 과정 • 276
1. 전쟁으로 가는 길 • 276
2. 전쟁 계획 • 284
3. 전력 비교 • 290

CHAPTER 4 전쟁 경과 • 293
1. 1914년: 기동력 상실과 전선의 형성 • 293
　서부 전선 • 293
　동부 전선 • 301
　발칸 전선 • 307
2. 1915년: 전선의 고착과 전장의 확대 • 309
　서부 전선 • 309
　동부 전선 • 316
　발칸 전선 • 320
　이탈리아 전선 • 322
　오스만 전선 • 324
3. 1916년: 소모전의 본격화 • 329
　서부 전선 • 329
　동부 전선 • 336
　발칸 전선 • 338
　이탈리아 전선 • 339
4. 1917년: 미국의 참전과 러시아의 전선 이탈 • 340
　미국의 참전 • 340
　서부 전선 • 343
　동부 전선 • 347
　이탈리아 전선 • 350
5. 1918년: 독일군 최후 공세의 실패 와 종전 • 352
　서부 전선 • 352
　기타 전선 • 365

CHAPTER 5 종전과 평가 • 368

1. 전쟁 결과 • **368**
2. 승패 요인 분석 • **370**
3. 종전 협상: 베르사유 체제의 등장 • **376**
4. 총평 • **380**

주(註) • **389**
참고문헌 • **393**

PART 3
제2차 세계대전 (유럽 전역): 세계대전의 현대적 확장 • 397

CHAPTER 1 시대적 배경과 전쟁의 원인 • 401
1. 베르사유 조약 • 401
2. 전체주의 이념의 등장과 경제 대공황 • 405

CHAPTER 2 전쟁으로 가는 길 • 412
1. 히틀러의 등장과 유럽의 유화정책 • 412
2. 젝트의 비밀 재군비와 독일의 재무장 • 417

CHAPTER 3 전쟁 경과 • 424
1. 제2차 세계대전의 서전(緒戰) • 424
　　독일의 폴란드 침공과 가짜 전쟁 • 424
　　소련-핀란드 전쟁(겨울전쟁)과 노르웨이(스칸디나비아) 전역 • 429
2. 유럽 서부 전선의 전쟁 • 432
　　독일의 프랑스와 베네룩스 3국 침공 • 432
　　영국의 본토 항공전과 항공력 • 447
　　해전을 통한 해상 보급로 확보 • 455
3. 유럽 동부 전선의 전쟁(독소전쟁) • 457
　　전쟁의 배경 • 457
　　전쟁 준비 • 459
　　전쟁의 발발과 1941년 상황 • 463
　　1942년 • 477
　　스탈린그라드 전투 • 481
　　1943년 • 497
　　1943년의 쿠르스크 전투 • 502
　　1943년 여름, 소련군의 서진 • 511

4. 북서유럽 전선의 전쟁, 1944~1945
● **514**
　전쟁의 배경과 준비: 노르망디 상륙작전
　과 연합군의 반격 ● **514**
　양측의 작전계획 ● **520**
　노르망디 상륙작전 디데이 ● **524**
　노르망디 전역 1: 교두보 확장의 더딘
　진전 ● **529**
　노르망디 전역 2: 코브라 작전과 블루코
　트 작전 ● **534**
　퇴각과 추격의 연속 ● **538**
　마켓가든 작전과 미군의 서부 방벽 첫
　돌파 ● **540**
　스헬데 강 하구 소탕작전과 라인 강으로
　의 진격 ● **544**
　벌지 전투 ● **546**
　라인 강 도하와 독일의 패망 ● **553**

CHAPTER 4 종전과 평가 ● **563**
1. 전쟁 결과 ● **563**
2. 승패에 영향을 미친 요인 ● **566**
3. 전쟁의 영향 : 새로운 국제질서와
　냉전 ● **573**

주(註) ● **576**
참고문헌 ● **578**

PART 4
제2차 세계대전 (태평양 전역): 세계대전의 불완전한 종식 • 581

CHAPTER 1 시대적 배경 • 584

1. 제국주의 일본의 확립 • 584
   메이지 유신과 군국주의 • 584
   제국주의의 팽창 • 588
2. 강대국으로 부상한 일본 • 592
   제1차 세계대전의 참전과 영향 • 592
   세계 5대 강국으로 성장 • 595
3. 일본의 중국 침략 • 598
   일본 제국주의의 위기 • 598
   중일전쟁의 발발 • 602

CHAPTER 2 태평양전쟁의 원인 • 610

1. 중일전쟁의 장기화와 일본의 전쟁 딜레마 • 610
2. 유럽에서의 전쟁과 진영의 양극화 • 614
3. 일본의 남진과 미·일 대립의 격화 • 617

CHAPTER 3 태평양전쟁 개시(1941~1942년) • 624

1. 전쟁 준비 • 624
2. 일본의 진주만 기습과 태평양전쟁의 시작 • 630
   진주만 기습 • 630
   남방작전 • 636
3. 서전의 평가와 전망 • 645

CHAPTER 4 태평양전쟁 경과(1942~1945년) • 650

1. 일본의 확전과 미국의 반격 • 650
   산호해, 미드웨이 • 650
   포트모르즈비, 과달카날 • 658
2. 태평양에서의 연합군 공세 • 664
   남서태평양 전역: 솔로몬 제도, 뉴기니 • 668
   중부태평양 전역: 길버트 · 마셜 · 마리아나 제도 • 677
   필리핀(레이테, 루손) 전역 • 685
3. 일본 본토로의 진격 • 694
   이오 섬 전투와 오키나와 전투 • 694
   일본 본토 공습 • 706
   원자폭탄 투하와 무조건 항복 • 708

CHAPTER 5 종전과 그 이후 • 713

1. 전쟁 결과 • 713
2. 승패에 영향을 미친 요인 • 719
3. 전쟁의 영향 • 726

주(註) • 728
참고문헌 • 738

맺음말 • 740

◈ **일러두기** ◈

1. 본문에 인용한 문장이나 구는 일련번호를 붙이고 각 부 뒤의 주(註)에 출처를 밝혔다.

PART 1

나폴레옹과
세계대전의 서막

박동휘 | 육군3사관학교 군사사학과 부교수

육군사관학교 군사사학과를 졸업한 이후, 연세대학교 사학과에서 미국사(전쟁사)로 석사 학위를 받았고, 미국 시애틀 소재 워싱턴 대학교(University of Washington)에서 박사 학위(군사사)를 취득했다. 육군3사관학교 군사사학과에서 사관생도들에게 서양전쟁사와 군사전략, 사이버전, 6·25전쟁사 등을 강의하고 있다. 주요 연구분야는 사이버전, 영미권 군사사, 그리고 6·25전쟁사이다. 저서로는 『전쟁영웅들의 멘토, 천재 전략가 마셜』(2021, 공역), 『사이버전의 모든 것』(2022), 『전쟁의 역사』(2023, 공저) 등이 있다.

CHAPTER 1

시대적 배경:
프랑스 혁명과 세계적 전쟁의 서막

1. 프랑스 혁명

자유, 평등, 우애로 대표되는 프랑스 혁명French Revolution의 정신은 1789년 파리Paris에서 시작되어 23년간의 혁명전쟁과 나폴레옹 전쟁을 거치며 전 유럽, 더 나아가 전 세계에 현재까지 큰 영향력을 미치고 있다. 혁명의 절정과 극적인 장면은 1789년 7월 14일 프랑스 군중의 바스티유 감옥 습격Storming of the Bastille 사건이었다.[1] 그리고 혁명이 끝난 시점은 1799년 11월 9일 나폴레옹 보나파르트Napoléon Bonaparte(1769~1821) 세력이 성공시킨 브뤼메르 18일의 쿠데타Coup of 18 Brumaire*였다.[2] 이러한 프랑스 혁명은 정치, 군사, 사회 등 모든 분야에 엄청난 영향을 미쳤다. 한 명의 국왕에게 종속되었던 국가의 정치권력이 혁명을 통해 국민의 대표에게 넘

---

* 프랑스는 프랑스 혁명 시기인 1793년부터 12년간 '프랑스혁명력'이라는 달력을 사용했다. 나폴레옹은 혁명력의 두 번째 달인 브뤼메르(Brumair: 안개의 달) 18일에 쿠데타를 일으켰다. 그의 쿠데타를 '브뤼메르 18일의 쿠데타'로 부르는 이유는 이 때문이다. 이외에도 로베스피에르(Robespierre)를 실각하게 만든 '테르미도르(Thermidor) 9일의 쿠데타' 역시 이러한 혁명력에 기인한 대표적 예시이다.

자유, 평등, 우애로 대표되는 프랑스 혁명의 정신은 1789년 파리에서 시작되어 23년간의 혁명전쟁과 나폴레옹 전쟁을 거치며 전 유럽, 더 나아가 전 세계에 현재까지 큰 영향력을 미치고 있다. 프랑스 혁명은 정치, 군사, 사회 등 모든 분야에 엄청난 영향을 미쳤다. 한 명의 국왕에게 종속되었던 국가의 정치권력이 혁명을 통해 만인에게 넘어간 것이 그 대표적인 사례이다. 이것이 국민주권론이고, 보통선거와 민주주의 시대를 만들어낸 19세기 자유주의 운동의 시발점이었다. 〈출처: WIKIMEDIA COMMONS | Public Domain〉

어간 것이 그 전형적인 사례이다. 이것이 국민주권론이고, 보통선거와 민주주의 시대를 만들어낸 19세기 자유주의 운동의 시발점이었다.

역사상 가장 중요한 사건이었던 프랑스 혁명의 원인은 일련의 복잡한 재정적·정치적·지적·사회적 문제들이었다. 그중 가장 결정적인 것은 프랑스의 재정적 위기였다. 서구 열강은 16세기 아시아와 아프리카, 유럽, 그리고 남북아메리카 대륙을 연결하는 대양 무역을 활발히 시행했다. 프랑스 역시 유럽의 열강으로서 전 세계적 무역을 통해 상업 제국을 건설했다.

그러나 프랑스는 해외 식민지 건설과 무역 등을 하는 과정에서 다른 유럽 열강들과 치열하게 경쟁하게 되면서 재정적 어려움을 겪게 되었다. 프랑스는 국제 무역과 국내 재정·정치 시스템 유지를 위해 식민지인 스페인에서 생산되는 은에 크게 의존해왔다. 스페인이 은괴를 통제하고 유럽의 경쟁국들에게 높은 수입 관세를 매기자, 프랑스는 재정과 수출에 어려움을 겪기 시작했다. 프랑스 혁명 직전, 산업혁명이 처음 시작된 영국으로부터 직물과 공산품이 대거 프랑스로 유입됨으로써 프랑스의 제조업이 큰 타격을 입기도 했다. 여기에 더해 프랑스 내에 형성된 지하경제와 밀수, 그리고 지출과 수입의 불균형 발생 등으로 세수 확보에 어려움을 겪었다. 이로 인해 프랑스 부르봉Bourbon 왕가는 도로 건설과 공공사업 운영, 그리고 여러 복지 서비스 제공, 궁정 운영 경비 등 국가 운영에 필요한 엄청난 비용을 충당하기 어려운 재정 위기에 봉착하게 되었다.

프랑스 부르봉 왕가의 재정 위기를 초래한 또 다른 주요 원인은 계속된 전쟁이었다. 프랑스는 1667년부터 1714년까지 47년간 줄곧 전쟁 상태였다. '태양왕'이라는 별칭이 붙은 루이 14세Louis XIV(재위: 1643~1715)는 이 기간 동안 다섯 번이나 큰 전쟁을 벌임으로써 국가 경제를 어렵게 만들었다.* 그중에서 특히 스페인 왕위계승 전쟁War of the Spanish Succession

---

* 루이 14세가 벌인 다섯 번의 전쟁은 권력이양 전쟁(War of Devolution, 1667~1668), 프랑스-네덜란드 전쟁(Franco-Dutch War, 1672~1678), 재통합 전쟁(War of the Reunions, 1683~1684), 9년 전쟁(Nine Years' War, 1688~1697), 그리고 스페인 왕위계승 전쟁(War of the Spanish Succession, 1701~1714)이다.

(1701~1714)은 프랑스에 실질적인 이득 없이 오히려 20억 리브르^{livre}라는 국가 부채만을 남겼다.[3] 이후에도 희생과 고통만을 남긴 프랑스의 전쟁은 계속되었다. 7년 전쟁^{Seven Years' War}(1756~1763)에 12억 리브르의 전비를 투입했던 프랑스는 패전했고, 이로 인해 캐나다, 인도, 카리브 해역 등지의 식민지를 영국에 넘겨주게 되었다.

루이 16세^{Louis XVI}(재위: 1774~1792)는 재정적·군사적으로 어려웠음에도 불구하고 전쟁을 멈추지 않았다. 프랑스는 영국과의 경쟁 심리로 미국의 독립전쟁^{American Revolutionary War}(1775~1783)에 개입해 영국의 아메리카 식민지들이 영국으로부터 독립을 얻어내는 데 중요한 역할을 했다. 문제는 이번에도 명분만을 얻었을 뿐 실리를 챙기지 못했다는 것이다. 프랑스는 오히려 미국의 독립전쟁에 참여해 10억 리브르의 채무를 지게 되었다.[4] 1763년부터 1789년까지 프랑스 정부의 부채는 배로 늘어났다.[5] 전쟁이 없던 해인 1788년에 군대 유지에 사용된 비용만도 1억 2,500만 리브르나 되었다.[6] 혁명이 일어난 1789년의 적자는 2,700만 리브르였으며, 국가 수입의 절반가량은 경상수지 적자를 메우는 데 사용되었다. 혁명 직전 부르봉 왕가의 프랑스 정부는 파산 직전에 놓였던 것이다.

루이 16세의 프랑스 정부는 이러한 재정 위기를 해결하기 위한 행동에 나섰다. 개혁의 핵심은 프랑스 인구 2,600만 명 중 1%를 조금 웃도는 가장 부유한 계층인 제1신분인 성직자와 제2신분인 귀족이 가진 납세 면제 특권을 철폐하는 것이었다. 이들 특권층은 국가 토지의 절반을 소유했고, 교회·군대·정부의 가장 좋은 자리를 차지하고 있었다. 성직자들은 국왕에게 가끔 기부금을 내는 것 외에는 거의 모든 과세가 면제되었다. 귀족들 역시 일명 농민세인 타이유^{taille}를 비롯한 대부분의 중요한 과세를 면제받았다.

그런데 개혁의 발목을 잡은 것은 앙시앵레짐^{Ancien Régime}이라는 구체제가 가진 봉건적 잔재와 제도적 모순들이었다. 일찍이 국가 재정 위기를 깨달은 루이 16세는 1774년부터 유능한 인물들을 재무장관에 기용하며 여러 차례에 걸쳐 개혁을 시도했다. 그러나 제1·2신분에게 과세하려는 시도는 번번이 성직자와 귀족들의 반대에 부딪혀 실패했다. 프랑스 정부의 재정 상태가 날이 갈수록 악화되는 가운데 1787년 루이 16세는 성직자와 귀족 145명을 모아 재정 문제 해결을 위한 회의도 개최했으나 아무런 해결책을 내놓지 못했다.

이때 마지막 수단으로 등장했던 것이 1614년에 폐지된 이래 150년 이상 소집한 일이 없었던 삼부회États généraux의 개최였다. 1302년에 만들어진 삼부회는 프랑스의 왕과 귀족들이 부르주아 계급으로부터 재정 지원을 받고자 할 때만 소집되었다. 그러나 1789년의 상황은 이전과 완전히 달랐다. 인구의 대부분을 차지하던 제3신분인 평민은 삼부회를 구제도의 모순으로 인해 사회적으로 차별받아온 자신들의 처지를 개선하기 위한 기회로 삼고자 했다.

제3신분에는 부유한 은행가부터 유명한 문인, 매우 가난한 농민, 노상의 거지에 이르기까지 직업과 경제적 수준, 사회적 지위 등이 각기 다른 다양한 계층의 사람들이 속해 있었다. 이들은 크게 중산층 이상의 부르주아 계급, 도시의 하층에 속하는 공인工人, 그리고 농민층으로 나뉘었다. 인구의 80%를 차지하던 농민들은 타이유를 비롯해 교회에 십일조 헌금, 직접세인 소득세, 간접세인 염세gabelle까지 그들의 수입 전체에서 절반가량을 내놓아야 했다.[7] 그런데 이들 중 도시의 부르주아 계층은 법률가, 의사, 교사, 문인, 상인, 수공업자들로서 과거와 달리 교육 수준이 높았다. 이들은 과거의 수동적인 하층민이 아니라 자신들의 지위를 향상시키고 정치에 적극적으로 참여하길 원했다. 부르주아 계층은 높은 교육 수준을 바탕으로 국가 행정의 비효율성을 비판함과 동시에 출생의 신분이 아닌 능력과 업적에 따른 출세를 원했다. 따라서 그들은 국가의 세금과 부채 탕감을 주로 담당하면서도 아무런 정치적 권리가 없는 자신들의 현실을 개선하고자 했다. 이러한 사회적 분위기 속에서 소집된 것이 삼부회였다.

1788년 5월, 삼부회가 1년 뒤인 1789년에 소집된다는 공고가 발표되었다. 부르주아지가 이끄는 제3신분은 특권계급의 면세 특권 폐지와 함께 국민의 자유와 권리를 성문화한 헌법 제정을 요구하기 위한 기회로 삼부회를 활용하고자 했다. 1789년 5월 5일에 개회된 삼부회는 각 신분별로 같은 수의 인원이 참여했던 기존의 관례를 따르지 않았다. 각각 300명가량이었던 제1·2신분과 달리 제3신분은 그 두 배인 600명이 참여했다. 이는 면세 특권 개혁을 위한 것이었다. 그러나 삼부회는 1인 1표를 원하던 제3신분과 1신분 1표를 주장한 제1·2신분 간의 논쟁으로 면책 특권에 관한 논의를 진행하지 못했다. 삼부회의 파행이 장기화되자 제3신분인 평민 대표들은 1789년 6월 17일에 자신들이 국민의 96%를 대표한다고 주장하면서 별도로 '국민의회'를 결성했다. 이에 분노한 루이 16세가 '국민의회'의 해산을 명한 후 회의장을 폐쇄해버리자, 6월 20일 평민 대표들은 테니스 코트로 이동하여 새로운 헌법을 제정할 때까지 '국민의회'를 해산하지 않을 것을 서약했는데, 이것이 바로 테니스 코트의 서약Serment du Jeu de paume이다. 7월 9일 이들은 '국민의회'를 '국민제헌의회Assemblée nationale constituante'라고 명칭을 바꾸고 개인의 자유와 사회적 평등, 그리고 민주적 민족주의를 목적으로 헌법 제정에 착수했다.

귀족들은 제3신분의 의회 해산과 단체 행동을 진압하기 위해 루이 16세를 설득해 군대를 동원했다. 왕의 군대 동원은 파리의 군중을 위협하는 한편 자극하기도 했다. 이때 계몽주의 사상 전파에 큰 역할을 하던 파리의 젊은 신문기자들은 겁에 질린 파리의 군중을 오히려 선동해 거리

●●● 1789년 5월 프랑스 국왕 루이 16세가 세제개혁을 통해 국가 재정 파탄을 막으려고 세 신분(제1신분인 성직자, 제2신분인 귀족, 제3신분인 평민)의 대표들을 소집하여 삼부회를 개최했다. 표결 방식에 불만을 품은 평민 대표들이 별도로 '국민의회'를 결성하고 이후 '국민제헌의회'로 이름을 바꾸면서 헌법 제정에 착수하자, 이에 분노한 루이 16세는 군대를 동원해 이를 탄압했다. 이로 인해 무력투쟁을 통해 국민제헌의회를 보호하고자 하는 파리 시민들이 무기를 탈취하기 위해 1789년 7월 14일 바스티유 감옥을 습격하는 사건이 일어났다. 이 바스티유 습격 사건으로 말미암아 프랑스 혁명의 막이 오르게 되었다. 〈출처: WIKIMEDIA COMMONS | Public Domain〉

를 휩쓰는 폭동을 일으켰다. 그리고 1789년 7월 14일 군중은 파리의 동쪽 끝에 위치한 구체제의 상징인 바스티유 감옥을 습격했다. 이것이 바로 프랑스 혁명의 도화선이 된 바스티유 습격 사건이다.

군중의 대표가 파리 자치시 정부를 구성했다. 그들은 모집을 통해 4만 8,000명의 민병대를 조직했고, 수도를 상징하는 빨간색과 파란색, 그리고 부르봉 왕가를 의미하는 흰색으로 된 '3색기'를 만들었다. 사태가 심각하게 돌아가자 루이 16세는 군대를 철수시키고 군중의 요구를 어느 정도 들어주며 그들을 진정시키고자 했다. 이후 귀족 세력들을 등에 업은 왕은 혁명을 저지하려고 했으나 이제는 더 이상 되돌릴 수 없었다. 왕족과 귀족들이 국외로 망명하자, 귀족이 중심이 된 군대 장교단에도 공백이 생겼다. 혁명 이후 격랑의 시기에 프랑스는 대내적으로 정치·사회·군사적으로 혼란을 겪는 가운데 대외적으로도 혁명 사상의 유럽 전파 차단, 그리고 프랑스가 과거로 돌아가길 바라는 주변 유럽 국가들과의 전쟁을 피할 수 없었다. 1792년 시작된 혁명전쟁^{Revolutionary} Wars(1792~1802)은 다시 나폴레옹 전쟁^{Napoleonic Wars}(1803~1815)으로 이어져 1815년까지 약 23년간 전 유럽, 심지어 지구 반대편에 있는 서구 열강의 식민지까지 전쟁의 소용돌이로 몰아넣었다. 그리고 그 중심에는 나폴레옹 보나파르트가 있었다.

2. 혁명전쟁과 나폴레옹의 등장

나폴레옹 보나파르트라는 군사적 천재는 1789년 프랑스 혁명의 발발과 이에 대한 반작용으로 일어난 프랑스의 내부적 혼란 상황, 그리고 혁명 사상의 확산을 우려한 주변 유럽 국가들과 프랑스 혁명정부 간의 혁명 전쟁이라는 대외적 대혼란의 시기에 등장했다. 이탈리아 서쪽 지중해에 위치한 코르시카^{Corsica} 섬의 가난한 이탈리아계 귀족 집안에서 태어난 보나파르트는 9살에 프랑스 본토로 건너갔다. 이후 그는 1784년 브리엔르 샤토^{Brienne-le-Château}에 있는 군사학교를 졸업함과 동시에 파리의 프랑스 육군사관학교^{École Militaire}에 입학했다. 가정 형편이 어려웠던 그는 2년간의 전문적 군사훈련 과정을 단 1년 만에 마치며 1785년 포병 장교로 임관하게 된다. 코르시카 출신으로는 처음으로 육군사관학교를 졸업한 보나파르트는 출세에 대한 야망이 컸지만 집안 배경이 변변치 않았던 탓에 미래가 보이지 않았다.

그러나 프랑스 혁명, 그리고 이어진 두 차례의 대^對프랑스 동맹^{Coalitions against France}과의 대외 전쟁은 보나파르트의 미래를 완전히 다른 길로 인도했다. 혁명 이후 당연히 대외 전쟁 준비가 되어 있지 않았던 프랑스는 유럽 강대국들과의 전쟁에서 패배할 위기에 놓였다. 그런데 보나파르트가 유럽의 군주들이 맺은 대프랑스 동맹으로부터 프랑스 혁명 정부를 구하며 국가적 영웅이 되었다. 혁명 정부의 군대에서 기회를 얻은 보나파르트는 툴롱 포위전^{Siege of Toulon}을 시작으로 북이탈리아에서의 승리 등을 통해 초급장교에서 초고속으로 장군의 지위에까지 오르며 성공한 군인이 되었다.

야심가였던 나폴레옹 보나파르트는 군사령관이라는 직책에 머물지 않았다. 정치적 수완이 좋았던 그는 1799년 11월 쿠데타를 성공시키며 정치적인 실권마저 손에 넣었다. 그는 심지어 보나파르트 왕조의 프랑스 제국을 건설하며 나폴레옹 1세의 자리에까지 올랐다. 유럽의 군주들은 프랑스가 과거의 군주제 국가로 되돌아가길 바라며 나폴레옹 폐위를 위해 다시 전쟁을 시작했다. 이것이 1815년 6월 18일 그가 워털루 전투^{Battle of Waterloo}에서 패할 때까지 이어진 나폴레옹 전쟁이었다.

나폴레옹 보나파르트가 프랑스의 권력을 잡고 황제에 오르는 과정에

●●● 1792년 코르시카 국가 방위군(Gardes nationaux corses) 제1대대 중령 나폴레옹 보나파르트. 코르시카 출신으로는 처음으로 육군사관학교를 졸업한 보나파르트는 출세에 대한 야망이 컸지만, 집안 배경이 변변치 않았던 탓에 미래가 보이지 않았다. 그러나 프랑스 혁명, 그리고 이어진 두 차례의 대(對)프랑스 동맹과의 대외 전쟁은 보나파르트의 미래를 완전히 다른 길로 인도했다. 〈출처: WIKIMEDIA COMMONS | Public Domain〉

서 유럽은 다시 전쟁의 소용돌이 속으로 빠져들었다. 유럽은 1802년 후반에 10개월간의 짧은 평화기를 가졌을 뿐, 1803년부터 1815년 워털루에서 나폴레옹이 패할 때까지 전쟁을 이어나갔다. 그러나 프랑스와 유럽 열강들 사이에 있었던 혁명전쟁과 나폴레옹 전쟁은 명분과 양상에서 미묘한 차이를 보였다. 1792년부터 1815년까지 무려 23년간 혁명전쟁에서부터 나폴레옹 전쟁까지 이어진 프랑스와 대프랑스 동맹국 사이에 벌어진 전쟁들은 일련의 연결된 전쟁으로 해석되지만, 그 이면에 있던 전쟁의 명분과 양상 모두가 달랐던 것이다.

혁명전쟁 시기 유럽의 국가들은 혁명 사상의 유럽 내 확산을 막는 것을 명분으로 제1·2차 대프랑스 동맹을 결성했다. 전쟁의 성격 측면에서도 프랑스에게 혁명전쟁은 '방어 전쟁'이자 '해방 전쟁'의 성격이 강했다.[8] 그러나 프랑스 제국에 맞서 제3차부터 제7차까지 다섯 번에 걸쳐 동맹을 맺었던 유럽 국가들의 전쟁 명분은 이전과 달랐다. 그들은 스스로 황제의 자리에 오른 나폴레옹의 폐위와 프랑스 제국의 타도를 나폴레옹 전쟁의 명분으로 내세웠다. 반면, 프랑스 입장에서 나폴레옹 전쟁은 '공격 전쟁'이자 '정복 전쟁'이었다.[9]

CHAPTER 2

혁명전쟁

1. 격랑의 시기와 프랑스 육군[10]

구체제의 프랑스 군대에서 큰 축이었던 부사관과 병사는 혁명의 조력자였다. 일반적으로 유럽의 군대는 통상 시민사회로부터 구조적으로 분리되어 존재해왔다. 그러나 프랑스 군대는 시민사회와 밀접하게 주둔하며 두 가지 측면에서 혁명에 관여했다. 첫 번째로, 프랑스 군대의 장교들은 일상적인 훈련과 그 밖의 일과를 포함해 대부분의 일들을 부사관에게 위임하는 등 자신의 부대와 함께 지내지 않았다.[11] 혁명의 기운은 병사들을 실질적으로 장악한 부사관들을 통해 병사들에게 전파되었다. 당시 부사관들은 장교가 될 수 있는 길이 있기는 했지만, 있다 해도 중위까지만 진급할 수 있었다. 그러나 이마저도 1781년 육군성의 명령으로 귀족만이 장교가 될 수 있게 되자, 부사관들은 그들의 처지에 대해 큰 불만을 품게 되었다. 대부분 글을 읽을 줄 아는 부사관들에게 신분제의 변화 등을 담고 있는 혁명 사상은 달콤한 유혹과도 같았고, 혁명과 관련된 선전 문건들은 이들 부사관을 통해 병사들에게 전파되었다. 병영과 괴리되어 있던 귀족 출신

장교들은 병영 내에 이렇게 혁명 사상이 만연했음을 정확히 알지 못했다.

혁명 사상이 군대 내에 빠르게 퍼지게 된 두 번째 요인은 군대가 외부와 격리된 병영에 거주한 것이 아니라 각 도시의 시가지에 주둔했기 때문이었다.[12] 군에 속했음에도 병사들은 자연스럽게 도시의 하층민과 섞여 생활하면서 때로는 부족한 봉급을 보충하기 위해 수공업 직인職人의 일을 하기도 했다. 또한 프랑스군 병사 대부분이 입대하기 전에는 도시의 주민이기도 했다. 결국 프랑스 군대 내에서 귀족 신분의 장교를 제외하고 부사관과 병사 대부분은 혁명의 주도 세력이었던 도시민과 다를 바 없었기 때문에 쉽게 혁명 사상을 접하고 그에 동조할 수밖에 없었을 것이다.

혁명에 대한 부사관과 병사들의 공감은 혁명의 상징과도 같은 1789년 7월 14일 파리 군중의 바스티유 습격 사건을 통해 극명하게 드러났다.[13] 이 사건이 성공하기 위해서는 약 7,000명으로 조직된 프랑스 왕의 직속 부대인 근위대의 묵인이 필요했다. 그런데 근위대의 병사들은 암묵적인 동의를 넘어 일부가 군중의 혁명에 가담했다. 심지어 대포를 끌어내 바스티유를 향하게 하는 등 바스티유 점령에 큰 역할을 담당하기도 했다.[14]

바스티유 습격 사건의 수습 과정에서 루이 16세의 잘못된 결정까지 더해지며 프랑스 군대는 더 이상 구체제의 수호자가 아닌 혁명을 위한 군대가 되었다. 루이 16세는 무력에 의한 반혁명의 공포를 가라앉히기 위해 파리와 베르사유Versailles에서 군대의 철수를 군중에게 약속했다. 이는 무력을 사용하여 혁명파를 진압하려는 장교단과 이를 지원하려던 귀족들의 계획을 무산시켰다. 파리에 주둔 중인 부사관과 병사들을 중심으로 한 왕의 군대가 혁명을 지지하게 되었고, 파리와 달리 혁명의 주축인 시민사회와 분리된 채 주둔 중이던 지방 또는 국경의 구체제 프랑스 군인들도 파리에 있는 이들을 따라 왕이 아닌 혁명을 지지했다. 프랑스 군대의 혁명 세력 가담은 루이 16세의 왕정 몰락을 가속화시킨 치명적 사건이었다.

혁명 세력은 독자적인 군사력을 갖기 위해 옛 국왕군의 소장 출신 라파예트Marquis de La Fayette(1757~1834) 후작을 사령관으로 하는 파리 국민방위군Parisian National Guards을 창설했다. 파리에 집을 가지고 있으며 자신이 입을 제복과 사용할 무기를 스스로 마련할 수 있는 이들이 유급 직업군인으로 구성된 60개 중대를 구성했다. 이들 중에는 왕의 근위대 소속 병사부터 전투부대의 노련한 고참병과 탈주병까지 있었다. 장교는 해당 중대가 주둔하는 지역의 주민들에 의해 선출되는 방식이었지만, 라파예트 사령관이 장교 선출에 큰 영향을 끼쳤다. 고참병들은 훈련 교관 임무를 맡아 새로운 자원병들을 훈련시킴으로써 옛 군대와 새로운 군대 사이의 연속성 유지에 기여했다.[15]

프랑스 군대가 혁명에 더 큰 역할을 감당하게 만든 것은 바렌 도주 사건Flight to Varennes이었다. 1791년 6월 20일 자정 무렵 파리를 탈출해 동쪽 국경 인근 프랑스의 몽메디Montmédy로 가던 루이 16세 일가가 6월 22일 목적지를 얼마 남겨두지 않은 바렌Varennes에서 국민의회의 추격조와 민중에게 잡혔다. 프랑스 국민들은 루이 16세 일가가 그들을 버린 것으로 간주했다. 이 사건은 입헌군주제를 추진하려던 온건한 혁명 세력의 몰락과 공화정으로 가려는 급진파의 주도권 장악의 계기가 되었다. 즉, 혁명을 급진화시켰던 것이다.

바렌 도주 사건은 군사적 측면에서도 큰 변화를 일으켰다. 루이 16세 일가의 탈주 사건은 국왕을 중심으로 군대를 규합해 파리의 혁명파를 공격하려던 귀족들의 희망을 꺾어버렸고, 일반 대중과 밀접한 생활을 해오던 병사들에게 혁명파에 대한 동조의 기운을 더 크게 불어넣었다. 특히 이 사건으로 위기감을 느낀 귀족 중심의 프랑스 육군 장교들의 많은 수가 그들의 임무를 내려놓고 외국 망명을 택했다. 1791년 말에 이르자 장교단의 절반 이상이 국외로 망명했다.[16]

●●● 1791년 6월 20일 자정 무렵 파리를 탈출해 동쪽 국경 인근 프랑스의 몽메디로 가던 루이 16세 일가가 6월 22일 목적지를 얼마 남겨두지 않은 바렌에서 국민의회의 추격조와 민중에게 잡혔다. 이 사건은 입헌군주제를 추진하려던 온건한 혁명 세력의 몰락과 공화정으로 가려는 급진파의 주도권 장악의 계기가 되었다. 〈출처: WIKIMEDIA COMMONS | Public Domain〉

　　많은 수의 장교가 국외로 망명한 일은 역설적이게도 프랑스 군대를 새롭게 변화시키는 계기가 되었다. 장교로 승진한 부사관들이 공석이 된 귀족 장교들의 자리를 채웠다.[17] 유능하고 경험이 풍부한 상당수의 부사관 출신 장교는 1792년 시작된 혁명전쟁 초기 프랑스 군대에 큰 힘이 되었다. 전쟁 발발 전인 1791년 프랑스 입법의회는 복무 기간을 6개월로 하는 병사들로 구성된 새로운 의용군을 창설했고, 전쟁이 발발한 1792년에는 복무 기간이 1년인 의용병을 다시 모집했다.[18] 혁명전쟁이 본격화하자, 군대는 이전과는 비교할 수 없을 정도로 커져갔다. 이때 부사관 출신 장교들은 군대에 새로 입대하는 신병들을 훈련시키는 임무부터 그들에게 군대의 전통을 전수하는 것까지 많은 일들을 담당했다.[19]

한편 혁명정부는 국내·외적인 군사적 위협에 대응하기 위해 정규군과 의용군을 통합하고자 했다. 혁명 초기 군사적 위기는 국내의 반혁명 세력이었으며, 이에 대응하기 위해 조직된 것이 부르주아지bourgeoisie로 구성된 의용병이었던 것이다. 그러나 국내의 반혁명 세력이 오스트리아와 프로이센 등의 국외 세력과 손을 잡고 혁명파를 공격하는 대외 전쟁이 벌어진 1792년 4월부터는 부르주아지 위주의 의용군으로는 역부족이었기 때문에 그들은 파리의 하층 계급 등까지 포함하는, 더 넓은 범위에서 프랑스 국민들을 무장시키는 국민방위군 편성을 시도할 수밖에 없었다. 더욱이 국외의 적과 본격적인 전쟁이 벌어지는 시점에 이르러서는 구체제의 전통을 가진 정규군과 혁명 세력의 의용병 간 구분이 무의미한 상황이 되자 혁명정부는 1793년 2월 법령을 통해 이 둘을 하나로 통합하기로 했다. 혁명전쟁 간 구체제 군대가 가진 실전적 경험이 연속성을 갖고 프랑스의 새로운 군대의 근간을 이루게 된 것이다.[20]

혁명 이후 귀족 장교단의 상당수가 군대를 떠나 국외 망명을 택해 프랑스 군대가 외관상 무너진 것은 사실이었다. 그러나 프랑스 군대가 완전히 와해된 것만은 아니었다. 능력 있고 경험이 많은 부사관이 장교로 진급해 장교들이 이탈한 자리를 채웠다. 그리고 그들과 고참병들은 새로운 혁명 군대의 신병들을 교육하는 등 노력을 펼치며 구체제 군대의 경험과 전통 일부를 전수했다. 이러한 기초를 바탕으로 하여 새로이 모집된 의용군과 이후 국민총동원령levée en masse에 의해 징집된 대규모 군대가 혁명전쟁에서 중요한 역할을 했던 것이다. 과거의 전통을 이어받은 대규모 군대가 혁명전쟁 초기에 맞닥뜨린 문제는 정신력이 아니라 무기와

◈ 국민총동원령의 성공 ◈

1793년 8월 23일 혁명정부가 발령한 국민총동원령levée en masse의 내용은 다음과
같다.

> "적들이 공화국의 영토에서 물러날 때까지 프랑스 국민은 군 복무를 위해 징발
> 된다. 젊은 남성은 전투에 참여하고, 기혼 남성은 무기를 만들거나 군수품을 수
> 송하며, 여성은 군용 텐트와 군복을 만들거나 병원에서 복무하고, 어린이는 낡
> 은 아마포로 붕대를 만들며, 노인은 광장에 나가서 병사들의 용기를 북돋우고
> 공화국의 단결과 왕들에 대한 증오를 선전한다."[21]

이는 남자와 여자, 노인과 어린이에 이르기까지 모든 프랑스 국민이 공화국을 위해 군
사적으로 봉사해야 함을 명확히 선언한 국민총동원령 포고문이었다. 여기서 핵심 사
항은 18세에서 25세 사이의 건장한 프랑스 남성 모두가 새로운 징집법에 따라 군에
입대해서 전쟁에 참여해야 한다는 것이었다.

프랑스 혁명 세력이 국민총동원령에 성공할 수 있었던 배경에는 혁명 정신이 큰 부분
을 차지했을 것이다. 이외에 현실적으로 이 징병안이 성공한 요인 중 하나는 프랑스
혁명 이전의 경제적 어려움이었다. 프랑스 국민은 흉작과 극심한 인플레이션, 그리고
전반적인 경제 불황으로 인해 극도의 빈곤과 혼란으로 고통받고 있었다.[22] 특히 치솟
은 실업률로 찢어지게 가난한 젊은 남성들은 징병 대상이 된 경우 기꺼이 입대를 선
택했다.[23]

국민총동원령에 따라 프랑스는 불과 수주일 만에 징집된 병력으로 총 14개 야전군을
창설할 수 있었다. 전쟁장관이자 '승리의 조직자Organizer of Victory'라는 별명을 가진
라자르 카르노Lazare-Nicolas Carnot는 규모만 컸던 경험 없는 신병들을 전문적인 군
대로 변모시킨 일등공신이었다. 1795년 기준으로 그가 훈련시켜 싸울 수 있는 군대로
만들어 전선으로 보낸 14개 야전군은 총 병력 52만 8,000명이었다. 구체적인 구성은
32만 3,000명의 전열 보병, 9만 7,000명의 경보병, 5만 9,000명의 기병, 2만 9,000
명의 포병, 그리고 2만 명의 공병 등이었다. 그 외에도 그는 비슷한 규모의 예비 병력
인 국민방위군 등도 육성했다.[24]

군수품의 부족이었다.

2. 제1차 대프랑스 동맹 : 세계대전의 길목에서

혁명 이후의 프랑스는 내부적으로 대격변의 시기였다. 더욱이 프랑스의 군대는 정상적으로 대외 전쟁을 치를 수 있는 상황이 아니었다. 군대는 혁명 이전 재정 위기의 영향 속에서 약화되어 있었다.[25] 또한 혁명 이후 프랑스는 군사적으로도 위기였다. 군대의 귀족 출신 장교들은 집단 망명을 시도하거나 이탈해 군사 반란을 주도했다.[26] 군의 지휘부가 떠난 군대는 기강이 와해되었을 뿐만 아니라 장비와 보급 물자 부족으로 제구실을 할 수 없는 상황이었다.[27] 프랑스는 이에 더해 외교적으로 고립되어 있는 상황이기도 했다.[28] 프랑스의 혁명을 지지하는 주변의 군주는 없었다. 즉, 프랑스 혁명 세력의 입장에서 혁명 초기에 대외 전쟁을 시작할 이유가 없었던 것이다.

그런데 1792년 4월 20일 프랑스 혁명정부가 오스트리아에 대한 선전포고를 하면서 혁명전쟁의 막이 올랐다. 유럽 전체를 포연의 소용돌이로 몰아간 나폴레옹 전쟁의 서전이 시작된 것이다. 프랑스가 대외 전쟁을 할 수밖에 없었던 요인은 다음 세 가지로 요약할 수 있다.[29] 첫 번째 요인은 주로 독일 지방으로 망명한 프랑스의 반동 귀족들émigrés이 국경 지대에서 반혁명 운동을 주도하고 주변 국가들에게 이를 지원할 것을 요청한 것이었다. 두 번째 요인은 봉건제 폐지로 알자스 지방에 영지를 갖고 있던 독일 지방 제후들이 반발한 것이었다. 1648년 베스트팔렌 조약Peace of Westphalia 이후 알자스가 프랑스에 복속되자 기존에 그 지역에 영지를 갖고 있던 독일 지방 제후들의 영토가 혁명 프랑스에 귀속되었다. 그들은 프랑스 혁명 세력이 그 지역을 프랑스 국가의 영토로 편입시키자 자신들의 권리를 되찾을 수 있도록 독일 지역 국가들에게 도움을 요청했던 것이다. 세 번째 요인은 혁명 세력이 교황령 아비뇽Avignon을 프랑스로 병합한 사건이었다. 프랑스 남부 지역 아비뇽 시민의 요청에 따라 국민투표를 실시해 1790년 국민제헌의회가 아비뇽 시를 프랑스로 병합해 교황과 가톨릭 세력의 반발을 샀다.

위에서 언급한 세 가지 요인에도 불구하고, 처음부터 프랑스 혁명이 발발하자마자 바로 유럽 국가들 간의 전쟁으로 비화된 것은 아니었다. 프랑스 혁명을 둘러싼 일련의 사건들과 급격한 변화 속에서 프랑스 내부의 정치적 요구와 유럽 군주들의 위협이 점점 커지면서 결국 혁명전쟁이 시작되었던 것이다.[30] 혁명 이후 유럽의 군주들은 프랑스의 상황을 예의 주시하며 자신들에게 미칠 손익 여부를 따지며 관망했다. 그들에게는 프랑스의 약화가 불러일으킬 여러 가지 국제 정세의 변화, 그리고 해외 식민지에 대한 프랑스의 영향력 약화가 가져다줄 손익 등이 관심사였던 것이다. 그러나 그들의 관심사는 차츰 혁명 사상의 전파 차단으로 바뀌었다. 프랑스의 혁명 사상이 유럽 전역으로 전파되어 전제 군주들인 자신들의 지위가 위태로워질 것을 두려워했던 것이다. 그래서 유럽 국가들은 군대를 동원해 만일의 사태에 대비하기 시작했고, 프랑스와 국경을 맞대고 있던 국가들은 군대를 국경으로 집결시켜 언제든 행동에 나설 수 있는 준비를 했다.

이러한 긴장감이 감돌던 차에 벌어진 1791년 6월 루이 16세 일가의 바렌 도주 사건으로 프랑스와 유럽 군주국들 사이에 긴장감이 끓어오르기 시작했다. 혁명 세력과 군중들은 루이 16세가 그들을 버리고 도망가려 했으며, 심지어 그가 탈주 후 외국 군대와 함께 혁명을 진압하고 다시 왕권을 회복하려 한다고 생각했다. 이제 그들에게 왕은 반역자일 뿐이었다.[31] 그 사건 이후 루이 16세를 중심으로 입헌군주제를 갖추려던 온건한 프랑스 혁명 세력이 힘을 잃고 공화정을 추구하는 급진 세력이 주도권을 잡게 되었다. 루이 16세의 입지는 좁아졌을 뿐만 아니라 신변마저 위태로운 상황에 처하게 된 것이다.

상황이 급변하자 신성로마제국*의 황제 레오폴트 2세Leopold II(재위: 1790~1792)는 자신의 누이이자 루이 16세의 왕비인 앙투아네트Marie Antoinette(1774~1792)를 비롯한 부르봉 왕가의 신변 안전과 왕권의 복위를 돕고자 전면에 나섰다. 1791년 7월 초 그는 각국의 군주들에게 회람을 보내 부르봉 왕가에 대한 원조를 요청했다. 영국은 물론 러시아, 스페인, 나폴리, 사르데냐 등은 이를 거절했다. 호응한 국가는 프로이센과 스웨덴뿐이었다. 그래서 우선 레오폴트 2세는 7월 25일 프로이센과 군사동맹을 맺게 된다.

프랑스 망명 귀족들의 즉각적인 프랑스 침공 주장에도 불구하고, 레오폴트 2세는 군사행동보다 신중하게 프랑스의 문제를 해결하는 쪽으로 방향을 선회했다. 그는 1791년 8월 24일 작센의 필니츠Pillnitz성에서 프로이센의 프리드리히 빌헬름 2세Friedrich Wilhelm II(재위: 1786~1797), 그리고 작센 선제후국의 프리드리히 아우구스트 3세Friedrich August III(재위: 1763~1806)와 회담을 했다. 주요 내용은 폴란드 분할에 대한 오스트리아와 프로이센 간의 공동 노력에 관한 것이었다. 그러나 루이 16세의 동생인 아르투아 백작Count of Artois(1757~1836)의 설득으로 오스트리아와 프로이센은 1791년 8월 27일 공동으로 '필니츠 선언Declaration of Pillnitz'을 발표했다. 짧은 선언문의 주요 내용은 프랑스 국왕을 완전하게 자유로운 상태로 만들라는 요구이자 프랑스의 국왕과 신성로마제국 황제의 누이인 여왕에게 위해를 가한다면 그에 상응하는 대가를 치를 것이라는 경

---

* 신성로마제국은 이후 황제에 오른 나폴레옹에 의해 해체되어 오스트리아가 된다.

고였다.[32] 물론 이는 수사적 위협이었을 뿐 두 국가는 실질적으로 전쟁 수행 의지가 없었고 무력 사용을 위한 어떠한 준비도 하지 않았다. 그러나 이 짧은 수사적 선언은 프랑스 혁명파에게 큰 분노를 일으켰다. 온건한 정당인 지롱드Girondins파 내에도 주전파 그룹이 등장했고, 파리의 시민들 역시도 더 과격해졌다.

프랑스 국내의 급진주의자들은 자신들의 새로운 군대가 부르봉 왕조의 왕권 회복을 통해 프랑스에 구체제를 다시 세우려는 외국 군대의 침공 전에 승리를 거둘 수 있을 것으로 판단했다.[33] 급진파만이 아니라 온건파 역시도 외부의 위협을 제거하기 위해 전쟁만이 유일한 방법이라는 것에는 동의했다. 이처럼 프랑스 내부에서 나타난 흐름은 역행할 수 없는 대세였다.

프랑스 혁명정부는 합스부르크 군주인 레오폴트 2세에게 프랑스 국경에 집결해 있던 그의 부대를 철수하고 어떠한 적대적 행위도 하지 말 것을 요구하는 최후통첩을 보냈다. 이에 대한 답변이 모호했기 때문에 프랑스의 지롱드 정부는 의회의 승인을 통해 1792년 4월 20일 오스트리아 군주에 대해서만 선전포고를 선언했다. 이는 프랑스의 왕권 회복에 가장 열성적이었던 레오폴트 2세만을 오로지 겨냥한 것이었다. 통상 제1차 대프랑스 동맹이 맺어진 시점을 이 선전포고로 보고 있다. 이후 유럽의 국가들은 혁명 프랑스와 나폴레옹에 대항하여 총 일곱 차례의 동맹을 맺고 전쟁을 수행했다.

선전포고와 함께 프랑스 외교장관인 뒤무리에Charles-François Dumouriez는 즉각적으로 1792년 4월 28일 오스트리아령 네덜란드로 침공해 들어갔다. 뒤무리에가 그 지역을 첫 공격지로 정했던 것은 그곳 주민들이 1790년 초 오스트리아의 통치에 불만을 품고 봉기했었기 때문에 이번에도 그렇게 할 것이라고 예상했기 때문이었다. 그런데 이 침공이 시작되던 시점

◈ 대프랑스 동맹 ◈

프랑스 혁명 발발 이후 2세기 이상의 기간 동안 프랑스 혁명 정부와 나폴레옹의 프랑스 제국에 대항해 만들어진 유럽 국가들 간의 여러 동맹들을 지칭한다. 그러나 참여한 국가와 시기, 동맹을 위해 그들 간에 주고받은 외교적 문서 등을 정확히 확인하여 각 기간별 동맹 참여국과 동맹의 시작과 끝, 당시 발발했던 세부 전투 등을 정확히 특정하기란 쉽지 않다. 이 기간 일어난 중요 전쟁임에도 이베리아 반도 전쟁(1808~1814)과 러시아 원정(1812)의 경우 이러한 대프랑스 동맹에 포함되지 않는다. 반대로 나폴레옹도 유럽 국가들과 동맹을 맺은 바 있다. 그러나 나폴레옹의 동맹은 상호 동등한 관계의 동맹이라기보다 종속적 관계로 맺어진 조금은 다른 의미의 동맹이었다. 더구나 나폴레옹의 동맹국들의 경우 자발적이기보다 어쩔 수 없이 맺은 경우가 대부분이었다. 그럼에도 독자들의 이해를 돕기 위해 대략적인 각각의 동맹 시기와 참여국, 주요 전투 등을 아래와 같이 정리했다.

	시기	참여국	중립국	주요 전투
1차	1792 ~ 1797	신성로마제국(오스트리아), 영국, 스페인(~1795), 네덜란드(~1795), 포르투갈(~1796), 사르데냐(~1796), 나폴리왕국, 왕당파	–	초기 이탈리아 전역, 툴롱 포위전
2차	1798 ~ 1802	신성로마제국(오스트리아), 영국, 포르투갈, 투스카니, 오스만 제국, 나폴리왕국, 몰타, 왕당파	프로이센	이집트 원정, 마렝고 전투, 호엔린덴 전투
3차	1803 ~ 1805	신성로마제국(오스트리아), 영국, 러시아, 나폴리왕국, 시칠리아, 스웨덴	프로이센	울름 전투, 트라팔가르 해전, 아우스터리츠
4차	1806 ~ 1807	프로이센, 러시아, 영국, 작센(~1806), 스웨덴, 시칠리아	오스트리아	예나-아우어슈테트 전투, 아일라우 전투, 프리틀란트 전투
5차	1809	오스트리아, 영국, 스페인, 시칠리아	프로이센	아벤스베르크-에크뮐 전투, 아스페른-에슬링 전투, 바그람 전투
6차	1813 ~ 1814	러시아, 프로이센, 영국, 스웨덴, 스페인, 포르투갈, 시칠리아, 사르디냐, 독일 공국들(1813.10~), 네덜란드(1814), 나폴리왕국(1814)	–	뤼첸 전투, 바우첸 전투, 라이프치히 전투, 파리 전투
7차	1815	영국, 프로이센, 오스트리아, 러시아, 스웨덴, 스페인, 포르투갈, 시칠리아, 사르데냐, 독일 공국들, 네덜란드, 투스카니, 스위스		워털루 전투, 콰트르 브라 전투, 리니 전투, 와브르 전투

에 오로지 오스트리아와만 전쟁을 원했던 프랑스 혁명정부의 희망은 이 내 빗나갔음이 확인되었다. 프로이센이 오스트리아와 연합하면서 프랑스 군대는 강력한 두 동맹국의 군대와 전쟁을 치르게 되었다. 또 다른 문제는 새로운 프랑스 군대가 구체제 군대의 근간을 이루던 부사관들이 장교로 진급했지만, 그들의 능력이 전쟁을 하기에는 아직 부족했다는 것이다. 전쟁 초기에 프랑스 군대는 조직력과 훈련, 그리고 무기 등 모든 면에서 주변 유럽 군주의 군대에 비해 부족한 점이 많았다. 이러한 문제는 프랑스 군대의 실패로 이어졌다. 프랑스 군대는 적의 기병이 보이면 도망가기 바빴고, 그들의 진격은 완전한 실패로 귀결되었다.[34]

7월 25일 연합군 사령관인 페르디난트Karl Wilhelm Ferdinand(1735~1806), 브라운슈바이크Braunschweig 공작은 왕과 왕비가 해를 입으면 보복하겠다는 '브라운슈바이크 선언서Manifest des Herzogs von Braunschweig'를 내놓으며 파리를 위협했다. 이어서 7월 30일 오스트리아와 프로이센의 군대가 파리 점령을 목표로 프랑스 침공을 시작했다. 그 선언과 함께 외국의 군대가 라인Rhine 강을 도하했다는 소식이 8월 초 파리에 전해졌다. 그러나 이 소식은 프랑스 국민들을 위축시킨 것이 아니라 오히려 저항 의지를 높였고 군대를 더욱 단결하게 만들었다. 심지어 1792년 8월 10일 격분한 파리의 국민방위군은 튈르리 궁Tuilleries Palace을 습격하고 루이 16세를 감옥에 가두었다.[35]

1792년 8월 19일 본격적으로 프랑스 국경을 넘기 시작한 브라운슈바이크 공작의 프로이센 군대는 쉽게 국경 인근의 롱위Longwy와 베르됭Verdun의 요새를 8월 23일과 9월 2일 점령하며 프랑스 파리를 향해 서쪽으로 진격했다. 이때까지만 해도 유럽 군주의 군대가 혁명을 진압할 것만 같았다.

발미 전투

전쟁의 전환점은 예상보다 이른 1792년 9월 20일 일어났다. 그해 초 프랑스 구체제를 근간으로 했던 서툴고 경험 없던 정규군과 이제 막 징집되어 준비가 덜 된 의용군 모두는 전쟁 시작 이후 단시간에 규모가 작은 여러 차례의 군사작전을 거치며 전투에 대한 경험을 쌓아갔다. 가을에 접어드는 시점이 되자 그들은 완전히 새로운 군대가 되어 있었다.[36] 프랑스 혁명정부도 역시 군사적으로 많은 시행착오를 겪으면서 실제 전장에서 부대를 지휘할 수 있는 우수한 지휘관을 발굴했다. 미국의 독립전쟁에서 큰 성공을 거뒀던 라파예트 후작은 혁명전쟁 초기 군사적으로 큰 인상을 주지 못하며 신변의 위협을 느꼈다. 결국 그는 8월 19일 오스트리아로 망명했고, 뒤무리에가 그를 대신해 오스트리아령 네덜란드 공격을 준비 중이었던 북동부 전선의 사령관에 임명되었다.

프랑스 군대의 변화가 진행되는 가운데 브라운슈바이크 공작은 이어진 소규모 전투에서 연승을 거두며 느리게 서쪽으로 진격해왔다. 파리의 혁명정부와 국민들은 이들이 점점 더 가까이 올수록 더 크게 동요했다. 혁명정부는 위기감 속에 북동부 뒤무리에 장군의 군대에게 스당^{Sedan}을 거쳐 남쪽으로 진격하라고 지시하고, 켈레르만^{François Christophe de Kellermann} 장군의 중앙군에게 북쪽으로 진격하라고 지시했다. 이 두 부대의 목표는 국경에서 파리를 향해 서쪽으로 진격 중인 브라운슈바이크 공작의 군대를 협공하는 것이었다.

프랑스군과 프로이센군이 마주하게 된 곳은 프랑스 북부 지역의 아르곤 삼림지대^{Forest of Argonne}의 서쪽에 위치한 발미^{Valmy}였다. 뒤무리에의 선두부대가 먼저 도착했다. 그러나 프랑스군이 혼란스런 상태였기 때문에 브라운슈바이크 공작의 프로이센 군대는 아르곤 삼림지대를 별다른 저항 없이 통과한 후 발미에 도착했다. 여기서 프로이센군은 자신을 쫓는 뒤무리에 군대를 격퇴하기 위해 서쪽으로 진격 중인 부대를 동쪽으로 돌려세워 전투를 위한 진영을 갖췄다. 뒤무리에의 본진도 발미에 도착하여 서쪽을 바라보고 전투 준비를 했다. 때마침 켈레르만의 군대가 뒤무리에와 합류했다. 프로이센 군대는 순조롭게 파리로 진격했고 뒤쫓는 측이 후방을 위협하는 형국이 되었기 때문에 양측은 본국 기준에서 보면 반대되는 위치에서 전투를 하게 되었다. 브라운슈바이크 공작의 프로이센군 3만~3만 4,000명과 뒤무리에와 켈레르만의 프랑스군 약 3만 6,000명 간에 전투가 벌어진 것이었다.[37]

전투는 1792년 9월 20일 오전 엄청난 포사격으로 시작되었다. 오후가 되자, 브라운슈바이크의 군대는 직접적인 공격 준비를 마쳤다. 그들은 프랑스군이 본격적인 전투도 하지 않고 이전처럼 도망갈 것으로 예상했다. 그런데 어찌된 일인지 그런 일은 일어나지 않았다. 프랑스군은 자신들의 국민과 조국을 지키겠다는 굳은 결심으로 서 있었다. 프랑스군의 지휘관 켈레르만은 부하들의 정신을 다잡기 위해 말을 탄 채로 연설을 한 뒤 자신의 검 끝에 모자를 끼워 높이 들어 보이며 "조국 만세!"라고 외쳤다.[38] 프랑스군은 엄청난 함성을 지르며 "조국 만세!"라고 화답했다. 프로이센군의 돌격은 민족주의 의식으로 무장한 프랑스군의 엄청난 포격과 끈질긴 저항으로 좌절되었다. 브라운슈바이크는 전투의 승기를 적에게 내준 후 약 1주일간 교섭한 끝에 치욕적인 철수를 결정했다.

역사가들은 발미 전투Battle of Valmy를 프랑스 혁명의 불씨를 살림으로써 역사를 바꾼 중요한 전투로 기록하고 있다.[39] 예상치 못한 프랑스군의 발미 전투 승리로 전쟁의 향방이 완전히 바뀌었다. 프랑스군은 프로이센군이 철수하자 북부와 동부 전선에서 공세로 전환했다. 뒤무리에의 군대는 북부 전선에서 다시 오스트리아령 네덜란드 국경을 넘었다. 이번에 그는

11월 6일 현재 벨기에 남서부 지역에서 제마프 전투[Battle of Jemappes]를 치러 오스트리아군을 제압했다. 그리고 그해 겨울 프랑스는 오스트리아령 네덜란드를 차지하게 되었다. 라인 방면의 프랑스군도 역시 그해 가을 슈파이어[Speyer], 마인츠[Mainz], 프랑크푸르트[Frankfurt]에서 승리를 거뒀다.[40] 프랑스 혁명을 위협하는 요소가 사라지자, 프랑스의 대외 전쟁은 수세에서 공세로 완전히 전환되었다.

그런데 이러한 과정에서 전쟁이 다른 유럽 국가들로까지 확전되게 만든 사건이 발생했다. 발미 전투 이후 연이은 승리에 도취된 프랑스의 혁명정부는 1792년 11월 19일 자유를 되찾고자 하는 모든 민족에게 인

●●● 1792년 9월 20일 오전 엄청난 포사격으로 시작된 프로이센군의 돌격은 민족주의 의식으로 무장한 프랑스군의 엄청난 포격과 끈질긴 저항으로 좌절되었다. 역사가들은 발미 전투를 프랑스 혁명의 불씨를 살림으로써 역사를 바꾼 중요한 전투로 기록하고 있다. 〈출처: WIKIMEDIA COMMONS | Public Domain〉

종·종교·국적을 초월한 우애 사상을 전파하고 다양한 지원을 제공하겠다는 뜻을 담은 포고령을 내렸다.[41] 이는 영국을 비롯한 다른 국가들에게 프랑스가 국가 내부적 정치 개혁만이 아니라 다른 국가에게도 프랑스 혁명의 이상을 전파하고 더 나아가 정복사업도 하겠다는 대외적인 선언이었다.

제1차 대프랑스 동맹의 확장

프랑스의 적극적인 혁명 사상 전파와 대외 정복 전쟁 선언의 여파는 다른 유럽 국가들의 제1차 대프랑스 동맹 가입으로 이어졌다. 1793년 1월 이베리아 반도의 스페인과 포르투갈이 프랑스에 대항하기 위한 동맹에 합류했다. 영국도 프랑스가 새로 점령한 지역을 포기하지 않으면 전쟁을 피할 수 없을 것이라고 선언하며 1792년 말 전쟁 준비에 돌입했다. 영국은 1793년 1월 21일 루이 16세가 처형되자 영국 주재 프랑스 대사를 즉각 추방했다. 프랑스는 2월 1일 영국과 네덜란드 공화국에 대해 선전포고로 대응했다. 다른 유럽 국가들과 함께 제1차 대프랑스 동맹의 일원이 된 영국은 전쟁 초기에 유럽 대륙에서 프랑스와 직접적인 대규모 군사적 충돌을 벌이는 대신 주로 서인도와 대서양에서 해전 위주로 군사 작전을 취했다.[42]

　프랑스는 혁명 사상이 유럽 전역으로 전파되는 것을 차단하기 위해 제1차 대프랑스 동맹을 맺은 유럽 국가들과 본격적인 전쟁에 돌입하게 되자 이전과는 다른 대규모 군대가 필요했다. 전쟁 초창기 프랑스 군대는 주로 구체제 군대에서 부사관과 병사로 복무한 전문 군인에다가 혁명 여파로 모인 의용군이 추가되었으나 훈련이 부족하고 규모가 작아서 새로운 변화가 필요했던 것이다. 혁명정부는 1793년 2월 30만 명의 동원령을 내려 국민군 창설을 시도했다. 법령에 따라 프랑스 내의 데파르트망département*은 할당된 인원을 국민군에 제공해야 했다.

---

* 데파르트망: 국가의 영토 구획 및 개별 권한을 가진 지방자치단체 모두를 뜻한다. 혁명 세력은 프랑스 혁명 이전의 행정구획이 구체제의 행정적 과오와 연관이 있다고 여겼다. 따라서 데파르트망은 혁명 직후인 1790년 이전의 프로방스(Provinces)를 주(州)에 해당하는 데파르트망으로 나누자는 미라보 백작(comte de Mirabeau)의 제안에 따라 만들어졌다. 인구와 크기를 비슷한 수준으로 나눈 데파르트망의 명칭은 그 지역의 강이나 산 또는 지리적 특징을 따서 지어졌다. 현재 프랑스 전역에 약 100여 개의 데파르트망이 있다.

그런데 문제는 더욱 확대된 전쟁을 수행해야 하는 프랑스의 상황이 대·내외적으로 좋지 않았다는 점이다. 3월경 프랑스가 상대해야 할 국가는 오스트리아, 프로이센, 스페인, 영국, 피에몬테^{Piedmont}, 그리고 네덜란드까지로 늘었다. 또한 프랑스 혁명정부는 내전이라고도 알려진 방데 반란^{Rébellion Vendéenne}까지 일어나 곤란한 상황이었다. 독실한 가톨릭 신자들이 많이 거주하던 지역인 프랑스 서부의 방데^{Vendée}를 중심으로 가톨릭 성직자와 왕당파가 결합해 1793년 3월 11일 봉기를 일으켰다. 봉기의 원인은 가톨릭 교회와 성직자에 대한 탄압, 국왕의 처형, 증세, 그리고 갑작스러운 30만 명 동원령이었다. 방데 반란은 프랑스 각지의 농민 봉기에도 영향을 미쳤다.

혁명정부는 스스로를 '가톨릭 황군'으로 지칭한 반란군을 진압하기 위해 정부군을 투입했다. 반란군의 주력이 정부군에 의해 진압되었음에도 불구하고 잔여 세력은 이듬해부터 소규모 게릴라 방식으로 반란을 이어갔다. 1796년경에 이르러 게릴라식 반란이 거의 끝이 났고, 1801년이 되어서야 나폴레옹이 교황과 화해하면서 방데 반란은 완전히 종결되었다.

그런데 프랑스 혁명정부가 외국과의 전쟁 그리고 국내의 반란이라는 이중고를 해결하기 위해 실시한 동원령은 성공적이지 못했다. 1793년 중반 프랑스군의 규모는 기존의 병력까지 합쳐 약 64만 5,000명 정도로 늘어났다. 그런데 프랑스군은 2월에 통과된 법령에 따라 30만 명의 병력을 추가로 징집할 계획이었으나, 이 목표치 달성에는 실패했다.

내우외환^{內憂外患}의 어려움에 봉착한 프랑스 혁명정부는 병력의 부족에 대처하기 위해 국민총동원령이라는 최후의 카드를 꺼냈다. 1793년 8월 23일 통과된 법령에 따라 18~25세 사이의 미혼 남성은 군 복무를 해야 했다. 이에 따라 1794년 9월 프랑스군의 병력 규모는 최대 150만 명까지 늘었다. 또한 군대에 동원된 남성을 제외한 일반 남녀 국민들은 전쟁을 지원하기 위해 무기와 탄약, 그리고 군복 등 전쟁물자 생산에 동원되었다. 1794년 기준으로 프랑스 내 모든 무기 제조 공장에서는 하루에 머스킷 소총 750정의 생산이 가능했다. 당시 프랑스를 제외한 다른 유럽 국가들의 전체 머스킷 소총 1일 생산량이 1,000정이었던 것과 비교하면 프랑스의 머스킷 소총 1일 생산량(750정)은 실로 엄청난 것이었다.[43]

자유와 권리를 위해 싸우고자 애국주의에 심취된 프랑스 국민들은 국민총동원령과 함께 집결하며 제1차 대프랑스 동맹국들과 본격적인 전쟁에 돌입했다. 그러나 프랑스가 처한 상황은 낭만적이지도 낙관적이지도 않았다. 초기에 프랑스는 플랑드르Flandre 지역에서 동맹국의 압박을 받았고, 오스트리아령 네덜란드에서 밀려났다.[44] 프랑스는 내부적으로 앞서 설명한 서부 방데와 남부의 툴롱Toulon에서의 반란에 직면해 어려움을 겪었다. 이러한 진퇴양난의 상황 속에서 무명의 나폴레옹 보나파르트가 툴롱의 프랑스를 구해내며 명성을 얻었다.

툴롱 포위전[45]

나폴레옹 보나파르트가 프랑스 혁명정부에 처음으로 기여한 것은 1793년 툴롱에서였다. 툴롱은 지중해로 진출할 수 있는 프랑스 남부의 주요 항구이자 프랑스에서 가장 큰 해군기지가 위치한 곳이었다. 1793년 8월 왕당파는 전략적으로 중요한 이곳 툴롱항을 포위한 후 영국의 함대와 동맹국의 군대가 입항할 수 있도록 개방시켰다. 영국, 스페인, 피에몬테, 나폴리의 군대로 구성된 동맹군은 항구와 도시를 둘러싸는 24km의 포위망을 만들었다. 동맹군은 대략 1만 7,600명의 병력과 74척의 함선을 보유했다.

카르토Jean François Carteaux(1751~1813) 장군이 이끄는 약 3만 2,000명 규모의 프랑스 혁명군은 아비뇽Avignon과 마르세유Marseille를 왕당파로부터 탈환한 후 1793년 9월 8일 툴롱의 서쪽에 도착했다. 혁명군은 내륙에 우뚝 솟은 올리울스Ollioules 고지를 점령했다. 그러나 카르토 장군은 보병 전투에 능할 뿐 동맹군을 공략할 포병 운용에는 미숙했다. 더욱이 프랑스군은 6문으로 구성된 1개 포대만을 보유하고 있었다. 그러다 보니 동맹군의 포위망을 뚫기 위해 보병 위주로 여러 차례 시도된 프랑스군의 공격은 비효율적이었고 어떤 성과도 내지 못했다.

이러한 위기 상황에서 젊은 대위 보나파르트*가 툴롱에 도착했다. 그가 이곳에 도착한 1793년 9월 프랑스군의 포병 지휘관이 부상을 당했다. 보나파르트는 당시 툴롱에 파견된 혁명정부의 특별 대표와 유력 정치가인 로베스피에르Maximilien de Robespierre(1758~1794)의 동생 오귀스탱 로베스피에르Augustin Robespierre(1763~1794), 그리고 동향인 코르시카 출신 살리세티Antoine Christophe Saliceti(1757~1809) 등의 도움으로 부상당한 포병 지휘관의 자리를 대신할 수 있었다. 보나파르트는 툴롱 주변 동맹군의 포위망을 정찰한 후 항구와 적의 함대를 내려다볼 수 있는 산의 돌출부에서 영국의 함선을 향해 포사격을 할 수 있도록 상부에 승인을 요청했다. 그러나 혁명군의 지역 사령관은 9월 말이 되어서야 보나파르트에게 전면적인 포병 공격을 승인했다. 보나파르트는 상부의 늦은 승인으로 인해

---

* 나폴레옹 보나파르트(Napoléon Bonaparte)는 1804년 12월 2일 스스로 황제의 자리에 올랐다. 그는 황제의 자리에 오르기 전까지 성(姓)인 보나파르트(Bonaparte)로 불렸다. 황제가 된 나폴레옹 보나파르트는 더 이상 보나파르트가 아닌 나폴레옹 황제로 불리게 되었다. 성인 보나파르트는 왕조명이 되었고, 이름인 나폴레옹은 황제명이 된 것이다. 이에 따라 이 책에서는 황제 이전의 그를 보나파르트로, 황제 이후의 그를 나폴레옹으로 표기했다.

적을 조기에 격퇴할 수 있는 적기를 놓쳤다.

보나파르트가 이끄는 프랑스군의 본격적인 전면 공격이 시작되기 전에 동맹군은 산의 돌출부가 중요하다는 것을 깨닫고 이를 방어할 수 있도록 대비했다. 이곳은 멀그레이브 요새Fort Mulgrave였고, 동맹군은 이곳에 대포 24문과 박격포 2문을 배치하는 등 주변에 3개 방어진지를 신설했다. 게다가 보나파르트는 프랑스 지휘관들이 화력 운용에 대한 이해가 부족한 데다가 상부가 멀그레이브 요새에 대한 전면 공격을 실시하려는 자신의 계획을 받아들이지 않자 어려움을 겪었다. 그는 어쩔 수 없이 연줄을 통해 파리의 유력 인사에게 편지를 보내 상관을 교체해달라고 요청했다. 건의가 받아들여져 사령관이 교체되는 과정에서 보나파르트는 주변의 군대로부터 대포를 모으고, 이를 운용하기 위해 전술적 경험이 있는 간부와 병사들을 징발했다. 그래서 보나파르트의 포병 부대는 이전 1개 포대 6문의 대포에서 50개 포대 300문의 대포를 보유한 대규모 부대로 증강되었다.

새로 부임한 프랑스군 사령관 뒤고미에Jacques François Dugommier (1738~ 1794)는 멀그레이브 요새를 공격의 주요 목표로 하는 보나파르트의 계획을 승인함과 동시에 그에게 작전에 대한 전권을 위임했다. 마침내 1793년 12월 17일 포병의 화력 지원 속에 멀그레이브 요새를 향한 보나파르트의 전면 공격이 시작되었다. 치열한 전투로 프랑스군은 1,000명의 병사를 잃었고, 보나파르트도 부상을 입었다. 그럼에도 프랑스군은 멀그레이브 요새를 점령했다. 다음날 프랑스군은 내항과 외항 사이를 끊어버릴 수 있는 요새 앞쪽의 곶串에 10문의 포를 배치했다. 그리고 12월 19일 곶에 배치되었던 그 포들은 동맹군의 함선을 포격했다. 결국 동맹군의 함선은 그들의 군대와 수천 명의 왕당파를 태우고 항구를 빠져나갔다.

●●● 툴롱 포위전에서 보나파르트는 포병의 화력 지원 속에 이루어진 돌격 작전으로 주요 요새와 지형을 점령하며 툴롱을 탈환했다. 뛰어난 포격술에 의한 성공으로 24세에 불과한 젊은 보나파르트 대위는 준장으로까지 진급했을 뿐만 아니라 프랑스 내에서 유명 인사가 되었다. 〈출처: WIKIMEDIA COMMONS | Public Domain〉

보나파르트는 포병의 화력 지원 속에 이루어진 돌격 작전으로 주요 요새와 지형을 점령하며 툴롱을 탈환했다. 뛰어난 포격술에 의한 성공으로 24세에 불과한 젊은 보나파르트 대위는 준장으로까지 진급했을 뿐만 아니라 프랑스 내에서 유명 인사가 되었다. 또한 보나파르트는 이번 포위전에서 훗날 자신의 휘하 원수 또는 장군으로 활약하게 될 마세나 André Masséna(1758~1817), 마몽Auguste de Marmont(1774~1852), 쥐노Jean-Andoche Junot(1771~1813), 술트Jean-de-Dieu Soult(1769~1851), 그리고 빅토르Claude Victor(1764~1841)를 만났다.

툴롱 포위전Siege of Toulon 이후 보나파르트에게 중요한 기회가 찾아왔다. 그는 로베스피에르의 동생인 오귀스탱 로베스피에르의 추천으로 1794년 알프스와 지중해 해안을 따라 이탈리아 북부로 이동해 군사작전을 펼치던 군대의 포병 지휘관 직책을 맡게 되었다. 그러나 승승장구할 것 같았던 보나파르트에게 곧 위기가 찾아왔다. 1794년 7월 27일 혁명 급진파의 공포정치를 종식시킨 '테르미도르의 반동Thermidorian Reaction'으로 불리는 쿠데타가 일어나 로베스피에르파가 몰락했다. 이 과정에서 보나파르트도 로베스피에르파로 몰려 체포되는 위기를 맞고 직위마저 잃었다. 그러한 상황에서 1795년 5월 보나파르트는 대규모 반란이 일어난 방데 지역으로 발령을 받았다. 이에 불만을 품은 보나파르트는 파리로 가서 항의의 뜻으로 사직서를 제출했다.

그런데 보나파르트에게 다시 기회가 찾아왔다. 이탈리아 전역에서 프랑스군이 고전하고 있었던 것이다. 다시 해외 전선으로 복귀하게 된 보나파르트는 독립된 3개 사단이 협공으로 적을 공략하는 작전계획을 수립하는 등 군사적 활약을 펼쳤다. 그 덕분에 프랑스가 이탈리아 전역에서 주도권을 쥘 수 있었다.

'방데미에르 13일13 Vendémiaire'이라고 알려진, 1795년 10월 5일 파리에서 일어난 반란으로 보나파르트에게 또다시 도약의 기회가 찾아왔다. 혁명정부는 반란으로 위기를 맞자 바라스$^{Paul Barras}$(1755~1829)를 사령관으로 임명했다. 바라스는 전권을 주는 조건으로 보나파르트를 부사령관으로 임명했다. 구원 요청을 받은 보나파르트는 툴롱에서처럼 이번에도 자신의 주특기인 대포를 활용해 3만 명가량의 대중이 일으킨 폭동을 진압하는 성과를 거두었다. 5개월 후 보나파르트는 이탈리아 방면군 사령관 직책을 맡게 되었다.

제1차 이탈리아 전역

1796년 이탈리아 방면군 사령관에 임명된 보나파르트는 프랑스의 3개 전선 중 한 곳을 맡았다. 다른 2개 전선을 맡은 주르당$^{Jean-Baptiste Jourdan}$(1762~1833)과 모로$^{Jean Victor Marie Moreau}$(1763~1813)는 라인 전역의 군사작전을 담당했다. 이들 모두는 위치만 다를 뿐 오스트리아를 굴복시키기 위한 군사작전이라는 궁극적인 목표를 공유했다. 오스트리아는 1796년 시점에 제1차 대프랑스 동맹의 강대국 중 유일하게 남은 국가였다.

한편 동맹의 큰 축이었던 프로이센은 폴란드 분할 문제로 1795년 동맹에서 조기에 이탈했다. 영국은 대륙이 아닌 해외 식민지에서 프랑스와 경쟁했다. 그리고 동맹에 참여했던 나머지 국가들은 독자적으로 프랑스와 전쟁을 벌일 만한 규모가 아니었다.

먼저, 프랑스 혁명정부의 명령에 따라 주르당과 모로의 군대는 1796년 오스트리아를 공략하기 위해 라인 강을 건너 독일 영토를 침공했다. 두 군대는 8월경 바이에른 공국에 도달했고, 이어서 9월에는 티롤^{Tyrol} 국경까지 진출했다. 그러나 이들은 오스트리아 황제 프란츠 2세^{Franz}

II*(1768~1835)의 동생 칼 루트비히 대공Archduke Karl Ludwig(1771~1847)이 이끄는 군대에게 패배하고 다시 라인 강을 넘어 철수해야만 했다.

한편, 이탈리아 방면군 사령관에 임명된 보나파르트 역시 주르당과 모로처럼 불리한 상황 속에서 오스트리아를 중심으로 한 동맹국들과 치열한 전투를 치러야만 했다. 프랑스는 제1차 대프랑스 동맹과의 전쟁 시작 이후 이탈리아 북부에서 동맹국의 핵심국인 오스트리아와 치열한 전쟁을 이어갔지만, 큰 성과 없이 3년의 시간을 보내야 했다. 더군다나 이탈리아 전선에 배치된 프랑스군은 오랜 기간의 원정과 열악한 보급 지원으로 사기마저 많이 떨어진 상태였다. 보나파르트는 이러한 어려움을 극복하고 북부 이탈리아의 전황을 바꿔놓아야 할 막중한 임무를 부여받았던 것이다.

라인 방면에서 고전했던 것과 달리 보나파르트의 이탈리아 전역은 성공적이었다. 1796년 3월 11일 파리를 떠나 26일 니스Nice에 도착한 보나파르트는 이탈리아 방면 프랑스군을 재정비했다. 그는 자신의 장기인 상대의 군대를 분리시켜 각개격파하는 전략을 취했다. 보나파르트는 북부 이탈리아 최전선에서 서로 분리된 동맹군을 거세게 밀어붙였다. 동맹국의 중심인 오스트리아로부터 분리된 사르데냐는 보나파르트가 이끄는 프랑스군과 싸운 지 한 달 만에 항복을 선언하고 프랑스와 평화조약을 맺고는 제1차 대프랑스 동맹에서 이탈했다.

---

* 프란츠 2세: 아버지인 레오폴트 2세로부터 신성로마제국의 황제 직위를 1792년 7월 14일 물려받았다. 그는 이때부터 신성로마제국이 해체되는 1806년까지 신성로마제국의 황제 직함을 가졌다. 그는 나폴레옹이 1804년 프랑스 제1제국의 황제에 오른 것 때문에 오스트리아의 초대 황제인 프랜시스 1세(Francis I)의 직함을 갖게 되었다. 그리고 1806년 나폴레옹은 라인 동맹을 결성하며 신성로마제국을 해체시켰다. 이에 따라 프란츠 2세는 신성로마제국 황제 직함을 잃게 되고 1835년까지 오스트리아, 헝가리, 크로아티아, 보헤미아 지방 등만을 다스리는 오스트리아 황제 프란츠 1세(Franz I)의 직함만 갖게 되었다.

보나파르트의 이탈리아 방면군은 다음으로 칼 대공이 지휘하는 오스트리아군마저 완전히 격멸시키기 위해 진격해 1796년 5월 밀라노^{Milano}를 점령했다. 그리고 보나파르트는 오스트리아의 최대 저항 거점인 만토바^{Mantova}에 도착했다. 만토바를 구원하고자 하는 오스트리아군과 이를 점령하고자 하는 보나파르트의 프랑스군 사이에 만토바 포위전^{Siege of Mantova}이 시작된 것이다. 카스틸리오네 전투^{Battle of Castiglione}, 아르콜 다리 전투^{Battle of Arcole}, 리볼리 전투^{Battle of Rivoli} 등 양측은 만토바를 둘러싸고 여러 차례의 전투를 치렀다. 승자는 이번 전투의 승리와 함께 프랑스 내에서 엄청난 유명세를 타게 될 보나파르트였다. 다음 해까지 이어진 치열한 전투 끝에 1797년 2월 2일 1만 8,000명의 오스트리아군이 항복하며 보나파르트가 만토바를 점령했다.

북부 이탈리아에서 밀린 오스트리아는 그들의 본토마저 침공당할 절체절명의 위기에 놓이게 되었다. 라인 방면의 프랑스군은 오스트리아의 수도 빈^{Wien}을 향해 다시 공격했다. 북부 이탈리아의 보나파르트 군대 역시 북동쪽으로 방향을 돌려 오스트리아로 향했다. 나폴레옹이 이탈리아 북부에서 오스트리아를 상대로 선전 중이던 1797년 주르당과 모로는 라인 방면에서 군사적 승리를 거두며 기세등등하게 오스트리아를 향해 전진했다. 티롤 방면까지 전진하는 프랑스군의 기세에 놀란 오스트리아는 프랑스에게 4월 18일 레오벤^{Leoben}에서 정전을 제안했고 두 국가 간에 레오벤 강화조약^{Peace of Leoben}이 체결되었다. 그리고 오스트리아는 10월 17일 프랑스와 캄포포르미오 조약^{Treaty of Campo Formio}을 체결했다. 이로써 프랑스에 대항하고 있던 영국을 제외하고 제1차 대프랑스 동맹이 완전히 와해되었다. 한편, 조약 체결 논의가 한창이던 시기에 프랑스는 베네치아 공화국^{Repubblica di Venezia}을 공격했다. 1797년 5월 베네치아 공화국 의회는 항복에 대한 안건을 통과시켰고, 1797년 10월 18일 항복문서에 서명했다. 제1차

●●● 1797년 2월 2일 1만 8,000명의 오스트리아군은 최대 저항 거점인 만토바에서 보나파르트에게 항복했다. 보나파르트는 만토바 포위전에서 승리함으로써 프랑스 내에서 엄청난 유명세를 타게 되었다. 〈출처: WIKIMEDIA COMMONS | Public Domain〉

대프랑스 동맹 전쟁 과정에서 베네치아 공화국은 끝내 멸망하고 말았다.

캄포르미오 조약으로 단순히 제1차 대프랑스 동맹과 혁명 프랑스 간의 전쟁만 끝난 것은 아니었다. 이번 전쟁의 승자인 프랑스는 라인 강 서안 대부분의 영토를 얻는 등 라인란트Rheinland에 대한 지배권을 획득했고 오스트리아령 네덜란드(오늘날의 벨기에와 룩셈부르크 지역)와 롬바르디아를 포함한 북부 이탈리아를 얻었다. 프랑스는 북부 이탈리아에 그들의 정치체제와 같은 공화제를 채택한 치살피나 공화국Repubblica Cisalpina(1797~1802)이라는 꼭두각시 국가를 만들었다. 여기에 더해 프랑스와 오스트리아는 중세시대 지중해의 최강국이었던 베네치아 공화국을 나눠 갖기로 합의했다. 프랑스는 롬바르디아를 자신에게 양도한 오스트리아에게 베네치아 공화국의 영토를 주었고, 자신은 이오니아 제도Ionian Islands를 획득했다.

역시나 전쟁의 승자인 프랑스는 많은 것을 얻었다. 프랑스 혁명정부는 제1차 대프랑스 동맹과의 전쟁 승리를 통해 주변 국가들의 간섭 없이 국내적으로 혁명을 계속 이어나갈 수 있게 되었다. 또한 그들은 전쟁 과정과 결과를 통해 주변 국가들에게 혁명 사상을 전파하게 되었다. 그리고 직접적으로 영토의 확장이라는 눈에 보이는 이득도 취했다. 앞서 이야기한 치살피나 공화국 수립 이전인 1795년 프랑스의 도움으로 네덜란드에 바타비아 공화국Bataafse Republiek(1795~1806)이라는 프랑스 혁명정부의 꼭두각시 국가가 수립되었다. 이와 유사한 꼭두각시 국가로는 제2차 대프랑스 동맹과의 전쟁 시작 즈음인 1798년 3월 프랑스 혁명군이 스위스에 침입하여 세운 헬베티아 공화국République Hélvetique(1798~1803)이 있다. 한편 전쟁을 통해 프랑스 혁명정부만 많은 것을 얻었던 것은 아니다. 무명의 보나파르트가 제1차 대프랑스 동맹 전쟁이 끝나는 시점에 프랑스의 국민적 영웅이 되어 있었던 것이다.

3. 제2차 대프랑스 동맹

위기의 혁명 프랑스를 구한 영웅 보나파르트가 1797년 12월에 이탈리아 전선에서 파리로 돌아왔다. 그러나 혁명정부는 파리에서 보나파르트의 정치적 입지와 영향력이 커지는 것이 못마땅했다. 그들은 젊은 전쟁영웅의 정치적 부상을 막기 위한 방안으로 보나파르트에게 실현 불가능하고 매우 위험한 임무를 맡겼다. 그것은 영국 본토 상륙작전이었다.

 캄포르미오 조약 체결 이후에도 강력한 해군력을 가진 섬나라 영국만은 여전히 프랑스에 대항하고 있었다. 혁명정부는 보나파르트에게 군사령관의 직책을 주며 프랑스군을 이끌고 영국 본토에 상륙해 영국을 굴복시키라는 지시를 내렸다. 군사적 천재인 보나파르트는 이내 이것이 독이 든 성배임을 알았다. 영국이 제해권을 장악하고 있었기 때문에 프랑스 해군이 영국 해군을 제압하고 대규모 프랑스군을 영국 해변에 상륙시키는 것 자체가 불가능한 상황이었다. 그래서 보나파르트는 혁명정부 내 정치인들이 만든 함정을 빠져나갈 묘안으로 1798년 이집트 원정을 구상해냈다. 보나파르트의 이집트 원정 목표는 중동 지역 내 영국의 정치와 경제적 이익을 차단하고 이 지역에서 영국의 무역을 무력화시키는 동시에 새로운 식민지를 개척하는 것이었다.[46] 게다가 프랑스의 이집트 점령은 영국의 해외 식민지들 중 가장 중요한 위치를 차지하고 있는 인도까지 위협할 수 있었다.

 사령관 보나파르트는 이집트 원정을 비밀리에 수개월간 준비한 후 4만 명의 병력과 함께 1798년 5월 툴롱항에서 이집트를 향해 출항했다. 이들은 가는 길에 있던 지중해의 몰타Malta 섬을 쉽게 점령한 후 7월 1일 이집트의 알렉산드리아Alexandria에 상륙했다. 보나파르트의 강력한 프랑스군은 형편없는 장비로 무장했을 뿐만 아니라 훈련이 덜 되어 있던 군

●●● 1798년 8월 1일 호레이쇼 넬슨 제독이 지휘하는 영국 함대가 이집트 나일 강 입구 아부키르만(Aboukir Bay)에 정박한 프랑스 함대를 공격하고 있다. 보나파르트는 나일 해전에서 패배함으로써 이집트에서도 진퇴양난의 상황에 직면했다. 〈출처: WIKIMEDIA COMMONS | Public Domain〉

대에 맞서 연일 승전보를 전했고, 수주일 만에 카이로Cairo까지 점령했다.

그런데 문제가 발생했다. 호레이쇼 넬슨Horatio Nelson(1758~1805) 제독이 이끄는 영국 해군은 아부키르Aboukir만에 주둔하며 보나파르트의 이집트 원정군을 지원하던 프랑스 해군을 1798년 8월 1일부터 이틀간 실시된 해전을 통해 섬멸했다. 바로 넬슨의 유명한 해전 중 하나인 나일 해전Battle of the Nile이었다. 이 때문에 보나파르트는 이집트에서도 진퇴양난의 상황에 직면했다. 이는 이집트 원정군의 병참선이 끊긴 것을 의미하기도 했다.

보나파르트가 이집트에 고립되었다는 소식은 북이탈리아를 프랑스에게 내어준 오스트리아를 비롯한 대부분의 유럽 국가들에게는 호기였다.

그리고 그들은 제2차 대프랑스 동맹으로 다시 뭉쳤다. 먼저 오스만 제국이 1798년 9월 8일 프랑스에 선전포고를 선언하며 동맹 결성의 포문을 열었다.[47] 이집트가 오스만 제국의 영토였기에 그들의 영토를 침범한 프랑스에 선전포고를 하는 것은 당연한 일이었다.

1798년 5월 19일 나폴리 왕국과 오스트리아 간의 동맹으로 시작된 제2차 대프랑스 동맹 결성 움직임은 지지부진한 상태였고 다른 국가들의 참여가 이루어지지 않고 있었다. 그러나 오스만 제국의 프랑스에 대한 선전포고와 함께 분위기가 변했다. 1798년 12월 1일 나폴리왕국이 러시아, 영국과 동맹을 맺었다. 그리고 러시아는 12월 23일 오스만 제국과, 12월 26일에는 영국과 동맹을 맺었다. 그리고 3달 뒤에 오스트리아마저 제2차 대프랑스 동맹에 가담했다.[48]

1799년 오스트리아군은 보나파르트가 없는 틈을 타 북이탈리아에 주둔 중이던 프랑스군에게 공세를 가했다. 러시아까지 가담한 이 공세로 인해 프랑스군은 제노바Genova까지 후퇴하게 되었다. 라인 방면에서도 오스트리아군은 프랑스군과 대치했고, 현재 스위스 지역에 위치한 헬베티아 공화국Helvetic Republic에서는 프랑스와 오스트리아, 러시아 동맹군 사이에 치열한 일진일퇴의 공방전이 이어졌다. 9월 25일 프랑스군의 장군 마세나가 취리히Zürich에서 동맹군을 격파하고 러시아군을 스위스에서 퇴각시키는 데 성공을 거두기도 했다.

전황이 불리하게 돌아가자 프랑스 내부의 정치적 상황이 급변하게 되었다. 이집트에 있던 보나파르트도 국민들이 프랑스 총재정부*를 원망

---

* 혁명 이후 프랑스 내 정치 주도권이 여러 차례 바뀌면서 혁명 세력은 정치체제 등에 따라 다양한 이름을 갖고 있었다. 나폴레옹의 쿠데타 직전은 총재정부였다. 5인이 이끄는 총재정부는 '테르미도르 반동' 이후 자코뱅의 공포정치 종결과 함께 시작되었다.

하고 있으며, 파리의 정치 상황이 급박하다는 소식을 들었다. 넬슨 제독에 의해 해상 병참선이 차단된 후 이집트와 시리아 전역에서 고립되어 고전을 면치 못하던 보나파르트는 파리의 상황이 급변하자 1799년 8월 23일 자신의 모든 권한을 부하 장군에게 넘기고 이집트를 탈출했다. 이후 1801년 9월 프랑스의 이집트 원정군은 병참 문제 등 여러 어려움 속에서 항복을 선택했다.

한편 프랑스로 귀환한 보나파르트는 1799년 11월 9일 '브뤼메르 18일의 쿠데타Coup of 18 Brumaire'를 일으킨다. 쿠데타가 일어난 날이 프랑스 공화력으로 '안개의 달(무월)'이라는 뜻의 브뤼메르 18일에 일어났기 때문에 그러한 명칭이 붙었다. 이는 그가 혁명 초창기의 인물인 에마뉘엘 조제프 시에예스Emmanuel Joseph Sieyès(1748~1836) 등과 연합해 5인의 총재정부를 무너뜨리고 통령정부를 수립한 사건이었다. 이전의 정치적 혼란에 염증을 느끼던 대중은 침묵이라는 형태로 쿠데타를 지지했고, 자코뱅Jacobins파들이 지방에서 일으키려던 봉기는 중앙정부에 의해 쉽게 진압되었다. 역사학계에서는 보나파르트가 황제 등극 이전에 이 쿠데타로 프랑스 혁명이 사실상 종결되었다고 평가하기도 한다.

보나파르트는 쿠데타 이후 채택된 새로운 헌법에 따라 선거로 프랑스 내의 실권을 쥐게 되었다. 보나파르트는 총재정부를 대체한 3인 체제의 통령정부 가운데 제1통령(제1집정관)이라는 직함을 얻은 후 국내적으로 여러 개혁 정책을 추진했다.[49] 그리고 그는 유럽의 군주들에게 강화를 제안했으나 그의 제안은 거부당했다.[50] 이에 따라 보나파르트는 북부 이탈리아에서 오스트리아군과의 전쟁을 재개할 수밖에 없었다.

●●● 자신의 모든 권한을 부하 장군에게 넘기고 이집트를 탈출한 보나파르트는 프랑스로 귀환해 1799년 11월 9일 '브뤼메르 18일의 쿠데타'를 일으켜 통령정부를 수립하고 프랑스 혁명을 사실상 종결시켰다. 〈출처: WIKIMEDIA COMMONS | Public Domain〉

마렝고 전투

이탈리아 전역에서 멜라스^{Michael von Melas}(1729~1806)가 지휘하는 오스트리아군은 수적으로 마세나의 프랑스군을 압도하고 있었다.[51] 오스트리아의 장군 오트^{Peter Karl Ott von Bátorkéz}(1738~1809)가 이끄는 2만 4,000명의 군대는 1800년 4월 중순 공세를 통해 북부 이탈리아에 주둔 중인 프랑스의 마세나 군대 1만 2,000명을 제노바로 몰아내는 동시에 포위했다. 3만 명의 병력을 보유한 오스트리아군 사령관 멜라스는 마세나의 예하 장군 술트가 이끄는 7,000명의 잔여 병력을 추격하여 서쪽의 니스^{Nice} 방면으로 멀리 몰아냈다.[52]

프랑스군이 수세에 몰리자 보나파르트는 이탈리아 방면으로 출정할 수밖에 없는 상황에 몰렸다. 그는 1800년 5월 14일 5만 1,400명의 병력을 대동하고 제노바를 지나 생 베르나르 고개^{Great St. Bernard Pass}를 통해 알프스 산맥을 넘었다.[53] 나폴레옹의 예하 부대는 알프스 산맥의 다른 고개를 넘어 이탈리아로 진입했다. 동시에 그는 모로에게 남부 독일에서 오스트리아군을 몰아내라고 명령했다. 이는 스위스를 지나 이탈리아로 진입하는 주력 부대의 병참선을 지키기 위한 방안이었다.

북부 이탈리아 진입에 성공한 보나파르트는 곧장 마세나의 군대를 구하는 대신 더 큰 그림을 그리고자 다른 전략적 선택을 결정했다. 그는 동쪽으로 80km가량 행군해 6월 2일 밀라노^{Milano}를 점령했다. 이는 제노바에 있는 마세나의 군대를 포위하고 있는 오스트리아군의 병참선을 차단해 적의 군대 전체를 위협하려는 과감한 작전계획이었다. 밀라노에 진입한 후 보나파르트는 남쪽으로 군대를 이동시켜 포^{Po} 강을 건넜다. 그는 강 남쪽에서 오스트리아군과 조우하리라고 예상했다. 그 이유는 오스트리아군이 프랑스군에 의해 차단될 위기에 놓인 동쪽의 병참선을 개방시키기 위해 제노바 포위에 투입한 오스트리아 부대의 일부를 전환시킬 것으로 생각했기 때문이었다.

그런데 보나파르트의 예상과 달리 오스트리아군의 오트 장군이 이끄는 부대에게 제노바에서 포위당해 있던 마세나의 군대가 더 이상 버티지 못하고 6월 4일 항복을 선언했다. 이는 오스트리아가 대규모 부대를 보나파르트의 주력과의 전투에 투입할 수 있게 되었음을 의미했다. 이러한 변화에도 불구하고 보나파르트는 예하 장군 란이 6월 9일 몬테벨로Montebello에서 오스트리아 오트 장군의 부대를 격파하자 승리에 대한 자신감이 고조되었다.

자신이 적을 수세로 몰고 있다고 생각한 보나파르트는 멜라스의 오스트리아군이 자신과의 전면전 대신 확보된 제노바로 후퇴해 그곳에서 항전할 것으로 판단했다. 따라서 그는 제노바로 후퇴할 것으로 예상되는 오스트리아군을 포위섬멸하고자 부대를 나눠 이동시켰다. 그러나 오히려 멜라스는 니스에서 돌아와 보나파르트의 군대를 함정에 빠뜨렸다. 마세나의 항복으로 병력 운용에 있어 융통성이 생긴 오스트리아군 사령관 멜라스는 신속하게 그의 군대를 제노바 북쪽으로 50km가량 떨어져 있던 알레산드리아Alessandria로 병력을 집중시킬 수 있었다. 이때 보나파르트는 오스트리아군의 계획을 모르고 그들이 기다리고 있던 알레산드리아를 향해 자신의 병력을 이끌고 진군했다.

1800년 6월 13일 보나파르트가 지휘하는 프랑스군의 주력은 보르미다Bormida 강이 흐르고 있는 마렝고Marengo 평원에 숙영지를 편성했다. 이 평원은 알레산드리아로부터 약 1.6km 정도 동쪽에 있었다. 6월 14일 이른 시간 2만 9,096명으로 구성된 멜라스의 오스트리아군은 알레산드리아에서 동쪽 방향으로 전진해 보르미다 강을 건너 마렝고에 있는 프랑스군을 공격하기 시작했다.

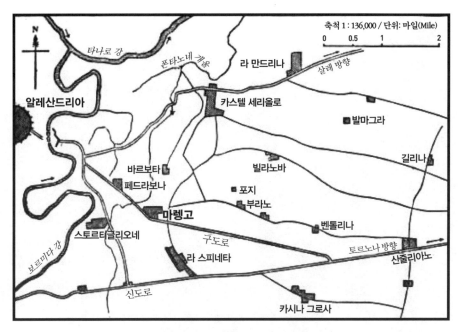

〈1800년 6월 마렝고 전투 지도〉

초기 오스트리아군의 미숙한 공격에도 불구하고 적의 갑작스러운 출현에 당황한 프랑스군 1만 8,000명은 뒤로 물러날 수밖에 없었다. 시간을 벌기 위해 보나파르트는 그의 예비대를 활용해 오스트리아군을 멈춰 세우려고 했으나 실패했다. 수적 열세와 탄약의 부족으로 프랑스군은 초기 전투에서 패했다. 보나파르트는 제노바를 포위하기 위해 부대를 분산시켰던 것이 뼈아팠다. 순간적으로 전투가 멈추자, 그는 약 5km 정도 철수를 감행한 후 예하 지휘관들과 가용한 대응 방안에 대해 논의했다.

위기의 순간 드제$^{Louis\ Desaix}$(1768~1800)의 군단 병력 8,900명이 시의적절하게 프랑스군을 구출하기 위해 도착했다. 이들은 보나파르트의 명령에 따라 주력으로부터 떨어져 있던 부대였다. 지원군이 도착하자 보나파르트는 다시 전투를 재개했다. 포병과 기병의 지원하에 드제의 보병은

●●● 1800년 6월 14일 이탈리아 피에몬테주(州) 알레산드리아 근교 마렝고 평원에서 멜라스가
이끄는 오스트리아군의 기습 공격을 받은 보나파르트가 이끄는 프랑스군은 여러 악조건 속에서도
격전 끝에 이들을 물리치고 오스트리아군을 이탈리아에서 몰아냈다. 마렝고 전투의 승리로 인해 보
나파르트는 파리에서 자신의 정치적 영향력을 강화할 수 있었다. 〈출처: WIKIMEDIA COMMONS |
Public Domain〉

용감하게 공격을 개시했다. 그런데 노장이었던 멜라스는 초기 전투의 승
리에 심취해 부하에게 지휘권을 넘기고 전투가 끝나기만을 기다리고 있
었다. 드제를 필두로 한 프랑스의 갑작스런 반격작전에 오스트리아군이
적절하게 대응하지 못했던 것이다. 결국 드제의 반격작전으로 오스트리

아군은 마렝고 전투에서 패배하고 말았다.

프랑스는 승리에도 불구하고 이날의 수훈자인 드제 장군을 잃었다.[54] 프랑스군은 전사자 1,100명, 부상자 3,600명으로 총 사상자가 4,700명에 달했고, 900명이 오스트리아군에게 포로로 잡혔다. 반면에 패배한 오스트리아군은 죽거나 부상당한 병사가 6,000여 명에 달했고, 프랑스군에게 8,000여 명이 포로로 잡혔으며, 대포 40문을 빼앗겼다. 보나파르트는 여러 악조건 속에서도 결과적으로 큰 승리를 거두었던 것이다.

프랑스군의 예비대에 의해 엄청난 손실을 입은 멜라스는 적대 행위를 종료하기 위한 휴전에 동의할 수밖에 없었다. 막대한 피해를 입은 북부 이탈리아 방면 오스트리아군은 보나파르트에게 협상을 제의해 알레산드리아 협정Convention of Alessandria을 체결했다. 이 협정에 따라 오스트리아군은 티치노Ticino 강 서쪽의 북부 이탈리아에서 물러나며 이곳에서의 군사 작전을 중지했다.

마렝고 전투의 패배에도 불구하고 합스부르크의 오스트리아는 프랑스에 대항해 전쟁을 이어갔다. 그러다가 1800년 11월 3일 알프스 이북 호엔린덴Hohenlinden에서 벌어진 전투에서 오스트리아군이 라인 방면의 모로 군대에게 패배하자 오스트리아는 프랑스와의 종전을 선언할 수밖에 없었다. 1801년 2월 오스트리아는 프랑스와 뤼네빌 조약Treaty of Lunéville을 맺음으로써 제2차 대프랑스 동맹은 와해되고 말았다. 이로 인해 오스트리아는 북부 이탈리아와 저지대 지방에 대한 프랑스의 영유권을 재인정할 수밖에 없었다.

프랑스에 대항해 홀로 남은 영국도 1802년 3월 25일 아미앵 조약Treaty of Amiens을 맺었다. 보나파르트 집권 이후 양국 간에 2년 동안 이어져온 협상의 성과였다.[55] 이로써 유럽은 지난 10년간의 오랜 전쟁에서 처음으로 평화의 시기를 맞았다. 아주 짧은 시기였지만, 이러한 평화의 시기에

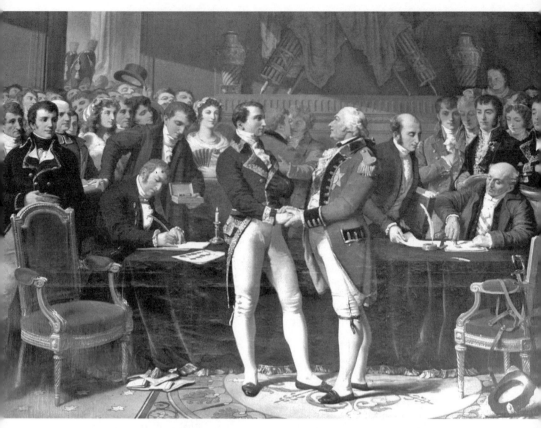

●●● 1802년 3월 25일 아미앵 조약에 서명한 보나파르트(가운데 왼쪽)와 영국의 콘월리스 (Cornwallis). 아미앵 조약 체결로 프랑스는 1794년 이후 유럽에서 얻은 땅의 전부를 영토로 인정 받았으며 보나파르트는 종신 통령으로 선출될 수 있도록 국내 체제를 정비할 수 있었다. 아미앵 조약은 1802년 3월부터 다음해인 1803년 5월까지 약 14개월가량 유지되었는데, 이는 프랑스 혁명 전쟁이 발발한 1792년부터 나폴레옹 전쟁이 종결된 1815년 사이에 유럽 전역에서 전쟁이 없던 유일한 기간이었다. 〈출처: WIKIMEDIA COMMONS | Public Domain〉

보나파르트는 프랑스에 대한 통치권을 공고하게 유지함과 동시에 서유럽의 상당 부분을 지배하게 되었다.

CHAPTER 3

나폴레옹 전쟁 1부: 투키디데스의 함정

1. 제3차 대프랑스 동맹: 나폴레옹 전쟁의 시작

1798년부터 진행되어온 제2차 대프랑스 동맹과의 전쟁은 1802년 3월 25일 체결된 아미앵 조약으로 일단락되었다. 프랑스와 마지막까지 전쟁을 이어오던 영국이 공식적으로 프랑스 제1공화국을 승인하는 것으로 전쟁이 멈춘 것이다. 그런데 아미앵 조약은 불과 420일 후 상호 비방이 오가며 깨져버렸다.[56] 조약이 와해된 근본적 원인은 '투키디데스의 함정Thucydides Trap'과 같았다. 투키디데스는 『펠로폰네소스 전쟁사History of the Peloponnesian War』에서 아테네의 부상이 스파르타에게 심어준 두려움이 전쟁을 피할 수 없게 만들었다고 기록했다.[57] 미국의 한 정치학자는 이를 인용해 새로운 강대국의 흥기가 기존의 강대국을 두려워하게 만들고 이 과정에서 전쟁이 불가피하다는 '투키디데스의 함정'이라는 용어를 탄생시켰는데, 나폴레옹 전쟁이 바로 그랬다.[58]

구체적으로 나폴레옹의 영토적 야심이 아미앵 조약을 깨는 데 결정적 역할을 했다. 그는 전 세계적으로 프랑스의 식민 제국 부활을 위한 노력

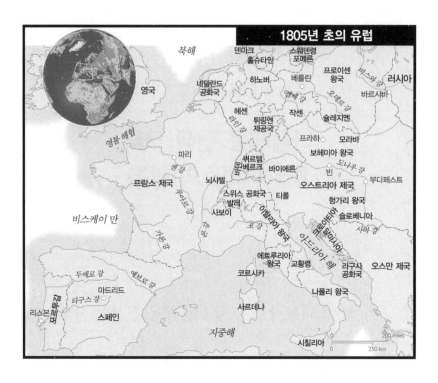

을 지속했다. 또한 그는 네덜란드, 스위스, 이탈리아, 그리고 독일 지역에
대한 자신의 영향력 확장에 열을 올리기도 했다. 이러한 그의 영토적 야
심에 다른 유럽 국가들은 분노와 걱정을 표했다. 이것은 1805년 4월부
터 8월까지 영국, 오스트리아, 러시아 간의 제3차 대프랑스 동맹에 관한
비밀 논의로 이어졌고, 이로 인해 유럽은 다시 전쟁에 돌입했다. 구체적
으로 1805년 8월 9일 오스트리아가 영국 외교관들과 협상한 후 비밀리
에 영국과 러시아가 만든 제3차 대프랑스 동맹에 합류하기로 했다. 곧이
어 나폴리 왕국과 스웨덴도 제3차 대프랑스 동맹에 합류했다. 이 동맹은
프랑스와 프랑스의 동맹국이자 꼭두각시 국가인 스페인, 네덜란드, 피옴
비노Piombino, 바이에른Bavaria, 바덴Baden, 뷔르템베르크Württemberg, 헤센-다름
슈타트Hesse-Darmstad 등 작은 공국들에 대항해 맺어진 것이다.[59]

오스트리아 황제 프란츠 2세는 동생 칼 대공이 아직 군사적으로 준비

가 되어 있지 않다는 조언에도 불구하고 프랑스와의 전쟁을 주도했다. 러시아는 적어도 5만 명의 병력을 지원하기도 했다. 그리고 영국은 지중해에 있는 군대의 파견과 함께 엄청난 전비를 지원하기로 했다. 그들의 목표는 공세적 작전을 통해 저지대 국가와 이탈리아에서 프랑스를 몰아내는 것이었다. 오스트리아는 북이탈리아 영토를 회복하기 위해 러시아와 함께 라인 지역을 가로질러 서쪽으로 진격할 계획이었다.

황제 나폴레옹과 군사혁신[60]

아미앵 조약이 체결된 이후부터 오스트리아가 독일 쪽으로 침공을 시작해 본격적인 전쟁이 시작된 1805년 9월 사이에 프랑스 군대는 엄청난 성장을 이루었다. 그리고 그 중심에는 나폴레옹이 있었다. 나폴레옹 보나파르트는 서서히 자신의 권력을 강화해나가는 한편, 10년의 임기를 종신으로 늘리는 데 성공했다. 그리고 1804년 12월 2일 스스로 황제의 자리에 오른다. 이로써 프랑스 제국이 탄생했다. 황제의 자리에 오른 나폴레옹 보나파르트는 더 이상 보나파르트가 아닌 나폴레옹 황제로 불리게 되었다. 성姓인 보나파르트는 왕조명이 되었고, 이름인 나폴레옹은 황제명이 된 것이다. 이제야말로 그는 프랑스 내에서 완벽하게 권력을 장악한 것이었다. 그는 내부적으로 엄청난 개혁을 실시해 대중적인 인기를 얻게 되었을 뿐만 아니라 앞으로 있을 전쟁을 위한 기반을 닦게 된다.

그런데 나폴레옹이 천재 군사전략가의 대명사인 것은 맞지만, 이 시기 전 유럽을 휩쓸었던 나폴레옹의 군대를 그가 홀로 새롭게 만들어낸 것은 아니었다. 그는 프랑스 혁명이 만들어낸 국민주권 사상과 많은 인구, 애국심, 그리고 프랑스군의 군사적 전통과 무기체계의 토대 위에서 군사적 천재로서 자신의 전략·전술을 발휘했던 것이다.[61] 특히 프랑스는 패

●●● 1804년 12월 2일 파리 노트르담 대성당에서 거행된 나폴레옹 1세의 대관식 장면. 황제의 자리에 오른 나폴레옹은 월계관을 쓰고 앞으로 나와서 무릎 꿇고 앉은 황후 조제핀 드 보아르네 (Joséphine de Beauharnais)에게 왕관을 수여하고 있다. 황제가 된 나폴레옹은 내부적으로 엄청난 개혁을 실시해 대중적인 인기를 얻게 되었을 뿐만 아니라 앞으로 있을 전쟁을 위한 기반을 닦게 된다. 〈출처: WIKIMEDIA COMMONS | Public Domain〉

배의 아픔을 주었던 18세기 중엽 7년 전쟁 이후 군대를 크게 변화시키기 위해 노력해왔는데, 프랑스 혁명이라는 사건과 나폴레옹이라는 인물의 등장으로 그 결실을 맺게 되었다.

프랑스 혁명으로 인해 명실상부한 국민군이 등장했다. 프랑스 국민군은 앙시앵레짐의 프랑스 왕실 군대에 비해 규모만 큰 것이 아니었다. 국민군은 왕에 대한 충성심이 없는 하층 계급 병사들로 구성된 왕실 군대와 달랐다. 새로운 군대는 조국에 대한 충성심으로 뭉쳐 있었기 때문에 탈영 비율이 현저히 낮았다. 프랑스 혁명의 시대에는 무기, 교통, 통신수단과 같은 전쟁과 관련된 기술을 비롯해 행정조직까지 발달했다.[62] 이제는 전쟁을 위한 자원 동원에 있어서도 이전과 다른 양상을 보였다. 과거의 전쟁이 규모와 목표, 목적, 그리고 수단 측면에서 제한적인 형태로 한정될 수밖에 없었던 것에 반해, 프랑스 혁명 이후의 전쟁은 국가의 병력과 자원 등 모든 것이 동원되는 총력전 형태가 된 것이다. 이렇게 혁명과 나폴레옹 등장 이후의 19세기 전쟁은 섬멸전의 성격을 띠게 되었다.

구체적으로 나폴레옹이 과거의 군사적 전통을 기반으로 자신의 군대를 혁신한 내용은 화포의 운용, 병참과 기동 속도, 우회 기동과 결정적 지점으로의 전투력 집중, 사단·군단 편제, 그리고 대형과 기병 운용 등을 들 수 있다. 이것들은 무기의 발달과 같은 '과학science'의 발전을 기반으로 하기도 하지만 '술art'의 영역인 전술·전략적 진보이기도 했다. 먼저 설명할 혁신은 포병이 사용하는 화포의 질적 향상과 나폴레옹의 포병 운용술이다. 포병으로 임관한 나폴레옹은 툴롱항 포위전에서 포병 지휘관으로서 자신의 역량을 보여주며 승승장구하게 된다. 나폴레옹이 사용한 화포는 1740년경 스위스 출신 화포 제작자인 마리츠Jean Maritz(1680~1743)와 그의 아들이 새로운 기술인 주물로 제작한 것이었다. 그 덕분에 프랑스의 화포는 이전의 것과 달리 포신의 두께가 일정했고 사용하기에 안정성이 높았다. 게다가 프랑스는 경량화된 화포를 사용해 보병대와 보조를 맞춰 화포의 이동을 가능하게 했다. 공성전만이 아니라 평원에서의 전투에도 유용한 무기가 된 것이다.

여기에 더해 7년 전쟁 당시 프랑스군으로 활약한 그리보발Jean-Baptiste Vaquette de Gribeauval(1715~1789) 장군은 1760년대 야전 공격용 포병 전술까지 고안했고, 이것은 1776년 프랑스군에 정식으로 채택되었다. 구체적인 그의 전술은 화포의 포신과 구경의 크기를 줄여 화포를 경량화시켰고, 운반용 포가砲架를 개량해 그 성능을 높였다. 경량화에 따라 견인 방식도 기존의 황소가 아니라 말로 대체되었다. 그리보발은 조준장치와 사격 각도를 정확히 반복적으로 변경 가능한 장치를 포에 부착시켰고, 포탄의 무게도 4파운드, 8파운드, 12파운드로 통일하여 발사 속도를 단축하는 등 포병의 전반적인 효율성을 높였다. 결과적으로 그리보발의 개혁으로 인해 포병의 기동력과 정확도가 향상됨으로써 포병의 역할과 중요성은 전쟁터에서 보병, 기병과 어깨를 나란히 하게 되었다.

나폴레옹은 이렇게 향상된 포병을 적극 활용해 주변 유럽 국가들의 군대를 자신 앞에 무릎 꿇게 만들었다. 그는 유리한 위치를 선점한 후 다량의 화포를 자신의 결정적 전투 지점을 향해 집중적으로 배치·운용했다. 그는 포병 집중사격으로 적의 대형을 순식간에 와해시킨 후 이어서 보병대가 진격해 적을 섬멸했다. 포병 무기는 7년 전쟁을 거치며 변화한 것이 사실이다. 그러나 이를 효과적으로 보병대와 연계해 집중 운용한 것은 나폴레옹의 장기였고, 나폴레옹이 승리한 전쟁에는 항상 이러한 포병의 운용이 돋보였다.

나폴레옹의 병참 운용과 사단·군단의 독립적 전투, 신속한 기동, 그리고 우회 기동을 통한 적 후방 차단은 독립된 혁신이 아니라 상호 연계되어 있었다. 프랑스 혁명의 원인은 국가 재정의 위기였다. 혁명전쟁 초

◈ **대육군** ◈

통상 나폴레옹 전쟁 시기 나폴레옹 황제가 지휘했던 프랑스 제국의 다국적 군대를 '대육군Grande Armée'이라 부르고 있다. 그러나 엄밀하게는 나폴레옹이 연전연승하며 전성기를 구가하던 1805부터 1807년 시기의 프랑스 출신으로 구성된 육군을 말한다. 이들의 기원은 상륙작전을 통해 영국 침공을 준비하기 위해 프랑스 북부 해안가인 불로뉴Boulogne 지역에 1804년 결집했던 약 10만 명 이상의 프랑스 육군이었다. 이들 프랑스 육군의 규모는 시간이 흐르면서 규모 면에서 더 커졌고 강도 높은 훈련을 통해 정예부대가 되었다.

그런데 이들은 강력한 해군력을 바탕으로 한 번도 프랑스에게 무력으로 굴복당하지 않았던 영국으로 침공한 적은 없었다. 불로뉴 지방에서 상륙을 준비하던 프랑스 육군은 나폴레옹의 팽창 야욕에 반기를 들고 1805년 제3차 대프랑스 동맹을 맺은 오스트리아와 러시아를 징벌하기 위해 동유럽 지역으로 전용되었다. 체계적으로 훈련되었을 뿐만 아니라 나폴레옹의 대우회 기동과 섬멸전을 이해했던 프랑스 육군은 1805년부터 1807년까지 일련의 전투에서 연전연승을 하며 그 명성을 키웠다. 이때 이들은 '대육군'이라는 별칭을 갖게 되었다.

기 경제적으로 어려웠던 혁명정부는 자국의 군대를 위해 충분한 식량과 군수품을 조달하는 데 큰 어려움을 겪었다. 심지어 국민총동원령에 따라 애국심에 기반하여 편성된 100만 명이 넘는 대군을 지원하기에는 프랑스의 사정이 매우 열악했다. 그러나 국내에서 외국군과의 전쟁 시에는 해결 방법이 마땅치 않았지만, 프랑스가 국경을 넘어 라인란트에서 전쟁을 시작하자 '현지 조달live off the land'을 통해 직접 조달이 어려웠던 병참의 문제가 해결되었다. 그리고 나폴레옹은 전쟁 간 국내로부터의 대규모 병참선을 유지하는 대신 대부분 현지 조달을 통해 대육군Grande Armée의 병참을 해결하며 큰 승리를 거두었다.

프랑스가 적용한 현지 조달 방식은 프랑스 혁명 1세기 이전 말버러 공

존 처칠John Churchill, Duke of Marlborough(1650~1722)이 적용했던 보급품의 직접 조
달 방식을 되돌린 것이었다. 말버러는 그 이전부터 당연하게 여겨지던
현지 조달 방식의 전통을 깨고 미리 구매해 준비한 보급품을 마차 또는
선박과 같은 운송 수단을 이용해 전쟁터로 나르는 방식으로 원정군을
지원하도록 시스템을 적용했다. 이렇게 함으로써 현지인들과의 협력에
도움이 되었을 뿐만 아니라 군대에 안정적으로 식량을 보급할 수 있었
던 것이다.

●●● 1708년 스페인 왕위 계승 전쟁 당시 영국·오스트리아·네덜란드·프로이센 연합군이 프랑스군을 상대로 벨기에의 오우데나르데(Oudenarde)에서 맞붙은 오우데나르데 전투(Battle of Oudenarde)에서 영국군을 지휘하고 있는 영국군 총사령관 말버러 공작의 모습(왼쪽 백마를 탄 사람). 말버러는 그 이전부터 당연하게 여겨지던 현지 조달 방식의 전통을 깨고 미리 구매해 준비한 보급품을 마차 또는 선박과 같은 운송 수단을 이용해 전쟁터로 나르는 방식으로 원정군을 지원하도록 시스템을 적용했으나 나폴레옹의 군대는 현지 조달에 기반한 빠른 기동 속도를 바탕으로 항상 적의 예상보다 빨리 기동하여 전략적으로 유리한 고지를 선점한 후 적과의 결전을 벌일 수 있었다.
〈출처: WIKIMEDIA COMMONS | Public Domain〉

말버러가 주창한 선한 의지의 중요성에도 불구하고, 보급이 부족한 상황에서 현지 조달은 프랑스에게 반드시 필요했다. 이외에도 현지 조달은 나폴레옹의 프랑스군의 빠른 이동을 가능하게 했다. 나폴레옹에 의해 강도 높은 훈련을 받은 병사들은 최소한의 식량만을 휴대했기에 더 빠르게 이동할 수 있었다. 기존 군대의 행군 속도가 1분당 70보 정도였다면, 경량화된 군장만을 멘 나폴레옹의 군대는 1분당 120보의 속도로 이동해 하루 20~30km 정도 행군할 수 있었다. 게다가 느린 우마차의 병참 부대를 기다리지 않아도 되었다. 따라서 나폴레옹의 군대는 항상 적의 예상보다 빨리 기동해 전략적으로 유리한 고지를 선점한 후 적과의 결전을 벌일 수 있었다.

나폴레옹의 군대는 현지 조달에 기반한 빠른 기동 속도를 바탕으로 적 후방으로 우회해 적의 퇴로와 병참선을 차단할 수 있었다. 그리고 퇴로가 차단된 상황으로 인해 사기가 극도로 떨어진 적은 항복하거나 나폴레옹과 불리한 결전을 강요당하고 섬멸될 수밖에 없었다. 반대로 현지 조달에 의존한 나폴레옹군은 적에 의한 후방 병참선 차단 위협이 없었다. 다시 한 번 강조하면 프랑스는 원정군이었기에 자국에서 전쟁하는 적군들이 할 수 없었던 현지 조달을 쉽게 할 수 있었고, 이를 전술·전략적으로 잘 이용했다. 그러나 여러 장점에도 불구하고 이베리아 반도 전쟁과 러시아 원정 기간, 상대국의 초토화 전술에 의해 나폴레옹의 현지 조달은 큰 취약점을 드러냈고, 나폴레옹 제국을 몰락시키는 큰 원인이 되기도 했다.

기동성과 연계된 나폴레옹의 또 다른 혁신은 사단과 군단 편제의 도입이었다. 나폴레옹은 효과적인 병력 운용을 위해 그동안 독립적으로 운용되던 보병과 포병, 그리고 기병을 하나로 묶어 사단이라는 단위로 혼합 편성시켰다. 이들은 각기 다른 기동로를 사용해 목표를 향해 이동함으로써 병목현상을 피했다. 이는 부대의 기동 속도를 향상시키고 안정적인 현지 조달을 가능케 했다. 사단은 여러 병과를 동시에 운용했기 때문에 독립적인 제병 협동 전투가 가능했다. 그러나 분산되어 있던 사단들은 동시에 하나의 군사적 목표를 위해 협조된 작전도 가능했다. 2, 3개사단을 모아 군단 편제를 만들 수도 있었다. 이처럼 사단 단위로 나뉜 나폴레옹의 부대는 빠른 기동 속도는 물론이고 군사적 목표에 따라 융통성 있게 독립 또는 협조된 전투가 가능했다.

이외에도 나폴레옹은 전술적으로도 여러 혁신적인 면모를 보였다. 먼저, 그는 프랑스의 전통적인 대형인 종대 대형column과 함께 융통성 있게혼합 대형을 사용했다. 스웨덴군과 프로이센군이 주로 사용한 선형 대형에 비해 종대 대형은 신속한 이동과 전환이 용이했을 뿐만 아니라 굴곡진 지형에서의 이동에 유리했다.[63] 나폴레옹은 상황에 따라 종대 대형과선형 대형을 자유자재로 사용하는 혼합 대형을 통해 큰 군사적 성과를거뒀다. 또한 그는 기병을 잘 활용했다. 그의 기병은 정찰과 엄호라는 전투의 보조적 역할만이 아니라 전투 초기 적진 돌격을 통해 적군 대형의와해 등 결정적 역할을 맡았다.

결과적으로 현지 조달에 의존하는 나폴레옹의 군대는 신속한 기동으로 적의 후방과 병참선을 차단했고, 그의 부대는 사기가 떨어진 적보다유리한 고지에서 결정적 전투를 준비했다. 그의 포병은 규격화된 화포를집중 운용해 적의 대형을 와해시켰고 이어진 기병과 보병의 돌격은 적의중앙을 돌파해 적군을 둘로 분리했다. 그리고 분리된 적의 부대는 나폴레옹의 부대에게 각개격파를 당하는 처지에 놓이게 되었다. 그렇다고 나폴레옹이 모든 것을 새롭게 창조해낸 것은 아니었다. 군사적 혜안을 가진 그는 이전의 군사적 전통과 과학기술의 진보들 중에서 승리에 필요한것들을 취합해 자신의 군대에 효과적으로 적용한 인물이었다. 또한 그는 이를 군사적으로 잘 활용하고 운용해 위대한 승리를 거둘 수 있었다.

울름 전역

혁명 전쟁을 겪으면서 프랑스군에는 많은 변화가 일어났다. 특히 나폴레옹이 종신 통령에 취임한 이후 그의 군대는 급격히 진보했다. 반면, 유럽의 군대는 이전과 큰 차이가 없었다. 예를 들어, 오스트리아군은 여전히 18세기 군의 모습과 방식에 머물러 있었다. 대표적으로 합스부르크 왕가의 대공들이 군사적 전문성과 상관없이 군사령관 등의 군내 고위 직책을 맡았다. 게다가 프랑스와의 전쟁을 위해 3개 군으로 나뉜 오스트리아군 지휘관은 모두 오스트리아 황제 프란츠 2세의 형제였던 대공들이었다.

1805년 9월 초 오스트리아군은 3개 군으로 나눠 전선을 형성하여 서쪽으로 진격하며 프랑스와의 전쟁에 돌입했다. 가장 오른쪽의 부대는 페르디난트 대공Archduke Ferdinand(1781~1850)이 맡았는데, 참모장인 장군 마크Karl Freiherr Mack von Leiberich(1752~1828)가 그를 보좌하며 실질적으로 군을 이끌었다. 그의 군대는 바이에른으로 진군했다. 중앙은 요한 폰 외스터라이히 대공Archduke Johann von Österreich(1782~1859)의 군대가 위치했다. 그의 군대는 티롤에서 방어 임무를 수행하는 것이었다. 왼쪽은 3개 군대 중 가장 규모가 컸던 칼의 군대가 맡았다. 그의 군대는 북부 이탈리아 아디Adige 강의 동쪽에 있는 베로나Verona를 점령했다. 오스트리아 군대는 러시아가 진군해와 페르디난트 대공의 우측에 진지를 구축해 전선의 제일 오른쪽을 맡아주리라 기대했다.

전체적인 계획은 요한과 칼의 군대가 스위스와 이탈리아를 통과해 프랑스로 진군하는 동안 마크가 이끄는 페르디난트 대공의 군대와 러시아군이 연합하여 스트라스부르Strasbourg를 공격하며 프랑스로 진격하는 것이었다. 마크는 이러한 계획의 실행에 있어 러시아군을 기다리기보다 신속히 뮌헨München을 지나 울름Ulm 방향으로 서진해 빠른 승리를 거두고자 했다. 이 같은 계획을 수립한 이유는 바이에른 사람들이 프랑스의 지원을 기다리기 위해 후퇴할 것으로 예상했기 때문이었다. 마크는 프랑스군이 11월 중순에나 스트라스부르 인근 방향에서 공격해올 것이라 예상했기 때문에 프랑스군과 조우하기 전까지 러시아군이 울름에 도착해 자신의 부대를 강화시킬 충분한 시간이 있다고 판단했다.

한편, 나폴레옹은 오스트리아가 바이에른을 침공하려 한다는 것을 인지하자마자 남부 독일에서의 결전을 신속하게 준비했다. 영국 침공 계획에 따라, 영국해협을 건너고자 불로뉴에서 대기 중이던 나폴레옹의 대육군은 1805년 8월 26일 야영 텐트를 접고 행군에 나섰다. 조아생 뮈라Joachim Murat(1767~1815)의 기병대가 선두를 맡은 가운데, 약 20만 명의 대육군은 7개 군단으로 나뉘어[66] 각기 다른 행군로를 통해 라인 방면으로 대우회 기동을 시작한 것이다. 1군단은 베르나도트Jean-Baptiste Bernadotte(1763~1844), 2군단은 마몽, 3군단은 다부Louis-Nicolas Davout(1770~1823), 4군단은 술트, 5군단은 란Jean Lannes(1769~1809), 6군단은 네Michel Ney(1769~1815), 7군단은 오제로Charles-Pierre Augereau(1757~1816)가 지휘관을 맡았다. 당시의 행군 속도는 엄청났다. 일부 부대의 경우 하루 30km 이상 행군했으며 2주 안에 200~300km 거리를 행군으로 주파했다. 나폴레옹 부대의 선두 병력이 9월 25일경 라인 강 도하에 성공했다. 한편, 8월 말 나폴레옹은 주르당 대신 마세나를 이탈리아 방면 프랑스 육군의 지휘관으로 임명했다.

나폴레옹은 매우 과감한 전략을 택했다. 그는 예하 군단들의 우월한 기동성과 교외 지역에서의 생존 능력을 최대한 이용하기로 했다. 마세나

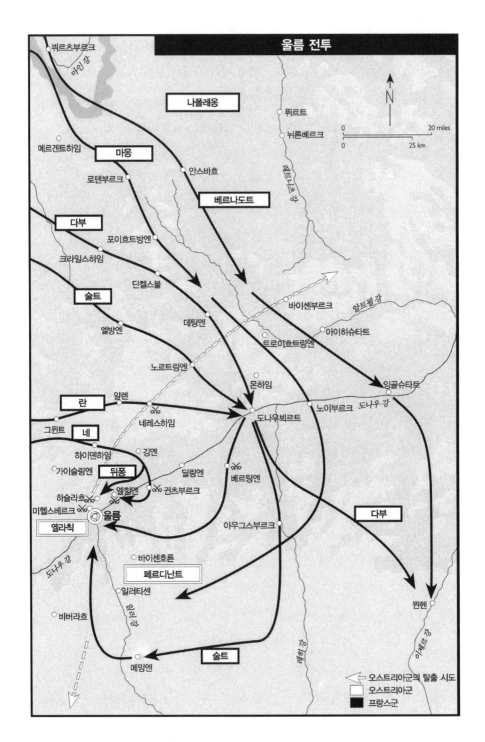

울름 전투

뷔르츠부르크
마인 강
나폴레옹
퓌르트
뉘른베르크
0   20 miles
0   25 km
메르겐트하임
마몽
로텐부르크
안스바흐
베르나도트
레트니츠 강
다부
포이흐트방엔
크라일스하임
딘켈스뷜
술트
데팅엔
바이센부르크
알트뮐 강
엘방엔
아이히슈타트
트로이흐트링엔
노르트링엔
몬하임
잉골슈타트
란
알렌
노이부르크 도나우 강
네레스하임
도나우뵈르트
그뮌트
네
하이덴하임
깅엔
가이슬링엔
뒤퐁
딜링엔
베르팅엔
하슬라흐
엘힝엔
귄츠부르크
미헬스베르크
울름
다부
엘라치
아우구스부르크
바이센호른
페르디난트
일러티센
뮌헨
비버라흐
일러 강
레흐 강
술트
메밍엔
이제르 강

⟋ 오스트리아군의 탈출 시도
□ 오스트리아군
■ 프랑스군

의 군대가 이탈리아에서 적의 부대를 고착시키는 동안, 대육군의 주력
은 독일 내부로 깊숙이 우회해 들어가 거대한 전략적 포위망을 구성해
페르디난트 군대의 후방을 차단하는 것이었다. 라인 강을 도하한 6개 프
랑스 군단은 2개 바이에른 사단이 보강된 후 도나우Donau 강을 향해 진군
했다. 한편, 뮈라의 기병대는 결정적 작전을 위해 스트라스부르에서 라
인 강을 도하해 슈바르츠발트Schwarzwald(독일 남서부 라인 강 동쪽에 북북동~
남남서 방향으로 뻗어 있는 산맥) 방향으로 진격했다. 이는 오스트리아군으
로 하여금 프랑스군의 주공 방향을 오인하게 만들어 더 서쪽으로 끌려
나오게 유인한 다음 후방에서 포위하려는 기만작전이었다.

　1805년 10월 6일 프랑스군의 선두가 울름의 북동쪽에서 도나우 강을
도하하기 시작했다. 10월 11일 프랑스군 2개 군단이 뮌헨 인근에 도달
했는데, 이 위치는 마크의 주력 부대로부터 13km 정도 떨어진 곳이었
다. 이는 마크 군대의 병참선과 탈출할 수 있는 유일한 퇴로가 차단되었
음을 의미했다. 나폴레옹은 마크가 지휘하는 오스트리아군의 상당수가
여전히 울름에 있다는 사실을 확인하고는 예하 부대들을 서진시켜 그곳
을 신속히 포위하도록 명령했다.

　1805년 10월 13일 프랑스군은 울름을 완전히 포위했다. 다음날 페르디
난트는 포로가 되는 것을 피하기 위해 마크와 그의 군대를 포기하고 먼저
탈출했다. 프랑스의 주력은 자포자기한 오스트리아군을 포위했고, 뮈라의
기병대는 탈출한 병력을 추격했다. 10월 20일 패배로 낙담한 마크는 2만
5,000여 명의 병력과 60문의 대포와 함께 프랑스군에게 투항했다.

　이탈리아에서 오스트리아 칼 대공의 군대는 프랑스 마세나의 군대보
다 규모 면에서 두 배나 컸음에도 수세적인 자세를 취해 전체 전역에서
오스트리아에 도움을 주지 못했다. 칼의 군대는 마세나의 군대가 아디제
Adige 강을 건너 베로나를 포위하자 칼디에로Caldiero로 16km 후퇴했다. 마

●●● 1805년 10월 12일 독일 아우크스부르크의 레흐 강 다리 위에서 연설하는 나폴레옹. 프랑스
군의 주력은 자포자기한 오스트리아군을 포위했고, 뮈라의 기병대는 탈출한 병력을 추격했다. 10월
20일 패배로 낙담한 마크는 2만 5,000여 명의 병력과 60문의 대포와 함께 프랑스군에게 투항했다.
〈출처: WIKIMEDIA COMMONS | Public Domain〉

세나는 칼디에로로 이동해 칼의 군대에 대해 공세를 취했다. 칼의 군대는 특별히 마세나에게 패하지 않았음에도 불구하고 프랑스군에게 쫓기듯이 부대의 방향을 동쪽으로 돌려 후퇴를 거듭했다. 마세나는 기민하게 칼 대공의 부대가 빈 인근에서 다른 오스트리아 군대에 합류하지 못하도록 바짝 붙어서 추격을 실시했다.

한편 프랑스의 해상 상황은 울름에서의 승리와 달랐다. 울름에서의 승리 며칠 후인 1805년 10월 21일 프랑스 해군은 스페인 남서쪽 트라팔가르Trafalgar 곶에서 영국 해군에게 크게 패했다. 프랑스는 영국 침공을 위해 빌뇌브Pierre-Charles Villeneuve(1763~1806)가 지휘하는 프랑스-스페인 연합 함대를 조직했다. 연합 함대의 주요 목표는 영국 해군의 제압보다는 영불 해협을 건너 영국을 침공하기 위해 불로뉴에 집결해 있던 프랑스 대육군의 상륙을 돕고자 영국 해군의 주의를 분산시키는 정도였다.

영국 상륙을 위해 준비 중이던 불로뉴의 프랑스 육군이 라인 방면으로 전환되자 연합 함대의 임무는 변경되었고, 이들은 스페인 남부 카디스Cádiz 항구에 머물렀다. 나폴레옹의 대육군이 동맹군을 상대로 큰 성과를 내고 있었던 그때, 연합 함대의 상황은 여전히 좋지 않았다. 프랑스-스페인 연합 함대는 제해권을 장악하고 있는 영국 해군 때문에 여전히 움직이지 못하는 상태였다. 이때 나폴레옹은 연합 함대에게 이탈리아 방면으로 군수품 수송을 명령하게 된다. 빌뇌브는 나폴레옹의 명령에 어쩔 수 없이 1805년 10월 20일 카디스항에서 출항했고, 이내 트라팔가르곶에서 넬슨 제독이 이끄는 대규모 영국 함대와 조우했다.

대치하던 양측은 10월 21일 전투를 시작했다. 오전 11시 48분 넬슨 제독이 영국은 모든 이가 자신의 의무를 다할 것이라 기대한다는 깃발 신호를 보내자, 영국 함대는 먼저 프랑스 함대에 선제 포격과 함께 돌격을 시도했다.[65] 프랑스-스페인 연합 함대 33척의 함선이 전통적 대형인 일렬 횡대로 늘어서 있었던 것과 달리, 넬슨의 영국 함대는 2개의 긴 종렬 진을 만들어 11자로 연합 함대에 정면으로 돌격했다. 범선의 주무기인 대포가 통상 배의 양쪽 측면에 설치되었기 때문에 당시의 범선 전투는 양 함대가 횡렬로 늘어선 상태에서 포격을 주고받는 형태였다. 그런데 이러한 공식을 깨고 넬슨의 함대는 2열 종대 형태로 돌격해 연합 함대를 세 동강 내버리는 작전을 사용했다. 이것이 '넬슨 터치Nelson Touch'라는 돌파 전술이다.

2열 종대의 제1열 선두에는 넬슨의 기함 빅토리victory가 섰고, 제2열의 선두는 영국 함대의 제2사령관인 콜링우드의 함선이 맡았다. 적의 집중 포화 속에서 영국 함대는 최대한 빠르게 연합 함대의 횡렬 진에 돌격해 세 동강 내는 등 큰 전과를 올렸다. 프랑스 전함들의 대포 사격 실력이 형편없었기 때문에 가능했던 영국 해군의 전술이었다. 그러나 이러한 치열한 전투 중에 프랑스의 르두터블Redoubtable 함이 빠른 속도로 넬슨 제독이 타고 있던 빅토리 함에 다가와 머스킷 사격 공격을 했다.[66] 예상치 못한 르두터블 함의 사격전으로 빅토리 함의 선원들은 큰 피해를 입었다. 넬슨도 르두터블 함의 프랑스 머스킷병이 쏜 총알에 어깨를 맞았다. 넬슨은 부상에도 불구하고 하갑판의 침대에 누워 숨을 거두기 전까지 4시간에 걸쳐 함대를 지휘했다. 이러한 넬슨의 리더십으로 오후 5시경 영국 함대는 연합 함대를 완전히 괴멸시키며 큰 승리를 거뒀다. 그러나 영국은 트라팔가르 해전의 큰 승리에도 불구하고 넬슨 제독이라는 훌륭한 지휘관을 잃었다. 한편 나폴레옹은 아우스터리츠 전투Battle of Austerlitz를 준비하던 11월 17일에서야 트라팔가르에서의 패전을 보고받았다.

아우스터리츠 전투

울름을 점령하고 3일 뒤 나폴레옹은 빈으로 진격하기 시작했다. 미카일 쿠투조프Mikhail Kutuzov(1745~1813) 장군 휘하의 러시아군 3만 6,000여 명은 뮌헨에서 동쪽으로 약 100km 떨어진 곳에 진지를 편성했다. 문제는 러시아가 빈을 방어하려는 의지도 없었고 패퇴하는 위험을 감내하려는 의도도 없었다는 점이었다. 오히려 도나우 강을 건너 철수해 빈의 서쪽으로 65km 떨어진 곳에 위치했던 그들은 모라비아Moravia(현재 체코의 동부 지방)로 물러났다. 한편, 11월 3일 프로이센은 러시아와 포츠담 조약을 맺고 제3차 대프랑스 동맹에 합류했다.

오스트리아군과 다른 러시아군의 합류로 증강된 동맹 군대는 9만여 명으로 늘었다. 그들은 빈에서 160km 북동쪽으로 떨어져 있는 올뮈츠Olmütz에 집결했다. 러시아 황제 알렉산드르 1세Alexander I(재위: 1801~1825)는 오스트리아의 황제가 있었음에도 전장에 도착하자마자 동맹군의 지휘권을 행사했다. 그는 전장 경험이 부족했음에도 불구하고 나폴레옹 군대를 이길 수 있다는 자신감이 충만했다. 그런데 그는 쿠투조프Mikhail Kutuzov와 같은 노련한 러시아 장군들에게 조언을 구하기보다 자신의 부관들과 러시아군을 오스트리아 내에서 안내하는 오스트리아 측 참모장교에게 의지했다.

1805년 11월 12일에 프랑스군의 전위대가 빈에 도착해 도나우 강을 도하했다. 나폴레옹도 이틀 뒤인 14일에 빈에 입성했다. 프랑스의 다른 부대들은 빈에서 북쪽으로 120km 떨어진 브르노Brno에 집중하기 위해 좀 더 서쪽에서 도나우 강을 건넜다. 프랑스군은 거의 650km 가까이 동맹군을 추격한 것이다. 이때 그들은 군수와 전략 면에서 심각한 문제에 봉착했다. 바로 그들의 길어진 병참선이 공격에 취약해진 것이다. 그들

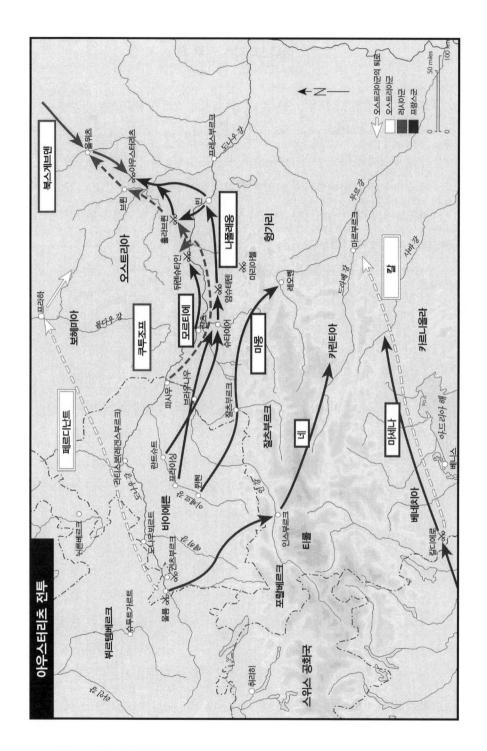

은 더 거대해진 적의 군대와 악의에 찬 대중들에 의해 위험에 빠졌다. 그들은 적절한 동계 장비와 병력 없이 추운 겨울을 맞이해야만 했다. 그리고 그들은 프로이센의 의도가 무엇인지 알 수가 없는 상황이었다. 이 상황에서 나폴레옹은 동맹군이 폴란드와 실레지아Silesia로 이어지는 병참선을 완벽히 보호하고 있기 때문에 자신들이 전략적으로 포위 작전을 실시하는 게 쉽지 않다는 사실을 깨달았다. 그래서 그는 알렉산드르 1세를 결정적 작전으로 끌어내 대규모 전투 한 번으로 전역을 종료시키겠다는 작전을 구상했다.

주변 지형을 면밀히 정찰한 나폴레옹은 브르노와 아우스터리츠Austerlitz 사이의 프라첸Pratzen 언덕을 결정적 전투 장소로 선정했다. 그는 자신의 군대 전체가 이 지역에 집중되지 않도록 매우 조심했다. 그 이유는 그가 동맹군의 공격을 이곳으로 유도할 계획을 갖고 있기 때문이었다. 나폴레옹은 상대방 군대의 이동을 조작해 그들 군대의 주력이 나폴레옹 군대의 남쪽 측방을 공격하도록 만들 예정이었다. 그와 같은 공격은 올뮈츠로부터 이어지는 적 병참선을 공격에 취약한 상태에 놓이게 만들어 그것을 파괴시킬 계획이었다. 나폴레옹은 추가적으로 적에게 혼란을 주기 위해 자신의 부관을 동맹군 본부로 보내 휴전을 요청했다.

나폴레옹은 자신의 군대 좌측방을 브르노와 올뮈츠를 잇는 도로 바로 북쪽에 있는 산톤Santon 언덕에 위치시켰다. 기병이 증원된 완편 1개 군단은 그곳 도로를 가로지르는 곳에 위치했다. 그는 술트의 군단 소속 1개 사단을 소콜니츠Sokolnitz로부터 텔니츠Tellnitz로 이어지는 곳의 남쪽에 위치한 골드바흐Goldbach 강을 따라 종심을 작게 하여 10km 늘어서게 배치시켰다. 이들은 여러 개의 포병대로부터 지원을 받았다. 나폴레옹은 빈에서 이곳으로 진군하고 있는 다부의 군단이 도착하면 자신의 오른쪽 측방을 강화시켜줄 것으로 예상했다. 그는 추가적인 포병대를 보유한 프랑스군의 예비대 상당수와 황제의 근위대, 그리고 나중에 합류했던 베르나도트의 군단을 전선 좌측 날개에 있는 언덕 뒤에 숨겨두었다.

한편, 알렉산드르 1세는 즉각적인 전투를 주장했고, 오스트리아 측은 이에 대해 반대하지 않았다. 11월 24일 알렉산드르 1세는 동맹군을 전투에 매우 불리한 위치에 진형을 갖추게 만들 작전계획을 채택했다. 이는 올뮈츠를 출발해 전진한 동맹군이 아우스터리츠를 지난 후 남쪽으로 선회하여 나폴레옹 군대와 빈 사이에 위치하는 계획이었다. 그 후 동맹군은 프랑스군의 우익을 공격하여 프로이센군이 있는 북쪽의 산 쪽으로 몰아내고자 했다.

3일간 공격 준비를 마친 동맹군은 8km의 전선을 형성하고 전진했다. 이 무렵인 1805년 11월 30일 프랑스군은 적을 속이기 위해 거짓으로 무질서한 모습을 연출하며 프라첸 언덕에서 철수했다. 러시아군과 오스트리아군은 자신들이 나폴레옹의 계획에 말려든 줄도 모르고 다음날인 12월 1일 프라첸 언덕으로 올라간 후 나폴레옹과의 결전을 준비했다. 동맹군의 계획은 3만 4,000명의 보병으로 나폴레옹의 약한 우측방을 공격한 후 이어서 프라첸 언덕에 배치된 또 다른 2만 4,000명의 병력으로 나폴레옹의 중앙을 타격하고자 했다. 그리고 나머지 3만 명의 병력은 산톤 언덕 맞은편의 프랑스 좌익에 집중시키고자 했다.

동맹군의 공격에 직면한 시점에 나폴레옹은 사기가 높고 전투 준비가 잘 되어 있는 5만 명의 병력을 보유하고 있었다. 그러나 병력의 수는 적에 비해 상대적으로 부족했다. 그는 시간을 끌며 각각 130km와 80km 떨어져 있는 다부와 베르나도트의 부대를 기다려야만 했다. 이러한 상황에서 나폴레옹은 동맹군의 공격대 배치를 보고 자신의 작전계획을 변경했다. 적의 주공이 자신의 부대 중앙을 향할 것이라는 나폴레옹의 최초 예상과 달리, 적의 주공은 우측방을 지향할 것으로 보였던 것이다. 그래서 나폴레옹은 다부의 부대가 도착하면 이를 우측 끝으로 보내 적의 주공을 상대하는 것으로 계획을 수정했다.

12월 2일 이른 아침 드디어 양측 간의 전투가 시작되었다. 오전 7시경 러시아의 군대가 나폴레옹 군대의 진영 우측방인 텔니츠 마을과 소콜니츠 방면을 공격하기 시작했다. 이 지역에서의 전투는 격렬했다. 동맹군 측은 승기를 놓치지 않기 위해 오전 8시경 자신의 진영 중앙 프라첸에 있는 병력을 이곳으로 투입했다. 나폴레옹은 적의 중앙인 프라첸이 약화된 틈을 놓치지 않았다. 그는 오전 8시 30분경 술트 예하 2개 사단을 프라첸으로 보냈다. 그리고 프라첸 언덕을 놓고 양측의 치열한 공방전이 이어졌다. 러시아의 황제근위대의 역공 이후, 나폴레옹도 고지에 도착한 후 프랑스 황제근위대의 기병을 투입해 공격을 이어갔다. 베르나도트 군단의 1개 사단도 합류해 동맹군의 역공을 물리쳤다. 이러한 오랜 공격과 역공이 이어지는 가운데 오후 2시 정도가 되어 동맹군의 중앙이 마침내 무너졌다.

나폴레옹은 프라첸 고지 점령 후 이곳의 부대를 남쪽으로 투입해 동맹군을 궁지에 몰아넣었다. 텔니츠 마을 방면에서 프랑스를 공격하던 부대의 후방이 호수로 막혀 있었던 터라 프라첸 방면 부대의 투입으로 동맹군 주력 부대의 퇴로가 막혀버렸다. 러시아군의 일부는 항복하고 나머지는 탈출을 시도할 수밖에 없었다. 탈출을 시도한 러시아 군인들 중에는 얼어 있는 호수를 건넌 이들도 있었다. 이때 나폴레옹은 포병에게 탈주하는 러시아인들을 향해 포를 쏘도록 지시했다. 얼어 있는 호수에 포탄이 떨어지면서 수많은 러시아 군인들이 물에 빠지고 말았다. 일부 물에 빠지지 않은 군인들이 항복했다. 북쪽에 위치한 동맹군의 우측방은 프랑스군과의 접촉을 단절하고 철수를 시작했다. 날이 저물자 프랑스군의 포격이 멈추었고 동맹군은 멀리 달아날 수 있었다.

●●● 아우스터리츠 전투 전날인 1805년 12월 1일에 야영하는 프랑스군. 아우스터리츠 전투에서 프랑스군은 8,500명의 병력과 군기 1개를 잃은 반면, 동맹군은 약 2만 5,000명의 병력과 야포 182문, 군기 45개를 잃었다. 오스트리아는 이탈리아에서 완전히 철수했고, 독일에 대한 영향력을 포기해야 했다. 또한 러시아도 역시 이번 패배로 물러나기는 했으나 황제 알렉산드르 1세는 아우스터리츠에서의 치욕을 앞으로 있을 전쟁의 첫 번째 국면이라 여겼을 뿐이다. 〈출처: WIKIMEDIA COM-MONS | Public Domain〉

전투 결과는 극명하게 엇갈렸다. 동맹군은 약 2만 5,000명의 병력과 야포 182문, 군기 45개를 잃었다. 반면에 프랑스군은 8,500명의 병력과 군기 1개를 잃었을 뿐이다. 러시아의 황제 알렉산드르 1세는 1805년 12월 3일 자신의 군대를 헝가리로 철수하기로 결정했다. 오스트리아 황제는 12월 4일 나폴레옹을 만나 휴접협정에 서명하면서 제3차 대프랑스 동맹은 끝이 났다. 12월 26일 프랑스와 오스트리아는 프레스부르크의 화약Traité de Presbourg을 맺었고, 오스트리아는 전쟁에서 완전히 물러났다. 그러나 화약和約의 내용이 너무 가혹했기 때문에 오스트리아의 프랑스에 대한 증오가 계속될 수밖에 없었다. 화약으로 인해 오스트리아는 이탈리아에서 완전히 철수했고, 독일에 대한 영향력을 포기해야 했다. 또한 러시아 역시 이번 패배로 물러나기는 했으나 황제 알렉산드르 1세는 아우스터리츠에서의 치욕을 앞으로 있을 전쟁의 첫 번째 국면이라 여겼을 뿐이다.[67]

2. 제4차 대프랑스 동맹

아우스터리츠 전투에서 승리하며 제3차 대프랑스 동맹을 와해시킨 나폴레옹은 마지막 남은 영국과 러시아마저 그에게 굴복시키려 했다. 이과정에서 그는 프로이센과의 실질적 동맹을 통해 영국과 러시아로부터 프로이센을 분리시키려고 했다. 또한 나폴레옹은 독일 영토 내에서 프로이센의 정치·군사적 영향력을 약화시키려는 계획도 추진했다. 이러한 나폴레옹의 움직임은 프로이센의 반발을 일으켜 제4차 대프랑스 동맹으로 이어지며 다시 프랑스와 유럽 국가들 간의 전쟁이 시작되었다.

프로이센을 비롯한 유럽 국가들이 반발을 하게 된 이유는 프랑스가 독일과 이탈리아에 대한 영토를 확장하고 영향력을 확대하려고 시도했기 때문이었다. 먼저, 프랑스 제국은 독일 내에서 프랑스와 동맹 관계에 있는 다른 세력의 국가적 지위를 승격시키고 라인 동맹을 결성시켰다. 나폴레옹은 바이에른과 뷔르템베르크에는 왕국의 지위를, 바덴에게는 대공국의 지위를 부여했다.[68] 그의 라인 동맹 결성은 신성로마제국을 와해시켰다. 이에 따라 신성로마제국의 황제 지위를 가졌던 오스트리아의 프란츠 2세는 기존 칭호를 버리고, 오스트리아 제국의 황제 프란츠 1세가 되었다.[69] 다음으로 나폴레옹은 베네치아를 자신의 이탈리아 왕국에 복속시키며 세력을 키웠다. 그는 나폴리 왕국을 침공하고 자신의 형인 조제프Joseph Bonaparte(1768~1844)를 왕에 앉혔다. 다른 형제인 루이Louis Bonaparte(1778~1846)는 홀란트 왕국Koningrijk Holland(현재의 네덜란드)의 왕이 되었고, 의붓아들인 외젠 드 보아르네Eugène de Beauharnais(1781~1824)는 이탈리아 총독에 임명되었다. 이러한 일련의 일들은 독일과 이탈리아에 대한 프랑스의 급격한 영향력 확대를 의미하는 동시에 주변 유럽 국가들의 우려를 불러일으키는 행위였다.

1805년 12월 2일 아우스터리츠 전투에서 승리한 프랑스는 이틀 뒤 오스트리아 황제와 휴전에 합의한 후 12월 27일 프레스부르크 화약Treaty of Pressburg을 체결했다. 이후 프랑스군은 남부 독일의 주둔지에 자리를 잡았다. 나폴레옹은 1806년 6월 자신에게 복종하기로 한 독일 제후국들을 모아 라인 동맹을 결성하고 자신을 라인 동맹의 보호자로 칭했다. 이러한 상황은 프로이센에게는 위협이었다. 심지어 그들은 프랑스군이 라인 강 동쪽에 영구적으로 주둔할 것이라는 위기감마저 느꼈다. 프로이센의 국왕 프리드리히 빌헬름 3세Friedrich Wilhelm III는 작센 공국Herzogtum Sachsen을 비롯한 소수의 북부 지역 독일 소공국들을 모아 북부독일연방을 결성해 프랑스에 대항하려고 했으나, 나폴레옹이 이에 대해 용인의 뜻을 밝히자 프랑스와 더 이상 충돌하지 않기로 마음을 정하려 했다.

그런데 1806년 7월 28일 프랑스 파리로부터 문제의 소식 하나가 전해졌다. 파리 주재 프로이센 대사에 따르면, 나폴레옹이 영국과의 평화를 위해 영국 왕실에게 하노버Hanover를 주겠다고 제안했다는 것이었다. 영국 왕들에게 하노버는 조상들의 고향이라는 의미가 있었다. 그런데 나폴레옹이 프로이센에게 하노버를 점령하도록 허락했었기 때문에 빌헬름 3세에게 이러한 행위는 충격적이었다. 나폴레옹이 아우스터리츠 전투 직전 프로이센의 참전을 막기 위한 술책으로 하노버를 그들에게 넘겨줬던 것이다. 프로이센은 영국이 왕실 소유지로 하고 있던 하노버를 받는 대가로 프랑스와의 전쟁을 포기하는 동시에 영국과 단교를 한 상황이었고, 이로 인해 먼 바다에 나가 있던 700여 척의 선박도 영국 해군에게 나포되기도 했다. 하노버로 인해 큰 희생을 치른 상황이었기 때문에 프로이센은 이를 결코 용납할 수 없었다.

프로이센의 정계와 왕비를 비롯한 왕실 가족, 그리고 부하 장군 등 주전파는 프리드리히 빌헬름 3세를 설득하기 시작했다. 블뤼허Gebhard Leberecht von Blücher(1742~1819) 장군 등 군부는 유럽 최강 프로이센 군대가 프랑스군을 격파할 수 있다며 왕의 결단을 바랐다. 주변의 주전파로 인해 마침내 프리드리히 빌헬름 3세가 프랑스와의 전쟁을 결심했다. 1806년 7월 프로이센은 영국, 러시아, 작센 공국, 스웨덴과 제4차 대프랑스 동맹을 결성했다. 8월 8일에는 러시아 황제 알렉산드르 1세에게 서신을 보내 러시아의 군사적 지원 여부에 대한 확답을 받기도 했다.

프로이센은 1806년 8월 말 프랑스에게 독일 남부에서 떠날 것을 요청했다. 이는 사실상 선전포고와도 같았다. 그럼에도 불구하고 나폴레옹은 프로이센과의 전쟁을 원하지 않았다. 하노버를 영국에 주는 대신 프로이센에는 다른 지역을 주어 달래고자 했다. 그러나 9월 18일 여러 루트를 통해 들어온 수많은 보고를 종합한 나폴레옹은 프로이센과의 전쟁이 불가피하다는 결론에 도달했다. 그는 즉각 예하 군단에게 신속한 집결 명령을 내린 후 뷔르츠부르크^{Würzburg}로 출발했다.

프로이센은 프랑스와 전쟁을 결정하는 전략적 오판에 더해 프랑스의 준비가 빠르지 않을 것이라 예상하며 1806년 10월 8일 프랑스에게 최후통첩을 보냈다. 그러나 프로이센의 예상은 빗나갔다. 러시아군이 자신들과 합류할 것으로 예상되던 11월 초까지 프랑스군이 준비되지 않을 것이라 생각했던 것과 달리, 프랑스는 이미 군대를 이동시켰다. 10월 8일 아침 나폴레옹의 선봉 군단은 이미 프로이센과의 국경까지 진출해 있었고, 이는 사실상 프로이센의 최후통첩에 대한 거부 의사 표현이나 다름없었다.

예나-아우어슈테트 전투

전쟁이 시작된 시점에 양측의 군사적 준비 상태는 다음과 같았다. 프로이센 공작이자 브란덴부르크 선제후 프리드리히 1세^{Friedrich I}(재위: 1688~1713) 때부터 시작된 군제 개편을 통해 프로이센은 최대 약 19만 명에 가까운 상비군을 보유한 것으로 알려져 있었다. 프로이센은 이번 나폴레옹과의 전쟁을 위해 동원령을 내려 약 17만 5,000명에 달하는 병력을 모으고자 했다. 그중 실제 나폴레옹과의 전쟁에 동원 가능한 병력은 대략 12만 5,000명 정도였다. 그리고 이들은 3개 부대로 나뉘었다. 중앙군이자 가장 규모가 큰 부대는 전쟁 경험이 없는 총사령관 프리드리히 빌헬름 3세가 맡았다. 그러나 그 부대의 실제 지휘관은 노장인 브라운슈바이크 공작 페르디난트였다. 그는 제1차 대프랑스 동맹의 일원으로 혁명전쟁에 참전한 바 있었다. 빌헬름 3세와 브라운슈바이크가 직접 거느린 중앙군의 규모는 약 5만 명이었고 나움부르크^{Naumburg}에 주둔했다. 약 1만 2,000명의 추가 증원군이 이들에게 합류할 것으로 예상되었다.

다음으로 호헨로헤 공작 프리드리히 루트비히Friedrich Ludwig, prince zu Hohenlohe-Ingelfingen(1746~1818)는 1만 9,000명의 병력과 함께 나움부르크에서 도보로 며칠 거리인 켐니츠Chemnitz에 주둔하면서 약 2만 명으로 예상되는 작센군이 합류하기를 기다렸다. 마지막 세 번째 부대인 아이제나흐Eisenach와 에어푸르트Erfurt 사이에 주둔 중인 뤼헬Ernst von Rüchel(1754~1823)이 지휘하는 1만 병력은 추가 보충병이 오기를 기다리고 있었다. 이 3개 부대 외에 바르텐부르크Ludwig Yorck von Wartenburg(1759~1830) 백작이 지휘하는 예비군 1만 5,000명이 이들과 합류해 프랑스군과 전쟁을 치를 예정이었다. 하지만 프로이센군은 부대 간의 연락 대책이 부실했으며, 정확한 작전계획과 주변 지형에 대한 이해도 없었다.

이에 맞서는 프랑스군은 6개 군단과 기병군단, 그리고 황제근위대로 구성된 약 18만 병력이었다. 제1군단은 베르나도트가 지휘하는 2만 병력이었다. 제3군단은 다부 휘하의 2만 7,000명, 제4군단은 술트 휘하 3만 2,000명, 제5군단은 란 휘하 2만 2,000명, 제6군단은 네 휘하 2만명, 제7군단은 오제로 휘하 1만 7,000명, 그리고 기병군단은 뮈라 휘하의 2만 8,000명이었다. 1만 6,000명의 황제근위대는 나폴레옹이 직접 지휘했다.

전초전

나폴레옹과 그의 유능한 장군들이 지휘하는 프랑스 대육군에 맞서는 프로이센군은 먼저 도발했음에도 불구하고 전쟁을 위한 적절한 준비가 되어 있지 않았다. 군 수뇌부는 전쟁이 시작된 시점에도 파리로 진격할지, 국경을 사수할지, 아니면 러시아군이 합류할 때까지 시간을 벌기 위해 적절한 방어선으로 후퇴할지를 놓고 첨예한 논쟁을 벌였다. 실질적인 총사령관이었던 브라운슈바이크 공작은 러시아군이 합류할 때까지 일단 후퇴할 것을 주장했다. 참모장인 게르하르트 폰 샤른호르스트Gerhard von Scharnhorst(1755~1813) 대령도 병력을 집결시키며 때를 기다려야 한다고 했다. 그러나 주전파인 페르디난트 대공과 호헨로헤 대공 등은 프랑스군과의 전면적인 전투를 주장하는 상황이었다.

프로이센군과 달리, 나폴레옹의 프랑스군은 확실한 작전계획에 따라 예하 지휘관들의 독려 속에 무섭게 프로이센으로 진격해 들어갔다. 나폴레옹은 프로이센의 동맹인 작센 공국을 이탈시키는 것을 최초의 군사적 목표로 삼았다. 이를 위해 프랑스군은 1806년 10월 8일 바이에른 왕국 북부 국경을 통해 프로이센의 국경을 넘어 그들의 중심인 베를린Berlin으로 향했다. 예하 군단의 진격 대형은 중앙의 선두에 베르나도트의 제1군단이 섰고, 그 뒤로는 다부의 제3군단과 뮈라의 기병군단, 그리고 황실근위대가 위치했다. 그들은 크로나크Kronach로부터 슐라이츠Schleiz 방향으로 진군했다. 란의 제5군단과 오제로의 제7군단이 좌익으로서 코부르크Coburg에서 잘펠트Saalfeld 방향으로 진군했다. 술트의 제4군단과 네의 제6군단, 동맹인 바이에른군이 우익으로서 호프Hof를 향해 나아갔다.

프랑스와 어떻게 전쟁할지에 대한 프로이센 내부의 논쟁이 계속되는 가운데 프로이센군은 생각보다 빠르게 국경을 넘어온 나폴레옹의 부대와 1806년 10월 8일부터 국경 곳곳에서 조우할 수밖에 없었다. 프랑스 군대는 첫날 기병대가 프로이센의 기병대를 가볍게 격파한 것을 시작으로 계속해서 우왕좌왕하는 프로이센 군대를 곳곳에서 격파하며 파죽지세로 거침없는 진격을 이어갔다. 특히 10월 10일 잘펠트 외곽 잘레Saale강을 뒤로하고 진을 친 8,000명의 프로이센 페르디난트 대공 군대와 란의 제5군단 1만 3,000명이 격돌한 전투는 프로이센에게 치명적이었다.

1차적으로 란의 군대가 페르디난트 대공의 군대를 잘레 강 부근에서 격파한 후 잘펠트 시내로 이동했다. 그리고 잘펠트에서 이어진 전투에서 주전파인 페르디난트 대공이 전사했다.

초반부터 프로이센은 프랑스군의 강력함에 놀랄 수밖에 없었다. 여전히 호헨로헤 대공과 블뤼허 같은 주전파가 프랑스와의 결전을 주장했다. 프랑스와의 교전이 계속되는 가운데 사실상 총사령관의 직책에 있었던 브라운슈바이크 공작은 10월 13일 결단을 내려 국왕으로부터 철수 승인을 받아낸 후 방어선 재편을 예하 부대에게 지시했다. 그는 호헨로헤의 군단을 예나Jena 근교로 물리는 한편 프랑스군의 전진을 저지시키고 주력 부대의 후퇴를 엄호하도록 지시를 내렸다. 뤼헬에게는 전방에 나가 있는 부대에게 후퇴하여 호헨로헤의 군단에 합류할 것을 명했다. 그 후 브라운슈바이크는 자신이 이끄는 중앙의 주력 부대를 나움부르크 쪽으로 철수시키기 시작했다.

한편, 나폴레옹은 프로이센군이 프랑스와의 결전이 아닌 철수를 결정하자 새로운 진지 점령 후 프로이센의 주력을 섬멸하기 위해 이들을 찾기 위한 정찰 활동을 이어갔다. 그는 초기 연속된 전투에서 이뤄낸 전술적 승리를 전략적 승리로 만들기 위해 적이 재정비하기 전에 빠르게 움직인 것이다. 나폴레옹의 예하 부대들은 10월 12일경 여러 방면에서 정찰한 끝에 적 주력이 예나에 있다고 판단했다. 그러나 이들은 주력을 엄호하는 호헨로헤의 부대였다. 주력의 위치를 오판한 나폴레옹은 다부와 베르나토트의 군단을 제외한 대부분의 예하 부대를 예나로 이동시켰고, 그도 그곳으로 향했다. 한편, 다부의 제3군단은 예나 북서쪽의 아폴다Apolda에서 예나 전투Battle of Jena 이후 후퇴하는 적의 북상을 차단하는 임무를 받았다. 제1군단의 베르나도트는 다부에게 합류하라는 명령을 받았지만, 그 명령이 애매했기 때문에 다부가 아닌 나폴레옹에게 합류하기 위해 예나로 이동하는 실수를 저질렀다. 이렇게 제4차 대프랑스 동맹 전쟁에서 가장 중요했던 프랑스와 프로이센 간의 예나-아우어슈테트 전투Battle of Jena-Auerstädt의 막이 올랐다.

예나 전투

10월 13일 밤 예나 인근에 도착한 나폴레옹은 자신의 부대를 독려하여 예나가 내려다보이는 구릉지대로 부대를 올려 보냈다. 이때 야포를 구릉의 가파른 경사면으로 올리는 어려운 모험도 감행했다. 이는 어려운 임무였지만, 다음날 보병과 기병의 전투 시 지원사격을 확실히 하기 위한 방책이었다. 한편, 같은 시각 나폴레옹은 정찰병을 보내 예나 인근에 배치되어 있는 프로이센군의 진지를 파악하라고 지시했다. 그러나 이들은 적 진지의 대략적인 위치만 확인했을 뿐 정확한 위치 파악에는 실패했다.

10월 14일 새벽녘 짙은 안개로 가시거리가 10m도 되지 않는 시점에 나폴레옹은 먼저 도착한 그의 부대가 전투에 유리한 진지를 선점할 수 있도록 뤼체로다Lützeroda와 클로제비츠Closewitz 인근의 진지를 점령하고 있던 프로이센군을 몰아내기로 결정했다. 북서쪽 전면의 적을 몰아내라는 나폴레옹의 명령에 따라 란의 제5군단 예하 제17경보병연대는 오전 7시 30분 루체로다와 클로제비츠에 진을 치고 있던 호헨로헤 예하 프로이센군 사이로 공격해 들어갔다. 제17경보병연대 병사들은 안개로 인해 적의 진지 바로 앞에 가서야 사격을 시작할 수 있었다. 공격 과정에서 제17경보병연대의 측방이 작센 사단에게 노출되는 위기를 맞았다. 그러나 다행히 제17경보병연대는 그들을 직접 지원 중이던 경포가 뿜어낸 단거리 산탄 공격의 도움으로 작센군을 격퇴시키고 위기를 넘겼다.

프로이센의 호헨로헤 공작은 프랑스군의 대대적 공세를 맞이한 상황에서 천천히 후퇴하며 주력군을 엄호한다는 자신의 임무를 망각하고 반

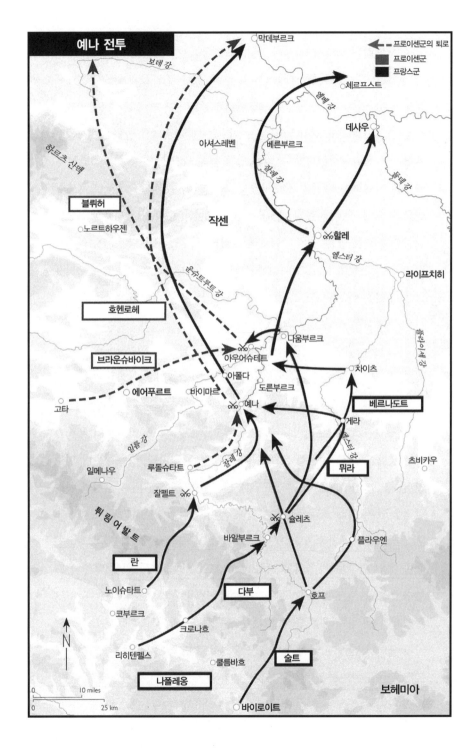

예나 전투

프로이센군의 퇴로
프로이센군
프랑스군

보데 강
막데부르크
엘베 강
체르프스트
데사우
하르츠 산맥
아셔스레벤
베른부르크
할레 강
둘리에 세
블뤼허
노르트하우젠
작센
할레
엘스터 강
라이프치히
운슈트루트 강
호헨로헤
다움부르크
아우어슈테트
차이츠
블라이세 세
브라운슈바이크
아폴다
도른부르크
베르나도트
고타
에어푸르트
바이마르
예나
게라
엘스터 강
일름 강
뮈라
츠비카우
일메나우
루돌슈타트
잘레 강
잘펠트
슐라이츠
튀링어발트
플라우엔
바알부르크
란
노이슈타트
다부
호프
코부르크
크로나흐
술트
N
리히텐펠스
쿨름바흐
나폴레옹
보헤미아
0　　　10 miles
0　　　25 km
바이로이트

격을 시도하는 실수를 범했다. 안개가 조금씩 가라앉아 양측 진영이 어느 정도 보이기 시작한 오전 8시 30분경, 그는 부하들에게 구릉지대에 진을 치고 있는 프랑스군을 향해 반격작전을 실시하라고 명령했다. 이 시점은 공교롭게도 프랑스의 란이 이끄는 제5군단이 공세를 개시하던 때이기도 했다. 서로 피할 수 없는 힘과 힘의 맞대결 양상이 전개되었다. 양측은 치열한 공방전을 약 2시간 가까이 이어나갔다. 단독으로 프로이센군과 맞서 분투한 란의 제5군단은 상당한 피해를 입었다. 그러나 더 심각한 피해를 입은 것은 호헨로헤 공작의 군대였다. 프랑스군은 엄폐물 뒤에 숨어 전투를 벌였기 때문에 피해를 줄일 수 있었던 반면, 프로이센군은 개활지에 노출된 채 횡대로 쭉 늘어진 상태로 반격작전을 시도했기 때문에 피해가 더 클 수밖에 없었다.

나폴레옹은 무모했지만 갑작스러운 프로이센군의 기습적인 반격작전에도 불구하고 침착함을 유지하며 군대의 집결이 완전히 완료될 때까지 추가적인 지원부대를 투입하지 않고 전투 상황을 예의 주시하기만 했다. 아군을 구하러 투입할 준비를 이미 마치고 전투를 지켜보던 프랑스의 장군들과 예하 병사들 모두 나가 싸우고 싶었지만, 나폴레옹의 명령이 없어 대기만 하고 있었다. 그런데 난데없이 후방에 대기 중이던 네가 공적을 쌓기 위해 나폴레옹의 명령도 없이 독자적으로 제6군단 예하 선봉대 4,000여 명에게 돌격 명령을 내렸다. 제5군단의 좌익을 지나쳐 진격한 네의 부대는 초전의 승리와 함께 프로이센군을 혼란에 빠뜨릴 뻔했던 것도 잠시, 오히려 전열을 가다듬은 적에게 역으로 포위당했다. 나폴레옹은 네의 부대를 구출하기 위해 어쩔 수 없이 계획을 수정해 제5군단 예하 사단에게 네의 부대를 구출하라고 명령했다. 그는 추가적으로 그의 황제근위대를 병력의 차출로 약화된 제5군단의 주력 보강에 투입시켰다.

●●● 1806년 예나 전투에서 프로이센군의 군기를 빼앗고 환호하는 프랑스군. 1806년 10월 14일에 일어난 예나 전투에서 나폴레옹 1세가 이끄는 프랑스군이 프리드리히 빌헬름 3세가 이끄는 프로이센군을 격파하면서 영국을 중심으로 결성된 제4차 대프랑스 동맹을 와해시켰다 〈출처: WIKI-MEDIA COMMONS | Public Domain〉

호헨로헤 공작은 안개가 완전히 걷힌 오전 10시경 깜짝 놀랐다. 그가 지금 상대하고 있는 적의 부대가 프랑스군의 주력임을 깨달은 것이다. 호헨로헤 공작은 부랴부랴 다른 부대에게 지원 요청 전령을 보냈지만 때는 이미 늦었다. 오후 1시 나폴레옹은 1만 6,500명의 오제로 군단과 8,000명의 술트 군단이 본진과 합류해 자신의 좌익과 우익에 포진하자 총공격을 명령했다. 전면과 좌우에서 포위된 프로이센군은 쉽게 붕괴되었다. 승기를 확실히 잡은 나폴레옹은 적을 완전히 섬멸하기 위해 황제 근위대와 뮈라의 기병 군단까지 투입시켰다. 패퇴한 프로이센군은 도망갈 수밖에 없었다. 그리고 인근에서 프랑스군에 대항 중이던 작센의 2개 여단도 역시 프랑스군의 엄청난 공세와 포화로 인해 항복을 선언했다.

호헨로헤 공작의 부대를 지원하기 위해 뤼헬 장군이 이끄는 프로이센군 1만 5,000여 명이 오후 3시경 카펠렌도르프Kapellendorf에 도착해 예나에서 패배 후 탈주하는 프로이센군을 엄호했다. 뤼헬의 부대는 최초 프로이센군을 추격하던 프랑스 기병대 일부를 격퇴하는 선전을 펼쳤지만, 이내 후속하는 란과 네의 대규모 프랑스군을 맞이해 완전히 궤멸되어 호헨로헤의 부대와 같은 패주의 운명을 맞이했다. 나폴레옹의 명령을 받은 뮈라의 기병대는 도주하는 호헨로헤와 뤼헬의 부대를 끝까지 추격했다. 예나 전투는 나폴레옹 군대의 완벽한 승리로 끝났다.

아우어슈테트 전투

최초 프로이센군 주력이 예나에 있다고 오판한 나머지 나폴레옹은 예나 전투에서 적의 주력을 완전히 격멸한 것으로 오판하고 있었다. 그러나 브라운슈바이크 공작이 이끄는 약 6만 명의 프로이센군 주력은 잘레 강을 따라 북쪽으로 퇴각하고 있었다. 그리고 이들과 맞서게 된 것은 나폴레옹의 명령에 따라 나움부르크에서 남서쪽의 아폴다로 이동하기 위해 잘레 강 여울목을 건너던 약 2만 7,000명 정도로 구성된 다부의 제3군단이었다.

나폴레옹이 적의 주력이라고 오판한 호헨로헤 부대와 전투를 시작하던 10월 14일 오전 4시경 다부의 군단 중 절반 이상이 잘레 강을 건넜다. 이때 프랑스군의 선두 척후병들이 자욱한 안개 속에서 갑자기 나타난 프로이센군의 기병대를 발견했다. 양측의 기병대는 잠시 교전을 벌이다 각기 자신의 후방으로 물러나 본부에 적의 출현 소식을 보고했다. 프랑스 척후병들은 귀댕Charles-Étienne Gudin(1768~1812)의 선두 보병사단이 서둘러 짠 방진 뒤편으로 물러났다.

다부는 보고를 듣고 예하 제85전열보병연대에게 서둘러 아우어슈테트의 북동쪽에 위치한 작은 마을인 하센하우젠Hassenhausen을 중심으로 방어진지를 편성하도록 지시를 내렸다. 프로이센의 기병대 지휘관인 블뤼허는 모든 기병을 이끌고 이곳의 프랑스 진지에 대해 집중 공격을 퍼부었다. 블뤼허의 기병대는 수차례 돌격을 시도했지만 마을 입구에 견고한 방어진지를 구축한 다부의 보병대를 뚫지 못하자 일단 후퇴를 결정했다. 전장에서 줄곧 방진 사이를 누비며 부하들을 독려하고 블뤼허의 군대를 일시적으로 몰아내는 데 성공했던 다부는 안개가 걷히자 그의 부대가 상대한 적이 고립된 분견대가 아닌 프로이센군 주력임을 깨달았다.[70]

브라운슈바이크 공작은 블뤼허 장군으로부터 프랑스군이 출현했다는 소식을 듣고 깜짝 놀랐다. 그러나 그는 적의 규모가 크지 않다는 사실을 알고 블뤼허에게 보병대와 기병대, 그리고 포병대를 모두 투입해 프랑스군을 제압하도록 명령을 내렸다. 프로이센군은 압도적인 병력의 우위를 이점 삼아 다부의 프랑스군을 하센하우젠 마을에서 축출하려 했다. 프랑스군은 사방에서 밀려오는 프로이센군과 포탄에 맞서 사력을 다했지만, 역부족이었다. 다부는 제12전열보병연대를 투입해 적의 파상 공세를 어느 정도 막아낼 수 있었다.

다부의 제3군단은 오전 9시 30분경 압도적 군사력으로 밀어붙이는 적에게 맞서 모랑Charles Antoine Morand(1771~1835) 장군의 사단을 제외한 중앙의 귀댕과 우익의 프리앙Jean-François Friant(1790~1867) 휘하 전 병력을 투입해 진지를 필사적으로 사수했다. 압도적 병력의 우세를 점유하고 있는 프로이센의 승리가 당연한 상황이었지만 프로이센 수뇌부는 초기에 병력을 순차적으로 투입해 각개격파당하는 실수를 범했다. 브라운슈바이크는 비록 적은 수지만 적의 완강한 저항에 전 병력을 투입하는 것만이 답이라는 것을 뒤늦게 깨닫고 총공격을 명령했다. 양측 간에는 약 4km에 달하는 전선이 형성되었고, 프로이센군의 압도적 군사력이 다부의 제3군단을 격멸하는 것은 시간문제로 보였다. 심지어 프랑스군의 좌익인 모랑의 사단은 거의 붕괴된 상황이었기 때문에 프로이센군이 추가 병력을 투입한다면 전선 전체가 붕괴되기 일보 직전이었다.

그런데 이때 프랑스군에게 행운이 찾아왔다. 프랑스군 측에서 쏜 머스킷 탄환이 전선에서 말을 타고 병사들의 전투를 독려하던 브라운슈바이크 공작의 눈을 관통해버린 것이다.[71] 프로이센군은 주전파들 사이에서 냉정함을 갖고 그들을 이끌던 실제적인 총사령관을 잃어버렸다. 이때의 총상으로 사경을 헤매던 브라운슈바이크는 얼마 후인 1806년 11월 10일 숨을 거두었다. 이외에도 공작 곁에서 최전선을 함께 지휘하던 슈메타우Friedrich Wilhelm Karl von Schmettau(1743~1806) 장군도 총에 맞아 전사했고, 바르텐스레벤Leopold Alexander von Wartensleben(1745~1822) 장군 역시 타고 있던 말이 총에 맞으며 낙마 사고로 의식을 잃었다. 이제는 프로이센의 국왕인 프리드리히 빌헬름 3세가 직접 지휘권을 맡을 수밖에 없게 되었다. 그는 이러한 상황에 당황하며 어찌할 바를 몰라 제대로 된 지시를 내리지 못했다. 전투를 지휘해야 할 지휘부만이 아니라 예하 장군들 역시 충

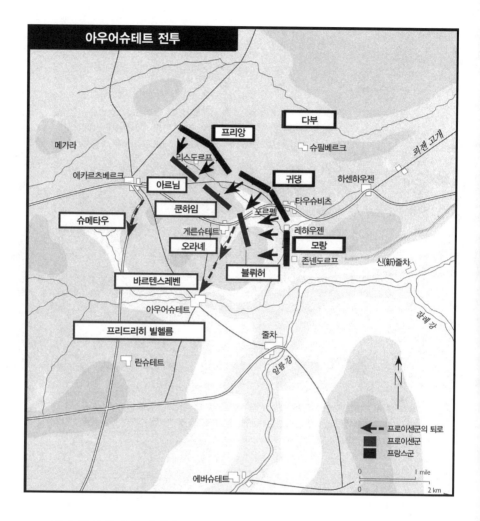

아우어슈테트 전투

메가라

에카르츠베르크

슈메타우

프리앙

린스도르프

아르님

쿤하임

게른슈테트

오라녜

바르텐스레벤

아우어슈테트

프리드리히 빌헬름

란슈테트

에버슈테트

다부

슈필베르크

귀댕

하센하우젠

타우슈비츠

포은펠

레하우젠

모랑

존넨도르프

블뤼허

쾨젠 고개

신(新)줄차

줄차

일름 강

잘레 강

N

프로이센군의 퇴로
프로이센군
프랑스군

0   1 mile
0   2 km

격과 함께 혼란에 빠졌다.

　한동안 정신을 차리지 못하던 프리드리히 빌헬름 3세는 한참 시간이 지난 오전 11시경이나 되어서야 정신을 차리고 때마침 도착한 훗날 네덜란드 국왕인 빌럼 1세$^{}$Willem Frederik Prins van Oranje-Nassau(1772~1843)가 되는 오라녜 공의 사단을 둘로 나눠 좌익과 우익의 공격을 보강하라고 명령을 내렸다. 그러나 이때는 이미 승리할 기회를 놓친 상태였다. 전열 전체를 가다듬은 프랑스군은 단순히 적의 공격을 막아내는 것을 넘어 공격

●●● 1806년 10월 14일 아우어슈테트 전투에서 프로이센 기병의 돌격을 밀어내는 프랑스군. 예나와 아우어슈테트의 전투에서 패한 프로이센군은 프랑스군과 전쟁을 할 수 있는 여력을 완전히 상실했다. 〈출처: WIKIMEDIA COMMONS | Public Domain〉

기세 자체를 꺾었다. 오히려 공격이 좌절되자 프로이센의 국왕은 후방에 있는 1만 5,000명의 예비대를 투입하여 전세를 뒤집는 공세 대신, 후퇴하여 예나에 있는 호헨로헤 공작의 부대와 합류한 후 그에게 지휘권을 넘기려는 생각뿐이었다.

다부는 적의 공격이 둔화되고 예비대 투입이 이루어지지 않자 마침내 대반격의 기회가 찾아왔다고 판단했다. 12시경 그는 전체 예하 부대에게 공격 명령을 내렸다. 이들은 함성을 지르며 돌격을 시작했다. 병력이 더 많았음에도 불구하고 프로이센군은 다부 군단의 기세에 눌려 오히려 전선을 이탈해 탈주하기 시작했다. 다부의 부대는 프리드리히 빌헬름 3세의 퇴각 명령 후 전열이 무너진 채 도주하는 프로이센군을 맹추격하며 전과 확대를 시도했다. 그러나 다부는 매우 지친 부하들의 상태를 감안해 오후 5시 추격 중단을 명했다.

한편, 프리드리히 빌헬름 3세와 프로이센의 주력은 예나로 후퇴해 호엔로헤 공작의 부대와 합류해 전열을 재정비하려 했으나 이내 예나 역시 나폴레옹의 군대에게 패한 사실을 깨닫고 사분오열해 사방으로 도주했다. 이렇게 예나와 아우어슈테트의 전투에서 패한 프로이센군은 프랑스군과 전쟁을 할 수 있는 여력을 완전히 상실했다.

추격전

예나-아우어슈테트 전투 종료 이튿날 아침부터 역사에 남을 만한 나폴레옹의 추격전이 시작되었다.[72] 뮈라의 기병대를 선두로 한 나폴레옹의 부대들은 베를린을 향해 북동쪽 방면으로 프로이센군 추격에 나섰다. 1806년 10월 17일 잘레 강 인근에서 베르나도트의 제1군단이 프로이센 뷔르템베르크Duke Eugen of Württemberg(1788~1857) 공작의 용기병Dragoon* 으로부터 약간의 저항을 받은 것을 제외하고 프랑스의 진격은 파죽지세였다. 10월 25일 다부의 제3군단은 아우어슈테트 전투의 활약에 대한 보상으로 베를린에 가장 먼저 입성해 개선행진을 하는 영광을 누리기도 했다.

10월 27일 라살Antoine Charles Louis de Lasalle(1775~1809) 장군과 그루시 Emmanuel de Grouchy(1766~1847) 장군의 기병대는 체데닉Zehdenick에서 호헨로

---

* 용기병은 기존의 상식인 말을 타고 하는 기병 전술과 달리 이동 시에만 말을 타고 실제 전투 시에는 말에서 내려 보병과 유사한 전투를 하는 이들을 가리킨다. 16세기 프랑스에서 나타난 기병의 일종으로 알려져 있다.

●●● 1806년 10월 27일 베를린에 입성하는 나폴레옹. 베를린에 사령부를 설치한 나폴레옹은 11월 21일 그 유명한 베를린 칙령을 발표했다. 나폴레옹은 제4차 대프랑스 동맹국들에게 경제 및 군사적 지원을 하던 영국을 굴복시키기 위해 베를린 칙령을 통해 전쟁을 경제적 측면으로까지 확대시켰으나, 이로 인해 오히려 자신이 몰락하는 역풍을 맞게 된다. 〈출처: WIKIMEDIA COMMONS | Public Domain〉

헤 공작의 후위대를 격파했다. 다음날 호헨로헤는 자신의 잔존 병력을 포위한 뮈라와 라살에게 항복했다. 이때 호헨로헤는 보병 1만 6,000명과 6개 기병연대, 그리고 64문의 포를 보유하고 있었다. 이어진 추격으로 11월 7일 뤼벡^{Lübeck}에 진을 치고 있던 블뤼허도 역시 술트와 베르나도트의 보병, 그리고 뮈라가 이끄는 기병의 파상 공세에 항복할 수밖에 없었다. 폴란드 내 점령지와 동프로이센에 주둔했던 일부 수비대를 제외한 프로이센군 전체가 프랑스에게 굴복한 순간이었다.

한편, 베를린에 사령부를 설치한 나폴레옹은 11월 21일 그 유명한 베를린 칙령Berlin Decree을 발표했다. 이는 영국에게서 유럽 대륙을 봉쇄하겠다는 대륙 체제continental system의 시작을 선포한 것으로 대륙봉쇄령大陸封鎖令이라고도 불리는데, 영국을 경제적으로 봉쇄하기 위해 내린 이 칙령으로 인해 오히려 나폴레옹 정권이 약화되는 역풍을 맞게 된다. 베를린 칙령에 따라 영국 선박은 프랑스가 점령한 모든 항구에 들어올 수 없게 되었고, 영국산 제품은 모두 압류되거나 몰수되었다. 나폴레옹은 제4차 대프랑스 동맹국들에게 경제 및 군사적 지원을 하던 영국을 굴복시키기 위해 전쟁을 경제적 측면으로까지 확대시킨 것이었다. 그러나 역설적이게도 이는 결국 성공하지 못했고, 오히려 앞으로 일어날 나폴레옹의 몰락이라는 역풍을 일으켰다.

러시아 전역

폴란드에서의 전투*

호헨로헤와 블뤼허의 항복 이후 나폴레옹은 러시아와의 결전으로 눈을 돌렸다. 그 시작은 베를린에 주둔 중이던 프랑스군의 폴란드 진격이었다. 바르샤바Warszawa를 관통해 흐르는 비스와Wisła 강 뒤편에는 레스토

---

* 한편 11월 19일 베를린에 있던 나폴레옹은 폴란드 대표단에게 폴란드의 수복에 대한 그들의 열망에 공감하고 있음을 표현했다. 이 당시 그는 폴란드인의 징집이 필요한 상태였고, 그러할 준비가 되어 있기도 했다. 그러나 나폴레옹은 러시아와 오스트리아의 더 큰 반발을 불러올 수 있었기에 폴란드의 부흥에 적극적으로 나서지 않았다.

크Anton Wilhelm von L'Estocq(1738~1815)가 이끄는 프로이센군, 그리고 바르샤바와 비스와 강의 우안을 점령하고 있던 폰 베닉센 백작 레온티 레온티예비치Leonty Leontyevich, count von Bennigsen(1745~1826) 휘하 5만 5,000명의 러시아군이 있었다. 그곳에서 베닉센은 벅슈브덴Friedrich Wilhelm von Buxhoeveden(1750~1811)이 이끄는 3만 5,000명의 러시아군을 기다리고 있었다. 원래 러시아는 이번 전쟁에서 자신들의 역할을 프로이센의 보조 정도로 여기고 느긋하게 군대를 동원했다. 그런데 프랑스의 빠른 진격과 함께 프로이센이 조기에 패전하자, 직접 전면에 나서 나폴레옹의 군대와 전쟁을 치러야 하는 상황에 놓였다.[73] 특히 러시아는 약 2만 명의 프로이센군 잔존 병력과 빈약한 스웨덴군 일부, 그리고 영국군이 다른 지역의 프랑스군과 형성한 제2전선을 지원하는 동시에 프랑스를 상대해야 하는 어려운 처지에 있었다.[74] 그러다 보니 1806년 11월 28일 베닉센은 지원부대와 자신이 단절되는 상황에 처하게 될 것을 우려해 나폴레옹 군대의 선두 부대를 이끌고 있는 뮈라에게 저항하지 않고 바르샤바를 포기할 수밖에 없었다.[75] 베닉센은 비스와 강의 오른쪽 기슭을 따라 북쪽 방향으로 이동해 풀투스크Pultusk 도시 인근을 흐르는 나레프Narew 강으로 군대를 철수시켰다. 그리고 그의 부대는 이곳에서 벅슈브덴의 부대와 합류할 수 있었다. 베닉센의 러시아군은 이 지역에 주진지를 구축해 프랑스군과의 전투를 준비했다.

한편, 나폴레옹의 군대는 비스와 강의 좌안을 장악한 후 후방에 널린 적의 저항 거점들을 소탕하는 작전을 실시했다. 또한 그는 총공세를 위해 예하 부대를 준비시키는 한편, 추가적인 예비대의 도착을 기다렸다. 먼저 뮈라의 부대는 베닉센의 부대가 전투도 없이 일방적으로 철수하자 개선행진을 하듯 바르샤바에 입성해 전투를 준비했다. 뮈라를 후속하던 다부와 란, 그리고 오제로의 부대 역시 전투에 투입 가능한 상태가 되었다. 추가적인 부대들이 전투가 가능한 곳에 도착하자, 나폴레옹은 후방으로 철수한 러시아군과 교전하기 위해 네와 베르나도트 부대를 토룬 Torún으로, 술트의 부대를 토룬과 바르샤바 사이로 진격하도록 명령했다. 1806년 12월 18일 나폴레옹 자신도 총공세를 직접 지휘할 수 있도록 바르샤바에 도착했다. 나폴레옹의 프랑스군은 나레프 강 인근에 진을 친 11만 5,000명가량의 베닉센 군대와 12월 22일부터 29일까지 몇 차례에 걸쳐 교전했다. 그러나 나폴레옹의 공격은 적을 완전히 섬멸하는 결정적 성과로 이어지지 못했을 뿐만 아니라 후퇴하는 러시아군과 프로이센군을 효과적으로 추격하지도 못했다. 이 기간 베닉센이 이끈 러시아–프로이센 연합군은 포로를 포함한 사상자가 약 2만 명에 달했다. 반면, 프랑스군은 약 5,000명의 사상자가 발생했다.

결정적 승리를 거두지 못했던 프랑스군은 러시아군만이 아니라 동유럽의 혹독한 겨울 추위와도 싸워야만 했다. 매섭게 추운 날씨, 지형적 어려움, 그리고 열악한 병참선 유지 등의 문제들로 인해 프랑스군은 적을 빠르게 추격하여 섬멸할 수 있는 기동성을 상실했다. 특히 나폴레옹의 군대는 척박한 지역에서 자신의 군대를 먹일 식량을 충분히 구하지 못해 어려움을 겪었다. 설상가상으로 러시아군은 프랑스군을 곤란하게 만들기 위해 프랑스가 점령하게 될 폴란드 지역을 황폐하게 만들고 철수한 상황이었다. 점령지가 황폐해지자, 프랑스군의 신속한 기동 속도와 승리에 도움이 되었던 현지 조달이라는 보급 제도는 한계점이 드러나게 되었다. 이러한 현지 조달의 한계점은 추후 상대가 초토화 전략을 사용한 이베리아 반도 전쟁과 나폴레옹의 러시아 원정 기간 동안 프랑스군을 괴롭히는 것을 넘어 나폴레옹 몰락의 큰 원인이 되었다.

여러 가지 어려움에 봉착한 나폴레옹은 단기 결전보다 겨울을 나며 봄에 벌어질 전투를 준비하는 방향으로 전략을 수정했다. 나폴레옹의 군대는 이듬해인 1807년 1월까지 겨울 숙영에 들어가기로 결정했다. 그런데 러시아의 베닉센은 프랑스군이 겨울 숙영에 들어가자 이를 기습작전을 펼칠 호기로 판단하고 프랑스군의 베르나도트 군단을 공격한 후 나폴레옹의 후방을 위협하기 위한 작전계획을 수립했다.

나폴레옹도 이러한 러시아의 계획을 간파하고 기습하려는 베닉센의 군대를 역으로 포위해 섬멸하려는 작전계획을 수립해 베르나도트에게 이를 실행하라고 명령했다. 그런데 나폴레옹의 계획을 전하려던 전령이 러시아군에게 붙잡히는 바람에 베닉센은 프랑스의 계획을 알게 되고 필사의 후퇴를 하게 되었다. 프랑스군은 후방으로 철수하는 러시아-프로이센 연합군을 쫓았고, 양측의 군대가 쾨니히스베르크^{Königsberg}(현재 러시아 칼리닌그라드^{Kaliningrad})에서 남쪽으로 37km 떨어진 아일라우^{Eylau} 마을에서 조우하게 되었다.

아일라우 전투, 프리틀란트 전투, 그리고 틸지트 조약

추격한 것은 나폴레옹의 군대였지만, 전투력은 베닉센이 지휘하는 러시아와 프로이센 연합군이 상대적으로 우세했다. 연합군은 병력 6만 3,000명 정도에 대포 460문을 보유했던 것에 반해 프랑스는 4만 1,000명의 병력에 대포는 200문뿐이었다. 1807년 2월 7일 시작된 아일라우 전투에서 양측은 각각 4,000여 명의 피해를 입었고 어느 한쪽도 큰 성과를 내지 못했지만, 아일라우 마을은 프랑스 측이 점령했다. 그러나 이곳은 대군을 주둔시킬 수 있는 곳도, 방어적으로 우수한 전략적 요충지도 아니었다.

2월 8일 아침이 되자 다시 전투가 벌어졌다. 나폴레옹은 증원군이 도착하기 전까지 열세한 병력으로 러시아군을 주축으로 한 대군과 전투를 해야만 했다. 수적으로 우세한 러시아군은 나폴레옹의 군대를 압박했

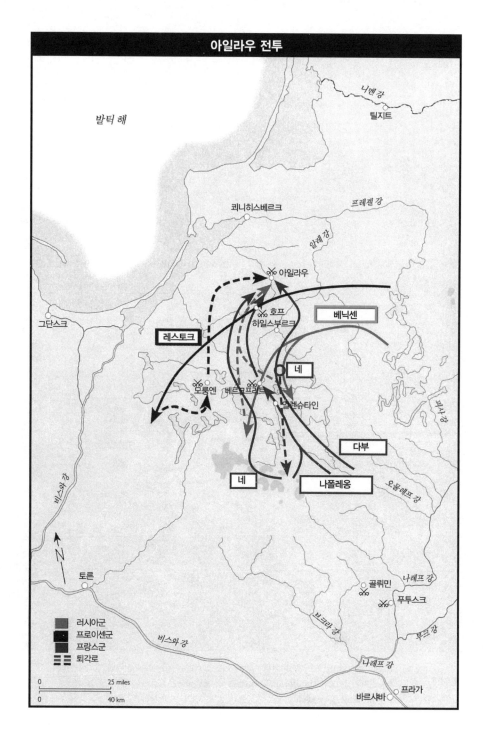

아일라우 전투

발틱 해

니엔 강

틸지트

쾨니히스베르크

프레겔 강

알레 강

아일라우

호프
하일스부르크

베닉센

레스토크

네

모룽엔

베르크프라우

오렌슈타인

다부

네

나폴레옹

오를레프 강

파사 강

비스와 강

N

토론

골뤼민

나레프 강

푸투스크

러시아군
프로이센군
프랑스군
퇴각로

브크라 강

무크 강

0   25 miles
0   40 km

비스와 강

나레프 강

바르샤바

프라가

●●● 1807년 2월 7일 아일라우 전투에서 승리를 거둔 나폴레옹. 아일라우 전투의 패배로 인해 프로이센부터 스웨덴, 그리고 러시아까지 제4차 대프랑스 동맹국들은 프랑스에게 주도권을 내줬을 뿐만 아니라 군사적으로 엄청난 손실을 입었다. 〈출처: WIKIMEDIA COMMONS | Public Domain〉

는데, 특히 술트의 좌익이 크게 고전하는 상황에 놓였다. 나폴레옹은 중앙에 배치된 오제로의 부대를 통해 좌익을 지원하려고 했으나 러시아군 포병 사격으로 여의치 않았다. 게다가 프랑스군 포병대는 폭설로 기능을 제대로 발휘하지 못하는 상황이었다. 러시아군은 프랑스군의 중앙이 빈 것을 놓치지 않고 공격해 들어왔다. 절박한 상황에 처하자 나폴레옹은 예비대로 남겨두었던 뮈라의 기병대에게 러시아군의 중앙으로 돌격하라고 긴급 명령을 내렸다.

약 1만 700여 명에 달하는 뮈라의 기병대는 나폴레옹의 명령에 따라 프랑스군 중앙 우익에서 러시아군의 중앙으로 돌격했다. 뮈라의 기병은 제1파, 제2파 돌격으로 러시아의 중앙에 위치한 보병과 그 뒤편 근위기병대를 무너뜨렸다. 러시아군은 전황을 안정시키기 위해 추가적인 기병대를 투입했지만 이들 역시 뮈라의 기병대에 밀렸다. 뮈라의 기병 돌격으로 프랑스는 위기에서 벗어나는 한편, 나폴레옹군의 우익에 위치한 다부가 술트가 이끄는 제4군단의 지원 하에 러시아의 좌익을 밀어내기 시작했다. 프랑스군은 완전한 승기를 잡고 거세게 러시아군을 몰아세웠다. 그나마 러시아군에게 다행이었던 것은 레스토크가 이끄는 프로이센군이 그날 밤 나타나 다부의 측면을 공격해준 덕분에 남은 러시아군 생존자들이 사지에서 벗어날 수 있었다는 것이다. 며칠 전부터 레스토크를 추격했던 네의 부대가 사실상 레스토크를 놓쳤던 것이다. 최종적으로 이튿날 많은 병력을 잃고 보급품과 탄약이 바닥난 베닉센은 자신의 병참선을 따라 후퇴할 수밖에 없었다.[76] 각각 사상자가 2만 5,000명에 달했던 프랑스와 러시아 모두에게 아일라우 전투는 최악의 유혈극이었다.

아일라우 전투의 패배로 인해 프로이센부터 스웨덴, 그리고 러시아까지 제4차 대프랑스 동맹국들은 프랑스에게 주도권을 내줬을 뿐만 아니라 군사적으로 엄청난 손실을 입었다. 그러나 이들은 프랑스군에게 항복하지 않고 저항을 이어갔다. 프랑스군과 동맹국군 양측은 이듬해인 1807년 봄에 전투력 복원과 재편성에 몰두하며 다음 전투를 준비했다. 그러다 1807년 6월 4일 프랑스군에 대한 스웨덴군의 적대 행위를 시작으로 다시 양측 간에 치열한 전투가 재개되었다. 다음날인 5일 러시아의 베닉센도 프랑스군을 공격하여 베르나도트가 부상을 당하기도 했다. 그러나 이내 프랑스군의 공세로 러시아군을 중심으로 한 대프랑스 동맹 군대는 퇴각했다. 그리고 양측은 6월 10일 하일스베르크^{Heilsberg}에서 다시 크게 맞붙게 되었고, 프랑스군은 8,000명의 병력 손실이라는 엄청난 피해를 입었다. 나폴레옹의 군대는 기병의 지원하에 참호 속에서 진지를 고수하는 러시아군에게 고전했던 것이다. 그러나 진지를 잘 고수하며 계속되는 프랑스군의 돌격을 막았던 베닉센의 러시아군은 이튿날인 6월 11일 정오경 전선의 측면이 노출되자 어쩔 수 없이 참호를 비워주고 동쪽으로 퇴각할 수밖에 없었다. 러시아군 역시 하일스베르크에서 프랑스군보다 약간 적기는 하지만 많은 수의 사상자가 발생했다.

프로이센군에게 마지막 남은 도시인 쾨니히스베르크로 러시아군이 후퇴했을 것이라고 믿은 프랑스군은 그쪽을 향해 진군했다. 그런데 나폴레옹은 본진과 달리 쾨니히스베르크 남쪽의 프리틀란트^{Friedland}(현재 러시아의 프라브딘스크^{Pravdinsk})로 향했던 란과 그루시로부터 6월 13일 러시아군의 주력이 프리틀란트에 있다는 보고를 받았다. 프랑스의 란은 6월 14일 오전 2시부터 시작된 프리틀란트 전투^{Battle of Friedland}에서 주력군의 도움 없이 소수의 병력으로 베닉센의 러시아군 본진에 맞서야만 했다. 다행히 란과 그루시의 군대는 자신들보다 몇 배 많은 군대를 상대로 엄청나게 선전했다.

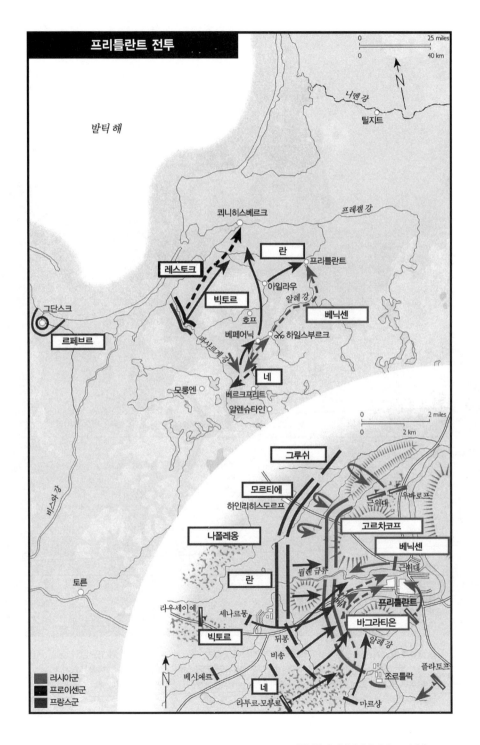

프리틀란트 전투

발틱 해

니멘 강

틸지트

쾨니히스베르크

프레겔 강

레스토크

란

프리틀란트

아일라우

빅토르

알레 강

베닉센

그단스크

호프

르페브르

베페어닉

하일스부르크

마시트레 강

네

모룽엔

베르크프리트

알렌슈타인

그루쉬

모르티에

하인리히스도르프

돈위대

우바로프

나폴레옹

고르차코프

베닉센

란

뮐렌 급류

근위대

빅토르

토른

라우세이예

세나르퐁

프리틀란트

바그라티온

뒤퐁

알레 강

비송

플라토프

베시에르

네

조르틀락

라루르-모부르로

마르샹

러시아군
프로이센군
프랑스군

●●● 프리틀란트 전투에서 휘하 장군에게 지시하고 있는 나폴레옹. 프랑스군은 약 1만 명의 사상
자가 발생했던 것에 반해, 러시아군의 사상자는 약 4만 명에 달했다. 프리틀란트 전투에서 패배함
으로써 러시아 황제 알렉산드르 1세에게 남은 선택지는 휴전과 강화조약 체결밖에 없었다.〈출처:
WIKIMEDIA COMMONS | Public Domain〉

오전 7시 모르티에$^{Edouard Mortier}$(1768~1835)의 병력이 프리틀란트에 도착했고, 12시경 나폴레옹마저 란의 군대와 합류했다. 병력의 열세에서 어느 정도 벗어났던 프랑스군은 프리틀란트 전투에서 서서히 승기를 잡아갈 수 있었다. 수적 열세로 아주 어려운 전투가 될 것으로 예상했던 것과는 달리, 프랑스군은 거침없이 러시아군을 압박했던 것이다. 알레^{Alle} 강을 등지고 전투하던 러시아군은 퇴로가 없어 궁지에 몰릴 수밖에 없었다. 기병과 포병, 그리고 보병까지 거세게 몰아붙이는 프랑스군의 공세에 베닉센의 러시아군 병사들은 항복하거나 죽임을 당했다. 결국 프리틀란트 전투는 나폴레옹의 완벽한 승리로 끝이 나고 말았다. 프랑스군은 약 1만 명의 사상자가 발생했던 것에 반해, 러시아군의 사상자는 약 4만 명에 달했다. 프리틀란트 전투에서 패배함으로써 러시아 황제 알렉산드르 1세에게 남은 선택지는 휴전과 강화조약 체결밖에 없었다.

나폴레옹과 알렉산드르 1세는 1807년 6월 25일부터 틸지트^{Tilsit}에서 강화조약을 체결하기 위한 회담을 시작했다. 이어서 프로이센의 프리드리히 빌헬름 3세와도 협상을 했다. 프랑스는 7월 9일 러시아와, 7월 12일 프로이센과 각각 조약을 맺게 되는데, 이것이 틸지트 조약$^{Treaties of Tilsit}$이다. 틸지트 조약 체결로 프랑스는 자국과 동맹국이 획득한 모든 영토를 인정받았고, 러시아와의 동맹을 결성하게 되었다. 프로이센은 프랑스와 틸지트 조약을 체결함으로써 엘베^{Elbe} 강 동쪽의 모든 영토와 자신들이 점유하던 폴란드 지방을 잃게 되었을 뿐만 아니라 엄청난 금액의 배상금도 프랑스에게 지불해야 하는 등 굴욕을 겪어야만 했다.

◈ 대륙 체제와 나폴레옹 몰락의 시작 ◈

앞선 제4차 대프랑스 동맹과의 전쟁 가운데 나폴레옹에게 엄청난 재앙을 안겨줄 대륙 봉쇄령이 시작된 사실을 다시 한 번 언급하지 않을 수 없다. 나폴레옹은 유럽 대륙의 국가들과 달리 계속 저항하는 영국마저도 굴복시킬 필요가 있었다. 그러나 영국은 산업혁명의 성공으로 튼튼한 산업적 기반과 부를 축적하고 있는 유럽 내의 강국이었다. 더욱이 섬나라인 영국의 강력한 해군력은 해상에서 프랑스와 그의 동맹국을 압도하는 상황이었다. 그래서 나폴레옹이 꺼내든 카드가 1806년 11월 21일 발표한 베를린 칙령이었다. 베를린 칙령의 핵심은 대륙 체제와 봉쇄령으로 유럽 대륙 국가들에게 영국 또는 영국의 식민지와 무역을 하지 말 것을 강제하는 것이었다. 이는 경제제재라는 새로운 방식의 전쟁 수단을 통해 영국을 굴복시키기 위한 것이었다. 프랑스는 1807년 7월의 틸지트 조약을 통해 러시아와 오스트리아의 참여를 이끌어냈다.

영국은 1807년 11월 11일 프랑스와 그의 동맹국들과의 무역을 전면 금지시킴과 동시에 자국의 해군을 이용해 대륙의 해안을 역으로 봉쇄시키는 것으로 맞불을 놓았다. 영국의 응수에 대해 나폴레옹은 밀라노 칙령을 발표하여 영국의 항구를 이용하거나 영국에 관세를 내는 중립국 상선을 영국 상선으로 간주해 포획할 것이라고 대응 수위를 높였다. 나폴레옹은 대륙의 유럽 국가들에게 자신의 칙령을 어길 시 침공하겠다고 엄포까지 놓았다.

나폴레옹은 영국을 고립시키면 영국의 경제가 파탄 날 것이라고 생각했으나 실질적으로 이를 실행할 수 있는 기반과 환경, 조건, 능력 등 여러 요인에 대한 면밀한 분석과 판단에는 실패했다. 먼저, 영국의 해군력이 프랑스의 전력보다 강력했다. 다음으로 영국과 식민지의 결속력이 나폴레옹의 프랑스와 대륙 유럽 국가 간의 결속보다 훨씬 강했다. 마지막으로 영국만이 아니라 영국과 무역을 하지 못하는 대륙 국가들의 고통과 피해도 엄청났다. 러시아의 경우, 산업화된 영국과의 무역이 교역의 대부분을 차지하고 있었기 때문에 영국과의 교역은 필수적이었다. 산업혁명으로 생산력이 증대된 영국과 그 식민지로부터 상품을 수입하고 반대로 그들에게 원자재를 수출하는 등 여러모로 교역이 필요했던 유럽 국가들은 식품과 상품의 부족으로 가격 폭등 문제를 겪어야 했고, 덩달아 실업률도 자연스레 높아질 수밖에 없었다.

나폴레옹의 근시안적인 대륙 체제와 봉쇄령은 역으로 나폴레옹의 대륙 국가들에 대한 지배력을 약화시키는 역효과를 낳았다. 여러 차례의 전쟁을 거쳐 이제 막 나폴레옹의 지배를 받아들이려는 세력과 프랑스에 우호적이었던 동맹국들마저 먹고사는 문제와 직접적으로 연계된 경제적인 어려움 앞에 등을 돌리는 상황이 발생한 것이다. 이러한 정책은 나폴레옹 몰락의 시작점이라 해도 과언이 아니었으며, 이베리아 반도 전쟁과 러시아 원정의 출발점이었다. 나폴레옹은 대륙봉쇄령에 참여하지 않는 포르투갈을 굴복시키기 위해 이베리아에 파병을 결정하며 새로운 전쟁을 시작했고, 1810년 대륙봉쇄령을 파기하고 영국과의 무역을 재개한 러시아를 징벌하기 위해 러시아 원정을 강행했던 것이다. 결국 이들 전쟁에서 나폴레옹은 패배하며 몰락하게 되었다.

3. 제5차 대프랑스 동맹

1807년 틸지트 조약으로 유럽에 평화가 찾아오는 듯했지만, 대륙 체제에 근거한 대륙봉쇄령의 부작용으로 이내 이베리아 반도 전쟁이 시작되어 국내·외적으로 나폴레옹의 입지가 애매한 상황에 놓였다. 1805년 아우스터리츠 전투 패배 이후 많은 영토와 힘을 잃었던 합스부르크 왕가의 오스트리아는 나폴레옹에 대한 복수의 날을 기다리고 있었다. 독일계 국가 내에서 일어나고 있던 민족주의적 열망과 반프랑스 봉기는 오스트리아에게 프랑스에 맞설 수 있는 용기를 주기에 충분했다. 황제인 프란츠 2세의 동생 칼 루트비히 대공은 총사령관으로서 프랑스군의 사단제를 받아들이는 군사혁신과 기존 용병에 더해 독일계 주민들로 구성된 국방군을 창설하는 등의 변화를 꾀했다.

오스트리아는 프랑스에 대항하기 위해 러시아와 프로이센에게 동맹을 타진했다. 러시아는 동맹에 참여하지는 않지만 오스트리아에 적대 행위를 하지 않겠다고 했고, 직전 전쟁으로 엄청난 피해를 입었던 프로이센은 끝내 참전을 결정하지 않았지만 참전을 저울질하는 모습으로 긍정적 신호를 오스트리아에게 보냈다. 오스트리아의 동맹인 영국은 나폴레옹과의 전쟁에 적극적이었다. 그러나 이베리아 반도에서의 전쟁 때문에 지상 병력이 아닌 전쟁 자금 지원 정도로 오스트리아에게 제한적인 도움밖에 주지 못했다. 그럼에도 불구하고 오스트리아는 프랑스가 이베리아 반도에서 고전하는 모습을 보이자 때가 되었다고 판단하고 전쟁을 결정했다.

오스트리아는 약 20만 명의 대군을 3개 방면군으로 나눠 공격하기로 했다. 칼 대공이 이끄는 주력은 프랑스의 동맹국인 바이에른 공국으로 진격하기로 했다. 칼 대공은 도나우 강 상류를 결정적 전투 장소로 판단했다. 그곳으로 3만 8,000명의 병력으로 구성된 하인리히 폰 벨레가르데 백작Count Heinrich von Bellegarde(1756~1845) 휘하의 제1군단과 요한 콜로브라트Johann Kollowrat(1748~1816) 휘하 2만 명으로 구성된 제2군단, 그리고 호헨촐레른Friedrich Franz Xaver Prince of Hohenzollern-Hechingen(1757~1844)의 제3군단과 로젠베르크Franz Seraph of Orsini-Rosenberg(1761~1832)의 제4군단, 그리고 리히텐슈테인Johann I Joseph, Prince of Liechtenstein(1760~1836)의 제1예비군단 6만 6,000명으로 구성된 오스트리아 중앙군이 레겐스부르크Regensburg를 공격하기로 했다. 루이스 대공Archduke Louis의 제5군단, 힐러Johann von Hiller(1754~1819)의 제6군단, 키엔마이어Michael von Kienmayer(1756~1828)의 제2예비군단으로 구성된 좌익은 총 6만 1,000명으로 바이에른 접경지대로부터 도나우 강을 따라 남진할 계획이었다.[77] 한편 다른 2개 방면을 맡은 페르디난트 대공은 제8군단과 추가 병력을 이끌고 갈리치아Galicia 지역에서 나폴레옹의 폴란드 연합군과 대치했고, 요한 대공이 이끄는 제8·9군단은 북부 이탈리아에서 나폴레옹의 의붓아들 외젠이 지휘하는 군대와 전투를 벌이게 되었다.

토이겐-하우젠 전투

오스트리아군의 주력을 이끄는 칼 대공은 도나우 강 남쪽의 바이에른 접경지대인 인Inn 강 선으로 이동했고, 계획에 따라 1809년 4월 10일 군대 배치를 완료했다. 그날 이른 아침 오스트리아 선봉대가 인 강을 건너 바이에른군을 공격하기 시작했다. 그 후방에는 오로지 프랑스 다부의 제3군단만이 레겐스부르크 인근에 배치되어 도나우 강 남북을 잇는 중요한 다리를 지키는 것이 전부였다. 게다가 나폴레옹의 군대는 이베리아 반도 전쟁으로 상당수가 스페인 지역에 머물고 있었기 때문에 오스트리아와의 전쟁에 투입할 부대가 부족한 상황이었다. 따라서 칼 대공이 승기를 잡을 수 있는 유리한 상황이었다.

그런데 1809년 4월 17일 사령부가 위치한 도나우뵈르트Donauwörth에 도착한 나폴레옹은 전체적인 상황 파악과 함께 위기를 벗어나기 위한 전략을 수립하게 된다. 그는 오스트리아군이 바이에른과 폴란드, 북부 이탈리아로 나뉘어 있다는 것에 착안해 각개격파가 가능할 것으로 판단했다. 초기에 칼 대공 군대에 의해 프랑스 다부의 군대는 수세적인 전투를 벌이며 궁지로 몰렸다. 4월 19일 아침 양국의 군대는 토이겐Teugen과 하우젠Hausen을 둘러싸고 맞붙게 된다. 서로 간에 전선을 밀고 당기며 치열한 공방전을 펼치는 가운데 오스트리아군이 승기를 잡는 듯했다. 그러나 포병부대를 포함한 지원부대가 도착하자 다부의 부대가 자신의 두 배에 달하는 오스트리아군을 격퇴시키는 데 성공했다. 다부의 군대는 토이겐-하우젠 전투Battle of Teugen-Hausen에서 승리하며 나폴레옹의 군대와 연락을 재개할 수 있게 되었다.

나폴레옹은 약 9만 명의 병력을 오스트리아 전역으로 모았고, 초기 승리를 통해 수세에서 공세로 전환하게 된다. 후퇴하는 적을 향해 진격하던 프랑스군은 1809년 4월 20일 아벤스베르크Abensberg에서 오스트리아군과 전투를 벌이며 크고 작은 여러 전투를 치르게 된다. 그런데 이러한 과정에서 나폴레옹은 적의 주력 위치를 오판하는 실수를 범하며 적 주력 방향에 상대적으로 적은 병력만을 보내 전선의 한 측면이 붕괴될 위기에 처했다. 다행인 것은 칼 대공 역시 자신의 주력과 마주한 다부 부대를 프랑스군 주력 전면의 전위대로 착각하며 다부의 프랑스군을 무너뜨릴 결정적인 기회를 놓쳤다.

칼 대공은 다부의 군단 뒤에 더 많은 프랑스군이 있을 것으로 오해해 증원군 도착 후 에크뮐Eckmühl에서 프랑스군을 공격할 생각이었다. 4월

1809년의 대오스트리아 전쟁, 레겐스부르크: 1단계

① 다부가 레겐스부르크로 철수하며 수비대②를 뒤에 남기다.
③ 다부를 향해 진군하는 칼 대공이 4월 19일에 토이겐 및 하우젠④에서 다부와 접전을 펼치다.
⑤ 오스트리아군의 좌익을 맡은 힐러가 전진해오다.
⑥ 4월 19일~20일에 걸쳐 나폴레옹이 아벤스베르크를 향한 반격을 펼치다.
⑦ 마세나와 우디노가 진군에 나서다. 마세나가 란트슈트로 진격해 나폴레옹의 바람대로 오스트리아군 좌익을 밀어내려 하다.

22일 아침 산발적인 전초전을 제외하고 양측은 상대를 살피며 호기를 기다렸다. 프랑스의 다부는 자신을 증원하기 위해 방향을 틀고 무서운 기세로 달려오는 나폴레옹군을 기다리고 있었다. 칼 대공 휘하 로젠베르 크는 꿈쩍하지 않고 자신의 부대만을 응시하는 다부의 부대가 증원부대를 기다리고 있음을 뒤늦게나마 깨닫기는 했다. 그러나 전세를 다시 유

1809년의 대오스트리아 전쟁, 레겐스부르크: 2단계

❶ 콜로브라트가 레겐스부르크를 떠나 진군에 나서다. ❷ 오스트리아군 좌익이 나폴레옹의 진격에 직면하자, 란 휘하 임시 편성 군단의 추격을 받으며 퇴각❸을 개시하다.
❹ 마세나가 란트슈트로 진격하다. ❺ 힐러가 이끄는 오스트리아군 좌익이 란트슈트를 지나 퇴각하다.
❻ 4월 22일, 에크뮐에서 나폴레옹과 칼 대공이 격돌하다.
❼ 칼 대공의 측면을 노린 란이 강행군에 나서는 가운데 마세나가 그 뒤를 따르다.
❽ 오스트리아군이 레겐스부르크를 지나 퇴각하다.
❾ 추격에 나선 나폴레옹이 알트에글로프스하임(Alt Egglofsheim)에서 기병 간 전투를 펼치다.
4월 23일, 레겐스부르크가 나폴레옹에게 함락되다.

리하게 돌리기에는 너무 늦었다. 나폴레옹이 유례없는 강행군으로 예상보다 빨리 도착해 오스트리아군의 측방을 공격했다. 나폴레옹의 공격이 시작되자 다부 역시 전면의 로젠베르크의 진영 중앙으로 돌격해 들어갔다. 일격을 당한 칼 대공은 후퇴 명령을 내릴 수밖에 없었다. 그나마 다행스럽게도 주력이 나폴레옹군의 돌격과 추격을 벗어나 도나우 강 북쪽으로 탈출하여 차후 작전을 이어나갈 수 있었다. 그 시기 프랑스군은 북부 이탈리아와 폴란드 방면에서 좋지 않은 상황에 몰려 있었다.

한편, 베시에르Jean-Baptiste Bessières(1768~1813) 원수가 도나우 강 남안의 오스트리아군 추격 임무를 맡았으나 무리한 추격으로 큰 피해를 입었다. 그나마 정예 프랑스군의 처절한 혈투로 체면치레를 하는 수준이었고, 칼 대공의 군대는 프랑스군의 추격을 뿌리칠 수 있었다. 문제는 오스트리아의 수도가 무방비 상태에 놓여 있어 나폴레옹과 그의 군대가 5월 12일 국토방위대의 매우 약한 저항만을 받은 채 빈에 입성했다는 것이었다. 주력 부대가 고전을 하자 자연스럽게 북부 이탈리아 방면의 요한 대공도 프랑스 외젠의 압박 속에 후퇴를 선택할 수밖에 없었다. 수적으로 우세했던 외젠은 초기 전투에서의 패배를 설욕하고 요한 대공을 이탈리아에서 몰아낸 뒤 헝가리로 향할 수 있었다. 5월 20일경 외젠의 군대는 나폴레옹군과 합류하거나 요한 대공을 추격할 수 있게 되었다.

칼 대공은 도나우 강 건너편으로 후퇴 후 병력을 집결시켜 나폴레옹에게 맞설 준비를 했다. 빈에 입성 후 쉔브룬Schönbrunn 궁에 자리 잡은 나폴레옹은 오스트리아군과의 빠른 결전이 필요한 상황이었다. 병참선이 신장된 상태에다가 영국의 참전과 러시아의 변심 가능성 등 예상되는 모든 악조건을 고려할 때 빠른 승리만이 답이었다. 하지만 프랑스군은 정보력이 매우 취약한 상황이다 보니 바그람에서 몇 킬로미터 떨어진 곳에 있던 칼 대공의 위치를 브룬 인근으로 오인한 채 결전을 준비해야 했다.

아스페른-에슬링 전투

아스페른-에슬링 전투Battle of Aspern-Essling는 급한 마음에 제대로 된 정보도 없이 시작된 전투였다. 나폴레옹은 도나우 강의 로바우Lobau 섬을 점령한 후 이곳을 기반으로 가교를 설치해 병력을 반대편으로 도하시켜 도나우 강 너머의 오스트리아군을 격파하고자 했다. 알프스의 눈이 녹아 강물이 불어난 악조건 속에서도 프랑스 공병대는 5월 18일 밤부터 20일 오후까지 어렵사리 가교 설치에 성공했다. 마세나의 2개 사단이 가교를 통해 로바우 섬으로 이동했고, 몰리토Gabriel Jean Joseph Molitor(1770~1849)의 사단은 나머지 물줄기까지 건너 아스페른Aspern과 에슬링Essling 시가지까지 점령하는 데 성공했다. 그곳에 오스트리아군이 없는 것을 확인한 프랑스군은 추가 병력을 계속해서 보내며 교두보를 확장하고자 했다. 그런데 모든 부대가 도하하기도 전에 대형 바지선이 가교와 충돌해 가교가 손상되는 바람에 도하가 중단되었다.

칼 대공은 나폴레옹군의 움직임이 한눈에 내려다보이는 언덕에 있었다. 그는 강의 북쪽 기슭으로 유입되는 병력만 차단한다면 자신의 대병력으로 도하에 성공한 일부 프랑스군쯤은 섬멸이 가능할 것으로 판단했다. 추가적인 병력의 도하를 막기 위해 칼 대공은 불을 붙인 바지선과 통나무, 무너뜨린 풍차 등을 도나우 강에 띄워 프랑스군 공병대의 가교 보수를 방해했다. 추가적인 부대의 도하를 차단했다고 확신한 칼 대공은 10만 명의 병력을 이끌고 아스페른과 에슬링으로 향했다. 1809년 5월 21일 오전 10시경 나폴레옹은 적의 본진이 진군하고 있다는 보고를 받았다. 칼 대공의 빠른 움직임에 나폴레옹은 주도권을 내주고 불리한 전투에 돌입하게 되었다. 칼 대공의 부대는 아스페른의 프랑스군을 먼저 공략했다. 그들은 에슬링도 공격했고 두 마을을 잇는 중간에 위치한 부대마저도 거세게 몰아붙였다. 오스트리아군의 거센 공격 속에 프랑스군은 서서히 밀릴 수밖에 없었다. 추가적인 프랑스군 부대가 일부 방어진지에 합류해 위기를 벗어나는 듯했지만, 오스트리아군 역시 정예부대를 투입하며 공세를 이어갔다.

패배가 가져올 엄청난 군사적·정치적 파급력을 고려할 때 나폴레옹은 이 전투를 포기할 수 없었다. 그는 추가적인 부대의 도하를 명령하며 주도권 확보를 노렸다. 그는 뒤늦게 도하에 성공한 란과 베시에르의 기병을 이용해 오스트리아군의 중앙을 붕괴시킬 작정이었다. 도하를 준비 중인 다부의 군단은 전과 확대 임무를 수행하고, 최후의 일격은 근위대의 몫으로 남겨두려 했다. 5월 22일 새벽부터 나폴레옹의 부대는 기습적인 공격으로 아스페른을 탈환하는 등 변화의 계기를 마련했다. 란의 부대도 계획대로 전선의 중앙부로 돌격해 선전하며 오스트리아군을 밀어내기 시작했다.

전황을 지켜보던 칼 대공은 자신의 마지막 예비대인 정예 척탄병 군단을 투입해 전선 중앙의 간극을 메우고자 했다. 오스트리아군에게 불리한 상황으로 전환되는가 싶었는데 가교에 대한 집요한 공격이 성공해 다시 프랑스군이 수세에 놓이게 되었다. 다부의 군단이 강을 건널 수 없었기 때문에 나폴레옹은 도나우 강 동안에서 작전하는 군대 전체의 안전 확보와 란의 군대를 온전하게 지키기 위해 돌격을 멈추라는 명령을 내렸다. 란이 공세를 멈추자 오스트리아군이 아스페른을 향한 공격을 재개해 오후 1시경 점령에 성공했다. 역시나 프랑스군은 에슬링에서도 밀려나고 있었다. 150문에 달하는 오스트리아군 포병대의 포격으로 에슬링의 프랑스군 제2군단은 엄청난 피해를 입었다. 결국 5월 22일 오후 4시경 로바우 섬으로 물러난 나폴레옹은 전투를 중지시키고 패배를 인정했다. 칼 대공은 탄약이 바닥난 상태에서 병력 손실도 엄청났기 때문에 로바우 섬으로 퇴각하는 나폴레옹군을 지켜볼 수밖에 없었다.

아스페른-에슬링 전투에서의 패배는 나폴레옹에게 뼈아팠다. 이 전투는 전술적인 관점에서 양측의 사상자가 각각 2만 2,000명이었다는 점

아스페른–에슬링 전투, 둘째 날

게라스도르프

로이스

바그람

루스바흐 강

바우머스도르프

아더클라

칼

쥐센브륀

레오폴다우

마르크그라프노이지들

마 르 히 펠 트

브라이텐레

라스도르프

킨마이어

슈타트라우

호헨촐레른

❸

란

리히텐슈타인

벨레가르데

아스페른

❶

로젠베르크

힐러

❹

에슬링

❷

빈

마세나

베시에르

부데

근위대

그로스엔처스도르프

N

로바우 섬

❻

오스트리아군

프랑스군

다부

❺

나폴레옹

카이저–에버스도르프

0   2 miles

0   2 km

❶ 마세나가 아스페른 시가지를 사수하다. ❷ 부데의 사단이 에슬링 시가지를 사수하다.
❸ 란 휘하 군단의 위치와 그가 이끈 반격의 방향. ❹ 베시에르의 기병대와 그가 이끈 반격의 방향.
❺ 로바우 섬에 놓은 폰툰 가교를 통해 유입되는 나폴레옹의 지원 병력.
❻ 도나우 강 위의 폰툰 부교가 끊기면서 나폴레옹의 연락선과 병력 증원로가 봉쇄되다.
❼ 도나우 강에 놓인 다리들이 북쪽의 오스트리아군(로이스의 제5군단)에게 파괴되다.

에서 무승부처럼 보였지만, 전략적인 관점에서 프랑스의 완패였다. 나폴레옹의 아스페른–에슬링 전투 패배 소식은 유럽 전역으로 순식간에 퍼져나가 프랑스에 반대하는 유럽 국가들에게 나폴레옹의 몰락이 임박한

●●● 아스페른 전투를 지휘하고 있는 오스트리아의 칼 대공. 나폴레옹의 아스페른–에슬링 전투 패배 소식은 프랑스에 반대하는 유럽 국가들에게 나폴레옹의 몰락이 임박한 것이 아니냐는 희망을 안겨주었다. 또한 나폴레옹은 이 전투에서 자신이 가장 신뢰하던 란 원수를 잃는 아픔을 겪었다.
〈출처: WIKIMEDIA COMMONS | Public Domain〉

것이 아니냐는 희망을 안겨주었다. 또한 나폴레옹은 이 전투에서 자신이 가장 신뢰하던 란 원수를 잃는 아픔을 겪었다. 나폴레옹이 퇴각하며 후 방에 남은 부대의 지휘를 란이 맡았는데, 이러한 상황에서 란의 오른쪽 무릎에 포탄이 명중해 그는 끝내 죽음을 맞이했다.

바그람 전투

나폴레옹은 로바우 섬을 거대한 요새로 만들며 복수를 위한 준비를 했다. 북부 이탈리아의 외젠 군대가 북으로 퇴각하는 오스트리아 요한 대공의 군대를 추격하며 나폴레옹과의 합류를 시도했다. 크고 작은 교전 중 6월 14일 랍 전투Battle of Raab에서 외젠은 요한 대공 측으로부터 큰 피해를 입기는 했지만 동시에 적에게도 큰 피해를 입혔다. 이 전투로 인해 외젠과 그의 부하는 요한 대공의 군대 추격을 단념하고 명령에 따라 나폴레옹군에 합류했다. 폴란드에서 전투하던 나폴레옹 예하 부대도 도나우 강 전선으로 내려와 칼 대공의 우익인 북쪽 측면을 위협할 수 있게 되었다. 나폴레옹은 전투 직전 19만 명의 대군을 집결시키는 데 성공했다.

반면에 칼 대공의 상황은 녹록지 않았다. 외젠의 추격을 뿌리친 요한 대공이 도나우 강 북쪽 기슭으로 후퇴해 칼 대공의 군대에 합류했지만 큰 도움은 되지 못했다. 가장 큰 힘이 되어줄 것이라고 칼 대공이 예상한 것은 독일 지역에서 대규모 습격을 펼치기로 약속한 영국군이었다. 그러나 안트베르펜Antwerpen에 상륙해 나폴레옹을 위협해주기로 한 영국군은 시간이 지나도 나타날 기미가 없었다. 전투에 앞서 오스트리아군이 확보한 병력은 나폴레옹군에 비해 상대적으로 적은 14만 명에 불과했다.

바그람 전투Battle of Wagram는 1809년 7월 5일 폭풍우가 내리던 날 이를 기회로 나폴레옹의 군단들이 도나우 강을 도하하며 시작되었다. 첫날 전투에서 나폴레옹의 군대는 큰 저항을 받지 않았다. 도나우 강 동안에 배치된 오스트리아군의 전초기지들에 배치된 부대의 규모가 작았고 프랑스군의 맹공에 정오 무렵 대부분 진지를 이탈해 후퇴했다. 프랑스군은 도나우 강 도하 후 평원으로 밀려들었고 이내 교두보를 확장했다. 오스트리아의 칼 대공은 우익의 중장기병대로 프랑스군의 작센 기병대 전열을 무너뜨리려는 공세적 작전을 펼쳤다. 그러나 이는 프랑스군의 전개를 방해하지는 못했다.

1809년 7월 5일 오후 7시경 나폴레옹은 오스트리아 방어선의 핵심인 중앙에 위치한 도시 바우머스도르프Baumersdorf를 공략하기 위해 최정예 부대를 그곳에 투입했다. 프랑스군 보병연대는 엄청난 기세로 주도권을 쥐는 듯했다. 칼 대공 역시 이 지역의 중요성을 알았기 때문에 최정예 용기병부대를 투입해 프랑스군 보병대를 격퇴했다. 이외에도 여러 곳에서 많은 전투가 일어났다. 첫날의 전투는 프랑스군이 자신들의 피해 상황 때문에 동요하는 가운데 오스트리아군의 전선을 뚫지 못하고 종료되었다.

칼 대공의 입장에서 첫날의 전과는 만족할 만했다. 문제는 다음날 계획한 작전이었다. 그는 프랑스군을 양익에서 포위한 후 프랑스군의 퇴로인 로바우 다리를 노려 적을 공황 상태에 빠뜨리려는 계획을 세웠다. 그런데 자신의 좌익을 담당할 요한 대공이 예하의 흩어진 부대를 추스려 오스트리아군 전선의 좌익에 합류하라는 명령을 긴급하게 여기지 않아 합류가 늦어져 큰 차질이 생겼다. 실제로 요한 대공은 다음날의 결정적 전투가 모두 끝난 시점인 7월 6일 오후 4시경에나 전장에 나타나 아무런 도움이 되지 못하고 다른 오스트리아군처럼 퇴각해야만 했다.

1809년 7월 6일 이른 아침부터 무더운 날씨 속에 양측은 결정적 전투를 시작했다. 전투가 시작되고 양측은 일진일퇴의 치열한 공방전을 펼쳤다. 나폴레옹과 칼 대공은 전선의 변화를 보며 예비대의 투입과 부대의 이동 등을 쉴 새 없이 명령하며 전투를 이끌었다. 칼 대공은 자신의 의도대로 전투의 승기를 잡았지만, 요한 대공의 합류가 없어 프랑스군의 우익인 다부의 부대를 압박하는 데 실패하며 전과를 확대하지 못했다. 그는 전장의 핵심인 아더클라Aderklaa 시가지 확보를 위해 전면의 프랑스군에게 엄청난 공세를 퍼부었다.

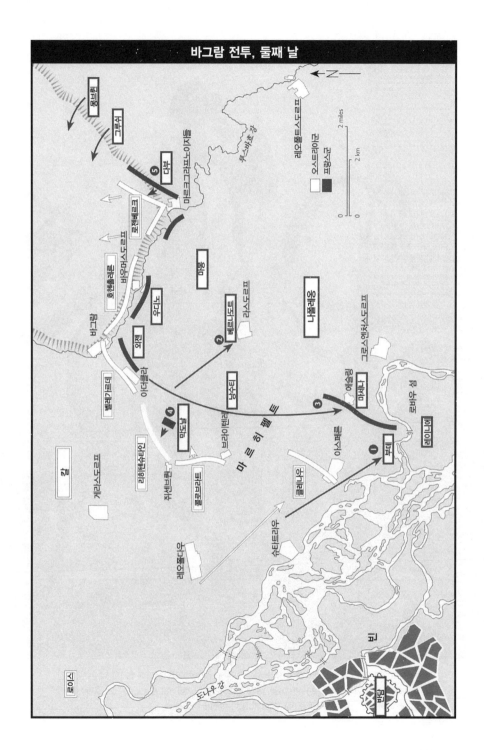

바그람 전투, 둘째 날

●●● 1809년 7월 6일 바그람 전투를 지휘하고 있는 나폴레옹. 교착 상태에 빠진 양측은 한 달간
의 휴전에 동의했으며, 이는 1809년 10월 14일 쉔브룬 궁에서 체결된 프랑스와 오스트리아 간의
협정으로 이어졌다. 〈출처: WIKIMEDIA COMMONS | Public Domain〉

나폴레옹은 다부가 맡고 있는 자신의 우익을 통해 불리한 전황을 일순간 유리하게 바꿨다. 그는 양공 작전을 통해 적의 전투력을 분산시키는 가운데 실제로 다부의 우익에 예비대를 투입해 오스트리아군의 좌익인 로젠베르크를 압박했다. 로젠베르크의 군대는 조금씩 밀려나기 시작했다. 이어서 나폴레옹의 좌익인 에슬링과 아스페른에서 마세나가 오스트리아 클레나우Johann von Klenau(1758~1819)의 군대를 몰아내기 시작했다. 클레나우는 후퇴할 수밖에 없는 상황에 놓였다. 결국 두 곳에서 전선이 붕괴된 칼 대공의 군대는 보헤미아로 퇴각하게 되고 오후 2시경 프랑스군이 그 일대를 점령했다. 양측이 각각 4만 명가량의 사상자가 발생한 엄청난 전투였기 때문에 프랑스군은 퇴각하는 오스트리아군을 바로 추격할 수 없었다.

이튿날 추격에 나선 마몽의 군단은 7월 10일 저녁에서야 타야Thaya 강을 건너려는 오스트리아군을 따라잡고 큰 피해 속에 겨우 적을 고착시키는 데 성공했다. 다음날 양측 간의 유혈 전투가 본격화되는 시점에 드디어 오스트리아의 전령이 휴전을 요청했다. 양측은 서로 큰 피해를 입었기 때문에 한 달간의 휴전에 동의했다.

이후 1809년 7월 마지막 주에야 출항한 영국군은 안트베르펜에 상륙하기 위해 주요 지점인 왈헤렌Walcheren 섬을 먼저 점령했다. 프랑스가 8월 15일 항복 교섭을 영국에게 요청했지만, 그들의 군사작전은 계속되었다. 그런데 영국군이 프랑스군 방어선의 약점을 찾으며 유럽 대륙에 상륙하기 위해 노력을 이어가던 순간 영국군 진영 내에서는 심각한 열병이 창궐했다. 하루에만 100명에 달하는 병사들이 죽어나가는 상황이 한 달간 지속되자, 영국군은 어쩔 수 없이 나폴레옹과의 전쟁을 단념하고 본국으로 귀항을 결정했다.

1809년 10월 14일에 마침내 쉔브룬 궁에서 프랑스와 오스트리아 간의 협정이 체결되었다. 길고 긴 기다림 속에 나폴레옹은 오스트리아 남부 카린티아Carinthia와 카르니올라Carniola, 그리고 아드리아해 연안의 항구들을 얻었고, 갈리치아Galicia의 일부는 폴란드로 귀속되었다. 협정에 따라 티롤의 잘츠부르크Salzburg 지역은 바이에른에게, 테르노필Ternopil의 작은 영토는 러시아에게 돌아갔다. 그러나 오스트리아의 대표였던 메테르니히Klemens von Metternich(1773~1859) 대공의 노력으로 오스트리아는 그나마 자신들에게 대대로 내려온 영토 대부분을 지키며 훗날을 도모할 수 있게 되었다. 한편, 나폴레옹은 러시아 황제 알렉산드르 1세의 여동생 예카테리나Catherine Pavlovna와 결혼하려 했지만 여의치 않았기 때문에 이번 협정 과정에서 오스트리아 공주 마리 루이즈Marie Louise를 아내로 맞이하게 되었다. 1810년 3월 11일 결혼한 나폴레옹과 마리 루이즈는 1811년 3월 19일 로마 왕King of Rome으로 불린 나폴레옹 2세Napoleon II(1811~1832)를 낳게 된다.

CHAPTER 4

나폴레옹 전쟁 2부: 군사적 천재의 몰락

1. 1812년 러시아 원정

나폴레옹이 1806년 11월 21일 발표한 베를린 칙령은 두 차례의 거대한 전쟁을 초래했고, 끝내 그를 몰락시켰다. 두 전쟁은 이베리아 반도 전쟁과 러시아 원정이었다. 물론 나폴레옹이 러시아 원정을 결심한 것은 여러 복합적 요인에 기인했다고 보는 게 타당하다. 그럼에도 불구하고 영국으로부터 대륙을 봉쇄하겠다는 대륙 체제를 선포한 베를린 칙령이 가장 중요한 원인이었다.

제4차 대프랑스 동맹 전쟁 종료 후, 프랑스와 러시아는 틸지트 조약을 맺고 형식적이지만 손을 잡게 되었다. 프랑스는 자신들에게 무릎 꿇었던 대부분의 유럽 국가들과 굴욕적인 조약을 맺었던 것과 달리 러시아에게는 동등한 관계를 부여했다. 나폴레옹은 러시아를 영국 굴복에 활용하려는 것이었다. 나폴레옹은 러시아가 중립을 지키고 있는 가운데 실시된 1809년 제5차 대프랑스 동맹국들과의 전쟁에서도 승리했다. 유럽의 패권자로서의 프랑스는 러시아에 대해 확실한 우위를 선점하고 있음을 대외적으로 재차 확인시켰다. 그럼에도 불구하고 나폴레옹은 일련의 복잡한 문제 속에서 러시아와의 전쟁을 피할 수 없었다.

1809년 러시아의 핀란드 병합을 묵인했으며 알렉산드르 1세의 여동생 안나^{Anna Pavlovna} 공주와 나폴레옹 간의 혼담이 오가며 프랑스와 러시아는 좋은 관계를 유지하고 있었다. 다만 안나가 어리기 때문에 혼인하기까지는 시간이 필요했다. 그런데 제5차 대프랑스 동맹국들과의 전쟁 이후 나폴레옹이 오스트리아 프란츠 2세의 딸인 마리 루이즈와 결혼하게 되면서 두 국가 간에 간극이 생기게 되었다. 여기에 더해 나폴레옹은 폴란드와 오스만 제국 문제에 있어 러시아를 무시하는 행태를 보였다. 그는 프랑스의 속국인 바르샤바 공국이 폴란드를 병합하게 했으며, 러시아의 오스만 제국 공격을 막았던 것이다.

무엇보다 결정적인 원인은 프랑스와의 틸지트 조약 체결 이후 베를린 칙령에 따라 러시아는 영국 또는 그 식민지, 그리고 중립국 등과도 자유롭게 무역을 할 수 없었다. 무역 제한 조치는 영국의 상품을 필요로 하는 러시아에게 엄청난 재앙이었다. 러시아는 상품 가격의 폭등과 높은 실업률 등으로 경제적 어려움에 처했다. 러시아는 곡물, 목재, 칼륨, 철, 가죽 등의 식량과 원자재에 대한 영국 수출도 동시에 막힌 상황이었다. 러시아는 공공연한 밀무역을 묵인하는 방식으로 민심을 달래며 경제적 어려움을 벗어나고자 했으나, 프랑스의 강력한 항의에 부딪히고 말았다. 그렇다고 프랑스가 영국과의 무역이 금지되어 경제적으로 어려움을 겪고 있던 러시아를 위해 그들이 필요로 하는 물품을 수출하거나 그들의 상품을 수입할 수 있는 상황도 아니었다. 오히려 그들은 러시아에 향수, 도자기, 보석, 고급 술 같은 값비싼 사치품만을 팔아 이윤을 남기고 있었다.

나폴레옹은 조금만 더 밀어붙이면 영국이 붕괴할 것이라고 판단하고 대륙봉쇄령을 강화하기 위한 적극적인 군사 조치를 취하기도 했다. 그는 군대를 라인 강 너머로 보내 네덜란드 전역과 독일의 북쪽 해안, 엘베 강 하구에 이르기까지 발트 해로 나가는 해안선과 모든 항구, 심지어 발칸 지역까지 점령했다. 이 과정에서 나폴레옹은 한자동맹^{Hanseatic League}* 도시와 독일의 북서쪽에 위치한 올덴부르크 공국^{Herzogtum Oldenburg}을 제국에 합병했는데, 올덴부르크 공국이 러시아 황실과의 혼인으로 맺어진 가문이 다스리는 나라였기 때문에 이는 러시아를 크게 자극했다.

결국 러시아 황제 알렉산드르 1세는 일련의 양국 간 이해관계 충돌로부터 대륙봉쇄령으로 생긴 경제적 어려움, 그리고 의무를 다하지 않고 자국의 이득만 챙기는 프랑스에 대해 항의하기 위해 1810년 12월 프랑스의 사치품에 높은 관세를 적용하고 중립국 선박에게 항구를 개방하기로 결정했다. 대륙봉쇄령에 있어 러시아의 역할이 중요한 상황에서 러시아가 이탈하려 하자, 나폴레옹은 전쟁으로 위협했다. 거기에 폴란드 문제까지 겹친 상황에서 러시아는 프랑스와의 전쟁을 준비했지만 주변 국가들이 참여하지 않아 협상하는 쪽으로 정책을 선회했다. 그러나 나폴레옹은 러시아를 위해 어떠한 양보도 고려하지 않고 오히려 러시아를 무시하는 행태를 보였다. 대륙봉쇄 체제를 유지하고 영국을 굴복시키기 위해서는 향후 영국과 동맹을 맺을 수 있는 잠재적 적국인 러시아를 군사적으로 제압할 필요성이 있었다. 나폴레옹이 러시아를 약화시키고 폴란드를 강화하는 것도 프랑스 제국의 동부 지역을 안정시키는 데 필수적이라고 판단했을 수도 있다. 마침내 그는 주변의 엄청난 반대에도 불구하고 1811년 8월 러시아와의 전쟁이 불가피함을 깨닫고 다음해 전쟁을

---

* 한자동맹: 독일 상업 집단과 북유럽의 상업권을 지배하던 북부 독일 도시들이 상호 교역의 이익을 지키기 위해 중세시대에 결성한 조직이다. 이들은 신항로 발견과 함께 쇠퇴의 길을 걷기 전까지 북방 무역을 독점하며 큰 번영을 누렸다.

하기 위해 약 61만 4,000명의 병력을 러시아 국경으로 이동시켰다.[78]

1812년 1월에 나폴레옹은 대규모 병력과 말들이 두 달간 먹을 식량과 사료, 전쟁에 필요한 군수품, 그리고 이를 수송할 마차를 준비하라고 명령을 내렸다. 그는 프랑스군과 폴란드, 작센, 베스트팔렌, 헤센, 그리고 이탈리아 지역 등에서 차출된 병사들로 이루어진 대규모 군대를 꾸렸다. 이에 더해 오스트리아와 프로이센은 군대를 보내라는 나폴레옹의 강제적 요구에 마지못해 각각 3만 명과 2만 명의 군대를 보냈다. 물론 러시아 측에는 자신들이 강제에 못 이겨 어쩔 수 없이 나폴레옹에게 군대를 제공했음을 비밀리에 알렸다.

러시아는 프랑스와의 전쟁이 임박했음을 알았다. 알렉산드르 1세는 파리에 있던 첩보원들로부터 나폴레옹의 전쟁 계획까지도 입수했다. 그는 표면적으로 프랑스가 프로이센에서 철수하고 올덴부르크 공국의 독립과 양국 간 완충지대 설치를 요구하며 협상을 진행했다. 나폴레옹이 이러한 조건을 받아들이지 않을 것을 알고 있던 그는 이면에서는 군사적 동원과 주변 국가들과의 외교전을 통해 전쟁을 준비했다. 러시아는 넓은 영토에 흩어져 있던 군대를 동원해야 했기 때문에 전쟁 초기 프랑스에 비해 상대적으로 적은 수인 약 20만 명 정도의 병력을 모았으나, 시간이 지남에 따라 프랑스와 대등한 규모의 병력을 보유하게 되었다. 또한 러시아는 노르웨이 정복 지원을 매개로 하여 베르나도트의 스웨덴으로부터 군사적 지원을 약속받았고, 1812년 5월 28일에는 부쿠레슈티 조약Treaty of Bucharest을 통해 휴전하며 오로지 나폴레옹과의 전쟁에만 집중할 수 있는 발판을 마련했다.

1812년 6월 24일 나폴레옹의 군대는 코브노Kovno(현재 리투아니아의 수도 카우나스Kaunas)라는 도시에서 니멘Niemen 강을 도하했다. 러시아와 프로이센 간의 자연 국경이었던 니멘 강을 건너 러시아령 폴란드를 침공함으로써 역사적인 나폴레옹의 러시아 원정의 막이 올랐다. 나폴레옹이 소집한 프랑스 연합군은 5개 군으로 구성된 약 60만 명의 대군이었다. 그 중 절반 정도만 프랑스인이었고, 나머지는 독일, 폴란드, 프로이센, 오스트리아, 이탈리아, 스페인, 포르투갈, 리투아니아 등에서 징발된 병사들이었다. 이들 중 약 45만 명 정도의 병력이 3개 부대로 나뉘어 니멘 강을 넘었던 것이다.[79] 각기 다른 루트를 통해 원정길에 오른 프랑스 연합군은 마차와 개인 배낭에 24일분의 식량을 갖고 원정길에 올랐고, 추후 보급을 받을 계획이었다.

나폴레옹의 원정군은 중앙과 측방, 제2·3선, 그리고 예비대 등으로 구성된 약 67만 5,000여 명의 대군이었다. 나폴레옹, 베스팔렌의 왕인 동생 제롬Jérôme-Napoléon Bonaparte(1784~1860), 이탈리아 총독인 양자 외젠 등은 45만 명에 이르는 중앙군(3개 군)과 측방의 군대를 이끌었다. 대부분 프랑스인으로 구성된 나폴레옹의 군대는 황제근위대(4만 7,000여 명), 다부의 제1군단(7만 2,000여 명), 우디노Nicolas-Charles Oudinot(1767~1847)의 제2군단(3만 7,000여 명), 네의 제3군단(4만여 명), 그리고 낭수티Étienne Marie Antoine Champion de Nansouty(1768~1815)와 몽브룅Louis-Pierre Montbrun(1770~1812)이 지휘하는 제1·2예비기병군단(2만 2,000여 명)으로 이루어졌고, 총 병력은 약 21만 8000명 정도였다. 나폴레옹의 우측에서 7만 명 정도의 제3군을 지휘한 그의 동생 베스트팔렌 왕 제롬은 포니아토프스키Józef Poniatowski(1763~1813)의 제5군단(3만 6,000명의 폴란드군), 레이니에Jean Reynier(1771~1814)의 제7군단(1만 7,000여 명의 폴란드-작센-베스트팔렌군), 반담Dominique Vandamme(1770~1830)의 제8군단(1만 8,000여 명의 헤센-베스트팔렌군) 그리고 라투르-모부르Victor de Fay de La Tour-Maubourg(1768~1850)의 예비기병군단(8,000여 명)을 거느렸다. 제2군을 지휘하는 외젠은 자신이 직접 지휘하는 제4군단(4만 6,000여 명)과 생시르의 제6군단(2만 5,000여 명), 그리고 그루시의 제3예비기병군단(1만여 명)을 보유했다. 중앙군의 우익인 남쪽에는 오스트리아 왕자 슈바르첸베르크가 지휘하는 부대 3만 4,000여 명이 위치했다. 그리고 좌익인 북쪽에는 막도날Étienne Macdonald(1765~1840) 원수가 이끄는 프랑스-프로이센 혼성군인 제10군단(3만 2,000여 명) 등 2개 군이 위치했고, 총 병력 규모는 약 11만 5,000명이었다. 끝으로 프랑스 원정군의 2선과 3선, 그리고 예비대에는 빅토르의 제9군단 3만 3,000여 명과 오제로의 제11군단 5만여 명을 포함해 총 22만 6,000여 명이 있었다.[80]

이들을 맞이한 건 거대한 러시아의 서부를 담당하던 3개 군이었다. 바실리 데 톨리Mikhail Barclay de Tolly(1761~1818)가 지휘하는 제1군(1만 9,000여 명의 기병을 포함한 12만 7,000명의 병력 보유)은 그중에서 가장 규모가 컸는데, 비트겐슈타인Peter Wittgenstein(1769~1843)의 제1군단과 플라토프Matvei Platov(1753~1818)의 코사크 기병대가 포함되어 있었다. 제1서부방면군은 동프로이센과 바르샤바 공국 국경을 따라 주둔하고 있었다. 바그라티온Pyotr Bagration(1765~1812)은 현재 벨라루스라는 국가의 남쪽 지역에 주둔 중인 2개 군단 4만 8,000명(7,000여 명의 기병 포함)으로 구성된 제2군을 이끌었다. 4만 3,000명 규모의 제3군은 제2군보다 더 남쪽에 위치했고, 토르마소프Alexander Tormasov(1752~1819)가 지휘했다.[81] 개전 이후 크림 반도에 주둔하고 있던 치차고프Pavel Chichagov(1767~1849) 제독의 예비 병력 3만 명이 이번 전쟁에 합류했다. 그러나 러시아군의 규모는 프랑스군에 비해 3분의 2 수준이었고, 넓은 영토에 분산 배치되어 있었기 때문에 방어를 위해 집결시키는 데 오랜 시간이 걸렸다. 이처럼 러시아의 야전군은 프랑스군에 비해 규모나 준비 면에서 열세에 놓여 있었다.[82]

동쪽으로 진군을 시작한 나폴레옹의 작전계획은 좌익의 다부 휘하 제

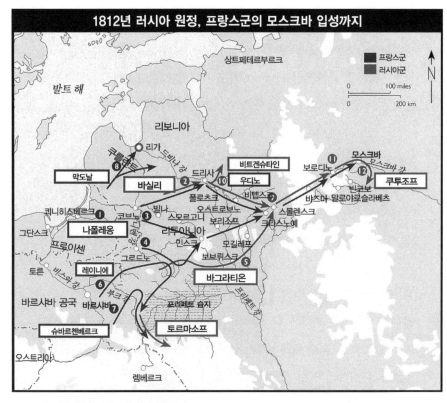

1812년 러시아 원정, 프랑스군의 모스크바 입성까지

❶ 나폴레옹이 니멘 강을 건너 진군하다.
❷ 드리사로 후퇴한 바실리가 방어를 포기한 채 비트겐슈타인을 파견한 뒤 스몰렌스크로 후퇴를 계속하다.
❸ 다부와 제롬❹이 바그라티온의 퇴로 차단을 노리다.
❺ 바그라티온이 스몰렌스크로 후퇴하다.
❻ 레이나에❼와 슈바르첸베르크가 후퇴 중인 토르마소프를 고착시키다.
❽ 나폴레옹의 좌익을 맡은 막도날이 리가의 러시아군 요새를 향해 진군하다.
❾ 바실리와 바그라티온이 스몰렌스크에서 합류하다. 8월 17일, 프랑스군의 공격이 시작되다.
❿ 8월 19일, 비트겐슈타인이 플로츠크에서 우디노를 공격하다.
⓫ 쿠투조프의 지휘 아래 보로디노까지 후퇴한 러시아군이 9월 7일 그곳에서 일전을 벌이다.
⓬ 9월 14일부로 나폴레옹에게 모스크바를 내준 쿠투조프가 수도의 남쪽에서 진영을 정비하다.

1군단과 우익의 제롬 군대를 활용해 러시아군을 양익 포위 기동하는 것이었다.[83] 나폴레옹의 군대는 무더위와 악천후, 열악한 도로 상황에도 불구하고 단 3일 만인 6월 27일 90km를 진격해 빌나Vilna에 도착했다. 빌나 지역에 주둔하던 바실리의 러시아 제1군은 나폴레옹이 빠르게 진격해오자 적들이 도착하기 하루 전날인 26일 그곳을 떠나 주방어진지로 준비된 드리사Drissa로 향했다. 7월 첫째 주 러시아의 바그라티온이 지휘하는 제2군은 급작스런 제1군의 철수로 생겨난 부대 간의 간극을 공략하려던 나폴레옹군의 전략에서 겨우 벗어나며 위기를 극복했다.

7월 16일까지 나폴레옹은 빌나에 남아 리투아니아 대공국 수립을 선언하는 문서에 서명했다. 그의 의도는 리투아니아에서 병력을 모집한 후 군대를 조직하여 대육군의 후위대로 삼으려는 것이었다. 더욱이 그는 빌나가 식량과 군수품 조달에 있어 중요한 보급선의 중심에 있었기 때문에 이곳에 공을 들였다. 그러나 나폴레옹이 이곳에서 18일 정도 머물다가 드리사로 진격을 시작하자, 러시아의 주력인 제1·2군은 그곳을 과감히 포기하고 큰 충돌 없이 병력을 보존한 상태로 후퇴했다. 러시아가 드리사 방어진지를 조기에 포기한 여러 이유 중 하나는 당시 34세의 젊은 프로이센 출신 장교 클라우제비츠Carl von Clausewitz(1780~1831)와 관련이 있었다. 러시아의 방어 계획에 있어 드리사는 중요한 곳이었다. 그러나 황제 알렉산드르 1세는 이곳이 방어에 유리한 곳인지 확인할 필요가 있었다. 그래서 개전 시 러시아 황제는 러시아군 내에 기술적 전문 지식과 군사 식견을 갖고 있는 장교가 없었기 때문에 드리사 요새가 나폴레옹군을 방어하기에 적절한지에 대한 판단을 클라우제비츠에게 맡겼다. 클라우제비츠는 현지 지형과 방어에 필요한 교량 등을 면밀히 관찰한 후 황제에게 드리사의 방어진지에서 나폴레옹군에 대한 관측이 불리하다고 보고했다. 따라서 황제는 그의 의견에 따라 이곳을 방어를 위한 결전의 장소로 선택하지 않았던 것이다.[84]

드리사의 철수는 러시아 바실리 장군의 초토화 전략과도 연결이 되어 있었다. 결전을 회피하는 이러한 전략적인 후퇴 전술은 러시아 군부에서 인기가 없었을 뿐만 아니라 병사들의 사기마저 떨어뜨렸다. 이 전략에 반대하는 측에서는 쉽게 폴란드 지역을 나폴레옹에게 내주고 시간을 벌겠다는 계획이 오히려 정치적 위험을 초래할 수 있다고 주장했다. 그러나 결과적으로 자신보다 규모와 전투력 측면에서 우세한 나폴레옹군과의 결전을 회피한 것은 러시아에게는 신의 한 수였다. 한편, 결과론적으로 러시아는 바실리의 초토화 전술로 큰 성공을 거둔 것처럼 보이나, 러시아가 프랑스군을 저지하려고 준비하다 보면 어느새 엄청난 속도로 진격한 프랑스군 때문에 자연스럽게 전선을 뒤로 물려야 하는 상황을 연속적으로 맞이했던 것이기도 하다. 즉, 러시아가 의도했든, 의도하지 않았든 간에 러시아의 초토화 전술 때문에 결전을 통해 승리를 거머쥘 수 있다고 생각하던 나폴레옹의 생각이 빗나간 것만은 사실이었다.

비텝스크Vitebsk에 머물던 러시아군은 나폴레옹군이 50km 떨어진 곳에 있을 때까지만 해도 그곳에 있었지만, 나폴레옹이 7월 28일 도착했을 때 러시아군은 이미 그곳을 떠난 뒤였다. 니멘 강으로부터 약 400km 떨어진 비텝스크에서 나폴레옹은 장거리 이동으로 지친 병력들에게 휴식을 부여했다. 여름의 열악한 날씨, 그리고 빵과 신발, 의약품 등 보급품의 부족 속에 나폴레옹의 군대는 니멘 강부터 비텝스크에 도착할 때까지 큰 전투 없이 약 10만 명 정도의 병력을 잃었다. 빌나부터 이곳까지 이르는 길에서는 8,000마리의 군마도 잃었다.

스몰렌스크 전투[85]

1812년 8월 4일 드네프르Dnepr 강 북쪽에 위치한 스몰렌스크Smolensk 인근에서 러시아 제1군과 제2군이 드디어 만났다. 바실리는 러시아 황제 알렉산드르 1세의 압력 때문에 2개 군 12만 5,000명의 병력으로 나폴레옹과의 전투를 계획했지만, 바그라티온의 반대로 포기했다. 반대로 8월

12일 이들을 추격 중인 나폴레옹은 스몰렌스크에서의 결전을 결심했다. 그의 계획은 예하 부대의 우회기동을 통해 스몰렌스크를 포위해 모스크바Moskva로 철수할 수 있는 러시아군의 남측방과 후방을 완전히 차단시켜 버리는 것이었다. 러시아가 이곳에서 자신과 결전을 벌일 수밖에 없게 만드려는 작전계획이었던 것이다.

1812년 8월 13일 밤부터 20만 명 정도의 나폴레옹군은 드네프르 강을 건넌 후 강의 남쪽 제방을 따라 스몰렌스크로 진격했다. 16일 오후 나폴레옹군은 드네프르 강의 남쪽 제방 쪽에 위치한 요새화된 스몰렌스크시 외곽에 도착했다. 다음날인 17일 나폴레옹군은 스몰렌스크의 요새를 공격하기 시작했다. 그런데 바실리가 지휘하는 러시아군은 예하 장군들의 항전 건의에도 불구하고 공격이 시작된 날 밤에 스몰렌스크에서 철수했다. 나폴레옹군은 러시아의 서유럽 전진 보급기지였던 스몰렌스크를 온전한 상태에서 일격에 장악해 보급 문제를 해결하고자 했으나 실패하고 말았다. 바실리는 보급 시설들과 각종 군수물자를 파괴하거나 불태우고 떠났다. 목조 건물들이 주로 밀집해 있던 스몰렌스크는 순식간에 잿더미로 변했다.

나폴레옹은 파리로부터 약 2,400km 정도 떨어진 스몰렌스크까지 왔지만 또다시 러시아군 주력을 격멸하지 못했다. 나폴레옹은 러시아의 초토화와 회피 전술에 말려들어 적진 깊숙이 들어온 상태에서 보급 부족에 시달리며 엄청난 피해를 입어 고전하게 되었다. 나폴레옹군의 비전투 손실은 엄청났다. 단순히 병력을 잃은 것을 넘어 살아 있는 병력들도 배고픔과 병마와 싸워야 했다. 또한 나폴레옹은 8월이지만 빨리 추워지는 러시아의 날씨 때문에 두 가지 중 하나를 선택해야만 했다. 첫 번째 선택지는 스몰렌스크에서 정비의 시간을 가지며 겨울을 난 후 다음 해에 러시아를 다시 공격하는 것이었다. 두 번째 선택지는 계속해서 모스크바로

●●● 불타는 스몰렌스크를 바라보는 나폴레옹. 나폴레옹군은 러시아의 서유럽 전진 보급기지였던 스몰렌스크를 온전한 상태에서 일격에 장악해 보급 문제를 해결하고자 했으나 러시아군은 보급 시설들과 각종 군수물자를 파괴하거나 불태우고 떠났다. 〈출처: WIKIMEDIA COMMONS | Public Domain〉

진격해 겨울이 오기 전에 러시아의 주력을 격멸하는 것이었다. 나폴레옹의 선택은 후자인 모스크바 진격이었다. 그는 적에게 전투력을 강화시킬 시간을 주는 것이 더 불리하다고 판단했다.

한편 결과론적으로 러시아의 초토화와 회피 전술이 효과적이었지만, 당시에 모스크바가 위협받는 상황이 되자 황제는 물론이고 러시아의 모든 귀족들은 나폴레옹과의 결전을 주장했다. 초토화 전술에 부정적이던 러시아의 알렉산드르 1세는 군사령관인 바실리가 회피 전술을 택해 자신들에게 치욕을 안겨주고 모스크바를 위협에 빠뜨렸다며 그의 지위를 박탈했다. 바실리의 후임자는 러시아 내에서 가장 명망이 높은 장군이자 아우스터리츠에서 러시아군을 지휘했던 쿠투조프였다. 알렉산드르 1세는 어쩔 수 없이 주전파를 대표하는 인물이었던 쿠투조프를 기용했다. 러시아 황제는 전쟁 지휘에 간접적으로 개입하기 위해 통제가 가능했던 바실리를 사령관에 기용했던 것이었으나 상황이 급박해지자 자신이 전쟁에 개입하지 못할 것을 알면서도 쿠투조프를 불러들인 것이다. 쿠투조프는 부대에 합류하자마자 전투를 위한 작전계획을 수립했다. 이는 나폴레옹이 그토록 원하던 전투이기도 했다.

보로디노 전투와 모스크바 입성

알렉산드르는 1세는 8월 20일 자신의 군대 지휘권을 바실리로부터 쿠투조프에게 이양시켰다. 새로운 군사령관 쿠투조프는 나폴레옹이 원하던 결전을 하기로 했다. 결전을 원하던 양측이 드디어 제대로 맞붙은 곳은 보로디노Borodino였다. 러시아 황제부터 귀족 대부분과 사령관 쿠투조프까지 한 번도 제대로 된 전투를 해보지 않고 상징성이 강한 모스크바를 나폴레옹에게 넘겨줄 수는 없는 상황이었다.

쿠투조프는 모스크바로 가는 길목 중 자연장애물의 보호를 받으며 전투할 수 있는 곳인 보로디노를 결전의 장소로 정했다. 러시아군은 콜로차Kalatsha 강의 동안인 보로디노를 내려다볼 수 있는 고지에 약 6.5km가량의 방어진지를 구축했다. 병력 약 12만 800명(보병 7만 2,000명, 기병 1만 7,500명, 포병과 공병 7,000명, 코자크군 7,000명, 민병대 1만 명)에 640문의 포를 보유하고 있었다.[86] 심지어 그의 중앙에는 대보루Great Redoubt를 구축했고, 지형적으로 적을 내려다볼 수 있는 유리한 곳에 병력을 배치하는 등 방자防者의 이점을 최대한 살려 방어 준비를 했다. 이 지역은 심지어 많은 나무와 곳곳에 개천 등이 있어 프랑스군의 막강한 기병이 돌격

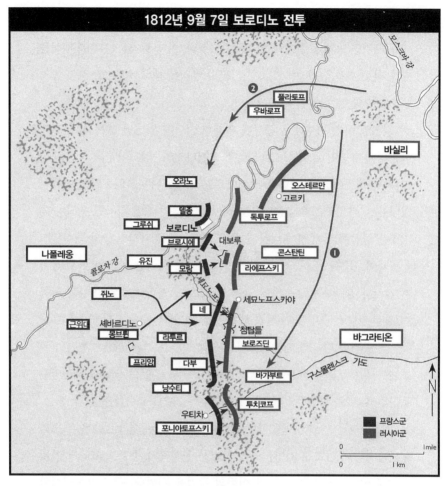

1812년 9월 7일 보로디노 전투

❶ 바가부트가 러시아군의 우익에서 좌익으로 이동하다.
❷ 플라토프와 우바로프의 양동작전이 프랑스군 좌익을 위협하다.

하기에는 제한적이었다. 러시아군 좌익이 배치되어 있던 우티차Utitza 숲 정도가 유일하게 방어에 취약한 지형이었다.

　9월 5일 나폴레옹이 이끄는 13만 명(보병 8만 6,000명, 기병 2만 8,000 명, 포병과 공병 1만 6,000명, 포 587문)의 군대는 모스크바로부터 115km 떨어져 있는 보로디노 앞에서 멈출 수밖에 없었다.[87] 9월 6일 나폴레옹은 면밀한 적정 파악과 지형에 대한 연구 후 러시아군 진지의 중앙부로 대규모 전면 공격을 실시하겠다고 결심했다. 이때 돌격하는 주공 부대를 위해 집중 포격을 실시하고, 러시아군의 양익에 대해서는 보조적인 공격을 가해 적을 분산시킬 속셈이었다.

9월 6일 아침 기병대로 증강된 외젠의 군단은 엄청난 포사격 후 러시아군의 우측방인 보로디노 마을로 돌격했다. 이는 러시아군의 시선을 끌기 위한 행동이었다. 주력은 포니아토프스키와 다부, 네 등의 군단들이었다. 포니아토프스키의 군단은 러시아군의 좌익 제일 외곽인 우티차 숲 방향을 공략했다. 동시에 다부의 군단은 러시아군 좌익의 중앙 핵심부인 첨탑들이 있는 곳을 공격했고, 네는 첨탑들이 위치한 곳의 바로 우측이자 진지가 강력하게 구축되어 있던 세묘노프스카야^{Semyonovskaya} 마을을 공격했다. 프랑스군이 일부 선전을 하기도 했지만, 이내 러시아군은 프랑스군의 돌격을 막아내고 반격작전을 통해 이들을 격퇴시켰다. 한편 쿠투조프는 프랑스군의 집중적인 공격의 대상이 되고 있는 중앙과 좌측방을 보강하기 위해 우측방에 배치된 1개 군단을 좌익으로 전환시켰다.

1812년 9월 7일 10시가 막 지난 시점에 나폴레옹은 네, 다부, 쥐노의 군단과 추가적인 2개 기병군단에게 러시아의 좌익 중앙부로 돌격할 것을 명령했다. 250문의 대포가 이들의 돌격을 지원했다. 그러나 러시아의 300문에서 발사된 포탄에 돌격하는 프랑스 부대는 엄청난 피해를 입었다. 프랑스는 완전히 파괴된 세묘노프스카야 마을을 두고 일진일퇴의 공방전을 벌이다 12시경 겨우 이 지역을 확보할 수 있었다.

일차적인 목표를 확보한 프랑스군은 아침부터 외젠이 맡고 있던 러시아의 대방벽으로 전투력을 집중하기 시작했다. 외젠의 군단은 400문의 포사격 지원과 함께 보로디노 마을을 확보 후 러시아군의 중앙 부분에 균열까지 만들어냈다. 그러나 나폴레옹이 추가적인 예비대를 보내주지 않는 바람에 러시아군이 안전하게 새로운 후방 진지로 철수할 수 있게 되었다. 외젠은 다시 한 번 자신의 포들을 러시아군의 중앙부로 집중했다. 이러한 프랑스군의 전선 중앙에 대한 계속된 집중 공격 때문에 결국 쿠투조프는 양익의 부대들을 전선 중앙으로 이동시켜 최후의 결전을 준비할 수밖에 없었다.

러시아군은 전투 상황을 반전시키기고 전선을 회복시키기 위해 1개 예비 군단을 투입해 반격작전을 시도해봤지만 역부족이었다. 오히려 나폴레옹의 지시를 받은 포니아토프스키의 군단이 러시아군의 좌익을 다시 한 번 압박하며 상대를 궁지로 몰아갔다. 오후 6시경 러시아군은 최초 진지로부터 약 90m 후방에 새로운 진지를 점령했다. 12시간이 넘는 계속된 전투로 양측 모두 기진맥진한 상황이었지만, 프랑스군이 러시아군을 밀어내는 형국이었다. 결국 그날 밤 쿠투조프는 다음날 아침에 반격작전을 하자는 일부 예하 장군들의 건의에도 불구하고 철수를 결정했다.

이번 전투로 양측은 엄청난 피해를 입었다. 프랑스군이 9만 발, 러시아군이 6만 발이라는 기록적인 탄약을 사용했다. 이에 따라 양측에는 엄청난 사상자가 발생했다. 기록에 따라 차이가 있지만 프랑스군이 3~5만 명, 러시아군이 4.5~6만 명가량 피해를 입었다. 말도 엄청나게 많이 죽었다. 그런데 문제는 나폴레옹이 방광 질환과 감기로 인해 프랑스군을 효과적으로 지휘하지 못했다는 것이다. 예하 장군들의 요청에도 불구하고 그는 예비 병력인 근위대를 투입하지 않는 등 적절한 조치를 취하지 않아 약 9만 명의 적이 무사히 철수하도록 만들었다. 그나마 다행이었던 것은 상대방 지휘관인 쿠투조프가 전선 후방에 위치해 전선의 상황을 빠르게 파악하지 못했을 뿐만 아니라 나폴레옹보다 더 무능력한 모습을 보여 전투를 그르쳤다는 것이었다. 쿠투조프가 얼마나 전선의 상황을 모르고 통제를 잘못했는지는 패배한 그가 상트페테르부르크^{Saint Petersburg}에 승전보를 보낸 사건을 통해 알 수 있었다. 러시아의 황제는 전투 종료 5일 후에나 자신의 부대가 패배한 사실을 알고 뒤늦게 모스크바에서의 철수를 지시했다. 그러다 보니 부상당한 러시아군 1만 명은 치료를 받느라 도망가지 못해 프랑스군의 포로가 되기도 했다.

프랑스군의 선두 부대에 이어 나폴레옹은 9월 15일에 모스크바에 입성했다. 그는 크렘린^{Kremlin} 궁에 머물며 러시아의 항복 사절을 기다리기로 했다. 그의 판단에 따르면, 모스크바에는 자신의 대군이 먹을 6개월 정도의 식량이 있었기 때문에 충분히 겨울을 날 수 있었다. 그러나 9월 14일부터 18일까지 발생한 의문의 화재로 모스크바의 약 80%가 불타 없어졌다. 프랑스는 방화의 주체를 러시아 황제의 사주를 받은 모스크바 총독과 이를 따르는 이들로 봤다. 화재는 나폴레옹이 머물고 있는 크렘린 궁 근처까지 번져 나폴레옹이 크렘린 궁 밖으로 몸을 피해야 할 정도였다.

나폴레옹의 상황은 더 나빠졌다. 나폴레옹은 초기부터 모스크바 내 러시아인들의 자유로운 종교와 경제 활동 등을 보장하는 것부터 양로원 방문까지 관대한 정책을 펼쳤다. 부하들에게 약탈을 하지 못하도록 지시도 내렸다. 그러나 화재와 굶주림 등이 더해져 나폴레옹의 병사들은 통제 불능 상태에 빠져들며 남아 있는 러시아인들에 대한 약탈을 자행했다. 병사들이 먹을 식량은 어느 정도 있었으나 말 등 동물들에게 먹일 식량이 매우 부족한 상황이었다.

나폴레옹은 모스크바를 점령하면 자연스럽게 알렉산드르 1세가 자신과 강화를 맺으리라 판단했지만 그런 일은 일어나지 않았다. 신하들만이 아니라 황태자와 황태후까지 강화를 권유했지만 알렉산드르 1세는 러시아 영토를 외국 군대가 점령하고 있는 한 어떠한 강화도 없다며 버텼다. 알렉산드르 1세의 군사적 능력은 매우 떨어졌지만 정치적 능력은 그

●●● 1812년 9월 15일에 모스크바에 입성한 나폴레옹이 의문의 화재로 불타고 있는 모스크바를 지켜보고 있다. 모스크바에 입성한 나폴레옹은 크렘린 궁에 머물며 러시아의 항복 사절을 기다렸으나 9월 14일부터 18일까지 발생한 의문의 화재로 모스크바의 약 80%가 불타 없어지고 불이 크렘린 궁 근처까지 번지자, 크렘린 궁 밖으로 몸을 피해야 했다. 열악한 보급 상황은 이로 인해 더욱 악화되어 나폴레옹은 4주간의 모스크바 점령을 뒤로하고 철수를 결정했다. 〈출처: WIKIMEDIA COMMONS | Public Domain〉

반대였다.

화재로 인해 대규모 부대 주둔을 위한 식량과 숙영 시설이 부족해지면서 나폴레옹 군대는 약탈을 일삼았고 점점 군기가 해이해졌다. 여기에 알렉산드르 1세의 강화 거부로 시간이 지나면 지날수록 나폴레옹의 열악한 보급 상황은 더욱 악화되었고, 대군을 지휘하는 나폴레옹의 통제력도 역시 계속 약화되었다. 결국 나폴레옹은 4주간의 모스크바 점령을 뒤로하고 철수를 결정했다.

모스크바 철수

나폴레옹의 프랑스군 약 10만 5,000명은 10월 19일 모스크바를 떠나 철수길에 올랐다. 그는 모스크바로 진격할 때 사용된 황폐화된 진격로 대신 남쪽의 길을 통해 스몰렌스크로 철수한 후 그곳에서 겨울을 보내고자 했다. 나폴레옹의 군대는 공세에서 수세로 전환되었고, 반대로 쿠투조프가 이끄는 러시아의 군대는 철수하는 나폴레옹 군대에게 공격을 가하기 시작했다. 나폴레옹의 군대는 철수 시작과 함께 쿠투조프의 추격을 뿌리쳐야만 했다. 쿠투조프는 자신의 주력이 나폴레옹 본진의 관심을 끄는 사이 나머지 군대로 남과 북에서 철수 행렬을 공격하는 전략을 수립했다. 다행히 철수 초기라 아직 조금이나마 전투력과 규율을 유지하고 있던 나폴레옹 군대는 러시아군의 추격을 가까스로 물리치며 10월 23일 저녁에 루차^{Lutza} 강을 도하할 수 있는 요충지인 말로야로슬라베츠 Maloyaroslavets에 도달할 수 있었다.

  위기를 벗어났다고 생각했던 것도 잠시, 나폴레옹군은 이곳 말로야로슬라베츠에서부터 철수 계획에 차질이 생기기 시작했다. 초기에 나폴레옹군의 철수를 저지하지 못했던 러시아군은 철수하는 부대와 평행하게 이동하는 전략을 사용했다. 구체적으로 쿠투조프는 추격하는 러시아 군대를 둘로 나눠 하나를 프랑스군과 나란히 이동시키다가 기회를 봐서 공격하도록 했다. 다른 하나는 그들의 주력으로서 프랑스군과 나란히 이동하지만 프랑스군의 공격 범위 밖에서 계속 추격하도록 했다. 마지막으로 쿠투조프는 기병대를 프랑스군보다 더 전방으로 파견해 프랑스군이

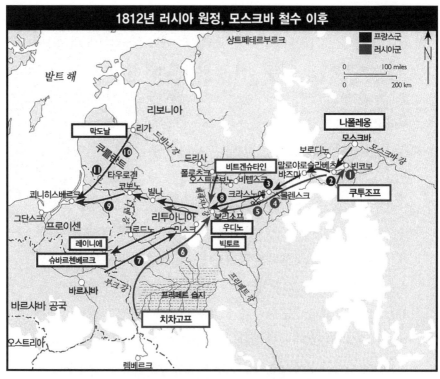

1812년 러시아 원정, 모스크바 철수 이후

범례
- 프랑스군
- 러시아군

0 ─ 100 miles
0 ─ 200 km

상트페테르부르크

발트 해

리보니아

막도날

리가

드비나 강

쿠를란트

드리사

콰니히스베르크

타우로겐

코브노

빌나

리투아니아

폴로츠크

오스트로브노

비텝스크

비트겐슈타인

말로야로슬라베츠

바즈마

모스크바

보로디노

나폴레옹

모스크바 강

빈코보

쿠투조프

크라스노예

스몰렌스크

그단스크

프로이센

그로드노

민스크

보리소프

우디노

빅토르

레이니에

슈바르첸베르크

바르샤바

바르샤바 공국

프리페트 습지

치차고프

부크 강

베레지나 강

오스트리아

렘베르크

❶ 10월 18일, 쿠투조프가 빈코보에 위치한 나폴레옹의 경계 진지를 공격하다.

❷ 나폴레옹이 모스크바를 떠나 남쪽으로 전진하던 중 10월 24일에 말로야로슬라베츠에서 저지당하다.

❸ 나폴레옹이 후퇴하자, 추격에 나선 쿠투조프❹가 11월 15일에 크라스노예에서 접전❺을 펼치다.

❻ 치차고프가 베레지나에서 나폴레옹의 퇴로를 차단하기 위해 진군하다. 그를 저지하는 데 실패한 슈바르첸베르크와 레이니에❼가 곧 퇴각을 시작하다.

❽ 11월 25일, 나폴레옹이 베레지나 강에 도착하다. 빅토르와 우디노가 각각 치차고프와 비트겐슈타인을 저지하는 사이, 나폴레옹이 보리소프 바로 북쪽에서 강을 건너다.

❾ 후퇴를 계속한 나폴레옹의 군대가 12월 중순 칼리닌그라드에 도착하다. 나폴레옹 본인은 12월 5일 스모르고니에서 군대에게 작별을 고하다.

❿ 막도날이 후퇴하다.

⓫ 그리고 요르크가 이끌던 막도날 휘하의 프로이센군이 12월 30일에 타우로겐에서 군대를 이탈하다.

모스크바로 진격하며 만들어둔 주요 군수품 집적소를 습격하도록 했다.

이러한 전략으로 인해 남쪽의 철수로를 따라 스몰렌스크까지 이동하려던 나폴레옹의 계획은 순식간에 물거품이 되었다. 말로야로슬라베츠에서 본대가 루차 강을 도하할 수 있는 전략적 요충지를 점령하고 있던 선두의 외젠 부대가 러시아의 독투로프^{Dmitry Dokhturov}(1756~1816) 장군 군대에게 기습을 당했다. 다행히 나폴레옹의 본진이 도착하며 러시아군을 몰아내고 루차 강 도하와 함께 교두보를 확보하기는 했지만, 이는 프랑스군 전체의 철수가 쉽지 않은 상황임을 드러낸 것이었다. 심지어 러시아군의 공세를 물리친 10월 24일 소규모 경호부대만을 이끌고 주변 정찰에 나섰던 나폴레옹이 수적으로 우세한 러시아 코사크 기병의 공격으로 절체절명의 위기를 맞기도 했다.

결국 남쪽 철수로에서 위기를 겪었던 나폴레옹은 군대의 방향을 북서쪽으로 돌리며 기존의 모스크바 진격로로 접어들 수밖에 없었다. 비참하게 철수하는 프랑스군의 행렬은 병사와 종군 민간인 등이 뒤엉켰고, 선두부터 후미까지 65km나 이어졌다. 그리고 이러한 대열에서 낙오된 병사는 러시아군의 칼날을 피할 수 없었다. 더욱이 나폴레옹은 정예 근위대를 자신의 군대보다 앞서가도록 지시했다. 그들의 임무는 모스크바로 진군하며 병참선 상에 만들어둔 군수품 집적소를 러시아군으로부터 보호하는 것이었다. 다행히 프랑스 근위대가 집적소를 지켜내기는 했지만, 이러한 행위로 선두부터 후미 간의 간격이 더 벌어지며 러시아군의 습격에 취약하게 되었다.

11월 4일부터는 눈까지 내렸다. 추위와 눈 때문에 프랑스군의 보급 상태가 이전보다 더 악화된 것이었다. 열악한 보급 상태와 혹한의 날씨로 매일 밤마다 수백 명의 프랑스군이 얼어 죽었다. 그들은 얼어 죽지 않기 위해 행군 대형 유지보다 서로 얼싸안은 채 온기를 유지하는 게 중요했다. 추위를 덜고자 주변의 마을을 불태우는 일은 너무도 당연한 행위였다. 보급 체계가 완전히 무너진 상황에서 병사들은 철수로 주변을 떠돌며 먹을 것을 구해야만 했다. 대열에서 이탈한 병사들의 운명은 나란히 추격하고 있던 코사크 기병의 희생물에 불과했다.

●●● 모스크바에서 철수하는 나폴레옹과 프랑스 원정군. 1812년 10월 19일 나폴레옹의 프랑스 원정군 약 10만 5,000명은 모스크바를 떠나 철수길에 올랐다. 11월 4일부터는 눈까지 내렸다. 열악한 보급 상태와 혹한의 날씨로 매일 밤마다 수백 명의 프랑스군이 얼어 죽었다. 〈출처: WIKI COMMONS | Public Domain〉

　군기가 완전히 무너진 상태에서 프랑스군은 가까스로 스몰렌스크에 도착했다. 나폴레옹은 이곳에서 재정비를 하려고 했다. 그러나 군기가 흐트러진 병사들은 러시아 마을만이 아니라 프랑스군이 비축해둔 식량과 피복까지도 약탈했다. 엄청난 양의 식량과 보급품이 순식간에 사라지며 나폴레옹의 재정비 계획도 물거품이 되었다. 모스크바 철수 때의 절반으로까지 줄어든 통제 불능 상태의 나폴레옹군은 나흘간 머물던 스몰렌스크를 떠나 서쪽에 있는 크라스노이Krasnoi로 향해야만 했다.

크라스노이에서 나폴레옹군을 기다린 것은 쿠투조프의 함정이었다. 11월 15일 러시아군은 전후방과 측면을 동시에 공격함으로써 프랑스군을 양분시키고자 했다. 앞선 두 번의 공격 실패 이후, 이어진 세 번째 공격에서 러시아군은 프랑스군 철수에 반드시 필요한 도로 차단에 성공했다. 나폴레옹은 위기 속에서 전면에 나섰고, 근위포병대를 투입하는 과감한 반격작전을 통해 러시아군을 크라스노이에서 몰아내는 데 성공했다. 그는 일단의 성공에 멈추지 않고 그날 밤 휘하의 근위보병대를 투입해 러시아의 숙영지 여러 곳에 대해 야간공격을 시도했다. 뼈에 사무치는 추위로 인해 적은 수의 보초만을 배치했던 러시아군은 엄청난 손실을 입었다. 심지어 이로 인해 위축된 쿠투조프가 퇴각 중일 때만 나폴레옹 군대를 공격하도록 명령을 바꾸는 바람에 프랑스군은 한동안 상대적으로 이전보다 안전하게 철수할 수 있었다.

베레지나 강 도하

크라스노이에서 위기를 모면한 나폴레옹 군대는 잠시 기쁨을 맞봤지만 이내 베레지나Berezina 강 도하작전에서 엄청난 난관에 봉착했다. 러시아의 치차고프 장군이 이끄는 군대가 나폴레옹의 군대가 이용하려던 보리소프Borisov 마을 인근 다리를 끊어버렸다. 치차코프군이 베레지나의 주요 지점을 확보한 가운데 나폴레옹의 본진은 쿠투조프의 본대에게 추격을 당하고 있었으며, 북쪽에는 비트겐슈타인의 군대가 남쪽을 향해 압박해 들어오고 있었다. 나폴레옹은 부상당한 생시르의 지휘권을 인수한 우디

●●● 1812년 11월 26일 베레지나 강에 임시 다리를 건설하고 있는 프랑스 공병대. 프랑스 공병대가 차디찬 물속에 들어가 목숨을 걸고 다리를 공사한 덕분에 11월 26일 오후 늦게부터 프랑스군의 베레지나 강 도하가 시작되었다. 빅토르는 만 하루가 넘는 시간 동안 베레지나 강을 도하하는 프랑스군을 15만 명가량의 러시아군으로부터 보호했지만 11월 27일이 되자 더 이상 버틸 수 없게 되었다. 결국 그는 11월 29일 일부 낙오병들을 강 동쪽에 남긴 상황에서 다리를 불태울 수밖에 없었다. 〈출처: WIKIMEDIA COMMONS | Public Domain〉

노의 군대를 이용해 자신의 본진을 기다리던 치차고프의 군대를 견제하고, 우익에 배치한 빅토르의 군대에게 북쪽의 비트겐슈타인을 막으라고 명령했다.

그러는 가운데 11월 25일 밤 프랑스 공병대가 보리소프 북쪽 16km 지점인 스투덴카Studenka 마을 근처에서 베레지나 강을 가로지르는 3개의 급조 다리를 건설하기 시작했다. 공병대가 차디찬 물속에 들어가 목숨을 걸고 다리를 공사한 덕분에 11월 26일 오후 늦게부터 프랑스군의 도하가 시작되었다. 우디노와 네의 부대는 선두로서 강 서쪽으로 도하 후 교두보를 확보하고 치차고프의 공격에 대비했다. 나폴레옹의 우측방을 보호하던 빅토르의 군대는 후위대의 임무를 맡아 도하하는 병력의 안전을 책임졌다.

몰려든 부상병과 낙오병들로 프랑스군의 도하작전은 아수라장이 되었다. 어려운 상황이었지만 프랑스군의 베레지나 강 도하는 계속 이어졌다. 빅토르는 만 하루가 넘는 시간 동안 베레지나 강을 도하하는 프랑스군을 약 15만 명가량의 러시아군으로부터 보호했지만 11월 27일이 되자 더 이상 버틸 수 없게 되었다. 결국 11월 29일 빅토르는 일부 낙오병들을 강 동쪽에 남긴 상황에서 다리를 불태울 수밖에 없었다.

도하에 성공해 살아남은 프랑스군은 위기에서 완전히 벗어난 것은 아니었다. 여전히 쿠투조프의 군대가 추격하는 가운데 추위와 배고픔과 싸워야 했다. 이때 나폴레옹은 파리에서 말레Claude Francois de Malet(1754~1812) 장군이 쿠데타를 시도했다는 소식을 접했다. 이 때문에 그는 파리를 지키기 위한 새로운 병력이 필요했다. 12월 5일 나폴레옹은 여러 이유들로 인해 그와 함께 생사를 건 탈출을 시도한 병력을 뒤로한 채 급하게 파리를 향해 떠나야 했다. 그의 모든 지휘권은 뮈라에게 넘어갔다. 예하 장군들은 나폴레옹이 파리로 가는 것에 동의했으나, 일반 병사들은 황제가 자신들을 버리고 떠났다며 절망했다.

프랑스군이 향하던 빌나에는 원정을 출발하며 마련해두었던 4만 명분의 전투식량을 비롯해 수많은 보급품들이 있었다. 그러나 빌나에 발을 들인 프랑스군의 패잔병들은 스몰렌스크에서처럼 군수품 집적소를 약탈해 식량과 보급품을 헛되이 낭비하는 우를 반복했다. 재편과 휴식은커녕 또다시 추위와 배고픔 속에 러시아군의 끈질긴 추격을 받던 프랑스군의 남은 철수 병력은 서쪽으로 후퇴를 계속해야만 했다. 네 장군은 프랑스군의 후위를 맡아 몇 차례에 걸쳐 러시아군의 추격을 견제하는 등 분투했다. 그리고 마침내 1만 5,000여 명도 채 되지 않을 정도로 줄어든 프랑스군이 니멘 강을 건너 러시아에서 프로이센 영토로 들어갔다. 최종적으로 끝까지 후위에서 철수를 돕던 네 장군이 12월 11일 마지막으로 러시아 영토를 떠남으로써 철수 작전은 종료되었다.

1812년 나폴레옹의 러시아 원정으로 인해 프랑스는 최악의 상황을 맞게 되었다. 나폴레옹이 자랑하던 대육군은 흔적조차 없이 사라졌다. 요크 폰 바르텐부르크Johann David Ludwig Graf Yorck von Wartenburg(1759~1830) 백작이 이끄는 프로이센 군대가 러시아로 전향한 것을 필두로 프로이센은 프랑스에 반기를 들기 시작했다. 과거 나폴레옹에게 굴복했던 다른 유럽 국가들 역시 프랑스에게 대항하기 위한 움직임에 돌입하며 1812년의 해가 저물었다. 러시아 원정의 결과는 나폴레옹의 몰락과 제6차 대프랑스 동맹 결성의 계기가 되었다.

2. 이베리아 반도 전쟁

이베리아 반도 전쟁은 나폴레옹 전쟁의 일부이자 러시아 원정과 더불어 그가 몰락하게 된 직접적 원인 중 하나였다. 이베리아 반도 전쟁의 시발점은 나폴레옹이 영국과의 전쟁에 집중할 수 있게 해준 1807년 7월 7일 러시아와의 틸지트 조약 체결이었다. 틸지트 조약 체결 후 프랑스는 영국과 우호적인 관계에 있는 스웨덴과 포르투갈을 압박하기 시작했다. 특히 나폴레옹은 프랑스 해군력의 열세로 인해 영국과의 직접적인 전쟁이 제한되는 상황에서 경제적 전쟁을 통해 영국을 굴복시킬 속셈이었다. 그래서 그는 포르투갈에게 영국 선박이 포르투갈의 항구에 들어오지 못하게 하라고 요구했다. 영국과 우호적 관계에 있던 스웨덴의 문제는 새로운 동맹국 러시아에게 맡겼다. 나폴레옹이 취한 일련의 대륙봉쇄령 조치들은 영국을 완전히 고립시킬 수 있는 완벽한 대륙 체제를 갖추기 위한 것이었다.

그런데 포르투갈은 수세기에 걸쳐 오랜 협력 관계를 이어온 영국에 대한 프랑스의 대륙봉쇄령을 거부했다. 틸지트 조약으로 군대 사용에 여유가 생겼던 나폴레옹은 포르투갈을 군사력으로 응징하고자 했다. 그가 1807년 가을 쥐노 장군에게 스페인을 통과해 포르투갈로 진격하도록 명령함으로써 1812년 실시한 러시아 원정과 함께 나폴레옹 몰락의 한 축을 담당하게 될 이베리아 반도 전쟁이 시작된 것이다.

쥐노 장군은 동맹국인 스페인에게 자국 영토 통과에 대한 허가를 받은 후 약 2만 4,000명의 병력을 이끌고 1807년 10월 17일 피레네 산맥을 넘어 이베리아 반도로 들어갔다. 프랑스는 열흘 뒤인 10월 27일 포르투갈을 응징하기 위한 상호 간의 협력을 조건으로 하는 퐁텐블로 조약Treaty of Fontainebleau을 스페인과 체결했다. 쥐노의 부대는 빠른 기동으로 11월 19일 알칸타라Alcantara를 거쳐 포르투갈 영토로 진입한 후 미미한 저항만을 받고 11월 30일 수도 리스본Lisbon에 무혈 입성했다. 그러나 이는 성공이 아니었다. 열악한 도로와 최악의 지형 조건 때문에 엄청난 수의 프랑스군 병사들이 낙오했다. 리스본에 쥐노와 함께 입성한 병력은 지칠 때로 지친 2,000명의 병력뿐이었다. 더욱이 포르투갈 왕실과 핵심 관료, 그리고 귀족들은 수도를 버리고 영국 해군의 도움을 받아 자신의 식민지인 브라질로 피신했다. 이때 그들은 포르투갈 함대와 국부의 대부분을 챙겨 달아났다.

프랑스는 스페인과 합의해 포르투갈을 분할 통치하기로 했고, 목표였던 영국과 대륙 간의 무역을 차단할 수 있었다. 그런데 나폴레옹은 포르투갈에 대한 점령에 만족하지 않았다. 그는 오랫동안 자신과 동맹을 맺었지만 여러 측면에서 무능했던 스페인에 대한 내정 간섭을 시작했다. 대륙봉쇄령에도 불구하고 스페인의 항구와 해안선은 영국 물품이 들어오는 밀수의 통로 역할을 했다. 또한 프랑스는 국왕 카를로스 4

세$^{\text{Carlos IV}}$(1748~1819), 황태자 페르난도(훗날의 페르난도 7세$^{\text{Fernando VII}}$) (1784~1833), 그리고 왕비의 내연남이자 국왕의 총애를 받은 수상 마누엘 데 고도이$^{\text{Manuel de Godoy y Álvarez de Faria}}$(1767~1851) 간의 권력을 둘러싼 정치적 불화가 있었다. 따라서 나폴레옹은 통치를 위해 포르투갈에 더 많은 군대를 파견했다. 특히 그는 포르투갈에 배치된 군대와의 연락 및 병참선 유지를 위해 스페인 영토에도 프랑스 군대를 주둔시켰다. 그는 스페인 내의 권력 다툼을 이용해 직접적으로 내정에도 깊이 관여했다.

나폴레옹은 1808년 2월 16일 자신의 진짜 속내를 드러냈다. 그는 대륙봉쇄령의 준수를 비롯해 동맹으로서 스페인의 질서 회복과 왕실 내 정치세력들 간의 중재에 나서겠다고 선언했다. 이에 따라 프랑스의 대규모 군대가 스페인 북부의 주요 거점 도시들을 점령했고, 뮈라 원수가 이끄는 11만 8,000명의 군대가 포르투갈에 주둔하고 있는 쥐노의 군대 증원을 이유로 스페인에 진주했다. 이 과정에서 스페인 내에서 민중에 의한 봉기까지 일어나면서 고도이가 실각했다. 프랑스는 부르봉 왕가의 국왕 카를로스 4세와 그 뒤를 이어 국왕에 오른 페르난도 7세 모두에게 왕좌에서 물러날 것을 강요했다. 카를로스 4세는 로마로 쫓겨났고, 페르난도는 1814년까지 발랑세^{Valncay}라는 곳에 가택연금되는 신세가 되었다. 나폴레옹은 이들을 대신해 1808년 6월 6일 스페인 내 친프랑스 세력이 지지하는 자신의 형 조제프를 왕으로 옹립했다. 조제프는 7월 7일 바욘^{Bayonne}에서 대관식을 치른 후 7월 20일 마드리드^{Madrid}에 입성했다.

프랑스의 불법적인 스페인 점령은 나폴레옹의 큰 오판이었다. 스페인 사람들은 이러한 프랑스의 왕권 찬탈을 불법적 행위로 간주했다. 조제프가 마드리드로 입성하기도 전인 1808년 5월 2일 스페인의 독립을 원하는 마드리드 봉기가 일어났다. 무모하지만 마드리드의 성난 군중이 칼과 몽둥이 등을 들고 프랑스군에게 대항한 것을 시작으로 프랑스의 괴뢰

왕조 수립에 격분한 반란이 스페인 전역으로 확산되었다. 훈타^{junta}*나 지방의회가 중심이 된 각지의 독립적인 저항세력들은 하나로 뭉치지 못했지만 프랑스인들을 반도 내에서 몰아낸다는 것에는 동의했다. 프랑스군이 주요 도시를 약탈하는 일이 빈번히 일어나자, 각지의 훈타에는 더 많은 자원자들이 모여들었다. 이들은 무기와 훈련이 부족하여 프랑스군과 정면으로 충돌하기에는 불리했기 때문에 지형과 기후에 익숙하다는 자신들의 장점을 살려 비대칭적인 게릴라전으로 프랑스에 맞섰다. 이는 현대적 개념의 게릴라전의 시작으로 평가받고 있다. 그런 만큼 게릴라전의 어원도 이베리아 반도 전쟁에서 유래했다. 스페인어로 게릴라^{guerrilla}는 '작은 전쟁'이라는 의미로, 거기에 참가한 개개인을 가리키던 게릴레로^{guerrillero}가 나중에 게릴라로 와전된 것이다.[88]

스페인 주요 도시를 점령하고 있던 대부분의 프랑스 군대가 훈타와 그들의 게릴라 부대의 공격을 받았다. 나폴레옹의 공격 명령으로 일시적으로 성공을 거둔 지역도 있었지만, 이내 발렌시아^{Valencia}, 사라고사^{Zaragoza}, 헤로나^{Gerona} 등 대부분의 주요 도시에서 프랑스군이 밀려났다. 특히 안달루시아^{Andalucía}까지 진출했던 뒤퐁^{Pierre Dupont}(1765~1840) 장군은 1808년 7월 16일부터 19일까지 바일렌^{Bailen}에서 전투하다 큰 피해를 입고 7월 23일 휘하 병력 1만 7,600명과 함께 프랑스 송환을 전제로 항복하는 사태까지 벌어졌다. 물론 항복한 프랑스 병사들의 많은 수가 살해되거나 감옥선에 감금되었다. 바일렌에서 벌어진 일은 당시 최강의 프랑스군이 무기를 내려놓은 충격적이고 굴욕적인 사건이었고 프랑스군의 사기가 급속히 떨어졌다. 반면에 스페인 사람들은 자신감을 얻었고, 훈

---

* 스페인어로 '위원회'를 뜻하는 '훈타'는 이베리아 반도 전쟁 초기 프랑스에 의해 해체된 행정 기구를 대체하기 위해 생겨난 지방의 독자적인 통치 기구였다.

타를 중심으로 스페인군이 급속히 재건될 수 있었다. 결국 마드리드 방어에 투입할 증원 병력이 없었던 조제프 왕은 그곳을 떠나 8월에 에브로Ebro 강 배후의 전략적 방어선까지 후퇴하는 굴욕을 맞보았다. 스페인인들은 늦여름까지 공세를 펼쳐 프랑스군에게 4만 명이라는 피해를 입히며 국토 대부분을 회복하는 놀라운 성공을 거뒀다.

영국군의 등장과 포르투갈에서 프랑스군의 축출

스페인에서의 봉기는 영국에게 대륙봉쇄령을 붕괴시킬 새로운 기회였다. 1808년 6월 훈타들의 대표가 런던을 방문해 영국으로부터 무기와 탄약, 그리고 자금 지원을 약속받았다. 1808년 8월 1일 훗날 제1대 웰링턴 공작Duke of Wellington이 되는 아서 웰즐리Arthur Wellesley(1769~1852)가 이끄는 영국 원정군 약 1만 명이 포르투갈 리스본으로부터 북쪽으로 약 150km 떨어진 곳에 상륙했다. 인도에서 군사적 명성을 쌓은 웰즐리는 해군력의 우세를 이용해 프랑스의 해상 보급과 병력 이동을 못하게 만든 반면에 자신들의 연락선 및 병참선을 유지해 전쟁을 유리한 방향으로 이끌었다. 해상이 차단된 상태에서 프랑스는 피레네 산맥을 넘어오는 육로 병참선을 유지하는 게 중요했다. 그런데 이마저도 험난한 지형과 기상에 의한 제한점, 그리고 게릴라와 산적들의 습격이 전쟁 내내 프랑스군을 괴롭혔다. 이는 나폴레옹을 패배시킨 중요 요인이었다.

웰즐리는 전투에도 능했다. 그는 포르투갈 군대와 합류한 후 곧장 남쪽의 리스본을 향해 진군하여 1808년 8월 17일 로리사에서 소규모 프랑스군을 물리쳤다. 리스본에서 포르투갈의 반란 진압 작전으로 골머리를 앓던 쥐노가 영국군의 남하에 반응하며 북쪽을 향해 진군했다. 웰즐리는 마세이라Maceira 강 하구에 자리한 비미에루Vimiero 마을 능선과 언덕에 방어선을 구축하는 것으로 쥐노와의 전투를 준비했다. 웰즐리의 군대는 8월 21일 전통적인 돌격 방식으로 능선에 위치한 영국군에게 공격을 퍼부었던 쥐노의 군대를 격퇴했다. 전투 승리 후 웰즐리의 영국군은 사기가 올라갔다. 그런데 전과를 확대하여 쥐노의 프랑스군을 완전히 괴멸시킬 수 있는 결정적 순간에 웰즐리보다 고위직인 상관들이 도착하여 웰즐리로부터 지휘권을 인수했다. 그리고 그들은 궁지에 몰린 쥐노의 군대를 온전하게 퇴각할 수 있도록 도왔다. 쥐노와 그의 부대가 안전하게 포르투갈을 떠나도록 결정했다는 이유로 당시 결정권을 행사한 고위직 장성 3명은 진상 조사를 받았다. 웰즐리는 프랑스군의 퇴각을 허락한 협상에 참여하지 않았기 때문에 직접적인 조사 대상이 되지는 않았지만 영국으로 귀국한 후 한동안 군사 지휘관 임무를 맡지 못했다.

나폴레옹의 직접 참전과 이베리아 반도 재탈환

스페인과 포르투갈에서 전해진 굴욕적인 비보에 나폴레옹은 직접 이베리아 반도로 출정할 수밖에 없었다. 그는 베테랑으로 구성된 대육군의 3개 군단, 황제근위대, 예비기병군단, 3개 신편 군단, 그리고 포르투갈에서 본국으로 송환되었던 쥐노의 군대로 구성된 약 12만 5,000~14만 명의 부대를 직접 이끌고 이베리아 반도로 들어가 1808년 11월 4일부터 작전에 돌입했다. 기존에 스페인에 있던 15만 명의 군대와 합류한 나폴레옹의 대규모 정규군은 스페인군을 물리치며 거침없이 진군한 끝에 12월 4일 수도 마드리드에 입성했다.[89]

나폴레옹은 영국군과 연합하고 있던 스페인군을 제압하고 마드리드에 입성한 후 홀로 남은 영국군을 향해 곧장 서쪽으로 진군을 결정했다. 무어John Moore(1761~1809) 경이 이끄는 이 영국군 2만 명은 12월 20일

●●● 스페인과 포르투갈에서 전해진 굴욕적인 비보를 듣고 직접 대규모 정규군을 이끌고 이베리아 반도로 출정한 나폴레옹은 스페인에 있던 15만 명의 프랑스군과 합류한 뒤 스페인군을 물리치며 거침없이 진군한 끝에 1808년 12월 4일에 스페인의 수도 마드리드에 입성했다. 〈출처: WIKI-MEDIA COMMONS | Public Domain〉

마요르카Mayorga에서 베어드David Baird(1757~1829)가 이끄는 1만 명의 군대와 합류했다. 그들은 나폴레옹의 대군이 자신들을 노리고 있음을 모르고 술트 원수의 1만 6,000명 병력이 주둔 중인 카리온Carrion을 공략하고자 이동 중이었다. 그러나 프랑스가 놓은 덫에 걸리기 일보 직전이었던 크리스마스 이브 저녁, 무어는 노획한 프랑스군의 통신문을 통해 나폴레옹의 대군이 자신을 공격하기 직전임을 알게 되었다. 영국군은 크리스마스에 생존을 위해 라코루냐$^{La Coruña}$를 향해 400km 거리를 주파해야 하는 절박한 동절기 후퇴 작전에 돌입해야만 했다.

무어의 영국군은 사기가 떨어진 상태에서 굶주림, 추위와 싸워야 했다. 그들의 철수로에는 얼어 죽은 병사와 말들의 시신이 널려 있었다. 12월 30일 라코루냐에서 322km 떨어진 아스토르가^{Astorga} 인근에 영국군이 도착했을 때, 나폴레옹은 파리에서 일고 있는 정치적 음모와 함께 오스트리아 지역에서 피어오르는 전쟁의 기운에 대한 전갈을 받았다. 어쩔 수 없이 나폴레옹은 영국군에 대한 추격을 술트와 네 원수에게 맡기고 파리로 돌아가기로 결정했다.

나폴레옹의 파리 복귀는 영국군에게는 생존할 수 있는 기회였다. 필사적인 탈출 끝에 영국군은 1809년 1월 11일 라코루냐에 도착했다. 그들이 타고 철수할 수송선단은 아직 항구에 도착하지 않았지만, 다행히도 추격하는 술트의 2만 명 병력이 도착하기 직전에 수송선이 먼저 도착해 병력과 장비 탑승이 시작되었다. 무어 경은 전체 병력의 안전한 철수를 돕기 위해 술트의 군대와 1월 16일부터 치열한 전투를 벌여야만 했다. 그들은 프랑스군을 항구로부터 수km 떨어진 지점까지 밀어내는 데 성공했다. 이러한 노력 덕분에 1월 19일 최종적으로 잔존 병력을 태운 영국군 수송선단이 항구를 출발할 수 있었다. 라코루냐로의 후퇴 작전과 항구에서의 필사적 탈출 과정에서 끝내 무어 경을 포함해 7,000명의 영국군이 희생되었다. 반면, 프랑스군은 초기에 스페인군을 제압하고 영국군을 이베리아 반도에서 몰아내며 스페인과 포르투갈의 대부분 지역을 재탈환하는 데 성공했다.

그러나 이는 프랑스군의 전술적인 승리에 불과했다. 프랑스군이 무어 경의 군대에 집중하는 바람에 나폴레옹이 궁극적으로 달성하려던 포르투갈 리스본 탈환은 이루어지지 않았다. 이로써 여전히 영국 수중에 있던 리스본은 라코루냐를 통해 해상으로 탈출하는 데 성공한 영국군 병력과 함께 영국의 재기를 위한 소중한 발판이 되었다. 또한 이 와중에 스페인군 역시 프랑스군의 시야 밖에서 다시 회복의 시간과 차후 전투를 위한 준비 기회를 얻었다.

웰즐리와 영국군의 귀환

1809년 초기에 프랑스는 다시 군대를 투입해 포르투갈을 재점령하고자 했으며, 스페인에서도 국지적인 전투를 이어갔다. 프랑스와 영국 연합군 양측이 전투를 통해 승리를 주고받는 가운데 영국 장군 베레스포드William Beresford(1768~1854)가 1809년 3월 7일 포르투갈의 군사령관에 임명되었다. 프랑스군은 민병대 수준의 포르투갈 군대에게 일부 지역에서는 패배했지만, 3월 29일 핵심 지역으로 분류되는 오포르투Oporto를 점령하는 데 성공했다. 그러나 전략적 요충지를 점령했다는 생각도 잠시, 프랑스군은 오히려 오포르투에 고립되는 상황에 놓이게 되었다. 여기에 더해 웰즐리 장군이 군대와 함께 돌아와 프랑스군을 압박했다.

무어 경의 영국군이 철수했지만 포르투갈의 수도 리스본에는 여전히 1만 6,000명의 영국군이 주둔하고 있었다. 영국군은 리스본을 교두보로 삼고 전쟁을 이어가기 위해 1809년 4월 웰즐리를 사령관으로 하는 원정군을 파견했다. 웰즐리는 영국군 사령관일 뿐만 아니라 포르투갈군 사령관이었고, 4월 22일 이 둘을 연합해 2개 영국 여단과 1개 포르투갈 여단을 하나의 사단으로 하는 영국-포르투갈 연합사단 여러 개를 만들었다.

웰즐리 장군은 포르투갈 남쪽에 주둔하고 있던 프랑스의 빅토르 장군과의 전투에 앞서 오포르투에 있는 술트를 먼저 제거하기로 했다. 그는 예하 매켄지Alexander Mackenzie Fraser(1758~1809) 장군에게 1만 2,000명을 주어 리스본을 방어하게 하고, 베레스포드 장군 휘하 포르투갈 병력 6,000명을 동쪽으로 보내 술트가 차후에 사용할 것으로 예상되는 퇴로를 차단하라고 명령했다. 이후 그는 영국군 1만 6,000명과 포르투갈군 2,400명, 야포 24문을 이끌고 1809년 5월 12일부터 오포르투의 술트를 공격하기 시작했다. 도우루Douro 강 건너에 진을 친 술트는 다리를 끊어 반대편에서 적이 넘어올 수 없게 만든 후 방어에 자신감을 내비치고 있었다. 그러나 5월 12일 아침 도우루 강에 도착한 웰즐리는 자신들에게 우호적인 포르투갈 현지 주민들이 제공한 바지선을 이용해 병력을 강 건너 술트가 있는 지역으로 보내는 과감한 작전을 펼치며 기습 공격을 가했다. 방심하던 술트는 영국과 포르투갈 연합군의 공격이 시작되고 나서야 자신이 불리함을 알고 역습을 실시했다. 그러나 이때는 상대가 교두보를 완전히 확보하고 있어서 상황을 되돌리기에는 이미 늦은 상태였다. 도우루 강 상류에서는 더 많은 영국군 병력이 도하를 마쳤고, 동쪽 철수로는 베레스포드에게 차단된 상태라 술트는 모든 물자를 버리고 북쪽의 산악지대로 겨우 퇴각하는 데 성공하여 비교적 안전한 스페인으로 빠져나올 수 있었다. 프랑스의 두 번째 포르투갈 침공이 비참하게 막을 내린 순간이었다.

승리한 웰즐리는 스페인 케스타Gregorio García de la Cuesta(1741~1811)의 군대와 연합하여 스페인에서 프랑스군을 몰아내고자 했다. 웰즐리는 통합된 지휘체계와 전략이 없었을 뿐만 아니라 서로 간에 작전 조율은 차치하고 아군을 지원하려는 마음조차 없었던 스페인과 연합하는 것을 꺼렸다. 그러나 그는 스페인에서 작전을 해야 했기 때문에 어쩔 수 없이 케스타를 필두로 한 스페인군의 장군들과 협력할 수밖에 없었다.[90] 1809년 7월 23일 웰즐리의 영국-포르투갈 연합군에 스페인군까지 합류하여 5만 5,000명 규모가 된 연합군은 탈라베라Talavera 탈취를 위해 공세를 시작했다. 프랑스군의 빅토르 휘하 2만 2,000명의 제1군단은 그들과 결전을 택하기보다 탈라베라를 내주고 철수하는 편을 선택했다. 케스타의 스페인군은 추격 임무를 맡아 철수하는 빅토르의 군대를 압박하면서 24일 수도 마드리드로 진격했다.

스페인 마드리드에 있던 조제프는 자신을 향해 진군하는 웰즐리와 스페인 연합군에 맞서기 위한 준비로 북쪽에 위치한 술트에게 웰즐리의 병참선을 끊으라고 지시했다. 그리고 자신의 군사고문인 주르당에게 빅토르를 지원해 웰즐리와 맞서라고 명령했다. 조제프의 명령에 따라 주르당 원수의 군대가 연합군의 추격을 피해 철수하는 빅토르의 군대에 합류했다. 빅토르의 군대를 추격해 수도 마드리드로 향했던 케스타의 군대는 영국군 2개 사단의 추가적인 지원을 받았음에도 불구하고 예상치 못한 주르당의 군대가 등장하자 어쩔 수 없이 7월 26일 탈라베라 방면으로 쫓겨 돌아올 수밖에 없었다.

기세를 이어나가 역공에 나선 프랑스군은 1809년 7월 27일 탈라베라에서 영국군과 포르투갈군, 그리고 스페인군으로 구성된 연합군과 전투를 벌였다. 웰즐리는 명목상으로 5만 5,000명의 연합군 병력을 보유했지만, 그중 3만 5,000여 명이 케스타의 스페인군이었다. 웰즐리가 직접 지휘한 병력의 수는 2만 명 정도와 야포 36문에 지나지 않았다. 프랑스 조제프 왕의 군대는 4만 6,000여 명의 병력과 야포 86문을 보유해 규모 면에서 연합군의 두 배에 달했다.[91]

수적으로도 엄청난 수세에 몰렸던 웰즐리는 지형적으로 유리한 탈라베라 마을의 북쪽에 서둘러 방어 진형을 갖췄다. 탈라베라 전투Battle of Talavera는 7월 27일 야간에 프랑스군이 영국 연합군의 우익을 공격함으로써 시작되었다. 웰즐리의 군대는 프랑스군의 첫 공격을 격퇴했고, 28일 재개된 프랑스군의 공격 역시 막아냈다. 웰즐리의 성공은 그가 자신의

부대를 언덕 정상 뒤편에 배치해 우세한 프랑스 포병으로부터 보호했기 때문에 가능했다. 프랑스군의 종대 대형 공격에 대해 영국식 전열의 우수함도 입증해 보였다. 영국군 산병전 요원들은 프랑스 군인들을 지근거리까지 끌어들인 후 일제히 사격을 가했다. 이어서 그들은 힘찬 총검으로 돌격하여 승리를 거뒀다. 또한 웰즐리는 부지런히 전선을 누비며 전황을 즉각적으로 자신의 눈으로 직접 파악하는 동시에 필요한 명령을 현장에서 내리는 지휘로 전투를 이끌었다. 웰즐리의 승리는 영국 본토로

●●● 1809년 7월 28일 탈라베라 전투에서 승리를 거둔 영국군. 웰즐리는 부지런히 전선을 누비며 전황을 즉각적으로 자신의 눈으로 직접 파악하는 동시에 필요한 명령을 현장에서 내리는 지휘로 전투를 이끌었다. 웰즐리의 승리는 영국 본토로까지 전해지며 큰 반향을 불러일으켰다. 웰링턴 공작이라는 귀족 신분을 얻게 된 것도 직접적으로는 탈라베라 전투의 승리 때문이었다. 이때부터 그의 공식 호칭은 웰즐리가 아닌 웰링턴 공작이 되었다.〈출처: WIKIMEDIA COMMONS | Public Domain〉

까지 전해지며 큰 반향을 불러일으켰다. 웰링턴 공작이라는 귀족 신분을 얻게 된 것도 직접적으로는 탈라베라 전투 승리 때문이었다. 이때부터 그의 공식적 호칭은 웰즐리가 아닌 웰링턴 공작이 되었다.

영국군은 탈라베라 전투에서 승리했음에도 불구하고 다시 포르투갈로 철수해야 했다. 영국군은 총 투입 병력의 5분의 1인 7,268명을 잃은 프랑스군에 비해 5,363명이라는 상대적으로 적은 피해를 입었다.[92] 그러나 영국군의 실제 손실은 매우 컸다. 전투 중에 도망친 수천 명의 스페인

군을 제외하고 전투력이 우수했던 영국군의 4분의 1이 이번 전투로 희생되었던 것이다. 게다가 기병대와 포병의 부족이라는 고질적인 문제에 더해 우수한 영국군의 엄청난 손실은 웰링턴에게 치명적이었다. 또한 포르투갈로 이어지는 연합군의 보급선을 끊기 위해 살라망카Salamanca에 있던 프랑스군의 술트 군대가 움직이기 시작했다. 8월 3일 웰링턴의 부대는 포르투갈에서는 테주Tejo 강으로 불리고 스페인에서는 타호Tajo 강으로 불리는 강을 건너 후퇴하기 시작했다. 8월 20일 그의 부대는 스페인과 포르투갈의 접경 지역인 바다호스Badajoz 방면으로 계속 후퇴를 이어갔다. 이쪽은 수도 리스본으로 진격이 가능한 남쪽 길을 방어할 수 있는 곳이었다. 웰링턴은 1809년 12월 9일 수적으로 불리한 상황에 직면해 다시 포르투갈로 철수하기 전까지는 이곳 스페인 바다호스에 주둔지를 편성했다.

스페인에 머무르던 중 1809년 10월 웰링턴은 프랑스군의 세 번째 포르투갈 침공에 대비하기 위해 토레스베드라스 선Lines of Torres Vedras 구축이라는 계획을 내놓았다. 프랑스군이 충분한 전력을 갖춘 후 침공하면 연합군이 이를 막아낼 수 없다고 판단한 그는 리스본 일대의 지형을 연구한 후 리스본의 서쪽과 북쪽을 따라 이어지는 세 겹의 방어선과 165개의 요새를 구축하라고 지시한 것이다. 프랑스군이 밀고 들어오면 영국군 파견대와 포르투갈 민병대를 이 방어선 뒤에 배치한 후 지형을 이용하여 방어 작전을 수행할 심산이었다. 프랑스군이 토레스베드라스 선을 돌파할 경우에 대비해 후방의 항구를 통해 바다로 빠져나갈 계획도 수립해놓았다. 12개월이 걸리는 대공사에는 포르투갈 인부 수만 명이 동원되었다.

1809년 후반기에 스페인에서의 상황은 영국에게 그다지 좋지 않았다. 바다호스 인근의 안전한 곳에 주둔지를 구축한 웰링턴은 스페인 연합군의 어이없는 행동에 분노하며 연합작전을 펼치지 않았다. 그렇다고 영국군이 독자적인 군사작전을 감행한 것도 아니었다. 이 시기에 스페인 군은 영국군 없이 홀로 실시한 전투를 통해 몇 차례 작은 성공을 거두기도 했지만, 프랑스군의 공세에 대부분 참패를 겪었다. 그럼에도 불구하고 연합군에게 희망이 보이기 시작했다. 스페인군은 패배 후에도 계속해서 다시 전장으로 돌아와 프랑스군을 괴롭혔다. 스페인 게릴라군의 집요함에 프랑스군은 조금씩 약화되기 시작했던 것이다. 게다가 베레스포드의 군사개혁 덕분에 포르투갈군 역시 서서히 전투할 수 있는 군대로 변모해갔다.

1810년 이베리아 반도의 전황

1810년에 접어들어 이베리아 반도의 상황은 겉으로만 봐서는 프랑스군에게 유리해 보였다. 1809년 7월 나폴레옹은 바그람 전투에서 승리하며 사실상 오스트리아가 중심이 된 제5차 대프랑스 동맹을 와해시켰다. 이제 그가 집중해야 할 일은 이베리아 반도 전쟁뿐이었다. 유럽 지역이 안정되자, 스페인에 주둔하는 프랑스군의 수가 자연스럽게 늘어나더니 1810년 초에는 32만 5,000명에 달했다. 그러나 프랑스는 프랑스군이 있는 스페인 지역만 통제할 수 있었을 뿐, 스페인 전역을 통제할 수는 없었다. 오히려 스페인 전역에서 일어나는 게릴라 반군의 기습에 프랑스군은 골머리를 앓고 병력이 분산될 수밖에 없었다. 포르투갈로 철수한 웰링턴은 토레스베드라스 선 준비만이 아니라 프랑스군의 제3차 포르투갈 침공로를 예측하며 정보 획득에 열을 올렸다. 또한 그는 영국-포르투갈 연합군의 재편성과 훈련에 집중했다. 이에 더해 그는 포르투갈과 스페인 민병대의 게릴라 작전의 보호와 장려도 잊지 않았다.

웰링턴은 장기전이 된 이번 전쟁에서 프랑스군의 약점을 더 악화시키기 위한 묘수를 생각해냈다. 그것은 그가 포르투갈 관료들을 설득해 계획한 '초토화 작전'이었다. 프랑스군은 영국군이 제해권을 갖고 있기 때문에 육상으로 힘겹게 식량과 장비를 보급해야 했다. 이러한 방식은 대군을 유지하기에는 부족함이 있었다. 그렇기 때문에 프랑스군은 물자를 현지에서 조달하는 것에 크게 의지해야만 했다. 그런데 오랜 전쟁으로 스페인과 포르투갈 모두 황폐한 상태라 현지에서 식량과 의류 등 보급품을 징발한다는 것은 쉬운 일이 아니었다. 더욱이 스페인에서 포르투갈로 원정을 갔을 때 병참선의 신장으로 보급의 어려움은 더 클 수밖에 없었다. 이를 간파하고 있던 웰링턴은 초토화 작전을 통해 의도적으로 프랑스군의 예상 침공로 상에 한 톨의 곡식, 장비 하나, 마차 한 량도 남기지 않았다.

이와 같은 상황 속에 1810년 4월 나폴레옹은 포르투갈 재점령을 위해 마세나 원수를 이베리아 전선으로 보냈다. 마세나는 5월 스페인에서 포르투갈로 들어가는 북쪽 회랑 통제가 가능한 시우다드로드리고^{Ciudad Rodrigo} 포위 공략에 나섰고, 스페인군이 점령하고 있던 이곳의 요새를 7월 10일에 탈환했다. 이어서 그는 시우다드로드리고와 마주한 포르투갈의 도시 알메이다^{Almeida}에 있는 요새 역시 8월 28일 점령했다. 두 요새의 점령은 프랑스군이 스페인에서 포르투갈로 진입 가능한 북쪽 침공로의 확보를 의미했고, 9월 15일 마세나의 군대 약 6만 5,000여 명이 포르투갈로 진격해 들어갔다.

12일을 진격한 마세나의 군대는 웰링턴의 영국-포르투갈 연합군이 배치된 부사쿠^{Buçaco} 능선에 도착했다. 길이 18km에 최고 고도 549m인 깎아지른 듯한 이 능선은 방어에 유리한 지형이었다. 1810년 9월 27일 웰링턴의 병력 5만 2,000여 명에 대포 60문으로 구성된 영국-포르투갈

●●● 1810년 9월 27일 부사쿠 능선에서 영국 경보병연대가 프랑스군을 공격하고 있다. 길이 18km에 최고 고도 549m인 깎아지른 듯한 이 부사쿠 능선은 방어에 유리한 지형이었다. 웰링턴의 병력 5만 2,000여 명에 대포 60문으로 구성된 영국-포르투갈 연합군은 이곳에서 프랑스군의 진격을 막는 데 성공했다. 〈출처: WIKIMEDIA COMMONS | Public Domain〉

연합군(영국군 2만 7,000여 명, 포르투갈군 2만 5,000여 명)은 이곳에서 프랑스군의 진격을 막는 데 성공했다.[93]

그러나 이틀 뒤 마세나는 웰링턴의 부대 측방을 공격할 수 있는 길을 찾았고, 이 측방의 위협 때문에 웰링턴의 군대는 철수할 수밖에 없었다.[94] 연합군의 철수는 계획에 의한 것으로 준비된 토레스베드라스 선까지였고, 프랑스군은 이들을 따라 약 160km가량 추격해 들어갔다.

1810년 10월 10일 마세나는 마주해서 보기 전까지 전혀 예상치 못한 토레스베드라스 선에 도달했다. 이 방어선의 위력을 확인하기 위해 10월 14일부터 실시된 그의 탐색전은 방어선의 견고함 때문에 실패로 돌아갔다. 마세나는 이 방어선을 돌파할 수 없다는 사실을 깨닫고 그 앞에 주둔지를 건설한 후 웰링턴을 유인해내는 방책을 내놨다. 그러나 웰링턴은 이러한 적의 전략에 말려들지 않고 오히려 제해권을 확보한 영국 해군이 후방 항구로 보급해주는 풍부한 식량과 보급품으로 장기전을 이어나갔다. 반면, 웰링턴의 초토화 작전으로 황폐한 곳에서 현지 조달을 통해 식량과 보급품을 구할 수 없었던 프랑스군은 어쩔 수 없이 11월 15일 산타렘Santarem으로 철수했다. 그해 겨울까지 치열한 전투가 없었지만 웰링턴의 전략대로 프랑스군은 기아와 질병으로 인해 2만 5,000명의 병력을 잃었다.[95] 이때는 포르투갈 재점령이라는 프랑스의 희망이 사라지는 순간이지 이베리아 반도 전쟁에서 양측 간의 희비가 엇갈리는 전환점이었다.

1811~1813년 이베리아 전황

산타렘으로 철수한 마세나의 프랑스군은 부족한 보급으로 포르투갈에서 철수해 1811년 4월 11일 스페인의 살라망카에 도착했다. 그들은 많은 병력을 잃었을 뿐만 아니라 사기가 꺾인 상태였다. 웰링턴의 연합군은 프랑스군이 철수하자 스페인으로 공격해 들어갈 수 있는 중요 통로 확보를 위한 공세에 나섰다. 양측은 포르투갈과 스페인 국경에 있는 주요 목을 두고 치열한 공방전에 들어갔다. 대표적으로 알메이다와 바다호스가 그 중심에 있었고, 양측은 1811년 5월~6월에 이곳을 두고 전투를 이어갔다. 결과적으로 웰링턴은 술트와 마몽의 군대가 합류해 바다호스를 지키려는 프랑스군의 의도를 간파하고 그곳에서 물러나는 대신 자신들이 확보한 포르투갈 영토 내 알메이다를 중심으로 스페인의 시우다드로드리고 방면으로 넘어가고자 했다.

　1812년 드디어 웰링턴에게 호기가 찾아왔다. 나폴레옹은 일생일대의 러시아 침공을 준비하며 이베리아 반도 전쟁에 관한 전권을 조제프 왕에게 넘겼다. 많은 병력과 장군들이 러시아 침공 부대에 합류하기 위해 이베리아 반도를 떠났다. 대표적으로 나폴레옹의 명령에 따라 이베리아 반도에서 2만 7,000명의 병력이 러시아 침공을 위해 다른 지역으로 전환되었다.[96] 웰링턴은 기회를 놓치지 않고 스페인을 향한 총공세의 포문을 열기 위해 북쪽과 남쪽 회랑에 자리한 두 요새인 시우다드로드리고와 바다호스로 이어지는 통로를 개방하려고 시도했다. 연합군의 공격은 1월 8일 시우다드로드리고 요새로부터 시작되었고, 프랑스 증원군이 도착하기 전인 1월 19일 여러 곳에서 돌파를 시도한 끝에 요새 점령에 성공했다. 이후 연합군은 프랑스군이 점령하고 있던 바다호스마저도 공략에 나섰다. 3월부터 시작된 전투는 4월 16일 연합군의 최종적인 공세로 막을 내렸다. 프랑스군이 항복한 시점에 연합군이 입은 피해는 총 병력의 30%인 5,000명에 달할 정도로 컸다.[97]

　스페인으로 통하는 두 곳의 통로를 확보한 웰링턴은 스페인 중부를 공략한 후 전략적 거점인 수도 마드리드를 점령하고자 했다. 그는 6월 17일 살라망카에 진출한 후 조제프 왕이 보낸 지원군이 프랑스군에 합류하기 전인 7월 22일 마몽의 부대를 그곳에서 패퇴시켰다. 그리고 8월 12일 웰링턴의 연합군은 드디어 마드리드에 입성하게 되었고, 그곳에서 재정비의 시간을 가졌다. 그러나 웰링턴은 호기롭게 9월 19일부터 5주 동안 벌인 부르고스 포위전Siege of Burgos에서 성과를 거두지 못했다. 그는 중포와 기타 공성 병기의 부족으로 수도 북쪽에 자리 잡은 부르고스

성채를 좀처럼 점령하지 못하고 있었다. 이후 전략적으로 중요한 이곳을 지키기 위해 집결한 6만 명의 프랑스군 때문에 웰링턴은 10월 21일을 기해 포위를 풀 수밖에 없었다. 더욱이 이번 패배와 함께 프랑스군의 압박으로 웰링턴의 연합군은 마드리드를 다시 내주고 스페인과 포르투갈 국경인 시우다드로드리고로 철수했다.

프랑스군의 반격으로 영국군을 중심으로 한 연합군이 일시적으로 후퇴했으나 전반적인 전황은 웰링턴에게 유리한 방향으로 흐르고 있었다. 결정적인 전투에서 승리한 연합군은 여전히 시우다드로드리고와 바다호스라는 국경의 중요한 거점을 확보했을 뿐만 아니라 여러 차례의 승리를 통해 자신감을 얻었다. 반대로 프랑스군은 상대방의 정규군과 게릴라 민병대 모두에게 시달리며 사기가 떨어졌다. 게다가 러시아 전역의 패배로 인해 추가적인 병력과 식량, 그리고 군수품 보급을 기대하기 어려워진 상황이었다. 오히려 나폴레옹은 스페인에 있던 많은 장군과 병력을 독일 방면 방어를 위해 전환시키라는 명령을 내렸다. 1812년 말 웰링턴의 일시적인 전략적 후퇴가 있었지만 전체 이베리아 전역에서의 승기는 내외부적 원인들로 인해 연합군 측으로 완전히 기울었던 것이다.

이베리아 반도에서 병력을 차출해갔음에도 불구하고 1813년 초반 프랑스군 병력은 여전히 20만 명에 육박했다. 그러나 이들 대부분은 지역 내 게릴라들에 맞서 비정규전을 수행하기 위해 흩어져 있었고, 작전지휘권이 나폴레옹이 아닌 조제프 왕에게 있었다. 반면에 영국으로부터 도착한 5,000명의 증원 전력이 보강되며 웰링턴 휘하의 부대는 8만 1,000명까지로 늘었다. 이전 5년간 수적 열세로 전략적 방어 위주로 전쟁을 수행하던 웰링턴은 양면 전쟁에 직면한 프랑스군을 상대로 공세를 시작할 수 있게 되었다.

아무리 약화된 프랑스군이었지만 웰링턴은 직접적인 전투보다 도시를 우회해 프랑스군의 측면을 노리는 방식을 택했다. 국경 지대의 방어선 돌파를 시작으로 웰링턴의 군대는 1813년 5월 26일 살라망카를 점령했고, 이튿날 조제프 왕은 세 번째로 수도 마드리드를 탈출해 피신했다. 6월 2일 사모라Zamora가 영국 연합군에 넘어갔다. 프랑스의 조제프 왕은 방어선을 더 뒤로 물리며 6월 19일 비토리아Vitoria를 중심으로 전열을 가다듬었다. 웰링턴은 조제프 왕에게 재정비할 시간을 주지 않기 위해 21일을 기해 즉각 공격에 나섰다. 연합군은 조제프 왕과 주르당 휘하의 프랑스 병력 6만 6,000명이 정면 공격에 대비하고 있음을 간파하고 양쪽 측면을 돌파한 후 중앙으로 휘몰아치는 작전을 사용해 오후 5시경 승기를 잡았다. 이 전투에서 조제프 왕은 목숨을 잃을 뻔했다. 급박한 상황을 반영하듯 프랑스군은 많은 재물과 주요 전투 장비를 버리고 동쪽으로 도망쳐야만 했다.

비토리아 전투Battle of Vitoria 승리의 파급력은 엄청났다. 군사적으로 중요한 거점과 수많은 병력 및 장비를 잃은 프랑스군 대부분은 피레네 산맥 인근인 스페인 북부로 쫓겨나게 되었다. 프랑스군은 스페인 내 마지막 근거지에서 연합군의 프랑스 침공을 막고자 최선을 다했지만 더 이상 버틸 수 없게 되었다. 프랑스의 마지막 요새들을 함락한 웰링턴의 연합군은 스페인과 프랑스의 서쪽 국경을 이루는 비다소아Bidassoa 강을 지나 10월 7일 피레네 산맥을 넘어 프랑스로 진군했다.

이제 전장은 이베리아 반도에서 프랑스 본토로 바뀌었다. 웰링턴은 프랑스인들이 스페인의 게릴라처럼 변하지 않도록 병사들에게 약탈을 하지 못하게 매우 엄격한 처벌 규정을 적용함으로써 프랑스 민간인들의 저항을 피할 수 있었다. 따라서 웰링턴의 군대는 오로지 프랑스군과의 정규전에만 집중할 수 있었고, 사기가 떨어진 프랑스군을 압박할 수 있었다.

한편 유럽 전체로 퍼진 비토리아 전투의 승전보는 정치적인 지형도 바꿨다. 주저하던 오스트리아는 빈에 도착한 비토리아 전투 소식을 듣고 제6차 대프랑스 동맹에 참여하기로 결정했다. 나폴레옹과 휴전 협상을 진행 중이던 러시아와 프로이센은 오스트리아가 자신들과 함께하기로 하자 즉각 협상 결렬을 선언했다. 웰링턴의 비토리아 전투 승리로 나폴레옹을 유럽에서 몰아내려는 제6차 대프랑스 동맹 전쟁이 탄력을 받은 것이다.

3. 제6차 대프랑스 동맹

1812년 단행된 러시아 원정의 실패는 나폴레옹에게 참혹한 결과로 돌아왔다. 나폴레옹이 실제 전투 중에 잃은 병력은 프랑스군 7만 명을 포함해 동맹군까지 10만 명 정도였다. 그런데 추위와 배고픔, 질병 등 다른 이유로는 20만 명 이상의 프랑스군과 동맹군 병력이 희생되었다. 비전투 손실도 3만 4,000명이나 되었다. 전투나 기타 이유로 나폴레옹군에서 희생된 총 병력은 33만 4,000명 정도였다. 그리고 적어도 10만 명 이상이 러시아군에게 포로로 잡혔고, 부상자는 18만 명에 이르렀으며, 대포는 929문을 잃었다. 여기에 더해 기병대와 포병대, 그리고 수송대에서 종횡무진 활약하던 군마도 20만 마리 이상 러시아 땅에 묻혔다.[98] 갑자기 전쟁에 투입할 수 있는 말을 기르고 공급받는 것이 어렵다는 것을 감안하면, 이는 프랑스가 이후 잘 훈련된 기병대 등 말을 필요로 하는 숙련된 부대를 보유하는 것이 쉽지 않으리라는 것을 의미했다. 기병대에서 복무할 경험 많은 인력을 입대시키는 것 역시 쉬운 일이 아니었다. 러시아도 최대 20만 명으로 추정되는 전사자를 포함해 40만 명 정도의 병력 손실이 있었다.[99] 그러나 자국 영토에서 벌어진 전쟁이었기 때문에 병참선이 짧았던 러시아는 신속히 병력 등을 보충하며 프랑스에 비해 빠르게 회복할 수 있었다. 따라서 새로운 병력과 장비로 보강된 러시아가 다른 유럽 국가들과 함께 군사적으로 위축된 프랑스를 침공할 것으로 예측되었다.

자신의 군대와 같이 모스크바를 나와 서쪽 프랑스 방면으로 비극적인 철수를 하던 나폴레옹은 비참한 몰골의 부하들을 뒤로한 채 1812년 12월 5일 파리로 먼저 떠날 수밖에 없었다. 이는 파리에서의 반란을 막고 프랑스를 방어할 새로운 군대를 조직하기 위해 어쩔 수 없는 결정이었다. 12월 17일 공식적으로 러시아 원정 실패 소식이 파리에 전해졌고, 다음날인 18일 자정 나폴레옹은 파리로 복귀했다. 이때 나폴레옹을 기다린 것은 프랑스군이 이베리아 반도 전쟁에서 고전한다는 소식뿐이었다.

나폴레옹은 1813년 중반까지 65만 명에 이르는 대군을 징병하기로 결정했다. 그러나 1798년 제정된 18~25세의 자녀가 없는 미혼 남자를 대상으로 한 징병법으로 1813년에 징집 가능한 병력은 고작 13만 7,000명 정도에 불과했다. 심지어 이 징병법은 일부 공무원, 성직자, 군수산업체 직원 등을 면제해줄 정도로 느슨했다. 대군을 모으기 위해 위로 4년, 아래로 2년까지 징병 연령을 넓히고, 기혼자가 일부 포함된 국민방위대를 정규군으로 전환시키는 등 여러 노력을 통해 1813년 장부상 동원된 병력은 총 50만 명이 넘었다. 이러한 무리한 징병 시도는 많은 기피자와 탈영병 등을 양산했고, 다양한 계층과 지역에서의 강력한 반발을 불러일으켰다. 또한 그나마 징집된 인원들마저도 신병들이고 훈련이 부족한 상태라서 과거 영광스런 프랑스 대육군의 면모를 다시 보여주기에는 역부족이었다.

나폴레옹의 러시아 침공이 시작되던 1812년 6월 영국과 러시아가 맺은 동맹조약이 제6차 대프랑스 동맹의 기원이다. 그러나 침공 실패 후 프랑스와 동맹이던 프로이센이 1813년 2월 28일 러시아와 비밀조약인 칼리시 조약Treaty of Kalisz을 맺은 후 다음 달인 3월 13일 프랑스를 향해 공식적인 선전포고를 하며 본격적인 동맹이 결성되었다. 6월 21일 웰링턴이 이베리아 반도의 비토리아 전투에서 승리한 후, 7월 7일에 스웨덴이 연합군에 합류했고, 중립적인 자세를 취하던 오스트리아 역시 8월 12일 프랑스를 상대로 한 전쟁에 참전했다.

결정적으로 프랑스에 대한 응징을 위한 침공 작전은 러시아 황제의 강력한 의지 때문에 실현되었다. 그는 파괴된 모스크바의 원한을 갚고 독일의 해방자가 되고자 했다. 알렉산드르 1세는 프랑스군을 러시아 영토 밖으로 쫓아낸 것에 만족하려던 러시아 장군들에게 프랑스로의 진격에 대한 그의 강력한 의지를 드러냈다. 그래서 러시아군은 다른 유럽 국가들이 합류하기 이전인 1813년 1월에 이미 자국의 서쪽 국경을 넘어 폴란드로 진격해 들어갔다. 폴란드는 나폴레옹의 러시아 원정 실패 후 프랑스군의 방어선이 구축되어 있던 곳이었다.

나폴레옹의 명령을 받고 폴란드 지역을 책임지던 뮈라는 러시아군이 침공을 시작한 1813년 1월에 외젠에게 군대와 부대 지휘에 관한 전권을 넘기고 그가 왕으로 있던 나폴리로 달아났다. 외젠의 노력에도 불구하고 러시아군은 1월 중순 프랑스군의 방어선을 돌파한 후 비스와 강을 도하했다. 그들은 큰 저항 없이 2월 7일 바르샤바에 입성했다. 수적으로 열세였으며 사기가 떨어진 프랑스군은 러시아 대군에게 밀려 엘베 강까지 후퇴했다. 러시아는 이 시기에 프로이센과 동맹을 맺고 3월에 베를린까지 진출했다.

프로이센의 선전포고를 1813년 3월 말에 알아챈 나폴레옹은 급하게 군사적 대응에 나섰다. 그는 아직 전쟁 준비가 되지 않은 상태였지만, 폴란드와 프로이센 지역에 두고 온 그의 15만 병력을 구출하기 위한 작전에 돌입했다. 그러나 러시아군과 프로이센군의 계속된 서진으로 인해 나폴레옹의 공세는 5월 1일에서야 시작되었다. 통상 '봄 전투'로 불리는 1813년 5월 2일의 뤼첸 전투Battle of Lützen를 포함한 이 시기의 주요 전투들은 독일 영토에서 이루어졌다. 나폴레옹의 계획은 외젠에게 우익을 맡긴 채 자신의 본진으로 잘레 강 방면에서 러시아군의 진격을 저지하는 한편, 드레스덴Dresden을 향한 역습을 펼쳐 실레지아와 베를린 사이의 프로이센 병참선을 끊는 이중 전략이었다. 그러나 이 시기에 나폴레옹의 군대는 기병 부족으로 전투 전에 제대로 정찰을 실시하지 못해 적정을 파악하는 데 실패했을 뿐만 아니라 전투 승리 이후에도 적을 추격하지 못해 적을 격멸하지도, 승리의 전과를 확대하지도 못했다. 또 프랑스군은 이미 많은 우수한 장군들을 잃은 상태여서 예하 부대가 나폴레옹의 지휘 의도를 구현할 수 없었다. 이처럼 일부 전투에서 승리했음에도 불구하고 전과를 확대하지 못한 나폴레옹은 결국 1813년 6월 동맹군과 전면적인 휴전에 돌입한 후 드레스덴으로 물러나 재정비를 할 수밖에 없었다.

그러나 휴전 나흘 뒤인 1813년 8월 12일에 오스트리아의 정식 선전포고로 휴전이 막을 내리게 됨으로써 나폴레옹에게는 휴전이 오히려 큰 패착이 되고 말았다. 이미 러시아 침공과 이베리아 반도 전쟁으로 엄청나게 많은 병력을 소진한 프랑스군은 휴전 기간 동안 추가적인 전투력 보강이 제한적이었던 것에 반해, 동맹군 측은 추가적인 병력 보충이 계속 이루어졌던 것이다.

크게 4개 부대로 나뉜 동맹군은 브레슬라우Breslau 남부에 위치한 블뤼허 휘하 9만 5,000명의 슐레지엔군(프로이센군과 러시아군), 베를린에 있는 베르나도트 휘하 11만 명의 북부군(프로이센군과 스웨덴군), 엘베 강 상류에 집결 중이던 슈바르첸베르크 휘하 23만 명의 보헤미아군(오스트리아군), 그리고 후방에서 편성 중이던 베닉센 장군 휘하 6만 명의 폴란드 방면군으로 편성되었다. 이들의 총사령관은 오스트리아의 슈바르첸베르크였으나, 동맹에 참여한 3개 강대국의 군주와 그들의 참모들이 군사작전에 대한 그의 권한에 제동을 걸며 간섭을 일삼았다. 그럼에도 불구하고 동맹군은 나폴레옹의 주력을 회피하고 그의 부하들에게 집중하는 전략인 트라헨베르크 계획^{Trachenberg Plan}을 내세웠다. 새로운 전략의 효과는 당장 나타나지 않았지만, 나폴레옹 군대를 서서히 약화시키는 데 기여했다.

제한적이지만 나폴레옹도 부대를 재정비하며 최대 40만 명의 병력을 독일에 전개시켰다. 그의 전략은 병력을 둘로 나눠 자기 휘하의 병력 약 25만 명을 엘베 강과 드레스덴 양쪽에 집결시키고, 루카우^{Luckau} 인근에 있는 우디노의 12만 명으로 다시 베를린을 공략하려는 것이었다. 그러나 8월 중순 재개된 전쟁에서 동맹군 측은 트라헨베르크 계획에 따라 나폴레옹과의 결전을 회피하고 그의 부하들이 지휘하는 부대에게 집중하는 모습을 보였다. 훈련 및 실전 경험의 부족, 그리고 기병 전투력의 부족 등으로 인한 총체적인 어려움에다가 지친 기색이 역력한 나폴레옹 개인의 문제까지 겹치면서 프랑스군은 좀처럼 돌파구를 찾지 못했다. 크고 작은 전투를 치르며 9월 말에 이르자, 프랑스군은 병력이 20만 명으로 줄어들었고 보급품 부족으로 위기에 봉착했다. 결국 동쪽 멀리 군데군데 남겨진 프랑스 수비대는 고립된 채 스스로 생존을 모색해야 했고, 위축된 나폴레옹의 주력 야전군 모두는 엘베 강 서쪽으로 후퇴할 수밖에 없었다.

후퇴하던 나폴레옹의 군대는 라인 강 및 그 배후의 프랑스로 갈 수 있는 교통의 중심지인 라이프치히^{Leipzig}를 거점으로 삼았다. 대규모 동맹군 역시 나폴레옹이 점령하고 있는 이곳을 탈취하기 위한 전투에 돌입해야

●●● 라이프치히 전투에서 패한 후 후퇴하는 나폴레옹군. 프랑스는 3일간의 전투에서 3만 8,000명의 병력을 잃었고, 5만 명이 동맹군의 포로가 되었다. 야포 300문을 포함해 거의 모든 전투 장비를 잃기도 했다. 프랑스는 전투 전에는 동맹국 바이에른을, 전투 중에는 작센과 뷔르템베르크를 잃었다. 전투 후에는 라인 동맹의 나머지 국가 모두가 재빨리 동맹에서 탈퇴하거나 프랑스의 영향력에서 벗어났다. 〈출처: WIKIMEDIA COMMONS | Public Domain〉

했다. 제1차 세계대전 이전 최대 규모의 전투로 불리는 1813년 10월 16일부터 18일까지 3일간의 라이프치히 전투^{Battle of Leipzig}가 시작되었던 것이다. 블뤼허, 베르나도트, 그리고 슈바르첸베르크의 3개 군 약 36만 명이 합류해 라이프치히에서 항전하는 나폴레옹의 19만 군대를 포위하는 형국으로 전투가 개시되었다. 나폴레옹군은 처절하게 저항하며 버텨봤지만 이미 병력 수에서 큰 차이를 보이며 급격히 전세가 동맹군 측으로 기울었다. 더군다나 10월 18일 자신의 편이었던 뷔르템베르크와 작센이 동맹군 측으로 돌아섰다. 뷔르템베르크군과 작센군의 포병대가 포격을 가한 후 그들의 기병대가 돌격하자, 나폴레옹의 프랑스군은 급격히 무너질 수밖에 없었다.

패배를 직감한 나폴레옹군은 10월 19일 아침부터 강력한 후위대의 보호 아래 엘스터Elster 강의 유일한 다리를 건너 철수하기 시작했다. 블뤼허는 프랑스군의 탈출을 저지하기 위해 시가지에 남은 수비대에 맹공을 퍼부었다. 그런데 여기서 탈출이 끝난 시점에 엘스터 강 다리를 폭파하는 임무를 맡은 한 프랑스 군인이 동맹군의 기세와 추격에 놀라 조기에 다리 교각을 폭파해버렸다. 프랑스군 3개 군단 소속 약 3만 7,000명의 병력과 야포, 부상당한 2만 명의 병사, 장군 30명, 그리고 원수 2명이 강을 건너지 못하고 동맹군에게 죽임을 당하거나 포로가 될 운명에 놓였다.

비록 전사자와 부상자 모두 합쳐 5만 5,000명가량을 잃었지만, 가장 치열했다고 평가되는 이번 전투에서 동맹군은 대승을 거두었다. 가뜩이나 병력이 부족한 프랑스군은 더 큰 피해를 입었다. 3일간의 전투에서 3만 8,000명의 병력을 잃었고, 5만 명이 동맹군의 포로가 되었다. 야포 300문을 포함해 거의 모든 전투 장비를 잃기도 했다. 프랑스는 전투 전에는 동맹국 바이에른을, 전투 중에는 작센과 뷔르템베르크를 잃었다. 전투 후에는 라인 동맹의 나머지 국가 모두가 재빨리 동맹에서 탈퇴하거나 프랑스의 영향력에서 벗어났다. 프랑스가 독일에 대한 정치적 영향력을 잃게 되자, 프랑스군은 프랑크푸르트Frankfurt와 마인츠Mainz로 이어지는 병참선을 따라 라인 강으로 후퇴하게 되었다. 다부가 끈질기게 저항하던 함부르크Hamburg를 제외하고 독일의 동쪽 단치히Danzig와 드레스덴에 고립되어 있던 프랑스군 수비대 10만 명도 잃었다.

1812년과 1813년 전역에서 나폴레옹은 각기 40만 명이 넘는 군대를 이끌었다. 그의 두 번의 대규모 전쟁은 모두 7만 명도 안 되는 병력만을 남긴 채 끝이 났다. 그리고 끝내 라인 강 너머의 모든 독일 영토를 잃기까지 했다. 공교롭게도 라이프치히 전투 바로 직전 프랑스군은 이베리아 반도에서 웰링턴에게 패한 후 프랑스 본토로 밀려났다. 1813년 10월 7일 12만 5,000명 정도의 웰링턴 군대가 피레네 산맥을 넘어 프랑스 영토 내로 진입한 후 남서부까지 진격해 술트 원수와 쉬셰$^{Louis\ Gabriel\ Suchet}$ (1770~1826) 원수의 병력 10만 명을 몰아붙이고 있었다. 라이프치히 전투에서 승리한 동맹군 34만 5,000명은 이제 프랑스 동부를 침공하고자 서진해오고 있었다. 그런데 프랑스 동쪽 국경을 방어할 병력은 482km에 걸쳐 분산되어 있던 8만 명에 지나지 않았다. 프랑스 혁명전쟁 초기이래 20년간 겪어본 적이 없는 프랑스 본토 침공이 시작된 것이다.

1814년 프랑스 본토 전투

1814년이 되자 프랑스 본토가 모든 방향에서 공격을 받기 시작했다. 독일 내에서 벌어지던 러시아, 프로이센, 오스트리아, 스웨덴, 그리고 독일 내 국가들과의 전투는 이제 장소가 바뀌어 프랑스 동부에서 벌어졌다. 프랑스 남서부에서 웰링턴의 영국-포르투갈 연합군이 압박을 하는 상황이었다. 그리고 이탈리아 북부에서는 외젠이 오스트리아군을 상대로 힘겨운 싸움을 벌였다. 내부적으로 파리만이 아니라 지방까지 패배에 대한 충격으로 염전厭戰 의식이 팽배했다. 이전의 전쟁으로 경험 많은 수많은 군인을 잃은 상황에서 그간 많은 병력을 지원해주던 라인 동맹 국가들마저 잃어버린 나폴레옹이 군사력을 복원하여 제6차 대프랑스 동맹국들에게 대항하기란 거의 불가능한 상황이었다.

　그나마 나폴레옹이 1813년 말에 군사력 재건과 외교적 노력을 위한 소중한 시간을 약간이라도 벌 수 있었던 것은 동맹군의 우유부단함과 서로 간의 이해관계 충돌 때문이었다. 동맹국들이 서로 신뢰하지 않았던 것은 기본이었고, 전후 처리 문제로 프랑스의 국경을 어떻게 할지와 누가 프랑스를 통치하느냐에 대해서도 서로 의견이 달랐다. 구체적으로 오스트리아의 프란츠 1세는 나폴레옹의 아내이자 자신의 딸인 마리 루이즈가 황후 자리를 보존할 수 있도록 프랑스의 파멸을 원치 않았다. 프랑스 태생의 스웨덴 황태자 베르나도트는 나폴레옹의 황제 자리를 물려받기 원해서인지 자신의 조국 프랑스 공격에 대해 소극적인 태도를 보였다. 영국의 경우 유럽 내 힘의 균형이 재편되기를 바랐지만 급격한 변화를 의미하는 프랑스의 심각한 국력 저하에는 반대했다. 러시아와 프로이센은 이들과 달리 프랑스에 대한 복수심 때문에 강경한 입장을 보였다. 그들은 나폴레옹에게 본토가 직접적인 침공을 받았거나 영토를 분할당하는 등의 치욕을 겪었기 때문에 이에 대한 복수의 시간이 필요했던 것이다.[100]

동맹국들 간에 이해충돌로 인해 생긴 시간 지연은 길지 않았고, 궁지에 놀린 나폴레옹에게 빈전의 기회로 작용되지도 못했다. 정치 · 전략적 목표에 대한 이견을 어느 정도 봉합한 동맹국은 1813년 12월 말을 기해 프랑스 동부를 무대로 세 방향에서 진격을 시작했다. 물론 1814년 전쟁 동안 동맹군의 진격과 전투 모습에서도 그들이 여전히 서로를 신뢰하지 않고 통일된 목표를 갖고 있지 않았다는 것이 여실히 드러났다. 어찌 되었든 1813년 12월 21일 슈바르첸베르크 휘하 20만 명의 오스트리아군은 스위스 북쪽에서 프랑스 국경을 넘었다. 이들은 나폴레옹의 우익을 위협하는 동시에 스페인과 이탈리아 북쪽에서 진격하는 동맹군과 연결하는 임무도 맡았다.[101] 블뤼허의 10만 프로이센군은 1814년 1월 1일 중부 전선에서 라인 강을 넘었다. 비슷한 시기 뷜로브Friedrich Wilhelm Freiherr von Bülow(1755~1816)가 이끄는 프로이센군, 러시아군, 그리고 토머스 그레이엄 경이 이끄는 영국군 약 15만 명은 북부 전선을 구축하며 네덜란드 방면의 저지대 국가들로 진격해 들어갔다.[102] 한편 러시아-스웨덴 혼성군을 지휘하던 베르나도트는 후방의 독일 영토에 예비로 남아 함부르크에 고립된 다부의 군단과 그 밖의 소규모 프랑스 수비대를 감시하는 임무를 맡았다.[103]

90만 명의 병력을 모으려던 계획은 비현실적이었고, 나폴레옹이 이 시점에 준비한 병력은 12만 5,000명 정도로 추산되는 정도였다.[104] 포위된 형국에서 나폴레옹의 작전계획은 적들이 지향하는 파리를 중심으로 방어 진형을 갖추고 개별적으로 진격하는 적의 군대를 각개격파하는 것이었다.[105] 그러나 1814년 1월 대규모 동맹군이 서진을 시작하자 국경의 주요 지점에 배치된 프랑스 장군들의 군대는 큰 저항 한 번 제대로 하지 못하고 거점을 내주거나 강한 저항에도 불구하고 동맹군을 저지하는 성과를 얻지 못하고 패퇴하기 일쑤였다. 결국 1월 25일 나폴레옹은 파리의 정부를 형 조제프에게 맡기고 전선의 군대를 직접 지휘하기 위해 나섰다. 그는 1월 29일 브리엔Brienne에서 작은 전과를 거두는 데 그쳤을 뿐 2월 1일 프로이센의 블뤼허에게 라로티에르 전투Battle of La Rothière에서 큰 패배를 겪었다. 라로티에르 전투 결과, 프랑스군의 사기는 떨어진 데 반해, 동맹군의 사기는 크게 올랐다. 물론 프랑스가 2월 10일부터 6일간 치른 샹포베르 전투Battle of Champaubert에서 큰 승리를 거두며 일시적으로 사기를 끌어올리기는 했지만, 대세를 바꿀 수는 없었다. 대부분의 전투에서 승전고를 울리던 동맹군은 2월 중순 무렵 파리에서 30km 떨어진 지점까지 진격하는 데 성공했다.

내부적으로 군사작전과 정치적 목적에 대한 이견을 보이며 효과적인 협력을 하지 못하던 동맹군은 1814년 3월 9일 쇼몽 조약Treaty of Chaumont을 맺으며 다시 심기일전했다. 그들은 나폴레옹을 패배시킬 때까지 제6차 대프랑스 동맹을 유지할 것과 프랑스의 국경을 1792년 상태로 돌릴 것에 동의했다. 동맹군은 다시 파리를 목표로 주변의 주요 도시에서 전

●●● 1814년 4월 11일 퐁텐블로에서 나폴레옹이 자신의 퇴위에 서명하고 있다. 1814년 4월 11일에 합의를 거쳐 16일에 체결된 퐁텐블로 조약으로 나폴레옹은 지중해의 작은 섬 엘바 섬으로 유배를 떠나게 되었다. 그는 4월 28일에 영국 해군 전함에 실려 그곳으로 압송되었고, 루이 18세가 다시 왕좌를 찾는 한편 4월 30일 파리 조약이 체결되었다. 이로써 제6차 대프랑스 동맹 전쟁이 종결됨과 함께 프랑스의 국경은 1792년 상태로 되돌아갔다. 〈출처: WIKIMEDIA COMMONS | Public Domain〉

투를 벌이며 나폴레옹의 군대를 압박했다. 양측은 일진일퇴를 거듭했지만, 7만 5,000명 정도의 탈진한 병사들만을 보유한 나폴레옹이 전반적으로 밀리는 형국이었다. 더군다나 동맹군의 파리 함락이 목전에 있자 프랑스의 정치적 지형도 함께 변화했다. 왕정복고가 대세라 느낀 보르도의 관리들은 3월 12일에 프랑스 부르봉 왕가의 상징인 백합 문장을 내걸었다.[106]

메스와 베르됭 등에서 분투 중인 프랑스군과 연결 작전을 구상하는 등 나폴레옹은 여전히 각개격파를 통해 전황을 되돌리고자 했다. 그러나 1814년 3월 중순을 넘어가며 리옹Lyon 등 대부분의 지역에서 저항하던 프랑스군은 패퇴하고 말았다. 전선에서 싸우던 나폴레옹은 3월 28일 예하 장군들의 건의에 따라 일선에서의 전투 대신 파리로 향했다. 같은 날 파리에서 40km 떨어진 곳에서 블뤼허와 슈바르첸베르크의 병력이 파리 진격을 위해 하나로 합쳤다. 3월 29일 마리 루이즈와 세 살배기 아기였던 로마 왕 나폴레옹 2세가 파리를 떠났고, 다음날 조제프와 나머지 정부 관료들마저 그 뒤를 따랐다. 전선에 있던 나폴레옹이 파리에 도착하기 전인 3월 31일 밤에 파리를 지키던 프랑스 병력이 진격해오는 동맹군의 기세에 눌려 몽마르트르Montmartre에서 무기를 내려놓고 항복했다. 15만 명의 동맹군이 파리에 입성한 순간이었다.

파리의 함락에도 불구하고 나폴레옹은 남쪽의 퐁텐블로Fontainebleau로 이동해 마지막 남은 예하 장군들을 모아 파리로 진격할 계획을 설명했다. 그러나 그의 장군들 모두는 나폴레옹에게 계획이 무의미하다는 것을 전했다. 결국 나폴레옹은 4월 4일 조건부로 권좌에서 물러날 뜻을 내비쳤다. 그러나 동맹군 측은 이러한 제안을 거절했다. 어쩔 수 없이 나폴레옹은 4월 6일 황제의 자리에서 완전히 물러나기로 했다. 1814년 4월 11일에 합의를 거쳐 16일에 체결된 퐁텐블로 조약으로 나폴레옹은 지중해의 작은 섬 엘바Elba 섬으로 유배를 떠나게 되었다. 그는 4월 28일에 영국 해군 전함에 실려 그곳으로 압송되었고, 루이 18세가 다시 왕좌를 찾는 한편, 4월 30일에 파리 조약Treaty of Paris이 체결되었다. 이로써 제6차 대프랑스 동맹 전쟁이 종결됨과 함께 프랑스의 국경은 1792년 상태로 되돌아갔다.[107]

4. 제7차 대프랑스 동맹

한때 유럽 대륙의 대부분을 지배했던 나폴레옹은 가로 30km, 세로 20km에 불과한 작은 엘바 섬의 군주로 전락했다. 그에게는 약 1,000명 정도의 경호부대만이 함께했다. 이들 중에는 나폴레옹의 몰락에 일조했던 탈레랑Charles Maurice de Talleyrand-Périgord(1754~1838)이 감시의 목적으로 심어둔 첩자들도 있었다. 게다가 프랑스 정부는 합의된 200만 프랑Franc의 연금을 나폴레옹에게 지급하지 않았다. 무료한 일상 속에 자신이 사랑하는 아들 나폴레옹 2세와도 만날 수 없었던 나폴레옹은 점차 활력을 잃어만 갔다.[108]

그런데 나폴레옹이 유배를 간 지 얼마 되지 않았는데도 프랑스의 내부와 외부 상황은 다시 그를 필요로 했다. 내부적으로 다시 권력을 잡은 부르봉 왕가와 왕당파는 프랑스 시민들의 환영을 받지 못했다. 그들은 나폴레옹이 축적해둔 6,000만 프랑의 재정을 사치스러운 생활로 빠르게 탕진했고, 조국을 위해 목숨과 젊음을 바친 참전 용사들의 비참한 현실도 외면했다. 나폴레옹 유배 후 얼마 지나지 않아 왕당파에 대한 반감과 나폴레옹에 대한 향수 때문에 나폴레옹의 상징인 제비꽃을 꽂고 다니는 시민들의 모습이 거리에서 눈에 띄기 시작했다. 국제적인 불안정과 불만들도 이어졌다. 빈 회의에 참석한 강대국들은 유럽 질서의 재편 과정에서 자국의 이익을 챙기기 위해 소국들에 대한 지위와 복속 등의 문제들에 있어서 말을 바꿨다. 그리고 강대국 간의 이견과 소국들의 불만들이 이어지면서 연합 전선에 금이 갔다. 이처럼 혼란한 틈에 프랑스의 탈레랑은 나폴레옹이 다시는 돌아올 수 없도록 더 먼 서인도 제도나 세인트헬레나^{St. Helena} 섬 등으로 보낼 계획까지 세웠다. 나폴레옹은 프랑스의 내정 불안과 유럽 국가들 간의 대립, 그리고 신변 위협 등 여러 이유로 총독이 엘바 섬에 부재중인 기회를 놓치지 않고 1815년 2월 26일 탈출에 성공했다. 그리고 3월 1일 남프랑스에 상륙했다. 그의 백일천하가 시작된 것이었다.

나폴레옹은 그에 대한 국민적 지지를 확인하기 위해 니스^{Nice}와 그르노블^{Grenonble}을 경유해 파리로 가는 긴 여정을 선택했다. 나폴레옹이 파리로 향한다는 소식에 부르봉 왕가는 그를 저지하기 위해 군대를 보냈다. 그러나 파리에서 온 군대는 나폴레옹의 카리스마 넘치는 호소에 이내 마음을 바꿨다. 그를 막을 수 있는 것은 없었다. 3월 20일 파리에 입성한 나폴레옹은 유럽과 전 세계를 향해 자신이 바라는 것은 오직 평화라고 선언했다.

나폴레옹의 상황은 이전과 달랐다. 이미 오랜 전쟁으로 인해 많은 국민들 마음속에 생긴 상처가 아직 아물지 않았다. 그리고 프랑스의 의회는 빈으로부터 감시를 받았고, 왕당파들은 크게 반발하며 반란을 일으켰다. 자신의 권력을 회복하고 군대를 모으는 데 걸림돌이 많은 상황에서 그에게 충분한 시간이 필요한 건 당연했다. 그는 외교적 노력을 통해 시간을 벌고, 그를 반대하는 동맹국들에게 매우 유리한 평화안을 제시하는 쪽을 선택했다.

나폴레옹의 재등장은 분열하던 유럽 국가들의 단결을 이끌어냈다. 유럽 국가들은 모든 입장 차이를 뒤로하고 과거 나폴레옹이 황제에 등극

했을 때와 마찬가지로 나폴레옹 제거라는 목표 아래 1815년 3월 25일 프랑스에 대한 전쟁을 선포했다. 이로써 제7차 대프랑스 동맹 전쟁이 시작된 것이었다. 대프랑스 동맹국들은 전쟁을 위해 60만 명의 병력을 모으기로 했고, 4월 중순에는 나폴레옹이 제안한 평화안을 정식으로 거절했다. 승리를 위해서 양측에게 중요한 것은 시간이었다. 나폴레옹은 군사적으로 준비할 시간이 필요했던 반면에 동맹군은 나폴레옹이 준비되기 이전에 그를 제압하는 것이 필요했다. 전쟁을 위한 동원을 시작했지만 5월 말 이전에 나폴레옹과 전투할 수 있는 동맹군의 부대는 프랑스 인근의 저지대 국가에 위치하고 있던 블뤼허와 웰링턴의 군대뿐이었다.

비록 준비가 부족했지만 나폴레옹도 블뤼허, 웰링턴 군대와의 초기 전투에서 승리가 절실했다. 동맹국들은 넓은 지역에 퍼져 배치되었기 때문에 나폴레옹은 그의 군대를 집중 운용한다면 전투하는 그 지점에서만큼은 자신에게 승산이 있다고 판단했다. 나폴레옹이 승리한다면 동맹군은 사기가 급격히 떨어져 내부적으로 동요할 것이고 그들 간의 결속력도 무너질 가능성이 있었다. 그렇게 되면 병력 동원에 어려움을 겪던 나폴레옹에게도 희망이 생기게 될 것이었다.

워털루 전역

1815년 4월 8일 나폴레옹의 징병 선언에 9만 명의 자원병과 참전 용사들이 바로 그에게 합류했다. 프랑스는 병사를 모집하고 국민방위군과 해군 등 다른 임무를 수행하던 병력을 전환시켜 두 달 만에 28만 명의 병력을 모았다.[109] 이에 맞서 저지대 국가에 주둔하던 동맹군으로 블뤼허가 11만 7,000명의 프로이센군을, 웰링턴이 영국-독일-네덜란드-벨기에의 병력으로 구성된 연합군 11만 명을 지휘했다. 당장 전투에 참전은 못하지만 슈바르첸베르크가 통제하는 21만 명의 오스트리아군 병력이 라인 강 동안을 향해 진군했고, 바실리가 지휘하는 러시아군 15만 명도 라인 강을 향해 중유럽을 가로지르는 행군을 시작했다.[110]

　나폴레옹의 전략은 동맹군 군대 모두가 모여 조직적인 역량을 발휘하지 못하도록 먼저 저지대 국가에 배치된 적군을 선제 타격하는 것이었다. 이를 위한 그의 계획은 빠른 기동을 통해 블뤼허와 웰링턴 사이로 파고들어 두 부대를 분리시킨 후 각개격파시키는 것이었다. 이후 나폴레옹은 동맹군을 분리시켜 와해시키거나 자신에게 대항하는 국가들을 차례로 격파하고자 했다. 한편 나폴레옹은 전쟁을 위한 많은 무기와 보급품이 필요했기 때문에 나라 전체에 이를 끊임없이 생산하도록 독려했다. 그러나 나폴레옹의 군대가 필요로 하는 만큼 생산력이 따라오지 못했다.[111]

　1815년 6월이 되자 나폴레옹은 국경 수비와 왕당파들의 반란 진압에 투입된 부대를 제외한 예하 병력들을 비밀리에 벨기에 방면으로 집결시켰다.[112] 그 역시 파리를 몰래 빠져나와 벨기에 국경에 대기 중인 부대에 합류했다.[113] 동맹군은 이를 모르고 넓은 지역에 분산되어 있었다.[114] 6월 15일 나폴레옹이 지휘하는 12만 5,000명의 군대는 블뤼허와 웰링턴 군대를 분리시키기 위해 상브르Sambre 강을 건넌 뒤 벨기에 남부 브뤼셀 가도에 인접한 샤를루아Charleroi로 이동했다.[115] 블뤼허는 샤를루아 북쪽 리니Ligny로 자신의 부대를 빠르게 집중시키는 것으로 대응했다. 반면에 웰링턴은 해안으로 이어지는 자신의 보급선이 위협을 받을 수 있다고 판단해 부대들을 브뤼셀Brussels의 서쪽과 남서쪽 방면으로 이동시키며 콰트르브라Quatre Bras 인근에 위치시켰다.[116] 이러한 판단으로 나폴레옹의 의도대로 웰링턴과 블뤼허 사이에 간격이 벌어졌다. 그러나 앞으로의 전투는 나폴레옹의 의도대로 진행되지 않았다.

콰트르브라 전투

6월 16일 콰트르브라와 리니 양쪽 모두에서 전투가 벌어졌다. 먼저 콰트르브라 전투Battle of Quatre Bras는 1군단과 2군단, 그리고 근위대에서 파견온 기병들을 보유한, 나폴레옹의 좌익에 위치한 네 원수가 맡았다. 그런데 평소와 달리, 나폴레옹이 작전 명령을 제대로 하달하지 않는 바람에 네의 임무가 불분명했다. 콰트르브라에 주둔하고 있는 웰링턴 군대에 관한 정보가 부족한 상황에서 네 원수는 나폴레옹의 불명확한 명령으로 인해 적의 전투 준비 이전에 공세를 퍼부을 수 있었던 16일 오전 시간을 아무것도 하지 않고 보냈다.

전투는 레이유Honoré Charles Reille(1775~1860)가 지휘하는 2군단의 공격과 함께 오후 2시에야 겨우 시작되었다. 네 원수는 치열한 전투 속에 후속하는 에를롱Jean Baptiste Drouet d'Erlon(1765~1844)의 1군단이 공격을 지원한다면 승리할 것으로 예상했다. 그러나 에를롱의 1군단은 보이지 않았다. 에를롱은 나폴레옹의 부관인 드 라 브두아예르Charles de la Bédoyère(1786~1815)로부터 나폴레옹의 전갈을 받았는데, 그 전갈에는 1군단을 콰트르브라 동쪽에 위치한 리니로 이동시켜 자신을 지원하라는 황제의 명령이 담겨 있었다. 드 라 브두아예르는 시간을 아끼기 위해 네 원수를 거치지 않고 황제의 전갈을 에를롱에게 바로 전달했고, 에를롱의 1군단은 네 원수 모르게 리니 방면으로 이동했던 것이다. 네 원수는 리니의 상황도 모른 채 충동적이게도 에를롱에게 다시 돌아오라는 명령을 내렸다. 에를롱은 리니에 거의 다 와가던 차에 네 원수의 명령을 받고 다시 부대를 돌렸다. 에를롱의 1군단이 리니에서 나폴레옹을 도와 프로이센군을 격멸할 수 있는 기회가 사라진 순간이었다. 그렇다고 에를롱의 1군단이 네 원수와 함께 웰링턴의 군대와 전투를 벌인 것도 아니었다. 에를롱의 1군단은 콰트르브라와 리니의 어느 곳에서도 결정적 전투에 참여하지 못했다. 콰트르브라의 웰링턴군이든 리니의 블뤼허군이든 어느 하나만이라도 격멸한다면 승산이 있었던 나폴레옹에게 절망적인 상황이 펼쳐진 것이다.

한편 수적 열세로 인해 네 원수는 콰트르브라의 웰링턴군을 격퇴하지 못했으며, 웰링턴의 군대가 블뤼허의 프로이센군과 합류하는 것을 막을 수도 없었다. 저녁 무렵 웰링턴은 프랑스군이 더 이상 공격할 수 없다는 것을 알고 반격작전을 통해 오후 전투에서 적에게 빼앗겼던 주요 지점들을 수복했다. 이번 전투로 웰링턴군은 3,500명 정도의 병력을 잃었던 것에 반해, 프랑스군은 4,300명의 손실을 입었다. 또한 웰링턴은 프랑스의 진출을 좌절시킴과 동시에 프로이센의 리니 전투 결과에 따라 스스로 다음 행보를 결정할 수 있는 위치에 서게 되었다.

리니 전투

나폴레옹은 블뤼허의 프로이센군이 점령하고 있던 리니로 향했다. 그는 프로이센군의 배치가 방어에 불리하다는 사실을 파악하고는 곧바로 기병으로 프로이센군의 좌익을 견제하고 국지적 수적 우세를 통해 프로이센군의 중앙과 우익을 정면 공격하는 계획을 세웠다. 이곳에서도 콰트르브라에서처럼 6월 16일 오후 2시경 치열한 전투가 시작되었다. 오후 3시 15분경 프랑스군은 강력한 포사격의 지원 속에 프로이센군의 돌출부로 돌격해 들어갔다. 나폴레옹은 에를롱의 1군단만 후속해 돌격한다면 프로이센군을 완전히 제압할 수 있을 것으로 생각했다. 그러나 오후 5시 30분경 리니에 거의 다 도착했던 에를롱의 1군단은 막판에 네 원수의 전갈을 받고 다시 콰트르브라로 돌아가버렸다. 이는 이틀 뒤 워털루 전투에서 나폴레옹을 지원하지 않은 그루시의 잘못만큼이나 단순히 한 전투에서의 전술적 승리가 아닌 나폴레옹의 전략적 승패에 영향을 줄 수 있었던 중요한 장면이었다.

적을 섬멸할 기회를 놓치기는 했지만, 나폴레옹은 돌격을 멈추지 않았다. 늦은 저녁 시간 나폴레옹의 군대는 거침없이 리니의 중앙부를 돌파해 들어갔다. 어떤 것도 프로이센군의 패배를 막을 수 있는 것은 없었다. 프로이센군에게 다행인 것은 기병대의 반격 시도로 약간의 시간을 벌었기 때문에 탈출의 기회가 생겼다는 것이었다. 지휘관인 블뤼허가 기병대 돌격에 가담해 싸우다가 부상당하자, 그나이제나우August Neidhardt von Gneisenau(1760~1831)와 예하 군단장들은 긴급하게 모여 우선 리니의 북쪽 와브르Wavre로 철수하기로 결정했다. 그들은 그곳에서 다시 동쪽으로 방향을 돌려 리에주Liege에서 재집결할 심산이었다. 무질서한 후퇴였지만 이는 연합군에게 큰 행운을 안겨준 결정이었다. 프로이센군은 나폴레옹이 전혀 예상하지 못한 방향으로 퇴각함으로써 재편성할 시간을 벌 수 있었고, 심지어 웰링턴 부대의 결정적 전투를 지원할 수 있는 가까운 거리에 위치할 수도 있었다.

와브르의 상황과 워털루 전투

1815년 6월 16일의 치열한 콰트르브라와 리니에서의 전투가 끝난 다음 날 나폴레옹은 뒤늦게 프로이센군에 대한 추격을 명령했다. 오전 늦은 시각에 네 원수로부터 콰트르브라의 소식을 전해받은 그는 달아난 프로이센군을 추격해 고착시킨 상태에서 콰트르브라에 있는 웰링턴의 부대를 측면에서 공격하고자 했다. 그러나 그루시가 이끄는 3만 3,000명의 대규모 추격 부대는 나폴레옹의 뒤늦은 명령을 받고 출발하는 바람에 전혀 예상하지 못한 곳으로 철수한 프로이센군을 찾는 데 소중한 시간을 허비했다. 그리고 프로이센군을 고착시키지도 못했고, 오히려 역으로 그루시의 대규모 군대가 이번 전쟁의 결정적 장면인 워털루 전투에 참가할 수도 없었다. 이것은 나폴레옹의 패배의 결정적 원인 중 하나였다. 엎친 데 덮친 격으로 웰링턴군을 쫓아 프랑스군이 전진하는 동안 날씨가 변해 엄청난 양의 비가 내렸다. 지역 내 모든 도로가 진창이 되는 바람에 나폴레옹 군대의 기동성은 급격히 떨어졌다.

콰트르브라 전투 종료 후 웰링턴은 자신의 부대가 위기에 처할 수 있다는 사실을 직감하고 다음날인 6월 17일 아침 그곳의 진지를 비우고 북쪽으로 철수했다. 비로 인해 프랑스군의 추격이 쉽지 않았던 것은 웰링턴군의 철수에 큰 도움이 되었다. 그들은 그날 내내 방어에 유리한 워털루 남쪽의 몽생장Mont-Saint-Jean에 진지를 구축했다. 웰링턴군 방어선 전면에 흩어져 있던 농가와 우구몽 성채Chateau de Hougoumont는 프랑스군이 쉽게 점령할 수 없는 강력한 방어 거점 역할을 했다.

이러한 어려운 상황들에도 불구하고 나폴레옹은 워털루로 철수한 웰링턴과의 결전에서 자신이 유리하다는 큰 착각에 빠졌다. 대표적으로 그는 리니에서 패배한 블뤼허의 프로이센군이 북동쪽으로 이탈했다는 잘못된 정보 판단과 워털루 전투가 이루어질 때 그루시의 3만 3,000명의 추격 부대가 프로이센군을 감시 및 고착시킬 수 있을 것으로 예상했다. 그러나 워털루 전투가 발생한 날인 6월 18일 그루시의 상황은 나폴레옹의 예상과 정반대였다.

6월 17일 오후 5시경 추격에 나선 그루시의 군대는 리니에서 북동쪽 방면으로 진출했고, 오후 10시경에야 프로이센군의 주력이 자신의 야간 숙영지로부터 17km 북서쪽에 있는 와브르 방면에 있음을 알게 되었다. 다음날 새벽부터 그루시의 예하 부대들은 이들을 추격하기 시작했지만, 속도가 매우 느려 따라잡지 못했다. 더욱이 리니 전투에 참가하지 않아 거의 온전한 상태를 유지하고 있던 프로이센 뷜로브의 4군단을 비롯한 블뤼허의 군대 대부분은 웰링턴과의 약속대로 그를 지원하기 위해 워털루로 향했다.

그루시는 적의 주력이 빠져나가고 있다는 사실도 모른 채 와브르에 남겨진 소규모 프로이센군과의 전투에 집중했다. 그는 18일 오전 11시가 조금 넘은 시각 와브르의 서쪽 워털루에서 들리는 포성마저도 무시했다. 워털루에서의 결정적 전투 국면에 참가하려는 융통성 있는 판단보다 자신이 나폴레옹으로부터 받은 최초 명령에 집중하고자 했던 것이다. 결국 나폴레옹의 판단과는 달리 프로이센군의 주력 대부분이 워털루의 웰링턴을 구원하기 위해 출발했던 그 시각, 반대로 그루시의 대규모 군대가 프로이센군의 소규모 부대에 고착되어 있었던 것이다. 19일 오전 그루시는 프로이센군을 제압하고 와브르를 점령하는 데 성공했지만, 그 기쁨도 잠시 오전 10시 30분경 결정적인 워털루 전투에서의 패배 소식을 듣고 후퇴에 후퇴를 거듭하여 파리로 돌아갈 수밖에 없었다. 전술적 승리보다 전략적 승리가 중요하다는 사실이 또 한 번 역사적으로 증명된 순간이었다.

한편 6월 18일 단 하루의 워털루 전투로 나폴레옹과 유럽의 운명이 결정되었다. 6월 17일 군대를 북쪽으로 이동시킨 웰링턴은 영국-하노버 혼성부대와 네덜란드-벨기에 혼성부대로 이루어진 6만 8,000명의 영연합군을 몽생장 남쪽의 능선 후사면에 배치했다. 이는 나폴레옹군 포병대의 포사격으로부터 병력을 보호하기 위한 조치로 지형을 자신들에게 유리하게 활용했던 것이다. 이와 더불어 웰링턴은 17일 늦은 밤 전령을 통해 블뤼허에게 최소 1개 군단 지원 요청을 했다. 그는 프로이센군 1개 군단 이상이 지원된다면 몽생장에서 나폴레옹과 결전을 벌일 것이고, 그렇지 않다면 브뤼셀로 철수하려고 했다. 18일 이른 아침 그는 블뤼허로부터 지원을 확답받았고, 전장에서 직접 전투 준비 상태를 확인했다.

나폴레옹은 웰링턴으로부터 동쪽으로 19km 떨어진 와브르에 있는 프로이센군을 감시 및 고착시키기 위해 보낸 그루시의 1개 군단을 제외한 7만 2,000명의 병력으로 웰링턴의 군대 바로 남쪽에 전투를 위한 진영을 갖췄다.[117] 전투의 시작부터 나폴레옹에게 좋지 않은 징후들이 보였다. 먼저 그는 17일 야간에 그루시로부터 프로이센군을 추적한 결과에 대해 급보를 받았다. 그러나 이미 적을 놓친 그루시가 보낸 편지는 대부분 추측성 내용이었고, 프로이센군이 워털루로 합류할 가능성을 낮게 보거나 합류를 시도할 시 자신이 이를 차단할 것이라는 내용이었다.[118] 실제로 나폴레옹은 전투가 시작되기 직전 그루시에게 워털루로 합류하지 말고 와브르에 집중하라는 명령서를 작성하기도 했다.[119] 이는 이번 전쟁에서 나폴레옹이 전반적으로 적에 관한 정보 수집에 큰 문제가 있었음을 드러내는 단적인 예였다.

다음으로 나폴레옹의 전투 준비 상태가 매우 불량했다. 나폴레옹은 전략에 있어 시간을 매우 중시했던 인물이다. 그동안 그는 신속한 기동으로 적의 허를 찔러왔다. 그러나 그는 18일 오전 일찍 전투 명령을 내리는 대신 땅이 마르기를 기다리며 시간을 허비했다.[120] 포병 활용에 있어 마른 땅은 포의 이동과 포사격의 효과를 극대화하기에 중요했지만, 더 중요한 것은 적에게 전투 준비 시간을 주지 않는 것이었다. 나폴레옹은 약 4시간을 지연한 끝에 적이 전투 준비가 된 시각인 오전 11시가 넘어서야 공격을 시작했던 것이다. 끝으로 나폴레옹의 계획은 매우 부실했다. 이전 전투에 참여하지 못해 온전했던 에를롱의 1군단은 나폴레옹군의 우익으로서 웰링턴의 좌익을 정면 공격하는 것이 하나의 작전계획이었다. 그리고 나폴레옹 자신은 전투에 직접 관여하지 않고 나머지 계획과 전투는 부하인 네 원수가 직접 맡았다.[121] 결정적인 전투를 나폴레옹이 직접 계획하지도, 지휘하지도 않았던 것이다. 이러한 불길한 징후들은 나폴레옹의 운명을 결정짓게 되었다.

1815년 6월 18일 오전 11시 25분경 프랑스 에를롱의 1군단 전면에 배치된 24문의 12파운드 대포가 불을 뿜으며 전투가 시작되었다. 포사격에 맞춰 오전 11시 30분에 레이유의 1만 3,000명 보병대가 우구몽을 향해 공격을 시작했다. 프랑스군은 그곳의 저택을 확보하고자 하루 종일 고군분투했지만, 그들의 모든 공격은 나사우^{Friedrich August, Duke of} ^{Nassau}(1738~1816)가 이끄는 2,000명의 군대에게 격퇴되었다.

오후 1시 30분, 나폴레옹군의 우익 에를롱 군단은 웰링턴 직할인 픽튼^{Thomas Picton}(1758~1815) 중장이 방어하고 있던 연합군 중앙부인 라에이상트^{La Haye Sainte}에서 동쪽 파플로트^{Papelotte}로 이어지는 언덕으로 그의 보병대를 이용한 돌격 공격을 시도했다. 영국군 포병대의 사격으로 프랑스군의 선두 부대가 큰 피해를 입었고, 후속하는 부대 역시 픽튼 보병대의 일제사격과 총검 돌격, 그리고 중앙 배후에 숨어 있던 기병여단의 돌격으로 큰 피해를 입었다. 이 지역 내 후방에 배치되었던 양측의 기병대들이 전세를 유리하게 가져오기 위한 돌격을 시도했다. 공격 시도 1시간 반 만인 오후 3시경 에를롱의 공격은 무위로 돌아갔다. 반면 적진 깊숙이 들어갔다가 일부 기병대가 궤멸되는 사태가 있었지만, 웰링턴의 방어 전선은 여전히 흔들림이 없었다.[122]

오후 4시경, 네 원수는 연합군의 전선을 돌파하기 위해 다시 한 번 공격에 나섰다. 5,000명에 달하는 프랑스군 40개 기병대대가 포병과 보병의 지원도 없이 능선 너머 비탈에 방어 대형을 형성하고 있던 영국군 보병에 대하여 무모한 돌격을 시도한 것이다. 영국군 포병대는 돌격하는 프랑스군 기병에게 심대한 타격을 입힌 후 견고한 보병대의 방어용 방진 내로 이동해 장비와 병력을 보호했다. 위력적인 영국군 보병 방진의 자체 화력은 2차적으로 프랑스군 기병에 타격을 입혔다. 물론 프랑스 기병의 돌격 공격이 영국군에게 큰 피해를 줬던 것은 사실이었다. 그럼에

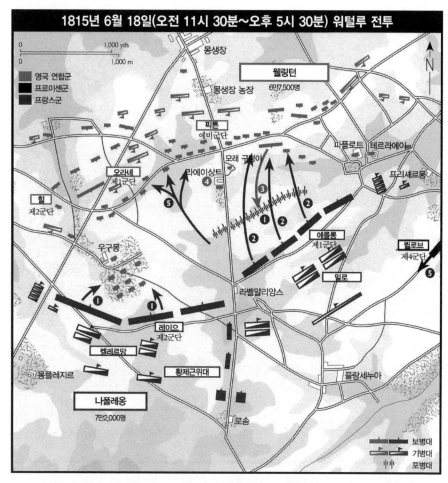

1815년 6월 18일(오전 11시 30분~오후 5시 30분) 워털루 전투

영국 연합군
프로이센군
프랑스군

몽생장
웰링턴
몽생장 농장 6만7,500명
픽튼
에비군단
파플로트 테르라에이
오라네
제1군단
모래 구덩이
라에이상트
프리셰르몽
힐
제2군단
우구몽
에를롱
제1군단
빌로브
제4군단
밀로
라벨알리앙스
레이오
제2군단
켈레르망
황제근위대
플랑세누아
몽플레지르
나폴레옹
7만2,000명
로솜

보병대
기병대
포병대

❶ 오전 11시 30분, 밀집한 프랑스군의 포대가 연합군 전선의 중앙을 향해 포문을 여는 가운데 레이으(Reille)의 군단인 우구몽을 공격하다. 수많은 프랑스군이 하루 종일 펼쳐진 이 헛된 전투에서 꼼짝 못하게 되다.

❷ 오후 1시 30분, 에를롱이 연합군 전선 중앙으로 진격하다. 집중 포격으로 대피해를 입은 프랑스군의 밀집 대열에 픽튼 사단이 공격을 가하다.

❸ 오후 2시, 서머셋과 폰슨비의 기병대가 반격에 나서 에를롱 군단의 대부분을 패주시키다. 기병대가 대규모 포대를 공격한 뒤 아군 진영으로 돌아오는 과정에서 궤멸당하다.

❹ 라에이상트를 지키던 국왕의 독일 군단 소속 수비대가 1개 사단의 총공세에 맞서 그들의 요새화된 진지를 방어하며 돌입하려는 적을 간신히 막아내다.

❺ 오후 3시 30분경, 빌로브의 프로이센군 제4군단이 와브르 방향에서 접근하다. 웰링턴이 퇴각한다고 믿은 네가 대규모 기병 공격을 실시하다. 적절한 보병 및 포병 지원조차 없이 적 보병의 방진을 깨려는 헛된 시도에 더욱더 많은 기병대가 투입되다.

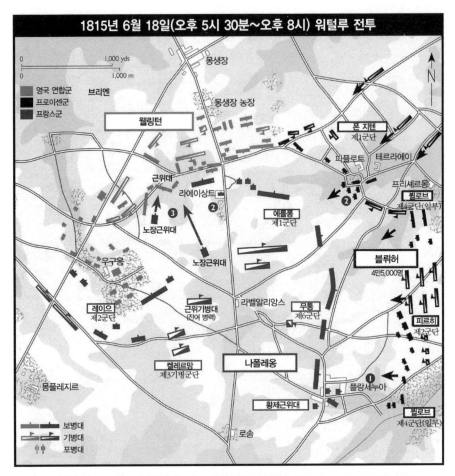

1815년 6월 18일(오후 5시 30분~오후 8시) 워털루 전투

0 — 1,000 yds	
0 — 1,000 m	

영국 연합군
프로이센군
프랑스군

브리엔

몽생장

몽생장 농장

웰링턴

폰 지텐
제1군단

파플로트 테르라에이

근위대

라에이상트

프리셰르몽
필로브
제4군단(일부)

노장근위대

에를롱
제1군단

노장근위대

블뤼허
4만5,000명

우구몽

라벨알리앙스

레이으
제2군단

근위기병대
(잔여 병력)

무통
제6군단

피르히
제2군단

몽플레지르

켈레르망
제3기병군단

나폴레옹

플랑세누아

필로브
제4군단(일부)

황제근위대

로솜

보병대
기병대
포병대

❶ 오후 5시 30분, 이 무렵 피르히(Pirch)와 블뤼허의 지원을 받는 뷜로브의 프로이센군은 플랑세
누아에서 한창 격전을 치르는 중이었다. 프로이센군은 마을을 점령하지만 그 뒤 나폴레옹의 마지막
예비대인 황제근위대에게 밀려난다.

❷ 오후 6시경, 마침내 라에이상트를 점령한 네가 전방으로 야포를 추진해 근거리에서 연합군 전선
의 중앙을 통타하다. 웰링턴의 전선이 동요하다. 이를 본 네가 급히 나폴레옹에게 전갈을 보내 황제
근위대를 공격에 투입하도록 요청하지만, 이미 그들은 플랑세누아의 격전에 휘말려든 상태였다. 폰
치텐(von Ziethen)의 군단이 웰링턴의 좌익으로 다가오다.

❸ 오후 7시, 플랑세누아에서 불려온 노장근위대가 라에이상트 서쪽 공략에 투입되어 메이틀랜드
(Maitland)의 근위여단을 비롯한 연합군과 맞붙는다. 공격자들이 세 방향에서 포화를 뒤집어쓰고
격퇴되다. 바로 그 무렵, 동쪽에서 다가오는 군대가 프로이센군이라는 것을 안 프랑스군이 패주하
기 시작하다. 웰링턴의 총진격 명령과 함께 승리가 확정되다.

도 불구하고 프랑스군은 자신들의 기병 피해가 더 컸기 때문에 오후 5시 30분경 무모한 돌격 공격을 중지시켰다.[123]

네의 기병대가 격퇴되는 등 전반적으로 프랑스군의 공격 대부분이 무위로 돌아갔다. 프랑스군의 공격이 유일하게 성공한 곳은 웰링턴의 방어선 중앙인 라에이상트였다. 전투 시작 이후 치열한 전투가 이어지던 중 오후 6시경 프랑스군이 드디어 기병 공격을 수반한 육탄전을 통해 라에이상트에 있는 영연합군을 격퇴시키고 영연합군의 주전선을 돌파할 기회를 포착했다.[124] 웰링턴은 전선의 중앙이 위협받자 보병연대와 포대, 그리고 2개 기병여단을 이 지역에 배치하여 돌파구가 확대되지 않도록 조치했다.

양측의 팽팽한 공방전이 프랑스군의 우위로 균형이 깨지려는 순간, 상황이 반전되었다. 프로이센군이 등장한 것이다. 아침 일찍 와브르를 출발한 프로이센군이 동쪽에서 서쪽으로 이동해 오후 5시경 전장에 도착했다. 그들은 즉각 플랑세누아Plancenoit 일대의 나폴레옹의 우익을 공격하기 시작했다. 초기 공격이 프랑스군에게 격퇴당하며 한 발 물러서기는 했지만, 후속 부대들이 계속해서 도착하며 규모가 커지던 프로이센군은 오후 6시경 다시 플랑세누아 지역에서 우세를 점해갔다. 또한 프로이센군의 공격으로 인해 프랑스군이 라에이상트와 파플로트에 생긴 돌파구를 확대하는 데 집중하지 못하게 되면서 웰링턴군이 기사회생하게 되었다. 웰링턴군과 블뤼허군이 마침내 몽생장 일대에서 연합하여 프랑스군의 우익에 타격을 가하기 시작했다.

프랑스군은 절체절명의 위기에 빠졌다. 나폴레옹은 전황이 자신에게 불리하게 돌아가자 프로이센군이 전부 도착하기 전 웰링턴을 격파할 마지막 기회가 있다고 판단하고 예비대로 남겨뒀던 근위대 7개 대대를 오후 7시경 라에이상트 서측 우구몽 방면으로 투입했다. 전투 경험이 많은

●●● 워털루 전투를 지휘하는 웰링턴. 나폴레옹은 워털루 전투의 패배로 더 이상 제7차 대프랑스 동맹군과 전쟁을 이어나갈 수 없는 전략적 패배 상태에 이르렀다. 이로써 엘바 섬 탈출부터 워털루 전투 패배 후까지 100일이 조금 넘는 시간 동안의 '백일천하'가 막을 내린 것이다. 〈출처: WIKIME-DIA COMMONS | Public Domain〉

근위대 병력은 영국군 포병대의 집중사격에도 용맹하게 능선을 올랐다. 그러나 프랑스 근위대는 영국군 척탄병과 근위병들의 반격으로 비탈에서 물러나야만 했다. 돌격과 후퇴를 여러 차례 반복하며 분투했지만 그들 역시 영연합군의 집중포화를 버텨내지 못하고 패퇴했다.

나폴레옹군의 최악의 돌격이 저지될 무렵 동쪽에서는 더 많은 프로이센군이 밀려왔다. 전선 전방과 우측방에서 웰링턴군과 블뤼허군이 나폴레옹군을 동시에 압박하기 시작했다. 기회를 포착한 웰링턴은 전 전선에 걸쳐 총진격 명령을 내렸고 공황 상태에 빠진 프랑스군 전체는 도망칠 수밖에 없었다.

크게 콰트르브라와 리니, 와브르, 그리고 워털루라는 4개의 전장에서 전투가 벌어졌다. 그중 나폴레옹은 3개의 전장에서 승리를 거뒀고, 워털루에서만 단 한 번 패배했다. 문제는 수적으로 많았던 나폴레옹군의 승리가 적을 일시적으로 패퇴시키는 수준의 전술적 승리에 불과해서 패배한 적이 도주 후 재편성의 기회를 갖고 다음 전투를 준비할 수 있었다는 것이었다. 반면에 연합군이 워털루에서 거둔 승리는 단 한 번이었지만 전략적인 승리로 연결되었다. 나폴레옹의 의도와 달리, 웰링턴과 블뤼허의 군대는 3개의 전장에서 치른 전투에서 지기는 했지만 각개격파로 섬멸되지 않고, 오히려 재편성 한 끝에 워털루에서 연합하여 나폴레옹의 주력을 격멸했다. 웰링턴은 워털루 남쪽 몽생장이라는 전투에 유리한 지형을 선점한 후 유리한 위치에서 전투를 시작했고, 기다리던 프로이센 지원군이 합류하면서 승기를 잡았다. 결국 나폴레옹은 워털루 전투의 패배로 더 이상 제7차 대프랑스 동맹군과 전쟁을 이어나갈 수 없는 전략적 패배 상태에 이르렀다. 이로써 엘바 섬 탈출부터 워털루 전투 패배 후까지 100일이 조금 넘는 시간 동안의 '백일천하'가 막을 내린 것이다.

나폴레옹은 최악의 처벌을 피하기 위해 미국으로의 탈출을 준비했지

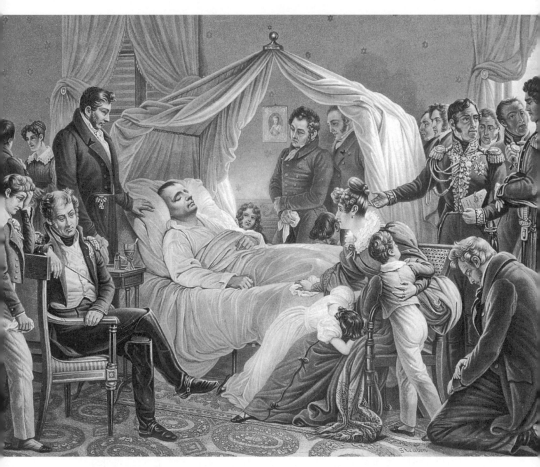

●●● 나폴레옹의 죽음. 1821년 나폴레옹은 유배지인 세인트 헬레나 섬에서 숨을 거두었다. 〈출처: WIKIMEDIA COMMONS | Public Domain〉

만, 여의치 않자 영국에게 자비를 바라며 영국 군함 벨레로폰^Bellerophon 함에 승선하여 세인트헬레나 섬으로 유배를 떠났다. 이로써 1789년 프랑스 혁명 발발 이후 시작된 유럽의 혼란과 세계대전으로도 평가되던 길고 길었던 혁명전쟁과 나폴레옹 전쟁이 끝났다. 그리고 나폴레옹은 유배지인 세인트헬레나 섬에서 다시는 나오지 못한 채 1821년 그곳에서 숨을 거두었다.

CHAPTER 5

결론:
군사적 함의와 빈 체제,
새로운 전쟁으로 가는 길

1. 군사적 함의

1789년의 프랑스 혁명 그리고 1792년 시작된 혁명전쟁부터 나폴레옹 전쟁까지 23년간 유럽은 큰 혼란과 변화를 겪었다. 그리고 이러한 격변의 시기, 그 중심에 서 있던 인물은 나폴레옹이었다. 군인 나폴레옹은 프랑스 혁명이 자국으로 전파되는 것을 막기 위한 유럽 군주국 연합과의 전쟁으로 인해 큰 위기에 처한 프랑스를 구해냈다. 프랑스 국민들의 영웅이 된 그는 정치적으로 혼란스런 혁명의 시대를 종식시켰다. 그러나 그 방법은 쿠데타였다. 이어서 그는 스스로 황제에 올랐고 영토적 야심을 보였다. 나폴레옹의 팽창 야욕은 유럽 국가들과의 새로운 전쟁을 불러일으켰다. 군사적 천재 나폴레옹은 유럽 국가들을 수세에 몰아넣으며 역사에 남을 대제국을 건설했다. 그런데 종국에 구체제의 수호자를 자처하던 유럽 군주국들의 최종 승리로 나폴레옹의 제국은 한순간에 무너졌다. 나폴레옹의 제국은 역사의 뒤편으로 사라졌지만, 한때 유럽 대륙을 장악했던 나폴레옹은 수많은 유산과 미래를 위한 큰 변화의 씨앗을 남

겼다. 그중에서도 주목해야 하는 하나는 그가 남긴 군사적 유산이다.

나폴레옹은 군사적 천재가 맞지만, 그가 전쟁터에서 보여준 군사적 혁신 모두가 그의 손에서 탄생한 것은 아니었다. 그는 18세기 중엽 7년 전쟁 이후 긍정적 방향으로 서서히 변화하고 있던 프랑스군의 군사적 전통과 무기체계 중 우수한 것들을 선택 및 조합해 자신의 전략·전술에 적용했다. 또한 프랑스 혁명으로 탄생한 국민주권 사상과 애국심, 그리고 프랑스의 많은 인구가 그의 군사적 혁신을 뒷받침했다. 나폴레옹은 뛰어난 군사적 식견을 바탕으로 전쟁에서 승리하는 전술과 전략을 알고 있었고, 그가 사용할 수 있는 자원을 최대한 활용해 거대한 제국을 건설했던 것이다. 그는 상대의 예상보다 빠르게 우회 기동해 전략적으로 유

●●● 1805년 10월 20일 울름에서 오스트리아의 항복을 받아들이는 나폴레옹. 나폴레옹의 군대는 큰 규모에도 불구하고 적의 예상보다 더 빠르게 울름으로 우회 기동하여 오스트리아군을 포위한 후 격파할 수 있었다. 나폴레옹군의 빠른 기동 속도는 창고 조달에서 현지 조달이라는 보급 방식의 변화에서 그 이유를 찾을 수 있다. 현지에서 보급품과 식량을 조달하는 방식으로 최소한의 식량만을 휴대한 프랑스 병사들의 행군 속도는 기존의 1분당 70보에서 1분당 120보로 빨라졌다. 〈출처: WIKIMEDIA COMMONS | Public Domain〉

리한 고지를 점한 상태에서 결정적 전투를 벌였다. 그 덕분에 전체적인 병력이 상대에 비해 열세인 경우에도 결정적 순간에 적을 압도할 수 있었고, 그러한 결정적 전투를 통해 전쟁의 흐름을 자신에게 유리한 방향으로 바꿀 수 있었다.

나폴레옹이 보여준 군사혁신은 기동 속도의 향상과 독립적인 전투가 가능한 단위부대의 편성, 그리고 전술적 융통성에 기반한 결정적 전투 중시와 섬멸전으로 요약해볼 수 있다. 첫째 나폴레옹은 군대의 기동 속도를 향상시켜 결정적 지점으로 신속하게 기동하여 승리를 거둘 수 있었다. 프랑스 혁명으로 인해 프랑스의 군대는 징집된 국민들로 구성된 대규모 군대였다. 특히 나폴레옹 전쟁의 시작을 알린 제3차 대프랑스 동맹과의 전쟁에서 그의 대육군은 그 규모가 어마어마했다. 그런데 그의 군대는 그러한 큰 규모에도 불구하고 적의 예상보다 더 빠르게 울름으로 우회 기동하여 오스트리아군을 포위한 후 격파할 수 있었다.

나폴레옹군의 빠른 기동 속도는 창고 조달에서 현지 조달이라는 보급 방식의 변화에서 그 이유를 찾을 수 있다. 프랑스에서 보급품과 식량을 구매해 우마차에 실어 옮기는 방식은 주력 부대들의 기동 속도를 늦추는 요인이었다. 그는 이러한 방식이 아니라 현지에서 보급품과 식량을 조달했다. 부대들이 보급품과 식량을 실은 우마차의 속도에 맞춰 움직일 필요가 없어진 것이다. 게다가 최소한의 식량만을 휴대한 프랑스 병사들의 행군 속도는 기존의 1분당 70보에서 1분당 120보로 빨라졌다.

기동 속도 향상의 또 다른 요인은 화포의 경량화와 말이 끄는 견인 방식의 도입이었다. 포병 출신인 나폴레옹은 전쟁터에서 화포를 적극적으로 활용하는 전술을 통해 큰 승리를 거뒀다. 그는 18세기 중반의 새로운 주물 방식으로 만든 규격화된 화포를 사용해 폭발로부터의 안전성과 전투의 효율이라는 두 마리 토끼를 잡았다. 또한 12 · 8 · 4 파운드 등 규격화된 화포는 화약의 양에 따른 일정한 사거리를 제공했기 때문에 보병과 기병 등 다른 병과와 함께 포병을 안정성 있게 운용할 수 있었다. 특히 그는 경량화된 화포를 말을 이용해 견인하게 함으로써 다른 병과와 함께 포병대를 이동할 수 있게 만들었다. 나폴레옹의 보병과 기병만이 아니라 포병도 적의 예상보다 빠르게 기동하여 적 후방의 보급로와 퇴로를 차단할 수 있었던 것이다.

나폴레옹의 두 번째 군사혁신은 사단과 군단 편제의 도입이었다. 그는 효과적인 병력 운용을 위해 그동안 독립적으로 운용되었던 보병과 포병, 그리고 기병을 하나로 묶어 사단이라는 단위로 혼합 편성했다. 이들은 각기 다른 기동로를 이용하여 목표를 향해 이동함으로써 병목현상을 피했다. 이는 부대의 기동 속도를 향상시켰을 뿐만 아니라 안정적인 현지 조달도 가능케 했다. 또한 사단은 여러 병과를 동시에 운용했기 때문에 독립적인 제병협동 전투가 가능했다. 게다가 분산되어 있던 사단들은 동시에 하나의 군사적 목표를 위해 협조된 작전도 가능했다. 이들 사단은 2, 3개가 모여 하나의 군단 편제를 만들 수도 있었다. 사단 단위로 나뉜 나폴레옹의 부대는 빠른 기동 속도는 물론이고 군사적 목표에 따라 융통성 있게 독립 또는 협조된 전투를 보여주었다.

나폴레옹의 세 번째 군사혁신은 전술적 융통성에 기반한 결정적 전투 중시와 섬멸전으로 요약할 수 있다. 나폴레옹은 전술적으로도 여러 혁신적인 면모를 보였다. 먼저 그는 프랑스의 전통적 대형인 종대 대형과 함께 융통성 있는 혼합 대형을 사용했다. 스웨덴군과 프로이센군이 주로 사용한 선형 대형에 비해 프랑스군의 종대 대형은 신속한 이동과 전환, 굴곡진 지형에서의 이동 측면에서 유리했다. 그런데 나폴레옹은 종대 대형뿐만 아니라 선형 대형도 자유자재로 사용했다. 그는 종대 대형과 선형 대형을 상황에 맞게 혼합해 사용하여 큰 군사적 성과를 거뒀다. 또한 그는 기병 역시 적극적으로 활용했다. 나폴레옹의 기병은 정찰과 엄호라는 보조적 역할만이 아니라 전투 초기 돌격을 통해 적군의 대형을 와해시키는 등 전투에서 결정적인 역할을 했으며, 전투가 종료된 이후에는 패주하는 적을 추격하여 섬멸하는 핵심적인 전력이기도 했다. 결과적으로 현지 조달에 의존하는 나폴레옹의 군대는 신속한 기동으로 적의 후방과 병참선을 차단했고, 사기가 떨어진 적보다 유리한 고지에서 결정적 전투를 준비했다. 그의 포병은 규격화된 화포를 집중 운용해 적의 대형을 와해시켰고, 이어진 기병과 보병의 돌격은 적의 중앙을 돌파해 적군을 둘로 쪼갰다. 이렇게 둘로 쪼개진 적군은 나폴레옹의 부대에게 각개 격파를 당했다. 이처럼 나폴레옹 전투의 끝은 제한된 목표의 달성이 아닌 적의 섬멸로 귀결되었다.

이처럼 나폴레옹의 군대는 혁신적이었다. 그러나 그의 군사혁신은 프랑스군의 전유물로 끝나지 않았다. 나폴레옹이 전쟁터에서 보여준 군사혁신은 시간이 흐르면서 유럽 군대 전체에 퍼져 보편화되었다. 심지어 동맹국의 군대가 스승 격인 프랑스군을 뛰어넘기까지 했다. 이는 나폴레옹의 군대가 후반에 어려움을 겪게 된 원인 중 하나였다. 또 다른 원인은 그의 보급품 현지 조달 방식에 있었다. 나폴레옹의 보급품 현지 조달 방식은 자연환경적으로 기후와 토양 등이 열악한 지역과 오랜 전쟁이나 적의 초토화 작전으로 황폐화된 지역에서는 그 힘을 발휘할 수 없는 허점이 있었다. 결국 나폴레옹이 승리할 당시 현지 조달 방식을 기반으로 엄청난 기동력을 발휘했다면, 반대로 몰락의 시기에는 현지 조달 방식의 허점 때문에 나폴레옹의 대육군이 큰 어려움을 겪었다. 특히나 나폴레옹의 대규모 군대는 소규모 군대보다 보급품 조달에 더 크게 영향을 받을 수밖에 없었다. 따라서 이베리아 반도 전쟁과 러시아 원정에서 나폴레옹의 대군은 현지 조달을 통해 식량을 비롯한 모든 보급품을 충분히 얻지 못해 패배하고 말았다.

2. 빈 회의와 유럽 협조체제

제6차 대프랑스 동맹국들의 승리로 인해 나폴레옹은 1814년 4월 28일 엘바 섬에 유배되었다. 그런데 나폴레옹이 몰락하고 프랑스가 굴복한 상황이었지만, 구체제의 수호자인 유럽 군주들은 아직도 전쟁의 불씨가 사라지지 않고 남아 있고 또 다른 혁명이 일어날 가능성이 있다고 보았다. 결국 오스만 제국을 뺀 나머지 유럽의 승전국들은 오랜 전쟁으로 혼란했던 유럽을 되돌리기 위해 오스트리아의 수도 빈에 모여 1814년 9월

●●● 1814년 9월부터 1815년 6월 9일까지 이어진 빈 회의. 영국의 웰링턴(뒷줄 첫 번째), 오스트리아의 메테르니히(뒷줄 여섯 번째)의 모습이 보인다. 전쟁에서 승리한 유럽의 국가들은 각국의 국경선을 재조정하고 전후 유럽의 새로운 질서를 만들고자 오스트리아의 수도 빈에 모여 8개월에 걸쳐 회의를 진행했다. 빈 회의를 통해 도출된 결론의 핵심은 세력 균형과 정통 복고였다. 〈출처: WIKI-MEDIA COMMONS | Public Domain〉

부터 1815년 6월 9일까지 회의를 했다. 전쟁에서 승리한 유럽의 국가들은 각국의 국경선을 재조정하고 전후 유럽의 새로운 질서를 만들고자 했던 것이다.

그런데 유럽 승전국들의 회의는 프랑스 혁명부터 나폴레옹 전쟁까지 길었던 시간만큼이나 길고 험난한 과정이었다. 서로 간의 견해 차이와 이해관계 때문에 그들은 어떠한 합의에도 쉽사리 도달하지 못했던 것이다. 이처럼 서로 간의 이해관계 충돌로 지지부진하던 유럽 국가들의 협상은 공교롭게도 나폴레옹이 엘바 섬을 탈출해 그들을 다시 위협하는 순간이 오자 최종 합의에 도달했다. 최종 합의에 이른 시점은 1815년 6월 9일이었는데, 이날은 나폴레옹의 최후 전투인 워털루 전투 개시 불과 9일 전이었다.

빈 회의를 통해 도출된 결론의 핵심은 세력 균형과 정통 복고였다. 즉, 이번 회의를 통해 만들어진 빈 체제의 커다란 두 축은 세력 균형 체제를 형성하여 유럽의 평화를 지키고, 유럽을 프랑스 혁명 이전으로 돌리는 것이었다. 첫째, 세력 균형 체제는 영국, 프로이센, 러시아, 오스트리아 등 4대 강국을 중심으로 결정된 유럽의 평화 유지 방안으로, 유럽협조체제Concert of Europe를 말한다. 강대국들은 서로 간의 이해가 충돌하는 상황에 놓여 있었지만, 자신들의 주권을 잠재적 침략자로부터 안전히 지키기 위해 상호 이해관계를 유지하고자 했다. 유럽 국가들은 그들 중 어느 한 국가가 유럽을 지배하는 상황을 막고 정치·군사적 세력들 간의 국제적 평형 상태를 유지하기 위해 협력적인 접근법을 장려했던 것이다.[125]

두 번째 축은 반동과 복고로 설명되는 혁명 이전으로의 회귀였다. 빈 회의의 결정에 따라 정통성 있는 합법적 유럽 군주들이 다시 국가를 통치하게 된 것이다. 즉, 왕족과 귀족 계급들이 통치하는 군주제와 구제도, 구질서 등이 다시 살아난 것이다. 그럼에도 불구하고 프랑스 혁명이 만들고 나폴레옹 전쟁을 통해 유럽으로 전파된 새로운 관념은 사라지지 않았다. 중간 계급은 개인의 자유와 법 앞의 평등, 그리고 자유방임 경제 등의 새로운 관념을 기반으로 여전히 세상을 변화시키고자 했다. 단기적으로는 이들의 변화 시도가 구제도를 지키고자 하는 귀족 계층과 보수주의자들에게 진압당하기도 했으나, 장기적으로는 프랑스 혁명이 낳은 새로운 변화의 씨앗이 서서히 세상을 변화시켰다.

3. 나폴레옹이 남긴 유산

나폴레옹은 자신의 지나친 야심과 과도한 영토적 야욕 때문에 유럽은 고사하고 프랑스에 대한 통치 기회마저 잃어버리고 말았다. 그러나 그는 프랑스와 유럽만이 아니라 전 세계에 군사, 사회, 경제, 법, 교육 등 모든 분야에 걸쳐 엄청난 유산을 남겼다. 심지어 프랑스 혁명부터 나폴레옹 전쟁을 거친 유럽에 민족주의의 씨앗이 뿌려졌다. 이러한 가운데 나폴레옹에게 가장 큰 영향을 받은 프로이센은 철저한 혁신을 통해 독일 통일을 이룩함과 동시에 유럽 최고의 군대를 만들었다.

쿠데타 이후 1799년 수석 통령 자리에 오른 나폴레옹은 폭주하던 혁명에 고삐를 채우는 동시에 비효율적인 것들에 질서를 부여했다. 나폴레옹 정권 아래에서 실리를 챙기던 중산층을 위한 그의 개혁 대부분은 나폴레옹 전쟁을 통해 유럽 전역으로 퍼져나갔고, 그 이후 많은 변화의 씨앗이 되었다. 먼저 그는 일반 대중들을 위한 교육체계를 만들었다. 초등학교와 고등교육을 위한 대학들이 새롭게 생겨났다. 이들의 운영 주체는 국가였다. 또한 귀족들과 장교들의 자제가 가던 사관학교가 능력 있는 모든 이에게 개방되었다.

두 번째로 나폴레옹은 나폴레옹 법전으로도 불리는 프랑스 민법전을 만들었다. 그의 통치기에 나온 약 1만 개의 포고령은 봉건제에 기초한 낡은 법률체계를 폐지하고 새로운 법률과 제도를 만들어냈다. 엄밀히 들여다보면 이러한 새로운 법률은 대체로 혁명기의 개혁을 유지하기 위한 것이었다. 세 번째로 나폴레옹은 국내 관세를 철폐하고 프랑스의 국내 산업 부양에 힘쓰는 등 경제 개혁도 추진했다. 중산층을 중심으로 한 것이기는 하나 대체적으로 프랑스 국민들의 생활수준이 이전보다 좋아진 것은 사실이었다. 네 번째로 나폴레옹은 법과 경제 개혁에 기초해 정치

개혁을 실시했다. 프랑스 민법전에 따라 계층 간의 평등을 보장하고 구체제와 봉건제도에 의해 보호되던 군주들과 귀족들의 각종 이권과 특권을 폐지했다. 경제 개혁으로 국민들의 생활도 좋아졌다. 이러한 변화는 정치적 참정권에 대한 욕구와 확대에 기여하게 되었다. 물론 남성에게만 참정권이 보장되기는 했지만 변화의 씨앗을 남긴 것만은 사실이었다.

다섯 번째로 나폴레옹은 행정적인 측면에서도 행정부의 구성을 근대화했고 능력에 따른 승진 여건 보장을 통해 정부의 효율성을 높였다. 혁명기에 나온 능력주의 원칙을 계승한 것이었다. 나폴레옹은 군대에도 이러한 능력주의 원칙을 적용했다. 대표적인 것은 신분이 아닌 능력에 따라 계급과 직책을 부여한 것이다. 그리고 그는 원수 제도를 통해 예하 장교들의 충성심과 능력 발휘를 극대화시켰다. 전쟁과 전투에서 큰 공을 세운 장교와 장군들은 그에 맞게 진급할 수 있었고, 그중에서도 뛰어난 이들 일부가 원수 계급에 올랐다. 나폴레옹은 총 18명의 장군을 원수로 임명했다. 이들은 개인의 군사적 능력에 더해 나폴레옹에 대한 충성도 역시 증명했다. 심지어 엄청난 봉급이 보장되던 나폴레옹의 원수들 중에는 사병에서부터 올라온 이들도 있었다.[126] 나폴레옹은 원수 직함 외에도 레종도뇌르Légion d'honneur라는 명예훈장을 제정하기도 했다. 이러한 능력과 전공에 따른 일련의 보상제도는 프랑스 군인들에게 꿈과 희망을 주었을 뿐만 아니라 프랑스에게 승리도 가져다주었다.

여섯 번째로 나폴레옹은 문화·예술 분야에도 큰 영향을 미쳤다. 혁명과 나폴레옹 시대를 거치면서 프랑스 파리는 명실공히 유럽 문화의 중심지가 되었다. 빈 회의는 20여 년 이상의 전쟁을 거치면서 나폴레옹이 유럽 전역과 아프리카 북부 지역 등지에서 약탈해온 문화재 대부분을 그대로 프랑스가 갖도록 했다. 매년 전 세계에서 온 수백만 명의 방문객은 나폴레옹이 약탈한 문화재로 채워진 파리 루브르 박물관Louvre Museum

을 찾고 있다. 또한 나폴레옹은 건축물에도 관심이 많아 수많은 건축물을 세웠다. 당시 유행하던 고전주의 양식에 기초한 건물들은 여전히 많은 사람들에게 영감을 주고 있다.

나폴레옹이 불러일으킨 변화는 프랑스에만 머무르지 않았다. 그의 유산은 전쟁을 통해 유럽 전역으로 퍼져나갔다. 그의 행정 체제와 프랑스의 민법전은 그에게 점령당한 국가들에게 전파되었다. 파리로부터 엄청나게 먼 거리에 위치한 폴란드 지역에 있던 바르샤바 공국이 프랑스 민법전을 받아들였다. 그 지역을 실질적으로 통치하던 러시아의 알렉산드르 1세는 자유주의적 성향이 강했기 때문에 나폴레옹 몰락 후에도 법 앞에의 만인의 평등과 같은 내용들을 그대로 두었다. 스페인에서는 이베리아 반도 전쟁으로 인해 자유주의적 성향의 개혁이 계속 유지되지는 않았지만, 일시적으로 도입되어 그 씨앗이 남게 되었다. 이탈리아에서는 사회부터 정치, 경제, 법에 이르기까지 나폴레옹이 만든 새로운 체제와 개혁이 광범위하게 지속적으로 영향을 미쳤다.

나폴레옹이 만든 변화는 그의 몰락과 빈 체제의 탄생에도 사라지지 않았다. 10년여의 공백 후 다시 돌아와 권력을 잡게 된 군주들과 귀족들로 대표되는 반동 세력들은 이러한 변화를 되돌릴 수 없었다. 민법전에 기초한 평등과 자유주의 사상은 그대로 남아 영향을 미쳤고, 봉건체제와 구제도는 다시 완벽하게 부활할 수 없었다.

한편 나폴레옹의 유산이 가장 크게 남았던 곳은 독일이었다. 프로이센인들은 나폴레옹에 의해 수동적으로 어쩔 수 없이 변화한 게 아니라 스스로 변화를 결정했다. 그들은 나폴레옹에게 패배하며 몰락한 후 총체적 개혁을 통해 다시 일어선 모범 사례를 남겼다. 그들은 군대를 포함해 사회 전체를 철저하게 혁신하여 독일을 하나로 통일하며 유럽 대륙 최고의 군사 강국으로 거듭났다. 그러나 그 힘의 방향은 잘못된 곳을 지향했

●●● 나폴레옹이 만든 변화는 그의 몰락과 빈 체제의 탄생에도 사라지지 않았다. 10년여의 공백 후 다시 돌아와 권력을 잡게 된 군주들과 귀족들로 대표되는 반동 세력들은 이러한 변화를 되돌릴 수 없었다. 민법전에 기초한 평등과 자유주의 사상은 그대로 남아 영향을 미쳤고, 봉건체제와 구제 도는 다시 완벽히 부활할 수 없었다. 〈출처: WIKIMEDIA COMMONS | Public Domain〉

다. 나폴레옹 전쟁 기간 뿌려진 독일 민족주의의 씨앗은 군국주의와 결합하여 1870년에서 1945년 사이에 독일이 프랑스를 세 번 침략하는 원인이 되었다.[127] 그중 두 번째와 세 번째가 전 세계를 고통으로 몰아넣은 제1 · 2차 세계대전이었다.

주(註)

1 Peter McPhee, *The French Revolution, 1789-1799*(New York, NY: Oxford University Press, 2002), pp. 50-63.

2 Howard G. Brown, *Ending the French Revolution: Violence, Justice, and Repression from the Terror to Napoleon*(Charlottesville, VA: University of Virginia Press, 2007).

3 알렉산더 미카베리즈, 최파일 옮김, 『나폴레옹 세계사(The Napoleon Wars)』(서울: 책과함께, 2022), p. 36.

4 Robert D. Harris, "French Finances and the American War, 1777-1783," *The Journal of Modern History*, Vol. 48, No. 2(Jun., 1976), pp. 233-258.

5 차하순, 『새로 쓴 서양사총론2』(서울: 탐구당, 2007), p. 692.

6 알렉산더 미카베리즈, 최파일 옮김, 『나폴레옹 세계사』, p. 36.

7 차하순, 『새로 쓴 서양사총론2』, p. 690.

8 이용재, "나폴레옹 전쟁: '총력전' 시대의 서막인가", 『프랑스사 연구』 제34권(2016), p. 56.

9 앞의 책, p. 56.

10 혁명의 시기 프랑스 육군 내 문제와 그들의 역할에 관한 더 자세한 내용은 다음을 참고할 것. 윌리엄 맥닐, 신미원 옮김, 『전쟁의 세계사(The Pursuit of Power)』(서울: 이산, 2005).

11 앞의 책, p. 254.

12 앞의 책, p. 255.

13 앞의 책, p. 254.

14 앞의 책, p. 254.

15 윌리엄 맥닐, 신미원 옮김, 『전쟁의 세계사』, p. 256.

16 윌리엄 맥닐, 신미원 옮김, 『전쟁의 세계사』, p. 257.

17 앞의 책, p. 257.

18 앞의 책, pp. 257-258.

19 앞의 책, p. 257.

20 앞의 책, p. 258.

21 John Hall Stewart, "French military", *A Documentary Survey of the French Revolution*(New York, NY: Macmillan, 1951), pp. 472-474.

22 윌리엄 맥닐, 신미원 옮김, 『전쟁의 세계사』, p. 259.

23 앞의 책, p. 259.

24 Micheal Clodfelter, *Warfare and Armed Conflicts: A Statistical Encyclopedia of Casualty and Other Figures, 1492-2015*(Jefferson, NC: McFarland & Company, 2017), p. 97.

25 알렉산더 미카베리즈, 최파일 옮김, 『나폴레옹 세계사』, p. 99.

26 앞의 책, p. 99.

27 앞의 책, p. 99.

28 앞의 책, p. 99.

29 차하순, 『새로 쓴 서양사총론2』, p. 700.

30 Robert Doughty et al, *Warfare in the Western World: Military Operations from 1600 to 1871, Vol. I*(Lexington, MA: DC Heath, 1996), p. 180.

31 앞의 책, p. 180.

32 Fatih Yeşil, "Looking at the French Revolution through Ottoman Eyes: Ebubekir Ratib Efendi's Observations", *Bulletin of SOAS*, Vol. 70, No. 2(2007), pp. 283-304.

33 Robert Doughty et al, *Warfare in the Western World: Military Operations from 1600 to 1871, Vol. I*, p. 180.

34 앞의 책, p. 182.

35 앞의 책, p. 182.

36 앞의 책, p. 182.

37 앞의 책, p. 183.

38 Robert Doughty et al, *Warfare in the Western World: Military Operations from 1600 to 1871, Vol. I*, p. 184.

39 Robert Doughty et al, *Warfare in the Western World: Military Operations from 1600 to 1871, Vol. I*, p. 184.

40 앞의 책, p. 184.

41 T. C. W. Blanning, *The French Revolutionary Wars 1787-1802*(London, UK: Hodder Education Publishers, 1996), pp. 9192.

42 https://www.oxfordreference.com/view/10.1093/acref/9780191737817.timeline.0001

43 Micheal Clodfelter, *Warfare and Armed Conflicts: A Statistical Encyclopedia of Casualty and Other Figures, 1492-2015*, p. 97.

44 앞의 책, p. 97.

45 Robert Doughty et al, *Warfare in the Western World: Military Operations from 1600 to 1871, Vol. I*, pp. 198-200.

46 앞의 책, p. 207.

47 https://www.napoleon-series.org/expedition-to-egypt-and-syria/

48 Robert Doughty et al, *Warfare in the Western World: Military Operations from 1600 to 1871, Vol. I*, p. 207.

49 알렉산더 미카베리즈, 최파일 옮김, 『나폴레옹 세계사』, p. 159.

50 앞의 책, p. 159.

51 Robert Doughty et al, *Warfare in the Western World: Military Operations from 1600 to 1871, Vol. I*, p. 210.

52 Micheal Clodfelter, *Warfare and Armed Conflicts: A Statistical Encyclopedia of Casualty and Other Figures, 1492-2015*, p. 108.

53 앞의 책, p. 108.

54 앞의 책, p. 109.

55 알렉산더 미카베리즈, 최파일 옮김, 『나폴레옹 세계사』, p. 229.

56 앞의 책, p. 273.

57 Thucydides, *History of the Peloponnesian War*, Translated by Rex Warner (London, UK: Penguin Classics, 1963).

58 Graham Allison, "Thucydides's trap has been sprung in the Pacific." *Financial Times*, 22 August 2012(검색일: 2022. 9. 5). https://www.ft.com/content/5d695b5a-ead3-11e1-984b-00144feab49a.

59 https://www.napoleon.org/en/history-of-the-two-empires/timelines/

austerlitz-2-december-1805-a-timeline/

60 Robert Doughty et al, *Warfare in the Western World: Military Operations from 1600 to 1871, Vol. I*, p. 212.

61 이내주, "나폴레옹 전쟁기 무기와 전술(1799~1815)", 『국방과 기술』 2004/5, p. 83.

62 앞의 책, p. 83.

63 앞의 책, p. 83.

64 https://www.napoleon.org/en/history-of-the-two-empires/timelines/austerlitz-2-december-1805-a-timeline/

65 John A. Lynn, "Nations in Arms 1763-1871", *The Cambridge History of Warfare*, edited by Geoffrey Parker(New York, Cambridge University Press, 2005), p. 212.

66 앞의 책, p. 213.

67 Robert Doughty et al, *Warfare in the Western World: Military Operations from 1600 to 1871, Vol. I*, p. 222.

68 앞의 책, p. 222.

69 그레고리 프리몬-반즈 · 토드 피셔, 박근형 옮김, 『나폴레옹 전쟁: 근대 유럽의 탄생 (The Napoleonic Wars: The Rise And Fall Of An Empire)』(서울: 플래닛미디어, 2009), p. 93.

70 앞의 책, pp. 114-115.

71 앞의 책, p. 116.

72 앞의 책, p. 120.

73 앞의 책, p. 132.

74 앞의 책, p. 132.

75 앞의 책, p. 133.

76 앞의 책, p. 145.

77 David G. Chandler, *The Campaigns of Napoleon*(New York, NY: Macmillan, 1966).

78 Micheal Clodfelter, *Warfare and Armed Conflicts: A Statistical Encyclopedia of Casualty and Other Figures, 1492-2015*, p. 161.

79 Robert Doughty et al, *Warfare in the Western World: Military Operations from 1600 to 1871, Vol. I*, pp. 267-268.

80 Micheal Clodfelter, *Warfare and Armed Conflicts: A Statistical Encyclopedia of Casualty and Other Figures, 1492-2015*, pp. 161-162.

81 Micheal Clodfelter, *Warfare and Armed Conflicts: A Statistical Encyclopedia of Casualty and Other Figures, 1492-2015*, pp. 160-161.

82 그레고리 프리몬-반즈·토드 피셔, 박근형 옮김, 『나폴레옹 전쟁: 근대 유럽의 탄생』, pp. 264-265.

83 앞의 책, pp. 267-269.

84 앞의 책, p. 270.

85 Robert Doughty et al, *Warfare in the Western World: Military Operations from 1600 to 1871, Vol. I*, pp. 270-271.

86 Micheal Clodfelter, *Warfare and Armed Conflicts: A Statistical Encyclopedia of Casualty and Other Figures, 1492-2015*, p. 162.

87 앞의 책, p. 162.

88 알렉산더 미카베리즈, 최파일 옮김, 『나폴레옹 세계사』, pp. 408-409.

89 그레고리 프리몬-반즈·토드 피셔, 박근형 옮김, 『나폴레옹 전쟁: 근대 유럽의 탄생』, p. 376.

90 앞의 책, p. 387.

91 Micheal Clodfelter, *Warfare and Armed Conflicts: A Statistical Encyclopedia of Casualty and Other Figures, 1492-2015*, p. 154.

92 앞의 책, p. 154.

93 앞의 책, p. 154.

94 Robert Doughty et al, *Warfare in the Western World: Military Operations from 1600 to 1871, Vol. I*, p. 250.′

95 그레고리 프리몬-반즈·토드 피셔, 박근형 옮김, 『나폴레옹 전쟁: 근대 유럽의 탄생』, p. 401.

96 앞의 책, p. 417.

97 앞의 책, p. 419.

98 Micheal Clodfelter, *Warfare and Armed Conflicts: A Statistical Encyclopedia of Casualty and Other Figures, 1492-2015*, pp. 163-164.

99 앞의 책, p. 164.

100 그레고리 프리몬-반즈·토드 피셔, 박근형 옮김, 『나폴레옹 전쟁: 근대 유럽의 탄생』, pp. 526-527.

101 앞의 책, p. 528.

102 Robert Doughty et al, *Warfare in the Western World: Military Operations* *from 1600 to 1871, Vol. I*, p. 282.

103 그레고리 프리몬-반즈 · 토드 피셔, 박근형 옮김, 『나폴레옹 전쟁: 근대 유럽의 탄생』, p. 528.

104 Robert Doughty et al, *Warfare in the Western World: Military Operations from 1600 to 1871, Vol. I*, p. 282.

105 앞의 책, p. 282.

106 그레고리 프리몬-반즈 · 토드 피셔, 박근형 옮김, 『나폴레옹 전쟁: 근대 유럽의 탄생』, p. 538.

107 앞의 책, p. 542.

108 제프리 우텐, 김홍래 옮김, 『워털루 1815: 백일천하의 막을 내린 나폴레옹 최후의 전투(Waterloo 1815: The Birth of Modern Europe)』(서울: 플래닛미디어, 2007), pp.17-18.

109 Robert Doughty et al, *Warfare in the Western World: Military Operations from 1600 to 1871, Vol. I*, pp. 284-285.

110 앞의 책, p. 285.

111 앞의 책, p. 285.

112 앞의 책, p. 285.

113 앞의 책, p. 285.

114 제프리 우텐, 김홍래 옮김, 『워털루 1815: 백일천하의 막을 내린 나폴레옹 최후의 전투』, p. 63.

115 그레고리 프리몬-반즈 · 토드 피셔, 박근형 옮김, 『나폴레옹 전쟁: 근대 유럽의 탄생』, p. 560.

116 Robert Doughty et al, *Warfare in the Western World: Military Operations from 1600 to 1871, Vol. I*, p. 285.

117 그레고리 프리몬-반즈 · 토드 피셔, 박근형 옮김, 『나폴레옹 전쟁: 근대 유럽의 탄생』, p. 561.

118 제프리 우텐, 김홍래 옮김, 『워털루 1815: 백일천하의 막을 내린 나폴레옹 최후의 전투』, p. 113.

119 앞의 책, p. 116.

120 앞의 책, pp. 114-116.

121 앞의 책, pp. 116-117.

122 그레고리 프리몬-반즈 · 토드 피셔, 박근형 옮김, 『나폴레옹 전쟁: 근대 유럽의 탄생』, pp. 562-564.

123 그레고리 프리몬-반즈 · 토드 피셔, 박근형 옮김, 『나폴레옹 전쟁: 근대 유럽의 탄생』, pp. 564-566.

124 앞의 책, p. 566.

125 알렉산더 미카베리즈, 최파일 옮김, 『나폴레옹 세계사』, pp. 1077.

126 앞의 책, p. 45.

127 앞의 책, p. 620.

참고문헌

그레고리 프리몬-반즈 · 토드 피셔, 박근형 옮김, 『나폴레옹 전쟁: 근대 유럽의 탄생(The Napoleonic Wars: The Rise And Fall Of An Empire)』, 서울: 플래닛미디어, 2009.

알렉산더 미카베리즈, 『나폴레옹 세계사(The Napoleon Wars)』, 서울: 책과함께. 2022.

윌리엄 맥닐, 신미원 옮김, 『전쟁의 세계사(The Pursuit of Power)』, 서울: 이산, 2005.

이내주, "나폴레옹 전쟁기 무기와 전술(1799~1815)", 『국방과 기술』, 2004/5.

이용재, "나폴레옹 전쟁 : '총력전' 시대의 서막인가", 『프랑스사 연구』 제34권, 2016.

제프리 우텐, 『워털루 1815: 백일천하의 막을 내린 나폴레옹 최후의 전투(Waterloo 1815: The Birth of Modern Europe)』, 서울: 플래닛미디어, 2007.

차하순, 『새로 쓴 서양사총론2』, 서울: 탐구당, 2007.

David G Chandler, *The Campaigns of Napoleon*, Macmillan, 1966.

Fatih Yeşil, "Looking at the French Revolution through Ottoman Eyes: Ebubekir Ratib Efendi's Observations", *Bulletin of SOAS*. Vol. 70, No. 2(2007).

Howard G. Brown, *Ending the French Revolution: Violence, Justice, and Repression from the Terror to Napoleon*, University of Virginia Press, 2007.

John A Lynn, "Nations in Arms 1763-1871" in *The Cambridge History of War-fare*. edited by Geoffrey Parker, Cambridge University Press, 2005.

John Hall Stewart, "French military", *A Documentary Survey of the French Rev-olution*, Macmillan, 1951.

Micheal Clodfelter, *Warfare and Armed Conflicts: A Statistical Encyclopedia of Casualty and Other Figures, 1492-2015*, McFarland & Company, 2017.

Peter McPhee, *The French Revolution, 1789-1799*, Oxford University Press, 2002.

Robert D. Harris, "French Finances and the American War, 1777-1783", *The Journal of Modern History*, Vol. 48, No. 2(Jun., 1976), pp. 233-258.

Robert Doughty et al, *Warfare in the Western World: Military Operations from 1600 to 1871, Vol. I.*, DC Heath, 1996.

T. C. W. Blanning, *The French Revolutionary Wars 1787-1802*, Hodder Educa-tion Publishers, 1996.

Thucydides, *History of the Peloponnesian War*, Translated by Rex Warner, Pen-guin Classics, 1963.

〈인터넷 홈페이지 자료〉

Grahm Allison, "Thucydides's trap has been sprung in the Pacific." Finan-cial Times, 22 August 2012. (검색일: 2022. 9. 5). https://www.ft.com/content/5d695b5a-ead3-11e1-984b-00144feab49a.

https://sites.uw.edu/dxlopez4/wars/

https://www.napoleon.org/en/history-of-the-two-empires/timelines/austerlitz-2-december-1805-a-timeline/

https://www.napoleon-series.org/expedition-to-egypt-and-syria/

https://www.oxfordreference.com/view/10.1093/acref/9780191737817.time-line.0001

PART 2

제1차 세계대전: 근대의 종말과 총력전의 완성

황수현 | 국방부 군사편찬연구소 선임연구원

육군사관학교 전사학과를 졸업한 이후, 국방대학교에서 군사전략 전공으로 안보학 석사 학위를 받았고, 경남대학교에서 정치학 박사 학위를 취득했다. 육군사관학교와 육군3사관학교 군사사학과에서 사관생도들에게 전쟁사, 군사사상, 군사전략, 국가안보론 등을 강의했다. 현재는 국방부 군사편찬연구소 전쟁사부 선임연구원으로 근무하고 있다. 주요 연구 분야는 6·25전쟁사와 독일(프로이센)을 중심으로 한 근현대 유럽 군사사이며, 특히 군사동맹과 군사혁신이라는 주제에 관심을 갖고 있다. 저서로는 『한미동맹갈등사: 70년대를 중심으로』(2011), 『독일제국과 제1차 세계대전의 기원』(2016), 『6·25전쟁 통계자료집』(2023, 공저)이 있다.

CHAPTER 1

시대적 배경

1. 빈 체제의 성립과 붕괴

유럽의 19세기는 혁명의 시대였다. 1789년에 시작된 프랑스 혁명의 열기는 결코 프랑스에만 국한되지 않았다. 자유, 평등, 우애로 대표되는 프랑스 혁명의 기본 이념은 나폴레옹의 정복전쟁을 통해 전 유럽으로 확산되었다. 프랑스 혁명은 일반 국민들이 주축이 되어 전근대적인 절대 군주체제를 근대적인 국민국가체제로 전환시킴으로써 유럽의 근대사에 일대 혁신을 가져왔다. 그리고 프랑스 혁명의 성공은 주변 유럽군주국 국민들의 동요를 불러일으켰다.

나폴레옹과 프랑스 혁명이 가져온 대혼란을 수습하기 위해 유럽의 중심 국가였던 오스트리아의 메테르니히Klemens von Metternich(1773~1859) 총리는 동맹국들을 초청해 '빈 회의Congress of Wien'라고 불리는 국제 회의를 주도했다. 1814년 9월부터 1815년 6월까지 진행된 빈 회의에서 유럽의 국경선과 정치체제에 대한 합의가 이루어졌다. 빈 회의를 통해 유럽은 프랑스 혁명 이전의 보수적인 정치질서 체제로 복귀했다.

보수파의 수장인 메테르니히는 당연히 프랑스의 군주제 부활을 추진했다. 나폴레옹의 몰락 이후, 루이 18세Louis XVIII(재위: 1814~1824)는 주변국들의 도움으로 다시 프랑스 국왕으로 즉위했다. 물론 루이 18세 치하의 프랑스는 과거와 같은 절대군주제에서 다소 완화된 입헌군주제를 채택했다. 그러나 군주제가 부활했다는 측면에서 프랑스 혁명의 기본 정신은 퇴색될 수밖에 없었다.

정치지도자들의 보수 회귀 노력에도 불구하고 일반 국민들의 단합된 힘이 가져온 영향력을 경험한 프랑스와 주변국 국민들은 점점 자신들의 목소리를 강화하기 시작했다. 그들은 당장 정치체제의 변화를 가져오지는 못하더라도 군주제의 틀 속에서 정치 개입과 정책 결정을 위한 권리를 지속적으로 요구하기 시작했다. 더군다나 상공업의 발달로 일반 국민 중에서도 상당한 부를 축적한 자본가가 등장하면서 그들의 정치적 영향력은 점점 강화되었다. 그리고 지주 중심의 전통 귀족들은 토지에서 얻는 수익이 신흥 자본가들의 수익보다 점점 뒤처지게 되면서 그들을 심각한 위협으로 인식하기 시작했다. 특히 1848년을 기점으로 군주제라는 정치체제가 다양한 국민들의 입장을 외면하자, 유럽 전역에 걸쳐 혁명이 동시다발적으로 발생했다. 심지어 프랑스에서는 혁명을 통해 군주제가 폐지되고 다시 공화정이 부활함으로써 나폴레옹 전쟁 이후 메테르니히가 주도했던 보수적인 빈 체제는 결국 붕괴했다.

2. 프로이센의 군사혁신

나폴레옹 전쟁으로 가장 큰 피해를 본 국가는 다수의 독일계 소국들이었다. 그중에서도 가장 대표적인 국가는 프로이센이었다. 독일 북동부의 작은 제후국에서 시작한 프로이센은 3대 국왕으로 훗날 대왕 칭호까지 받은 프리드리히 2세^{Friedrich II}(재위: 1740~1786)의 정치·군사적 활약에 힘입어 유럽의 신흥강국으로 급성장했다. 하지만 프리드리히 2세의 종손인 프리드리히 빌헬름 3세^{Friedrich Wilhelm III}(재위: 1797~1840)는 불행하게도 군사적 천재인 나폴레옹과 대적해야만 했다.

1805년 12월, 아우스터리츠 전투^{Battle of Austerlitz}에서 오스트리아군과 러시아군을 격퇴한 나폴레옹은 신성로마제국을 해체했다. 그리고 그는 프랑스와 국경을 접하고 있던 독일 계통의 16개 중소국가들을 통합하여 프랑스의 실질적 보호국인 '라인 동맹^{Confederation of the Rhine}'을 결성했다. 하지만 프로이센은 라인 동맹 결성에 반대했고, 이로 인해 프랑스와의 갈등이 점차 고조되기 시작했다. 결국 1806년 10월, 프로이센과 프랑스 간의 전쟁이 발발했다. 하지만 개전 1주일 만에 나폴레옹은 예나^{Jena}와 아우어슈테트^{Auerstedt} 전투를 통해 프로이센군을 완파했다.

과거 프리드리히 2세가 이룩한 승리의 영광에 도취된 프리드리히 빌헬름 3세와 프로이센군의 지휘부는 나폴레옹을 단순한 행운아로 치부했다. 그래서 그들은 나폴레옹과의 결전에 안일하게 대응했다. 그 결과 초전에 대패한 프로이센의 지도부는 개전 20여 일 만에 수도를 베를린^{Berlin}에서 프로이센 동부의 쾨니히스베르크^{Königsberg}(현재의 칼리닌그라드^{Kaliningrad})로 이전해야 했다. 하지만 1807년 6월, 러시아의 지원에도 불구하고 프로이센의 임시 수도인 쾨니히스베르크까지 함락되자, 프로이센은 결국 프랑스와의 강화협상에 임할 수밖에 없었다.[1]

1807년 7월 9일, 프리드리히 빌헬름 3세는 나폴레옹과 굴욕적인 틸지트 조약^{Treaty of Tilsit}을 체결하고서야 베를린으로 복귀할 수 있었다. 틸지트 조약을 통해 프로이센은 국토의 절반을 상실했으며, 1억 2,000만 프랑에 달하는 배상금까지 지불해야 했다. 그리고 프로이센은 배상금이 완납될 때까지 프랑스군의 주둔을 수용해야 했다. 또한 나폴레옹은 1808

Gerhard von Scharnhorst

●●● 군사혁신의 필요성을 절감한 프리드리히 빌헬름 3세는 1807년 7월 25일, 군사재조직위원회를 설립하고 샤른호르스트(위 그림)를 소장으로 진급시킴과 동시에 위원장에 임명했다. 군사재조직위원회는 패전 원인에 대한 분석 작업을 통해 패전에 책임이 있는 고령의 장군들을 상당수 전역 조치하고, 군사혁신 방안을 집중적으로 연구했다. 샤른호르스트는 프로이센의 전통과 나폴레옹 전쟁의 참전 경험, 나아가 당시 유행하던 합리주의와 계몽주의의 영향을 받아 네 가지 군사혁신안을 국왕에게 제시하고 단계적으로 추진했다. 〈출처: WIKIMEDIA COMMONS | Public Domain〉

년 9월 8일, 파리 조약Treaty of Paris을 통해 프로이센군의 규모를 4만 2,000 명으로 제한했다. 이로 인해 프로이센은 실질적인 프랑스의 속국으로 전락하고 말았다.

프랑스의 굴욕적인 통제를 감수해야 했던 프리드리히 빌헬름 3세는 근본적인 군사혁신의 필요성을 절감했다. 그래서 그는 1807년 7월 25일, 군사재조직위원회Military Reorganization Commission를 설립하면서 군사혁신을 본격화했다. 그리고 프리드리히 빌헬름 3세는 나폴레옹에 의해 동부로 쫓겨가는 자신을 마지막까지 충심으로 보좌한 샤른호르스트Gerhard von Scharnhorst(1755~1813)를 소장으로 진급시킴과 동시에 위원장에 임명했다.

군사재조직위원회는 패전의 원인에 대한 분석과 지휘관들의 전투지휘에 대한 조사부터 시작함과 동시에 근본적인 프로이센군의 혁신을 위해 다양한 방안도 연구했다. 샤른호르스트는 자신과 함께 군사혁신을 주도할 4명의 혁신파 장교들을 핵심 위원으로 선발했는데, 그들은 샤른호르스트 사후에도 프로이센의 군사혁신을 제도화하는데 결정적으로 기여했다. 4명의 혁신파 위원은 그나이제나우August von Gneisenau(1760~1831) 중령, 보이엔Hermann von Boyen(1771~1848) 소령, 그롤만Karl von Grolman(1777~1843) 소령, 클라우제비츠Carl von Clausewitz(1780~1831) 대위였다.

샤른호르스트의 군사재조직위원회는 많은 반발에도 불구하고 재평가 작업을 통해 패전에 책임이 있는 고령의 장군들을 상당수 전역 조치했다. 그리고 보다 중요한 프로이센의 군사혁신 방안을 집중적으로 연구했다. 샤른호르스트는 프로이센의 전통과 나폴레옹 전쟁의 참전 경험, 나아가 당시 유행하던 합리주의와 계몽주의의 영향을 받아 네 가지 군사혁신안을 국왕에게 제시하고 단계적으로 추진했다.

첫째, 샤른호르스트는 실전에서 무능했던 장교단의 혁신을 위해 신분 구별 없이 우수한 인재를 장교단으로 발탁하고, 질적 우수성을 확보하기 위해 지속적인 교육이 필요하다고 주장했다. 둘째, 그는 군 규모의 증가에 따라 전시에 통합되고 일관된 전쟁지도를 담당할 지휘기구의 창설과 실질적인 제병협동이 가능한 사단, 군단과 같은 새로운 편제의 도입을 건의했다. 셋째, 그는 전장의 확대에 따라 현장 지휘관을 보좌할 엘리트 참모조직인 '장군참모General Staff'의 제도화를 추진했다. 넷째, 그는 소수의 상비군이 아니라 자발적인 국민들의 전쟁 동참을 이끌어내고, 전시에 대규모 병력 동원이 가능한 국민개병제의 도입을 추진했다.

프리드리히 빌헬름 3세는 1808년 8월, 장교단의 문호를 일반 국민들에게 개방하고, 군내 귀족들에게 부여하던 특권을 모두 폐지시켰다. 나아가 샤른호르스트는 장교 양성을 위한 다양한 군사학교를 개편하고, 초급장교 대상의 보통전쟁학교General War School를 창설함으로써 프로이센 장교단의 핵심 엘리트 장교들을 양성했다.

군 지휘구조 혁신 차원에서 프로이센은 1809년 3월, 군사업무를 총괄하는 전쟁부Ministry of War를 창설함으로써 군사행정과 전쟁지휘를 하나의 기구로 일원화했다. 또한 혁신파들은 나폴레옹 전쟁으로 제병협동작전의 우수성이 입증된 사단, 군단과 같은 편제의 도입을 추진했다. 비록 나폴레옹이 프로이센의 움직임을 감시하고 있었지만, 혁신파들은 은밀하게 단계적으로 편제 개편을 추진해나갔다.

프로이센의 근대적인 핵심 엘리트 참모조직인 장군참모는 1802년 마센바흐Christian von Massenbach(1758~1827)의 건의로 시작되었다. 샤른호르스트는 마센바흐의 건의를 적극 지지했고, 1808년 3월에는 초대 장군참모부장이 되어 장군참모를 제도화하기 시작했다. 그는 전쟁부 창설 이후, 장군참모부를 전쟁부의 공식 부서로 편성해 장군참모장교들의 전문적인 양성과 운용을 주도했다.[2] 프로이센의 해방전쟁이 한창이던 1813년 6월, 샤른호르스트는 전투 후유증으로 급사했다. 하지만 그의 뒤를 이은 혁신파 4인방의 노력으로 프로이센의 군사혁신은 보수파들의 완강한 저항에도 불구하고 하나씩 결실을 이루어나갔다. 샤른호르스트 사후에는 그나이제나우와 그롤만이 장군참모부장을 역임하면서 19세기 초반 프로이센군에서 장군참모가 엘리트 참모조직으로서 제도화되는 데 결정적으로 기여했다.

근대적인 국민군 창설의 근간이 되는 국민개병제는 1813년 3월, 프리드리히 빌헬름 3세가 전시 동원령을 선포하면서 시작되었다. 이후 프리드리히 빌헬름 3세가 1814년 9월, 20세 이상의 모든 남성들을 대상으로 하는 병역법을 선포하면서 국민개병제가 공식적으로 도입되었다. 이로 인해 프로이센군은 국왕 중심의 소수 상비군에서 국가 중심의 근대적인 국민군으로 군대의 성격이 전환되었다.

1815년 6월, 나폴레옹이 몰락하자, 프로이센 내부에서 보수로의 회귀 움직임이 본격화되었다. 샤른호르스트가 죽고 나폴레옹도 폐위되자, 프로이센의 전통 귀족들은 국왕을 부추겨 군사혁신의 폐기를 시도했다. 프리드리히 빌헬름 3세조차 나폴레옹이라는 외부의 적이 사라지자, 한때 동의했던 혁신적인 제도들에 의문을 품기 시작했다. 그는 특히 충성심이 의심되는 평민들에 대한 장교단의 문호 개방과 신뢰할 수 없는 일반 국민들을 무장시키는 국민개병제의 도입에 점차 회의적인 시각을 갖게 되었다.

보수로의 회귀 흐름에 혁신파 4인방은 적극적으로 대응했다. 1819년 12월, 국민군의 근간인 예비군을 약화시키려는 국왕의 지시에 반발한 전쟁장관 보이엔은 항의의 뜻으로 사임했다. 장군참모부장이었던 그롤만도 이러한 움직임에 반발하며 동반 사임했다. 하지만 클라우제비츠는 그들과 달리 1830년까지 프로이센의 정예장교들을 양성하는 보통전쟁학교의 교장으로 재임하면서 군사교육 혁신과 『전쟁론Vom Kriege』이라는 걸작을 집필하면서 프로이센의 군사혁신 제도화에 헌신했다.[3]

프로이센은 나폴레옹에게 패함으로써 프랑스의 속국으로 전락했다. 하지만 샤른호르스트를 비롯한 소수 혁신파들의 헌신적인 노력으로 군사혁신에 성공했다. 그 결과 프로이센은 독립을 되찾고 나폴레옹의 압박에서 벗어날 수 있었다. 이후 프로이센은 보수로의 회귀를 지향하는 많은 사람들의 저항에도 불구하고 소수 혁신파 리더들의 노력으로 군사혁신의 제도화도 달성했다. 그리고 이러한 군사혁신의 제도화는 프로이센을 군사강국의 반열에 올려놓음과 동시에 독일 통일의 주역으로 만들었다.

3. 통일 독일제국의 탄생

1848년 3월, 일반 국민들의 참정권 보장을 주장하며 프랑스에서 시작된 혁명은 독일 연방 전역으로 확산되었다. 이에 프리드리히 빌헬름 4세 Friedrich Wilhelm IV(재위: 1840~1861)는 처음에는 군대로 혁명을 진압하려 했다. 그러나 국민들의 분노를 인식한 프리드리히 빌헬름 4세는 결국 군대를 철수시키고 헌법 제정을 위한 국민의회를 소집하는 것으로 사태를 안정시켰다. 이를 계기로 프리드리히 빌헬름 4세는 국정 운영에 있어 자유주의적 기조를 표방하는 국민의회와 매번 갈등을 겪어야 했다. 이러한 극심한 갈등으로 인해 프리드리히 빌헬름 4세는 신경쇠약에 시달렸고, 1857년에는 잦은 발작으로 더 이상 국왕으로서의 정상적인 직무가 불가능한 상황에까지 이르게 되었다. 결국 1858년 10월, 프리드리히 빌헬름 4세는 차기 후계자로 동생인 빌헬름 1세Wilhelm I(재위: 1861~1888)를 자신을 대신할 섭정攝政으로 임명했다. 그리고 1861년 1월, 프리드리히 빌헬름 4세가 사망하자, 빌헬름 1세는 프로이센의 정식 국왕으로 즉위하게 되었다.[4] 국왕에 취임한 빌헬름 1세는 그의 형인 프리드리히 빌헬름 4세를 죽음으로 몰고 간 국민의회와의 갈등에 똑같이 직면하게 되었다. 그래서 그는 1862년 9월, 국왕을 대신해 국민의회와의 갈등을 중재할 수 있는 인물로 강경한 보수주의자로 알려진 비스마르크^{Otto von Bismarck}(1815~1898)를 총리로 전격 발탁했다. 빌헬름 1세는 비스마르크에게 의회 내 자유주의자들을 통제하고, 왕권을 강화하도록 지시했다. 프로이센 총리로 임명된 비스마르크는 독일 연방 내에서 항상 오스트리아에 이어 2등 국가에 머무른 프로이센의 지위를 변화시킴으로써 내부적 갈등을 봉합하고자 했다. 그래서 비스마르크는 총리 취임 이후 첫 의회 연설에서 그 유명한 '철혈정책'을 공식적으로 천명했다.[5]

비스마르크는 강력한 군대 육성을 통해 독일 연방 내에서 프로이센의 영향력을 강화하려 했다. 때마침 1863년 11월, 덴마크의 신임 국왕 크리스티안 9세^{Christian IX}(재위: 1863~1906)가 독일계 주민이 다수인 슐레스비히^{Schleswig}와 홀슈타인^{Holstein} 공국의 합병을 추진했다. 이에 1864년 2월, 오스트리아와 프로이센은 연합군을 편성해 덴마크를 공격했다. 병력과 장비의 압도적인 우세를 확보한 오스트리아-프로이센 연합군은 덴마크군을 일방적으로 격퇴했다. 결국 덴마크가 항복함에 따라 덴마크와 오스트리아-프로이센의 전쟁은 1864년 10월, 빈 조약^{Treaty of Wien}을 통해 종결되었다. 그리고 슐레스비히와 홀슈타인 공국은 오스트리아와 프로이센에게 공식적으로 양도되었다.

빈 조약 이후, 오스트리아와 프로이센은 슐레스비히와 홀슈타인의 법적 지위를 정리하기 위해 추가적인 논의를 진행했다. 1865년 8월, 양국은 가슈타인 협정^{Convention of Gastein}을 통해 덴마크와 인접한 슐레스비히는 프로이센이 통치하고, 슐레스비히 남쪽에 위치한 홀슈타인은 오스트리아가 통치하는 것으로 합의했다. 하지만 오스트리아 영토인 홀슈타인이 프로이센 영토 내에 위치하게 되는 이상한 영토 분할이 이뤄지면서 이는 양국 간의 또 다른 갈등의 씨앗이 되었다. 이후 프로이센 영토 내에

Otto von Bismarck

●●● 1862년 9월, 프로이센 총리로 임명된 비스마르크는 독일 연방 내에서 항상 오스트리아에
이어 2등 국가에 머무른 프로이센의 지위를 변화시킴으로써 내부적 갈등을 봉합하고자 했다. 그는
총리 취임 이후 첫 의회 연설에서 군비확장을 주장한 '철혈정책'을 공식적으로 천명하고, 강력한 군
대 육성을 통해 독일 연방 내에서 프로이센의 영향력을 강화하려 했다. 〈출처: WIKIMEDIA COM-
MONS | Public Domain〉

위치한 홀슈타인에 대한 프로이센의 도발이 진행되면서 프로이센과 오스트리아 양국 간에 긴장이 고조되기 시작했다.

1866년 4월, 비스마르크는 독일 연방 내에서 프로이센이 주도권을 장악하기 위해서는 오스트리아와의 전쟁이 불가피함을 인식하고 사전에 이탈리아와의 동맹 체결을 통해 지원 세력을 확보했다. 그리고 2개월 후인 1866년 6월, 프로이센은 이탈리아와 연합하여 오스트리아를 양면에서 침공했다. 1866년 7월 3일, 쾨니히그래츠Königgrätz(현재의 흐라데츠크랄로베Hradec Králové)에서 결정적 전투가 발생했다. 각각 20만 명이 넘는 대군이 맞붙은 이 전투에서 신형 후장식 강선소총으로 무장한 프로이센군은 구형 전장식 활강소총으로 무장한 오스트리아군에 대승을 거두었다. 쾨니히그래츠 전투Battle of Königgrätz에서 전쟁의 승기를 잡은 프로이센군은 수도인 빈으로 진격해 오스트리아를 무력으로 완벽하게 굴복시키려 했다. 하지만 독일 연방국 간의 분쟁은 주변국인 프랑스나 러시아에게만 유리한 일이었다. 그래서 향후 동맹으로서 오스트리아의 지원이 필요하다고 판단한 비스마르크는 빌헬름 1세와 군부를 설득해 정치적 협상으로 전쟁을 조기에 종결지었다.

프로이센-오스트리아 전쟁은 1866년 8월, 프라하 조약Treaty of Prague으로 공식 종결되었다. 미래를 위해 오스트리아의 완벽한 참패를 원치 않았던 프로이센은 패전국인 오스트리아에게 모욕적인 조건은 제시하지 않았다. 다만 독일 연방 내에서 프로이센의 우월적 지위를 확보하기 위한 차원에서 마인Main 강 이북 지역에 프로이센 중심의 '북독일 연방North German Confederation' 창설을 오스트리아가 승인하고, 이에 개입하지 않는 조건을 핵심으로 제시했다.

프로이센에 대한 예상치 못한 패전으로 오스트리아는 극심한 내부 혼란에 휩싸였다. 더군다나 오스트리아는 내부 혼란과 더불어 경제난이 가

●●● 1866년 7월 3일 쾨니히그래츠 전투에서 전쟁의 승기를 잡은 프로이센군은 수도인 빈으로
진격해 오스트리아를 무력으로 완벽하게 굴복시키려 했지만, 향후 동맹으로서 오스트리아의 지원
이 필요하다고 판단한 비스마르크는 빌헬름 1세와 군부를 설득해 정치적 협상으로 전쟁을 조기에
종결지었다. 〈출처: WIKIMEDIA COMMONS | Public Domain〉

중되면서 제국의 일부였던 헝가리계의 반발로 거대한 제국이 분열될 위
기에 직면했다. 이에 1867년 2월, 오스트리아의 지배 세력인 독일계는
제국을 유지하기 위해 헝가리계와 일명 '오스트리아-헝가리 대타협Austro-
Hungarian Compromise of 1867'을 단행했다. 대타협을 통해 헝가리계는 총리를 포
함한 독자적인 행정 자치권을 부여받았다. 그리고 제국은 한 명의 황제
아래 외교·국방·재정 분야에 한해서만 통합 장관을 운영하는 이중 정
부 형태를 제국이 해체되는 1918년 11월까지 유지했다. 공식 국가 명칭

도 오스트리아에서 오스트리아-헝가리로 바뀌었다.

프로이센-오스트리아 전쟁의 승리로 프로이센은 북독일 연방을 넘어 실질적인 독일 연방의 종주국 지위까지 차지했다. 그러나 프랑스는 프로이센 주도의 독일 연방 통일로 새로운 위협이 등장하는 것을 원치 않았다. 프랑스와 프로이센의 갈등은 1868년 10월, 스페인 국왕의 옹립 문제로 시작되었다. 당시 프랑스는 스페인 국왕의 후보자로 프로이센이 자국의 왕족 출신인 레오폴트Leopold von Hohenzollern(1835~1905) 왕자를 추천하자, 이에 극렬히 반대하면서 갈등이 격화되었다. 결국 스페인 왕위 계승 문제를 계기로 프랑스가 1870년 7월, 프로이센에게 먼저 선전포고를 하면서 프로이센-프랑스 전쟁이 시작되었다.

전쟁이 시작되자 이미 두 차례나 전쟁을 경험한 프로이센군은 장군참모 출신으로 1857년부터 총참모장을 수행해온 몰트케Helmuth Karl Bernhard von Moltke(1800~1891)의 지휘 아래 철도의 전략적 활용을 통해 신속하게 대병력을 동원해 프랑스군을 공격하기 시작했다. 프로이센-프랑스 전쟁의 결정적 전투는 1870년 9월, 스당Sedan에서 벌어졌다. 나폴레옹의 조카로서 당시 황제의 직위에 있던 나폴레옹 3세Napoleon III(재위: 1852~1870)가 친히 이끈 12만 명의 프랑스군은 스당 전투Battle of Sedan에서 프로이센군에 대패했다. 결국 나폴레옹 3세는 프로이센군에 항복했다. 이로 인해 1852년 12월, 나폴레옹 3세의 즉위와 동시에 시작된 프랑스 제2제정이 붕괴되고, 파리에는 임시정부가 등장했다.[6]

프로이센군의 파리 포위로 인해 프랑스 임시정부의 항복이 임박하면서 독일 연방 내부에서는 프로이센을 중심으로 한 통합 움직임이 점차 활발해졌다. 그 변화의 출발은 1870년 12월, 독일 연방 내에서 프로이센 다음으로 큰 왕국인 바이에른Bayern의 국왕 루트비히 2세Ludwig II(재위: 1864~1886)로부터 시작되었다. 루트비히 2세는 빌헬름 1세에게 공식적

Helmuth Karl Bernhard von Moltke

◈ 몰트케[7] ◈

1818년에 사관학교 졸업 이후, 덴마크군 소위로 임관했다. 1822년에 프로이센군
으로 군적을 옮겨, 1823년부터 1826년까지 보통전쟁학교에서 정예 장교 양성 교
육을 받았다. 이후 1832년에는 장군참모장교로 선발되었고, 1835년에는 오스만에
파견되어 오스만군의 현대화를 지원했다. 1839년에는 프로이센으로 복귀해, 4군
단 참모장교로 근무하면서 철도의 전략적 중요성을 인식했다. 이후 1855년부터 프
리드리히 왕자의 개인 보좌관으로 근무했다.

1857년부터 1888년까지 31년간 총참모장으로 재임하면서 지속적인 군사혁신을
통해 세 번에 걸친 전쟁을 승리로 이끌고, 통일 독일제국 건국에 핵심적인 역할을
했다. 특히 몰트케는 장군참모제도를 활용해 우수 인재를 발굴했고, 철도와 전신
등의 과학기술을 적극적으로 군에 도입하여 독일군을 유럽 최강의 군대로 탈바꿈
시켰다.

으로 통일 독일제국의 황제 즉위를 요청했다. 빌헬름 1세는 처음에는 이를 거부했으나, 다른 제후들과 부하들의 지속적인 강권에 못 이겨 결국 프로이센 왕국의 건국 170주년이 되던 1871년 1월 18일, 파리 근교의 베르사유Versailles 궁전에서 통일 독일제국의 초대 황제로 즉위했다. 통일 독일제국의 탄생으로 독일 연방 내의 25개에 달하는 다양한 정치집단은 하나의 제국으로 통합되었다. 그리고 빌헬름 1세는 프로이센의 국왕이자 독일제국의 황제라는 이중 직위를 갖게 되었다.

프로이센-프랑스 전쟁의 결과로 1871년 5월 10일, 프랑크푸르트 조약Treaty of Frankfurt이 체결되었다. 프랑크푸르트 조약에 따라 프랑스는 알자스Alsace와 로렌Lorraine 지방을 독일에 양도했고, 50억 프랑의 배상금을 5년 안에 독일에게 지불해야 했다. 또한 프랑스가 배상금 지불을 완납할 때까지 독일군이 프랑스에 주둔하는 것을 허용해야 했으며, 빌헬름 1세를 독일제국의 황제로 승인해야 했다.[8] 프로이센은 64년 전 나폴레옹에게 당했던 수모를 고스란히 프랑스에 되돌려주었다.

4. 비스마르크의 복합적 동맹외교 추진

통일 독일제국 건국의 일등공신은 비스마르크였다.[*9] 그는 건국 이후에도 영향력 확대를 위해 복합적인 동맹정책을 추진했다. 독일은 프랑스의 역사적 고궁인 베르사유 궁전에서 황제즉위식을 거행했기 때문에 프랑스 국민들에게는 씻을 수 없는 굴욕감을 안겨주고 말았다. 비스마르크는

＊ 비스마르크는 바이에른 국왕인 루트비히 2세에게 프로이센 국왕인 빌헬름 1세를 통일 독일제국의 황제로 추대할 것을 종용했다. 그는 그 조건으로 루트비히 2세가 건축에 조예가 깊은 것을 간파하고, 루트비히 2세에게 매년 30만 굴덴에 달하는 거금의 예산을 지원하기로 약속했다. 이에 루트비히 2세는 독일 연방의 여러 제후 및 군주들을 대표하여 빌헬름 1세를 독일제국의 황제로 추대하는 공식 추대장의 작성을 주도했고, 결국 빌헬름 1세는 수락의 형식으로 독일제국의 초대 황제로 즉위했다.

JULES FAVRE SCELLANT LE TRAITÉ DE
FRANCFORT (1871), AVEC LA BAGUE QUE
LUI AVAIT DONNÉE NAUNDORF.

CI-CONTRE LA PHOTOGRAPHIE DE CE SCEAU,
PRISE SPÉCIALEMENT AU MINISTÈRE DES
AFFAIRES ÉTRANGÈRES.

●●● 프랑스의 쥘 파브르(Jules Favre)가 프랑크푸르트 조약에 날인하고 있다. 프랑크푸르트 조약에 따라 프랑스는 알자스와 로렌 지방을 독일에 양도했고, 50억 프랑의 배상금을 5년 안에 독일에게 지불해야 했다. 또한 프랑스가 배상금 지불을 완납할 때까지 독일군이 프랑스에 주둔하는 것을 허용해야 했으며, 빌헬름 1세를 독일제국의 황제로 승인해야 했다. 〈출처: WIKIMEDIA COMMONS | Public Domain〉

동맹외교의 핵심을 첫째, 프랑스의 외교적 고립으로 결정했다. 이를 위해 그는 유럽의 주요 강대국들과 다양한 동맹관계를 맺는 한편, 프랑스는 어느 나라와도 동맹을 체결하지 못하도록 영향력을 행사했다.

둘째, 비스마르크는 독일을 적대시하는 국가나 동맹체제의 등장을 저지하는 데 외교의 중점을 두었다. 따라서 그는 프로이센이 1866년 오스트리아와의 전쟁에서 승리했음에도 불구하고 오스트리아에게 굴욕적인 조건을 요구하지 않았다. 그리고 그는 영국, 러시아 같은 기존 강대국들과의 우호관계를 강화함으로써 그들이 독일에 적대적인 감정을 갖지 않도록 노력했다.

셋째, 비스마르크는 주요 국가들 간의 역학관계를 고려하여 복합적이고 정교한 동맹외교를 추진했다. 그는 주변국들이 독일에 대해서 적대적인 감정을 갖지 않더라도 독일을 제외한 양자외교 과정에서 이해충돌이 발생한다면, 독일의 입장 표명에 따라서 불만이 생길 것을 우려했다. 당시 제국주의를 표방하던 유럽 열강들은 해외 식민지를 개척하는 과정에서 상호 충돌이 빈번하게 발생했다. 이런 상황에서 독일이 양국을 중재하거나 조율해야 하는 상황이 자주 발생했고, 이러한 복합적인 동맹외교는 노련한 비스마르크만이 가능한 일이었다.

비스마르크의 복합적 동맹외교는 한계도 내포했다. 첫째, 독일의 지정학적 상황을 고려할 때, 독일은 항상 러시아와 프랑스의 양면전쟁의 위협에 노출되어 있었다. 따라서 독일이 프랑스를 외교적으로 고립시키기로 결정한 이상, 러시아와의 친선외교는 필수적이었다. 하지만 오스트리아-헝가리와 러시아가 발칸 반도에서 충돌하자, 독일이 양측의 이해관계를 조율하는 데 문제가 발생하게 되었다.

둘째, 비스마르크는 융커Junker라고 불리는 전형적인 대지주 기반의 프로이센 귀족 출신으로 군주제를 지지하는 보수주의자였다. 그의 보수적 성향의 정치인식은 당시 자유주의 사상에 심취한 일반 국민들로부터 많은 반발을 불러일으켰다. 따라서 자유주의자들이 다수를 점거한 국민의회에서 비스마르크와 의회 의원들 간의 갈등은 매우 격렬했다. 하지만 비스마르크는 특유의 정치적 수완을 발휘해 의회를 효과적으로 통제했고, 정부 정책도 성공적으로 추진했다. 이러한 비스마르크의 정치적 재능을 인정한 빌헬름 1세는 그에게 상당한 권한을 위임했고, 비스마르크는 독일의 실질적인 리더로서 장기간 독일을 이끌었다.

셋째, 비스마르크는 독일제국이 건국될 당시 이미 영국, 프랑스를 비롯한 주요 강국들이 대부분의 해외 식민지들을 장악하고 있어, 독일이 해외로 진출하는 것에 대해서는 부정적이었다. 그는 독일이 뒤늦게 해외 진출을 강력하게 추진한다면, 다른 강국들과의 갈등이 불가피할 것이라고 생각했다. 그리고 뒤늦은 독일의 해외 진출이 그가 그동안 공들여 유지해온 복합적 동맹외교를 일순간에 붕괴시킬 것이라고 우려했다. 따라서 그는 독일의 신흥 자본가들이 시장개척을 위해 해외로 진출할 것을 강력히 요구함에도 불구하고 유럽 내에서의 영향력 확대에만 집중했다. 이는 산업혁명이 본격화되고 기업의 해외 진출이 급증하던 시대적 상황에서 불가피하게 내부적인 갈등을 일으킬 수밖에 없었다.[10]

통일 독일제국의 탄생은 유럽의 국제질서 판도에 큰 변화를 가져왔다. 오랫동안 분열되어 통합된 목소리를 내지 못했던 독일이 하나의 국가로 통합됨과 동시에 유럽의 패권국으로 등장하게 된 것이다. 프랑스를 거쳐 오스트리아로 넘어갔던 유럽의 패권은 이제 독일로 넘어갔다. 새로운 패권국의 등장으로 유럽에는 새로운 국제질서가 형성되었다. 또한 신흥강국의 등장은 동시에 새로운 위협인식과 갈등을 불러일으켰다.

CHAPTER 2

전쟁의 원인

인류 역사상 최초로 세계대전이라 칭할 만큼 참전 국가, 교전 기간, 피해 규모 등 모든 측면에서 이전과는 차원이 달랐던 전쟁이 바로 제1차 세계대전이다. 제1차 세계대전의 원인에 대해서는 일반적으로 급진적인 팽창정책을 추진했던 독일에 책임을 돌리는 연구[11]가 주류이다. 하지만 최근 들어 독일에 모든 책임을 묻기보다는 관련 이해 당사국들의 책임과 역할을 분석하는 연구[12]들도 다양하게 제기되고 있다. 이러한 학문적 연구 경향을 고려할 때, 실질적인 전쟁 원인은 독일의 팽창주의적 대외정책을 넘어 당시 국제관계의 역동적인 변화까지 고려해야 한다. 이런 관점에서 제1차 세계대전의 원인은 3개의 간접요인과 1개의 직접요인으로 정리할 수 있다. 3개의 간접요인은 독일의 급부상에 따른 세력균형의 변화, 독일의 제국주의 경쟁 동참, 발칸 반도에서의 민족주의 갈등 심화이다. 그리고 전쟁을 촉발한 직접요인은 사라예보 사건의 발생으로 규정할 수 있다.

1. 세력균형의 변화

독일은 프랑스를 외교적으로 고립시키고, 독일의 영향력 확대를 위해 주변국들과 적극적으로 동맹 체결을 추진했다. 독일은 우선적으로 국경을 접하고 있고 세습 군주제라는 정치적 동질성을 가진 오스트리아-헝가리 및 러시아와의 동맹을 추진했다. 이에 1872년 9월, 베를린에서 독일, 오스트리아-헝가리, 러시아 3개국의 황제가 회동했다. 보수 성향의 3개국 황제들은 모두 현상 유지를 원한다는 이해관계가 일치*함으로써 1873년 10월 22일, 삼제협상三帝協商, Three Emperors' League에 합의했다.

삼제협상을 체결한 이후, 독일은 아프리카에서 프랑스와 식민지 쟁탈전을 벌이고 있는 이탈리아와의 동맹도 희망했다. 이와 함께 독일은 빈번한 국경분쟁을 벌이고 있던 오스트리아-헝가리와 이탈리아 양국을 중재하고 결속력을 강화함으로써 유럽 외교의 중심이 되고자 했다. 그 결과 1882년 5월 20일, 독일, 오스트리아-헝가리, 이탈리아의 3국을 결합한 삼국동맹三國同盟, Triple Alliance이 체결되었다. 독일이 주도한 삼제협상이나 삼국동맹 모두 유럽 대륙에서 프랑스를 외교적으로 고립시키는 것이 핵심 목적이었다.

프랑스는 외교적 굴욕감과 고립을 탈피하기 위해 부단히 노력했다. 하지만 비스마르크의 외교적 영향력으로 인해 주변 강국 누구와도 동맹을 체결할 수 없었다. 독일의 영향력에서 비교적 자유로운 영국마저도 전통적인 고립주의 정책의 일환으로 유럽 대륙의 문제에 일정 거리를 두었

---

* 오스트리아-헝가리는 프로이센-오스트리아 전쟁에서 패함으로써 불만은 있었지만, 통일 제국으로 강성해진 독일에 복수하는 것은 현실적으로 불가능하다고 판단했다. 따라서 오스트리아-헝가리는 독일과 화해하고, 발칸 지역으로의 영향력 확대로 관심을 전환했다. 한편 러시아는 크림전쟁(Crimean War, 1853~1856)에서 영국, 프랑스, 오스만 연합군에 패함으로써 내부 정치 혼란과 동시에 외교적 고립 상황에 직면하자, 국면 전환을 위해 독일과의 동맹을 추진하게 되었다.

기 때문에 프랑스는 영국과의 동맹 체결에도 실패했다. 결국 프랑스는 독일에 대한 복수심으로 독자적인 군비증강에 집중할 수밖에 없었다.

독일 중심의 견고한 국제질서 체제는 발칸 지역에서의 민족 갈등으로 조금씩 균열이 발생하기 시작했다. 1870년대 후반에 들어 오스만이 지배하고 있던 발칸 반도에서 기독교 농민봉기가 빈번하게 발생했다. 발칸 반도의 내부 정세가 혼란해지자, 오스트리아-헝가리와 러시아가 개입하기 시작했다. 오스트리아-헝가리는 북쪽은 독일, 서쪽은 프랑스, 남쪽은 이탈리아에 막혀 세력을 확장할 수 있는 곳은 남동쪽의 발칸 반도밖에 없었다. 더군다나 오스트리아-헝가리 내에는 발칸 반도의 주요 민족인 다수의 슬라브족이 정착해 있어, 오스트리아-헝가리는 국경선 밖에서 발생하는 슬라브족의 동요를 제국의 안정과 직결된 문제로 인식했다. 오스트리아-헝가리는 프로이센과의 전쟁에서 패한 이후 제국의 확장 방향을 동쪽으로 전환하는 동진정책을 본격적으로 추진하기 시작했다.

전방위적으로 부동항을 찾기 위해 세력을 확장하던 러시아도 정치적 목적과 민족적 동질성 차원에서 발칸 반도의 슬라브족 문제에 적극적으로 개입하기 시작했다. 발칸 반도와 아시아 대륙의 연결고리에 있는 오스만의 수도인 콘스탄티노플Constantinople(현재의 이스탄불Istanbul)은 러시아가 흑해에서 지중해로 진출하기 위해 필요한 전략적 요충지였다. 그래서 러시아는 발칸 반도로 세력을 확장해 지중해로의 자유로운 진출로를 확보하고자 했다. 결과적으로 발칸 반도는 오스트리아-헝가리와 러시아 모두에게 중요한 이권이 달린 지역이 되었다.

오스트리아-헝가리와 러시아의 발칸 반도에서의 대립은 양국과 모두 동맹관계를 맺고 있는 독일에 외교적 부담이 되었다. 1878년 7월 13일, 비스마르크는 한 달간의 논의 끝에 '베를린 회의Congress of Berlin'을 통해 발칸 반도에서 양국의 이해관계를 중재했다. 그러나 이는 일시적인 봉합일 뿐 삼제협상의 결속력에 균열은 불가피했다. 결국 비스마르크는 오스트리아-헝가리와 러시아 간의 불화로 삼제협상의 갱신이 불가능해지자, 1887년 6월 18일, 러시아를 독일의 동맹으로 존속시키기 위해 3년간 유효한 러시아와의 재보장조약再保障條約, Reinsurance Treaty을 체결했다.

1870년대 후반부터 독일 중심의 안정된 국제질서 체제는 서서히 변화하기 시작했다. 1888년 3월, 빌헬름 1세의 사망으로 아들인 프리드리히 3세Friedrich III가 황제에 즉위했으나, 그는 즉위한 지 99일 만에 후두암으로 사망했다. 그래서 1888년 6월, 프리드리히 3세의 장남인 빌헬름 2세Wilhelm II(재위: 1888~1918)가 29세의 젊은 나이로 황제에 즉위했다. 빌헬름 2세는 패기 넘치는 젊은 황제였다.[*13] 그는 건국의 주역이자, 황실의 원로인 비스마르크의 조언을 거부하다 1890년 3월, 결국 그를 해임했다.

빌헬름 2세의 전격적인 비스마르크 해임은 독일의 외교정책에 일대 전환을 가져왔다. 빌헬름 2세는 후임 총리로 정치 경험이 없는 해군 제독 출신의 카프리비Leo von Caprivi(1831~1899)를 임명했다. 프랑스의 외교적 고립을 위해 러시아를 동맹으로 유지하려 했던 비스마르크가 물러나자, 러시아의 중요성을 경시한 빌헬름 2세는 1890년 6월, 러시아와의 재보장조약 갱신을 거부했다. 그러자 러시아는 1892년 8월, 프랑스와 군사동맹을 체결[**]했고, 이로써 프랑스는 마침내 외교적 고립에서 탈피

＊ 빌헬름 2세는 어린 시절 왼팔을 다쳐 장애를 갖고 있었다. 이로 인한 어린 시절의 심리적 상처는 빌헬름 2세의 성장 과정에 있어 성격 형성에 부정적 영향을 주었다. 매사에 성급하고, 충동적이며, 차분하게 문제를 판단하는 사고력의 부족은 후일 제1차 세계대전의 개전과정에서 그대로 나타났다. 특히 과도한 자존감으로 조부인 빌헬름 1세마저 존중했던 비스마르크 같은 오랜 관료들을 함부로 하대함으로써 기존 관료들과 많은 갈등을 야기했다.

＊＊ 당시 러시아의 알렉산드르 3세(Aleksandr III, 재위: 1881~1894)는 프랑스의 공화정 체제에 거부감을 갖고 있어 프랑스와의 군사동맹을 주저했다. 따라서 협정 체결에도 불구하고 상당 기간 추인을 거부했으며, 최종적으로 양국의 비준 절차를 거친 동맹 협정의 발효는 1894년 1월 4일에서야 가능했다.

●●● 배를 떠나는 비스마르크를 내려다보고 있는 빌헬름 2세(영국 잡지 《펀치(Punch)》에 게재된 만화). 빌헬름 2세는 건국의 주역이자 황실의 원로인 비스마르크의 조언을 거부하다가 1890년 3월, 결국 그를 해임했다. 빌헬름 2세의 전격적인 비스마르크 해임은 독일의 외교정책에 일대 전환을 가져왔다. 빌헬름 2세가 본격적인 해군력 증강을 바탕으로 독일의 영향력을 확대하는 '세계정책(Weltpolitik)'이라는 팽창정책을 추진하면서 독일의 본격적인 해외 식민지 개척이 시작되었다. 〈출처: WIKIMEDIA COMMONS | Public Domain〉

하게 되었다. 비스마르크가 그토록 피하고 싶었던 외교적 상황이 발생한 것이다.

빌헬름 2세는 후임 총리의 인선에서도 알 수 있듯이, 비스마르크 해임 직후부터 본격적인 해군력 증강을 바탕으로 독일의 영향력을 확대하는 '세계정책Weltpolitik'이라는 팽창정책을 추진하기 시작했다. 이로써 독일의 본격적인 해외 식민지 개척이 시작되었다. 특히 1897년 6월, 티르피츠 Alfred von Tirpitz(1849~1930) 제독이 해군장관으로 임명되면서 독일의 해군 력 확장은 한층 가속화되었다.

독일의 급격한 해군력 확장으로 고립주의 정책을 표방하던 영국은 위 기의식을 갖게 되었다. 결국 영국은 명예로운 고립주의 정책을 포기하고 1904년 4월에는 프랑스, 1907년 8월에는 러시아와 동맹을 체결함으로 써 마침내 삼국협상三國協商, Triple Entente이 결성되었다. 이로써 유럽은 독일, 오스트리아-헝가리, 이탈리아를 연결한 삼국동맹과 영국, 프랑스, 러시 아를 연결한 삼국협상이 대립하는 세력균형 체제로 양분되었다. 그리고 기존에 유럽 대륙 문제에 대한 중재자 역할을 자임하던 영국이 그 역할 을 포기함에 따라 유럽은 중재자 없는 양자 대결 국면으로 전환되었다. 결국 1871년 통일 독일제국이 탄생한 지 36년 만에 유럽의 국제질서는 대외적으로는 영국이, 대내적으로는 독일이 중재하는 안정적인 국제질 서 체제에서 중재자 없이 양대 세력이 대립하는 세력균형 체제로 변화 되었다. 그리고 유럽의 안정된 국제질서는 대립과 갈등이 증폭되면서 점 차 일촉즉발의 긴장 국면으로 전환되기 시작했다.

2. 독일의 제국주의 경쟁 동참

제국주의를 신봉하던 19세기의 유럽 열강들은 해외 식민지 개척을 본격화했다. 선두주자는 영국이었다. 유럽 대륙 국가들이 패권전쟁을 지속하는 동안 영국은 독보적인 해군력을 기반으로 해외 식민지 개척에 집중함으로써 '해가 지지 않는 대영제국'이라는 별칭을 얻을 만큼 많은 식민지를 보유하게 되었다. 영국의 뒤를 이어 프랑스도 북아프리카와 동남아시아, 남태평양 일대로 진출하며 식민지를 확대해나갔다. 독일도 빌헬름 2세 즉위 이후, 해외 진출에 부정적이던 비스마르크를 해임하면서 해외진출을 본격화하기 시작했다.

빌헬름 2세는 아직 종주국이 없는 해외 식민지 개척과 동시에 독일에 우호적인 오스만과 연계하여 중동 지역으로의 진출을 추진했다. 중동 지역을 지배하던 오스만은 효과적인 제국 통치를 위해 콘스탄티노플Constantinople에서 바그다드Bagdad를 연결하는 철도망 부설을 추진했다. 빌헬름 2세는 이 철도망을 해외 진출에 적극 활용하기로 결심했다. 이에 따라 독일은 1903년 바그다드 철도회사를 설립해 콘스탄티노플에서 바그다드까지의 철도부설권 획득을 추진했고, 이를 베를린까지 연결하고자 했다. 빌헬름 2세는 이를 통해 중동으로 진출함과 동시에 이와 연계된 각종 이권사업을 추진했다. 철도망을 핵심으로 하는 베를린Berlin, 콘스탄티노플(옛 지명인 비잔티움Byzantium도 혼용 사용), 바그다드를 연결하는 독일의 팽창정책은 핵심 연결도시의 첫 철자를 따서 3B정책이라고 불렸다.

독일의 3B정책은 해외 식민지를 가장 많이 보유한 영국과 충돌했다. 영국은 아프리카와 아시아에 위치한 식민지를 연결한 식민지배권 확립정책을 추진했다. 이는 이집트의 카이로Cairo, 남아프리카의 케이프타운Capetown, 인도의 콜카타Calcutta를 연결하는 지배권으로 핵심 연결도시의 첫 철자를 따서 3C정책이라고 불렸다. 특히 독일의 3B정책과 영국의 3C정책은 중동 지역에서 서로 충돌했는데, 이는 양측의 세력 갈등을 부추기는 결과를 가져왔다.

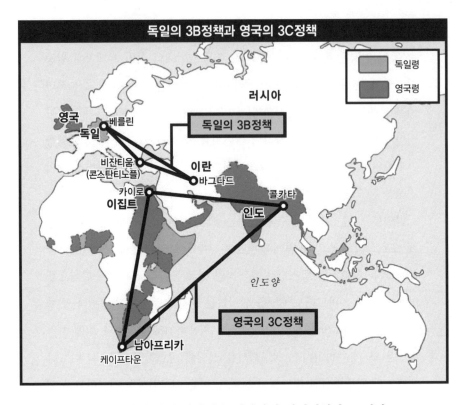

독일의 3B정책과 영국의 3C정책

러시아

영국
독일
베를린
비잔티움
(콘스탄티노플)

독일의 3B정책

이란
바그다드

카이로
이집트

콜카타

인도

독일령
영국령

인도양

영국의 3C정책

남아프리카
케이프타운

는 이미 프랑스가 우월적 영향력을 행사하던 지역이었다. 그러나 1905
년 3월, 빌헬름 2세가 모로코의 탕헤르Tangier를 방문해 모로코의 주권 문
제를 공론화하자, 프랑스가 반발하며 갈등이 고조되었다. 이를 해결하
기 위해 1906년 4월, 미국의 중재 하에 스페인의 알헤시라스Algeciras에서
국제회의가 개최되었다. 그 결과 독일은 모로코에서의 자유통상권을 확
보하고, 프랑스는 모로코에 대한 우월적 경제통제권을 인정하는 것으
로 갈등은 임시 봉합되었다. 그러나 1911년 초에 현지인들의 반란 진압
및 자국민 보호를 명분으로 프랑스와 독일이 각각 병력을 파견하자, 양
국 간의 긴장이 다시 고조되었다. 당시 영국은 삼국협상에 기반해 프랑
스를 지지했고, 오스트리아-헝가리는 삼국동맹에 기반해 독일을 지지함
으로써 국제사회의 관심도 증폭되었다. 결국 독일의 무리한 진출에 대한

국제사회의 외교적 비난이 거세지자, 1911년 11월, 독일은 합의를 통해 프랑스령인 콩고를 양도받는 조건으로 모로코에 대한 프랑스의 영향력을 인정하고 말았다.

빌헬름 2세는 즉위 직후부터 독일의 대외 영향력 확대를 위해 해군력 증강이 필수임을 인식하고 해군력 증강에 예산을 집중적으로 투자했다. 하지만 영국은 이미 해외 식민지 관리를 위한 강력한 해군을 보유하고 있었다. 영국은 제도적인 해군력 강화를 위해 1889년 5월, 해군방위법을 제정했다. 법안의 핵심은 '2개국 함대주의Two-Power Standard'를 공식적인 해군 정책으로 채택한다는 것이었다. 이는 영국의 해군력을 2·3위 국가의 해군력을 합산한 것 이상으로 유지한다는 정책이었다. 따라서 영국은 유럽 열강들의 해군력 증강에 민감하게 반응했다. 영국이 2개국 함대주의 정책을 채택할 당시 영국이 가정한 위협은 프랑스와 러시아였다.*
그러나 빌헬름 2세 즉위 이후 독일의 급격한 해군력 증강은 궁극적으로 영국이 고립주의 정책을 포기하도록 만드는 결과를 가져오고 말았다.

독일은 해군력의 조기 강화를 위해 축적된 기술력을 바탕으로 당시로서는 최첨단인 드레드노트Dreadnought급 전함의 건조에 집중했다. 독일 해군의 드레드노트급 전함 건조 소식은 영국 해군을 자극했다. 영국 해군은 전 세계의 식민지에 분할 배치되어 있었지만, 독일 해군은 유럽에 집중 배치되어 있었으므로 영국은 더더욱 독일을 심각한 위협으로 인식할

---

* 해외 식민지 개척 과정에서 영국과 프랑스는 지속적으로 갈등과 충돌을 반복했다. 그 절정은 1897년 9월, 수단 남부의 파쇼다(Fashoda)에서 프랑스 원정대와 영국군이 충돌한 사건으로 양국은 전쟁 위기까지 봉착했으나, 결국 프랑스가 양보함으로써 갈등은 해결되었다. 그러나 한동안 영국과 프랑스는 국제사회에서 상호 대립하는 입장을 견지했다. 한편 영국은 부동항을 찾아 전방위적으로 팽창정책을 추진하던 러시아를 봉쇄하기 위해 지속적으로 견제했다. 영국은 극동에서부터 중앙아시아, 중동, 발칸 지역에 이르기까지 러시아의 팽창을 지속적으로 견제해왔다. 그 결과, 영국이 고립주의 정책을 포기함과 동시에 체결한 최초의 실질적인 동맹은 극동에서 러시아의 남하를 막기 위해 1902년 1월, 일본과 맺은 영일동맹이었다.

◈ 드레드노트(Dreadnought)급 전함 ◈

1906년 10월, 영국 해군이 세계 최초로 건조한 당시 최고의 전함으로 승무원 700명, 배수량은 1만 7,900톤, 최고속도는 21노트였다. 무장은 사거리 13km에 달하는 12인치 함포 10문 장착을 기본으로 했다. 드레드노트 전함은 명칭 자체에서 알수 있듯이 두려움(dread)이 0(nought)에 가까운 무적 전함이었다.

당시는 전함에 장착된 함포 위주의 해상 전투가 해전의 일반적 양상이어서, 각국 해군은 최대한 강력한 장사정 함포를 장착한 대형 전함을 확보하는 것이 해전의 승패를 좌우한다고 생각했다. 따라서 당시 유럽 열강들은 드레드노트급 전함의 보유 척수로 해군력의 서열을 결정했고, 드레드노트급 전함의 건조에 많은 예산을 들였다. 특히 기동 중에 정확한 함포사격을 하려면 강력한 사격반동을 흡수하는 첨단기술이 필수적이었다. 따라서 당시의 드레드노트급 전함은 첨단기술이 집약된 과학기술의 결정체였다.

독일 해군 최초의 드레드노트급 전함인 나사우 전함(SMS Nassau).

수밖에 없었다.[14] 독일제국 건국 당시 유럽 최하위 수준의 해군력을 보유한 독일은 1898년 1차 해군법을 제정한 이후 해군력이 급격히 증강되었다. 그리고 〈표 1〉에서 보는 바와 같이 1914년 개전 직전에는 세계 2위의 해군 보유국으로 영국을 위협하기 시작했다.

〈표 1〉 개전 직전 주요국의 해군력 비교

구분	영국	독일	프랑스	러시아	미국	오스트리아
드레드노트급	24	13	14	4	10	3
전투순양함	10	6	0	1	0	0
준드레드노트급	38	30	15	7	26	12
순양함	47	14	19	8	21	3
경순양함	61	35	6	5	11	4
구축함	225	152	81	106	50	14
잠수함	76	30	76	36	39	14

출처: Thomas E. Griess ed., *The Great War*(New York: Square One, 2003), p. 11.

비스마르크가 외교정책을 주도하던 빌헬름 1세 시기의 독일은 해외진출에 부정적이었고, 유럽 내에서 외교를 통한 영향력 확대를 중점적으로 추진했다. 따라서 독일과 영국과의 외교적 충돌은 거의 없었다. 오히려 양국 왕족 간의 혼인으로 연결된 혈연관계로 인해 독일과 영국 사이에는 우호적인 외교관계가 유지되었다. 하지만 빌헬름 2세 이후, 독일이 팽창정책으로 뒤늦게 제국주의 경쟁에 참여하자, 양국 간에 갈등의 씨앗이 싹트기 시작했다. 이후 영국은 고립주의 정책에서 탈피하여 제국주의 경쟁으로 불편한 관계에 있던 프랑스, 러시아와 순차적으로 동맹관계를 형성함으로써 독일과 점차 적대적인 관계로 전환되었다.

3. 발칸 반도에서의 민족주의 갈등 심화

발칸 반도는 14세기 중반부터 오스만에 정복당하기 시작했다. 그러다가 1453년 5월, 오스만의 유럽 진출을 막던 마지막 장애물인 동로마제국이 붕괴하면서 발칸 반도 전역이 완전히 오스만의 지배 아래 놓이게 되었다. 이후 오스만의 유럽 확장은 1529년과 1683년에 걸친 두 차례의 빈 공성전에서 실패하면서 멈추게 되었다. 그러나 18세기 이후 유럽이 프랑스 혁명과 산업혁명을 통해 근대화를 달성하는 동안, 오스만은 전통을 고수하며 근본적인 근대화에는 실패했다. 그 결과 발칸 반도에 대한 오스만의 영향력은 점차 약화되었다. 더군다나 프랑스 혁명의 여파로 자유주의와 민족주의 사상이 발칸 지역에도 확산되자, 발칸 반도의 많은 지역들이 독립 투쟁을 본격화했다. 그리스(1832년)를 시작으로 세르비아와 몬테네그로(1878년), 루마니아(1881년), 불가리아(1908년), 알바니아(1912년)가 순차적으로 완전한 독립을 쟁취해나갔다.[15]

발칸 반도에서 오스만의 영향력이 약화되자, 이슬람 지배세력에 반해 기독교 신앙을 갖고 있던 다수의 슬라브족 농민들은 빈번하게 폭동을 일으키기 시작했다. 특히 1875년 7월, 보스니아에서 오스만 관리들의 세금 폭정에 분노한 기독교계 농민들의 봉기는 민족주의와 결부되면서 발칸 반도 전역으로 확산되었다.

기독교계 농민들의 봉기를 계기로 오스트리아-헝가리와 러시아는 각각 자국의 영향력을 확대하기 위해 발칸 문제에 본격적으로 개입했다. 발칸 반도에서 발생한 이러한 혼란을 중재하기 위해 비스마르크는 1878년 7월, 베를린 회의를 통해 이해 당사국들의 갈등을 임시 봉합했다. 이 베를린 회의를 통해 세르비아는 완전한 독립을 쟁취했고, 오스트리아-헝가리는 보스니아-헤르체고비나 지역에 대한 행정권을 확보했다.* 하지만 러시아는 발칸 반도 북쪽의 일부 영토만을 할양받음으로써 러시아는 회의 결과에 불만을 품게 되었다.

　베를린 회의를 통해 독일은 게르만족의 영향력 확대 차원에서 오스트리아-헝가리의 발칸 반도 진출을 지지했다. 한편 러시아는 슬라브족을 지원한다는 명분 아래 발칸 반도 국가들의 후견국을 자처했다. 결국 발칸 반도에서 오스만의 세력 약화로 힘의 공백이 발생하자, 독일의 후원 아래 오스트리아-헝가리를 중심으로 영향력을 확대하려는 범게르만주의Pan-Germanism와 러시아의 후원 아래 발칸 반도 슬라브족 국가들의 영향력을 점차 확대하려는 범슬라브주의Pan-Slavism가 대립하면서 민족 갈등이 점차 격화되었다.

　발칸 반도의 민족 갈등은 1908년부터 오스트리아-헝가리가 보스니아-헤르체고비나의 공식 합병을 추진하면서 본격화되었다. 오스트리아-헝가리는 대외적으로는 달마티아Dalmatia 지역에 있던 해군시설 보호를 위한 완충지대로서 보스니아-헤르체고비나 지역의 완전한 합병을 추진한다고 발표했다. 하지만 오스트리아-헝가리는 자국 내 편입된 슬라브족의 동요를 막기 위해 발칸 반도의 슬라브족 맹주로 자처하던 세르비아를 통제하고자 했다. 따라서 이런 이유로 오스트리아-헝가리는 1908년 1월, 오스트리아-헝가리에서 세르비아 서쪽의 노비 파자르Novi Pazar 협로를 지나 그리스 살로니카Salonika까지 연결하는 발칸 철도 부설 계획을 발표했다. 이를 통해 오스트리아-헝가리는 세르비아가 서쪽으로 세력을 확장하지 못하도록 차단하려 했다. 세르비아는 오래전부터 세르비아계

＊　1878년 베를린 회의 결과, 보스니아-헤르체고비나에 대한 공식적인 법적 주권은 오스만이 보유하나, 행정권은 오스트리아-헝가리에 양도됨으로써 보스니아-헤르체고비나는 오스트리아-헝가리의 보호국과 같은 신분이 되었다. 하지만 1909년 2월 26일, 오스트리아-헝가리가 240만 파운드에 보스니아-헤르체고비나를 오스만으로부터 최종적으로 매입해 합법적인 영토로 만들었다.

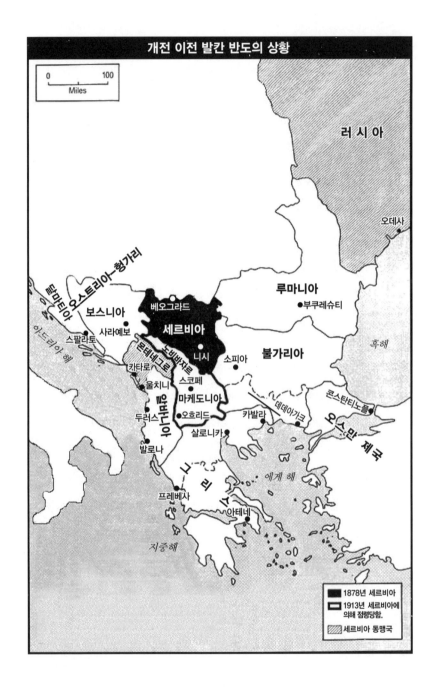

개전 이전 발칸 반도의 상황

러시아

오데사

오스트리아-헝가리

달마티아

보스니아

아드리아 해

스팔라토

사라예보

베오그라드

세르비아

노비바자르

니시

몬테네그로

카타로

울치니

마케도니아

스코페

오흐리드

소피아

불가리아

흑해

콘스탄티노플

데데아가크

카발라

두러스

살로니카

알바니아

오스만 제국

발로나

그리스

에게 해

프레베사

아테네

지중해

루마니아

부쿠레슈티

■ 1878년 세르비아
□ 1913년 세르비아에
　의해 점령당함.
▨ 세르비아 동맹국

가 주류인 보스니아-헤르체고비나와 몬테네그로를 통합해 바다인 아드리아 해Adriatic Sea로 진출하고자 하는 오랜 염원을 갖고 있었다. 그러나 오스트리아-헝가리에 의해 한순간에 모든 계획이 무산되었다. 그 과정에서 오스트리아-헝가리는 독일의 지원 아래 오스만을 압박하여 1909년 2월, 보스니아-헤르체고비나를 매입함으로써 공식적인 합병을 완성했다.

러시아의 후원을 받은 세르비아는 발칸 반도의 소국이었지만, 인근 슬라브족들을 통합해 독일과 같이 신흥강국이 되고자 했다. 다수의 슬라브족들은 세르비아의 입장에 동조했고, 오스만이나 오스트리아-헝가리의 방해만 없었다면 세르비아의 희망이 이뤄질 수도 있었다. 특히 보스니아-헤르체고비나 지역의 주민들은 세르비아의 입장에 동의했고, 세르비아로의 편입을 희망했다. 하지만 현지인들의 소망과는 관계없이 강대국의 논리*에 의해 보스니아-헤르체고비나가 오스트리아-헝가리 영토로 합병되자, 세르비아인들은 이에 분노했다. 세르비아는 독립 과정에서 오스만을 주적으로 상정해 투쟁했으나, 이제 세르비아의 주적은 오스트리아-헝가리로 바뀌었다. 발칸 반도는 점점 오스트리아-헝가리와 세르비아 간에 일촉즉발의 긴장감이 흐르는 지역으로 변해갔다.

오스트리아-헝가리가 보스니아-헤르체고비나를 합병한 이후에도 세르비아는 지속적으로 아드리아 해로의 진출을 추진했다. 그 과정에서 1912년부터 1913년까지 두 번에 걸친 발칸 전쟁이 발생했다. 이는 러

---

* 독일은 발칸 반도에서 심각한 갈등을 야기할 수 있는 오스트리아-헝가리의 보스니아-헤르체고비나 합병을 사전에 상의하지 않고 일방적으로 발표한 것에 대해 불만을 가졌으나, 전통적인 우호관계를 고려하여 오스트리아-헝가리를 지지한다고 공식적으로 발표했다. 러시아는 러일전쟁(1904~1905)의 패전 후유증에서 완전히 회복하지 못한 상태여서, 독일의 군사 개입 가능성을 무시한 채 세르비아를 전폭적으로 지지할 수는 없었다. 결국 독일의 전폭적인 지지를 받는 오스트리아-헝가리와는 달리 러시아의 지지를 기대할 수 없게 된 세르비아는 오스트리아-헝가리의 보스니아-헤르체고비나 합병을 지켜볼 수밖에 없었다. 그리고 1909년 3월 31일, 세르비아도 오스트리아-헝가리의 보스니아-헤르체고비나 합병을 승인하고 말았다.

시아의 후원을 받은 세르비아가 주변국들과 연합해 발칸 반도에서의 세력 확장을 추구하는 과정에서 발생한 전쟁이었다. 하지만 국제사회의 개입으로 인해 세르비아는 결국 바다로의 진출이라는 염원은 달성하지 못했다. 물론 여기에는 오스트리아-헝가리의 반대가 큰 영향을 미쳤다. 세르비아가 주도한 발칸 전쟁은 국제사회의 개입으로 인해 단기 국지전으로 종결되었다. 하지만 발칸 전쟁을 통해 세르비아와 오스트리아-헝가리의 대립은 절정으로 치달았고, 세르비아의 후견국인 러시아와도 더 이상의 대화가 불가능할 정도로 외교관계가 악화되었다. 무엇보다도 발칸의 위기 상황에 대해서 안일하게 생각한 유럽 열강들의 인식은 다가오는 심각한 위기의 전조였다.[16]

4. 사라예보 사건의 발생

오스트리아-헝가리의 보스니아-헤르체고비나 합병과 지속적인 간섭으로 아드리아 해로의 진출에 실패한 세르비아는 오스트리아-헝가리에 대해 극심한 분노를 느꼈다. 이에 세르비아에서는 오스트리아-헝가리를 붕괴시키기 위해 고령의 프란츠 요제프 1세Franz Joseph I(재위: 1848~1916)의 암살을 목표로 한 민족주의 성향의 무장단체들이 결성되기 시작했다. 그러나 실질적으로 제국의 수도인 빈에 주로 거주하는 황제를 암살하기란 쉬운 일이 아니었다.

공교롭게도 후계자인 페르디난트Franz Ferdinand(1863~1914) 황태자 부부가 보스니아-헤르체고비나의 수도인 사라예보Sarajevo를 방문한다는 계획이 알려지자, 세르비아계 무장단체들은 암살 대상을 페르디난트 황태자 부부로 변경했다. 페르디난트 황태자가 한창 민족주의 열기로 위험이 도사린 보스니아-헤르체고비나를 시찰한다고 하자, 많은 측근들이 이를 만류했다. 하지만 페르디난트 황태자는 84세의 노쇠한 황제가 서거할 날이 멀지 않았기 때문에, 자신이 조만간 황제에 즉위하면 대화합을 통해 발칸 지역의 슬라브족 문제를 해결할 수 있다고 자신하며 방문을 강행했다.

페르디난트 황태자가 사라예보를 방문하기로 한 1914년 6월 28일은 세르비아인들에게는 민족적 애도일인 비도브단^{Vidovdan}*이었다. 이러한 날에 민족적인 감정을 고려하지 않은 페르디난트 황태자의 사라예보 방문은 세르비아인들에게 심한 모욕감을 안겨주었다. 하지만 페르디난트 황태자는 결혼 14주년을 맞아 자신의 아내를 기쁘게 해주겠다는 생각만으로 사라예보 방문을 고집했다. 특히 독일제국의 건국으로 오스트리아-헝가리의 서진 정책이 불가능해지자, 이를 대신할 동진 정책의 일환으로 발칸 반도에서 세르비아를 포함한 대제국 건설의 원대한 꿈을 가지고 있던 페르디난트 황태자는 보스니아-헤르체고비나의 중심인 사라예보 방문에 매우 큰 의미를 두었다.[17]

사라예보에서의 심상치 않은 현지 분위기에 대해 경고의 메시지가 전해지기도 했으나, 현지 사령관인 포티오레크^{Oskar Potiorek}(1853~1933) 장군은 안일하게 생각했다. 따라서 페르디난트 황태자의 수송차량으로 지붕이 노출된 무개차량을 준비했고, 경호도 120명의 근위대만 배치했다. 그는 오히려 최소한의 경호 병력만 배치한 것이 안정적인 치안상태를 입증하는 것이라 생각했다.[18] 현지 경찰 당국은 심각한 시민들의 분위기를 감지하고 추가적인 경호 병력의 확충을 요구했으나, 포티오레크 사령관에 의해 거절당했다.

---

* 비도브단은 1389년 6월 28일, 발칸 반도로 세력 확장을 추진하던 오스만에 저항하던 세르비아 왕국의 병력 1만 2,000명이 코소보(Kosovo)에서 전사한 민족적 애도일이었다. 당시 세르비아인들은 오스트리아-헝가리를 제2의 오스만으로 인식해, 비브도단에 오스트리아-헝가리 제국의 황태자가 사라예보를 방문하는 것을 민족적인 모욕으로 인식했다.

페르디난트 황태자의 방문 일정이 사전에 공개되자, 세르비아의 비밀결사조직인 흑수단Black Hand은 암살요원 3명을 비밀리에 사라예보로 파견했다. 흑수단은 세르비아 육군본부의 정보부장인 디미트리예비치Dragutin Dimitrijević(1876~1917) 대령이 1911년 5월, 민족주의 성향의 장교들을 주축으로 만든 비밀결사단체였다. 디미트리예비치 대령은 사전에 흑수단 요원들에게 암살훈련을 시키고, 장비를 제공했으며, 이들이 무사히 국경을 통과할 수 있도록 협조했다. 3명의 흑수단 요원은 사라예보에 미리 잠입해 있던 요원 4명과 합류함으로써 암살단은 7명으로 증가했다. 세르비아 정부도 군 일각에서 진행 중인 황태자 암살음모에 대해서 어느 정도 인식했으나, 이를 적극적으로 제지하지는 않았다.

1914년 6월 28일 일요일 오전 9시 30분, 페르디난트 황태자 부부를 태운 전용 열차가 사라예보 역에 도착했다. 황태자 부부는 대기하고 있던 차량에 탑승해 예정된 사라예보 시청으로 향했다. 이동 도중 황태자 탑승 차량에 대한 1차 폭탄 투척이 발생했으나, 폭탄은 황태자 부부 탑승 차량이 아닌 후속 차량에 떨어져 수행원이 경미한 파편상을 입는 것으로 끝났다. 시청에 무사히 도착한 황태자 부부는 암살 시도를 무시하고 갑자기 일정을 바꾸어 폭탄 투척으로 부상당한 수행원을 위문하기 위해 병원을 방문하기로 결정했다.

갑작스런 일정 변경으로 미처 변경된 목적지를 전달받지 못한 황태자 부부 전용 차량의 운전기사는 당황해 잠시 길을 잃고 말았다. 그 과정에서 1차 폭탄 투척에 실패하고 복귀하던 흑수단 요원 프린치프Gavrilo Princip(1894~1918)가 황태자 부부가 탑승한 차량을 1.5m 앞에서 우연히 마주쳤다. 그 순간 프린치프는 훈련받은 대로 페르디난트 황태자 부부에게 총을 쐈다. 총격이 발생하자, 황태자 부부가 탑승한 차량은 가장 경호가 강화된 포티오레크 사령관 관저로 신속하게 이동했다. 하지만 이동

●●● 1914년 6월 28일 사라예보 시청을 떠나고 있는 페르디난트 황태자 부부의 모습. 독일제국의 건국으로 오스트리아-헝가리의 서진 정책이 불가능해지자, 이를 대신할 동진 정책의 일환으로 발칸 반도에서 세르비아를 포함한 대제국 건설의 원대한 꿈을 가지고 있던 페르디난트 황태자는 보스니아-헤르체고비나의 중심인 사라예보 방문에 매우 큰 의미를 두었다. 시청으로 이동하는 과정에서 황태자 부부 탑승 차량에 폭탄이 투척되었으나 후속 차량에 떨어져 수행원이 경미한 부상을 입는 정도로 끝이 났다. 시청에 무사히 도착한 황태자 부부는 갑자기 일정을 바꾸어 부상당한 수행원을 위문하기 위해 병원으로 향했다. 〈출처: WIKIMEDIA COMMONS | Public Domain〉

과정에서 이미 황태자 부부는 사망했다.

프린치프는 현장에서 바로 체포되었다. 최초에는 그가 자신의 단독 우발범행이라고 진술했으나, 곧 암살단원 7명의 신원과 함께 공모 사실이 모두 밝혀졌다. 그리고 몬테네그로로 탈출한 1명을 제외한 6명은 7월 3일까지 모두 체포되었다. 조사 과정에서 암살단들은 세르비아 정부로부터 무기를 제공받고, 국경을 통과할 때에도 도움을 받았다는 사실을 인

●●● 페르디난트 황태자 부부는 부상당한 수행원을 위문하기 위해 병원으로 향하다가 흑수단 요원 프린치프가 쏜 총에 맞아 암살당했다. 프린치프는 현장에서 바로 체포되었다. 최초에는 그가 자신의 단독 우발범행이라고 진술했으나, 곧 암살단원 7명의 신원과 함께 공모 사실이 모두 밝혀졌다. 조사 과정에서 암살단들은 세르비아 정부로부터 무기를 제공받고, 국경을 통과할 때에도 도움을 받았다는 사실을 인정했다. 사라예보에서 벌어진 페르디난트 황태자 부부 암살사건은 처음에는 그 당시 빈번했던 왕족 암살사건 중 하나로 정리되는 듯했다. 하지만 이를 정치적으로 이용하려는 강경파들에 의해 점점 사건의 파장은 아무도 예측하지 못한 방향으로 전개되어갔다. 〈출처: WIKIMEDIA COM-MONS | Public Domain〉

정했다. 사라예보에서 벌어진 페르디난트 황태자 부부에 대한 암살사건은 처음에는 그 당시 빈번했던 왕족 암살사건 중 하나로 정리되는 듯했다. 하지만 이를 정치적으로 이용하려는 강경파들에 의해 점점 사건의 파장은 아무도 예측하지 못한 방향으로 전개되어갔다.[19]

CHAPTER 3

개전 과정

1. 전쟁으로 가는 길

1889년 1월, 프란츠 요제프 1세의 유일한 아들인 루돌프Rudolf Franz Karl Joseph(1858~1889) 황태자가 자살하자, 조카인 페르디난트가 갑자기 황태자로 결정되었다. 따라서 프란츠 요제프 1세는 루돌프 황태자의 자살 배후에 페르디난트 황태자가 연루되었을 것이라고 의심하며 그를 별로 탐탁지 않게 생각했다. 더군다나 페르디난트 황태자가 황실의 반대에도 불구하고 하급 귀족 출신의 여성과 결혼을 강행함으로써 황제와 고위 관료들은 페르디난트 황태자에 대해 우호적이지 않았다. 따라서 페르디난트 황태자 부부의 장례식은 1914년 7월 3일, 궁정 성당에서 간소하게 진행되었다.

인기 없던 황태자 부부의 사망과는 별도로 제국의 권위가 심각하게 실추되었다고 인식한 오스트리아-헝가리의 고위 관료들은 이를 빌미로 세르비아에 대한 단호한 대응을 점차 주장하기 시작했다. 특히 1912~1913년의 발칸 전쟁에서 바다로의 진출에는 실패했지만, 독립 당시보다 영토와 인구를 크게 확장한 세르비아는 점점 호전적으로 발칸 반도에서의 영향력 확장을 추구했다. 세르비아의 급부상이 제국 내 많은 슬라브족들의 동요를 불러올 것을 우려한 오스트리아-헝가리의 고위 관료들은 발칸 반도에 팽배한 범슬라브주의를 더 이상 방치할 수 없다는 데 인식을 같이했다. 그러한 인식을 주도한 핵심 인물은 제국 외무장관인 베르히톨트Leopold Berchtold(1863~1942)였다.

베르히톨트는 암살 발생 3일 만인 6월 30일, 프란츠 요제프 1세를 알현했다. 그 자리에서 그는 이 기회에 제국의 권위 신장과 영향력 확대 차원에서 세르비아에 단호하게 대응할 것을 건의했고, 프란츠 요제프 1세도 이에 동의했다. 다만 프란츠 요제프 1세는 세르비아에 대해 단호하게 대응하기 전에 제국의 절반을 책임지고 있던 티서István Tisza(1861~1918) 헝가리 총리와 합의해 추진할 것을 지시했다. 하지만 티서는 쇠약해진 제국이 전쟁으로 확대될지도 모를 강경 대응에 대해 신중하게 대응할 것을 주장했다.*

티서가 강경 대응에 반대하자, 베르히톨트는 동맹국인 독일을 이용하기로 결심했다. 이에 강경파인 호요스Alexander Graf von Hoyos(1876~1937)를 특사로 파견해 독일의 공식적인 지지를 받기로 했다. 7월 5일, 호요스로부터 정부의 공식 문건을 전달받은 쇠제니-마리흐Ladislaus von Szögyény-Marich(1841~1916) 독일 주재 오스트리아-헝가리 대사는 빌헬름 2세와 오찬을 하며 황제의 공식적인 입장을 요청했다. 이에 빌헬름 2세는 발칸 문제에 대해 오스트리아-헝가리가 어떤 결정을 내리더라도 전적으로 지지한다고 밝혔다. 일명 '백지수표'를 오스트리아-헝가리에 위임

---

* 티서는 헝가리 총리의 입장에서 오스트리아-헝가리가 세르비아와의 전쟁에서 패할 경우, 세르비아와 국경을 접하고 있는 헝가리 영토의 상실이 불가피하고, 이길 경우라도 제국 내로 슬라브족의 유입이 증가되면서 분열과 혼란이 가중될 것으로 생각해 신중한 대응을 일관되게 주장했다.

한 것이다. 그리고 다음날인 7월 6일, 베트만-홀베크^{Theobald von Bethmann-Hollweg}(1856~1921) 독일 총리도 오스트리아-헝가리에 대한 지지 입장을 다시 한 번 확인시켜주었다.[20] 하지만 독일이 제시한 백지수표는 이전의 발칸 전쟁과 같이 단기적인 국지전을 지지한다는 의미였다. 그러나 독일이 백지수표의 전제조건 등을 명확히 언급하지 않음에 따라 오스트리아-헝가리는 이를 무제한적인 지지로 이해했다.

독일의 전폭적인 지지 입장을 확인하자, 베르히톨트는 강경 대응에 대한 유일한 반대자인 티서를 본격적으로 압박하기 시작했다. 7월 14일, 결국 티서는 군사적 대응까지 포함한 강경 대응 이전에 외교적 노력의 선행과 사전 선전포고를 전달할 것을 조건으로 베르히톨트의 주장에 동의하고 말았다. 7월 19일, 세르비아에 대한 최후통첩을 결정하기 위한 오스트리아-헝가리 공동각료회의가 의장인 베르히톨트 개인 사저에서 비밀리에 개최됐다. 오랜 논의 끝에 공동각료회의는 만장일치로 최후통첩을 결정했다. 그리고 다음날인 7월 20일, 베르히톨트는 프란츠 요제프 1세의 재가를 받아 최후통첩을 세르비아 주재 오스트리아-헝가리 공사관에 발송했다.

7월 23일 오후 6시, 본국의 지침에 따라 기슬링엔^{Wladimir Giesl von Gieslingen}(1860~1936) 세르비아 주재 오스트리아-헝가리 공사는 선거유세로 지방 출장 중인 파시치^{Nikola Pašić}(1845~1926) 세르비아 총리를 대신해 파추^{Lazar Paču}(1855~1915) 세르비아 재무장관에게 최후통첩을 전달했다. 기슬링엔은 최후통첩을 전달하면서 세르비아 정부가 48시간 내에 답변해야 하며, 전면 수용이 아니라면 공사관을 폐쇄하고 본국으로 철수하겠다고 협박했다. 전면 수용이 아닌 이상 사실상 전쟁을 선포한 것이나 다름없었다. 최후통첩 10개 항은 다음과 같다.[21]

1. 오스트리아-헝가리에 대한 증오심을 조장하거나, 영토 통합에 반대하는 모든 출판물을 금지한다.

2. 세르비아의 비밀결사조직인 민족수호단National Defence의 모든 자산을 몰수 후에 해산시키며, 오스트리아-헝가리에 반대하는 모든 단체들도 동일하게 조치한다.

3. 오스트리아-헝가리에 반대하는 모든 공공 교육활동을 중단한다.

4. 오스트리아-헝가리에 반대하는 인사는 세르비아 정부기관에서 축출하고, 그 명단을 오스트리아-헝가리에 통보한다.

5. 오스트리아-헝가리의 분열을 조장하는 세력의 청산을 위해 오스트리아-헝가리 대표단의 세르비아 내 활동을 허용한다.

6. 황태자 암살사건에 가담한 인원에 대한 사법재판에 오스트리아-헝가리 대표단의 참여와 조사를 허용한다.

7. 오스트리아-헝가리 조사 결과, 암살사건에 연루된 것으로 판단되는 탄코시치Vojislav Tankosić(1880~1915)와 치가노비치Milan Ciganović(1888~1927)를 지체없이 체포한다.

8. 양국 간의 불법무기 밀수를 근절하기 위해 암살사건 당시 국경을 통한 무기밀반입을 방치한 관리들을 처벌한다.

9. 암살사건 이후 오스트리아-헝가리에 대해 인정할 수 없는 발언을 한 세르비아 관리들의 해명을 요구한다.

10. 세르비아는 앞에 제시한 요구사항을 즉시 이행하고, 그 결과를 오스트리아-헝가리에 통보해야 한다.

최후통첩 문건을 읽은 파추는 상황의 심각성을 인지하고 즉시 지방 출장 중인 파시치에게 복귀할 것을 요청했다. 파시치는 7월 24일, 오전 5시에 긴급 각료회의를 소집함과 동시에 세르비아 주재 러시아 영사관을 통해 러시아의 지원을 요청했다. 예정된 48시간의 마감 시한이 다가오는 가운데 7월 25일 정오, 사조노프Sergey Sazonov(1860~1927) 러시아 외무장관은 세르비아에 전문을 보냈다. 그 내용은 20일 전 독일이 오스트리아-헝가리에 약속한 것과 같이 러시아는 세르비아에 전면적인 지원을 약속하며, 세르비아의 주권을 침해받지 않는 범위 안에서만 오스트리아-헝가리의 최후통첩을 수용하라는 것이었다.[22]

러시아의 지원 의사를 확인한 세르비아는 10개 항의 다른 조건은 모두 수용했으나, 6항에 명시된 사법권의 침해만큼은 수용할 수 없다는 조건부 수용안을 답서로 작성했다.*[23] 오스트리아-헝가리의 최후통첩에 대해 조건부 수용을 결정한 세르비아는 러시아의 지지 의사에 자신감을 갖고 전쟁까지 각오했다. 따라서 답서를 전달하기 3시간 전인 7월 25일 오후 3시, 사전에 동원령을 선포하고, 정부기관도 국경에 인접한 현 수도 베오그라드Beograd에서 내륙의 니시Niš로 이전하도록 했다. 오후 6시, 파시치는 직접 오스트리아-헝가리 공사관을 방문하여 기슬링엔에게 답서를 전달했다. 답서를 확인한 기슬링엔은 최후통첩의 전면 수용이 아닌 조건부 수용임을 확인하자마자 단교를 선언하는 문건을 전달했다. 그리고 그는 30분 뒤에 영사관을 폐쇄함과 동시에 빈을 향하는 기차를 타고 세르비아에서 철수했다. 파시치는 기슬링엔의 신속한 후속 반응을

---

* 세르비아 정부는 공식적으로는 주권 침해를 근거로 6항에 명시된 오스트리아-헝가리 대표단이 자국 내에서 암살사건의 배후 조사와 재판 참여를 거부했지만, 실질적으로는 조사 과정에서 흑수단과 세르비아 정부와의 비밀협력 관계가 노출될 것을 우려했다. 파시치를 비롯해 대부분의 세르비아 관료들도 어느 정도 흑수단에 의한 페르디난트 황태자 암살 시도를 인지하고 있었으나, 적극적으로 제지하지는 않았다.

통해 오스트리아-헝가리가 세르비아에게 원한 것은 암살사건의 배후세력에 대한 철저한 진상조사보다는 세르비아와의 전쟁이었다는 것을 인지했다.

발칸 반도에서의 황족 암살사건이 이해 당사국인 오스트리아-헝가리와 세르비아와의 군사적 충돌로 확대되자, 그동안 발칸 문제에 무관심하던 영국이 본격적으로 중재에 나섰다. 위기를 감지한 그레이Edward Grey(1862~1933) 영국 외무장관은 7월 26일에서야 발칸 문제를 해결하기 위해 당사국을 제외한 독일, 이탈리아, 프랑스, 영국의 4개국 회담을 제의했다. 그러나 독일이 영국의 제안을 거부함에 따라 영국의 중재는 실패로 돌아갔다. 한편 프랑스는 당시 국내 정치 이슈에 온 국가가 몰입되어 사라예보 사건이 가져올 발칸 위기를 간과했다. 더군다나 오스트리아-헝가리가 세르비아에 대한 최후통첩을 준비하던 그 시점, 푸앵카레 Raymond Poincaré(1860~1934) 프랑스 대통령은 7월 16일부터 29일까지 러시아를 순방 중이어서 정부 차원의 효과적인 대응은 불가능했다.

세르비아로부터 최후통첩에 대한 조건부 수용 의사를 전달받은 오스트리아-헝가리는 이를 사실상의 거절로 판단하고 즉각적으로 1단계 부분동원령을 하달해 본격적인 전쟁 준비에 돌입했다. 특히 베르히톨트는 세르비아가 최후통첩을 거부함에 따라 전쟁이 불가피한 상황에서 개전을 주저하는 것은 외부세력의 개입 여지만 남긴다고 생각하여 조기 개전을 서둘렀다. 결국 7월 28일 오후 11시, 베르히톨트는 황제의 승인을 거쳐 세르비아에 대한 선전포고를 발송했다.[24] 제1차 세계대전의 서막이 열린 것이다. 그리고 7월 29일 오전 1시, 오스트리아-헝가리군은 국경 근처에 인접한 세르비아의 베오그라드에 포격을 개시했다.

오스트리아-헝가리가 세르비아에 대한 선전포고를 결정하는 그 시점, 빌헬름 2세는 7월 28일 오전 10시가 되어서야 세르비아의 답신을 읽었다. 베트만-홀베크는 빌헬름 2세가 답신을 읽고 오스트리아-헝가리에 대한 전면적인 지지를 철회할 것을 우려해 의도적으로 빌헬름 2세에게 보고하는 시간을 최대한 지연시켰다.[25] 답신을 읽고 사태의 심각성을 인지한 빌헬름 2세는 전쟁을 막기 위해 혈연관계*인 러시아의 니콜라이 2세Nikolai II(재위: 1894~1917)와 즉각적인 전문외교電文外交를 개시했다. 사흘에 걸친 전문외교를 통해 빌헬름 2세와 니콜라이 2세는 결국 양국의 전쟁 준비태세에 대한 불신과 발칸 위기를 바라보는 서로의 인식 차이만을 확인했다. 이젠 누가 먼저 빨리 전쟁으로 돌입할지에 대한 결정만 남았다.

7월 30일 오후 3시, 사조노프와 러시아의 고위 관료들은 주저하는 니콜라이 2세를 지속적으로 압박해 마침내 총동원령 선포에 대한 재가를 받아냈다. 러시아의 움직임을 간파한 독일은 7월 31일 오후 3시, 러시아에 최후통첩을 보내 12시간 이내에 동원령 중단을 포함한 입장 표명을 요구함과 동시에 프랑스에도 독일과 러시아와의 전쟁에 중립을 요구하는 전문을 보냈다. 하지만 러시아와 프랑스 모두 이에 답하지 않았다. 마침내 8월 1일 오후 5시, 빌헬름 2세도 독일군 총동원령 선포를 승인했다. 그와 동시에 러시아 대사관을 통해 러시아에 선전포고를 전달하라는 전문도 발송했다. 그리고 8월 3일 오후 5시, 독일은 프랑스에게도 선전포고를 전달했다.

어느 시점부터는 이해 당사국인 오스트리아-헝가리와 세르비아보다

---

* 빌헬름 2세는 빅토리아(Victoria, 재위: 1837~1901) 영국 여왕의 외손자였다. 빌헬름 2세의 모친인 루이즈(Victoria Adelaide Mary Louise, 1840~1901)는 빅토리아 여왕의 장녀로서 니콜라이 2세의 장모인 메리(Alice Maud Mary, 1843~1878)와 남매관계였다. 따라서 빌헬름 2세와 니콜라이 2세는 모계로 사촌관계였고, 개인적으로는 서로를 사촌으로 호칭했다. 빅토리아 여왕은 자녀들을 통한 유럽 주요 왕실들과 혼인관계를 통해 유럽의 할머니라는 애칭으로 불리기도 했다. 훗날 빌헬름 2세는 만약 빅토리아 여왕이 살아 있었더라면 절대로 양국이 전쟁하는 것을 허락하지 않았을 것이라며 개전 결심을 후회했다.

개전 직전 유럽의 상황

1914년 8월 당시의 동맹국
1914년 8월 당시의 연합국
나중에 동맹국에 가담한 중립국
나중에 연합국에 가담한 중립국
원래 동맹국이었으나 개전 당시
중립을 선언하고 나중에 연합국에
가담한 국가
끝까지 중립국으로 남은 국가

노르웨이
스웨덴
스톡홀름
발트 해
핀란드
북해
덴마크
코펜하겐
리가
더블린
영국
네덜란드
동프로이센
베를린
코니히스베르크
러시아 제국
런던
벨기에
독일
비스툴라 강
키예프
룩셈부르크
프라하
드네프르 강
파리
다뉴브 강
오스트리아-헝가리 제국
돈 강
대서양
스위스
비엔나
프랑스
부다페스트
베오그라드
루마니아
부쿠레슈티
이탈리아
몬테네그로
세르비아
불가리아
흑해
코르시카
로마
소피아
포르투갈
마드리드
사르데냐
알바니아
그리스
콘스탄티노플
스페인
오스만 투르크 제국
리스본
지
시칠리아
알제
튀니스
크레타 섬
시리아
스페인령 모로코
튀니지
(프랑스령)
중
키프로스
(영국령)
다마스커스
해
모로코
(프랑스령)
알제리
(프랑스령)
트리폴리
수에즈 운하
카이로
예루살렘
N
리비아
(이탈리아령)
이집트
(영국 보호령)

후견국인 독일과 러시아가 기선 제압을 위해 전쟁에 더 적극적이었다. 영국과 프랑스는 일방적인 독일의 중립 요구를 거절했다는 이유로 독일의 공격 대상에 자연스럽게 포함되었다. 이제 발칸의 위기는 오스트리아-헝가리와 세르비아 간의 전쟁이 아니라 삼국동맹 세력과 삼국협상 세력이 충돌하는 전쟁으로 확전되었다. 그리고 본격적인 지상전의 개시를 알리는 총성은 8월 4일 오전 8시, 벨기에 국경의 서부 전선에서 울렸다.

2. 전쟁 계획

통일 독일제국 건국 이후, 독일은 프랑스를 가상 적국으로 상정한 전쟁 계획을 지속적으로 최신화했다. 러시아는 나폴레옹 전쟁 시절부터 동맹 관계였기 때문에 심각한 위협으로 인식하지는 않았다. 하지만 독일이 처한 최악의 지정학적 상황을 고려할 때, 독일은 서부 전선에서는 프랑스, 동부 전선에서는 러시아와의 양면전쟁이 불가피했다. 독일이 당장 러시아와 전쟁을 할 만큼 관계가 악화되지는 않았지만, 언제라도 전쟁이 가능한 만큼 만반의 준비는 해야 했다.

러시아는 19세기 후반부터 극심한 정치적 혼란을 겪고 있었다. 특히 러시아는 1905년에 러일전쟁에서 예상 밖으로 일본에 패함으로써 국가적 위기가 더욱 고조되었다. 독일은 러시아의 군사적 능력을 고려할 때, 러시아가 전쟁을 준비하기 위해서는 최소한 6주 정도의 동원 시간이 필요할 것으로 판단했다. 그래서 만약 독일이 양면전쟁을 수행하게 되더라도 우선 주력을 서부 전선에 집중해 프랑스를 조기에 무력화하고, 이후에 철도를 이용해 주력을 동부 전선으로 전환한다면 충분히 러시아와의 결전도 가능할 것으로 판단했다. 물론 독일이 이런 생각을 하게 된 것은 1870년의 프로이센-프랑스 전쟁에서 조기 결전으로 프랑스의 항복을 받아낸 전쟁 경험에서 기인한 것이었다.

독일의 전쟁계획을 주도한 인물은 1891년 2월부터 총참모장을 맡은 슐리펜Alfred von Schlieffen(1833~1913)이었다. 슐리펜은 우선 프랑스를 공략하기 위해 메스Metz를 중심으로 우측에는 5개 군(35개 군단)을 배치해 회전문의 원리로 벨기에를 경유해 프랑스 북부에서 파리를 포위 기동하도록 했다. 물론 가장 우측에 있는 제1군과 제2군에는 병참선 보호와 후방 잔적 소탕을 위해 6개 보충군단Ersatz Corps을 예비병력으로 추가했다. 그리

◈ 슐리펜 ◈

1853년에 베를린 대학에서 법학을 공부하던 중, 장교후보생으로 군에 입대했다. 1858년에 전쟁대학에 입학해 1861년에 우수한 성적으로 졸업하면서 장군참모장교로 발탁되었다. 이후 프로이센–오스트리아 전쟁과 프로이센–프랑스 전쟁에 참전하면서 능력을 인정받아 총참모부에서 주요 직책을 수행했다. 1886년 장군 진급 직후 몰트케가 물러나면서 총참모부의 핵심으로 급부상했으며, 1891년에 총참모장으로 취임했다. 1906년에 은퇴하는 순간까지 슐리펜 계획으로 알려진 독일의 전쟁계획 구상에 몰두했다.

Alfred von Schlieffen

고 메스 좌측의 2개 군(5개 군단)은 프랑스군 주력의 공격을 저지하거나 전략적 후퇴를 통해 프랑스군의 공세를 흡수하도록 했다. 그래서 그는 프랑스군이 독일군의 우회 포위를 인지하지 못하도록 기만작전을 병행하도록 했다. 슐리펜은 독일군 우익이 신속하게 우회 기동해 프랑스군의 배후를 포위 기동하는 것만이 단기 결전을 이룰 수 있다고 판단해 동원 가능한 모든 예비전력을 투입해 우익을 지속적으로 보강했다. 이에 따라 메스를 중심으로 우익 전력은 좌익의 7배에 달했다. 슐리펜 계획은 독일 군 주력이 6주 동안 서부 전선의 프랑스를 석권할 동안[*26], 러시아군을 상대해야 하는 동부 전선은 오스트리아-헝가리군의 지원 아래 1개 군만 으로 저지하는 과감한 계획이었다.[27]

슐리펜의 뒤를 이어 총참모장에 오른 인물은 통일 독일제국 건설의 주역이었던 몰트케의 조카인 또 다른 몰트케[Helmuth Johannes Ludwig von Moltke] (1848~1916)였다. 그는 1906년 1월, 삼촌의 후광을 입어 슐리펜의 후임 자가 되었다. 다소 소심한 성격의 몰트케는 삼국협상 측의 군사력이 점차 강화되고, 이탈리아마저 삼국동맹에서 이탈할 조짐을 보이자, 슐리펜 계 획의 수정을 고민했다. 또한 그는 독일의 중요 산업지대인 자르[Saar]와 라 인란트[Rhineland] 지역의 방어를 독일군 2개 군으로는 감당할 수 없을 것으 로 판단했다. 그래서 그는 1911년에 이르러 우익의 병력을 일부 좌익으로 전환했고, 좌익의 임무도 프랑스군의 저지 또는 전략적 후퇴가 아닌 저지 또는 소극적 공격으로 전환했다. 몰트케의 병력 재배치로 우익의 병력은 좌익의 3배로 기존 계획에 비해 비율이 현저히 줄었다. 또한 영국의 중립

---

* 독일은 개전 3주 안에 독일군 우익이 벨기에와 프랑스 국경선에 도달하고, 4주 정도면 파리 북방 120km 지점에 위치한 아미앵(Amiens)까지 도달할 수 있을 것이라고 예측했다. 이후 독일군 우익은 파 리를 포위하고, 나아가 독일과 프랑스 국경에 배치된 프랑스군 주력의 후방을 포위함으로써 6주 정도면 프랑스 점령이 가능할 것으로 판단했다.

을 유도하기 위해 네덜란드의 중립성을 존중한다는 의미에서 네덜란드를 경유하려던 우익 병력의 기동로를 벨기에만 경유하도록 조정함으로써 개전 초기 벨기에 전선에서 병목현상이 발생하게 되었다. 몰트케에 의한 슐리펜 계획의 전면적인 수정은 슐리펜 계획 수립 시 고려했던 전략적 포위 개념은 유지하되, 실현 가능성만 약화시킨 결과를 가져왔다.[28]

프랑스의 전쟁 계획은 1911년 7월, 참모총장으로 부임한 조프르Joseph Joffre(1852~1931)에 의해 수립되었다. 조프르는 1913년 당시 프랑스군 군사사상의 주류였던 정신적 요소를 강조한 공격제일주의의 신봉자로서 전쟁이 발발할 경우 17계획으로 알려진 적극적인 공격 중심의 전쟁 계획을 수립했다. 이는 프랑스군의 5개 군 중 3개 군은 즉각적으로 공격하고, 벨기에 국경에 배치한 제5군은 독일군의 주력을 고려하여 제3군을 후속하며, 제4군은 예비대로 보유하는 계획이었다. 프랑스의 17계획은 독일의 전쟁 계획보다는 작전의 융통성이 있었지만, 독일군의 주력이 벨기에를 통해 프랑스의 북서부를 경유해 대우회 포위기동을 시도할 것이라고는 예상하지 못했다. 또한 조프르는 국경을 접하고 있는 벨기에와의 연합작전이나 삼국협상국인 영국과의 연합작전 등을 고려하지 않고 프랑스군에 의한 단독 작전계획만 수립함으로써 개전 초기 많은 혼란을 가져왔다. 영국 또한 최초 7개 사단 규모의 해외원정군을 프랑스군 좌익에 배치한다는 막연한 계획만 갖고 있었을 뿐, 추가적인 세부 계획은 수립하지 못한 상태로 전쟁을 맞이하게 되었다.

오스트리아-헝가리는 3개의 기본 전쟁 계획을 갖고 있었다. 오스트리아-헝가리의 기본 전쟁 계획은 삼국동맹의 일원이지만 전통적으로 국경선에서의 갈등관계를 형성해온 이탈리아를 적국으로 상정한 I계획, 세르비아를 위시한 발칸 국가들과의 전쟁을 가정한 B계획, 그리고 러시아를 가상적국으로 상정한 R계획이었다. 특히 오스트리아-헝가리는 발

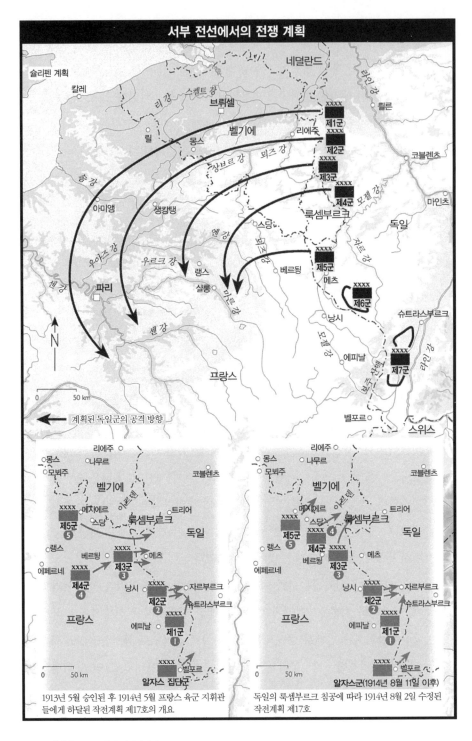

서부 전선에서의 전쟁 계획

슐리펜 계획

계획된 독일군의 공격 방향

1913년 5월 승인된 후 1914년 5월 프랑스 육군 지휘관들에게 하달된 작전계획 제17호의 개요

독일의 룩셈부르크 침공에 따라 1914년 8월 2일 수정된 작전계획 제17호

알자스군(1914년 8월 11일 이후)

칸 국가들과의 전쟁 시 러시아의 개입이 있을 것이라고 판단해 병력 운용의 융통성을 부여하는 배치 계획을 구상했다. 그래서 오스트리아-헝가리는 가장 군사적 충돌 가능성이 높은 발칸 국가들을 상대할 8개 사단은 고정시켜놓고, 나머지 병력은 상황에 따라 유연하게 투입할 계획을 갖고 있었다. 또한 오스트리아-헝가리는 사전에 독일이 6주 동안 서부 전선에 집중할 동안 동부 전선에서 소규모 독일군과 함께 러시아군의 진격을 저지할 것을 요청받았다.[29]

러시아는 2개의 전쟁 계획을 준비했다. 러시아는 기본 계획으로 독일 국경에는 2개 군(제1·2군)으로 구성된 북서전선군을 배치했고, 오스트리아-헝가리 국경에는 남서전선군 예하 3개 군(제3·5·8군)을 배치했다. 제4군은 예비로 편성했다. 독일과의 결전을 상정한 러시아의 G계획은 독일이 동부 전선에 주력을 집중하는 경우를 상정했다. 그래서 이 경우, 러시아군은 동원이 완료될 때까지 2개 군으로 독일군의 공세 저지를 계획했고, 제4군은 북서전선군의 예비로 편성했다. 그러나 러시아는 프랑스의 요구에 따라 보다 공세적인 A계획을 추가로 수립했다. 러시아의 A계획은 폴란드 돌출부를 통해 독일과 오스트리아-헝가리를 조기에 동시 공격하는 계획이었다. 이 경우, 러시아 제4군은 남서전선군의 일부로 돌출부를 통해 독일과 오스트리아-헝가리 국경에 위치한 슐레지엔 Schlesien을 공격하도록 했다.[30]

1914년 7월, 유럽의 참전국 모두는 다가올 전쟁을 단기전으로 인식했다. 이는 과거의 전쟁 경험이 지배적인 역할을 했다. 19세기 대부분의 유럽 전쟁이 단기 국지전으로 종결되었기 때문이었다. 따라서 대부분의 유럽 열강들은 새로운 전쟁도 군사작전은 3~4개월 정도에 마무리될 것이고, 이후에는 정치적 협상이나 중재를 통해 전쟁이 종결될 것이라는 안일한 생각을 했다. 당연히 국가 차원의 전쟁 장기화에 대한 대비는 전혀 없었다. 그러나 예상치 못했던 전쟁의 장기화로 모든 참전국은 혹독한 오판의 대가를 치러야 했다.

3. 전력 비교

독일군은 개전 초기, 서부 전선에 7개 군을 배치했다. 몰트케에 의해 수정된 전쟁 계획에 따라 메스를 중심으로 우익을 담당할 제1~5군에는 16개의 상비군단과 10개의 예비군단을 배치했다. 그리고 좌익에 배치된 제6 7군에는 6개의 상비군단과 2개의 예비군단을 배치했다. 최종적으로 독일군의 우익은 좌익에 비해 3.25배의 병력 우위만 확보한 채 전쟁에 돌입하게 되었다. 당시 독일군의 군단은 통상 2개의 사단으로 구성되었다. 이에 따라 독일군은 주력인 우익에는 상비사단 32개와 예비사단 20개를 포함하여 총 52개의 사단에 추가적으로 12개의 지역여단을 배치했고, 좌익에는 12개의 상비사단과 4개의 예비사단, 2개의 지역여단만 배치했다. 또한 독일군은 예비전력으로 8개의 예비사단, 10개의 기병사단, 2개의 지역여단을 추가적으로 보유하고 있었다. 이 중 10개의 기병사단은 전방 군단을 지원하도록 전환시켰다. 종합적으로 개전 초에 서부 전선에 투입된 독일군 규모는 34개 군단, 84개 사단, 16개 여단으로 투입된 총병력은 약 150만 명에 달했다.

프랑스군은 서부 전선에 5개 군만 편성되어 있었다. 전선에 배치된 프랑스군은 23개 군단으로 사단 수로는 68개에 달했으며, 이 중 7개는 기병사단이었다. 하지만 프랑스군은 전선에 배치된 5개 군 외에 후방에 추가적인 예비전력을 보유하고 있었다. 그 전체규모는 21개 보병사단과 3개의 기병사단이었다. 종합적으로 프랑스군은 23개 군단, 92개 사단이 투입되었으며, 추가적인 동원이 완료되어 투입된 개전초기 총병력은 약

110만 명에 달했다.

개전 초기 서부 전선에 투입된 독일군과 프랑스군의 전투력 규모는 상호 비슷했지만, 프랑스보다 인구가 1.7배나 많은 독일이 추가적인 동원 능력에 있어서는 우세를 점했다. 하지만 독일군은 서부 전선에서 프랑스군과 일대일로 교전한 것이 아니었다. 독일군은 6개의 보병사단과 1개의 기병사단으로 구성된 18만 명의 벨기에군은 물론, 개전과 동시에 영국의 해외원정군과도 교전해야 했다. 그리고 영국군이 속속 프랑스에 상륙함에 따라 독일군의 병력 우위는 점차 축소되었다. 개전 초기 독일군과 프랑스군의 전력을 종합 비교하면 아래 〈표 2〉와 같다.

〈표 2〉 개전 초기 서부 전선에서의 독일군과 프랑스군 전력 비교

| 구분 | 전선군 | | | | | 후방군 예비사단 | 인구 (만명) | 병력 (만명) |
| | 군 | 군단 | 사단 | | | | | |
			총계	보병	기병			
독일군	7	34	76	66	10	8	6,700	150
프랑스군	5	23	68	61	7	24	3,960	110

출처: John Ellis & Michael Cox, *The World War I Databook* (London: Aurum Press, 2001), p. 166, p. 171, p. 245.

동부 전선에서는 독일 제8군이 오스트리아-헝가리군과 연합해 러시아군의 공세를 저지해야 했다. 독일 제8군은 3개 상비군단과 1개 예비군단으로 구성되어 있었으며, 사단 수로는 9개 보병사단과 1개 기병사단으로 편성되었다. 그리고 독일 제8군은 동부 국경을 방어하기 위한 다양한 향토예비군의 지원을 받았다.

러시아는 갑작스런 개전과 동원령 선포로 병력을 동원해 전방으로 추진하는 과정에서 상당한 시간이 소요되었다. 8월 1일에 독일이 러시아에 선전포고했지만, 러시아는 병력동원을 기다리며 시간을 지체했다. 그러자 동맹국인 프랑스가 러시아의 조속한 출전을 지속적으로 촉구했다. 프랑스의 독촉에 따라 러시아는 준비가 미흡했으나, 8월 8일 동부 전선에서의 개전을 결정했다. 그리고 동원이 완료되지 않았음에도 불구하고, 8월 15일 독일 국경을 돌파했다.

발칸 지역에서의 개전도 지연됐다. 오스트리아-헝가리군은 7월 29일 새벽, 국경에 인접한 세르비아의 베오그라드에 포격을 가했지만, 지상군 간의 실질적인 교전은 오스트리아-헝가리군의 동원 지체로 8월 12일에서야 이뤄졌다. 오스트리아-헝가리군은 6개 군 예하에 53개의 보병사단과 11개의 기병사단을 보유하고 있었지만, 발칸 지역에는 기병사단 1개를 포함한 17개의 사단과 5개 여단만을 투입했다. 이에 반해 세르비아군은 11개의 보병사단과 1개의 기병사단으로 오스트리아-헝가리군에 대응했다. 병력은 열세지만 참전 경험이 풍부한 세르비아군은 경험 부족과 다민족 혼합으로 결속력이 약한 오스트리아-헝가리군에 결코 만만치 않은 상대였다. 더군다나 오스트리아-헝가리는 세르비아보다 러시아와의 결전에 더 많은 전력을 배분해야 했기에 발칸 전선에는 최소한의 병력만 배치했다. 개전 초기 오스트리아-헝가리군과 세르비아군의 종합적인 전력 비교는 〈표 3〉과 같다.

〈표 3〉 개전 초기 오스트리아-헝가리군과 세르비아군 전력 비교

구 분	인구 (만명)	평시 병력 (만명)	전시 병력 (만명)	보병사단	기병사단
오스트리아-헝가리군	4,990	45	335	48	11
세르비아군	500	30	46	11	1

출처: John Ellis & Michael Cox, *The World War I Databook* (London: Aurum Press, 2001), pp. 109-111, 140-141, 245-246.

CHAPTER 4

전쟁 경과

1. 1914년: 기동력 상실과 전선의 형성

서부 전선

1914년 8월 2일, 룩셈부르크를 무혈점령한 독일은 서부 전선의 주력인 우익이 프랑스를 공격하기 위해 경유해야 할 벨기에에 우호적인 중립을 요구하는 최후통첩을 전달했다. 그리고 독일은 벨기에에 12시간 이내에 답변할 것을 요구했다. 벨기에의 알베르 1세^{Albert I}(재위: 1909~1934)는 심야 국무회의를 주재해 단호한 거부를 결정했다. 독일은 최후통첩을 통해 전쟁이 종료되면 벨기에의 영토 보전과 피해보상을 약속했다. 그러나 알베르 1세는 만약 독일이 전쟁에서 승리하게 된다면, 벨기에는 독일에 통합될 것이라며 독일의 제안을 거부했다.[31]

벨기에가 독일의 최후통첩을 거부하자, 마침내 독일군의 선두제대가 8월 4일 오전 8시, 벨기에 국경을 돌파했다. 제1차 세계대전의 본격적인 지상전이 서부 전선에서 시작된 것이다. 1839년에 영국, 프랑스, 프로이센, 러시아, 오스트리아의 5개국은 국제조약을 통해 벨기에의 영구 중립을 보장하기로 약속했다. 그러나 프로이센을 계승한 독일이 이를 위반하자, 영국은 이를 심각한 외교적 위반 행위로 간주했다. 그래서 독일에 군사행동 중단을 요청했으나, 독일이 이를 수용하지 않자 결국 영국은 삼국협상의 일환으로 전쟁에 참전하기로 결정했다.

독일군은 벨기에군의 저항을 쉽게 물리쳤다. 독일군은 비록 작전 초기에 리에주Liege 요새에서 강력한 저항에 직면했으나, 제2군의 부참모장이던 루덴도르프Erich Ludendorff(1865~1937)의 제안에 따라 요새 포위 이후, 강력한 포격을 동반한 집중공격으로 8월 16일, 리에주 요새를 함락시켰다. 개전 초기 벨기에군 저항의 핵심이었던 리에주 공방전에서 승리를 이끈 공로로 루덴도르프는 독일군 지도부의 주목을 받게 되었다. 리에주 요새 함락 이후 벨기에군은 패배를 거듭했고, 8월 20일에는 수도인 브뤼셀Brussel마저 함락되고 말았다.

조프르는 8월 8일, 일반명령 1호를 하달해 17계획에 따라 독일과의 국경선 전투를 개시했다. 8월 14일, 명령에 따라 프랑스 제1군과 제2군은 로렌 지역의 독일군에 대해 공세를 개시했다. 프랑스군은 공세 초기에는 독일 국경을 돌파해 내륙으로 40km 정도까지 진출했다. 그러나 이는 독일군이 의도적으로 프랑스군을 내륙으로 끌어들인 결과였다. 8월 20일부터 독일 제6군과 제7군이 사전에 구축한 요새에서 강력한 화력을 동반한 반격으로 대응함에 따라 프랑스군은 점차 수세로 몰리게되었다. 결국 프랑스군은 많은 손실을 입고 물러나야 했고, 8월 22일에는 낭시Nancy와 에피날Epinal을 연하는 방어선으로 철수해야만 했다. 하지만 독일군도 프랑스군의 완강한 저항으로 더 이상의 진격은 불가능했다. 특히 독일 제6군 사령관이던 바이에른 왕국의 루프레흐트Rupprecht von Bayern(1869~1955) 왕세자는 제2의 칸나에 전투Battle of Cannae를 구현하고자

Erich Ludendorff

◈ 루덴도르프 ◈

1885년에 장교로 임관한 이후 조기에 두각을 나타내 1894년에 장군참모장교로 선발되었다. 이후 1908년부터 1913년까지 총참모부 병참부장을 역임하며 슐리펜 계획의 수정 작업에 참여했다. 개전 초기 제2군 부참모장으로 부임하여 리에주 요새 함락을 주도해 명성을 높였다. 그 덕분에 1914년 8월, 동부 전선을 담당하던 제8군의 참모장으로 승진하여, 신임 사령관 힌덴부르크Paul von Hindenburg와 함께 탄넨베르크 전투Battle of Tannenberg에서 대승을 이끌어 조기에 동부 전선을 안정시켰다. 이후 1916년 8월, 베르됭 전투Bataille de Verdun의 패배로 팔켄하인Erich von Falkenhayn이 물러나자, 힌덴부르크와 함께 실질적인 총참모장으로서 군부독재에 의한 총력전을 주도했다.

하는 열망에 사로잡혀, 최초 전쟁 계획과는 맞지 않게 독일군 좌익에서 적극적인 공세를 추구했다. 하지만 9월 10일, 몰트케가 로렌 지역은 독일군이 적극적인 공세를 펼치기에는 적합하지 않은 지역이라 결론 내림으로써 전선은 점차 소강상태로 접어들게 되었다.[32]

전쟁이 시작되자 영국도 본격적으로 프렌치[John French](1852~1925)를 사령관으로 하는 해외원정군을 편성해 프랑스를 지원하기 시작했다. 하지만 8월 10일 당시, 프랑스에 상륙한 영국군은 4개 보병사단과 1개 기병사단에 불과했다. 영국군은 상륙 직후, 바로 전장으로 이동했다. 영국군이 최초 투입된 지역은 벨기에와 프랑스 국경에 위치한 몽스[Mons]였다. 영국군은 프랑스 제5군의 좌익에 배치되었다. 8월 23일, 독일 제1군은 몽스에서 영국군과 교전하며 최초의 전투를 벌였다. 영국군은 비교적 독일군의 공격을 잘 방어했으나, 영국군 우측에 배치된 프랑스 제5군이 철수하자, 영국군도 어쩔 수 없이 철수해야 했다.

〈표 4〉 개전 초기 서부 전선 투입 병력 현황(기준일: 8월 17일)

구 분	병력(명)	세부 현황(명)
독일군	1,485,000	제1군(320,000), 제2군(260,000), 제3군(180,000), 제4군(180,000), 제5군(200,000), 제6군(220,000), 제7군(125,000)
협상군(총계)	1,298,000	–
프랑스군	1,071,000	제1군(256,000), 제2군(200,000), 제3군(168,000), 제4군(193,000), 제5군(254,000)
영국군	110,000	–
벨기에군	117,000	–

출처: Arthur Banks & Alan Palmer, *A Military Atlas of The First World War* (South Yorkshire: Leo Cooper, 2004), pp. 30-31.

8월 말에 접어들면서 협상군은 프랑스와 독일 국경선에 배치된 우측 전선을 제외하고 모든 전선에서 퇴각하고 있었다. 독일군의 주력이 벨기에 북부를 지향했다는 사실이 명백해지자, 조프르는 제6군을 신편하여 영국군 좌측에 배치함으로써 전력을 보강했다. 독일군의 공격도 순조롭지만은 않았다. 8월의 한여름에 진행된 장거리 행군에서 독일군의 전투 피로는 극심했으며, 대규모 병력이 사용할 전투물자를 전선으로 추진하는 것도 결코 쉬운 일이 아니었다. 국경선까지는 독일의 철도망을 이용했지만, 전선으로 물자를 운반하기 위해 결국 마차를 이용해야만 했다. 더군다나 전투에 필수적인 약 150만 마리의 군마에 사료를 공급하는 것도 당시 독일군에게는 상당한 고충이었다. 한편 러시아군이 예상 밖으로 신속하게 공세로 전환하자, 위협을 느낀 몰트케는 서부 전선의 주력인 우익 전력에서 2개 군단*33을 차출하여 동부 전선으로 전환시켰다. 이로써 서부 전선의 독일군 우익은 전력이 더욱 약화되었다.

독일군 대우회기동의 핵심인 클루크Alexander von Kluck(1846~1934) 제1군 사령관은 좌측의 독일 제2군이 프랑스군의 저항으로 진격이 저지되어 30km 정도의 간격이 발생하자, 이를 메우기 위해 최초의 진격 방향에서 좌측으로 방향을 틀었다. 따라서 독일 제1군은 계획상 파리의 북서쪽에서 포위공격을 실시해야 하나, 이제는 파리의 북동쪽에서 포위공격을 하는 형상이 전개되었다. 문제는 클루크가 협상군의 방어선 가장 좌측을 영국군으로 알고 있었는데, 실제로는 프랑스군의 신편 제6군이 영국군 좌측에 배치되어 있었다는 것이다.

＊ 독일군 총참모부는 전쟁 계획 수립 전에 가정했던 것과 같이 러시아가 동원을 완료하고 침공을 개시하는 데 필요한 시간은 최소 6주라고 판단했다. 하지만 러시아군이 2주 만에 침공을 개시하자, 독일군 총참모부는 동부 전선의 상황을 심각하게 인식했다. 결국 독일군 총참모부는 한창 치열한 접전을 벌이던 서부 전선에서 제2군의 근위예비군단과 제3군의 제11군단을 동부 전선으로 전환하기로 결심했다.

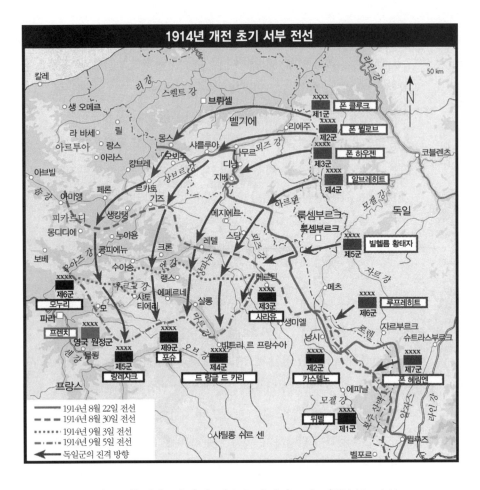

1914년 개전 초기 서부 전선

　　조프르는 9월 6일, 신편된 제6군 사령관 모누리Michel-Joseph Maunoury (1847~1923)에게 독일 제1군의 측방을 공격해 보급로를 차단하기 위한 공세를 개시하도록 했다. 서부 전선 개전 초기에서 가장 중요한 마른 전투Battle of the Marne가 시작된 것이다. 이에 독일 제1군은 진격 방향을 다시 서쪽으로 전환해 프랑스 제6군의 공세에 대응했다. 그리고 독일 제1군은 프랑스 제6군을 서쪽으로 밀어내면서 진격해나갔다. 마침 독일 제2군 사령관 빌로브Karl von Bülow(1846~1921)도 프랑스군의 방어선을 돌파함으로써 독일 제1군과 제2군의 간격은 더욱 벌어지게 되었다.

독일 제1군과 제2군의 간격이 발생하자, 영국군은 탐색전 차원에서 빈 공간으로 진출하기 시작했다. 이에 사태의 심각성을 인지한 제2군 사령관 뷜로브는 9월 9일, 공세를 중단하고 마른 강 선상으로 병력을 철수시켜 전선 간격을 재조정했다. 그리고 측·후방이 노출된 독일 제1군도 결국 엔Aisne 강으로 퇴각할 수밖에 없었다. 이로써 개전 초부터 파죽지세로 공세를 이어가던 독일군의 원대한 계획은 좌절되었다. 독일군이 파리를 대우회해 포위공격하려던 계획은 물론, 그동안 치밀하게 세웠던 전쟁계획이 하나씩 중단된 것이다.

독일군의 자발적 철수로 잠시나마 전선의 소강상태가 발생한 이 사건을 훗날 프랑스군은 '마른 강의 기적'이라고 불렀다. 마른 전투로 전쟁은 새로운 국면으로 전환되었다. 결국 그 여파로 9월 14일, 몰트케 총참모장이 물러나고, 팔켄하인Erich von Falkenhayn(1861~1922)이 새로운 총참모장으로 부임했다. 전쟁이 단기전으로 끝날 것이라는 희망은 점점 사라지고 있었다.

엔 강에서 대립하고 있던 프랑스 제6군과 독일 제1군은 서로 노출된 측방을 공격하면서 점차 전선이 북서쪽의 북해 방향으로 신장되기 시작했다. 양측은 자국의 예비전력을 신속히 북서쪽 전선으로 이동시켜가며 유리한 지형을 확보하기 위한 전투를 지속했다. 영국군의 증원에 따라 협상군은 서부 전선의 신장된 좌측 전선을 영국군에게 맡겼다. 독일군도 병력 재배치를 통해 이 공간에 병력을 새롭게 배치했다. 협상군과 독일군은 서로 측방을 우회공격하면서 적의 측·후방을 노렸으나, 결국 어느 쪽도 성공하지 못한 채 전선은 북서쪽으로 점점 신장되어갔다. 양측은 점차 신장된 전선에서 진지를 구축하며 대치하는 전형적인 진지전 양상이 조성되기 시작했다. 이러한 전선의 연장을 훗날 학자들은 '바다로의 경주The race to the sea'라고 불렀다.

10월 중순에 이르러 독일군 우익이 벨기에 해안에 도달함으로써 더

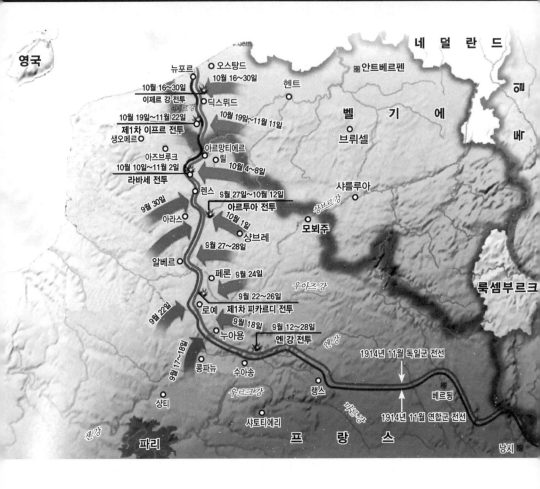

이상 우회할 공간이 없어지자, 독일군은 마침내 내륙에서의 전선 돌파를
위해 10월 19일부터 제5군과 제6군을 전환하여 이프르^{Ypres}를 점령하기
위한 제1차 이프르 전투^{First Battle of Ypres}를 개시했다. 하지만 전선에서 소모
되는 병력과 물자를 충족할 만큼의 추가 지원이 제한되어, 전투는 장기
화되었다. 결국 11월 20일까지 간헐적으로 진행된 전투에서 양측 모두
총 25만 명에 달하는 막대한 희생만을 남긴 채, 전선은 큰 변화 없이 교

착상태를 맞이했다. 그리고 이후부터 서부 전선은 전형적인 진지전 양상으로 고착되었다. 개전 초기의 기동력을 상실한 독일군과 적의 공세를 저지한 협상군 모두 상호 대치한 가운데 전선의 방어선을 강화해가면서 1914년 겨울 서부 전선은 그렇게 지나갔다.

동부 전선

7월 30일 오후 6시를 기해 러시아군에 총동원령이 선포되었다. 러시아군은 제1군과 제2군의 46만 명에 달하는 병력으로 돌출된 독일의 동부국경을 양면에서 공격하려 했다. 이에 맞서는 독일군은 제8군의 23만 병력으로 러시아군을 저지해야 했다. 러시아군은 충분한 병력을 동원해 전열을 갖춘 이후, 독일군에 대한 공세를 희망했다. 하지만 서부 전선에서 수세에 몰린 프랑스가 서부 전선에 대한 독일군의 압박을 완화시키기 위해 러시아군의 조기 개전을 독촉했다. 결국 프랑스의 지속적인 요청으로 러시아의 니콜라이 2세는 8월 8일, 개전을 결정했다. 그리고 그는 그나마 동원이 가장 많이 진척된 2개 군부터 먼저 독일군을 공격하도록 했다.

러시아군이 독일 동부 국경을 넘자, 8월 17일부터 본격적인 국경선 전투가 발생했다. 8월 20일에는 독일의 중요 국경도시인 굼빈넨Gumbinnen이 함락되고, 프로이센의 옛 수도이자 발상지인 쾨니히스베르크마저 위협받는 상황이 전개되었다. 러시아군의 예상치 못한 강력한 공세로 공황에 빠진 프리트비츠Maximilian von Prittwitz(1848~1917) 독일 제8군 사령관은 전열을 정비하기 위해 160km 후방에 있는 비스와Wisła 강까지 철수하겠다고 총참모부에 보고했다.

서부 전선에 집중하던 몰트케는 8월 22일, 동부 전선에서 일방적인 철수를 감행하던 프리트비츠 제8군 사령관을 전격적으로 해임했다. 그리고 동부 전선의 상황이 예상과 달리 심상치 않다고 판단한 몰트케는 서부 전선의 주력인 우익에서 2개 군단을 차출해 긴급하게 동부 전선으로 이동시켰다. 또한 프리트비츠의 후임으로 예비역 신분이던 힌덴부르크Paul von Hindenburg(1847~1934)를 현역으로 복귀시켜 임명했다. 그리고 그를 보좌할 참모장으로 서부 전선 초기 리에주 요새 함락에 결정적으로 기여한 루덴도르프를 임명했다. 지휘부 교체 시기의 독일 제8군은 장군참모 출신의 참모장 호프만Max Hoffmann(1869~1927) 대령이 대응하고 있었다.

러시아군은 독일군의 지휘부가 교체되는 절호의 기회를 놓치고 말았다. 독일 제8군의 정면을 담당하던 러시아군의 레넨캄프Paul von Rennenkampf(1854~1918) 제1군 사령관은 남쪽의 삼소노프Alexander Samsonov(1869~1914) 제2군 사령관과 협조된 공격을 하지 않고 각자 개별적으로 서서히 진격했다. 특히 동원과 개전 준비가 부족한 가운데 일단 공세로 나선 러시아군은 훈련과 군기도 엉망이었다. 그래서 이동 간 중요 상황을 대부분 평문으로 보고하는 바람에 독일군은 러시아군의 이동 상황을 사전에 파악할 수 있었다.

호프만은 신임 사령관이 도착해 작전을 지시하기에는 시간이 촉박하다고 판단하여 선제적으로 긴급 작전명령을 하달했다. 기동성 있는 1개 기병사단으로 전방의 러시아 제1군을 고착 견제하고, 나머지 10개 사단은 러시아 제2군에 대한 포위섬멸작전을 위해 열차로 러시아와의 동남부 국경선 상에 있는 탄넨베르크Tannenberg 일대로 이동시켰다. 이러한 호프만의 대담한 전면적 기동은 8월 20일부터 시작되었다. 그리고 8월 23일, 힌덴부르크와 루덴도르프는 마리엔부르크Marienburg에서 호프만의 대담한 작전 계획을 보고받고 추인했다.[34]

독일 제8군 예하 제1기병사단은 평원의 지형적 특징을 활용하여 사단을 소규모 제대로 분산시켜 빈번하게 이동시킴으로써 마치 대규모 전력

●●● 탄넨베르크 전투 중에 이동하고 있는 독일군. 독일과 러시아 간에 벌어진 탄넨베르크 전투에서 러시아 제2군은 독일 제8군에 포위당해 괴멸적인 피해를 입었다. 결국 삼소노프 제2군 사령관은 절망에 빠져 모든 책임을 지고 자살했다. 그리고 러시아 제2군은 군단장 5명 중 2명이나 포로로 잡힘으로써 전투가 종료되었을 때 실질적인 주력은 더 이상 존재하지 않았다. 〈출처: WIKIMEDIA COMMONS | Public Domain〉

◈ 탄넨베르크 전투(1914년 8월 26~31월) ◈

프랑스의 독촉으로 조기 개전에 돌입한 러시아군은 2개 군, 46만 명(26개 사단)으로 독일 제8군의 23만 명(11개 사단)을 양익포위 공격하고자 했다. 독일군은 병력뿐만 아니라 화력에서도 열세였다. 독일군은 774문의 화포를 보유했으나, 러시아군은 1,428문을 보유했다. 하지만 독일군의 대담한 전략적 기동으로 대규모 포위망에 갇힌 러시아 제2군은 7만 명이 전사하고, 9만 2,000명이 포로로 잡혀 해체되었다. 반면에 독일군은 1만 5,000명의 사상자만 발생했다.

탄넨베르크 전투는 독일군 장군참모제도의 우수성이 돋보인 전투였다. 장군참모장교였던 호프만 대령은 지휘관 교체 시기에도 불구하고 러시아군의 공세를 저지하기 위해 대담한 전략적 기동계획을 구상하여 선제적으로 추진했고, 장군참모장교 출신의 루덴도르프는 호프만 대령의 작전계획에 공감하며 이 계획을 즉시 추인했다. 이에 반해 러시아군은 숙달된 인원의 부족으로 평문 통신을 활용함으로써 작전 보안을 위배했고, 제1군과 제2군은 상호 비협조적인 단독 작전지휘로 독일군의 움직임을 전혀 파악하지 못했다. 결국 러시아군은 전체 병력에서는 우위였으나, 기동을 통한 결정적 작전으로 독일군에게 각개격파당했다.

Battle of Tannenberg

탄넨베르크 전투에서 독일군에게 포로로 잡힌 러시아군.

WIKIMEDIA COMMONS | Public Domain

이 주둔하고 있는 것처럼 위장했다. 이에 기만당한 러시아 제1군은 독일군의 전력이 건재하다고 인식하여 신중하게 진격하기 시작했다. 더군다나 취약한 병참선으로 인해 침공을 개시한 지 얼마 되지 않았지만, 러시아 제1군과 제2군 모두는 보급 지원에 문제가 발생하기 시작했다. 특히 병력이 먹을 식량과 당시 수송수단의 핵심이었던 군마에 대한 건초 부족은 심각한 상황이었다. 그러나 러시아 제2군은 자신들이 독일 제8군의 포위망으로 걸어 들어가고 있다고는 생각지도 못한 채, 마치 자신들이 독일 제8군의 측·후방을 공격한다고 착각했다. 8월 26일, 탄넨베르크 전투Battle of Tannenberg에서 러시아 제2군은 독일 제8군에 포위당해 괴멸적인 피해를 입고 말았다. 결국 삼소노프 제2군 사령관은 8월 30일, 절망에 빠져 모든 책임을 지고 자살했다. 그리고 러시아 제2군은 군단장 5명 중 2명이나 포로로 잡힘으로써 8월 31일 전투가 종료되었을 때 실질적인 주력은 더 이상 존재하지 않았다.

러시아 제2군을 괴멸시킨 독일 제8군은 다시 신속히 병력을 북상시켜 제1기병사단이 고착 견제하던 러시아 제1군을 집중 공격했다. 9월 7일, 러시아 제2군의 붕괴 소식에 위축된 제1군은 마주리안Masurian 호수 일대에서 벌어진 전투에서 큰 피해를 입고 패배했다. 결국 러시아군은 철수할 수밖에 없었고, 독일군은 9월 17일, 국경선을 다시 회복했다. 독일 제8군이 단독으로 러시아 2개 군을 격퇴시키는 동안 서부 전선에서 차출된 2개 군단은 전투에 투입되지 못했다. 결과적으로 개전 초기 서부 전선의 핵심 전력이었던 2개 군단은 개전 초기 양개 전선의 중요 전투에서 아무 역할도 하지 못하고 낭비되고 말았다.*35

---

* 루덴도르프는 전쟁 계획 수립에 직접 참여했기에 슐리펜 계획의 핵심인 서부 전선 우익에 최대한의 병력을 집중해야 함을 잘 알고 있었다. 따라서 총참모부에서 2개 군단을 동부 전선으로 전환한다는 방침에 놀랐고, 전환할지라도 이동 시간으로 인해 탄넨베르크 전투에 투입할 수 없다고 판단하여 반대의견을 제시했다.

오스트리아-헝가리는 러시아의 동원 능력이 부족하다고 판단해, 8월 말까지는 러시아에 대한 병력의 우위를 점할 수 있을 것이라고 판단했다. 이에 회첸도르프Franz Conrad von Hötzendorf(1852~1925) 오스트리아-헝가리군 참모총장은 4개 군(제1~4군)을 러시아와의 국경선에 배치했다. 그러나 러시아는 예상 밖으로 신속하게 병력을 동원해 오스트리아-헝가리를 공격하기 위해 남서전선군 예하 4개 군(제3·4·5·8군)을 전선으로 이동시켰다. 공교롭게도 독일군과의 전투에 투입할 예정이던 러시아 제9군은 탄넨베르크 전투로 러시아군이 패배함에 따라 오스트리아-헝가리 전선으로 이동했다. 따라서 러시아 남서전선군의 전력은 5개 군으로 증강되어 오스트리아-헝가리군보다 우위를 확보했다. 8월 23일, 오스트리아-헝가리군은 선제공격을 실시했으나, 러시아군의 반격에 밀려 9월 3일에는 국경 거점도시인 렘베르크Lemberg를 상실했다. 그리고 오스트리아-헝가리군은 9월 26일에는 국경에서 160km나 후퇴한 카르파티아Carpathia 산맥 선상까지 철수했다. 또한 오스트리아-헝가리령 폴란드 지역인 갈리치아Galicia도 상당 부분 상실하고 말았다.

오스트리아-헝가리군이 러시아군과의 국경선 전투에서 고전하자, 동맹국인 독일의 고민도 깊어갔다. 동맹국 입장에서 오스트리아-헝가리군의 패전을 방관할 수는 없었기 때문에 팔켄하인은 독일 제8군 대부분을 오스트리아-헝가리 국경에 인접한 슐레지엔으로 이동시켰다. 그리고 9월에 슐레지엔에서 제8군 일부 부대를 모체로 신규 제9군을 창설했다. 병력을 증강한 독일과 오스트리아-헝가리 동맹군은 10월 4일부터 러시아령 바르샤바Warszawa에 대한 공격을 개시했다. 하지만 바르샤바 전투에서 오스트리아-헝가리군의 무능과 독일군의 절대적 병력 부족으로 동맹군은 바르샤바를 목전에 두고 철수해야만 했다.

11월 1일부로 독일군 동부 전선 총사령관으로 취임한 힌덴부르크는

11월 11일, 독일 제9군으로 바르샤바 공략을 재시도했다. 그리고 서부 전선에 집착하던 총참모부는 추가적인 병력 지원 없이 현재의 전력으로 동부 전선을 유지하도록 했다. 따라서 절대적인 병력 부족에 놓인 독일군은 4개 군으로 구성된 러시아 북서전선군의 대군을 막아내기에 급급했다. 독일의 바르샤바 점령은 결국 무산되었다. 하지만 독일군의 효과적인 방어로 러시아군의 베를린 진출도 동시에 좌절되었다. 전선의 큰 변화 없이 상호 공방만 지속하는 가운데 겨울이 찾아오자 11월 25일, 독일군과 러시아군의 전투는 소강상태로 접어들었다.

오스트리아-헝가리군도 독일군을 지원하기 위해 11월 18일부터 크라쿠프^{Kraków} 방향으로 공격을 재개했다. 하지만 러시아 5개 군으로 편성된 남서전선군이 완강하게 저항하면서 오스트리아-헝가리군의 공세는 중단되고 말았다. 특히 브루실로프$^{Aleksei\ Brusilov}$(1853~1926) 러시아 제8군 사령관은 카르파티아 산맥을 넘어 헝가리 지역까지 진출했다. 하지만 오스트리아-헝가리군의 반격으로 카르파티아 산맥의 주요 거점이 봉쇄되자, 러시아 제8군은 철수할 수밖에 없었다. 결국 12월 중순, 전선은 국경선 인근의 최초 상태로 되돌아갔다. 상호 교차된 전투로 동맹군과 러시아군 모두 상당한 병력의 손실을 입었으며, 양측은 전쟁이 단기간에 끝나지 않을 것임을 인식하게 되었다.

발칸 전선

세르비아를 응징하기 위한 오스트리아-헝가리의 동원령은 7월 25일 오후 9시, 프란츠 요제프 1세의 승인을 받아 선포되었다. 하지만 오스트리아-헝가리군의 많은 병사들이 추수철을 맞아 대규모 추수 지원 휴가를 진행 중이어서 병사들의 복귀는 7월 29일부터 시작되었다. 이에 회첸도르프는 세르비아에 대한 오스트리아-헝가리의 선전포고를 8월 초까지 연기할 것을 건의했으나, 베르히톨트의 반대로 7월 28일, 결국 세르비아에 전달되었다. 선전포고 전달 직후인 7월 29일 새벽 1시, 오스트리아-헝가리군은 국경에 인접한 세르비아의 기존 수도인 베오그라드에 포격을 가함으로써 군사적 대응을 개시했다.

발칸 전선의 오스트리아-헝가리군은 8월 12일, 보스니아-헤르체고비나 주둔 사령관이던 포티오레크 장군을 총사령관으로 하여 2개 군(제5·6군) 예하 19개 사단, 25만 명의 병력으로 세르비아를 침공했다. 이에 세르비아는 발칸 전쟁에서의 참전 경험이 풍부한 3개군(제1~3군) 예하 12개 사단, 18만 명의 병력으로 오스트리아-헝가리군에 대항했다. 최초에는 오스트리아-헝가리군이 우세했지만, 8월 19일의 야다르 강 전투Battle of the Jadar에서 오스트리아-헝가리군은 세르비아군의 완강한 저항으로 방어선 돌파에 실패하고 말았다. 결국 8월 21일, 기세등등하게 세르비아를 침공한 오스트리아-헝가리군은 세르비아군이 입은 피해의 두 배에 달하는 3만 8,000명의 피해를 입은 채 다시 최초의 국경선으로 철수해야만 했다.

전열을 재정비한 오스트리아-헝가리군은 9월 8일에 다시 침공을 재개해 세르비아군을 최대 내륙으로 130km 정도 몰아냈지만, 세르비아군의 강렬한 저항으로 9월 17일, 더 이상의 진출은 중단되었다. 11월 1일, 오스트리아-헝가리군은 세르비아군에 대한 3차 공세를 개시했다. 그래서 12월 2일에는 기존 수도인 베오그라드를 점령하기도 했다. 그러나 시간이 지날수록 페타르 1세Petar I(재위: 1903~1921)의 애국적 리더십으로 세르비아군이 단합하면서 저항 강도도 증가했다. 특히 12월 12일, 콜루바라 전투Battle of Kolubara에서 오스트리아-헝가리군이 패배하면서 전세는 다시 전환되고 말았다. 결국 12월 15일, 세르비아군이 베오그라드를 탈환하면서 양국은 최초의 국경선으로 되돌아갔다.

　3차에 걸친 공세를 통해 오스트리아-헝가리군은 22만 7,000명의 전사자와 45만 명의 부상 및 실종자가 발생했다. 세르비아군은 17만 명의 사상자만 발생함으로써 오스트리아-헝가리군의 피해가 훨씬 컸다.[36] 이후 오스트리아-헝가리군은 러시아군의 침공에 전력을 집중하면서 발칸 전선은 소강상태를 맞이하게 되었다. 결국 개전에 영향을 미친 가장 중요한 당사국이었던 오스트리아-헝가리는 세르비아에 대한 세 차례에 걸친 공세 끝에 아무것도 얻지 못한 채 1914년의 겨울을 맞이하게 되었다.

2. 1915년: 전선의 고착과 전장의 확대

서부 전선

1914년의 겨울을 보내면서 양측 모두 예상 밖의 전력 소모와 전쟁의 장기화로 지쳐갔다. 슐리펜 계획의 실패로 인해 독일군의 초기 공세가 좌절되면서 양측은 측방에 대한 우회공격을 지속적으로 시도했다. 그 결과 전선은 더 이상 우회가 불가능한 해안까지 연장되었다. 이는 동부 전선도 마찬가지였다. 과거 그 어떤 전쟁에서도 보지 못했던 참호선이 전선을 따라 형성되었다. 국가별로 점령 지역의 지형에 따라 형태는 달랐지만, 궁극적으로 적의 사격으로부터 아군을 보호하기 위해 지면을 굴토해 장기전 수행이 가능한 횡적인 방어선을 구축했다는 점에서는 일치했다. 서부 전선은 북해에 인접한 벨기에 뉴포르Nieuport에서 스위스 국경과 인접한 독일의 프라이부르크Freiburg까지 연결되었다. 동부 전선은 발트 해에 인접한 독일의 메멜Memel에서 오스트리아-헝가리의 체르노비츠Czernowitz 인근의 루마니아 국경까지 연결되었다. 양대 전선을 모두 합쳐

●●● 1914년의 겨울을 보내면서 양측 모두 예상 밖의 전력 소모와 전쟁의 장기화로 지쳐갔다. 그 결과, 최대한 소규모 병력으로 적의 공세를 저지할 수 있도록 참호를 강화해 그 어떤 전쟁에서도 보지 못했던 참호선이 전선을 따라 형성되었다. 이로써 제1차 세계대전은 지리멸렬한 참호전 양상을 띠게 되었다. 위 사진은 1915년 서부 전선에 구축된 독일군 참호의 모습이고, 아래 사진은 독일군 진영의 참호로 화염방사기를 발사하고 있는 모습이다. 〈출처: WIKIMEDIA COMMONS | Public Domain〉

2,100km에 달하는 참호선[37]이 형성되었다. 그리고 양측의 참호선 사이에는 '무인지대No Man's Land'라고 불리는 중간지대가 존재했다. 상대적으로 지형이 험악한 동부 전선의 무인지대는 3km 내외로 비교적 폭이 넓었다. 하지만 평지 위주의 서부 전선에 위치한 무인지대는 폭이 200m 내외로 양측이 상당히 근접해 있었고, 경우에 따라서는 30m 정도로 매우 근접한 지역도 존재했다.[38]

양측은 단기간의 결전으로 전쟁의 승패가 결정되지 않으리라고 생각했다. 그래서 최대한 소규모 병력으로 대군의 공세를 저지할 수 있도록 참호를 강화했다. 특히 팔켄하인은 서부 전선이 고착됨에 따라 동부 전선의 위기를 극복하기 위해 서부 전선에서 일부 병력을 동부 전선으로 전환해야 했다. 동부 전선의 러시아군은 독일군의 예상과는 달리 강력했고, 동맹국인 오스트리아-헝가리군의 전력은 예상외로 취약했다.

프랑스는 독일군의 초기 공세로 영토의 10%를 상실했다. 상실된 영토의 크기는 작았지만, 그 지역은 프랑스의 장기전 수행을 위해 필요한 주요 지하자원 산지였다. 그래서 프랑스군은 전선이 교착되자, 1914년 12월 17일부터 아르투아Artois와 샹파뉴Champagne 지역에 대해 동계 공세를 개시했다. 하지만 프랑스군은 3월 17일까지 동계 악천후 속에서 감행한 두 차례의 전투에서 큰 성과가 없었다. 프랑스군은 3km 전진을 위해 9만 명의 사상자를 감수해야만 했다. 결국 프랑스군의 동계 공세는 전선의 큰 변화 없이 병력의 대량 손실만 남겼다.

프랑스군의 공격 부담을 덜기 위해 영국군도 3월 10일, 뇌브 샤펠Neuve Chapelle에서 제1군으로 공격을 감행했다. 작전 초기 영국군은 500문의 화포를 이용한 맹렬한 포격으로 독일군의 저항과 무인지대에 설치된 장애물을 제거하면서 1km 정도의 돌파구를 형성했다. 하지만 영국군이 돌파구를 확대하기 위한 예비전력의 투입과 전선 진출에 따른 지속적인 화력지원을 제공할 포병의 기동 속도보다 독일군 예비전력의 방어진지 보강이 더 신속했다. 종심 깊이 촘촘히 구축된 참호선 자체는 공격군보다는 방어군에게 절대적으로 유리했던 것이다. 참호선을 통해 독일군은 예비전력의 희생을 최소화한 가운데 신속히 전선으로 증원전력을 투입할 수 있었다. 결국 영국군의 공세는 1만 1,700명의 사상자만 남긴 채, 작전 개시 3일 만인 3월 12일에 종료되었다. 반면 독일군의 사상자는 8,600명에 그침으로써 참호를 활용한 진지전은 공격군보다 방어군에게 절대적으로 유리한 전투라는 것을 다시 한 번 입증했다. 영국군은 독일군이 점령하고 있던 뇌브 샤펠을 탈환한 것에 만족해야 했다.[39]

독일군도 공세를 재개했다. 4월 22일 오후 5시, 독일 제4군은 이프르 지역에서 제1차 세계대전 최초로 염소 가스[*40]를 동반한 제2차 이프르 전투Second Battle of Ypres를 개시했다. 독일군은 짧고 강력한 공격준비사격 이후, 협상군 방향으로 5,730개의 가스통을 개방해 무려 168톤에 달하는 가스를 흘려보냈다. 실험적 성격의 전투에서 당황한 협상군은 혼란 속에 퇴각함으로써 8km 구간의 전선에 공백이 발생했다. 하지만 독일군 역시 가스 공격에 대한 전술적 효용성과 기습효과에 대한 불신으로 충분한 예비대를 확보하지 않았고, 염소 가스에 대한 노출을 우려해 적극적으로 공격하지는 못했다. 그 결과 협상군은 8km 후방으로 철수해 새로운 방어선을 편성함으로써 전면적인 전선 붕괴는 발생하지 않았다.[41]

2일 후인 4월 24일, 독일군의 추가적인 염소 가스 공격에 대해 협상군도 염소 가스의 특성을 고려해 물에 적신 수건으로 얼굴을 가림으로

---

* 제1차 세계대전 기간 동안, 다양한 형태의 가스 공격으로 인한 전사자는 영국군 6,000명, 독일군 9,000명, 프랑스군 8,000명, 상대적으로 개인전투장비가 빈약한 러시아군은 5만 6,000명에 달했다. 개전 초기 독일군 지휘부는 1907년 독일도 서명한 헤이그 협약(Hague Convention)에서 금지한 화학 물질의 사용을 주저했으나, 전선의 교착상태를 타개하기 위해 화학자들의 조언을 따라 사용을 결정했다.

●●● 가스 공격으로 괴로워하는 병사. 독일군은 교착된 전선을 돌파하기 위해 제2차 이프르 전투에서 제1차 세계대전 최초로 염소 가스 공격을 감행했지만, 가스 공격에 대한 전술적 효용성과 기습효과에 대한 불신으로 충분한 예비대를 확보하지 않았고, 염소 가스에 대한 노출을 우려해 적극적으로 공격하지는 못했다. 또한 독일군이 시도한 염소 가스 공격은 수시로 변하는 풍향에 영향을 받아 경우에 따라서는 독일군 진지로 흘러들어 오히려 독일군에게 피해를 주는 경우도 종종 발생했다. 따라서 독일군은 교착된 전선을 돌파하기 위해 최초의 염소 가스 공격을 감행했지만 효과는 크지 않았다. 〈출처: WIKIMEDIA COMMONS | Public Domain〉

써 독일군이 기대한 것 같은 전선 붕괴는 일어나지 않았다. 독일군도 최초의 기습효과를 극대화할 예비전력이 충분하지 않았기 때문에 근본적인 전선 돌파는 불가능했다. 또한 독일군이 시도한 염소 가스 공격은 수시로 변하는 풍향에 영향을 받아 경우에 따라서는 독일군 진지로 흘러들어 오히려 독일군에게 피해를 주는 경우도 종종 발생했다. 따라서 독일군은 교착된 전선을 돌파하기 위해 최초의 염소 가스 공격을 감행했지만 효과는 크지 않았다. 5월 25일까지 간헐적으로 지속된 제2차 이프르 전투는 일부 능선을 독일군이 확보함으로써 돌출부에 대한 종심을 축소시킨 것 외에 특별한 성과는 없었다. 최초의 염소 가스가 사용된 제2차 이프르 전투를 통해 공격을 시도한 독일군은 3만 5,000명의 사상자가 발생했고, 협상군은 영국군 5만 9,300명, 프랑스군 1만 명, 벨기에군 1,500명 등 총 7만 800명의 사상자가 발생했다.[42]

5월 2일, 동부 전선에서 러시아군에 대한 동맹군의 대대적인 공세가 개시되자, 러시아는 서부 전선을 담당하고 있는 협상군의 전면적인 공세 개시를 요청했다. 이에 프랑스군은 뒤르발Victor d'Urbal(1858~1943)이 지휘하는 제10군에게 비미Vimy 능선을 공격하도록 했다. 6일에 걸쳐 1,200문의 화포를 이용한 강력한 공격준비사격을 실시한 프랑스군은 5월 9일, 공격 개시 90분 만에 4km를 진격해서 목표인 비미 능선을 예상보다 빨리 점령했다. 하지만 추가적인 예비대의 투입이 지연되면서 독일군의 반격에 다시 능선을 피탈 당했다. 5주에 걸친 공세에서 프랑스군은 8km 진출하기 위해 10만 명의 사상자를 감수해야 했다. 이 공세를 통해 협상군은 전선 돌파를 위해 초기에 집중적인 포병사격의 중요성을 절감했다. 그리고 이를 통해 전선에서 급격히 증가하는 포탄 소요를 충족하기 위한 포탄 생산과 보급은 양측 모두에게 승리를 위한 핵심 요건으로 인식되었다.

7월 7일, 파리에서 북쪽으로 40km 이격된 샹티Chantilly에서 최초의 협상군 전쟁 회의가 개최되었다. 전쟁 회의 이후 협상군의 본격적인 공세는 9월 25일, 아르투아와 샹파뉴 지역에서 개시되었다. 35개 사단을 투입한 프랑스군은 공격 개시 4일 전부터 공격준비사격을 실시한 덕분에 신속하게 독일군 제1방어선을 돌파할 수 있었다. 하지만 독일군의 즉각적인 예비대 투입으로 프랑스군의 공세는 점차 둔화되었고, 공세는 1주일 만에 중단되었다. 10월 6일에 전열을 정비한 프랑스군이 공격을 재개했지만, 10월 31일까지 진행된 공세에서 프랑스군의 전선은 3km 정도 진출한 것에 그쳤다. 독일군의 8만 5,000명에 비해 프랑스군은 거의 두 배에 가까운 14만 4,000명의 사상자가 발생함에 따라 제2차 상파뉴 전투Second Battle of Champagne는 의미 없는 전투가 되고 말았다.

영국군도 프랑스군의 아르투아와 상파뉴 전투에 발맞춰 공세를 재개했다. 9월 25일 오전 5시 50분, 헤이그Douglas Haig(1861~1928)가 지휘하는 영국군 제1군은 5,240개의 가스통을 이용한 염소 가스 공격을 개시했다. 하지만 풍향에 민감한 염소 가스는 무인지대에 정체되거나 역으로 아군 진지 방향으로 흘러오면서 큰 효과를 거두지는 못했다. 가스 공격 40분 후, 영국 제1군은 루스Loos를 공격했다. 전투 초기 영국군은 가스 공격의 성과로 전술적 목표인 루스를 확보했다. 이후 영국군은 조기에 예비대를 투입하여 독일군 제2방어선을 돌파하려 했으나, 예비대의 지연 투입으로 전투에서 큰 성과를 얻지는 못했다. 결국 10월 8일, 영국군은 5만 명 이상의 사상자만 남긴 채 공세를 중단해야 했다. 그리고 12월 19일, 루스 전투에서의 부적절한 예비대 운용에 대한 책임을 지고 프렌치 장군이 영국원정군 총사령관에서 물러나고 후임으로는 제1군 사령관이던 헤이그가 승진 임명되었다.

1915년 내내 협상군은 다양한 공세를 시도했다. 전투 경험을 통해 공격 개시 이전 강력한 공격준비사격에 이은 보병의 돌격으로 적의 1차 방어선을 점령하는 것은 가능했다. 그러나 독일군은 촘촘히 구성된 참호선을 이용해 즉각적으로 예비대를 투입했다. 반면에 협상군은 전과 확대를 위한 예비대 투입과 포병의 전방 지원을 위한 기동이 상대적으로 지연됨에 따라 궁극적인 전선의 돌파구 확대나 붕괴는 불가능했다. 협상군 지휘부는 여전히 축차적인 전투를 통한 점진적인 지역 확보에 집착했다. 결국 12월 29일, 조프르와 헤이그가 1916년 여름에 대공세를 감행하기로 결정했다. 협상군 지휘부의 이런 안일한 인식은 1916년 대량학살로 기록될 대공세의 전조였다.

동부 전선

1914년 12월 중순 이후 동부 전선은 소강상태를 맞이했다. 그러나 러시아군은 소강상태 기간 동안 지속적으로 병력을 증강했다. 독일군은 1915년 2월 7일부터 제2차 마주리안 호수 전투로 러시아군에 대한 공세를 재개했다. 하지만 3월 말 해빙기가 되어 초원이 진흙탕으로 바뀌자, 기동의 제한으로 전선은 다시 교착상태로 접어들었다. 양측 모두 상당한 피해를 입었으나, 러시아군의 피해가 좀 더 극심했다. 하지만 전선에는 큰 변화가 없었다.

오스트리아-헝가리군은 독일군보다 먼저 선제적으로 러시아군에 대한 공세를 재개했다. 1월 23일, 오스트리아-헝가리군은 20개 사단으로 러시아 제8군에 대한 공격을 재개했다. 하지만 전선 돌파에는 실패했고, 6만 5,000명의 병력 손실만 발생했다. 2월 27일, 오스트리아-헝가리군은 2차 공세를 개시했고, 결국 러시아군을 드네스트르^{Dnestr} 강 동안으로 몰아내는 데 성공했다. 반격에 나선 러시아군은 3월 22일, 오스트리아-헝가리군의 프셰미실^{Przemysl} 요새를 함락시킴과 동시에 카르파티나 산맥에 배치된 전 병력이 공격을 개시했다. 그러나 전투물자의 조기 고갈로 전과 확대에 실패하면서 전선은 다시 교착상태로 접어들었다.

서부 전선 못지않게 동부 전선도 치열한 접전이 이어졌다. 하지만 독일군의 생각과 달리 오스트리아-헝가리군은 너무나 취약했다. 오스트리아-헝가리군이 보여준 취약성의 노출은 주변국들의 도발을 야기했다. 특히 개전 직후 삼국동맹에서 탈퇴하고 중립을 선언한 이탈리아와 발칸 반도의 루마니아가 오스트리아-헝가리의 영토에 관심을 가짐에 따라 독일군은 동부 전선에서 획기적인 승리가 필요하다고 판단했다. 따라서 독일군은 서부 전선에서 현 상태를 유지한 가운데, 동부 전선에서 러시아에 대대적인 공세를 개시하고자 했다. 이를 통해 독일군은 러시아군의 세력을 약화시켜 스스로 공세를 포기하거나 동부 전선에서 이탈하도록 만들려고 했다.

팔켄하인과 회첸도르프는 5월에 동부 전선에서 대규모 공세를 개시하기로 합의했다. 공세를 위해 독일군은 서부 전선에서 전환한 8개 사단으로 제11군을 신편했고, 오스트리아-헝가리군은 제3군과 제4군을 투입하기로 계획했다. 동맹군은 총 22개 보병사단과 1개 기병사단으로 공격 집단군을 편성했고, 이에 대항하는 러시아 제3군은 19개 사단에 불과했다. 특히 병력 규모보다 심각한 전력 차이는 포병에서 두드러졌다. 공세 당시 동맹군은 334문의 중포를 보유했으나, 러시아군은 4문에 불과했다. 중포에 비해 사거리가 짧은 야전포는 동맹군이 1,272문을 보유했고, 러시아군은 675문을 보유했다. 그리고 이제 막 전장에 등장하기 시작하여 러시아군은 미처 보유하지 못한 박격포를 동맹군은 96문이나 보유했다. 결국 러시아군은 화력의 절대적 열세 속에서 동맹군의 공세에 직면했다.[43]

5월 2일, 동맹군은 4시간에 걸친 공격준비사격 이후에 공격을 개시했다. 고를리체-타르누프 전투Gorlice-Tarnów offensive가 시작된 것이다. 서부 전선과 달리 이런 형태의 집중적인 공격준비사격을 경험해보지 못했던 동부 전선의 러시아군이 공황상태에 빠지면서 전선은 급속히 붕괴되었다. 결국 러시아 제3군의 붕괴로 측면이 위협받게 된 러시아군은 전선 재조정을 선택할 수밖에 없었다. 이에 따라 러시아군은 카르파티아 산맥에서 전면적으로 철수했다. 독일 제11군단장 마켄젠August von

●●● 1915년 5월 동맹군과 러시아군의 심각한 전력 차이는 포병에서 두드러졌다. 5월 2일 공세 당시 동맹군은 334문의 중포를 보유했으나, 러시아군은 4문에 불과했다. 중포에 비해 사거리가 짧은 야전포는 동맹군이 1,272문을 보유했고, 러시아군은 675문을 보유했다. 그리고 이제 막 전장에 등장하기 시작하여 러시아군은 미처 보유하지 못한 박격포를 동맹군은 96문이나 보유했다. 5월 2일, 동맹군은 4시간에 걸친 공격준비사격 이후에 공격을 개시했다. 집중적인 공격준비사격을 경험해보지 못했던 러시아군이 공황상태에 빠지면서 전선은 급속히 붕괴되었다. 사진은 당시 독일군이 보유한 21cm 뫼르저(Mörser) 16 중곡사포의 모습이다. 〈출처: WIKIMEDIA COMMONS | Public Domain〉

Mackensen(1849~1945)은 동맹군의 핵심 전력으로 러시아군을 계속 압박했다. 러시아군은 제3군의 붕괴와 동시에 좌익에 있던 제8군도 측방이 위협받게 되자, 6월 17일에 전선 축소를 위해 갈리치아에서 전면적인 퇴각을 결정했다. 팔켄하인은 고를리체-타르누프 전투로 동부 전선을 안정시킨 뒤, 발칸 전선에 집중할 계획이었다. 하지만 동부 전선 독일군 총사령관인 힌덴부르크가 이 기회를 살려 독일군의 러시아군에 대한 공세를 제안하자, 이를 승인하고 말았다.

동부 전선의 독일군도 7월 13일부터 단독 공격을 재개했다. 갈리치아에서의 대패로 혼란에 빠진 러시아군은 철수작전을 전개했다. 이 과정에서 8월 5일, 바르샤바마저 함락되자, 러시아군은 나폴레옹의 러시아 원정 때 적용했던 공간을 활용해 시간을 버는 초토화 전략으로 전환했다. 동부 전선에서 러시아군이 전면적인 퇴각을 단행하기는 했지만, 이는 독일군의 압박 때문이었다. 결국 러시아군은 480km나 후퇴하고 말았다. 오스트리아-헝가리군은 독일군의 지원으로 전선을 유지했지만, 점차 한계에 봉착하고 있었다.

1915년 초기 동계 전투 이후, 독일군과의 연합공세 기간 동안 오스트리아-헝가리군은 125만 명이 넘는 사상자가 발생함으로써 매우 취약해졌다. 그마나 개전 초기 경험 많고 숙련된 베테랑 군인들을 대부분 상실함으로써 오스트리아-헝가리군은 대부분 신병으로 보충된 상태였다.[44] 하지만 러시아군은 전면적인 철수로 인해 전선이 1,600km에서 1,000km로 축소되면서 전선 재조정이 가능해졌고, 역설적이게도 병참선이 단축되면서 전투물자 지원이 더 용이해졌다. 러시아군은 동맹군의 5월 공세 이후 100만 명의 사상자와 75만 명에 달하는 인원이 포로가 되었지만, 여전히 500만 명 이상의 동원 가능한 많은 예비전력을 보유하고 있었다. 러시아군은 5월 공세에서 상당한 피해를 입었지만, 동맹군

은 동부 전선에서 러시아군에 대한 전략적 우위를 확보하지는 못했다.[45]

발칸 전선

전쟁의 화마는 발칸 지역의 국가들에게도 영향을 미쳤다. 오스트리아-헝가리는 1914년 세르비아와의 전쟁에서 많은 피해를 입은 상태라 섣불리 전투를 재개하는 것을 주저하고 있었다. 그래서 영토적 야심을 품은 불가리아를 설득해 참전할 것을 종용했다. 발칸 지역의 국가들은 대부분 슬라브족 계통으로 친러정책을 추진했으나, 불가리아는 영토 확장을 위해 최종적으로 동맹국과 손을 잡았다. 9월 6일, 독일-오스트리아-헝가리-불가리아와의 협약이 체결됨으로써 불가리아는 공식적인 동맹국의 일원이 되었다. 그리고 동부 전선에서 러시아군에 심각한 타격을 입힌 독일군은 발칸 전선을 주목하기 시작했다.

10월 5일, 동부 전선의 고를리체-타르누프 전투에서 활약한 마켄젠 장군의 통합 지휘 아래 동맹군이 30만 명의 병력으로 공세를 재개했다. 세르비아군은 독일군과 불가리아군[*46]까지 합세한 동맹군에 완강히 저항했으나, 장비와 전염병으로 고통받는 세르비아군에게는 역부족이었다. 기존 수도였던 베오그라드가 10월 9일에 함락되자, 세르비아군은 내륙으로 철수할 수밖에 없었다. 코소보 평야까지 밀려난 세르비아군은 급기야 11월 5일에는 임시 수도였던 니시까지 상실하고 말았다.

붕괴 직전의 세르비아군을 돕기 위해 살로니카 남부에 상륙한 4만 5,000명의 프랑스군이 북상해 세르비아군을 지원하려 했다. 그러나 이

---

* 불가리아군은 10월 12일, 세르비아군을 동쪽에서 공격했다. 이로 인해 세르비아군에게는 양면 전선이 형성되었고, 그리스의 살로니카를 통한 협상군의 세르비아 지원은 차단될 수밖에 없었다.

●●● 1915년 10월 5일 발칸 전선에서는 세르비아군이 독일군과 불가리아군까지 합세한 동맹군에 완강히 저항했으나, 장비와 전염병으로 고통받는 세르비아군에게는 역부족이었다. 1915년 11월 23일, 패색이 짙은 세르비아군은 몬테네그로와 알바니아 산악지대를 거쳐 아드리아 해안 지역으로 철수를 결정했다. 사진은 마케도니아 바부나(Babuna) 강을 건너 아드리아 해 해안 지역으로 철수하는 세르비아군의 모습이다. 〈출처: WIKIMEDIA COMMONS | Public Domain〉

또한 불가리아군에게 막혀 좌절되고 말았다. 결국 패색이 짙은 세르비아군은 11월 23일, 몬테네그로와 알바니아 산악지대를 거쳐 아드리아 해안 지역으로 철수를 결정했다. 철수에 성공한 인원은 세르비아군 12만 5,000명과 민간 피난민 20만 명이었다. 12월 4일, 독일군은 발칸 전선에서의 목적을 달성했다고 생각하고 세르비아군에 대한 추격을 중단했으나, 오스트리아-헝가리군은 세르비아군에 대한 압박을 지속했다. 결국 세르비아군은 1916년 2월, 협상군 해군의 지원 아래 안전한 그리스의 코르푸Corfu 섬으로 이동해 망명정부를 구성했다.

세르비아 본토는 동맹군에 의해 점령당했다. 하지만 독일군은 더 이상 발칸 전선을 그리스까지 확대하려 하지 않았다. 불가리아군도 마찬가지였다. 세르비아군을 외부로 격퇴한 것에 만족했다. 독일군은 발칸 전선이 안정되자, 서부 전선에 집중하려 했다. 하지만 오스트리아-헝가리군은 동맹군의 실질적인 지휘권을 보유한 독일군이 좀 더 발칸 전선에 집중하기를 희망했다. 따라서 연합작전을 통해 양국 간의 불화가 발생했고, 1915년 발칸 전선에서의 승리 이후 동맹국 간의 갈등이 점차 나타나기 시작했다.

이탈리아 전선

이탈리아는 개전 이전 삼국동맹의 일원으로 독일, 오스트리아-헝가리와 동맹관계를 구축했다. 그러나 개전 직후인 1914년 8월 3일에 세르비아에 대한 오스트리아-헝가리의 군사적 대응에 문제를 제기하며 중립으로 입장을 전환했다. 이탈리아가 해외 식민지 개척 및 영토 확장에 관심이 있다는 것을 간파한 독일은 이탈리아를 삼국동맹의 일원으로 잔류시키기 위해 오스트리아-헝가리 영토의 일부를 이탈리아에게 양도하는 것을 추진하겠다며 이탈리아에게 제안하기도 했다. 하지만 독일이 제안한 것보다 더 많은 오스트리아-헝가리 영토의 할양을 원했던 이탈리아는 독일의 제안을 거절했다. 물론 오스트리아-헝가리도 독일의 제안을 거부했다. 그러자 이탈리아는 1915년 4월 26일, 기존 오스트리아-헝가리 내의 트렌티노Trentino, 티롤Tyrol 남부, 트리에스테Trieste, 이스트리아Istria 지역의 합병을 묵인하겠다는 협상국의 제안에 따라 런던 조약Treaty of London에 서명함으로써 중립을 포기하고 협상국에 가담을 결정했다. 그리

●●● 이탈리아군은 1915년 6월 23일부터 12월 3일까지 제2군과 제3군을 동원해 크게 네 차례에 걸쳐 이손초 전투를 개시했다. 하지만 북아프리카에서의 오랜 식민지 전쟁으로 허약해진 이탈리아군은 조기에 전투력이 고갈되어 결국 험준한 알프스 산자락을 이용한 오스트리아–헝가리군의 방어선을 돌파하지 못하고 부분적인 전선 진출에 만족해야 했다. 그리고 12월에 이르러 지속적인 소모전 끝에 막대한 병력 손실만 입고 전투를 종결해야 했다. 사진은 제2차 이손초 전투(1915년 7월 18일~8월 3일) 당시 이탈리아 제20로마기병연대의 모습이다. 〈출처: WIKIMEDIA COMMONS | Public Domain〉

고 런던 조약에 따라 5월 23일, 이탈리아는 오스트리아-헝가리에 공식적으로 선전포고했다.[*]

이탈리아와 오스트리아-헝가리의 국경은 600km에 달했다. 그러나 국경의 상당 부분은 알프스 산악지역으로 기동이 제한되는 지역이었다. 따라서 카르도나Luigi Cadorna(1850~1928) 이탈리아군 참모총장은 해안과 연결된 동부 지역으로의 공세에 집중했다. 전투가 임박하자 오스트리아-헝가리군의 이탈리아 전선 사령관인 보로에비치Svetozar Boroević(1856~1920)는 7개 사단, 10만 명의 병력으로 제5군을 급조 편성해 방어선을 구축했다. 오스트리아-헝가리군 역시 동부 해안지대에서의 전투에 집중했다.

이탈리아군은 6월 23일부터 12월 3일까지 제2군과 제3군을 동원해 크게 네 차례에 걸쳐 이손초 전투Battles of the Isonzo를 개시했다. 하지만 북아프리카에서의 오랜 식민지 전쟁으로 허약해진 이탈리아군은 조기에 전투력이 고갈되었다. 네 차례에 걸친 이손초 전투를 통해 이탈리아군은 23만 명의 사상자가 발생했고, 오스트리아-헝가리군은 16만 5,000명의 사상자가 발생했다. 결국 험준한 알프스 산자락을 이용한 오스트리아-헝가리군의 방어선을 돌파하지 못하고 부분적인 전선 진출에 만족해야 했다. 그리고 12월에 이르러 지속적인 소모전 끝에 이탈리아군은 막대한 병력 손실만 입고 전투를 종결해야 했다.[47]

오스만 진신

오랫동안 독갈리폴리 작전일과 우호관계를 유지해온 오스만은 1914년

---

[*] 이탈리아는 8월 20일, 오스만에 선전포고했다. 그리고 뒤늦게 동맹국에 가입한 불가리아에 대해서는 10월 10일에 선전포고했다. 하지만 독일에 대해서는 1916년 8월 28일에서야 선전포고했다.

11월 1일, 마침내 동맹국 측에 공식적으로 가담했다. 이로 인해 오스만은 영국, 프랑스, 러시아와 전쟁을 개시하게 되었다. 새로운 전장이 형성된 것이다. 오스만은 러시아와 국경을 접하고 있는 캅카스Kavkaz 지역에서 러시아군과 간헐적인 전투를 전개했고, 중동 지역에서는 영국이 지원하는 토착민 및 영국령 인도군과 전투를 개시했다. 또한 영국의 실질적인 식민지였던 이집트도 오스만에 대항해 무장봉기를 전개했다.

본격적인 오스만 전선은 지중해와 흑해를 연결하는 전략적 요충지인 다르다넬스Dardanelles 해협과 접한 갈리폴리Gallipoli 반도에서 형성되었다. 이는 1914년 11월, 처칠Winston Churchill(1874~1965) 영국 해군장관의 제안으로 시작되었다. 특히 다르다넬스 해협은 평균 폭이 48km에 지나지 않고, 가장 좁은 곳은 2km도 채 되지 않았다. 오스만을 포함한 동맹군에게는 매우 중요한 전략 거점이었다. 만약 오스만이 다르다넬스 해협에 대한 통제권을 상실한다면 러시아군과 영국군의 자유로운 기동과 연합작전이 가능해져 동맹군으로서는 심각한 위협이 될 수밖에 없었다. 그리고 다르다넬스 해협에 대한 제해권 상실은 오스만의 수도인 이스탄불도 직접적인 위협이 되기에 협상군은 갈리폴리 작전을 긍정적으로 검토했다.

서부 전선의 교착상태를 극복하기 위해 새로운 전장이 필요한 협상군에게는 갈리폴리 반도가 매우 중요한 전략적 요충지였다.[48] 특히 서부 전선의 압박을 완화시키기 위해 개전 초기 러시아의 조기 개전을 촉구했던 협상국의 입장에서 러시아의 오스만에 대한 제2전선 형성 요청을 무시할 수도 없었다. 러시아는 캅카스 전선에서 오스만과 대치하고 있어 오스만의 전력을 분산시키기 위해 협상군의 오스만 전선 구축을 지속적으로 요청해온 상황이었다.[49]

협상군의 공세는 3월 18일에 시작되었다. 영국과 프랑스 연합함대는 총 16척의 전함으로 다르다넬스 해협을 항해하며, 갈리폴리 반도에 배치된 오스만군 진지에 대해 포격을 개시했다. 그러나 연합함대는 전투 도중 기뢰 공격으로 전함 3척이 침몰하는 등 상당한 피해를 입고 철수하고 말았다. 오스만군의 해안 포격으로 소해정을 활용한 협상군의 기뢰 제거 작업은 불가능했다. 결국 협상군은 갈리폴리 반도에 상륙작전을 감행하기로 결정했다.

오스만군은 잔더스Otto Liman von Sanders(1855~1929) 독일 군사고문의 지휘 아래 제5군을 급조 편성했고, 예하 6개 사단 8만 4,000명으로 240km에 달하는 해안선을 방어하고 있었다. 오스만군은 병력에 비해 방어할 해안선이 넓어 기동방어 계획을 구상했다. 협상군은 영국군 2개 사단, 영연방의 일원이던 호주군과 뉴질랜드군을 포함한 안작Anzac군 2개 사단, 프랑스군 2개 사단 등 총 6개 사단 7만 명의 병력으로 상륙작전을 계획했다.

4월 25일, 협상군은 200여 척의 함정에 분산 탑승해 갈리폴리 반도에 대한 상륙작전을 개시했다. 호주군과 뉴질랜드군으로 편성된 안작군은 갈리폴리 반도의 서쪽인 안작 만 일대에 상륙했고, 영국군은 갈리폴리 반도 남단의 헬레스Helles 곶 일대에서 상륙작전을 전개했다. 한편 프랑스군은 소아시아 지역의 쿰 칼레Kum Kale에 상륙작전을 실시했다. 오스만군은 비교적 넓은 해안선을 방어하기 위해 병력을 분산 배치했다. 따라서 상륙 지점에 따라 협상군은 아무 피해 없이 상륙한 부대도 있고, 일부 부대는 격렬한 저항을 받기도 했다.

오스만군 방어작전의 중심 인물은 훗날 튀르키예의 국부라고 불릴 제19사단장이던 케말Mustafa Kemal Atatürk(1881~1938)이었다. 케말은 협상군이 상륙한 거점을 확인하고, 협상군이 상륙 교두보를 확보하기 전에 반격작전을 감행했다. 하지만 강력한 함포사격의 지원과 수적 우세를 점한 협상군을 해안으로 내모는 것은 쉬운 일이 아니었다. 상륙군도 오스만군의

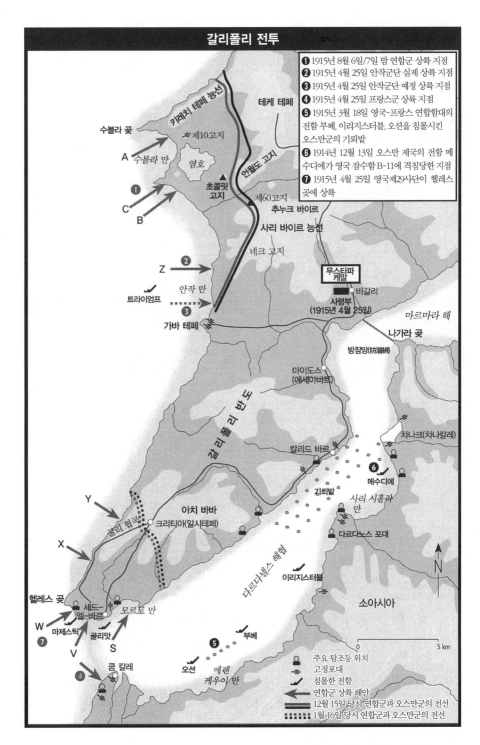

갈리폴리 전투

❶ 1915년 8월 6일/7일 밤 연합군 상륙 지점
❷ 1915년 4월 25일 안작군단 실제 상륙 지점
❸ 1915년 4월 25일 안작군단 예정 상륙 지점
❹ 1915년 4월 25일 프랑스군 상륙 지점
❺ 1915년 3월 18일 영국-프랑스 연합함대의
전함 부베, 이리지스터블, 오션을 침몰시킨
오스만군의 기뢰밭
❻ 1914년 12월 13일 오스만 제국의 전함 메
수디에가 영국 잠수함 B-11에 격침당한 지점
❼ 1915년 4월 25일 영국제29사단이 헬레스
곶에 상륙

수블라 곶
키레치 테페 능선
제10고지
테케 테페
수블라 만
수블라 만
A
염호
연월도 고지
C
초콜릿
고지
제60고지
B
추누크 바이르
사리 바이르 능선
네크 고지
무스타파
케말
Z
❷
비갈리
사령부
(1915년 4월 25일)
마르마라 해
트라이엄프
안작 만
❸
가바 테페
나가라 곶
방잠망(防潛網)
마이도스
(에세아바트)
갈리폴리 반도
차나크(차나칼레)
칼리드 바르
❻
Y
메수디에
아치 바바
기뢰밭
사리 시흘라
만
크리티아(알시테페)
X
다르다넬스 포대
다르다넬스 해협
이리지스터블
N
소아시아
헬레스 곶
세드—
엘—바르
모르토 만
W
마제스틱
골리앗
❼
S
부베
❺
V
쿰 칼레
오션
에렌
케우이 만
❹

0   5 km

🔦 주요 탐조등 위치
⚓ 고정포대
⚓ 침몰한 전함
⬅ 연합군 상륙 해안
━━━ 12월 15일 당시 연합군과 오스만군의 전선
┉┉┉ 1월 16일 당시 연합군과 오스만군의 전선

●●● 1915년 5월 1일 갈리폴리 상륙을 준비하고 있는 제29인도보병여단. 4월 25일, 협상군은 200여 척의 함정에 분산 탑승해 갈리폴리 반도에 대한 상륙작전을 개시했다. 〈출처: WIKIMEDIA COMMONS | Public Domain〉

적시적인 기동방어로 내륙으로 진출하지 못하고, 해안가에 교두보를 구축한 상태에서 상호 대치했다.

결국 5월 4일에 이르러 양측 모두 1만 명 이상의 병력 손실을 입게 되자, 케말은 협상군을 격퇴하는 것은 불가능하다고 판단하여 참호선을 구축하기로 결정했다. 갈리폴리 전투도 서부 전선과 같이 점차 교착상태로 접어들게 되었다. 양측은 병력을 증강시키면서 전선을 돌파하려 노력했으나, 강력한 참호선을 돌파하기에는 부족했다. 이에 협상군은 8월 6일, 안작 만 북쪽의 수블라Suvla 만에 영국군 제10사단 2만 명을 추가적으로 상륙시켜 안작 만에 상륙한 호주군과 전선을 연결시켰다. 그러나 오스만 제19사단의 완강한 방어선 구축으로 진지전을 타개하지는 못했다.

결국 11월 3일, 키치너^{Herbert Kitchener}(1850~1916) 영국 육군장관이 현장을 방문한 이후, 협상군이 더 이상 전선을 유지하는 것은 불가능하다고 결론 내렸다. 그래서 협상군은 12월 10일부터 20일까지는 갈리폴리 반도 중앙의 수블라 만과 안작 만 일대에 상륙한 협상군 8만 3,000명을 철수시켰다. 그리고 1916년 1월 8일부터 9일까지 갈리폴리 반도 남단의 협상군 3만 5,000명도 철수함으로써 8개월에 걸친 갈리폴리 전투는 협상군의 철수로 종결되었다. 하지만 협상군은 아무런 승리도 얻지 못한 채 26만 5,000명의 손실을 입었고, 오스만군도 30만 명 이상의 피해를 보았다.

3. 1916년: 소모전의 본격화

서부 전선

1915년에 서부 전선에서 프랑스가 시도했던 여러 차례의 공세는 결국 실패했다. 당시 독일군은 서부 전선보다는 동부 전선에 집중했고, 결국 오스트리아-헝가리군과의 대공세를 통해 러시아군이 전면적인 철수를 단행하도록 만들었다. 팔켄하인은 1916년에 들어 서부 전선으로 관심을 돌렸다. 그는 여러 차례의 공세 실패로 약화된 프랑스군에 대량 소모전을 강요한다면 결국 프랑스군은 강화^{講和}를 요청할 것이라고 판단했다. 그래서 팔켄하인은 독일군의 공세를 집중할 장소로 프랑스군의 전선 중 돌출되어 독일군이 3면에서 공격이 가능한 베르됭^{Verdun}을 선택했다.

1915년 12월 6일, 협상군 지휘부는 샹티에 모여 서부 전선에서 총공세를 실시하기로 합의했다. 그래서 협상군은 1916년 7월, 솜^{Somme} 지역을 중심으로 공세를 실시하기로 결정했다. 최초 주공은 프랑스군이 맡고, 영국군이 조공 역할을 하기로 했다. 그러나 2월에 독일군의 베르됭 공격이 시작되자 프랑스군은 베르됭에 집중해야 했다. 결국 5월 26일, 조프르는 헤이그를 방문해 솜 전투에서 영국군이 주공을 맡고, 프랑스군은 조공 역할을 하는 것으로 최종적으로 결정했다.

서부 전선의 평화를 먼저 깨트린 것은 독일군이었다. 1916년 2월 21일 오전 8시, 독일군의 맹렬한 공격준비사격이 시작되었다. 9시간에 걸친 독일군의 집중적인 포격 이후 독일 제5군 예하 10개 사단이 공격을 개시함으로써 베르됭 전투는 시작되었다. 화염방사기까지 동원한 독일군의 기습공격으로 베르됭 방어의 핵심 요새였던 두오몽Douaumont 요새가 전투 개시 4일 만인 2월 25일에 함락되었다. 전투 개시 1주일 동안의 독일군 공격은 성공적이었다. 하지만 그 이후 독일군의 진출은 프랑스군의 요새 방어에 막혀 번번이 좌절되었다. 두오몽보다 방어가 견고했던 보Vaux 요새는 치열한 접전 끝에 6월 7일에야 함락되었다. 프랑스군을 고갈시키려는 목적에서 시작된 베르됭 전투는 서부 전선에서 가장 치열한 전장으로 변모했다.

양측이 전력을 집중한 베르됭 전투는 협상군이 7월에 솜 공세를 시작하고서야 중단되었다. 이후 프랑스군은 반격을 통해 10월 24일, 두오몽 요새를 탈환했고, 11월 2일에는 보 요새를 탈환했다. 그리고 프랑스군은 연속적인 공세를 통해 12월 15일에는 베르됭 전투 이전보다 독일군 쪽으로 전선을 이동시키면서 베르됭 전투는 마침내 종결되었다. 베르됭 전투를 통해 프랑스군은 전사 6만 1,000명, 부상 21만 6,000명, 실종 10만 1,000명의 피해를 입었고, 독일군은 전사 및 실종 14만 2,000명, 부상 18만 7,000명으로 양측 모두 막대한 피해를 입었다.[50]

베르됭 전투가 한창이던 7월 1일, 7일간에 걸친 포격에 이어 본격적인 솜 전투^{Battle of the Somme}가 시작되었다. 하지만 전투 첫날, 영국군은 1만 9,000명의 전사자와 3만 8,000명의 부상자가 발생했다. 이렇게 전투 개시 당일에 6만 명에 가까운 사상자가 발생한 것은 영국군 전투사에 전무후무한 대재앙이었다. 그에 비해 독일군의 손실은 상대적으로 경미했다. 영국군의 포격만으로 독일군의 참호와 장애물을 제거하는 것은 불가능했다. 영국군이 생각하는 것 이상으로 독일군은 전방 참호선을 견고하게 구축했다. 그래서 장시간의 공격준비사격에도 독일군의 전체적인 참호선은 건재했다. 더군다나 독일군은 기동방어 개념을 도입하여 적의 포격이 집중되는 제1참호선에는 최소한의 병력만 배치하고, 후방에 예비대를 대기시켰다. 그리고 적이 제1참호선에 도달하면 전열을 정비하기 전에 후방의 예비대를 즉각적으로 투입해 상실 지역을 곧바로 탈환했다.

프랑스군은 영국군보다 수월하게 진출해 독일군 제1방어선을 확보했지만, 여전히 고지군에 위치한 독일군의 제2방어선이 완고하게 저항해 추가적인 진출은 불가능했다. 하지만 영국군에서 시작된 이동탄막 전술*을 프랑스군도 적용해 포병의 탄막 지원 아래 전선을 진출시켜나갔다. 7월 한 달 동안 양측은 치열한 공방을 지속했으나, 협상군은 5km도 안 되는 전선을 진출하기 위해 20만 명의 사상자를 감수해야 했고, 독일군도 16만 명의 사상자가 발생했다.[51]

---

* 제1차 세계대전 당시 진지전 상황에서 공격군의 보병이 전진할 때, 방어군의 장애물이나 화력으로부터 공격군의 보병을 보호하기 위해 공격군의 전방에 안전거리를 고려한 포병사격을 지속함으로써 보병의 기동을 보장하는 포병사격 전술이다. 당시 공격군을 보호할 장비가 부족한 상황에서 보병의 기동을 보호할 유일한 대책이 포병의 이동탄막 사격이었다. 이후 이러한 방식의 포병사격은 독일군에게도 접목되어 후티어(Hutier) 전술로 발전하기도 했다. 공격군이 이동탄막 사격을 지속하기 위해서는 보병의 진출속도(통상 분당 50m)를 고려한 지속적인 포병의 이동사격과 원활한 통신, 엄청난 포탄 소모를 감수해야 했다. 하지만 이는 당시 제한된 생산능력과 포병의 기동능력, 각급 부대 간의 통신대책 부족으로 인해 한계에 봉착할 수밖에 없었다.

독일군이 프랑스군에게 강력한 일격을 가해 감당할 수 없는 소모전을 강요함으로써 전쟁을 독일에게 유리한 강화협상으로 끌고 가기 위해 계획한 베르됭 전투는 결국 실패로 끝나고 말았다. 2월에 시작한 베르됭 전투는 막대한 병력 투입에도 불구하고 교착상태를 벗어나지 못했다. 더군다나 7월에 협상군에 의한 솜 전투가 시작되면서 독일군은 더 이상 베르됭 전투에 집중할 수 없었다. 또한 동부 전선에서도 6월부터 시작된 브루실로프 공세로 동맹군은 상당한 후퇴를 감수해야 했다. 1914년 9월, 마른 전투에서의 실패로 총사령관으로 임명된 팔켄하인이 2년 동안 보여준 리더십은 한계에 다다랐다. 독일군 지휘부에는 새로운 리더가 필요했다.

●●● 1916년 3월 14일 베르됭 전투 당시 참호에서 나와 베르됭 근처 르 모르트 옴므(Le mort homme) 고지를 공격하는 독일군 병사들. 독일군이 프랑스군에게 강력한 일격을 가해 감당할 수 없는 소모전을 강요함으로써 전쟁을 독일에게 유리한 강화협상으로 끌고 가기 위해 계획한 베르됭 전투는 결국 실패로 끝나고 말았다. 〈출처: WIKIMEDIA COMMONS | Public Domain〉

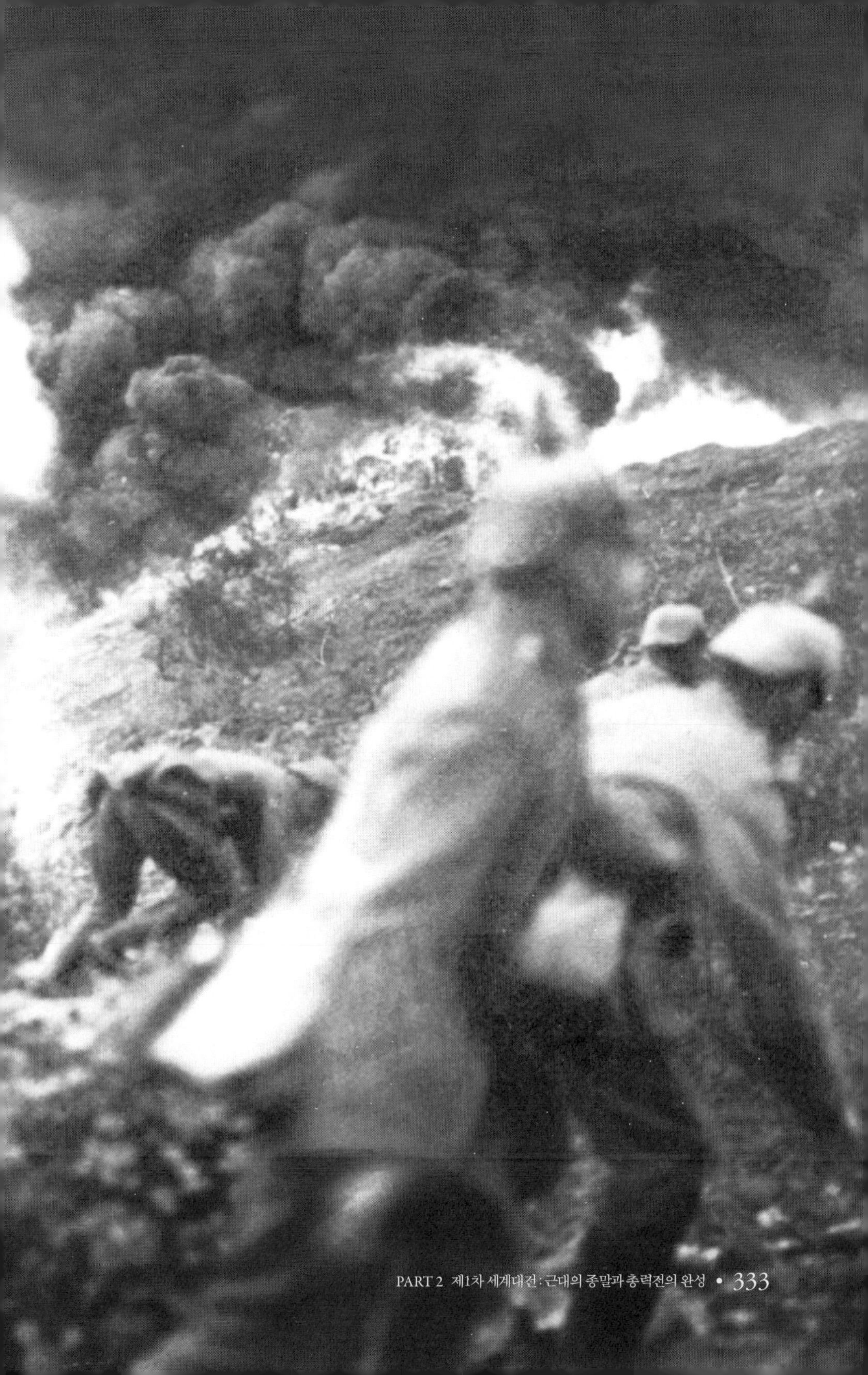

이때 등장한 인물이 바로 탄넨베르크 전투와 1915년 5월, 러시아군의 대철수를 야기한 고를리체-타르누프 전투의 주역인 힌덴부르크와 루덴도르프였다. 결국 1916년 8월 28일, 힌덴부르크가 팔켄하인의 후임자로 결정되었다. 그러나 독일군 총참모부의 실질적인 리더는 루덴도르프였다. 9월 23일, 힌덴부르크는 서부 전선을 안정시키기 위해 자신의 이름을 딴 '힌덴부르크선Hindenburg Line'을 방어선으로 설정해 강화된 진지 구축을 개시했다. 격전이 진행 중인 솜 지역의 경우 힌덴부르크선은 방어선의 종심이 무려 40km에 달하기도 했다. 그리고 기존의 전방 전선에서 적의 공격을 최대한 격퇴하는 선형 방어를 포기하고 새롭게 구축된 종심 상의 다양한 방어시설을 활용하여 병력을 절약하는 종심 방어를 정식 교리로 채택해 적용했다.

솜 전투에서 교착된 전선을 타개하기 위한 영국군의 실험적 사건이 발생했다. 9월 15일, 영국군은 역사상 최초로 전투장갑차량인 마크 1Mark I 전차 36대를 투입했다. 영국군의 마크 1 전차는 3.2km나 전진했다. 영국군은 전차의 출현에 놀란 독일군의 전선을 일정 부분 돌파하는 것에는 성공했다. 그러나 영국군의 마크 1 전차는 기계적 결함과 적은 수량, 전술적 운용방식의 한계로 인해 전선을 획기적으로 돌파하지는 못했다.*
전차의 전술적 한계에도 불구하고 협상군은 전선을 조금씩 탈환해나갔고, 전투는 기상악화를 고려하여 11월 19일에 종료되었다. 이 기간 동안 협상군은 40km의 폭에서 종심으로 최대 10km 전진한 것에 만족해야

---

* 마크 1 전차의 장갑은 중추부는 1cm, 기타 부분은 0.6cm로 장갑의 방호력이 매우 빈약했다. 따라서 총탄사격에는 문제가 없었지만, 포탄 명중 시에는 장갑이 쉽게 관통될 정도로 방호력이 취약했다. 더군다나 마크원 전차는 저출력의 엔진사양으로 인해 나무뿌리나 단순한 참호 통과도 제한되었고, 보병보다 느린 속도로 인해 기동부대에 뒤처지기 일쑤였다. 결국 최초의 전투에서 독일군 진지까지 무사히 도착한 전차는 9대에 불과했다. 하지만 전선 돌파의 가능성을 확인한 영국군은 이후 전차의 대량생산을 본국에 요청했다.

했다. 솜 전투를 통해 양측 모두 60만 명이 넘는 사상자가 발생했다. 전
투라기보다는 대학살에 가까웠다.

솜 전투에도 불구하고, 전선에 근본적인 변화가 없자 프랑스군 지도부
는 마침내 12월 12일, 조프르를 해임하고 베르됭 전투에서 반격에 성공
한 니벨Robert Nivelle(1856~1924)을 새로운 프랑스군 총사령관으로 임명했
다. 니벨은 1917년에는 서부 전선에서의 돌파가 가능할 것이라며 영국

과 프랑스 지도부에 자신감을 표출했다. 하지만 근본적인 공격 전술의 변화 없는 공세의 재개는 또 다른 비극만을 양산할 뿐이었고, 이는 고스란히 1917년에 재현되었다.

동부 전선

1915년의 대철수 이후에 축소된 전선과 줄어든 병참선으로 인해 재정비를 단행한 러시아군은 급속히 전투력을 회복했다. 그러나 독일군은 러시아군이 1915년의 대패배로 동부 전선에서 더 이상 대규모 공세를 지속할 수 없을 것이라고 판단했다. 그래서 베르됭 전투를 개시하기 위해 동부 전선의 상당 병력을 서부 전선으로 이동시켰다. 1916년 2월, 베르됭 전투가 발발하자, 프랑스군은 서부 전선에 대한 독일군의 전투력 전환을 막아줄 것을 러시아군에 거듭 요청했다. 어쩔 수 없이 러시아군은 조기 공세를 단행해야 했다.

3월 18일, 러시아군은 북부전선군의 제5군과 서부전선군의 제2군으로 독일군을 공격하기로 하고, 측방의 나머지 부대는 독일군을 고착한 가운데 2개 군, 30개 사단으로 나로치Naroch 호수 일대에서 공세를 개시했다. 하지만 서부전선군의 제2군은 3주 동안 공격을 지속했음에도 불구하고, 3km 진출하는 것에 그쳤다. 북부전선군의 제5군도 마찬가지였다. 결국 독일군의 효과적 방어로 러시아군의 공세는 3월 31일에 10만 명의 피해만 남긴 채 종료되었고, 4월에는 독일군의 반격으로 회복한 영토를 다시 상실하고 말았다.

러시아군의 3월 공세가 실패하게 되자, 러시아군의 총사령관인 니콜라이 2세는 4월 14일, 전쟁위원회를 소집했다. 그리고 그 자리에서 3월 공세에 참가하지 않았던 남서전선군도 포함하여 5월에 전면적인 대공세를 재개하기로 결정했다. 하지만 서부전선군은 공격 준비가 지연되어, 브로실로프 장군이 지휘하는 남서전선군 단독으로 공세를 개시해야 했다. 6월 4일 오전 4시, 러시아군은 동맹군에 대해 거센 포격과 함께 브로실로프 공세를 개시했다. 러시아군의 공격 기도를 몰랐던 오스트리아-헝가리군은 돌파구를 허용한 가운데 공세 개시 첫날에만 16km나 후퇴했다. 오스트리아-헝가리군의 전선이 급격히 붕괴되자, 사태의 긴박성을 인지한 회첸도르프는 베를린으로 가서 팔켄하인에게 즉각적인 지원을 요청했다.

팔켄하인은 즉시 서부 전선에서 3개 사단을 차출해 동부 전선으로 전환했다. 동부 전선의 위기로 서부 전선에서 베르됭에 대한 독일군의 전면적인 공격력은 약화되었다.[52] 오스트리아-헝가리군이 퇴각하자, 전선 붕괴를 우려한 독일군 총참모부는 북쪽에 위치한 독일군을 남쪽으로 이동시켜 오스트리아-헝가리군을 지원하도록 했다. 러시아의 서부전선군도 독일군에 대한 공격을 개시했으나, 이는 독일군에게 전혀 위협이 되지 않았다. 7월 말까지 러시아 남서전선군은 오스트리아-헝가리군을 집중공격해 8,300명의 장교와 37만 명의 병사를 포로로 잡는 대승을 거두었다.[53]

러시아 남서전선군의 맹공으로 오스트리아-헝가리군이 위협에 처하자, 마침내 오스트리아-헝가리군은 일부 병력을 제외하고 대부분의 부대 지휘권을 독일군에게 이양했다. 8월 2일, 마침내 독일군 동부 전선 사령관이던 힌덴부르크가 동부 전선 통합 총사령관이 되었다. 이후 베르됭 전투에서 독일군의 공세가 중단되자, 독일군은 서부 전선에서 18개 사단을 동부 전선으로 전환해 보강함으로써 브로실로프 공세는 소강상태로 접어들었다. 하지만 러시아군은 브로실로프 공세가 중단되는 9월 중순까지 상당한 영토를 회복했다. 다만 전선이 진출할수록 보급의 어려움과 전선의 확대로 러시아군의 진출은 제한되었다.

발칸 전선

오랜 기간 중립을 고수하던 루마니아가 마침내 협상국에 회유되어 협상군에 참가하기로 결정했다. 1916년 8월 17일, 루마니아는 프랑스 및 러시아와 조약을 체결해 종전 후 추가적인 영토 할양을 약속받았다. 8월 27일, 루마니아군은 선전포고와 동시에 오스트리아-헝가리의 트란실바니아Transylvania 지역에 대해 공격을 개시했다. 리고 9월 6일, 루마니아군은 트란실바니아 지역을 점령했다.

독일군 총참모부는 경질된 팔켄하인을 제9군 사령관으로 임명해 9월 18일부터 루마니아군에 대해 반격을 가했다. 또한 불가리아도 9월 1일부로 루마니아에 선전포고했다. 그리고 마켄젠 장군의 지휘 아래 독일-오스만-불가리아의 통합군인 다뉴브군을 편성하여 남쪽에서 루마니아군을 공격했다. 결국 루마니아군의 지원 요청에 따라 러시아군은 남서전선군에서 2개 사단을 지원했으나, 독일군과 불가리아군의 협공을 당해낼 수 없었다. 결국 10월 10일, 루마니아군은 트란실바니아 지역에서 철수를 단행했다.

루마니아군의 붕괴를 막기 위해 러시아 남서전선군의 적극적인 개입이 불가피했다. 이에 따라 니콜라이 2세는 9월 20일, 브로실로프 공세를 중단시켰다. 그리고 제11군 사령관 사하로프Vladimir Viktorovich Sakharov(1853~1920)를 파견해 러시아 지원군과 루마니아군을 통합 지휘하도록 했다. 하지만 12월 6일, 독일군은 루마니아의 수도인 부쿠레슈티Bucureşti를 점령했다. 루마니아군은 러시아군의 지원이 용이한 국경 방향으로 퇴각할 수밖에 없었다. 러시아군은 루마니아 전선을 유지하기 위해 55개 보병사단과 15개 기병사단을 배치해야 했다.[54] 결국 루마니아 전역은 1917년 1월 초에서야 안정되었다.

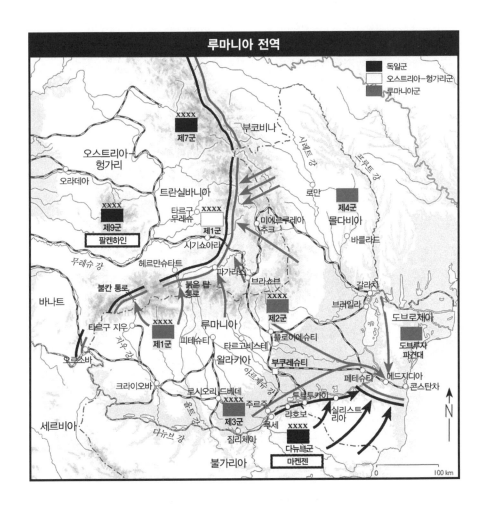

루마니아 전역

독일군
오스트리아-헝가리군
루마니아군

오스트리아-
헝가리

부코비나

제7군

오라데아

트란실바니아

타르구
무레슈

제9군

팔켄하인

제1군

미에르쿠레아
추크

시기쇼아라

무레슈 강

헤르만슈타트

파가라슈

붉은 탑
통로

불칸 통로

제4군

몰다비아

바를라드

로만

갈라치

브러일라

브라쇼브

제2군

플로이에슈티

부쿠레슈티

타르구 지우

제1군

루마니아

피테슈티

타르고비스테

왈라키아

도브로제아

도브루자
파견대

페테슈티

메드지디아

콘스탄차

오르소바

크라이오바

로시오리 드베데

주르주

제3군

짐리체아

다뉴브 강

투르투카이

실리스트
리아

룩세

라호보

세르비아

바나트

불가리아

다뉴브군

마켄젠

0   100 km

N

이탈리아 전선

회첸도르프는 1915년 5월의 고를리체-타르누프 전투로 러시아군을 동부 전선에서 격퇴한 이후, 이탈리아 전선으로 관심을 돌렸다. 이는 동맹국에서 적대국으로 돌변한 이탈리아에 대한 깊은 배신감 때문이었다. 1916년 5월 15일, 오스트리아-헝가리군은 트렌티노 지역에서 일제 포격 후에 공격을 개시했다. 하지만 오스트리아-헝가리군은 15km 이상 진출하지 못했고, 8만 명의 사상자만 야기했다. 오히려 6월 16일부터 이탈리아군이 반격을 개시하자, 오스트리아-헝가리군은 공격개시선으로 밀려나고 말았다.

오스트리아-헝가리군은 비록 이탈리아군의 14만 7,000명에 비해 피해는 경미했지만, 큰 성과는 거두지 못했다. 오히려 회첸도르프가 오스트리아-헝가리군의 주력을 이탈리아 전선에 집중하는 바람에 동부 전선에서 브루실로프 공세에 제대로 대응하지 못한 결과를 가져왔다. 이탈리아는 8월 27일, 루마니아가 동맹국에 공식적으로 선전포고하자, 다음 날인 8월 28일, 오랫동안 미뤄왔던 독일에 선전포고했다. 그리고 이탈리아군은 지속적으로 이손초 일대에서 공세를 지속했으나, 전선에 큰 변화는 없었다.

4. 1917년: 미국의 참전과 러시아의 전선 이탈

미국의 참전

3년에 걸친 공방에도 불구하고 전선의 변화가 없자, 독일은 점점 초조해졌다. 독일은 해상봉쇄로 인해 전쟁물자 조달에 점점 압박을 느끼고 있었으나, 영국을 비롯한 협상국은 미국으로부터 전쟁물자를 도입함으로써 양측의 전쟁수행능력의 격차는 확대되고 있었다. 그래서 1917년 1월 9일, 독일은 영국과 프랑스에 대한 미국의 지원을 차단하기 위해 대서양에서의 무제한 잠수함 작전을 개시하기로 결정했다. 미국의 본격적인 참전을 야기할 수도 있어 베트만-홀베크는 이 계획에 반대했으나, 루덴도르프의 강력한 주장에 따라 무제한 잠수함 작전은 결국 승인되었다. 독일은 매달 60만 톤 이상의 선박을 격침시킨다면 외부로부터의 수입에 의존하던 영국도 6개월 안에 굴복할 것으로 생각했다. 그리고 설령 지금까지 중립을 표방하던 미국이 참전하더라도 미군 주력이 유럽에 도착하기 전까지 전쟁을 종결시킬 수 있을 것으로 판단했다. 그래서 독일은 2월 1일부로 무제한 잠수함 작전을 선포했다.

독일은 미국의 참전을 방해하기 위해 미국과의 국경분쟁으로 앙숙이던 멕시코와의 동맹을 추진했다. 그래서 1월 16일, 침머만Arthur Zimmermann (1864~1940) 독일 외무장관은 멕시코 주재 독일 대사에게 일본과 연대한 반미동맹을 구축하자는 제안을 당시 멕시코의 실권자인 카란사Venustiano Carranza(1859~1920) 장군에게 제안하도록 지시하는 전문을 보냈다.* 그리고 전문을 통해 만약 멕시코가 독일의 제안을 받아들여 미국을 공격한다면, 독일은 멕시코가 미국 남부의 뉴멕시코New Mexico, 텍사스Texas, 애리조나Arizona와 같은 상실지역을 회복하도록 돕겠다고 제안했다.[55]

영국 해군 정보부는 이 전문을 비밀리에 입수해 해독했다. 그리고 이 전문을 2월 26일, 미국 정부에 전달했다. 유럽 문제에 중립을 유지하던 미국 정부가 이 전문을 공개하자, 미국 내 여론은 점차 참전 방향으로 전환되었다. 결국 미국 정부의 거듭된 요청에 침머만은 3월 3일, 전보 내용이 사실임을 인정할 수밖에 없었다. 침머만의 전보는 미국이 참전을 결정하는 데에 중요한 계기를 제공했다. 오랫동안 주저하던 윌슨Woodrow Wilson(1856~1924) 미국 대통령은 마침내 4월 2일, 상원에 독일에 대한 선전포고 승인을 요청했다. 상원의 승인을 거쳐 4월 6일, 미국은 독일에 공식적으로 선전포고했다. 그리고 미국은 12월 7일, 오스트리아-헝가리에도 선전포고를 하면서 본격적으로 제1차 세계대전에 참전했다.[56]

미국의 참전이 공식화되면서 미국 정부는 퍼싱John J. Pershing(1860~1948)

---

* 카란사 장군은 미국이 독일에 선전포고를 한 이후인 4월 14일, 최종적으로 독일의 제안을 거절했다.

●●● 1917년 6월 13일 프랑스 불로뉴에 상륙하고 있는 미 원정군사령관 퍼싱. 미국의 참전은 협
상군과 동맹군의 팽팽한 균형이 유지되던 전선을 서서히 협상군 방향으로 무게추를 옮기는 역할을
했다. 〈출처: WIKIMEDIA COMMONS | Public Domain〉

을 원정군사령관으로 임명했다. 그리고 퍼싱이 6월에 프랑스에 도착하면서 미군의 참전은 현실화되었다. 그러나 미군의 실제 병력 수송은 더디게 진행되었고, 12월까지 유럽에 도착한 미군 사단은 4개에 불과했다. 하지만 미국의 참전은 협상군과 동맹군의 팽팽한 균형이 유지되던 전선을 서서히 협상군 방향으로 무게추를 옮기는 역할을 했다.

서부 전선

프랑스군의 새로운 총사령관인 니벨은 베르됭 전투에서의 반격으로 독일군의 공격을 물리친 것에 자신감을 얻고, 1917년이 되자 영국군과 협조하여 새로운 공세를 준비했다. 한편 독일군은 돌출된 전선의 재정비와 방어선 강화 차원에서 2월 25일부터 4월 5일까지 은밀하게 종심 상의 다중 방어지대로 편성된 힌덴부르크선으로 전격적으로 철수했다. 독일군은 전격적인 철수를 통해서 방어선을 단축시켰다. 또한 철수하면서 독일군이 사용하던 도로, 철도, 교량, 건물 등을 파괴함으로써 협상군이 진주하더라도 이를 활용할 수 없도록 초토화 작전을 병행해서 실시했다.

4월 9일, 알렌비Edmund Allenby(1861~1936)가 지휘하는 영국 제3군은 캐나다 군단의 지원 아래 주공으로 아라스Arras 공격을 개시했다. 측방에 있던 영국 제1군과 제5군도 병행해서 공격에 동참했다. 공격 개시 5일 전부터 실시한 대규모 공격준비사격에 힘입어 전투 개시 당일, 영국군과 캐나다군은 큰 희생 없이 전선을 최대 5km나 전진하는 놀라운 성과를 거두었다. 이는 1914년 11월 이후, 서부 전선에서 협상군이 하루에 진출한 최대거리였다. 하지만 야간에 전투가 중지되자, 독일군은 신속히 예비대를 투입했다. 이후 전투는 다시 전선 변화 없이 5월 16일에 전투가 종료될 때까지 양측 모두 피해만 증가하는 전형적인 진지전 양상으

●●● 1917년 4월 9일 아라스 전투 개시일에 참호에서 진격을 준비하는 영국군 보병. 4월 9일, 알렌비가 지휘하는 영국 3군은 캐나다 군단의 지원 아래 주공으로 아라스 공격을 개시했다. 영국군과 캐나다군은 큰 희생 없이 전선을 최대 5km나 전진하는 놀라운 성과를 거두었다. 〈출처: WIKIME-DIA COMMONS | Public Domain〉

로 전환되었다. 특히 영국군은 약 7km를 전진하기 위해 15만 9,000명의 사상자를 내는 값비싼 대가를 지불해야 했다.

영국군을 지원하기 위해 프랑스 제5군과 제6군도 4월 16일부터 엔강 일대에서 총사령관의 이름을 딴 니벨 공세를 개시했다. 프랑스군은 사전에 2주에 걸쳐 충분한 포탄을 준비해 대량 포격을 실시했지만, 종심방어로 전환한 독일군은 제1방어선에 관측병만 배치하여 큰 피해를 입지 않았다. 자신만만했던 니벨 공세는 5월 9일 종료될 때까지 18만

7,000명의 사상자만 남긴 채 궁극적으로 독일군의 방어력을 약화시키는 데에는 실패했다. 이에 대한 책임으로 5월 15일, 프랑스군 총사령관은 니벨에서 페탱^{Philippe Pétain}(1856~1951)으로 교체되었다.

장기간의 전쟁으로 양측 모두는 점점 지쳐갔다. 특히 니벨이 주도한 공세가 실패한 이후, 프랑스군에서는 급속도로 병사들의 사기가 저하되었고, 극단적인 염전주의가 확산되었다. 새롭게 프랑스군 총사령관으로 취임한 페탱은 전쟁 이전에 일선에 배치된 병사들의 사기를 고취시키는 것이 급선무였다. 그래서 대규모 공세를 중단하고 전선에 배치된 부대들을 순차적으로 후방으로 전환해 휴식을 취하게 했다. 또한 제1방어선에 집중된 프랑스군의 병력을 독일군의 종심 방어 배치와 같이 전방에는 최소한의 관측 및 경계병력만 배치하고 주력은 제2방어선으로 이동시켰다. 이를 통해 독일군의 불특정 포격으로 인해 희생되는 제1방어선의 병력 손실을 최소화했다. 페탱은 이와 동시에 전선에서 임무 수행 및 전투 거부를 주동하는 세력에 대해서는 단호하게 대처했다. 그래서 페탱은 3,427명을 군법회의에 회부했고, 그중 49명은 사형을 집행하기도 했다. 페탱의 노력 덕분에 프랑스군의 사기는 조금씩 회복되었다.[57]

독일의 무제한 잠수함 작전으로 고통받고 있던 영국은 1917년에 들어서서 독일 해군의 대서양 작전이 더욱 과감해지자, 지상작전을 통해 벨기에 해안에 위치한 독일 해군의 근거지를 제거하라고 영국군에게 독촉했다. 프랑스군에 비해서는 내부적인 갈등이 덜했던 영국군은 6월 7일, 파스샹달 전투^{Battle of Passchendaele}라고도 불린 제3차 이프르 전투를 개시했다. 헤이그는 이프르 지역의 돌출부를 제거한 다음 해안으로 진출하겠다는 의도로 작전을 개시했다. 많은 희생 속에서도 공격을 지속한 결과 캐나다군이 목표 도시였던 파스샹달을 점령함으로써 11월 10일 전투는 종료되었다. 하지만 일부 프랑스군의 지원 아래 영국군 주도로 진행된

●●● 1917년 11월 20일 캉브레 전투에서 레스터셔(Leicestershire) 연대 1대대를 지원하다가 독일군 참호에 빠진 H대대의 마크 4 전차. 캉브레 전투에서 영국군은 1916년 솜 전투에서 첫 선을 보인 전차를 집중 운용함으로써 전선을 타개하고자 했다. 보병의 충분한 지원을 받지 못한 전차는 독일군의 참호선을 돌파하는 데에는 성공했지만, 독일군 포병에게 개별 격파됨으로써 전선을 붕괴시키지는 못했다. 캉브레 전투에서 전차는 가능성을 보여주는 것에 그쳐야 했다. 〈출처: WIKIMEDIA COMMONS | Public Domain〉

제3차 이프르 전투는 10km 정도의 진출을 위해 양측 모두 25만 명에 달하는 사상자를 남겼다. 그리고 벨기에 해안지대를 탈환한다는 최초의 목적 달성에도 실패했다.

제3차 이프르 전투가 큰 성과 없이 끝나자, 영국군은 1916년 솜 전투에서 첫 선을 보인 전차를 집중 운용함으로써 전선을 타개하고자 했다. 이를 위해 영국 제3군은 300여 대의 전차를 캉브레Cambrai에 집결시켰다. 캉브레 지역은 오랫동안 전투가 없었기 때문에 독일군은 6.4km의 전선에 2개 사단만을 배치해 방어하고 있었다. 11월 20일, 영국군은 6개 사단과 함께 324대의 전차로 전선 돌파를 시도했다. 보병의 충분한 지원을 받지 못한 전차는 독일군의 참호선을 돌파하는 데에는 성공했지만, 독일군 포병에게 개별 격파됨으로써 전선을 붕괴시키지는 못했다. 오히려 11월 30일, 20개 사단으로 반격에 나선 독일 제2군에 영국군은 전투 개시 이전에 확보했던 지역도 상실했다. 캉브레 전투Battle of Cambrai에서 전차는 가능성을 보여주는 것에 그쳐야 했다. 12월 4일, 영국군은 4만 5,000명의 사상자만 남긴 채, 아무런 성과 없이 작전을 종료했다.

동부 전선

러시아의 참전은 국민적 지지 없이 국가 지도부의 정치적 이유에서 결정되었다. 따라서 독일과 프랑스의 국민들이 국가의 총동원령에 적극적으로 임한 것과 달리, 러시아의 국민들은 전쟁 동원에 소극적이었다. 특히 권위적인 차르 정부가 근대적인 입헌군주제의 도입을 거부함에 따라 사회적 갈등이 점차 심화되었다. 더구나 러시아는 취약한 경제기반 속에서 강행한 참전으로 전쟁이 장기화됨에 따라 국력이 소모되자 내부의 불만과 갈등이 폭발 직전까지 이르렀다.

러시아의 내부 위기는 1917년 1월 22일, 페트로그라드Petrograd(현재의 상트페테르부르크Sankt Peterburg)에서 15만 명의 노동자들이 낮은 임금과 식량부족으로 시위를 하면서 시작되었다. 수도인 페트로그라드뿐만 아니라 러시아 전역에서 수많은 시위들이 동시다발적으로 전개되었다. 니콜라이 2세가 근위대를 통해 시위대에 대한 무력진압을 시도하면서 폭력 사태는 더 확산되었다. 그리고 일부 근위대들이 폭동세력과 결탁하면서 수도의 치안은 더욱 악화되었으며, 이후 폭동은 전국으로 걷잡을 수 없을 정도로 확산되었다.

러시아 차르 체제를 붕괴시킨 결정적인 사건은 3월 8일, 7,000명에 달하는 직물공장 여성 노동자들이 식량 조달을 요구하며 노동을 중단한 채 거리시위에 나서면서 시작되었다. 여성 노동자들의 시위에 다른 노동자들도 합세하면서 저녁 무렵에는 시위 인원이 12만 명 정도로 증가했다. 이틀 뒤인 3월 10일에는 30만 명이 거리로 나왔다. 식량부족으로 시작된 시위는 점차 니콜라이 2세에 대한 불만과 전쟁 종식을 요구하는 정치시위로 변질되기 시작했다. 3월 11일, 차르의 명령에 따라 수도방위군이 시위자들에게 총격을 가하면서 사태는 걷잡을 수 없을 만큼 급변했다. 수도방위군 내에서도 황제의 명령을 거부하는 인원이 속출했고, 시간이 지날수록 병사들이 시위대에 가담하기 시작했다.

3월 12일이 되자, 시위대와 반란 병사들이 정부 주요 시설을 습격함으로써 페트로그라드는 무법천지가 되었다. 정부 각료들도 모두 사임하고 도주했다. 결국 니콜라이 2세는 측근들의 권고에 따라 퇴위를 결심했다. 그리고 3월 14일, 리보프^{Georgy Lvov}(1861~1925)를 수반으로 하는 임시정부가 설립됨으로써 러시아의 실질적인 권력은 임시정부로 넘어갔다. 그리고 다음날인 3월 15일, 니콜라이 2세가 공식 퇴위를 선언하면서 러시아 차르 정부는 붕괴되고 권력의 중심은 임시정부로 공식 이양되었다.[58]

임시정부의 총리이자 전쟁장관인 케렌스키^{Alexander Kerensky}(1881~1970)의 주도로 러시아군은 6월 29일에 독일군에 대한 전면 공세를 개시했다. 처음에는 독일군이 2선으로 물러나며 러시아군이 전술적인 승리를 거두었다. 하지만 7월 19일부터 독일군이 전면적인 반격에 돌입하

●●● 1917년 10월 페트로그라드에서 대중연설을 하고 있는 레닌. 레닌을 중심으로 소수파인 볼셰비키가 쿠데타를 통해 정권을 장악한 소비에트 임시정부는 즉각적인 휴전을 선언했다. 그리고 레닌의 임시정부는 11월 26일, 집권기반 안정을 위해 독일과의 강화협상을 추진했다. 그 결과, 12월 15일, 독일과 소비에트 임시정부 간에 30일간의 잠정적인 휴전협정이 체결됨으로써 러시아는 전쟁에서 이탈했다. 〈출처: WIKIMEDIA COMMONS | Public Domain〉

자, 러시아군은 전선에서 물러나야만 했다. 결국 9월 5일, 후티어^{Oskar von} Hutier(1857~1934) 장군의 독일 제8군이 발트 해^{Baltic Sea} 연안의 리가^{Riga}에서 러시아 제12군을 격퇴함으로써 독일군은 러시아의 수도인 페트로그라드 500km 전방까지 진출했다. 하지만 독일군은 더 이상 진군하지 않았다. 이미 러시아 차르 정권은 사라졌고, 임시정부도 군사적 패배의 혼란 속에서 붕괴 직전에 놓여 있었기 때문이었다.

　러시아군이 실질적으로 전선을 이탈한 가운데, 독일은 러시아 임시정부의 강화 요청을 기다리기로 했다. 혁명의 혼란 속에서 10월 24일 야간에 레닌^{Vladimir Lenin}(1870~1924)을 중심으로 임시정부 내에서 사회주의를 신봉하는 소수파인 볼셰비키^{Bolsheviki}가 쿠데타를 통해 정권을 장악했다. 소비에트 임시정부는 즉각적인 휴전을 선언했다. 그리고 레닌의 임시정부는 11월 26일, 집권기반 안정을 위해 독일과의 강화협상을 추진했다. 그 결과 12월 15일, 독일과 소비에트 임시정부 간에 30일간의 잠정적인 휴전협정이 체결됨으로써 러시아는 전쟁에서 이탈했다. 이를 통해 독일군은 동부 전선의 80개 사단을 서부 전선으로 전환할 수 있게 되었다.[59]

이탈리아 전선

이탈리아와 오스트리아-헝가리는 전 전선에 걸쳐 공방을 주고받았다. 하지만 전선에는 변화 없이 희생자만 증가했다. 1917년 10월 24일, 독일군 7개 사단을 지원받은 오스트리아-헝가리군은 35개 사단을 동원해 34개 사단으로 방어 중인 이탈리아군에 대해 이손초 전투를 개시했다. 동맹군은 이손초 강 연안의 카포레토^{Caporetto}를 집중 공격했다.

카르도나는 공세를 통해서 확보한 지역을 고수하기 위해 이탈리아군 병력을 집중적으로 전방에 배치했다. 그리고 예비대를 전방에서 상당히 이격된 후방에 배치함으로써 전투가 개시되었을 때 일선에 배치된 이탈리아군은 예비대의 증원을 받지 못했다. 동맹군은 이탈리아군의 이러한 허점을 이용했다. 전방에 배치된 이탈리아군 4개 사단은 순식간에 측·후방이 포위되었고, 이탈리아군의 동부 전선 전체가 일순간 공황에 빠지고 말았다. 전투 개시 3일 만에 이탈리아군의 동부 전선이 붕괴되었다.

카르도나는 전선의 붕괴를 막기 위해 순차적으로 방어선을 구축하며 동맹군의 진격을 막으려 했다. 그러나 기세가 오른 동맹군의 공세를 막기에는 역부족이었다. 결국 11일 만에 이탈리아군은 130km나 후퇴했다. 이제 전선은 베네치아^{Venezia}가 위협받는 후방까지 이동했다. 이탈리

●●● 이손초 전투 당시 피아베 강을 따라 구축한 이탈리아군의 임시 참호. 1917년 10월 24일, 독일군 7개 사단을 지원받은 오스트리아-헝가리군은 35개 사단을 동원해 34개 사단으로 방어 중인 이탈리아군에 대해 이손초 전투를 개시했다. 이탈리아군의 동부 전선 전체가 일순간 공황에 빠져 전투 개시 3일 만에 이탈리아군의 동부 전선이 붕괴되었다. 이손초 전투 참패로 카르도나는 참모총장 자리에서 물러나야 했다. 〈출처: WIKIMEDIA COMMONS | Public Domain〉

아군은 단기간에 67만 명에 달하는 병력 손실을 입었다. 이 중 4만 명은 전사하거나 다쳤고, 28만 명은 포로로 잡혔으며, 나머지 35만 명은 전장을 이탈했다. 카르도나는 패전의 책임을 전술적 실패보다는 이탈리아군에 만연했던 염전주의와 패배주의 탓으로 돌렸다. 대패의 여파로 이탈리아군 내부에서도 전투 기피 현상이 확산되기 시작했다.[60] 결국 전체적인 작전 실패의 책임을 지고 카르도나가 11월 8일에 자리에서 물러났고, 온건파인 디아츠^Armando Diaz^(1861~1928) 장군이 후임 참모총장으로 부임하면서 전선이 안정되기 시작했다. 이탈리아군은 12월 30일 공식적인 전투가 종료될 때까지 피아베^Piave^ 강 선상의 방어선을 굳건히 유지했다.

5. 1918년: 독일군 최후 공세의 실패와 종전

서부 전선

미국의 참전으로 전쟁의 주도권은 협상국으로 점점 기울어갔다. 1918년 1월 8일, 윌슨은 연두교서에서 평화교섭의 근간이 될 14개 조항을 제시했다. 서부 전선에서는 본격적인 미군의 참전으로 협상군의 전력이 증강되고 있었지만, 독일에게도 호기가 찾아왔다. 동부 전선에서 러시아가 내부 혁명으로 급속히 전쟁 추동력을 상실하고, 강화조약을 체결함에 따라 독일군은 동부 전선에 배치된 전력의 일부를 서부 전선으로 전환할 여유를 갖게 되었다. 독일군은 1917년 연말까지 동부 전선에 배치된 33개 사단을 서부 전선으로 전환했다. 차르 정권 붕괴 이후, 등장한 볼셰비키의 소비에트 임시정부는 독일군에게 심각한 위협이 되지 못했다. 그래서 독일군은 동부 전선에 강화조약 이행을 감시할 40개 보병사단과 3개 기병사단만 남겨두고 나머지 전력은 서부 전선으로 전환시켰다. 결국 1918년 초반, 서부 전선에서 독일군은 192개 사단, 협상군은 178개 사단으로 독일군이 다소 수적 우위를 차지하게 되었다.[61]

4년에 걸친 장기전의 결과, 동부 전선에서 전환한 병력이 독일군에게는 마지막 예비전력이었다. 물론 협상군도 비슷한 상황이었으나, 협상군에게는 이제 막 참전을 결정한 미군이 있었다. 따라서 시간이 갈수록 독일군이 불리할 것은 자명한 사실이었다. 루덴도르프도 이러한 상황을 잘 알고 있었다. 그래서 미군의 전력이 증강되기 전[*62]에 독일군이 서부 전선에서 우세를 확보하고 있던 1918년 초기에 전쟁을 종결짓기 위한 최후 공세를 계획했다.

루덴도르프는 1917년 11월, 몽스에서 열린 전쟁회의에서 최후 공세에 대한 준비지침을 하달했다. 루덴도르프는 미군의 전력증강 속도를 고려해 공세는 3월 이전에 시행하기로 결정했다. 그리고 그가 최후의 공세지역으로 선택한 곳은 1916년에 영국군과 치열한 교전이 있었던 솜 지역이었다. 루덴도르프는 솜 지역을 방어하고 있는 영국 제5군을 돌파해 영국군과 프랑스군을 분리시키고, 궁극적으로 영국군을 해안으로 압박해 궤멸시키고자 했다. 설령 그는 영국군을 궤멸시키는 것이 불가능하더라도 일련의 유기적인 공세로 협상군의 방어체계를 붕괴시키면, 동부 전선과 마찬가지로 유리한 협상 조건에 의한 강화도 가능할 것이라고 생각했다. 한편 협상군은 무분별한 공세는 지양하고, 독일군을 압도할 수 있을 만큼의 미군이 도착할 때까지 현 전선을 유지하겠다는 기본 방침을 갖고 있었다.

루덴도르프는 최후의 공세를 위해 동부 전선에서 전환한 병력을 예비로 하여 주공 사단의 장비와 편성을 강화했다. 특히 공격의 선봉을 담당할 전방 사단은 경기관총, 화염방사기 등 각종 신형 장비로 보강한 일명 '폭풍부대Stormtroopers'로 편성했다. 또한 루덴도르프는 과거 리가 전투에서 독일 제8군 사령관이었던 후티어 장군이 적용했던 돌격부대와 포병의 기동성을 융합한 후티어 전술Hutier Tactics을 적용해 전투 초기 강력한 화력과 충격력으로 전선을 일순간에 붕괴시키고자 했다. 이를 위해 그는

---

* 1917년 12월 초까지 프랑스에 도착한 미군은 약 13만 명이었다. 더군다나 프랑스에 막 도착한 미군은 유럽 전선에 적응하기 위한 3개월 과정의 별도 추가 훈련을 받아야 했기 때문에 1918년 초반, 서부 전선에 투입할 수 있는 미군은 거의 존재하지 않았다.

◈ 후티어 전술 ◈

후티어 전술Hutier Tactics은 제1차 세계대전 당시 제18군 사령관이었던 후티어Oskar von Hutier 장군이 고안한 전술로, 교착된 전선 타개를 위한 강력한 돌파를 위해 착안되었다. 이는 기습을 기조로 보병과 포병의 협동작전에 의한 돌파기동 전술이었으며, 훗날 전격전의 모델이 되었다.

단계적인 후티어 전술의 진행은 단시간에 강력한 공격준비사격으로 적 제1참호선 상의 방어력을 약화시킨 후에 폭풍부대라는 정예보병이 적 진지에 침투하여 지휘소나 화기진지 등을 무력화시키는 것이 시작이었다. 이때 포병은 폭풍부대의 이동속도에 따라 전방에 지속적인 이동탄막을 제공함으로써 폭풍부대의 진격을 지원했다. 폭풍부대는 공격 도중 적의 강력한 방어거점을 만나면 이를 우회했다. 폭풍부대가 우회한 강력한 방어거점은 후속하던 경보병이 고립 및 무력화를 시행했다. 이후 공병과 포병이 포함된 제병협동전투단과 예비사단이 후속하며 잔적을 소탕하고, 방어거점을 최종적으로 확보함으로써 단계적으로 전선을 돌파했다.

후티어 전술은 1917년 9월, 후티어 장군이 동부 전선의 리가 전투에서 러시아군에 적용해 큰 성과를 거두었다. 이어 10월에는 오스트리아–헝가리군이 독일군의 지원 아래 카포레토 전투에서 이탈리아군에 적용해 전선을 붕괴시키는 데 성공함으로써 루덴도르프는 독일군 최후 공세에 이 전술을 적극적으로 도입했다. 독일군은 후티어 전술의 적용으로 1차 공세 초반에는 큰 성과를 거두었다. 그러나 포병의 기동성 부족으로 지속적인 이동탄막 제공이 불가능했다. 또한 독일군은 예비대와 전투근무지원 부족으로 궁극적인 전선 돌파는 실패하고 말았다. 하지만 전선을 타개하기 위한 독일군의 창의적 전술 개발 노력은 큰 의미가 있었다고 평가할 수 있다. 제2차 세계대전 당시 독일군은 후티어 전술의 단점을 보완하여 이를 전격전으로 발전시킴으로써 조기에 프랑스를 석권할 수 있었다.

봉쇄된 독일의 산업생산 능력을 총동원해 포탄을 전방에 추진 배치하고, 다수의 예비부대도 준비시켰다.

3월 21일 오전 4시 40분, 루덴도르프 1차 공세(작전명: 미하엘Michael)가 시작되었다. 오랜 기간 준비한 1차 공세를 위해 독일군은 제2군, 제17군, 제18군 등 3개 군으로 영국 제3군과 제5군을 공격했다. 특히 후티어 전술의 주창자인 후티어 장군도 제18군 사령관으로서 1차 공세에 참여했다. 영국군에 대해 압도적인 전력 우위를 확보한 독일군은 각종 가스탄 공격과 병행해 80km의 전선에 걸쳐 5시간 동안 집중포격을 개시했다.

공격준비사격과 동시에 폭풍부대들은 방어선의 틈새를 이용해 침투하기 시작했다. 작전개시일 오전에 전장에 드리워진 안개도 독일군의 침투에 유리하게 작용했다. 포병의 이동탄막과 연계한 폭풍부대의 강렬한 공격으로 대부분의 전선이 돌파되기 시작했다. 루덴도르프 1차 공세 당시 서부 전선의 전체적인 병력 규모는 거의 대등했다. 그러나 〈표 5〉와 같이 1차 공세를 감행할 솜 지역에서는 독일군이 영국군에 2.7배에 달하는 병력을 집중시켰고, 초기 공세의 성공을 보장하는 핵심인 화력도 2.5배 수준으로 집중시켰다. 독일군은 마지막 정예 병력을 끌어모아 최후공세를 준비했다.

〈표 5〉 루덴도르프 1차 공세 당시 투입 전력

구분	사단(개)	화포(문)	박격포(문)	항공기(대)
독일군	71	6,608	3,500	730
영국군	26	2,686	1,400	579

출처: Arthur Banks & Alan Palmer, *A Military Atlas of The First World War*(South Yorkshire: Leo Cooper, 2004), pp. 182~183.; H. P. Willmott, *The World War I* (New York: DK, 2003), p. 252.

1차 공세는 루덴도르프가 심혈을 기울여 준비한 만큼 작전 초기의 돌파력은 인상적이었다. 하지만 작전이 지속될수록 전투지원 물자의 소요는 급증했고, 폭풍부대가 전선을 돌파한 이후 후속 병력의 기동이 지연됨에 따라 첨단부대의 공격력은 점점 둔화되기 시작했다. 그러나 작전 초기 1주일 동안 독일군은 기존에 보지 못했던 전선 돌파를 이뤄냈다.

●●● 1918년 3월 솜 지역으로 진격하고 있는 독일군의 모습. 1918년 3월 21일 오전 4시 40분, 루덴도르프 1차 공세(작전명 미하엘)가 시작되었다. 1차 공세는 루덴도르프가 심혈을 기울여 준비한 만큼 작전 초기의 돌파력은 인상적이었다. 작전 초기 1주일 동안 독일군은 기존에 보지 못했던 전선 돌파를 이뤄냈다. 하지만 프랑스군 참모총장 포슈가 협상군 총사령관으로 임명되면서 협상군의 지휘권을 통합하고 일사분란하게 예비대를 투입해 돌파된 전선의 확장을 저지함으로써 루덴도르프 1차 공세는 작전 개시 2주 만인 4월 5일에 종료되었다. 〈출처: WIKIMEDIA COMMONS | CC-BY-SA 3.0 DE〉

사태의 심각성을 인지한 협상군은 3월 26일, 긴급회의를 열어 효과적인 방어를 위해 그동안 국가별로 이원화된 전선 전체의 지휘권을 통합하기로 합의했다. 결국 오랜 논의 끝에 협상군 총사령관으로 프랑스군 참모총장이던 포슈^{Ferdinand Foch}(1851~1929)를 임명하면서 루덴도르프 1차 공세에 대한 반격이 본격화되었다. 포슈는 지휘권을 통합하고 일사분란하게 예비대를 투입해 돌파된 전선의 확장을 저지했다. 결국 루덴도르프 1차 공세는 작전 개시 2주 만인 4월 5일에 종료되었다.

독일군은 고착된 전선을 타개하기 위해 후티어 전술을 적용한 결과, 62km나 전선을 돌파해 전진했고, 화포 1,100문과 7만 명의 포로를 획득하는 전술적 성과를 거두었다. 하지만 영국군의 붕괴된 전선을 메우기 위해 프랑스군이 신속하게 예비대를 투입함으로써 영국군과 프랑스군을 분리해 영국군 주력을 해안에서 섬멸하겠다는 독일군의 작전목표 달성은 실패했다. 전투 결과 영국군은 17만 8,000명, 프랑스군은 7만 7,000명의 사상자가 발생했으나, 독일군 또한 25만 명에 달하는 사상자가 발생했다. 더군다나 독일군의 사상자는 루덴도르프가 전세를 역전시키기 위해 오랜 기간 준비한 독일군의 마지막 정예 병력이었다는 점에서 1차 공세의 실패로 독일군이 유리한 입장에서 전쟁을 종전할 수 있다는 마지막 희망은 사라졌다.

루덴도르프가 기획한 1차 공세 당시, 독일군은 작전목표로서 철도가 연결된 영국군의 핵심 병참 거점인 아미앵Amiens 점령에 실패함으로써 협상군의 신속한 예비대 증원을 허용하고 말았다. 이는 영국군 전선의 돌파구를 확대해나가는 추진력보다 협상군의 방어전력 보강이 더 신속했다는 것을 의미했다. 또한 협상군의 유기적인 통합지휘체계 구성으로 프랑스군이 적극적으로 영국군을 지원함에 따라 협상군은 신속하게 돌파구의 첨단을 봉쇄할 수 있었다.

독일군의 1차 공세가 실패한 근본 원인은 후티어 전술의 초기 성과를 지속하기 위한 독일군의 기동성과 총체적인 전투력이 부족했기 때문이었다. 공세를 위해 독일군이 준비한 전략적 예비대와 전투물자가 부족했고, 이 또한 수송 능력의 제한으로 신속한 전방 추진에 제한사항이 많았다. 그리고 폭풍부대의 돌격을 엄호할 포병의 이동탄막이 작전 초기에는 효과적으로 작동했으나, 폭풍부대가 진격할수록 포병의 기동성이 이를 뒷받침하지 못해 지속적인 이동탄막의 지원이 불가능해졌다. 결국 동부 전선에서 러시아군에게는 효과적이었던 후티어 전술이 서부 전선의 영국군과 프랑스군에게는 한계를 드러내면서 실패하고 말았다.

1차 공세가 실패한 이후 독일군은 서부 전선 전체에서 축차적으로 연속적인 공세를 전개했다. 2차 공세(작전명: 게오르게테Georgette)는 4월 9일에 독일 제4군과 제6군이 영국 제1군과 제2군이 방어 중인 아즈부르크Hazebrouck 방면으로 공격을 개시했다. 아즈부르크는 영국 후방 철도 수송의 거점으로 독일군이 반드시 점령해야 하는 지역이었다. 1차 공세만큼은 아니어도 독일군은 가용한 전력을 집중해 2차 공세를 개시했다. 하지만 헤이그는 4월 11일, 배수진 명령을 하달하며, 전차와 영국 항공대까지 동원해 독일군의 진격을 저지했다. 결국 독일군이 아즈부르크 점령을 통한 영국군의 후방 수송 거점 확보에 실패하자, 루덴도르프는 4월 29일, 공격 실패를 인정하고 공세를 중단해야 했다.

두 차례에 걸친 공세를 통해 독일군은 38만 명의 사상자가 발생했고, 영국군은 24만 명, 프랑스군도 9만 명의 사상자가 발생했다. 한 달 만에 양측 도합 약 70만 명의 사상자가 발생한 것이다. 하지만 당시 독일군은 협상군의 160개 사단에 비해 46개나 더 많은 206개 사단을 보유하고 있어서 수치상으로는 우위를 점하고 있었다. 이에 협상군은 5월 1일까지 프랑스에 도착한 미군 병력이 43만 명에 달하면서 미군을 통해 부족한 전력을 보충했다. 하지만 독일은 더 이상 충원할 방법이 없었다. 시간은 점점 협상군의 편으로 흘러갔다.[63]

2차 공세가 실패한 이후 조급했던 독일군은 서부 전선 남부에서 공세를 이어나갔다. 2차 공세가 중단된 지 한 달 만인 5월 27일, 루덴도르프는 독일 제7군으로 프랑스 제6군이 방어 중인 수아송Soissons 지역으로 3

차 공세(작전명: 블뤼허-요르크^{Blücher-Yorck})를 개시했다. 특히 이 지역은 1년 전 니벨 공세가 있었던 지역으로 독일이 점령한 진지에서 파리가 가장 가까운 곳이었다. 루덴도르프는 만약 독일군이 프랑스군의 방어선을 돌파한다면 파리를 직접적으로 위협할 수 있다고 판단했다. 공격 개시 5일 만에 독일군은 수아송을 점령하고, 파리 외곽 90km까지 도달했다.

독일군은 1차 공세부터 일명 '파리포^{Paris Gun}'[*66]로 불리는 대형 장거리 포로 파리를 직접 공략함으로써 프랑스군에게 심각한 심리적 충격을 주었다. 파리가 독일군의 직접 포격에 노출되자, 프랑스군은 가용한 예비대를 즉각 투입하여 독일군의 공세를 저지해야 했다. 이에 프랑스에 도착한 미군 2개 사단이 처음으로 전투에 투입되었다. 미군은 사단 병력이 독일군의 두 배[**65]였고, 장비도 충분해 사단 이상의 전투력을 발휘했다. 그 결과 독일군은 6월 3일, 3차 공세를 중단해야 했다.

3차 공세가 종료된 지 6일 만인 6월 9일, 독일군은 1차 공세 당시 점령했던 지역에서 공격 방향을 파리가 있는 남쪽으로 전환해 4차 공세(작전명: 그나이제나우^{Gneisenau})를 개시했다. 하지만 프랑스군이 미군의 지원을 받아 곧바로 반격을 개시함으로써 독일군은 6월 13일, 작전을 종료했다. 당시 독일군은 열악한 전투 환경으로 인해 지친 가운데 스페인 독감의 유행으로 50만 명 이상의 환자가 발생하자 조기에 공세를 종료할

---

[*] 최대사거리가 132km에 달하는 거대포로 주로 기차에 탑재하여 이동했으며, 구경은 21cm, 길이는 30m로 분당 최대 60발까지만 사격이 가능했다. 파리에 대한 포격은 3월 23일부터 8월 9일까지 지속되었다. 전투 간 총 320발을 파리 시내로 사격했으며, 이로 인해 256명의 사망자와 620명의 부상자가 발생했다. 인명피해가 크지는 않았지만, 파리 시내까지 독일군의 포탄이 낙하함에 따라 파리 시민에게 미치는 심리적 효과는 매우 컸다.

[**] 당시 주요 참전국의 편제상 보병사단 정원은 다음과 같다. 프랑스군 1만 5,000명, 독일군 1만 3,000명, 영국군 1만 6,000명, 미군 2만 8,100명이었다. 당시 영국군, 프랑스군, 독일군은 1918년 당시 전투로 인한 병력 손실과 보충 자원의 부족으로 편제보다 훨씬 적은 병력만을 보유하고 있었다. 하지만 막 참전한 미군은 편제에 맞게 병력이 편성되어, 미군의 1개 사단은 독일군 1개 군단에 버금가는 전력을 보유했다.

●●● 독일군은 1918년 3월 1차 공세부터 일명 '파리포(Paris Gun)'로 불리는 대형 장거리포로 파리를 직접 공략함으로써 프랑스군에게 심각한 심리적 충격을 주었다. 〈출처: WIKIMEDIA COM-MONS | Public Domain〉

수밖에 없었다.

절망적인 전선 상황 속에서도 루덴도르프는 종전 협상을 위한 유리한 작전적 승리를 위해 7월 15일, 마지막 5차 공세(작전명: 마른-랭스Marne-Reims)를 개시했다. 하지만 약화된 독일군의 잔존 전력으로는 미군의 증원으로 점점 전력이 강화되어가는 협상군의 전선을 돌파할 수 없었다. 결국 5차 공세는 프랑스군의 완강한 저항으로 전투 개시 3일 만인 7월 17일 종료되었다. 이로써 다섯 차례에 걸친 루덴도르프 공세는 최종적으로 추구했던 전략목표 달성에 실패했고, 이제 독일군에게 남은 것은 패전의 순간을 기다리는 것뿐이었다.[66]

다섯 차례에 걸친 독일군의 루덴도프르 공세가 실패로 돌아가자, 7월 18일부터 프랑스군은 빌레 코트레Villers Cotterêts에서 본격적인 반격을 개시했다. 방어선 유지에도 벅찬 독일군은 미군까지 공격에 가세함에 따라 서서히 뒤로 물러나기 시작했다. 8월 8일, 영국 제4군과 프랑스 제1군이 아미앵에서 독일군에 대한 반격을 개시했다. 특히 아미앵 전투Battle of Amiens에는 그동안 관측과 정찰 임무만 수행하던 항공기도 지상공격에 투입되고, 다수의 신형 전차들도 투입되어 제병협동작전을 전개함으로써 독일군에 치명상을 입혔다.

이날 하루 동안 영국 제4군 소속의 캐나다 군단은 무려 13km나 전진하는 놀라운 성과를 보였다. 더군다나 독일군은 하루 만에 1만 5,000명의 포로를 포함하여 2만 7,000명에 달하는 병력 손실을 입었다. 이에 루덴도르프는 훗날 그의 회고록에 이날을 '독일군 암흑의 날'로 평가하기도 했다. 이후 독일군의 저항으로 협상군의 공세가 중단되기는 했지만, 독일군이 더 이상 전쟁에서 승리할 수 없다는 패배감이 병사들까지 확산되었다. 8월 말까지 협상군은 일련의 공세를 통해 루덴도르프 공세로 상실한 지역을 대부분 회복했다.

8월 30일, 미국 제1군이 프랑스에서 창설되었다. 그리고 9월 12일, 미군은 프랑스군의 지원을 받아 생미엘Saint-Mihiel 돌출부에 대한 공세를 개시했다. 미군의 기습에 돌출부를 점령했던 독일군조차 힌덴부르크선까지 퇴각해야 했다. 미군이 놀라운 성과를 보이자 승리를 확신한 협상군 지휘부는 9월 26일부터 독일군이 완강히 방어하던 힌덴부르크선 전역에 걸쳐 독일군이 마지막 남은 예비대를 집중하지 못하도록 일련의 순차적인 공세를 개시했다. 그리고 9월 29일, 마침내 영국 제4군이 생캉탱Saint-Quentin 일대의 힌덴부르크선을 돌파하는 데 성공했다. 이후 협상군은 독일군을 압박하며 독일 국경 방향으로 진출해나갔다.

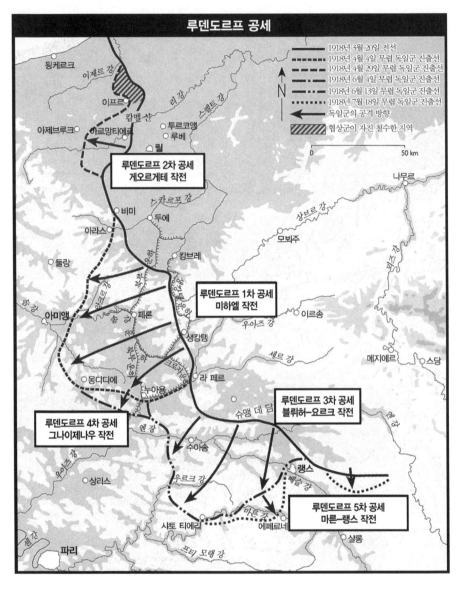

독일군의 최후 공세가 실패하고, 협상군의 전면적인 반격으로 오랜 기간 방어선을 구축한 힌덴부르크선이 돌파되자, 루덴도르프도 마침내 승리가 불가능하다고 판단하게 되었다. 그래서 새로 임명된 바덴^Max von Baden (1867~1929) 총리를 통해 10월 7일, 미국에 평화교섭 의사를 타진했다.

패전이 임박해지자 10월 30일, 킬Kiel 군항의 독일 수병들이 주도한 반란을 시작으로 도처에서 폭동이 발생하기 시작했다. 결국 전쟁을 주도했던 루덴도르프가 10월 26일에 사임하고, 빌헬름 2세마저 11월 9일, 퇴위를 선언함으로써 독일제국은 붕괴되고, 공화국이 선포되었다. 퇴위 선언 직후 빌헬름 2세는 네덜란드로 망명했고, 독일은 혼란 속에서 공화국으로 전환되었다. 이후 종전협정 움직임이 본격화되어 11월 7일 저녁부터 협상국과 독일 대표단과의 휴전협정 체결을 위한 논의가 시작되었다. 그리고 11월 11일 오전 5시 45분, 파리 인근의 콩피에뉴Compiègne에서 협상국 대표인 포슈와 독일 대표인 에르츠베르거Matthias Erzberger(1875~1921) 간에 34개 항의 휴전협정*67이 체결되었다. 콩피에뉴 휴전협정Armistice of Compiègne에 따라 오전 11시부로 전 전선에서 전투가 중지되면서 제1차 세계대전은 공식적으로 종전되었다. 협정 체결 이후 협상군은 11월 17일부터 부대 이동을 개시하여 독일군이 점령하고 있던 벨기에 및 프랑스 점령지역을 탈환했다. 그리고 협상군은 12월 1일부로 국경을 넘어 독일 영내로 진출해 라인 강 일대에 완충지대를 확보함으로써 우발 상황에 대비했다.

---

* 독일에게 일방적인 포기를 강요하는 협정의 주요 조항은 다음과 같다. ① 협정은 서명 6시간 이후부터 유효하다. ② 벨기에, 프랑스, 알자스-로렌 지역에 주둔하는 모든 독일군은 14일 이내에 철수하되, 그 이후에 잔류하는 독일군은 전쟁포로로 구금된다. ③ 독일군의 야포 5,000문, 기관총 3만 정, 박격포 3,000문, 항공기 2,000대는 협상국에 양도한다. ④ 라인 강 좌우 30km의 중립지대를 설치하되, 독일군은 11일 이내에 철수한다. ⑤ 라인 강 좌안에 설치된 모든 산업시설을 온전하게 협상국에 양도한다. ⑥ 독일은 5,000대의 기관차, 15만 대의 철도용 객차, 1만 대의 트럭을 협상국에 양도한다. ⑦ 독일 지역에 주둔하는 협상군의 주둔비용은 독일이 정산한다. ⑧ 동부 지역의 독일군은 1914년 8월 1일의 국경으로 철수한다. ⑨ 브레스트-리토프스크 조약은 폐기한다. ⑩ 동아프리카의 독일 식민지를 포기한다. ⑪ 벨기에, 러시아, 루마니아에서 강제 징발한 정부 재화는 반납한다. ⑫ 전쟁포로를 즉각 석방한다. ⑬ 독일군의 유보트 160척, 경순양함 8척, 드레드노트급 전함 6척을 협상국에 양도하고, 모든 함대를 무장해제한다. ⑭ 해상봉쇄는 유지한다. ⑮ 휴전협정은 30일간 유효하다.

●●● 1918년 11월 11일 휴전 소식에 환호하는 미 제7보병사단 병사들. 11월 11일 오전 5시 45분, 파리 인근의 콩피에뉴에서 협상국 대표인 포슈와 독일 대표인 에르츠베르거 간에 34개 항의 휴전협정이 체결되었다. 콩피에뉴 휴전협정에 따라 오전 11시부로 전 전선에서 전투가 중지되면서 제1차 세계대전은 공식적으로 종전되었다. 〈출처: WIKIMEDIA COMMONS | Public Domain〉

기타 전선

동부 전선에서는 독일과 소비에트 임시정부 간의 평화협상에 오스트리아-헝가리, 불가리아, 오스만 대표도 참가했다. 소비에트 임시정부의 내부 혼란상을 알고 있던 독일은 소비에트 임시정부에 전면적인 영토 포기를 요구했다. 하지만 독일의 요구안이 소비에트 임시정부에 알려지자 내부적으로 많은 반대의견이 대두되었다. 독일의 과도한 협상 조건에 소비에트 임시정부는 독일의 내부분열과 갈등으로 국력이 약화되기를 기다리며 의도적인 지연전략을 추진했다. 그러자 소비에트 임시정부의 소극적인 협상 태도에 압박을 가하기 위해 독일군과 오스트리아-헝가리군은 2월 17일, 무방비의 소비에트 임시정부군에 전면적 공세를 취해 5일 동안 240km나 진격했다. 동맹군의 진격에 놀란 소비에트 임시정부는 정권 유지를 위해 독일과의 굴욕적인 강화조약을 체결하기로 결정했다.

1918년 3월 3일, 브레스트-리토프스크 조약Treaty of Brest-Litovsk이 공식 체결됨으로써 동맹국과 소비에트 임시정부와의 전쟁은 종전되었다. 이 조약을 통해 소비에트 임시정부는 기존 러시아 제국 시절의 영토 중에서 비교적 비옥한 폴란드, 벨라루스, 핀란드, 발트 3국, 캅카스 남부 지역을 상실했다. 또한 소비에트 임시정부는 과거 러시아 제국의 일부였던 우크라이나 인민공화국의 독립을 승인해야 했고, 기존 적대국들과 추가적인 강화조약을 체결해야 했다. 8월 27일에는 추가적인 경제협정을 체결해 독일의 손실에 대해 60억 마르크를 보상하기로 합의했다. 결국 소비에트 임시정부는 농토의 32%, 인구의 34%, 산업시설의 54%를 상실했지만, 다행스럽게도 독일의 패전으로 이 조약은 무효가 되고 말았다.[68]

발칸 전선에서 동맹군의 지원이 약화되자, 영국군과 그리스군은 불가리아에 대한 공세를 강화했다. 특히 9월 25일, 영국군이 불가리아 남부

평화협정 체결 이후의 전선

노르웨이

스웨덴

핀란드

에스토니아
페트로그라드

발트 해

라트비아

러시아

리투아니아

모스크바

독일

브레스트-
리토프스크

베를린

폴란드

우크라이나

오스트리아-헝가리

부다페스트

N

루마니아

크림공화국

부쿠레슈티

세르비아

불가리아

흑해

0   500 km

몬테네그로

러시아

알바니아

협상국

동맹국

그리스

오스만

중립국

아테네

- - - - - 1917년 12월 15일 휴전 당시의 전선
───── 브레스트-리토프스크 조약에 의해 설정된 전선
━ ━ ━ 동맹군의 진출 한계선
평화조약에 의해 독립국가로 승인된 나라

에서 국경을 넘어 공격을 본격화하자, 불가리아는 공세를 견디지 못하고 9월 29일, 휴전협정을 통해 항복했다. 협정에 따라 불가리아가 점령했던 협상국 영토는 모두 반환되었고, 불가리아군은 해체되었다. 이어서 팔레스타인 지역에서 영국군의 공세에 시달리던 오스만도 결국 10월 30일, 휴전협정을 체결하고 전쟁을 끝냈다. 이탈리아 전선의 오스트리아-헝가리군도 10월 24일부터 이탈리아군이 피아베 강 방어선에서 반격을 개시하자, 더 이상 독일군의 지원도 기대할 수 없음을 인식하고 11월 3일에 이탈리아군에게 항복함으로써 휴전협정이 체결되었다.

CHAPTER 5

종전과 평가

1. 전쟁 결과

제1차 세계대전은 유럽을 광기로 몰고 갔다. 1914년 겨울이 오기 전에 전쟁이 끝날 것이라던 단기 결전의 희망은 물거품이 되었고, 전쟁에 참여한 모두가 고통받는 전쟁이 되었다. 1914년 당시 청춘을 맞이한 유럽의 젊은이들은 가장 큰 희생을 치러야 하는 세대가 되었다. 그래서 훗날비운의 그들을 지칭해 '잃어버린 세대Lost Generation'라는 사회적 용어가 생길 정도로 제1차 세계대전이 사회 전반에 미치는 파급효과는 컸다. 미국의 31대 대통령 후버Herbert Clark Hoover(1874~1964)가 말한 바와 같이 전쟁의 결정은 늙은이들의 몫이었지만, 정작 전장에서 죽어나간 이들은 무고한 젊은이들이었다.

제1차 세계대전은 역사상 처음으로 세계대전이라는 용어가 생길 정도로 참가 규모와 피해가 엄청났다. 전쟁으로 인한 인명피해 현황은 〈표 6〉과 같다. 하지만 도표에 제시된 수치는 최소한도로 집계된 수치일 뿐, 실제 희생자는 이보다 더 많았다. 또한 전쟁은 유럽에 국한된 것이 아니었

〈표 6〉 제1차 세계대전으로 인한 인명피해 현황

〈표 6〉 제1차 세계대전으로 인한 인명피해 현황

구 분		동원인원	전사자	부상자	민간사망자
협상국	러시아	12,000,000	1,800,000	4,950,000	2,000,000
	프랑스	8,660,000	1,390,000	4,330,000	40,000
	영국	8,780,000	900,000	2,090,000	1,000
	이탈리아	5,900,000	460,000	960,000	통계 제한
	미국	4,350,000	50,000	230,000	–
	기타	2,320,000	405,000	320,000	1,260,000
	합계	42,010,000	5,005,000	12,880,000	3,301,000
동맹국	독일	13,400,000	2,040,000	5,690,000	700,000
	오스트리아	7,800,000	1,020,000	1,940,000	통계 제한
	오스만	1,000,000	240,000	1,270,000	2,000,000
	불가리아	1,200,000	80,000	150,000	275,000
	합계	23,400,000	3,380,000	9,050,000	2,975,000

출처 : H. P. Willmott, *The World War I*(New York: DK, 2003), p. 307.

다. 세계대전이라는 이름에 걸맞게 유럽 열강의 식민지였던 아프리카와 아시아에서도 식민 종주국의 이해관계에 따라 식민지 현지인으로 구성된 군대를 포함하여 양측 간에 치열한 전투가 발생했다. 따라서 전쟁이 남긴 정확한 인명피해 현황을 집계한다는 것은 불가능하다. 또한 전쟁의 규모만큼 전쟁이 남긴 상처도 컸다.

제1차 세계대전은 실질적인 근대의 종말을 가져왔다. 유럽에 존재하던 대부분의 제국과 군주들이 패전으로 사라졌고, 새로운 신생 공화국들이 탄생했다. 패전 결과 독일제국은 빌헬름 2세가 퇴위함으로써 바이마르 공화국으로 정치체제가 전환되었다. 또한 오스트리아-헝가리 제국도 황제 퇴위와 동시에 해체되어 오스트리아와 헝가리가 개별 공화국으로 전환되었다. 제국의 일부 지역은 독립해 체코슬로바키아와 유고슬라비아가 새롭게 탄생했다. 또한 오랜 기간 러시아, 독일, 오스트리아-헝가리에 분할 점령되었던 폴란드가 다시 독립을 되찾았다. 러시아는 사회주의 국가인 소련으로 변모했다. 이 과정에서 니콜라이 2세 일가는 강제 퇴위와 동시에 감금되었고, 1918년 7월, 혁명 세력에 의해 비밀리에 총살됨으로써 러시아의 차르 체제는 붕괴되었다. 그리고 패전국들은 해외 식민지와 자국 영토의 축소를 감내해야만 했다.

2. 승패 요인 분석

동맹국의 주축인 독일의 패전 요인은 크게 네 가지로 요약할 수 있다. 첫째는 전쟁계획 상의 오류이다. 전쟁계획의 초안을 작성한 슐리펜은 기본적으로 독일군의 주력을 우익에 배치해 독일군이 메스를 중심으로 파리를 포위공격하기 위한 대우회공격을 실시하도록 했다. 이때 독일군의 최우측 부대가 대서양 해안까지 점령할 수 있도록 충분히 우익에 병력을 집중하도록 전쟁계획을 구상했다. 그래서 슐리펜은 총참모장직을 떠나는 마지막 순간까지도 우익의 병력을 강화하기 위해 노력했다. 하지만 그의 후계자인 몰트케는 상대적으로 취약한 독일군의 좌익이 프랑스군의 역습을 저지하는 데 실패할 것을 우려해 우익 전력의 일부를 좌익으로 전환했다. 이에 따라 우익의 전력은 최초 계획보다 약화되었다. 한편 독일군은 네덜란드의 중립을 보장한다는 명분으로 개전 초기 네덜란드를 우회한 대병력이 벨기에의 좁은 기동로에 집중하다 보니 병목현상이 발생해 진격속도가 느려졌다.

독일군은 개전 초기 몰트케 수정안에 따라 진격을 할수록 우익은 병력이 제한되어 해안선과 점점 멀어지게 됨으로써 적이 역습할 수 있는 빈 공간을 내어주고 말았다. 작전 개시 한 달 만인 9월 초, 독일군은 부대 간의 공간 발생을 해소하기 위해 일시적으로 전선을 철수하여 재조정해야 했다. 이 순간을 이용해 프랑스군이 독일군의 우측 공간을 우회 공격하자, 전투는 기동전에서 해안으로의 경주를 통한 진지전으로 변화되었다. 일단 공격 기세를 상실한 독일군은 더 이상 개전 초기와 같은 공세의 주도권을 장악할 수 없었다.

둘째는 양면전쟁 수행으로 독일군 전력의 집중력이 분산된 것이다. 독일은 전쟁계획을 수립함에 있어 독일의 지정학적 상황을 고려하여, 프랑스와 러시아 양국과의 동시 전쟁을 회피하고자 했다. 그래서 양국의 군사대비태세를 사전에 면밀히 분석했다. 그 결과 러일전쟁의 패배로부터 회복이 더디고, 국내 정치적 혼란으로 인해 전쟁수행능력이 상대적으로 취약한 러시아를 후순위로 선택했다. 독일은 최초 핵심 전력을 서부 전선으로 집중해 6주 만에 프랑스 전역을 종결시킨 이후, 러시아로 전력을 전환해 러시아와 상대해도 시간적으로 충분할 것이라고 판단했다. 그래서 개전 직전 독일군은 8개 야전군 중에서 7개는 서부 전선에 할당하고, 1개 야전군만 동부 전선에 배치해 6주 동안 러시아군의 진격을 저지하도록 계획했다. 하지만 독일군은 6주 이내에 프랑스 전역을 종결시킨다는 목표 달성에 실패했다. 그 결과 독일군은 의도치 않게 서부 전선에서는 프랑스군과 영국군을 상대하고, 동부 전선에서는 러시아군을 동시에 상대해야 했다. 독일군의 전력이 양대 전선으로 분산됨에 따라 독일군의 병력 운용 효율성은 저하되고, 점점 한계에 봉착할 수밖에 없었다.

셋째는 총력전을 수행하기에는 독일의 종합적인 전쟁수행능력이 부족했다는 것이다. 삼국협상 세력은 영국, 프랑스, 러시아 이외에 미국, 이탈리아, 루마니아, 세르비아, 그리스 등 다양한 세력이 합류함으로써 점점 세력이 증대되었다. 하지만 독일은 개전과 동시에 삼국동맹국의 일원인 이탈리아가 삼국협상국 측으로 전향함에 따라 맹방인 오스트리아-헝가리만이 실질적인 동맹으로 남았다. 이후 오스만, 불가리아 등이 경제적 실익을 고려해 삼국동맹국 측에 가담했으나, 동맹군 전체 전력 증강에 큰 도움이 되지는 못했다. 더군다나 오스트리아-헝가리군도 다민족으로 구성된 노쇠한 제국군으로 독일군의 지원 없이는 세르비아군이나 이탈리아군에 대해서도 압도적인 군사적 우세를 보여주지 못했다. 결국 독일군은 모든 전선에서 모든 적대국과의 전투에 직·간접적으로 개입해야만 했다.

독일은 해상국가인 영국의 주도 아래 해상봉쇄를 당하면서 외부로부터 물자를 도입하는 데 많은 어려움을 겪었다. 결국 독일은 전쟁에 필수적인 물자를 자체적으로 조달해야 했기 때문에 만성적인 전쟁물자 부족에 시달릴 수밖에 없었다. 일반 국민들도 오랜 봉쇄로 인한 식량부족에 시달림으로써 전쟁수행의지가 약화될 수밖에 없었다. 국민들의 사기 저하는 전장의 군대에도 영향을 미쳐 1918년에 이르러서는 독일군 지휘부를 제외하고 대부분의 독일 국민이 가망 없는 전쟁수행보다는 조속한 종전을 희망하게 되었다. 결국 독일군은 전투에서 패배했다기보다는 국가 차원의 전쟁수행 역량 부족으로 패전할 수밖에 없었다.

넷째는 루덴도르프 중심의 군부에 의한 군국주의적 전쟁지도이다. 1916년 8월, 베르됭 전투의 실패로 팔켄하인이 총참모장에서 물러나자, 힌덴부르크와 함께 루덴도르프가 독일군의 전쟁지휘를 맡았다. 외형적으로는 힌덴부르크가 총참모장이었으나, 실질적인 권력은 부참모장인 루덴도르프에게 있었다. 루덴도르프는 전쟁방침 결정에 있어 민간관료의 의견을 무시하고, 오로지 강력한 전쟁수행을 위해 국가의 모든 역량을 전쟁수행에만 집중하는 일명 '힌덴부르크 프로그램Hindenburg Program'을 추진했다. 이 프로그램에 따라 모든 공장은 전쟁물자를 생산해야 했고, 그 목표량도 기존의 두 배 이상을 요구함으로써 전쟁수행에 불필요한 산업은 극도로 위축되었다. 그래서 일반 국민들은 생필품 부족에 시달릴 수밖에 없었고, 공장 노동자를 확보하기 위해 여성들과 노약자들도 반강제적으로 작업자로 동원되어야 했다. 심지어 공장 노동자가 부족해지자, 일선에 있는 군인들을 강제 전역시켜 공장 노동자로 보내기도 했다.

결정적으로 전시외교를 경시한 루덴도르프는 1917년 1월 관료들의 반대에도 불구하고 무제한 잠수함 작전을 관철시킴으로써 그동안 중립을 지키던 미국이 참전하게 만들었다. 당시 루덴도르프는 미국이 참전하더라도 본격적으로 유럽에 전력을 투입하기 위해서는 상당한 준비와 시간이 필요할 것으로 생각했다. 그래서 루덴도르프는 독일군의 결정적인 공세를 통해 유럽에서의 전쟁을 조기에 끝낼 수 있을 것이라고 판단했다. 그러나 전쟁은 그의 의도대로 진행되지 않았다. 결국 독일이 감당할 수 없는 압도적인 미국의 전쟁물자와 전력이 유럽에 쏟아져 들어옴에 따라 루덴도르프는 패배를 인정할 수밖에 없었다.

독일군의 패전 요인에 대한 상대적인 관점에서 협상국의 승전 요인도 네 가지로 요약할 수 있다. 첫째, 개전 초기 영국군의 적극적인 프랑스 지원과 단일지휘체계 확립이다. 영국군은 전통적으로 해군 중심의 국가여서 육군 전력은 상대적으로 취약했다. 하지만 개전 초기 프랑스의 요청에 적극적으로 부응해 최대한 신속하게 영국 원정군을 편성해 프랑스에 파병했다. 그리고 영국군은 마른 전투 이후, 서부 전선이 해안으로의 경주를 통해 전선이 확장되는 국면에서 벨기에 영토에서의 전선을 담당함으로써 프랑스군의 부담을 줄여주었다. 개전 직후 4개 보병사단과 1개 기병사단에 불과했던 영국군은 1914년 말에는 9개 보병사단과 3개 기병사단에 당시 영국의 식민지였던 인도군 2개 보병사단과 1개 보병여단, 1개 기병여단을 포함한 15개 사단을 2개 군으로 개편해 프랑스군을 지원했다.[69] 또한 영국군의 증강에 따라 양국 간의 효율적인 통합지휘를 위해 1917년 4월, 협상군은 영국군의 양해 아래 프랑스군의 포슈 장군을 총사령관으로 임명하면서 독일군의 공세에 효과적으로 대응할 수 있었고, 궁극적으로 서부 전선의 안정을 도모할 수 있었다. 이러한 경험은 훗날 제2차 세계대전 당시 연합군의 통합지휘체계 편성에 많은 영향을 주었다.

둘째는 동맹국의 전력 분산을 위한 제2전선의 효과적 활용이다. 협상국은 독일군이 주력을 서부 전선에 집중하는 것을 막기 위해 의도적으로 전선을 확대시켰다. 기본적으로 서부와 동부로 양분된 전선을 기반으로 러시아의 요청에 따라 1915년 4월부터 1916년 1월까지 오스만의 갈리폴리 반도 일대에 영국군, 프랑스군, 호주군와 뉴질랜드군으로 구성된 안작군을 상륙시킴으로써 오스만군의 전력을 분산시켰다. 갈리폴리 상륙작전이 성공하지는 못했지만, 적어도 오스만군을 비롯한 동맹군의 관심을 분산시키는 데에는 큰 역할을 했다.

한편 협상국은 삼국동맹의 일원이던 이탈리아를 유인해 1915년 4월, 삼국협상 측에 가담시키면서 새로운 전력을 얻게 되었다. 이후 이탈리아군이 다수의 오스트리아-헝가리군과 대치하게 되면서 오스트리아-헝가리군의 전력을 분산시켰다. 그리고 궁극적으로 독일군까지 이탈리아 전선에 개입하도록 만듦으로써 독일군의 전력을 분산시키는 데에도 성공했다. 또한 1915년 10월에 협상군은 발칸 반도 남단의 그리스 살로니카에 상륙해 세르비아를 지원함으로써 오스트리아-헝가리군과 독일군의 전력을 분산시켰다. 그리고 1916년 6월부터 오스만의 영토였던 메소포타미아 일대에서 영국이 아랍 반군을 지원하여 내전을 유도함에 따라 오스만의 전력 분산과 약화를 추구할 수 있었다.

독일의 해외 식민지에서도 동시다발적인 협상국의 공격으로 독일은 해외 식민지를 포기할 수밖에 없는 상황에 직면했다. 협상국은 기본 전선인 유럽의 동부와 서부 전선을 넘어 동시다발적인 다양한 전선을 형성했다. 이에 따라 협상국은 작전 승패와 상관없이 독일군이 대부분의 전선에 개입하도록 만들었고, 이를 통해 독일군의 전력을 분산·약화시키는 데 성공했다.

셋째, 독일에 대한 해상봉쇄를 통한 압박의 성공이다. 영국을 비롯한 협상국은 압도적 우위의 해군력을 바탕으로 독일의 해상수송로를 봉쇄하는 데 성공했다. 이에 따라 독일은 점차 자원과 물자 수입에 있어 한계에 봉착하게 되었다. 결국 독일은 전시천연자원처Kriegsrohstoff-Abteilung라는 부처를 신설해 천연자원에 대한 대체물질을 생산하는 데 집중할 수밖에 없었다. 하지만 천연자원을 대체하는 것에는 한계가 있었다. 더군다나 1916년부터 2년에 걸친 대흉작에도 불구하고 외부에서 식량 수입이 불가능했던 독일은 70만 명에 달하는 아사자餓死者가 발생했다. 결국 이러한 경제 상황의 악화는 1917년 후반부터 식량부족으로 인한 폭동이 빈번할 정도로 전쟁수행에 대한 여론을 악화시켰다. 이는 전선에도 영향을 미쳤고, 전장에서의 상황과 관계없이 독일의 전쟁수행능력과 국민들의 전쟁수행의지를 약화시켰다. 결국 협상국이 해상수송로 봉쇄를 통해 총력전을 수행하는 독일을 성공적으로 압박한 것이 전쟁의 승리에 커다란 영향을 미쳤다.

넷째, 미국의 참전으로 인한 절대적인 전쟁수행능력의 우위 확보였다. 1917년 4월, 미국의 참전 선언으로 만성적인 물자와 병력 부족에 시달리던 협상국은 가장 강력한 후원자를 얻게 되었다. 오랫동안 영국이 미국의 참전을 독려했음에도 불구하고 전통적인 고립주의의 영향으로 유럽 문제에 대한 개입을 꺼려하던 미국이 마침내 자국의 이익이 침해받을 것을 우려해 적극적인 개입으로 외교 방향을 전환한 것이다. 수년에 걸친 장기전 수행으로 협상국이나 동맹국 모두 상대방을 결정적으로 붕괴시킬 만한 압도적인 전력을 확보하지는 못했다. 비록 협상국이 전쟁수행능력에 있어 우위를 점하기는 했지만, 독일은 전쟁지도부의 강인한 리더십과 문제해결능력으로 비교적 효과적으로 전선을 유지해갔다. 작전적 측면에서는 독일이 부분적인 우세를 보이기도 했다. 따라서 협상국은 전세를 일순간에 전환시킬 미국의 참전이 절실했고, 독일의 전략적 오판으로 미국이 참전을 결정함으로써 전쟁의 승패는 명확해졌다.

미국이 참전을 결정한 이상 독일이 승리할 가능성은 희박해졌다. 유일한 대안은 미군의 참전이 본격화하기 전에 서부 전선을 붕괴시킬 전면적인 공세뿐이었다. 그래서 루덴도르프는 동부 전선의 안정 이후에 일부 전력을 서부로 전환해 최후 공세를 준비했다. 그러나 1918년 3월에 개시한 마지막 공세에서 실패함으로써 독일군은 패전을 확정 짓고 말았다
.

3. 종전 협상: 베르사유 체제의 등장

1918년 11월 11일, 독일이 항복함으로써 전쟁은 끝났으나, 전후 처리는 끝나지 않았다. 승전국인 협상국을 중심으로 전후 처리를 위한 평화회의가 1919년 1월 18일부터 베르사유 궁전에서 시작되었다. 회의의 주도국은 영국, 프랑스, 미국, 이탈리아, 일본을 포함한 5개국이었다. 일본은 아시아에서 독일의 식민지를 공격함으로써 승전국의 지위를 인정받았다. 그리고 평화회의의 의장은 프랑스의 클레망소Georges Clemenceau(1841~1929) 총리가 맡았다. 혹독한 전쟁을 경험한 프랑스의 입장에서 평화회의 의장이던 클레망소는 독일의 침략성을 억제할 네 가지의 기본원칙을 설정했

다. 첫째는 독일이 프랑스와 벨기에에 입힌 경제적 피해를 보상하기 위해 배상금을 지불해야 한다는 것이었다. 둘째는 독일의 핵심 공업지역인 루르^{Ruhr}와 자르 지역을 분할해 독일의 산업능력을 약화시켜야 한다는 것이었다. 셋째는 독일의 전쟁 재발 가능성을 제거하기 위해 군비를 제한해야 한다는 것이었다. 넷째는 독일과 프랑스의 국경 지역인 라인란트의 분할이나 중립화를 통해 양국 간에 완충지대를 두자는 것이었다.[70] 클레망소의 구상에 추가하여 종전 직전 윌슨이 발표한 14개 조항이 평화회의의 기본원칙으로 거론되었다. 윌슨은 이상주의 사상이 반영된 14개 조항을 통해 미국적 관점에서 유럽의 국제질서를 재편하려 했다.

오랜 논의 끝에 승전국과 패전국의 지위를 결정할 평화조약이 완성되었다. 그리고 패전국으로 확정된 국가들을 대상으로 하나씩 평화조약을 체결했다. 가장 핵심은 독일과의 평화조약이었다. 1919년 6월 28일 오후 3시, 1871년에 독일제국 선포식이 열린 베르사유 궁전에서 승전국 31개국 대표단과 독일 대표단의 베르사유 조약^{Treaty of Versailles} 서명식이 열렸다.[*] 협상 과정부터 참여를 거부당한 독일 대표단은 조약문에 대해서 이의를 제기할 수 없었으며, 서명만을 강요받았다. 당연히 독일 대표단의 입장에서는 베르사유 조약에 대해서 불만을 가질 수밖에 없었고, 이는 새로운 갈등의 씨앗이 되었다. 특히 강압적으로 독일에게 전적으로 불리한 독소조항이 가득하고 전후 경제재건을 위한 대책은 아무것도 담지 못한 불완전한 평화조약은 또 다른 형태의 증오와 갈등을 양산할 것이라는 비판이 조약 체결 직후부터 대두되기 시작했다.^{**71}

---

* 베르사유 조약의 실제 발효는 서명식에 참가한 모든 국가들의 비준이 완료된 1920년 1월 10일부로 시행되었다.

** 당시 독일 바이마르 공화국의 바우어(Gustav Bauer, 1870~1944) 총리는 1919년 6월 20일, 협상국 측으로부터 조약 초안에 서명할 것인지, 군사적 침공을 감수할 것인지 강요받았다. 결국 바우어는 조약 문구를 수용하고, 파리로 대표단을 보낼 수밖에 없었다.

독일과의 베르사유 조약 체결 이후, 오스트리아와는 1919년 9월 10일에 생제르맹 조약Treaty of Saint-Germain-en-Laye이 체결되었다. 오스트리아–헝가리는 패전과 동시에 헝가리가 분리 독립함에 따라 오스트리아와 헝가리에 대해서는 개별적으로 조약을 체결했다. 헝가리와는 1920년 6월 4일, 트리아농 조약Treaty of Trianon을 체결했다. 또한 불가리아와는 1919년 11월 27일, 뇌이 조약Treaty of Neuilly을 체결했고, 오스만과는 1920년 8월 11일, 세브르 조약Treaty of Sèvres을 체결함으로써 패전국들과의 강화조약 체결을 마무리했다. 오스만의 왕정이 폐지되고 케말에 의해 공화국이 선포되면서 세브르 조약은 1923년 7월 24일에 로잔 조약Treaty of Lausanne으로 대체되었다.

독일은 베르사유 체제 아래 철저하게 군사력을 통제받았다. 징병제와 독일군 전쟁지도부의 핵심이었던 총참모부가 폐지되었고, 독일군은 장교 4,000명을 포함하여 10만 명으로 제한되었다. 또한 대표적 공격무기인 중포重砲와 전차, 잠수함, 전투기, 전투장갑차량, 독가스의 생산이 금지되었다. 해군의 경우 함대를 영국 해군에 양도해야 했으며, 해군은 1만 5,000명으로 통제되었고, 전함도 1만 톤 이상의 함정은 보유할 수 없었다. 독일의 군축 이행은 연합위원회의 감독을 받아야 했다. 또한 국가원수였던 빌헬름 2세를 전쟁법 위반으로 처벌하기 위한 특별법원의 설치를 규정했으나, 실제 네덜란드로 망명한 빌헬름 2세가 기소되어 처벌받지는 않았다.

전쟁배상금과 관련해서는 베르사유 조약으로 확정되지 않아 후속 협상을 통해 1921년 5월에 전쟁 이전 독일 국민총생산량의 세 배가 넘는 1,320억 금 마르크를 전쟁배상금으로 지불하라고 결정되었다. 하지만 독일은 전후 재건도 필요한 입장에서 전쟁배상금을 낼 여력이 없었다. 그래서 연방 내 일부 주에서는 노골적으로 지급 불가를 발표하기도

했다. 이에 협상국들은 현금 대신 천연자원으로 대체할 것을 요구했으나, 독일은 이 또한 수용이 불가능했다. 결국 1923년 프랑스와 벨기에가 독일의 천연자원 산지인 루르 지방을 강제로 점령함으로써 독일의 경제 상황은 더욱 악화되었다.

독일의 전쟁배상금 지급은 독일의 경제재건 여건을 고려해 몇 차례 조정을 거친 후에 1929년에서야 최종안이 확정되었다. 최종안에 따르면, 독일은 1988년까지 전쟁배상금을 지급해야 했다. 하지만 이는 독일에 하이퍼 인플레이션hyper inflation을 발생시키면서 경제력을 급속히 악화시켰고, 나아가 정치적 혼란도 초래했다. 이러한 정치적 혼란을 틈타 히틀러Adolf Hitler(1889~1945)가 1933년에 권력을 장악하고 독일의 전쟁배상금 지급을 거부하면서 독일의 전쟁배상금 지급은 중단되었다.[72]

패전으로 인한 독일 영토의 축소도 불가피했다. 1864년 덴마크와의 전쟁을 통해 획득한 슐레스비히 지방을 덴마크에 반환했고, 1871년 프로이센-프랑스 전쟁에서의 승리로 획득한 알자스-로렌 지방도 프랑스에 반환해야 했다. 이로 인해 알자스-로렌 지방에 거주하던 30만 명의 독일인들은 본국으로 이주해야 했다. 그리고 프랑스의 요구에 의해 독일과 국경을 접한 라인 강 좌우 100km 지역을 완충 지역으로 비무장지대화했다. 특히 라인 강 좌안은 향후 15년 동안 협상군이 점령하도록 했다. 또한 남부의 슐레지엔 지방은 폴란드의 독립과 동시에 일부를 폴란드에 양도해야 했다. 동부 국경에서는 과거 독일과 러시아가 분할 점령했던 폴란드가 다시 독립함으로써 동프로이센 지역의 상당 부분을 폴란드에 양도하거나, 단치히Danzig나 메멜 같은 도시들은 국제 자유시로 포기해야 했다. 물론 독일의 해외 식민지도 모두 상실했다.[73] 독일은 전쟁 이전 영토의 13%와 인구의 10%를 상실했다.

베르사유 체제로 인해 독일은 너무나 많은 것을 상실했다. 종전 순간까지 협상군은 독일 국경에 진입하지 못했다. 여전히 대부분의 전투는 프랑스와 벨기에 지역에서 벌어지고 있는 가운데, 전쟁지속능력을 상실한 독일이 휴전에 응함으로써 전쟁은 종전된 것이다. 이러한 특이한 현상은 전후 독일군과 독일 국민들이 패전을 부정하게 만드는 요인이 되었다. 전투에서 승리했으나, 전쟁에 패함으로써 독일은 베르사유 조약을 수용할 수밖에 없었다. 하지만 일반적인 독일 국민들은 개전에 대한 내부 반성보다는 조약의 부당함에 더 큰 불만을 가졌다. 그리고 이러한 인식은 새로운 갈등의 출발점이 되었다. 승전국 대표의 일원이었던 포슈마저도 조약의 부당함을 지적하며 이는 "20년간의 휴전"일 뿐이라고 언급했다. 그리고 그의 예견대로 베르사유 조약 체결로부터 정확히 20년 후, 유럽은 새로운 세계대전을 맞이해야 했다.

4. 총평

1914년 7월 28일, 오스트리아-헝가리가 세르비아에 선전포고하면서 시작된 제1차 세계대전은 1918년 11월 11일, 독일이 항복하면서 끝났다. 개전 초기만 하더라도 크리스마스가 되기 전에 고향으로 돌아갈 수 있을 거라는 희망으로 기꺼이 조국의 부름에 응답한 수많은 유럽의 젊은이들은 1914년의 크리스마스를 차가운 참호에서 보내야 했다. 유럽 열강들은 무려 1,569일 동안 한 번도 경험하지 못했던 전쟁을 치르며 끝없는 살상과 파괴를 지속했다. 결국 이 전쟁은 인류 역사상 최초로 세계대전이라는 명칭이 붙여졌다.

제1차 세계대전이 역사에 남긴 군사적 의미는 세 가지로 정리할 수 있다. 첫째는 국가의 모든 역량을 전쟁에 투입한 실질적인 총력전의 양상이 전개되었다는 것이다. 군사사 측면에서 총력전이 처음 등장한 것은 나폴레옹 전쟁 시기였지만, 나폴레옹 시대의 총력전은 제한적이고 단기적인 총력전이었다. 나폴레옹 시대의 프랑스군은 국민개병제 도입에 의해 징병된 국민군대로 구성되었고, 일반 국민들도 부분적으로 전쟁물자 생산에 동원되었다는 측면에서 제한적인 근대적 수준의 총력전이라고 평가할 수 있다. 하지만 제1차 세계대전 참전국들은 국가의 생존을 위해 가용한 모든 자원을 전쟁에 투입했다. 그리고 국가 지도부가 정치적 목적을 위해 전쟁을 계획했고, 국가행정조직에 의한 체계적인 관리 하에 전쟁을 수행했기 때문에 오늘날과 같은 현대적 의미의 총력전 양상을 보여주었다고 평가할 수 있다. 특히 점차 수세에 몰린 독일은 다수의 협상국에 대응하기 위해 독재적이고 극단적인 행정 조치로 국가의 모든 역량을 남김없이 전승을 위해 쏟아부었다. 결국 전쟁의 승리는 장기적인 소모전 속에서 더 압도적인 전쟁역량을 보유한 국가가 획득한다는 사실이 입증되었다.

둘째, 교착된 진지전은 공격군보다는 방어군에게 유리하다는 것을 입증한 전쟁이었다. 19세기에 들어 나폴레옹이 몰락한 이후, 신흥강국으로 급부상한 프로이센 왕국과 그의 후신인 독일제국은 과감한 공세 위주의 단기 결전을 통해 일순간에 유럽의 군사강국이 되었다. 독일의 전쟁수행 방식은 많은 국가들에게 깊은 영감을 주었다. 제1차 세계대전 이전 대부분의 유럽 열강들은 지상전에서만큼은 독일과 같은 공격지상주의에 심취했다. 하지만 제1차 세계대전은 개전 1개월 만에 기동전에서 진지전으로 전환되면서 교착상태에 빠졌다.

양측 모두는 적의 진격을 저지하기 위해 촘촘한 다중의 방어용 참호를 구축했고, 전선 전방에 적의 돌격을 지연시키기 위한 철조망과 지뢰를 비롯한 다양한 장애물을 설치했다. 또한 주요 방어거점에는 다수의 기관총을 배치함으로써 공격하는 적에게 막강한 화력을 집중시킬 수 있었다. 이에 반해 공격군이 전선을 돌파하기 위해 적의 화력으로부터 보호받을 수 있는 수단은 부족했다. 공격군은 오로지 공격 이전의 집중적인 포격으로 방어군이 참호에서 주춤하는 잠깐의 순간을 이용해 방어군의 참호까지 돌격하는 수밖에 없었다. 하지만 잘 구축된 참호에 배치된 방어군이 적의 포격으로부터 받는 피해는 크지 않았고, 적의 화망에 노출된 공격군이 장애물을 극복하는 동안 방어군은 곧바로 전투태세를 갖추고 공격군에게 무자비한 화력을 쏟아부었다.

제1차 세계대전이 진행되는 동안 이러한 형태의 공방전이 지속됐고, 시간이 지날수록 공격군의 피해만 증가할 뿐 공격을 통해 획득할 수 있는 효과는 크지 않았다. 어쩌다 공격군이 상대적으로 압도적인 전투력을 집중해 국지적인 전선 돌파에 성공했다 하더라도, 공격군이 전투물자를 전방으로 보급하고, 예비대를 투입하여 공격제대를 보강하는 시간보다 방어군이 후방의 준비된 예비대를 활용하여 반격하는 반응시간이 더 신속했다. 따라서 양측의 지도부와 병사들은 점점 공격을 기피하게 되고, 1917년에 이르러 양측의 군대에서는 전투 기피현상과 하극상이 빈번하게 발생하기에 이르렀다. 이러한 전쟁경험으로 말미암아 제1차 세계대전 이후 참전국들은 방어지상주의에 심취하게 되었다.

셋째, 다중의 참호선으로 구축된 진지전을 타개하기 위해 양측은 다양한 무기체계와 전술을 도입했고, 이와 연관된 새로운 군사이론을 태동시켰다. 우선 독일군은 1915년 4월, 이프르 전투에서 최초로 염소를 기반으로 하는 가스 공격을 개시했다. 당시 가스 공격은 방어군을 순간적인 공황에 빠뜨렸으나, 치명도도 낮고 풍향의 영향을 많이 받아 경우에 따라 공격군에게도 영향을 주기도 했다. 또한 양측 모두 가스 공격을 활성화하면서 이에 대비한 방독면을 개발해 보급함에 따라 더 이상 가스 공격이 공황을 불러올 만큼 치명적이지는 않았다.

●●● 제1차 세계대전 당시 양측 모두 적의 진격을 저지하기 위해 촘촘한 다중의 방어용 참호를 구축했고, 전선 전방에 적의 돌격을 지연시키기 위한 철조망과 지뢰를 비롯한 다양한 장애물을 설치했다. 또한 주요 방어거점에는 다수의 기관총을 배치함으로써 공격하는 적에게 막강한 화력을 집중시킬 수 있었다. 위 사진은 1916년 7월 솜 전투 당시 영국 병사들이 점령한 독일군 참호 모습이고, 아래 사진은 1916년 7월 솜 전투 당시 방독면을 쓰고 비커스(Vickers) 기관총을 조작하는 영국 병사들의 모습. 〈출처: WIKIMEDIA COMMONS | Public Domain〉

1916년 9월, 영국군은 농사기구인 트랙터에서 영감을 받아 트랙터에 장갑을 결합한 초보적인 전투장갑차량인 마크 1을 전장에 투입했다. 마크 1은 오늘날 전차의 출발점이었다. 기관총으로도 저지할 수 없는 전차는 독일군에게 공포심을 유발했으나, 전차 자체의 기계적 결함과 소규모 운용으로 전선을 타개하는 데에는 실패했다. 하지만 전쟁 기간 동안 성능개량이 급격하게 진행되면서 이후 지상전에서 중요 전투장비로 급부상하게 되었다.

전쟁 동안 공중에는 항공기가 등장하여 무기체계로서의 새로운 가능성을 입증했다. 1903년 라이트 형제가 동력 비행에 성공한 이후, 항공기는 새로운 무기체계가 되었다. 전쟁 초기에는 단순히 정찰 및 포격 유도 목적으로 활용되었지만, 전쟁 중·후반기에 이르러서는 쌍방 간의 공중전도 발생하고, 제한적이지만 지상공격과 전술폭격도 시행되었다. 당시 항공기가 지상전에서의 승패에 미치는 영향은 적었지만, 새로운 무기체계로서의 발전 가능성은 확실히 입증했다.

새로운 무기체계의 등장과 더불어 이를 활용한 전술적 시도도 병행되었다. 특히 독일군은 개인무장을 강화한 폭풍부대라는 정예부대와 더불어 지속적인 포병의 이동탄막으로 전선 진출을 보장하는 후티어 전술을 도입하여 전선 돌파를 시도했다. 또한 영국군은 1916년 9월, 솜 전투에 전차를 도입한 이후, 1917년 11월에는 캉브레 전투에서 전차의 대규모 집단운용을 통해 전차 특유의 기동력과 충격력을 활용한 전선 돌파를 시도했다. 캉브레 전투에서 전차의 집단 활용에 영감을 받은 풀러John Frederick Charles Fuller(1878~1966)는 1918년 5월, '플랜 1919Plan 1919'를 통해 전차를 활용한 기계화전을 통해 적의 저항의지를 마비시킴으로써 궁극적 승리를 달성할 수 있다는 마비전 이론을 주장했고, 이는 훗날 독일의 전격전 이론의 토대가 되었다.

●●● 1916년 9월 25일 솜 전투에 등장한 마크 1. 영국군은 농사기구인 트랙터에서 영감을 받아 트랙터에 장갑을 결합한 초보적인 전투장갑차량인 마크 1을 전장에 투입했다. 마크 1은 오늘날 전차의 출발점이 되었다. 〈출처: WIKIMEDIA COMMONS | Public Domain〉

●●● 1903년 라이트 형제가 동력 비행에 성공한 이후, 항공기는 제1차 세계대전에서 새로운 무기체계로 등장했다. 전쟁 초기에는 단순히 정찰 및 포격 유도 목적으로 활용되었지만, 전쟁 중·후반기에 이르러서는 쌍방 간의 공중전도 발생하고, 제한적이지만 지상공격과 전술폭격도 시행되었다. 당시 항공기가 지상전에서의 승패에 미치는 영향은 적었지만, 새로운 무기체계로서의 발전 가능성은 확실히 입증했다. 〈출처: WIKIMEDIA COMMONS | Public Domain〉

항공기의 등장을 통해 이탈리아의 두에^{Giulio Douhet}(1869~1930)는 항공기를 통한 제공권 장악이 전쟁 승리의 필수적 요소라는 제공권 이론을 주장했고, 미국의 미첼^{William L. Mitchell}(1879~1936)도 항공기를 통한 전함의 격침 실험을 통해 항공기의 중요성을 적극적으로 옹호했다. 한편 영국의 트렌차드^{Hugh M. Trenchard}(1873~1956)는 공군이 수행하는 전략폭격의 중요성을 부각시켜 1918년 4월, 영국 공군의 독립에 결정적으로 기여했다. 두헤, 미첼, 트렌차드는 항공력의 중요성을 강조함으로써 항공기를 육군의 보조 수단이 아닌 독립적인 전장의 무기체계로 발전시키려는 항공 이론의 태동에 큰 영향을 미쳤다.

제1차 세계대전이 갖는 정치·사회적 의미도 세 가지로 요약할 수 있다. 첫째, 제1차 세계대전은 제국의 종말을 통해 유럽의 근대를 종식하고 현대로 진입하는 출발점이 되었다. 전쟁 이전 유럽은 강력한 절대군주인 황제가 통치하는 제국이 중심세력이었다. 독일제국은 호엔촐레른^{Hohenzollern} 가문, 오스트리아-헝가리 제국은 합스부르크^{Habsburg} 가문, 러시아 제국은 로마노프^{Romanov} 가문이 각각 세습하며 제국을 통치했다. 프랑스 혁명의 여파로 이들 제국에도 국민들의 정치 참여를 보장하는 의회가 존재했지만, 의회의 힘은 황제의 권한에 제한을 가하지 못했다. 황제는 군대의 충성심을 바탕으로 국가 권력을 손쉽게 장악했다. 하지만 전쟁을 통해 무의미한 전쟁의 참상을 경험한 국민들은 황제의 절대 권력에 저항했다.

결과적으로 패전과 더불어 독일제국은 황제의 퇴위와 동시에 공화국으로 전환되었고, 오스트리아-헝가리 역시 황제의 퇴위와 동시에 각각 개별 국가로 독립적인 공화국이 되었다. 또한 러시아는 사회주의 혁명으로 인해 황제가 납치되어 일가족이 피살당하면서 인류 역사상 최초의 사회주의 국가인 소련으로 변모했다. 종전 이후, 국가의 권력이 선출된

자가 아닌 세습군주에게 부여되는 중앙집권적 전제군주국은 대부분 사라지고, 민주주의를 기반으로 하는 공화국이 보편적인 국가 형태로 자리 잡게 되었다. 이를 바탕으로 개인의 기본권 향상과 국민 주권 개념이 보편화된 현대 사회의 기조가 정착되기 시작했다.

둘째, 참혹한 전쟁 피해와 이로 인해 패전국에게 너무나 가혹한 베르사유 체제의 강압은 새로운 정치 사조와 분쟁의 씨앗을 태동시켰다. 1914년 유럽의 많은 젊은이들이 전쟁터에서 목숨을 잃으면서 '잃어버린 세대'라는 사회적 용어가 생겨났듯이, 전후 특정 세대의 몰락은 심각한 사회적 불균형을 초래했다. 또한 장기간의 전쟁이 국민 전체에 미친 심리적 충격은 일반 시민들의 정서적 불안정을 가져왔다. 그 결과 유럽 사회 전반이 집단적인 불안정에 노출되었다. 특히 패전국으로 가혹한 제재 조치를 받은 독일은 바이마르 공화국이 탄생되었음에도 불구하고 막대한 배상금 지불 강요로 인한 경제 불황으로 정치적 혼란이 심화되었다. 그 결과 독일과 이탈리아에서 전체주의가 확산되기 시작했다. 이탈리아에서는 무솔리니Benito Mussolini(1883~1945)에 의한 파시즘Fascism이 등장했고, 독일에서는 히틀러에 의한 나치즘Nazism이 나타났다. 결론적으로 베르사유 체제는 전쟁 억제가 아닌 새로운 갈등을 양산하는 구조를 만들었고, 제2차 세계대전 개전의 추동력을 제공하고 말았다.

셋째, 전쟁을 통해 미국이 국제사회의 핵심 국가로 등장했다. 미국이 오랫동안 고수하던 고립주의 정책을 포기하고, 유럽 문제에 개입함으로써 미국의 역할이 중요해지기 시작했다. 특히 유럽 열강 그 누구도 못한 유럽에서의 오랜 전쟁을 끝내는 데에 미국의 참전이 결정적인 역할을 함으로써 미국은 영국을 대신해 국제사회의 패권국가로 서서히 영향력을 강화하기 시작했다. 너무나 희생이 컸던 대규모 국제 전쟁의 발생을 예방하기 위해 윌슨의 주장으로 국제연맹League of Nations이라는 최초의 국

제안보기구가 1920년 1월, 스위스 제네바^{Geneva}에서 창설되었다. 그러나 국제연맹은 창설 이후 일련의 국제분쟁 발생을 저지하지 못했고, 궁극적으로 1939년 9월, 독일의 폴란드 침공으로 시작된 제2차 세계대전의 개전을 방지하는 데 실패함으로써 역사 속으로 사라졌다. 비록 국제연맹은 국제연합^{United Nations}으로 대체었지만, 국가 간의 전쟁을 방지하기 위해 국제사회가 같이 논의할 수 있는 대화의 장을 마련했다는 차원에서 큰 의미가 있었다고 할 수 있다. 미국이 공식적인 패권국가로 등장한 것은 제2차 세계대전 이후 냉전 구조가 형성되면서 공식화되었지만, 그 출발점은 바로 제1차 세계대전이었다. 제1차 세계대전을 통해 유럽에 대한 미국의 영향력은 급격히 증가했다. 전쟁의 종식과 전후 처리, 이후 국제분쟁 예방을 위한 국제협력의 토대 마련, 이 모든 것을 미국이 주도한 것이다.

해마다 제1차 세계대전이 종전된 11월 11일이 되면 전쟁 참전국들은 전쟁 희생자들을 추모하며 다양한 추모행사를 진행한다. 승전국조차도 전쟁에서의 승리를 기뻐하지만은 않는다. 승자든 패자든 너무나 많은 사람들이 희생되었기에 다시는 이런 비극이 재발하지 않도록 역사의 교훈을 삼기 위해 추모할 뿐이다. 그리고 11월 11일은 제1차 세계대전의 희생자들만 추모하는 날이 아니라, 오늘날에는 모든 전쟁의 희생자들을 추모하는 상징적인 날로 전 세계에서 공식화되고 있다. 그 결과 우리 정부는 2007년부터 제1차 세계대전의 종전일인 11월 11일을 6·25전쟁에 참전해 희생당한 유엔^{UN} 참전용사를 추모하는 국제추모의 날로 선정해 추모행사를 엄수하고 있다. 인류 역사상 가장 참담했던 제1차 세계대전에 대한 올바른 이해를 통해 역사적 교훈을 얻고 다시는 이러한 대재앙이 발생하지 않도록 모두가 노력해야 할 것이다.

주(註)

1 크리스토퍼 클라크, 박병화 옮김, 『강철왕국 프로이센(Iron Kingdom: The Rise and Downfall of Prussia, 1600-1947)』(서울: 마티, 2020), pp. 410-428.

2 Jonathan R. White, *The Prussian Army, 1640-1871*(Lanham: University Press of America, 1996), pp. 203-204.; Peter Hofschröer, *Prussian Staff & Special Troops 1791-1815*(Oxford: Osprey Publishing, 2003), p. 11.

3 황수현, "19세기 초반 프로이센의 군사혁신 고찰", 『한국군사학논집』 제78권 1호, 2022. 2, pp. 52-75.

4 김장수, 『19세기 독일 통합과 제국의 탄생』(파주: 푸른사상, 2018), pp. 144-163.

5 강미현, 『비스마르크 평전』(서울: 에코리브르, 2010), pp. 343-361.

6 김용구, 『세계외교사』(서울: 서울대학교출판부, 2006), pp. 117-137.

7 군사학연구회, 『군사사상론』(서울: 플래닛미디어, 2019), pp. 203-205.

8 황수현, 『독일제국과 제1차 세계대전의 기원』(서울: 좋은땅, 2016), pp. 13-16.

9 윌리엄 카, 이민호 · 강철구 옮김, 『독일근대사(A History of Germany, 1851-1945)』(서울: 탐구당, 1998), p. 170.

10 황수현, 『독일제국과 제1차 세계대전의 기원』, pp. 41-44.

11 독일제국 책임론의 대표적인 학자인 피셔(Fritz Fischer, 1908-1999)의 주장과 이후 논쟁은 다음 논문을 참조하면 된다. 이내주, "제1차 세계대전 원인 논쟁: 피셔 논쟁 이후 어디까지 왔는가?", 『영국 연구』 제32호, 2014. 12, pp. 326-343.

12 강창부, "교착과 돌파: 서구 학계의 제1차 세계대전 연구 동향과 쟁점", 『역사비평』 제108호, 2014. 8, pp. 130-34.; 황수현, "제1차 세계대전 개전에 있어 오스트리아-헝가리제국의 책임과 역할: 사라예보 사건 이후 개전 과정을 중심으로", 『군사연구』 제151집, 2021. 6, pp. 251-255.

13 에버하르트 콜브, 김희상 옮김, 『지금, 비스마르크(Otto von Bismarck)』(서울: 메디치, 2021), pp. 226-235.

14 박상섭, 『1차 세계대전의 기원: 패권 경쟁의 격화와 제국체제의 해체』(파주: 아카넷, 2014), pp. 61-62.

15 앞의 책, pp. 101-111.

16 김용구, 『세계외교사』, pp. 219-222.

17 김철민, "세르비아 시각과 국제사적 관점에서 본 제1차 세계대전 근원 연구", 『동유럽발칸연구』 제42권 3호, 2018. 8, pp. 112-121.

18 David Fromkin, *Europe's Last Summer: Who Started the Great War in 1914?* (New York: Vintage Books, 2004), p. 133.

19 황수현, "제1차 세계대전 개전에 있어 오스트리아-헝가리제국의 책임과 역할: 사라예보 사건 이후 개전 과정을 중심으로", 『군사연구』 제151집, 2021. 6, pp. 251-255.

20 Margaret MacMillan, *The War That Ended Peace: The Road To 1914*(New York: Random House, 2014), p. 557.

21 Colin Nicolson, *The First World War: Europe 1914-1918*(Singapore: Longman, 2001), pp. 73-74.

22 크리스토퍼 클라크, 이재만 옮김, 『몽유병자들: 1914년 유럽은 어떻게 전쟁에 이르게 되었는가(The Sleepwalkers: How Europe Went To War In 1914)』(서울: 책과 함께, 2019), pp. 708-709.

23 Paul Ham, *1914: The Year The World Ended*(Sydney: William Heinemann, 2014), pp. 306-307.

24 정상수, "1914년 7월 위기: 발칸 전쟁과 1차 세계대전의 길목에서", 『역사교육』 제125호, 2013. 3, pp. 308-322.

25 Sean MaMeekin, *July 1914: Countdown to War*(New York: Basic Books, 2013), p. 231.

26 John Ellis & Michael Cox, *The World War I Databook*(London: Aurum Press, 2001), pp. 2-3.

27 Vincent J. Esposito ed., *The West Point Atlas of War: World War I* (New York: Tess Press, 1995), p. 6.

28 피터 심킨스·제프리 주크스·마이클 히키, 강민수 옮김, 『모든 전쟁을 끝내기 위한 전쟁: 제1차 세계대전 1914-1918(The First World War: The War To End All Wars)』(서울: 플래닛미디어, 2008), pp. 36-39.

29 박상섭, 『1차 세계대전의 기원: 패권 경쟁의 격화와 제국체제의 해체』, pp. 182-191.

30 Vincent J. Esposito ed., *The West Point Atlas of War: World War I*, p. 8.

31 바바라 터크먼, 이원근 옮김, 『8월의 포성(The Guns of August)』(서울: 평민사, 2008), p. 202.

32 Thomas E. Griess ed., *The Great War*(New York: Square One, 2003), pp. 29-30.

33 John Ellis & Michael Cox, *The World War I Databook*, p. 171.

34 Vincent J. Esposito ed., *The West Point Atlas of War: World War I* , p. 34.

35 바바라 터크먼, 이원근 옮김, 『8월의 포성』, pp. 466-467.

36 H. P. Willmott, *The World War I*(New York: DK, 2003), p. 68.

37 참호의 구조, 형성, 참호전의 전투 양상에 대해서는 다음 책을 참고하면 된다. 존 엘리스, 정병선 옮김, 『참호에 갇힌 제1차 세계대전(Eye Deep in Hell: Trench Warfare in World War)』(서울: 마티, 2009).

38 존 키건, 조행복 옮김, 『1차세계대전사(The First World War)』(서울: 청어람미디어, 2009), pp. 252-254.

39 피터 심킨스·제프리 주크스·마이클 히키, 강민수 옮김, 『모든 전쟁을 끝내기 위한 전쟁: 제1차 세계대전 1914-1918』, pp. 92-96.

40 마이클 스티븐슨, 조행복 옮김, 『전쟁의 재발견(The Last Full Measure: How Soldiers Die in Battle)』(서울: 교양인, 2018), p. 302.; 이내주, "전쟁이 드리운 반문명의 그림자: 제1차 세계대전 시 화학전과 영국의 대응", 『문명과 경계』 제3호, 2020. 12, pp. 124-129.

41 매튜 휴즈·윌리엄 J. 필포트, 정상엽·나종남 옮김, 『제1차 세계대전(The Palgrave Concise Historical Atlas of The First World War)』(서울: 생각의나무, 2008), pp. 96-98.

42 Arthur Banks & Alan Palmer, *A Military Atlas of The First World War*(South Yorkshire: Leo Cooper, 2004), p. 143.

43 Hew Strachan, *The First World War*(New York: Penguin, 2003), pp. 142-151.

44 피터 심킨스·제프리 주크스·마이클 히키, 강민수 옮김, 『모든 전쟁을 끝내기 위한 전쟁: 제1차 세계대전 1914-1918』, pp. 389-406.

45 John H. Morrow Jr., *The Great War: An Imperial History*(London: Routledge, 2005), pp. 84-88.

46 Colin Nicolson, *The First World War: Europe 1914-1918*, p. 117.

47 G. Grant, World War I : The Definitive Visual History (New York: DK, 2014), p. 105.

48 이내주, 『군신의 다양한 얼굴: 제1차 세계대전과 영국』(파주: 아카넷, 2018), pp. 163-164.

49 마이클 하워드, 최파일 옮김, 『제1차 세계대전(The First World War: A Very Short Introduction)』(파주: 교유서가, 2015), pp. 76-83.

50 Dennis Showalter, *Instrument of War: The German Army 1914-18*(Oxford: Osprey, 2016), pp. 152-170.

51 존 키건, 조행복 옮김, 『1차세계대전사』, pp. 408-425.

52 앨리스터 혼, 조행복 옮김, 『베르됭 전투(The Price of Glory: Verdun 1916)』(서울: 교양인, 2020), pp. 451-452.

53 Thomas E. Griess ed., *The Great War*, pp. 103-105.

54 피터 심킨스·제프리 주크스·마이클 히키, 강민수 옮김, 『모든 전쟁을 끝내기 위한 전쟁: 제1차 세계대전 1914-1918』, pp. 431-440.

55 김용구, 『세계외교사』, pp. 598-599.

56 애덤 투즈, 조행복 옮김, 『대격변(The Deluge)』(파주: 아카넷, 2020), pp. 97-99.

57 존 키건, 조행복 옮김, 『1차세계대전사』, pp. 456-470.

58 로버트 거워스, 최파일 옮김, 『왜 제1차 세계대전은 끝나지 않았는가(The Van-quished)』(파주: 김영사, 2021), pp. 44-59.

59 매튜 휴즈·윌리엄 J. 필포트, 정상엽·나종남 옮김, 『제1차 세계대전』, pp. 153-156.

60 Hew Strachan, *The First World War*, pp. 256-260.

61 존 키건, 조행복 옮김, 『1차세계대전사』, pp. 554-556.

62 피터 심킨스·제프리 주크스·마이클 히키, 강민수 옮김, 『모든 전쟁을 끝내기 위한 전쟁: 제1차 세계대전 1914-1918』, p. 255.

63 앞의 책, pp. 274-275.

64 H. P. Willmott, *The World War Ⅰ*(New York: DK, 2003), p. 257.

65 John Ellis & Michael Cox, *The World War Ⅰ Databook*, pp. 227-241.

66 존 키건, 조행복 옮김, 『1차세계대전사』, pp. 557-577.

67 Colin Nicolson, *The First World War: Europe 1914-1918*, p. 226.

68 매튜 휴즈·윌리엄 J. 필포트, 정상엽·나종남 옮김, 『제1차 세계대전』, pp. 198-202.

69 John Ellis & Michael Cox, *The World War Ⅰ Databook*, p. 176.

70 매튜 휴즈·윌리엄 J. 필포트, 정상엽·나종남 옮김, 『제1차 세계대전』, pp. 223-224.

71 임상우, "베르사유 조약과 유럽평화의 이상", 『통합유럽연구』 제9권 2호, 2018. 9, pp. 4-7.

72 앞의 글, pp. 11-14.

73 김용구, 『세계외교사』, pp. 624-627.

참고문헌

〈단행본〉

강미현, 『비스마르크 평전』, 에코리브르, 2010.

군사학연구회, 『군사사상론』, 플래닛미디어, 2019.

김용구, 『세계외교사』, 서울대학교출판부, 2006.

김장수, 『19세기 독일 통합과 제국의 탄생』, 푸른사상, 2018.

로버트 거워스, 최파일 옮김, 『왜 제1차 세계대전은 끝나지 않았는가』, 김영사, 2001.

마이클 스티븐슨, 조행복 옮김, 『전쟁의 재발견』, 교양인, 2018.

마이클 하워드, 최파일 옮김, 『제1차 세계대전』, 교유서가, 2015.

매튜 휴즈 · 윌리엄 J. 필포트, 정상엽 · 나종남 옮김, 『제1차 세계대전』, 생각의나무. 2008.

바바라 터크먼, 이원근 옮김, 『8월의 포성』, 평민사, 2008.

박상섭, 『1차 세계대전의 기원: 패권 경쟁의 격화와 제국체제의 해체』, 아카넷, 2014.

애덤 투즈, 조행복 옮김, 『대격변』, 아카넷, 2020.

앨리스터 혼, 조행복 옮김, 『베르됭 전투』, 교양인, 2020.

에버하르트 콜브, 김희상 옮김, 『지금, 비스마르크』, 메디치, 2021.

윌리엄 카, 이민호 · 강철구 옮김, 『독일근대사』, 탐구당, 1998.

이내주, 『군신의 다양한 얼굴: 제1차 세계대전과 영국』, 아카넷, 2018.

존 엘리스, 정병선 옮김, 『참호에 갇힌 제1차 세계대전』, 마티, 2009.

존 키건, 조행복 옮김, 『1차세계대전사』, 청어람미디어. 2009.

크리스토퍼 클라크, 박병화 옮김, 『강철왕국 프로이센』, 마티, 2020.

크리스토퍼 클라크, 이재만 옮김, 『몽유병자들: 1914년 유럽은 어떻게 전쟁에 이르게 되었는가』, 책과함께, 2019.

피터 심킨스 · 제프리 주크스 · 마이클 히키, 강민수 옮김, 『모든 전쟁을 끝내기 위한 전쟁: 제1차 세계대전 1914-1918』, 플래닛미디어, 2008.

황수현, 『독일제국과 제1차 세계대전의 기원』, 좋은땅, 2016.

Arthur Banks & Alan Palmer, *A Military Atlas of The First World War*, Leo Cooper, 2004.

Colin Nicolson, *The First World War: Europe 1914-1918*, Longman, 2001.

David Fromkin, *Europe's Last Summer: Who Started the Great War in 1914?*, Vintage Books, 2004.

Dennis Showalter, *Instrument of War: The German Army 1914-18*, Osprey, 2016.

H. P. Willmott, *The World War Ⅰ*, DK, 2003.

Hew Strachan, *The First World War*, Penguin, 2003.

John Ellis & Michael Cox, *The World War Ⅰ Databook*, Aurum Press, 2001.

John H. Jr. Morrow, *The Great War: An Imperial History*, Routledge, 2005.

Jonathan R. White, *The Prussian Army, 1640-1871*, University Press of America, 1996.

Margaret MacMillan, *The War That Ended Peace: The Road To 1914*, Random House, 2014.

Paul Ham, *1914: The Year The World Ended*, William Heinemann, 2014.

Peter Hofschröer, *Prussian Staff & Special Troops 1791-1815*, Osprey Publishing, 2003.

R. G. Grant, *World War Ⅰ : The Definitive Visual History*, DK, 2014.

Sean MaMeekin, *July 1914: Countdown to War*, Basic Books, 2013.

Thomas E. Griess ed., *The Great War*, Square One, 2003.

Vincent J. Esposito ed., *The West Point Atlas of War: World War Ⅰ* , Tess Press, 1995.

〈논문〉

강창부, "교착과 돌파: 서구 학계의 제1차 세계대전 연구 동향과 쟁점", 『역사비평』 제108호, 2014, 8.

김철민, "세르비아 시각과 국제사적 관점에서 본 제1차 세계대전 근원 연구", 『동유럽발칸연구』 제42권 제3호, 2018, 8.

이내주, "제1차 세계대전 원인 논쟁: 피셔논쟁 이후 어디까지 왔는가?", 『영국 연구』 제32호, 2014, 12.

_____, "전쟁이 드리운 반문명의 그림자: 제1차 세계대전 시 화학전과 영국의 대응", 『문명과 경계』 제3호, 2020, 12.

임상우, "베르사유 조약과 유럽평화의 이상", 『통합유럽연구』 제9권 2호, 2018, 9.

정상수, "1914년 7월 위기: 발칸 전쟁과 1차 세계대전의 길목에서", 『역사교육』 제125호, 2013, 3.

황수현, "제1차 세계대전 개전에 있어 오스트리아-헝가리제국의 책임과 역할: 사라예보 사건 이후 개전 과정을 중심으로", 『군사연구』 제151집, 2021, 6.

_____, "19세기 초반 프로이센의 군사혁신 고찰", 『한국군사학논집』 제78집 제1권, 2022, 2.

PART 3

제2차 세계대전 (유럽 전역): 세계대전의 현대적 확장

박동휘 | 육군3사관학교 군사사학과 부교수

육군사관학교 군사사학과를 졸업한 이후, 연세대학교 사학과에서 미국사(전쟁사)로 석사 학위를 받았고, 미국 시애틀 소재 워싱턴 대학교(University of Washington)에서 박사 학위(군사사)를 취득했다. 육군3사관학교 군사사학과에서 사관생도들에게 서양전쟁사와 군사전략, 사이버전, 6·25전쟁사 등을 강의하고 있다. 주요 연구분야는 사이버전, 영미권 군사사, 그리고 6·25전쟁사이다. 저서로는 『전쟁영웅들의 멘토, 천재 전략가 마셜』(2021, 공역), 『사이버전의 모든 것』(2022), 『전쟁의 역사』(2023, 공저) 등이 있다.

제2차 세계대전은 역사상 가장 규모가 크고 가장 잔혹한 전쟁으로 기록되어 있다. 연합국과 추축국 간의 전쟁은 유럽과 아프리카, 아시아 등의 대륙, 그리고 전 세계 바다 곳곳에서 이뤄졌다. 전쟁은 크게 2개의 전역으로 나뉜다. 하나는 유럽 전역이고, 다른 하나는 태평양 전쟁으로도 불리는 태평양 전역이다. 연합국의 주요 참전국은 미국, 영국, 소련 등이었고, 그 반대에 있던 추축국은 독일, 일본, 이탈리아가 주축을 이뤘다. 제2차 세계대전은 1939년 9월 1일 독일이 폴란드를 침공하면서 공식적으로 시작되었다. 엄밀히 말하면 이날 유럽 전역이 시작된 것이다. 태평양 전역은 1941년 12월 7일 일본이 하와이의 진주만Pearl Harbor 등의 주요 거점을 공습하면서 시작되었다. 유럽 전역은 1945년 5월 8일 독일의 무조건 항복으로 종료되었고, 태평양 전역은 1945년 8월 15일 일본이 연합국에 항복하면서 끝이 났다. 태평양 전쟁이 끝난 그날은 대한민국이 일본 제국으로부터 해방된 날이기도 하다. 일본의 무조건 항복으로 태평양 전쟁이 종료됨으로써 비로소 제2차 세계대전이 끝이 나게 되었다.

제2차 세계대전의 결과는 이 전쟁이 얼마나 잔인했는지를 보여준다. 미 국방부의 공식 통계자료에 따르면, 전투에서 죽은 군인의 수가 1,500만 명에 이르고 민간인 사망자는 3,800~4,500만 명 이상이라고 한다.[*1] 그 외에 전쟁과 관련하여 죽거나 다친 사람의 수 역시 헤아리기가 쉽지 않다. 전 세계적으로 전쟁 과정에서 또는 전쟁 후에 자신이 살던 집을 잃고 고향을 떠나야 했던 사람의 수도 엄청났다. 전 세계 56개국 이상이 전쟁에 참가하고 최초로 원자폭탄을 사용한 제2차 세계대전은 20세기

---

* 제2차 세계대전의 사망자 및 부상자와 관련된 통계는 자료마다 다르며 관련 국가들의 주장에 따라 차이가 있다. 사망한 군인의 수는 적게는 1,500만 명에서 많게는 2,500만 명으로 큰 차이가 난다. 숫자를 떠나 제2차 세계대전은 인류 역사상 가장 많은 희생자가 발생한 전쟁임에는 틀림이 없다. 이 책에서는 미 국방부의 공식 자료와 뉴올리언스에 있는 제2차 세계대전 박물관 자료를 참조했다.

최대 규모의 전쟁으로, 참혹한 인류사적 비극을 낳고 전 세계적으로 많은 것을 뒤바꿔놓은 역사적 대사건이었다.

21세기에도 세계 어디에선가는 전쟁이 진행 중이다. 제3차 세계대전을 피하기 위해 세계인들이 애쓰는 것은 참혹한 제2차 세계대전을 경험했기 때문이다. 이처럼 평화가 요원한 시대에 제2차 세계대전의 교훈을 다시 한 번 되새기는 것은 여전히 의미가 있다. 제3부에서는 유럽 전역에 국한해 제2차 세계대전의 배경과 원인, 전개 과정과 결과, 그리고 군사적 함의를 살펴보고자 한다.

CHAPTER 1

시대적 배경과 전쟁의 원인

1. 베르사유 조약

제1차 세계대전의 포성이 멈춘 1918년 11월 11일로부터 21년이 지난 1939년 9월 1일, 지금까지 겪어보지 못한 참혹한 제2차 세계대전이 시작되었다. 제2차 세계대전은 한 가지 요인이 아니라 여러 가지 요인이 복잡하게 얽히고설켜 일어났다. 유럽인들은 제2차 세계대전을 제1차 세계대전의 연장선으로 보았다.[2] 그 이유는 제1차 세계대전의 전후 처리가 만든 새로운 질서와 그 후에 전개된 상황 때문이었다. 연합국이 패전국 독일과 체결한 베르사유 조약Treaty of Versailles으로 독일은 영토를 상실했으며 군대가 축소되고 막대한 전쟁배상금을 물어야 했다. 또한 제1차 세계대전 전후 처리의 산물인 대공황으로 인한 세계 경제의 붕괴, 파시즘fascism의 등장, 여기에 더해 히틀러의 편견과 야망, 그리고 연합국의 유화정책 등이 제2차 세계대전의 원인으로 지목되었다.

제2차 세계대전 발발의 가장 큰 원인으로 지목되고 있는 베르사유 조약은 제1차 세계대전에서 1,400만 명의 사망자라는 가장 큰 피해를 본

●●● 제1차 세계대전 후 1919년 6월 28일에 베르사유 궁전 거울의 방에서 조약에 서명하는 독일
과 연합국 대표단. 파리 강화회의 중에 체결된 베르사유 조약은 패전국 독일에 매우 가혹한 배상 책
임을 부과했다. 베르사유 조약 체결로 독일은 영토를 상실했으며 군대가 축소되고 막대한 전쟁배상
금을 물어야 했다. 〈출처: WIKIMEDIA COMMONS | Public Domain〉

프랑스의 의지가 강력히 반영되어 체결되었다.[3] 베르사유 조약은 1918년 11월 11일 이래 정전 상태로 있던 제1차 세계대전을 완전히 종결시키기 위해 1919년 1월 18일부터 개최된 파리 강화회의 중에 맺어진 일련의 협정들 중 하나였다. 연합국과 독일은 1919년 6월 28일 베르사유 궁전 안 '거울의 방Hall of mirrors'에서 본 조약에 서명을 했고, 그 효력은 1920년 1월 10일부터 발효되었다.

베르사유 조약의 핵심은 크게 두 가지로 나뉜다. 첫 번째는 '국제연맹League of Nation'의 창설이었다. 두 번째는 전쟁에 대한 책임을 독일 측에게 돌리고, 그에 대한 강력한 제재를 규정한 것이었다.[4] 제1차 세계대전 발발 책임이 전적으로 독일에게만 있다고 할 수 없는데도 베르사유 조약은 전쟁의 전적인 책임을 독일에게 돌렸다. 연합국 측에 가담한 27개국의 대표 70명은 평화조약 체결에 독일 및 동맹국들을 초대하지 않았으며, 그들을 패전국으로 규정하고 강력한 제재의 대상으로 삼았다.

15개장 440개 조항으로 이뤄진 베르사유 조약은 첫 번째 부분에 미국 윌슨Thomas Woodrow Wilson 대통령이 구상한 국제연맹에 관한 내용이 있을 뿐 나머지 부분에는 전적으로 독일에 대한 전쟁 책임과 제재에 집중되어 있었다. 특히 독일과 그 동맹국의 전쟁 책임을 명시한 제231조는 독일에 대한 승전국들의 잔인할 만큼 엄청난 요구에 정당성을 부여했다.[5] 독일에 부과된 제재는 영토의 조정, 라인Rhein 강 서쪽의 루르Rhur 지역의 비무장화, 군사력 규모 축소, 전쟁배상금 지불, 해외 식민지 포기였다.

먼저, 베르사유 조약은 독일의 국경을 새롭게 책정했다. 베르사유 조약에는 폴란드와 체코슬로바키아, 오스트리아의 독립이 포함되었다. 독일은 오스트리아와의 병합이 영구히 금지되었다. 가장 문제가 되는 부분은 독일의 영토 축소였다. 독일은 재탄생되는 폴란드를 비롯해 프랑스, 벨기에, 덴마크에게 영토의 일부를 할양해야 했다. 그에 따라 독일은 영토 15%와 국민 10%를 잃었다. 구체적으로 알자스-로렌^{Alsace-Lorrain}이 프랑스에게 반환되었고, 외펜^{Oeffen}과 말메디^{Malmedy}가 벨기에에 양도되었다. 덴마크 사람들이 주로 거주하는 독일의 북부 지역 슐레스비히^{Schleswig}는 주민투표로 어디에 속할 것인지 결정해야 했으며, 자르란트^{Saarland} 주는 15년간 국제 사회의 감독 하에 있은 후 주민투표로 그 후의 지위를 결정하기로 했고, 독일 동부의 실레지아^{Silesia}는 독립된 폴란드로 귀속이 결정되었다. 폴란드의 해양접근권과 독일 제국과의 분리를 보장하기 위해 단치히^{Danzig}가 자유도시^{Free City}로 지정되었다. 이러한 영토와 관련된 조항들은 독일을 외형적으로 축소시켰을 뿐만 아니라 영토적 단절과 독일인 간의 육로 교류를 막아버렸다.

두 번째로 프랑스를 중심으로 한 연합국 측은 베르사유 조약을 통해 독일을 군사적으로 약화시키고자 했다. 독일의 야욕으로부터 국경을 보호하기 위해 자국에 인접한 라인 강 서쪽 루르 지역을 비무장화하도록 강제했다. 또한 독일은 병력과 무기의 수를 제한받았다. 군대는 징병제가 아닌 지원병 제도만을 유지하며, 육·해·공군 모두 합쳐 10만 명의 병력만을 보유할 수 있게 되었다. 무기는 대포 5,000문과 비행기 2,500대만을 보유하며, 나머지 장갑차와 함선 등은 연합국에게 양도해야 했다. 독일이 자랑하던 참모본부가 해체되고, 군용 항공기와 잠수함 보유, 그리고 새로운 전차 개발 등이 허용되지 않았다. 독일은 베르사유 조약의 군사 관련 조항으로 인해 다시는 전쟁을 일으킬 수 없도록 전력이 대폭 축소된 것이다.

세 번째로 독일은 프랑스 북부와 벨기에 지역의 전쟁 피해에 대해서 엄청난 배상금을 지불해야 했다. 1921년에 결정된 독일의 배상금 총액은 1,320억 금마르크였다. 이는 순금 약 4만 7,000톤에 해당하는 돈이었고, 금값이 현재보다 저렴했던 당시의 달러로 환산하면 315억 달러로 공식 통계상 현재 환율 기준 5,550억 달러였다. 독일은 직접적 현금 배상만이 아니라 각종 경제 제재와 함께 현물 배상까지 해야 했다. 바이엘Bayer 사의 아스피린 등에 대한 상업 특허권이 연합국에게 넘어갔고, 알자스-로렌과 포즈난Poznan 지역에서 오는 상인들에게 관세를 요구할 수 없게 되었다. 독일은 연합국에게 일정량의 산업자재와 농산물을 무상으로 공급해야만 했다. 여기에 더하여 독일은 네 번째 제재로 해외 식민지 모두를 포기해야 했다. 독일은 베르사유 조약이 정한 바에 따라 갖고 있던 해외 식민지에 관한 모든 권한을 연합국의 주요 국가에 넘겼다.

이처럼 베르사유 조약은 독일을 제1차 세계대전의 유일한 책임자로 낙인 찍음과 동시에 독일에게 엄청난 불이익을 주었다. 이러한 가혹한 처사는 향후 유럽의 국제정치를 불안정한 상태로 몰고 가는 주요 요인으로 작용했다. 독일 국민들은 베르사유 조약의 가혹한 처사에 증오와 적개심을 가질 수밖에 없었다.

2. 전체주의 이념의 등장과 경제 대공황

패전국에 대한 가혹한 전후 처리를 상징하는 베르사유 조약은 파시즘의 등장과 세계 경제의 침체 및 대공황으로 이어졌고, 이들은 또 다른 제2차 세계대전의 원인으로 지목되었다. 이는 히틀러Adolf Hitler(1889~1945)의 등장과 독일의 재무장으로 연결되었다.

파시즘은 1919년 3월 23일 이탈리아 밀라노Milano에서 결성된 파시스트 운동 단체인 이탈리아 전투 파쇼Fasci italiani di combattimento를 기원으로 한다. 민족주의자부터 사회주의자, 공화주의자, 미래주의자 등 다양한 지식인들이 주도한 이 단체는 기존의 이념들을 잡다하게 섞어놓았기 때문에 정체성이 모호했다. 이들은 국수주의, 권위주의, 반공적인 정치주의

●●● 1922년 10월 28일에 국가 파시스트당(Partito Nazionale Fascista) 당수 베니토 무솔리니가 검은셔츠단을 이끌고 로마로 진군하여 권력을 잡는 데 성공한다. 이 사건을 일명 '로마 진군'이라고 부른다. 무솔리니가 검은셔츠단을 이끌고 로마에 들어오자 이탈리아 국왕 비토리오 에마누엘레 3세(Vittorio Emanuele III)가 이들을 진압하는 대신 무솔리니가 총리 직에 오르는 것을 승인하면서 무솔리니는 정권을 잡게 되었다. 이후 이탈리아는 제2차 세계대전이 끝날 때까지 국가 파시스트당의 일당독재체제에 놓이게 된다. 〈출처: WIKIMEDIA COMMONS | Public Domain〉

운동을 벌였다. 그런데 급진적 이념을 주장한 이 단체는 이탈리아 내 다른 세력들로부터 견제받지 않았다. 오히려 이탈리아의 기존 권력인 자유주의 세력은 이 단체를 자신들의 목적에 사용하며 성장의 기반을 마련해주었다. 1922년 10월 27일과 28일 사이 이탈리아 파시즘은 '로마 진군Marcia su Roma'을 통해 국가 내 권력을 잡게 되었다. 이 과정에서 지도자였던 무솔리니Benito Mussolini(1883~1945)는 이탈리아의 최연소 총리가 되었다. 파시즘 세력이 이탈리아의 집권 세력으로 거듭난 것이다.

최초 그 정체가 모호했던 파시즘은 이내 그 속내를 드러냈다. 이탈리아의 파시즘 세력은 집권 이전에 볼셰비즘Bolshevism에 대항하여 조국을 지키자고 주장하며 법과 질서의 회복을 전면에 내세웠다. 이들은 집권 후에 국가가 개인의 모든 일상 영역에 침투해 모든 삶의 영역을 지배해야 한다고 했다. 즉, 파시즘은 자유주의 혹은 자유민주주의를 배격하는 반자유주의적·탈자유주의적 전체주의, 극단적 민족주의 및 인종주의 성향을 보였다.

그 다음 전간기interwar(제1차 세계대전과 제2차 세계대전 사이의 기간)에 세계 경제 위기와 대공황이 유럽을 강타했다. 제1차 세계대전 종료 후 유럽 국가 전체가 경제적으로 어려웠다. 전쟁배상금 등과 결부된 당시 주요국의 경제 상황은 다음과 같았다. 영국과 프랑스는 전쟁 기간 동안 미국에 진 빚을 상환해야 했다. 독일은 영국과 프랑스에게 전쟁배상금을 갚아야 했다. 그런데 패전국으로 전락한 독일은 스스로 전쟁배상금을 갚을 능력이 없었다. 이 부분은 미국의 지원을 받아 해결할 수밖에 없었다. 독일은 미국으로부터 차관을 받은 후 국내 생산을 통해 일부를 취하고 나머지를 팔아 영국과 프랑스에 전쟁배상금을 지불해야 했다. 이후 영국과 프랑스는 독일에게서 받은 전쟁배상금으로 국내 경제를 재건하고 미국에게 진 빚을 갚는 순환의 과정을 거쳤다. 이것이 전후 세계의 경제활동 메커니즘이었다.

그런데 1929년 10월 24일 미국 뉴욕의 증권거래소에서 주가가 폭락하면서 앞서 설명한 선순환적 구조가 파괴되었다. 미국발 세계 경제 대공황이 발생한 것이다. 경제 대공황을 간단히 설명하면 다음과 같다. 미국은 제1차 세계대전 기간 동안 전쟁을 수행하는 유럽 국가들에게 식량을 공급하기 위해 농업 생산력을 높였다. 그런데 전쟁이 끝나면서 유럽의 자체 농업 생산력이 회복되자 유럽 국가들은 더 이상 미국 농산물을 수입할 필요가 없게 되었다. 과잉생산된 농산물의 판로를 찾지 못한 미국 농민들은 은행에 진 빚을 갚을 수 없게 되었고, 이로 인해 다른 공산품을 구매할 수 있는 구매력이 줄어들었다. 농민들의 경제 능력 붕괴는 은행의 파산과 공장의 폐쇄로 이어졌다. 이것이 대공황이었다. 다시 말해, 대공황은 소비가 생산을 따라가지 못한 과잉생산에 기인했으며, 금융 당국이 적절한 통화 정책을 펴지 못함으로써 그 위기가 심화된 것이었다.[6]

미국의 경제 붕괴는 독일, 그리고 다른 유럽 국가들의 경제 위기로 이어졌다. 미국은 국내 경기 부양을 위해 독일에 대한 차관을 제공하지 못하게 되었다. 독일 역시 미국의 지원 없이 국내 생산력을 높이지 못하자 영국과 프랑스에게 전쟁배상금을 지불할 수 없게 되었다. 이는 다시 영국과 프랑스가 미국에게 빚을 상환할 수 없는 상황으로 발전했다. 이처럼 미국의 경제 붕괴는 독일, 영국과 프랑스의 경제 위기로 이어졌고, 이는 다시 미국의 경제적 어려움을 가중시키는 악순환을 초래했다.

경제 대공황은 파시스트 체제와 운동이 새로운 방식으로 확대·심화되는 중요한 전기轉機가 되었다. 대공황이 파시즘에 미친 가장 부정적인 영향은 대공황 시기에 독일에서 나치즘Nazism을 앞세운 히틀러가 집권을 하게 되었다는 것이다. 베르사유 조약으로 막대한 전쟁배상금을 물어야 했던 독일은 배상금 규모의 축소와 미국의 지원으로 경제 회복을 기대하고 있었다. 그런데 1928년부터 시작된 독일 내 미국의 자본 철수로 독일 경제는 다시 어려움을 겪기 시작했다. 1929년 말부터 독일은 대공황의 충격을 정면으로 받았다. 실업률의 급격한 상승과 사회보장의 축소는 국내 정치를 소용돌이 속으로 몰아넣었고, 이전까지 소수파였던 나치즘의 대중화를 이끌어냈다. 심지어 파시즘 계열의 나치즘은 경제적 붕괴

●●● 1931년 2월 "실업자를 위한 무료 수프 커피와 도넛"이라고 적혀 있는 시카고의 무료급식소 앞에 실업자들이 길게 줄을 서 있다. 제1차 세계대전 종전 후 패전국 독일은 미국으로부터 차관을 받은 후 국내 생산을 통해 영국과 프랑스에 전쟁배상금을 지불했고, 영국과 프랑스는 독일에게서 받은 전쟁배상금으로 국내 경제를 재건하고 미국에게 진 빚을 갚았다. 그런데 이런 선순환 구조가 1929년 10월 24일 미국 뉴욕 증권거래소 주가 폭락과 함께 발생한 미국발 세계 경제 대공황으로 파괴되었다. 종전 후 소비가 생산을 따라가지 못해 생긴 과잉생산으로 인해 발생한 미국의 경제 붕괴는 독일, 영국과 프랑스의 경제 위기로 이어졌고, 이는 다시 미국의 경제적 어려움을 가중시키는 악순환을 초래했다. 〈출처: WIKIMEDIA COMMONS | Public Domain〉

●●● 대통령 힌덴부르크는 경제와 정계의 혼란을 수습하기 위해 1933년 1월 30일에 히틀러를 총리로 임명했다. 사진은 1933년 1월 30일, 총리 취임날 저녁에 총리 집무실에서 군중의 환호를 받고 있는 히틀러의 모습이다. 총리에 오른 히틀러는 파시스트의 원조격인 이탈리아보다 훨씬 철저한 전체주의 체제를 추구하며 독일 사회의 전면적 개조를 시작했다. 〈출처: WIKIMEDIA COMMONS | Public Domain〉

와 정치적 불능 상태에서 대중의 지지를 받으며 독일 내 정권까지 장악하게 되었다.

　나치즘은 독일 노동당의 후신으로 1920년 출범한 독일 민족사회주의노동당NSDAP, Nationalsozialistische Deutsche Arbeiterparte의 정당 이념인 '민족사회주의Nationalsozialismus'의 줄임말이다. 나치즘을 이끌었던 이는 다름 아닌 히틀러였다. 히틀러 자체를 제2차 세계대전의 원인으로 보는 시각이 많기 때문에 그에 대해 살펴보는 것은 중요하다. 히틀러는 전후 경제와 정치적 혼란기를 이용해 권력을 쥔 인물이다. 1923년 뮌헨에서 '비어홀 폭동 Bürgerbräu-Putsch'을 일으켜 투옥된 그는 나치즘의 경전과도 같은 『나의 투쟁 Mein Kampf』(1925)을 집필했다. 무솔리니를 스승으로 인정한 그는 파시즘의 주요 개념과 발상을 차용해 나치즘을 만들었고, 초기에 베르사유 체제에 대한 독일 국민의 증오심에 불을 지피며 세력을 천천히 확대해나갔다.

경제 대공황은 나치의 입지를 180도 바꿔놓았다. 1928년 12석에 불과했던 나치의 의회 의석수는 1930년 107석, 1932년 230석까지 급격히 늘었다. 갈색 셔츠를 입은 나치의 돌격대 숫자 역시 1930년 10만 명에서 1933년 100만 명으로 늘었다.[7] 극우와 극좌의 극한 대립에 있던 상황에서 정치인들은 심지어 1933년 1월 30일 나치당의 당수인 히틀러를 총리에 앉혔다. 히틀러는 파시스트의 원조격인 이탈리아보다 훨씬 철저한 전체주의 체제를 추구하며 독일 사회의 전면적 개조를 시작했다. 이탈리아의 파시즘에 이어 독일의 나치즘도 국가를 장악한 것이다.

CHAPTER 2

전쟁으로 가는 길

1. 히틀러의 등장과 유럽의 유화정책

히틀러는 정권을 장악하자 본격적으로 전쟁의 길로 나아갔다. 그는 이전의 사회제도를 파괴하고 국가사회주의제도를 도입했다. 독일 내에서는 나치당을 제외한 모든 정당 활동이 금지되었고, 유대인들이 사회에서 소외 또는 배척되는 분위기가 만들어졌다. 히틀러는 자신의 앞을 막는 자는 누구든 용서하지 않았다. 대표적으로 그는 자신의 정치 생활 초창기 나치당의 민병대 집단인 돌격대^{SA, Sturmabteilung} 사령관 에른스트 룀^{Ernst Röhm}마저도 숙청했다. 그에게 충성했던 룀은 히틀러에 대한 충성심을 의심받아 그를 따르던 수백 명의 돌격대원들과 함께 처형되었다. 돌격대의 빈자리는 하인리히 히믈러^{Heinrich Himmler}(1900~1945)가 창설한 친위대^{SS, Schutzstaffel}가 차지했다. 그 후 히틀러는 독일군 전체로부터 충성 서약까지 받아냈다.

1930년대 중반, 히틀러는 본격적으로 베르사유 조약의 개정을 추진했다. 제1차 세계대전의 책임을 오로지 독일에게로 돌린 제231조는 독

●●● 1933년 독일 총리가 된 히틀러는 1934년 8월 19일 독일 총선에 의해 총통(Führer)의 자리에 올랐다. 히틀러는 독일인들에게 경제적 어려움뿐만 아니라 정치·군사적 굴욕을 안겨준 베르사유 조약에 대한 독일인의 증오심과, 전쟁 패배 탓을 독일의 등에 칼을 꽂은 유대인과 사회주의자, 그리고 공산주의자에게 돌린 독일의 우익과 군부의 심리를 이용하여 베르사유 조약을 무시하고 징병제를 도입하고 군대 규모를 증가시킬 것을 선언한 뒤 1939년에 폴란드 침공을 시작으로 제2차 세계대전을 일으켰다. 〈출처: WIKIMEDIA COMMONS | Public Domain〉

일인들이 가장 증오했던 조항이었다. 히틀러는 베르사유 조약의 여러 조항들이 무효라고 주장했고, 독일인들이 이러한 히틀러를 지지하는 것은 당연했다. 1935년 3월 히틀러는 지원병만을 허용하던 베르사유 조약을 무시하고 징병제를 도입했다. 이러한 변화에 따라, 그는 평시 10만 명으로 제한되었던 군대의 규모를 50만 명으로 증가시킬 것을 선언하는 동시에 독일이 비밀리에 보유한 공군의 존재를 공개했다. 독일은 영국과의 해군 협정Anglo-German Pact 체결을 통해 영국 해군의 일정 비율만큼 전투함을 보유할 수 있게 되었다.

1936년 비무장 지대였던 라인란트Rheinland에 독일군이 진주하기 시작했다. 히틀러가 서방의 반응을 시험해본 것이다. 1936년에 발발한 스페인 내전은 독일에게 새로운 장비와 전술을 시험해볼 수 있는 장^場을 마련해주었다. 히틀러는 병력과 항공기, 해군 함선 등을 보내 프랑코Francisco Franco(1892~1975) 장군을 지원했다.

그런데 유럽 열강들은 전 세계를 다시 전쟁의 소용돌이로 몰아가고 있던 히틀러를 저지하지 못했다. 서유럽 국가들이 히틀러를 막지 못했던 두 가지 이유는 히틀러에 대한 그들의 오판과 유화정책이었다. 이 둘이 서로 얽히면서 전 세계는 또다시 전쟁의 길로 들어서게 되었다.

제1차 세계대전의 승전국으로 자부한 서유럽 국가들은 히틀러의 등장 초기만 해도 그를 단순한 과격론자로 취급했을 뿐이었다. 그가 옥중에서 쓴 『나의 투쟁』에는 앞으로 그가 벌일 일들이 자세히 적혀 있었다. 그러나 독일을 제외한 나머지 국가에서 그의 책을 주목한 이는 없었다. 오히려 일부 유럽인들은 히틀러가 무질서한 독일에 질서와 안정을 가져다줄 것으로 기대하기도 했다. 대표적으로 제1차 세계대전 당시 영국 총리였던 로이드 조지David Lloyd George(1863~1945)는 실업률을 낮춘 업적을 언급하면서 히틀러에게 찬사를 보내기도 했다. 그는 히틀러에게 속아 넘어간 서유럽 열강 내 많은 고위 정치인들 중 한 명일 뿐이었다.

또한 유럽 국가의 지도자들은 소련의 공산주의로부터 유럽을 지켜줄 방파제로 히틀러의 독일을 꼽기도 했다. 그들에게는 공산주의를 억제하는 것이 독일이 전체주의적 색깔의 정부를 수립하는 것보다 더 중요했기 때문이다. 이러한 기류는 히틀러가 노골적으로 전쟁을 시작하기 전까지 유럽 내 외교정책에 반영되었다. 이런 이유로 전간기 서유럽 국가들은 히틀

●●● 1936년 4월 20일 베를린에서 열린 히틀러의 47번째 생일을 기념하는 대규모 군사 퍼레이드. 히틀러가 전쟁을 준비하던 1930년대, 더럽고 악취 나는 참호 속에서 비참한 전쟁의 실상을 직접 경험했던 유럽의 지도자들과 국민들에게 전쟁은 일어나서는 안되는 것이었다. 이들의 유화정책은 전쟁의 야욕을 키우고 있던 히틀러를 제어할 수 없었다. 〈출처: WIKIMEDIA COMMONS | CC BY-SA 3.0 DE〉

러의 전체주의에 대항해 동맹을 맺자는 소련의 제의를 일축했던 것이다.

베르사유 조약에 대한 유럽 사회의 비판 역시 히틀러의 과대망상적 행동에 제동을 걸지 못한 이유이기도 했다. 독일만이 아니라 연합국 내에서도 베르사유 조약을 이도 저도 아닌 애매한 조약으로 평가했다. 베르사유 조약은 독일을 처벌할 만큼 강력하지도 않았을 뿐만 아니라 연합국들과 독일 간의 화해를 유도할 만큼 유화적이지도 못했던 것이다. 그러다 보니 조약의 실행은 수많은 반대와 장애에 부딪히게 되었고, 조약을 파기하려는 히틀러의 행동을 누구도 적극적으로 나서 막지 못했던 것이다.

여기에 더해 제1차 세계대전을 겪은 유럽인들의 반전 분위기도 전쟁을 막지 못한 큰 요인이었다. 프랑스는 제1차 세계대전으로 인해 20~32세 나이의 젊은 남자의 절반 이상을 잃었다.[8] 다른 유럽 국가들도 마찬가지로 큰 피해를 입었다. 심지어 그들은 끔찍한 살육의 장면들을 직접 목격하고 생생하게 기억하고 있었다. 히틀러가 전쟁을 준비하던 1930년대의 각국 지도자 대부분은 더럽고 악취 나는 참호 속에서 비참한 전쟁의 실상을 직접 경험했다. 이들 국가의 국민들에게 전쟁은 다시는 일어나서는 안 되는 것이었다. 이것이 제2차 세계대전의 원인이자 전쟁을 막지 못한 이유로 평가받는 제1차 세계대전의 대표적 승전국들이 전간기에 취한 유화정책의 근간이었다.[9] 유럽의 지도자들은 히틀러의 야욕에 대처하기는커녕 그의 전쟁 의도가 명확해지는 순간에도 그 위협을 인정하려 들지도 않았다.

히틀러에 대한 무지와 유화정책의 정점은 1938년 9월 30일 맺어진 뮌헨 협정이었다. 뮌헨 협정을 마치고 영국으로 돌아온 총리 체임벌린 Neville Chamberlain(1869~1940)은 "우리 시대의 평화Peace for our time"로 불리는 연설을 통해 독일과의 평화협정 체결 결과를 발표했다.[10] 당시 누구도 전쟁을 원하지 않았고, 평화를 갈망했다. 그의 연설을 듣는 모든 사람들은 체임벌린의 외교적 수완에 찬사를 보내며 환호했다. 그러나 그가 연설한 지 1년이 채 지나지 않은 1939년 9월 1일 독일은 폴란드 국경을 넘어 침공을 시작했다. 체임벌린으로 대표되는 유화정책을 폈던 당시 유럽 지도자들은 전쟁을 막지 못한 책임으로부터 자유로울 수 없었다. 전쟁을 막지 못한 책임은 체임벌린 개인뿐만 아니라 그 당시 독일에 대해 유화정책을 편 서유럽 국가 전체에게 있었던 것이다.

제2차 세계대전의 원인은 하나가 아니었다. 베르사유 조약의 불합리한 내용부터 파시즘과 경제 대공황, 반전과 염전사상에 의한 유럽 국가들의 유화정책까지 이 모두가 전쟁의 원인들이었다. 거기에 과대망상 환자인 히틀러라는 인물의 잘못된 선동과 결정들까지 더해져 전 세계는 다시 한 번 전례를 찾아보기 힘든 전쟁의 소용돌이에 빠져들게 되었다.

2. 젝트의 비밀 재군비와 독일의 재무장

파시즘의 이탈리아와 나치즘의 독일 양국 국민들 대다수는 파시스트 전체주의가 민족의 영광과 번영을 가져다줄 것으로 믿었다. 특히 독일의 나치즘은 이러한 믿음을 바탕으로 재무장 정책을 통한 엄청난 고용 창출이라는 신화를 낳았다. 그런데 이는 군수산업을 기반으로 한 파시스트 전체주의였고, 새로운 전쟁의 발발 가능성을 내포하는 위험한 발상이었다.

제1차 세계대전과 베르사유 조약이 만든 전후 세계 질서는 독일인들에게 경제적 어려움뿐만 아니라 정치·군사적 굴욕을 안겨주었다. 히틀러는 이러한 문제에 기인한 독일인의 증오심을 이용했다. 여기에 더하여 그는 독일의 우익과 군부의 심리를 잘 이용했다. 독일의 우익과 군부는 독일이 전쟁에서 패배한 것은 군사적 패배 때문이 아니라 국내적으로 유대인과 사회주의자, 그리고 공산주의자가 독일의 등에 칼을 꽂았기 때문이라고 믿고 있었다. 이것이 배후중상설stab in the back myth*이다.

---

* 배후중상설: 독일의 패망 원인이 후방의 배신행위 탓이라는 주장을 뜻하는 독일어 Dolchsto legende에서 나온 말.

●●● 1936년 70세 생일을 맞아 베를린에서 사열하고 있는 젝트. 독일 육군의 아버지라고 불리는 젝트는 전후 국방군을 재건했다. 그는 제1차 세계대전의 패전 이후 독일 군사고문으로 파리 강화회의에 참여했던 인물로, 1920년 국방군 총참모장에 임명되어 1926년까지 비밀재군비를 추진했다. 〈출처: WIKIMEDIA COMMONS | CC BY-SA 3.0 DE〉

한편, 독일이 빠르게 군대를 재건하고 전쟁을 시작할 수 있었던 것은 비밀리에 군사력을 재건하고 있었기 때문이다. 이는 젝트^{Hans von Seeckt}(1866~1936)라는 인물이 주도했기 때문에 통상 젝트의 비밀 재군비로 불리고 있다. 제2차 세계대전 발발 3년 전에 사망했던 전직 총참모장 젝트는 독일의 전쟁 초기 승리의 기틀을 만든 것으로 유명하다. 그는 제1차 세계대전 전후 처리 기간에 베르사유 조약으로 급격히 축소되고 약화된 독일군의 재건을 꾀했다.

젝트는 제1차 세계대전이 발발한 1914년 48세의 나이로 전쟁에 참전했다. 중령이었던 그는 제1군 예하의 제3군단 참모장이었고, 몰트케의 수정된 슐리펜 계획 상 가장 우측을 담당하며 작전의 실패를 직접 목격했다.[11] 1년 뒤 동부전선으로 옮겨간 젝트는 그곳에서 군사적으로 큰 성과를 얻고 명성을 쌓았다. 그의 군사적 성공과 달리, 1918년 11월 독일의 항복은 그에게 큰 충격을 안겨주었다.

젝트가 파리 강화회의에 독일측 전권대표단의 군사고문으로 참석하게 되면서 독일군 재건에 주도적인 역할을 하게 되었다. 그는 그곳에서 연합국 측이 독일군을 물리적·심리적으로 축소시켜버리는 것을 무기력하게 바라봐야만 했다.[12] 1919년 6월의 베르사유 조약 체결 후 그는 독일군 최고사령부 총참모본부장에 임명되었고, 이듬해에는 독일군 재건의 최고책임자의 역할을 수행하는 독일 국방군Wehrmacht 총참모장의 자리에 올랐다. 그는 1919년부터 1920년까지 독일군이 자랑하는 참모본부의 최고 수장인 제8대 총참모본부장이었으나 강화조약에 의해 참모본부가 폐지되면서 그 자리에서 물러나야 했다. 이어서 그는 1920년부터 1926년까지 독일 국방군의 총참모장의 직책을 수행했다.

베르사유 조약의 주요 내용에 따라 독일군은 징병제를 철폐하고 병력을 10만 명 이하로 줄였다. 항공기와 잠수함, 함선, 전차 등 각종 무기도 보유할 수 없거나 제한된 수만을 유지할 수 있었으며, 독일군 참모본부마저 폐지해야만 했다. 베르사유 조약의 발효와 함께 독일군 앞에 붙었던 세계 최강의 군대라는 수식어가 사라져버릴 입장에 처하게 된 것이다. 독일인들은 이러한 처사에 분노할 수밖에 없었다. 전쟁에서 진 것이 아니라는 말이 틀린 것은 아니었지만, 항복 직전의 1918년 독일은 더 이상 전쟁을 지속할 힘이 없었던 것은 사실이었다.

이러한 상황에서 독일군을 이끈 젝트는 비밀리에 독일군이 다시 정상화될 수 있는 기틀을 만들기 위해 헌신했다.[13] 그 첫 번째 임무가 비밀리에 독일군 참모본부를 존속시키는 것이었다. 독일을 통일시킨 프로이센은 프랑스 혁명전쟁 당시 프랑스군에 있던 초기 형태의 참모제도를 발전시켜 그들만의 성공적인 참모본부제도를 만들었다. 제1차 세계대전의 연합국들은 강력했던 독일군의 근원을 이 참모본부제도로 보았고, 이를 철저하게 파괴하고자 했다. 그 과정에서 젝트는 참모본부제도의 폐지에 따라 참모본부의 수장 자리에서 내려와야 했다.

젝트는 연합국의 집중 감시망을 피해 비밀리에 참모본부제도를 존속시키고자 했다. 그는 바이마르 공화국의 성립과 함께 해체된 참모본부의 기능 등을 정부의 타 부처로 이관시키는 형태로 참모본부제도를 유지시켰다. 총참모본부를 대신하여 단순한 군사 행정 업무만 담당하는 병무국은 국방성의 예하 부서로 이동시켰다. 군 철도 및 보급 운송을 관장하던 참모조직의 업무는 교통을 담당하던 일반 행정부처로 이관시킨 뒤 비선 조직이 은밀하게 수행하게 했다. 이처럼 기존에 독일군 총참모본부가 수행하던 업무들은 국방성 예하 또는 타 행정부처로 이관시킨 다음, 신분을 숨긴 장교들이 민간인 신분으로 그 업무들을 계속해서 관리하게 했다.

젝트가 주도한 두 번째 업적은 간부의 정예화였다. 징병제가 폐지되고 지원병 제도에 따라 누구나 군인이 될 수 있었다. 그런데 젝트는 10만 명이라는 제한된 병력과 장교의 수를 고려해 누구나 군인이 될 수 없게 했다. 그는 엄격한 잣대를 통해서만 장교를 선발했다. 대학 졸업장을 가진 장교와 귀족들의 자제에게 장교가 될 수 있도록 했으며, 사병들도 이보다는 낮으나 어느 정도 출신 성분과 학력 기준을 적용해 선발했다. 이렇게 철저한 검증을 통해 입대한 직업군인은 강한 교육과 훈련을 통해 엘리트 군대의 근간을 이루게 되었다. 한편 장교들 중 우수한 인원은 훗날의 참모본부를 이끌 요원으로 차출되어 추가로 2년간 군사교육을 받았다. 거기서도 우수한 장교들은 베를린의 국방성에 배치되어 실무적인 부분에서 참모업무를 숙달했다. 이들은 1935년 히틀러가 재군비 선언을 했을 때 참모본부의 구성원이 되어 빠른 시간 안에 독일군 재건에 큰 역할을 했다.

세 번째로 젝트는 소련과 비밀군사협정 등을 맺어 무기의 개발·생산·테스트를 비밀리에 수행하고 전문 요원을 훈련시켰다. 베르사유 조약에 따라 독일은 무기의 소유만이 아니라 신무기 개발도 할 수 없었다. 젝트는 소련과의 비밀군사협정을 통해 민간 회사로 위장한 군수 회사와 공장 등을 소련에 건설한 후 신무기 개발과 생산을 주도했다. 독일은 이 과정에서 소련에게 기술 원조를 실시했다. 소련 역시 보유가 금지된 무기들을 독일에게 제공했을 뿐만 아니라 독일의 항공 조종사와 전차 전문가들이 소련 내에서 훈련할 수 있도록 허용했다.

네 번째로 젝트는 세 번째의 연장선으로 소련뿐만 아니라 민간 기관을 활용하여 독일군 장교들이 고도의 훈련과 전기를 연마하게 했다. 수많은 항공기 조종사들이 민간 항공사에 근무하며 비행 훈련을 받았고, 민간 대학에 파견된 장교들은 과학기술을 배우고 익히며 군에 적용할 수 있는 부분들을 발굴했다. 또한 우수한 장교들과 군사전문가들은 소련뿐만이 아니라 중국, 일본, 남미 등의 국가로 파견되어 현대식 장비와 무기들을 다루는 훈련을 받았다.

다섯 번째로 젝트는 새로운 전략이론의 발전을 주도했다. 독일은 제1차 세계대전의 패인을 분석하여 새로운 전략이론을 도출하고자 노력했다. 그들은 질적으로 우수하고 고도로 기동화된 정예부대를 이용한 공세적 전략이 승리의 핵심이라 여겼다. 독일은 제1차 세계대전에서 후티어 전술이 드러낸 취약점을 기동성과 항공력을 이용해 보강하고자 했다. 구데리안Heinz Wilhelm Guderian(1888~1954) 등 유능한 독일 장교들은 풀러J. F. C. Fuller(1878~1966)와 리델하트B. H. Liddell Hart(1895~1970) 등이 내놓은 군사적 이론을 기반으로 훗날 '전격전Blitzkrieg'이라 불리게 될 기동전 이론을 탄생시켰다.

여섯 번째로 젝트는 잘 조직된 예비군제도와 동원체제를 구축했다. 인력 자원을 파악하고 관리하는 것이 예비군제도와 동원체제의 핵심이다. 전후 독일은 인력자원 관리 업무를 연금국으로 이관시켰다. 그들은 예비군을 보유할 수 없다는 베르사유 조약의 규정을 어기고 보안대로 불린 경찰과 민간인 노동자로 구성된 노동대를 통해 예비군을 유지시켰다. 노동대는 민간인처럼 보였지만, 실제로는 병사처럼 막사에 거주하며 명령에 따라 훈련을 받고, 그에 따른 급여를 수령했다. 장교 출신으로부터 기본 훈련을 받은 보안대 역시 모든 군사 훈련에 참여했다. 이들은 국방군의 전투력을 보강할 수 있도록 조직되어 훈련을 받았으며, 동원령에 따라 언제든 정규군으로 편입될 수 있었다.

여기에 더해 독일은 전쟁에 필수적인 국가 경제력 동원을 위한 준비도 마련해나갔다. 그들은 대규모 군사작전과 전쟁, 심지어 장기전까지 실행 및 대비할 수 있도록 경제 동원 체제도 갖추고 있었다. 젝트는 1924년 국방성 내에 동원국이라는 비밀조직을 설치했다. 경제 분야 담당 부서인 동원국은 보급과 군수품 조달 등을 위해 국내적인 경제적 동원과 징발뿐만이 아니라 해외의 산업체와의 협조까지 모색하는 임무를 수행했다.

젝트는 1926년 독일 국방군의 총참모장의 자리에서 내려왔지만, 그가 비밀리에 만들어둔 재군비의 기틀은 계속 유지되었다. 아이러니하게도 젝트가 만든 기틀이 1930년 중반 히틀러의 재군비 선언으로 빛을 보게 되었다. 베르사유 조약의 개정을 추진한 히틀러는 징병제를 도입했고, 젝트의 비밀재군비가 남긴 유산을 통해 규모 및 질적 측면 모두에서 손쉽게 독일군을 확장 및 재무장시킬 수 있었다.

1936년 히틀러는 재무장된 독일군을 이용해 비무장지대로 설정된 라인란트에 군대를 진주시키며 연합국을 시험했다. 그들은 독일에게 외교적으로 항의할 뿐 어떠한 군사적 행동도 취하지 않았다. 자신감을 얻은 히틀러는 1938년에는 영구적으로 합병이 금지된 오스트리아를 병합시켰다. 이어서 그는 독일인이 많이 거주하고 있는 체코슬로바키아와 서부의 주데텐란트Sudetenland마저도 노렸다. 프랑스는 체코슬로바키아의 지원 요청을 받고 독일이 주데텐란트를 침공할 경우 전쟁을 하겠다고 선포했다. 여기서 연합국 측은 전쟁을 막기 위해 유화적인 외교적 해법을 제시했다. 그들은 독일에게 주데텐란트를 양도하는 대신 체코슬로바키아에 대한 침공을 막았다. 이것이 1938년 9월 30일 맺어진 뮌헨 협정의 핵심 내용이었다. 그런데 영국 체임벌린을 중심으로 한 연합국 지도자들의 의도와 달리 1939년 3월 히틀러의 독일은 체코의 모든 영토를 자신들의 보호령으로 만들었다. 체코슬로바키아 역시 독일의 실질적인 속국이 되었다. 이후 독일은 1939년 9월 1일 폴란드를 침공했다. 제2차 세계대전이 발발한 순간이었다.

CHAPTER 3

전쟁 경과

1. 제2차 세계대전의 서전(緖戰)

독일의 폴란드 침공과 가짜 전쟁

1939년 9월 1일, 독일의 전면적인 폴란드 침공은 제2차 세계대전의 시작을 알린 사건이었다. 독일은 침공 구실을 만들기 위해 나치 친위대 대원에게 폴란드군의 군복을 입히고 독일 지역 습격과 독일인 살해라는 자극적인 장면을 연출시켰다. 또한 히틀러는 9월 1일 제국의회에서 폴란드 정규군이 8월 31일 밤부터 독일 영토에 포격을 가해오고 있다며, 자국의 군대가 새벽 5시 45분부터 이에 대한 반격작전을 실행 중이라고 발표했다. 폴란드군을 포위해 섬멸하는 것을 목표로 하는 독일의 백색 작전Fall Weiss이 개시된 것이었다. 독일은 북쪽의 동프로이센과 서쪽의 독일 본토, 그리고 남쪽의 체코슬로바키아 방면에서 폴란드를 침공했다. 폴란드의 동쪽은 소련의 붉은 군대가 맡았다. 독소 불가침 조약으로도 알려진 몰로토프-리벤트로프 조약Molotov Ribbentrop Pact의 비밀 조항에 따라 스탈

린 역시 9월 17일 폴란드 침공에 동참했다. 폴란드는 사방에서 공격을 받았다.[14]

독일은 폴란드 침공을 위해 서부 전선에 남겨진 11개 사단을 제외한 주력 부대의 전부인 50개 사단을 동원했다. 여기에는 정예부대인 6개 기갑사단과 4개 기계화사단, 3개 산악사단이 포함되어 있었다. 동프로이센의 북쪽 전선에 배치되어 있던 클루게Günther von Kluge(1882~1944)의 제4군과 퀴흘러Georg von Küchler(1881~1968)의 제3군으로 구성된 독일 북부집단군은 개전과 함께 순식간에 폴란드 회랑과 단치히Danzig 자유시를 장악했다. 룬트슈테트Gerd von Rundstedt(1875~1953)가 지휘하는 남부집단군은 동쪽으로 깊숙이 진격해 폴란드의 심장을 겨냥했다. 블라스코비츠Johannes Blaskowitz(1883~1948)의 제8군과 라이헤나우Walter von Reichenau(1884~1942)의 제10군, 그리고 리스트Wilhelm List(1880~1971)의 제14군이 남부집단군을 구성했다. 이 독일 부대들은 기갑부대를 중심으로 뛰어난 기동성을 활용해 말과 두 발에 의존했던 폴란드의 낙후된 군대를 신속하게 우회하여 후방에서 양익포위하는 전술을 사용했다. 개전 3일 만에 독일 공군에게 제공권을 내줬던 폴란드군은 포위된 채 독일의 강력한 포격과 공중 폭격에 섬멸될지, 아니면 준비된 방어선을 이탈해 적의 포위를 뚫고 탈출할지의 선택에 놓였다.

폴란드군은 포즈나뉴Poznań 시 인근에서 잠시나마 독일군의 진격을 멈춰 세우는 듯했으나, 정비를 마친 독일군의 재차 공격에 순식간에 제압당했다. 오히려 폴란드군은 느린 기동성 때문에 주전장이었던 서부 전선에서 독일의 포위망을 벗어나지 못하는 처지에 놓였다. 반대로 독일은 기동성을 앞세운 포위전 전술을 통해 9월 16일 무렵 폴란드 서부의 폴란드군 주력을 포위망 안에 가뒀다. 심지어 독일은 9월 16일부터 폴란드의 수도 바르샤바Warszawa를 포위하고 지상과 공중에서 무차별적인 포격과 폭격을

●●● **위 사진** 1939년 9월 1일 독일 공군의 폭격을 받은 폴란드 도시 비엘룬(Wieluń). 독일군은 1939년 9월 1일 새벽, 선전포고도 없이 폴란드 항공기지에 대한 기습공격을 감행했다. 독일 공군은 신속하게 작전 지역의 제공권을 확보하고 전선으로 이동하는 폴란드군의 보급 및 증원부대를 차단했다. 〈출처: WIKIMEDIA COMMONS | Public Domain〉

●●● **아래 사진** 독일군은 기갑부대를 중심으로 뛰어난 기동성을 활용해 말과 두 발에 의존했던 폴란드의 낙후된 군대를 신속하게 우회하여 후방에서 양익포위하는 전술을 사용했다. 〈사진 출처: WIKIMEDIA COMMONS | CC BY-SA 3.0 DE〉

가했다. 엄청난 민간인의 피해 속에 바르샤바는 9월 27일 항복하고 말았다. 폴란드 전역에서의 저항 역시 10월 6일을 기해 모두 끝이 났다.

폴란드의 조기 붕괴는 그들의 구식 군대 문제와 독일의 기습, 그리고 불가침 조약을 맺었던 소련의 배신 등 복합적 요인 때문이었다. 독일은 기갑과 기계화사단을 앞세우고 신속히 폴란드군의 후방으로 침투해 들어갔다. 그에 비해 여전히 말을 타고 전투하던 폴란드의 기병은 독일군의 상대가 되지 않았다. 특히나 폴란드는 동맹이었던 소련의 배신을 전혀 예상하지 못했기 때문에 독일과 소련이 양면에서 공격해 들어올 때를 대비한 방어전략과 자산을 준비하지 못했다. 소련은 폴란드의 별다른 저항 없이 서쪽으로 진격해 독일과 부크^{Bug} 강을 경계로 폴란드를 분할했다. 독일은 군사적으로 엄청난 성공을 거둔 것이 사실이었다. 물론, 독일 역시 폴란드 침공에 투입된 전차의 약 10%인 200여 대와 함께 병력 1만 3,000명을 잃었다. 부상자 역시 3만 명에 달했다.

열악한 상황에서도 끝까지 대항했던 폴란드군의 노력에도 불구하고, 폴란드 정부는 9월 19일 바르샤바를 탈출해 프랑스를 거쳐 영국에서 망명정부를 구성했다. 폴란드의 지도자와 장교, 병사 등 약 9만 명은 훗날을 도모하기 위해 프랑스와 영국으로 망명해 망명군을 조직했다. 그러나 폴란드 전역에서 포로가 된 병력은 약 91만 명이었다. 그 가운데 21만 7,000여 명은 소련의 포로가 되었다.[15]

한편, 독일이 폴란드를 침공할 시 도와주겠다고 약속했던 영국과 프랑스는 독일의 폴란드 침공에도 별다른 조치를 취하지 않았다. 그들은 9월 2일 독일에 최후통첩을 보냈고 3일에는 선전포고를 했지만, 적극적으로 나서지 않았다. 9월 7일, 프랑스 제4군과 제7군 병력 일부가 독일의 자르브뤼켄^{Saarbrucken} 부근으로 8km 정도 진격해 들어갔다. 독일은 이에 대한 대응으로 지크프리트선^{Siegfried Line} 너머로 병력을 철수시킬 수밖

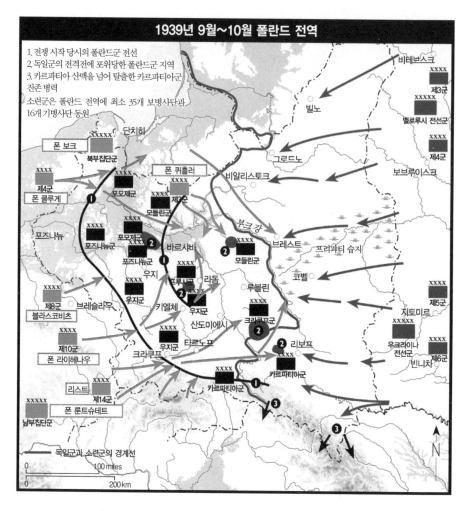

1939년 9월~10월 폴란드 전역

1. 전쟁 시작 당시의 폴란드군 전선
2. 독일군의 전격전에 포위당한 폴란드군 지역
3. 카르파티아 산맥을 넘어 탈출한 카르파티아군 잔존 병력

소련군은 폴란드 전역에 최소 35개 보병사단과 16개 기병사단 동원

━━━ 독일군과 소련군의 경계선

에 없었다.* 그러나 프랑스는 더 이상 어떠한 군사적 모험도 하지 않고 멈춘 채 폴란드가 항복하자 자국의 영토로 병력을 철수시켰다. 영국은 9월 30일까지 약 14만 명의 원정군을 프랑스로 이동시켰지만, 어떠한 공세적인 행동도 취하지 않았다.

---

* 서부 방벽(Westwall)으로도 불리던 지크프리트선은 제2차 세계대전 직전에 나치 독일이 프랑스의 마지노선(Maginot Line)에 대항해 북쪽의 네덜란드와의 국경부터 남쪽의 스위스에 이르는 서부지역에 건설한 요새선을 말한다.

독일은 주력 부대를 동부의 폴란드 침공에 투입한 상태였기 때문에 서쪽에서 프랑스와 영국이 전면적으로 침공할 시에는 대응할 수 없는 상태였다. 독일 국방군은 폴란드에서의 승리 후 즉각 주력 부대들을 자국의 서쪽 국경 지크프리트선으로 전향시켜 뒤늦게 있을지도 모르는 영국과 프랑스의 공격에 대비했을 뿐이었다. 하지만 프랑스와 영국은 독일의 서부가 빈약하게 방비되어 있던 호기를 살리지 못했다. 이상하게도 두 국가는 독일의 폴란드 침공에 대한 대응으로 독일에 선전포고만 했을 뿐, 독일이 프랑스를 침공할 때까지 아무런 군사적 대응을 하지 않고 시간을 허비했다. 이처럼 제2차 세계대전 초기에 폴란드를 침공한 독일에 대해 영국과 프랑스가 선전포고만 하고 실제로 군사적 대응을 하지 않은 이 시기의 기묘한 전쟁 상황을 가리켜 후세는 '가짜 전쟁phony war'이라고 부른다. 그러나 엄밀히 말해 이 기간 동안 독일은 서방 연합국에 대한 침공작전 계획을 구체화했고, 연합국 역시 독일군의 공격에 대한 대비책을 마련하려고 분주한 시간을 보냈다.

소련–핀란드 전쟁(겨울전쟁)과 노르웨이(스칸디나비아) 전역

폴란드 침공에 성공한 소련은 몰로토프-리벤트로프 조약의 조항을 거론하면서 리투아니아와 라트비아, 에스토니아에게 그들의 영토 내에 소련군 기지 설치 권리를 요구했다. 이후 이 세 나라는 이러한 소련의 요구에 제대로 저항하지 못하다가 1940년 6월 소련에 완전히 병합되었다.

소련은 과거 100여 년간(1809~1917년) 러시아의 지배를 받다가 1917년에 독립한 핀란드를 침공하기도 했다. 겨울전쟁Winter War으로 더 잘 알려진 소련과 핀란드 간의 치열한 전쟁이 1939년 11월 30일부터 이듬해 3월 13일까지 발생했다. 별다른 전투 없이 폴란드의 영토 절반을 얻어냈던 스탈린^{Iosif Vissarionovich Stalin}은 강제로 라트비아와 조약을 체결하고 1주일 후인 1939년 10월 12일에 핀란드 정부에게 영토 내에 소련의 해군 기지의 설치와 레닌그라드^{Leningrad} 북쪽 카렐리아 지협^{Karelian isthmus}의 소련-핀란드 국경선 재조정을 요구했다. 핀란드가 11월 26일 확답을 주지 않자 소련은 국경 분쟁을 연출하며 11월 30일에 30개 사단으로 구성된 4개 군으로 침공을 시작했다.

예상과 달리 소련은 전쟁 초기에 17만 5,000명의 군대를 보유한 핀란드군에게 고전했다. 소련은 1930년대에 군의 유능한 지휘관 대부분을 숙청했기 때문에 전쟁 초기에 핀란드를 상대로 어려움을 겪었던 것이다. 이 문제는 독소 전쟁 초기까지 계속 이어졌다. 또한 핀란드군은 지형과 기상의 이점만이 아니라 쪼갠 나무토막이라는 뜻을 가진 '모티^{motti}' 전술로 소련군을 괴롭혔다. 핀란드군의 모티 전술은 도로를 따라 움직이는 소련군의 기계화된 중무장 부대를 중간중간 끊어 잘게 토막을 내어 고립시킨 후 기동성 있는 경무장 스키부대를 투입시켜 각개격파하는 전술이었다.

1940년 1월 소련군은 핀란드군의 거센 저항을 물리치기 위해 100만명에 이르는 대규모 군대를 핀란드 전역에 투입했다. 그들은 전투를 거듭하며 초기보다는 군사적으로 좋은 면모를 보이며 핀란드군을 압박하기 시작했다. 1940년 3월이 되자 핀란드는 더 이상 저항할 여력이 없어졌고, 평화협상을 추진할 수밖에 없었다. 약 2만 5,000명의 피해를 입은 핀란드는 협정을 통해 소련이 최초 요구한 영토를 내주었다. 반면에 소련은 핀란드보다 여덟 배나 많은 약 20만 명 정도의 피해를 입는 등 뼈아픈 승리를 거두었다. 겨울전쟁을 통해 소련은 군사적으로 엄청난 교훈을 얻었다. 훗날 독일의 소련 침공 시 이때의 전투 경험은 소련에게 큰 도움이 되었다.

●●● 1940년 2월 소련군으로부터 100m 떨어진 진지에서 맥심(Maxim) M/32-33 기관총을 겨누고 있는 핀란드군. 소련은 1939년 11월 30일, 선전포고 없이 헬싱키(Helsinki)를 중심으로 침공을 개시했으나, 핀란드군은 울창한 삼림과 호수, 천연 늪지대로 뒤덮인 지형적 이점을 최대로 활용해 소련군의 파상공격을 효과적으로 방어했다. 〈출처: WIKIMEDIA COMMONS | Public Domain〉

비록 협정을 통해 영토를 잃었지만, 핀란드는 그대로 전쟁을 끝내지 않았다. 소련에 원한을 품었던 핀란드는 독일과 동맹을 맺고 소련과의 전쟁을 1944년까지 이어갔다. 그럼에도 불구하고 핀란드는 독일과 일정 거리를 유지했기 때문에 전세가 뒤바뀐 1944년에 독일과 동맹을 파기하고, 잃었던 영토를 다시 내주는 조건으로 소련과 평화조약을 맺었다. 이러한 결정으로 핀란드는 전후에 소련의 위성국가로 전락하는 신세를 면할 수 있었다.

한편, 핀란드가 위치한 스칸디나비아 지역은 독일과 연합국 모두에게 중요한 전략적 요충지였다. 그 때문에 연합국은 독일의 프랑스 침공 전에 다른 지역과 달리 유일하게 이곳을 지키기 위해 적극적 공세에 나섰다. 독일은 노르웨이의 나르빅Narvik 항을 통해 스웨덴으로부터 매년 1,000만 톤의 철광석을 수입해왔다. 이는 독일의 경제만이 아니라 전쟁 수행능력에 매우 중요했다. 독일에게 노르웨이는 대서양으로 진출하기 위한 해상 전진기지이기도 했다. 반대로 연합국 측에게 노르웨이를 중심으로 한 스칸디나비아 지역은 독일로 흘러가는 자원을 차단하고 소련과 외롭게 전투를 벌이고 있는 핀란드를 지원할 수 있는 교두보였기 때문에 중요했다.

독일은 노르웨이로 진출하기에 앞서 1940년 4월 9일 덴마크를 공격해 점령했다. 곧장 독일은 노르웨이를 점령하기 위한 전투를 시작했다. 핀란드 지원을 위해 차출한 1만 2,000명의 영국과 프랑스 병력은 소련과 핀란드가 강화조약을 맺자 노르웨이를 지원했다. 연합군 측은 노르웨이를 사수하기 위해 노력했지만, 군사적으로 허술함을 보이며 전투 시작 6주 만인 6월 8일에 노르웨이에서 철수했다. 결국 노르웨이 정부는 영국으로 탈출해 망명정부를 수립했다. 노르웨이에는 국가사회주의를 추종하는 독일의 꼭두각시 괴뢰정부가 들어섰다.

2. 유럽 서부 전선의 전쟁

독일의 프랑스와 베네룩스 3국 침공

1914년에 독일 황제가 이루지 못했던 꿈을 실현하기 위해 히틀러는 프랑스 침공을 감행했다. 최초 독일의 계획은 1914년의 슐리펜 계획 Schlieffen Plan과 유사했던 '황색 작전Fall Gelb'이었다. 창의성 없던 이 계획은 독일군 주력이 베네룩스 3국(벨기에, 네덜란드, 룩셈부르크)에 구축된 연합군의 방어선 정면을 공격하고, 소규모 별동대가 숲이 우거져 공격이 쉽지 않은 아르덴Ardennes 삼림지대를 돌파해 들어가는 것이었다. 이에 대응하는 연합군의 계획은 '딜 계획Dyle Plan'이었다. 이는 제1차 세계대전처럼 프랑스 북부에서 전투가 벌어지는 것을 미연에 막고자 프랑스군과 영국 원정군의 최정예 부대들이 벨기에와 네덜란드로 진격한 후 초기에 독일의 진격을 차단하는 계획이었다.

1940년 1월 9일 황색 작전을 소지한 장교가 탄 독일 공군기가 벨기에 지역에 추락했다. 프랑스는 독일의 황색 계획서를 획득한 후 이를 토대로 딜 계획을 수정해 '브레다 수정안Breda variant'을 내놨다. 그러나 프랑스의 기본 계획은 거의 유사했다. 오히려 이 때문에 프랑스군 수뇌부는 독일이 벨기에 북부를 통해 공격할 것이라는 기존의 생각을 더 확신하고 집착했다.

황색 작전의 노출은 이를 싫어했던 히틀러에게 오히려 호재였다. 히틀러와 독일군 수뇌부는 아르덴 삼림지대에서 소규모 양동작전 수준의 공격만을 실시하는 기존의 작전계획을 탈피해 그곳으로 주력 부대를 과감하게 투입하는 새로운 계획을 선택했다. 이는 만슈타인Erich von Manstein(1887~1973)이 새로 입안한 작전계획으로, 나중에 '만슈타인 계획Manstein Plan'으로 불리게 된다. 독일군과 연합군의 지휘관 대부분은 아르덴 삼림지대를 통과 불가능한 지역으로 여겼으나, 실상은 꼭 그런 것만도 아니었다. 울창한 삼림지대였던 아르덴 지역은 잘 정비된 넓은 도로가 없고 수많은 하천과 계곡을 따라 흐르는 시내가 있었다. 그러나 이러한 악조건을 돌파해야 하는 어려움이 있었을 뿐 부대의 이동은 가능

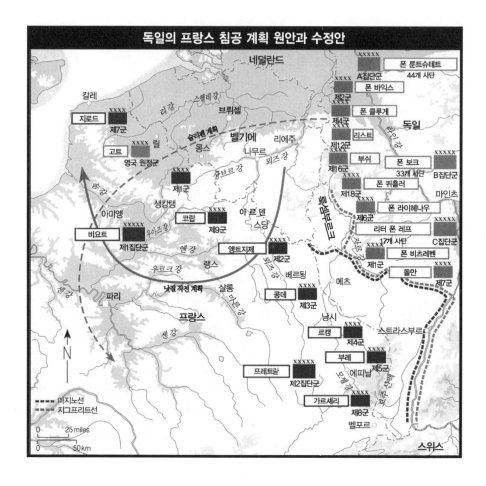

독일의 프랑스 침공 계획 원안과 수정안

했다. 다만 대규모 주공 부대를 울창한 삼림지대의 비좁은 도로로 통과

시키는 것은 엄청난 도박이었다. 자칫 기도가 노출된다면 쉽게 저지당할

수 있었기 때문에 독일군은 공격 방향을 기만하기 위한 다양한 노력을

필요로 했다.

　만슈타인 계획에 따라 3개 집단군은 다음과 같은 임무를 부여받았다.

주공인 A집단군의 임무는 아르덴 삼림지대를 통과한 즉시 뫼즈Meuse 강

을 도하한 후 그 너머에 펼쳐진 넓은 평야 지대로 기갑부대를 전개해 적

후방으로 깊숙이 돌파해 들어가는 것이었다. 조공인 B집단군의 임무는

베네룩스 3국으로 진출해 네덜란드군과 벨기에군을 격퇴시키고 영국과 프랑스의 정예부대를 고착시켜 주공의 종심 깊은 진출을 돕는 것이었다. 독일 공군에게도 아르덴에서 멀리 떨어진 곳에서 연합군의 주력을 고착시키는 임무가 주어졌다. A집단군의 성공은 B집단군과 공군이 연합군의 주력부대를 유인하여 고착시킬 수 있느냐 없느냐에 달려 있었다. 가장 남쪽에 배치된 C집단군의 임무는 연합군 수뇌부를 혼란시키기 위해 마지노선 전면에서 교란작전을 펼치는 것이었다. 이러한 만슈타인의 작전계획은 할더Franz Halder(1884~1972)와 독일 국방군 최고사령부OKW, Oberkommando der Wehrmacht에 의해 약간 수정된 뒤 히틀러에 의해 최종 승인되었다.

히틀러의 독일 국방군은 제1차 세계대전의 장기 소모전을 반복하지 않기 위한 새로운 계획을 만들었던 것이다. 그들은 장기전에 따른 엄청난 국력 소모로 인해 항복할 수밖에 없었던 과거를 되풀이하지 않기 위해 가능한 모든 수단을 동원했다. 반면에 딜 계획의 브레다 수정안을 준비한 연합군은 과거가 되풀이되기만을 바라고 있었다. 그들은 강력한 마지노선 구축에 따라 독일이 과거 몰트케Helmuth von Moltke(1848~1916)가 슐리펜 계획을 수정해 만든 '슈틸톤 계획Stilton Plan'과 유사하게 벨기에를 통해 다시 공격해올 것이고, 그러면 독일은 또다시 장기 소모전을 치르게 될 것이라고 믿었다.

독일군의 계획이 연합국의 예측과 달랐음은 독일군의 공격 부대 편성과 배치를 통해 확연히 드러났다. 먼저, 서부 전선의 독일군은 총 3개 집단군으로 구성되어 있었다. 독일군의 작전계획이 과거의 작전계획과 다를 바 없다면, 주공은 우익에 있어야 했다. 그러나 독일군의 주공은 다른 곳에 있었다. 독일군의 주공은 룬트슈테트가 지휘하는 A집단군으로, 이들은 전선의 중앙에 위치해 있었고, 그 예하에 제4·12·16 등 3개 야전

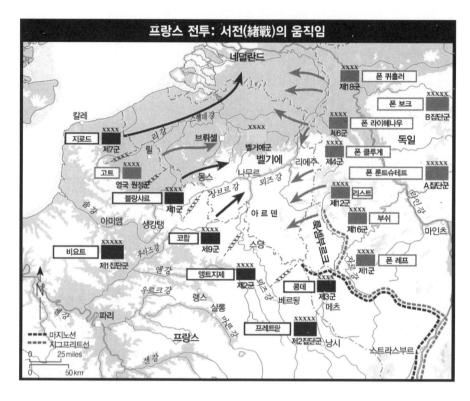

프랑스 전투: 서전(緖戰)의 움직임

네덜란드
폰 퀴흘러
제18군
폰 보크
B집단군
칼레
지로드
제7군
독일
에데강
릴
리강
브뤼셀
고트
영국 원정군
블랑샤르
제1군
몽스
상브르강
아미앵
생캉탱
우아즈강
비요트
제1집단군
코랍
제9군
앵강
우르크강
랭스
샬롱
파리
마지노선
지그프리트선
25 miles
50 km
프랑스
센강

벨기에군
벨기에
나무르
뫼즈강
아르덴
스당
뫼즈강
베르됭
리에주
폰 라이헤나우
제6군
폰 클루게
제4군
폰 룬트슈테트
A집단군
리스트
제12군
부쉬
제16군
폰 레프
제1군
롱데
제3군
메츠
프레트랄
제2집단군 낭시

앤트지제
제2군

마인츠

스트라스부르

군과 1개 기갑군을 보유하고 있었다. A집단군의 전체 사단 수는 폰 클라이스트Ewald von Kleist(1881~1954)의 기갑군 예하 7개 기갑사단을 포함해 약 45개였다. 전선의 우익에서 조공을 담당한 B집단군은 폰 보크Fedor von Bock(1880~1945)가 지휘했고, 제6·18야전군으로 구성되어 있었다. 약 29개 사단이 B집단군 예하에서 작전을 수행했다. 폰 레프Wilhelm Ritter von Leeb(1876~1956)의 C집단군은 프랑스의 마지노선을 바라보는 전선의 좌익에 위치했다. 이들은 제1·7 야전군 예하 18개 사단으로 조공 임무를 수행했다. 이외 서부 전선에 약 42개 독일군 예비사단이 위치했다. 1940년 5월 프랑스 전선에 투입된 독일군의 총병력은 육군 157여 개사단의 약 420만 명, 그리고 지상군을 지원하는 공군 약 100만 명과 해군 약 18만 명 정도였다.

반면에 독일의 작전계획을 오판한 연합군은 큰 특징 없이 프랑스 동쪽 국경을 따라 프랑스군과 영국 원정군을 배치했다. 특히 연합군 내에서 상대적으로 약한 부대와 적은 수의 병력만이 독일의 주공이 지향하는 아르덴 삼림지대를 수비했다. 지상군 총사령관인 가믈랭Maurice Gamelin(1872~1958) 장군 예하에 총 3개 집단군이 독일과의 국경을 수비하고 있었다. 제일 강력한 전투력과 병력을 가진 비요트Gaston Billotte(1875~1940) 장군의 제1집단군은 좌측의 영불해협으로부터 남쪽의 마지노선 직전까지 담당했다. 제1집단군의 4개 프랑스 야전군과 야전군급의 영국 원정군은 제일 북쪽의 제7군으로 시작해 고트John Gort(1886~1946) 장군의 영국 원정군, 제1군, 제9군, 제2군 순으로 배치되어 있었다. 프랑스의 제1집단군의 동측방에는 프레틀라André-Gaston Prétela(1874~1969) 장군의 제2집단군이 위치했다. 제2집단군 예하 제3·4·5야전군은 스당Sedan의 서쪽에서부터 롱귀용Longuyon 사이 지역을 담당했다. 제8야전군만 보유한 제3집단군은 베송Antoine-Marie-Benoit Besson(1876~1969) 장군의 지휘를 받으며 마지노선 부근을 수비했다.

1940년 5월 10일 전면적으로 시작된 독일군의 프랑스 침공은 연합국의 예상이 완전히 빗나갔음을 보여줬다. 만슈타인 계획에서 일부 수정은 되었지만, 독일군의 주공인 A집단군은 아르덴 삼림지대를 빠르게 통과해 연합군을 포위해 들어갔다. 이탈리아 기자는 프랑스 전역을 번개처럼 휩쓸어버린 독일군의 진격을 묘사하기 위해 '전격전'이라는 용어를 사용했는데, 이를 본 히틀러가 "한 이탈리아인이 전격전이라는 용어를 처음 사용했다. 우리는 전격전을 신문을 보고 알았다"라고 말한 후 이 용어가 유명해졌다. 당시 독일의 기록 어디에도 없던 전격전이라는 용어는 이후 고유명사화되었다. 독일군의 전투 양상을 나타낸 이 용어는 독일군 기갑부대가 공군과 후속하는 제반 지원 부대의 지원 속에 번개처럼 상대 진

●●● 1940년 프랑스를 침공한 독일군의 6기갑사단의 35(t) 전차와 4호 전차. 연합군은 전차의 질과 양에 있어서 독일군에게 뒤처지지 않았으나 제대로 활용하지 못한 반면, 독일군은 전차의 기동성을 최대한 활용해 전격전을 수행함으로써 신속하게 프랑스 전역을 휩쓸어버렸다. 〈출처: WIKIMEDIA COMMONS | Public Domain〉

영 후방으로 진격하는 것을 표현하는 것이었다.

전격전의 핵심은 전차의 사용이었다. 이전까지 대부분의 국가가 신속한 기동을 위해 기병대를 활용했다면, 제2차 세계대전에서 독일은 전차를 동원해 신속하게 성공을 거둠으로써 역사에 큰 획을 그었다. 그런데 여기서 흥미로운 것은 영국이 전차를 먼저 개발했고, 연합군이 보유한 전차의 질과 양이 독일군에 비해 뒤처지지 않았다는 사실이다. 당시 연합군이 보유한 전차 대수는 3,383대였고, 독일군이 보유한 전차 대수는 그보다 적은 2,445대였다. 질적인 측면에서도 프랑스군은 소무아Somua S35와

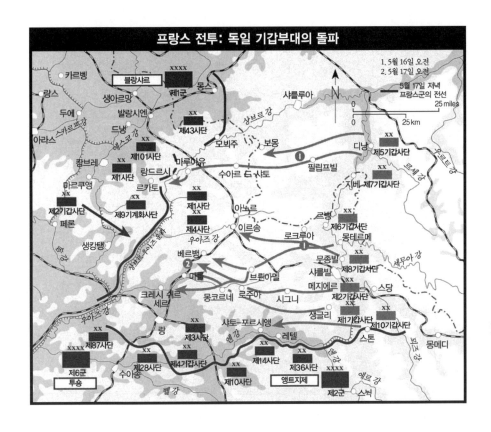

프랑스 전투: 독일 기갑부대의 돌파

샤르Char B와 같은 고성능 전차 등 다양한 종류의 전차를 보유했다. 이에 반해 독일군 기갑사단은 체코 병합 때 얻게 된 고성능 체고제 전차부터 그들이 직접 생산해 주력으로 사용한 1호Panzer I와 2호 전차Panzer II 1,400대, 37mm 포를 탑재한 3호 전차Panzer III 349대, 75mm 포를 탑재한 4호 전차Panzer IV 278대만을 보유했다. 최신예 전차였던 4호 전차의 수가 매우 적었던 것이다. 그러나 독일군이 프랑스군과 달랐던 점은 전차의 기동성을 최대한 활용했다는 점이었다.

이와 달리, 포병 화력에서는 프랑스군이 독일군보다 확실히 우위에 있었다. 프랑스군은 약 1만 1,000문의 야포를 보유한 반면, 독일군은 그보다 적은 8,000문의 야포를 보유하고 있었다. 그러나 수적으로 열세했던 독일군은 기갑부대와 함께 기동이 가능한 자주포들을 기갑사단에 배치해 운용했다. 독일군은 전차 운용과 마찬가지로 야포 역시 역동적으로 운용하고자 했다. 반면에 야포의 강력한 화력만을 중시하던 프랑스는 야포를 고정하여 정적으로 운용하는 개념을 적용했다. 결과론적으로 이는 프랑스의 패착이었다.

독일군은 침공 초기 연합군을 속이기 위해 B집단군이 담당하는 북쪽 지역에 집중적으로 공수부대들을 투입해 기만작전을 수행했다. 네덜란드와 벨기에가 위치한 북쪽 지역은 독일의 주공이 지향할 것이라 연합군이 생각했던 곳이었다. 독일 공수부대는 주요 강의 교량을 공격하여 네덜란드를 양분했다. 특히 그들은 조용한 글라이더를 이용해 공중에서 벨기에군 방어선의 핵심인 에벤 에마엘Eben Emael 요새를 공략했다. 지상에서 공략하기 불가능할 정도로 두꺼운 방벽의 에벤 에마엘 요새는 지붕으로 침투한 독일 공수부대의 기습적인 침투에 쉽게 함락되었다. 심지어 소수의 독일 공수부대는 후속 부대가 도착하기 전까지 요새를 탈환하려는 벨기에군으로부터 요새까지 지켜냈다.

연합군이 독일 B집단군의 기만작전으로 한눈을 판 사이에 남쪽 아르덴 삼림지대로는 주공인 A집단군이 서쪽을 향해 종심 깊게 진격했다. 물론 전격전의 신화로 알려진 이 지점에서 실제로 실시된 독일 기갑부대의 기동은 비좁은 숲길을 따라가야 해서 느릴 수밖에 없었고, 기갑부대가 길게 늘어선 채로 적의 공격에 무방비로 노출되었다. 독일 공군은 취약한 이들을 보호하기 위해 엄청난 출격 횟수를 기록해야만 했다. 그러나 연합군은 독일군 총 10개 기갑사단 중 무려 7개 기갑사단이 진출하는 주공 방향에 예비역으로 구성된 부대만을 배치했을 뿐이었다.[16] 그들은 독일군 주력이 아르덴 삼림지대로 진출하고 있다는 사실을 빠르게 눈치채지 못했을 뿐만 아니라 예비대를 적시에 투입시키지도 못했다.

독일 A집단군 예하 기갑부대는 개전 이틀 후인 1940년 5월 12일 저녁 무렵 뫼즈 강 동쪽 제방에 도달했다. 5월 13일 디낭Dinant에서 독일군은 프랑스군이 미처 파괴하지 못한 둑을 이용해 뫼즈 강을 도하했다. 보다 남쪽의 스당에서는 독일군 보병과 전투공병들이 집중적인 항공지원과 포격의 엄호 속에 놀라운 속도로 뫼즈 강 도하에 성공하여 강 서쪽 제방에 교두보를 마련했다.[17] 몇 시간 뒤에 그곳에 부교가 건설되었고, 이를 이용해 독일 기갑부대가 뫼즈 강을 도하했다. 완벽한 제병 협동 및 합동 작전이었다.

독일군은 뫼즈 강 서안에 교두보가 확보되자, 곧장 부교를 설치하고 후속 부대를 도하시켜 전과를 확대하고자 분주히 움직였다. 5월 16일 오전까지 독일군 전차 2,000대 이상과 병력 15만 명 이상이 뫼즈 강의 약 80km 전면에서 도하에 성공했다. 독일군의 주공 방향을 조기에 포착하는 것에 실패했던 연합군은 그들의 예상보다 독일군이 빠르게 도하한 것에 충격을 받았다. 더욱이 이제 그들은 탁 트인 개활지에 들어선 독일군의 기갑사단과 후속하는 부대를 저지하기에 역부족일 수밖에 없었다. 독일의 주공인 A집단군은 B집단군이 벨기에, 네덜란드, 룩셈부르크 방면의 부대들을 포위한 가운데 기동력을 활용해 프랑스 영토를 관통 후 북서쪽 방향으로 큰 부채꼴을 그리며 대서양 해안으로 진출해나갔다.

독일군의 종심 깊은 신속한 돌파 기동은 기갑사단과 후속하는 전투지원부대를 뫼즈 강부터 바다로까지 길게 늘어서게 만들었다. 뫼즈 강이라는 자연장애물을 통한 방어의 기회를 놓쳤지만, 연합군에게는 독일군의 '기갑 회랑Panzer Corridor'을 측방에서 공격할 수 있는 마지막 기회가 남아 있었다. 그러나 연합군은 소규모 전차들을 축차적으로 투입하며 최후의 일격을 가하지 못했다. 결과적으로 돌아보면 돌파 과정에서 여러 취약점을 노출했던 독일군의 모험적인 작전계획은 연합군 측의 사전 대비와 대응 부족으로 인해 큰 성공을 거둔 셈이었다.

주요 무기를 중심으로 한 전투력 측면에서 크게 앞서지 못한 독일군이 연합군을 조기에 제압한 사실은 실로 놀라운 결과였다. 독일군은 전차의 양과 질에 있어서 연합군을 크게 앞서지 못했다. 야포의 경우, 독일군은 7,378문밖에 동원하지 못한 반면, 프랑스군은 그것에 두 배에 가까운 1만 3,974문을 동원했다. 항공력 측면에서도 연합군은 독일군에 비해 더 많고 우수한 항공기를 보유하고 있었다. 결국 승패를 가른 것은 시대적 변화를 읽고 전쟁을 어떻게 준비했느냐였다. 독일군은 이를 작전계획에 반영해 새로운 독창적인 전술과 전략로 기습을 달성할 수 있었다.

독일의 승리 요인을 정리해보면 다음과 같다. 첫 번째 승리 요인은 독일이 과거 오랜 기간 동안 수차례에 걸쳐 프랑스와 전쟁을 벌인 경험과 지형 분석을 토대로 아르덴 삼림지대를 주공 방향으로 정하는 과감한 작전계획을 수립했다는 것이다. 독일군 수뇌부는 제1차 세계대전의 계획과 유사했던 황색 계획이 프랑스에 유출된 상황에서 과감하게 새로운 작전을 계획하여 연합군의 허를 찌른 것이다.

두 번째 승리 요인은 독일이 새로운 계획을 수행하기 위해 기동전 개념에 입각한 전격전을 수행했다는 것이다. 기갑사단을 주력으로 한 주공 부대는 기동성 있는 야포와 함께 아르덴 삼림지대를 신속히 돌파해 들어갔다. 슈투카Stuka 급강하폭격기는 기갑부대를 중심으로 한 지상군의 진격을 전술적으로 지원했다. 보병과 전투공병들은 기갑부대의 삼림지대 돌파와 하천 도하를 돕기 위해 장애물 개척과 적의 준비된 진지 파괴, 하천 사전 도하를 통한 교두보 확보 등의 어려운 임무들을 수행했다. 아르덴 삼림지대 돌파 성공은 독일군의 제병 협동 및 합동 작전의 성공 덕분이었다.

세 번째 승리 요인은 독일군이 무선통신기를 활용했다는 것이다. 연합군의 무선통신기 활용은 독일군에 비해 상당히 뒤처져 있었다. 연합군은 독일군의 기습적인 공격이 전선에서 발생했을 때 이러한 상황을 상급부대와 후방으로 신속하게 전달할 수 있는 수단이 마땅치 않았다. 오히려 침공 초기 연합군 내에는 통신기를 통한 정확한 정보의 전파 대신 독일군의 공격에 관한 부정확한 정보와 루머가 빠르게 퍼져나갔다. 적지 않은 수의 연합군 병력이 변변한 전투 없이 항복하거나 후퇴하는 등의 일들이 벌어질 정도였다. 반면에 독일군은 적극적으로 무선통신 기술을 활용했다. 특히 독일군의 전차에는 무선통신기가 설치되어 있었다. 독일군 내에는 정확한 정보의 유통이 가능했던 것이다.

네 번째 승리 요인은 독일의 임무형 지휘체계였다. 이는 앞선 통신 문제와 깊은 연관성을 갖고 있다. 독일군은 통신이 이루어지지 않은 우발적인 상황에 대비해 임무형 지휘체계를 채택하고 있었다. 독일군은 전쟁을 준비하며 상급 지휘관만이 아니라 초급 지휘관에게까지 명확한 임무를 숙지시켰다. 초급 지휘관은 전술적 측면에서 임무 달성을 추구하는 동안 충분한 자유를 보장받았다. 이러한 행동의 자유는 도식적이고 교과서적인 접근법을 선호하던 영국과 프랑스의 군대와는 달랐다. 즉, 임무형 지휘체계가 독일군에게 전술적 우위를 갖게 해주었던 것이다.

연합군의 최후 반격의 기회가 없었던 것은 아니었다. 독일군의 선두였던 기갑부대가 뫼즈 강 도하 후 빠른 기동력을 발판으로 신속히 기동하자, 상대적으로 느린 보병 및 보급 부대와 거리가 크게 이격되었다. 또한 뫼즈 강 돌파 후 독일군은 바로 파리로 진격할지, 아니면 마지노선을 후방으로부터 공격할지 등의 차후 작전에 대해 결단을 내려야 하는 상황에서 잠시 머뭇거렸다. 독일군의 결론은 북서 해안지대로 진격하는 것이었다. 연합군은 이렇게 독일군이 고민하던 찰나에 반격을 실시했다. 아라스^Arras 일대에서 독일군의 측방을 공략하는 연합군의 반격작전이 감행

◈ 다이나모 작전 ◈

독일의 종심 깊은 돌파와 북서 해안으로의 진격으로 영국군과 프랑스군의 많은 부대들이 완전히 포위되어 섬멸될 위기에 놓였다. 연합군은 이들을 구하기 위해 발전기라는 뜻을 가진 다이나모 작전Operation Dynamo을 개시했다. 이 작전명은 통상적으로 됭케르크 철수로 알려져 있다. 영국 해군은 철수를 위해 해군 함정과 민간 선박들을 동원해 1940년 5월 26일부터 실시된 다이나모 작전을 실시했다. 프랑스군 5만 3,000여 명을 포함해 총 36만 6,162명이 됭케르크의 해안에서 영국으로 탈출할 수 있었다. 비록 장비는 챙길 수 없었지만, 이는 훗날의 작전에 투입할 수 있는 소중한 병력만이라도 안전하게 보호할 수 있었던 중요한 작전이었다. 영국 공군 역시 177대의 항공기 손실을 감내하면서 이 작전을 엄호했다. 영국 해군은 10척의 호위함을 잃기도 했다.

다이나모 작전의 성공에는 히틀러의 진격 중지 명령이 큰 역할을 했다. 1940년 5월 24일 히틀러는 길게 늘어선 자신의 기갑부대 측면을 보호하기 위해 진격을 잠시 정지시키고 후속하는 보병과 지원 부대를 기다렸다. 히틀러의 명령으로 인해 독일군에게 완전히 포위된 상태로 해안가에 몰려 섬멸될 위기에 처해 있던 연합군 병력이 철수에 사용될 군함과 민간 선박을 기다릴 수 있는 시간을 벌고, 끝내 프랑스 해안을 탈출할 수 있었다.

됭케르크 철수 작전 종료 후에도 연합군 병력을 구출하기 위한 활동은 지중해 연안을 비롯해 다른 프랑스 지역에서도 계속되었다. 최종적으로 작전이 종료된 8월 14일까지 추가적으로 연합군 병력 19만 1,870명이 탈출에 성공했다. 다이나모 작전이 본격적으로 시작되기 직전인 5월 20일부터 8월 14일까지 프랑스를 탈출한 연합군 병력은 총 55만 8,032명에 달했다.

WIKIMEDIA COMMONS | Public Domain

●●● 독일이 프랑스를 점령한 후 1940년 6월 23일 파리를 방문한 히틀러가 에펠탑을 배경으로 찍은 사진. 6월 25일을 기해 프랑스의 항복문서의 효력이 발효되면서 독일의 프랑스 침공은 종료되었다. 〈출처: WIKIMEDIA COMMONS | CC BY-SA 3.0 DE〉

되었다. 영국군은 북쪽에서, 프랑스군은 남쪽에서 협공했다. 그러나 독일군은 손발이 맞지 않았던 영국군과 프랑스군의 반격을 쉽게 격퇴했다. 이 시점에 히틀러는 신장된 병참선에 대한 측후방의 위협을 제거하기 위해 선두 부대를 정지시키고 후속 부대를 기다리라는 명령을 내렸다. 연합군에게는 다행스럽게도 히틀러의 결정으로 벨기에 북부에 포위된 영국군과 프랑스군 주력 부대가 됭케르크에서 철수할 수 있는 시간을 벌었다. 철수에 성공한 이들은 연합군의 주력으로 훗날 대반격작전을 도모하게 된다.

히틀러를 포함한 독일군 수뇌부는 한때 혹시 있을지 모를 연합군의 반격작전에 대해 어떻게 대처할지 고민했다. 그러나 그들의 생각과 달리 연합군의 저항은 금새 붕괴되었다. 독일군은 프랑스 전역 전체를 점령하기 위한 마지막 단계인 적색 작전Fall Red을 실행했다. 1940년 6월 초 독일군은 프랑스 영토의 대부분을 점령했다. 6월 22일 아직 패하지 않고 끝까지 독일군에 대항하던 마지노선의 일부 부대가 프랑스 중앙 정부의 명령에 따라 항복과 동시에 무기를 내려놓았다. 같은 날 독일은 계속적인 저항을 택한 측과 달리 협상을 원하는 프랑스 측 대표로부터 굴욕적인 항복까지 받아냈다. 6월 25일을 기해 프랑스의 항복문서의 효력이 발효되면서 독일의 프랑스 침공은 종료되었다.

영국의 본토 항공전과 항공력

프랑스와 베네룩스 3국을 순식간에 무너뜨린 독일의 다음 목표는 영국이었다. 그 시점 영국 육군의 주력이었던 원정군은 장비를 모조리 버려둔 채 됭케르크에서 간신히 몸만 빠져나온 상황이라 독일의 상대가 되기에 역부족이었다. 독일은 평화협상을 거부하는 영국을 향해 암호명 바

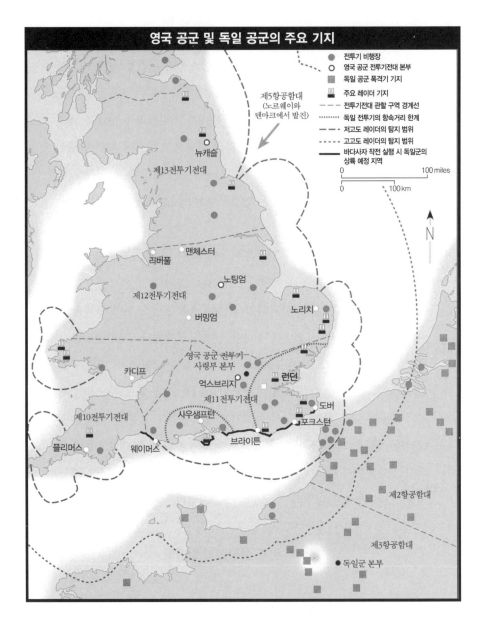

영국 공군 및 독일 공군의 주요 기지

전투기 비행장
영국 공군 전투기전대 본부
독일 공군 폭격기 기지
주요 레이더 기지
전투기전대 관할 구역 경계선
독일 전투기의 항속거리 한계
저고도 레이더의 탐지 범위
고고도 레이더의 탐지 범위
바다사자 작전 실행 시 독일군의
상륙 예정 지역

0   100 miles
0   100 km

제5항공함대
(노르웨이와
덴마크에서 발진)

뉴캐슬

제13전투기전대

맨체스터

리버풀

노팅엄

제12전투기전대

버밍엄

노리치

영국 공군 전투기
사령부 본부

억스브리지

제11전투기전대

런던

카디프

도버

사우샘프턴

포크스턴

제10전투기전대

브라이튼

플리머스

웨이머스

제2항공함대

제3항공함대

독일군 본부

다사자 작전Operation Sea Lion을 계획했다. 프랑스 점령에 성공한 히틀러는 영국 점령 후 소련까지 종속시켜 새로 확보한 '생활권Lebensraum'에 게르만 민족의 식민지를 건설하고자 했다. 그는 그 계획의 첫 단추로 영국 본토 상륙작전을 계획했다.

독일군은 영국 상륙에 앞서 선결되어야 할 과제인 제공권 확보에 나섰다. 영국 공군을 격파하는 일은 독일 공군에게 쉬운 일이 아니었다. 독일 공군은 영국 상공에서 제공권을 장악할 만한 충분한 전력을 보유하지 못했다. 그들은 육상에서 진격하는 지상군을 위한 전술항공지원을 제1의 목표로 창설되었다. 1940년의 독일 공군은 근접항공지원에 치우친 항공전력을 보유했다. 즉 독일 공군은 공중전을 수행할 전투기와 영국 본토 폭격을 위한 전략폭격기 모두가 부족했다.

반면에 영국의 상황은 독일과 달랐다. 전쟁 이전 영국은 공군과 해군에 국방 예산의 대부분을 투입해왔다. 영국 공군은 많은 예산으로 호커 허리케인Hawker Hurricane이라는 아주 효과적인 전투기를 개발 및 도입했다. 그보다 신형인 영국의 스핏파이어Spitfire는 성능 면에 있어서 새로운 기준을 제시한 혁신적인 전투기로 평가되었다. 영국은 독일이 프랑스를 침공한 위기의 순간에 스핏파이어를 전선에 투입하지 않고 나중을 대비해 영국 본토에만 배치했다. 게다가 얼마 되지 않는 영국 공군 소속 조종사들의 엄청난 노력까지 더해졌다. 소수로 구성된 영국 공군 조종사의 상당수는 영연방 국가 조종사들, 그리고 체코슬로바키아와 폴란드에서 망명한 조종사들이었다. 결국 독일은 자체적인 전략공군력의 부족과 영국의 우수한 항공기 및 조종사의 노력 때문에 바다사자 작전을 포기할 수밖에 없었다.

영국 본토 항공전은 크게 두 시기로 나뉜다. 1단계는 1940년 7월 10일부터 8월 13일까지이다. 2단계는 8월 13일부터 바다사자 작전이 잠정적으로 종료된 9월 17일까지이다. 영국과의 항공전에서 승리할 수 없음을 깨달은 독일은 1940년 10월 12일 바다사자 작전을 완전히 취소했다.

독일의 공중폭격 작전은 영국 남부 해안 일대의 항만과 인근 해상을

●●● 전투 대형을 갖추고 비행하는 스핏파이어(Spitfire) 303. 1940년의 독일 공군은 근접항공지원에 치우친 항공전력을 보유한 반면, 영국의 최신형 스핏파이어는 성능 면에 있어서 새로운 기준을 제시한 혁신적인 전투기로 평가되었다. 결국 독일은 자체적인 전략공군력의 부족과 영국의 우수한 항공기 및 조종사의 노력 때문에 영국 본토 침공 작전인 바다사자 작전을 포기할 수밖에 없었다. 〈출처: WIKIMEDIA COMMONS | Public Domain〉

항해하는 영국 선박들을 대상으로 한 공습으로 시작되었다. 소위 '해협 전투Kanalkampf'로 불리는 첫 단계의 작전 목적은 영불 해협 상공의 제공권 확보였다. 본격적인 공습작전이 시작되자, 독일 공군의 폭격기들은 영국 공군의 모든 비행장에 집중적인 폭격을 가하기 시작했다. 독일 공군의 폭격으로 인해 영국 공군은 보충할 수 있는 능력을 초과할 정도의 기체 피해와 조종사 손실을 입었다. 그들은 저항 능력 상실 위기에 처했던 것이다. 전황은 독일군에게 유리하게 돌아가고 있었다.

독일은 제공권 확보라는 첫 단계의 목적이 달성되면, 8월 13일부터 두 번째 단계인 '독수리 공격Adlerangriff'을 실시해 영국 공군을 전멸시킬 예정이었다. 그런데 영국 공군이 궁지에 몰린 상황에서 뜻밖의 일이 일어나면서 전쟁의 전략적 방향 자체가 뒤바뀌었다. 항로를 이탈해 방황하던 독일 폭격기 1대가 예정에도 없이 런던London을 폭격했다. 영국은 보복의 성격으로 베를린Berlin에 대한 폭격을 감행했다. 이에 히틀러도 격분했고, 모든 전력을 영국 도시 폭격에 돌릴 것을 명령했다.

독일의 폭격 전술 변경은 영국 공군에게 기사회생할 기회를 주었을 뿐만 아니라 독일의 영국 본토 공습을 단념하게 만들었다. 독일 공군의 비행기지 집중 공격으로 거의 전멸할 상황에 몰렸던 영국 공군은 독일의 도시 공습으로 인해 기지에 대한 피해를 복구하고 재편성할 시간을 벌 수 있게 되었다. 영국 공군의 작전 목표 역시 런던을 비롯한 주요 대도시에 대한 독일 공군의 폭격을 저지하는 데 맞춰졌다. 독일의 작전 목표 변경에도 영국 상공에서는 연일 치열한 공중전이 벌어졌고, 양측의 항공기와 조종사에 대한 피해 규모는 엄청났다.

9월 첫 주 동안 영국이 185대, 독일이 200대가 넘는 항공기를 잃었으며 9월 15일에는 영국 본토 항공전 개시 이후 최대의 전투가 벌어졌다. 그날 엄청난 규모의 독일 공군 폭격기가 전투기의 호위를 받으며 런던으로 향했다. 영국 공군은 가용한 모든 전투력을 총동원해 방공작전을 벌였다. 양측의 엄청난 피해 속에 치열한 전투가 하루종일 이어졌다. 영국은 엄청난 피해를 입었지만 독일을 몰아내는 데 성공했다. 반대로 패배한 독일 공군은 당분간 영국 장악이라는 목표에 도전할 수 없을 만큼의 큰 피해를 입었다. 9월 15일은 영국에게는 '영국 본토 항공전의 날Battle of Britain day'로 기록된 반면, 독일에게는 영공 침공을 단념하게 된 날이 되었다.

영국 본토 항공전의 패배 후에도 독일은 계속해서 저항의 상징이던 런던을 포함한 영국의 주요 도시에 폭격을 가했다. 독일 공군의 폭격은

1941년 5월까지 이어지다가 중지되었다. 이후 독일은 제2차 세계대전 후반부에 폭격기 대신 V1과 V2 로켓을 개발하여 런던을 공격했다. 당시 로켓은 정확도를 비롯해 여러 가지 문제로 실질적인 피해를 거의 주지 못했지만, 민간인들을 공포에 떨게 만들었다.

한편, 연합군도 제2차 세계대전 발발과 함께 전략적 측면에서 항공 자산을 공격작전에 적극적으로 사용하기 시작했다. 제1차 세계대전에서 독일은 체펠린Zeppelin 비행선과 고타Gotha 폭격기를 사용해 제한적으로 영국을 폭격했던 바 있었다. 이후 이탈리아의 두에Giulio Douhet(1869~1930), 미국의 미첼William Mitchell(1879~1936) , 영국의 다우딩Hugh Dowding(1882~1970)을 비롯한 많은 이들은 항공기가 전쟁의 향방을 바꿀 수 있는 결정적 무기라고 주장하며 항공전력에 관한 많은 연구를 진행하기 시작했다. 특히 이들은 전략적 자산인 폭격기에 의해 전쟁의 결과가 좌우될 것이라고 주장했다. 여기에 더해 제2차 세계대전 발발 이전까지 기술적으로도 많은 발전이 이루어지면서 항공기의 항속거리와 탑재량이 비약적으로 늘었다. 전쟁 발발 이후 1941년 12월 항공 전략은 일본 항공기가 영국이 자랑하는 전함 HMS 리펄스Repulse와 HMS 프린스 오브 웨일즈Prince of Wales를 격침하면서 그 진가를 증명했다.

처칠Winston Churchill(1874~1965)은 전투기와 폭격기를 통해서 전쟁의 승리를 얻을 수 있다고 역설하며 공중에서 압도적인 제공권을 장악해야 한다고 했다. 1942년 2월 22일 해리스Arthur Harris(1892~1984)가 영국 공군 폭격기사령부의 사령관으로 임명되었다. 처칠처럼 그 역시 지역폭격과 전략폭격을 통해 전쟁에서 승리할 수 있다고 믿었다. 그가 지휘하는 영국 공군의 전략폭격작전은 단순히 영국 도시들을 폭격하는 독일에 대한 보복이 아니었다. 이는 독일의 도시들과 산업 능력을 파괴함으로써 독일 국민의 전쟁수행 의지와 능력을 붕괴시키려는 목적이었다.

영국 공군은 독일의 영국 본토 항공전을 단념시킨 이후부터 독일 전역에 무시무시한 폭격을 가했다. 1942년부터는 미국의 육군 항공대도 독일에 대한 영국의 전략폭격작전에 가세했다. '하늘을 나는 요새Flying Fortress'로 불린 B-17 폭격기를 운용하던 미군은 주간에, 영국군은 야간에 독일의 도시들을 폭격했다. 그런데 전략폭격은 정확도 측면에서 큰 문제가 있었다. 폭격기들만으로도 전쟁에서 승리를 쟁취할 수 있다고 믿었던 폭격기 만능론자의 주장과 달리 폭격기들이 주어진 목표물 반경 내에 폭탄을 성공적으로 떨어뜨린 비율은 현저히 낮았다. 정밀폭격이 제한되기에 지역폭격이라는 전술이 등장했다. 부정확한 정밀폭격 전술을 대체한 지역폭격 전술의 핵심은 목표 지역 일대를 폭탄으로 도배해버림으로써 목표물뿐만 아니라 목표물 주변 지역까지 모두 초토화시킨다는 것이었다.

약 3년이 넘는 시간 동안에 이루어진 전략폭격작전의 정점은 전쟁 종료 후 큰 논란이 되었던 1945년 2월 13일부터 15일까지 행해진 독일의 고도古都 드레스덴Dresden에 대한 무차별적인 폭격이었다. 이러한 지역폭격 전술로 역사적 가치가 있던 드레스덴이 초토화되었고, 많은 무고한 민간인이 피해를 입었다. 독일은 전쟁 기간 동안 자국 도시에 대한 연합군의 폭격을 맹비난했다. 이를 지휘한 해리스 사령관은 '폭격기'부터 '백정'과 '도살자'까지 다양한 별칭을 얻게 되었다. 즉 항공기의 폭격은 전략적으로 큰 가치가 있었던 것은 사실이었으나, 폭격기가 항공전략의 선각자들이 생각했던 것만큼 전쟁을 종결시키지는 못했다. 정확도가 떨어지는 전략폭격작전은 민간인에 대한 폭격으로 독일 국민의 전쟁수행 의지를 꺾고 히틀러 정권의 붕괴까지 유도하려는 목적이 있었지만, 오히려 지역폭격 전술까지 도입하면서 도덕적 비난을 받게 되었다.

●●● 연합군 공군의 폭격으로 폐허로 변한 드레스덴. 1945년 2월 13일부터 15일까지 행해진 무차별적인 폭격으로 역사적 가치가 있던 드레스덴은 초토화되었고, 많은 무고한 민간인이 피해를 입었다. 〈출처: WIKIMEDIA COMMONS | CC BY-SA 3.0 DE〉

해전을 통한 해상 보급로 확보

해상 보급로의 확보는 독일이 유럽 대륙을 장악한 상황에서 영국의 생존과 직결되는 문제였다. 연합국은 영국 내 일반 시민들에게 충분한 식량의 공급은 물론이고, 전쟁수행체제를 유지할 수 있도록 전투원들에게 안정적으로 충분한 물자 역시 공급해야 했다. 그들은 일반 국민과 군인들을 위한 식량, 영국 내 공장 가동을 위한 원료, 부족한 무기 등의 군수품 공급 모두를 대서양을 오가는 선박에 의존해야 했다. 즉, 연합국의 최전선에 있던 영국은 독일의 방해를 뚫고 대서양에서의 해상 수송로를 확보해야만 추축국과 계속해서 전쟁을 할 수 있는 상황이었던 것이다.

제2차 세계대전 기간 중 독일은 아메리카 대륙과 영국 간의 연합군 보급선을 끊기 위해 잠수함 유보트^{U-boat} 등을 적극 활용했다. 독일군의 공격 목표는 대서양을 항해하는 연합군의 수송 선박이었다. 그들은 보급용 수송 선박을 공격하기 위해 대형 고성능 잠수함 동원과 함께 새로운 전술로써 집단적인 늑대 떼^{Wolf Pack} 전술을 사용했다.

연합국은 이에 대응하기 위해 호송선단을 편성했다. 연합국은 수송선들을 집결시키고 호위함들을 붙여 그룹을 편성했다. 이는 독일 유보트의 위협으로부터 수송선들을 보호하기 위한 조치였다. 대규모 호송선단에 편성된 호위함들은 연합국의 수송선에게 접근하는 독일 잠수함을 성공적으로 격퇴했다. 독일은 연합군의 호송선단을 무력화시키기 위해 늑대 떼 전술과 대형 고성능 잠수함을 동원했다. 그러나 연합군은 애즈딕^{asdic}으로 알려진 수중음파탐지기인 소나^{SONAR, SOund Of Navigation And Ranging}와 폭뢰 등으로 독일의 공격에 대응했다. 또 다른 연합군의 진화된 대응방식은 항공기를 발진시킬 수 있는 사출기^{catapult}를 상선에 장착하는 전술이었다. 해면 수색 레이더의 개발로 연합군 호위함들은 해수면으로 부상한 잠수함을 탐지하여 공격할 수도 있었다. 연합군은 잠수함이 가장 취약한 때인 해수면 상승 시기를 노렸던 것이다. 이러한 전술과 기술의 발전으로 인해 연합군은 야간에 수면으로 올라와 활동하는 독일의 유보트 역시도 탐지해 공격할 수 있었다.

1939년부터 1943년까지 대서양의 해양 보급로를 통해 엄청난 물자와 장비, 자원, 그리고 식량이 영국 본토로 공급될 수 있었다. 1941년 6월 독일의 소련 침공 이후, 연합국은 해양 보급로를 통해 소련에게도 전쟁 수행을 유지할 수 있는 막대한 물자를 공급했다. 연합군의 호송선단은 영국에서 소련의 항구도시 무르만스크Murmansk로 위험한 항해를 했다. 그곳으로 향하는 주요 해상로에는 독일의 유보트들이 가득했고, 혹독한 추위와 산더미 같은 파도가 연합군의 호송선단을 괴롭혔다. 그러나 연합국의 해군과 선원들은 독일군과 환경의 어려움을 이겨내고 소련에게 전쟁물자를 공급하며 전쟁의 승리에 기여했다.

연합군과 추축군 모두 대서양 해전에서 엄청난 수병과 선원을 잃어가며 주도권을 쥐기 위해 분투했다. 독일 되니츠Karl Dönitz(1891~1980) 제독이 지휘하는 유보트들은 175척의 군함과 2,600여 척에 달하는 연합국의 상선을 격침했다. 이 과정에서 연합국의 선원 3만 명이 목숨을 잃었다. 독일은 4만 명의 유보트 승무원 가운데 3분의 2에 해당하는 2만 6,000여 명이 전사했다. 독일 해군은 유보트 1,162척 중 784척도 잃었다. 대서양의 해상 주도권과 보급로 확보를 위해 치열하게 해전을 치른 연합군은 1943년 여름 무렵부터 승기를 잡기 시작했다. 독일 해군은 한때 잠수함을 이용한 작전으로 연합군의 전쟁 수행 노력을 거의 멈추게 만드는 상황까지 몰아갔던 적이 있었지만, 연합군의 상대가 되지는 못했다. 수적 한계에 부딪혔던 독일 해군은 대규모 보급 능력과 회복력을 지닌 연합군의 해군과 호송선단의 적수는 아니었다.

3. 유럽 동부 전선의 전쟁(독소전쟁)

전쟁의 배경

제2차 세계대전 발발 이전 소련의 스탈린은 히틀러가 게르만족을 위한 생활권 확보를 주장하며 독일을 다시 무장시키기 시작하자 위협을 느꼈다. 그는 독일의 세력 확장을 억제하기 위해 프랑스와 영국에게 집단안보체제를 구축하자고 제안했다. 하지만 프랑스와 영국은 독재자 히틀러에 못지않은 또 다른 사악한 독재자 스탈린과 손을 잡지 않았다. 그러는 사이에 스탈린과 히틀러가 손을 잡았다. 1939년 8월 23일 양국의 외무장관이 상호불가침과 폴란드 침공 및 분할 등의 내용을 담은 몰로토프-리벤트로프 조약을 비밀리에 맺었다. 이 조약에 따라 양국은 폴란드를 침공했다. 여기에 더해 소련은 자국의 서쪽과 북서쪽의 국가들을 합병하며 영토를 확장했다.

폴란드 점령에 성공한 독일은 서부 전선으로 진출해 주변 국가만이 아니라 프랑스를 순식간에 점령하는 데 성공했다. 독일의 눈부신 성공은 제1차 세계대전 때처럼 독일이 프랑스와 장기전을 벌일 것이라는 소련의 예상을 빗나간 것이었다. 전쟁 이전 스탈린은 독일이 프랑스와 장기전을 벌임으로써 소련을 공격할 수 없을 것이라고 가정했고, 그에 따라 독일과의 전쟁을 피할 방법으로 히틀러와의 조약을 선택했던 것이다. 그런데 스탈린의 예측 실패는 독일과의 조약에도 불구하고 필연적인 독일의 소련 침공으로 이어졌다.

프랑스 점령에 성공한 히틀러는 역시나 1940년 7월 말에 소련을 침공할 수 있도록 작전계획을 수립하라고 군부에 명령을 내렸다. 히틀러가 원하던 침공 시기는 1941년이었다. 비밀리에 계획을 수립하려 했지만,

●●● 1939년 8월 23일 폴란드 영토 분할을 합의한 독소불가침조약에 서명한 리벤트로프 (Joachim von Ribbentrop) 독일 외무장관, 스탈린 볼셰비키 공산당 서기장, 몰로토프(Vy-acheslav Molotov) 소련 외무장관. 소련은 독일의 공격을 지연시킬 필요가 있었으며 독일은 프랑스와 영국이 공격하더라도 소련의 군사적 개입을 차단해 양면전쟁을 회피할 수 있다는 모험적 계산을 했다. 〈출처: WIKIMEDIA COMMONS | Public Domain〉

소련과의 전쟁 준비는 쉽게 드러날 수밖에 없는 일이었다. 독일은 소련과의 전쟁 준비를 위해 동프로이센과 점령한 폴란드 지역에 대규모 기지와 보급소를 건설하고, 루마니아와 핀란드를 자국 편으로 끌어들이는 등의 사전 작업을 벌였다. 소련을 침공하려는 독일의 명백한 의도가 엿보였다. 소련의 정보부와 국경 인근의 군인들도 독일의 침공 준비 움직임을 포착했다. 영국의 처칠 역시 독일의 소련 침공을 경고했다.

소련은 독일의 침공 징후가 명확했음에도 불구하고 독일에게 전술적 기습을 당했다. 기습 달성에는 독일의 역정보逆情報 공작이 주요한 역할을 했다. 스탈린은 대규모 독일군의 동유럽 이동이 영국 침공을 앞두고 영국을 기만하기 위한 작전의 일환이라는 독일군 정보부의 기만공작을 믿었다. 독일군 정보부는 1940년 11월 소련 외무장관 몰로토프Vyacheslav Molotov(1890~1986)의 베를린 방문 때 향후 영국 식민지 분할 계획에 소련도 참여할 것을 스탈린에게 제안했다. 이러한 독일의 기만공작에 소련이 속았다. 심지어 스탈린은 독일의 역정보 공작에 완전히 당했던 터라 군부의 건의마저 거부하는 실책도 범했다. 1941년 5월 15일 경 국경 상황이 심상치 않게 돌아가자 국방상인 티모셴코Semyon Timoshenko(1895~1970) 원수와 참모총장 주코프Georgy Zhukov(1896~1974) 대장이 스탈린에게 독일에 대한 선제공격을 건의했다. 그러나 스탈린은 독일군을 자극하지 말라며 강력히 거부했다.

전쟁 준비

스탈린의 바람과 달리 히틀러는 1940년 12월 18일에 작전명령 21호 하달을 통해 소련 침공을 구체화했다. 작전명령 21호에 명시된 바르바로사 작전Operation Barbarossa의 목표는 4개월간의 신속한 작전을 통해 소련을 붕괴시키고 최종적으로 볼가Volga 강에 연하는 방어선을 구축하는 것이며, 필요 시 우랄 산맥 너머에 있는 소련의 마지막 남은 공업지대까지 파괴시키는 것이었다. 독일은 1941년 5월 15일까지 침공 준비를 완료하기로 했으나, 그리스와 유고슬라비아 점령 과정에서 5주가 지연되면서 6월 22일 새벽 3시 30분에 공격을 개시할 수밖에 없었다. 그래도 계획대로 소련을 신속히 점령한다면 계산상으로는 혹독한 겨울을 피할 수

●●● 1941년 6월 22일 바르바로사 작전 개시일에 독일군이 소련 국경을 넘고 있다. 스탈린이 독일의 공격이 임박했다는 영국의 경고를 믿지 않았기 때문에 독일군의 초기 전차 공격은 전술적·작전적·전략적으로 압도적인 기습을 달성할 수 있었다. 〈출처: WIKIMEDIA COMMONS | Public Domain〉

있었다.

독일 침공군은 원수급 장군이 지휘하는 북부, 중부, 남부의 3개 집단군으로 구성되어 있었다. 중부에 2개, 나머지 집단군에는 1개씩 배치되었던 총 4개 기갑집단이 집단군들의 선봉을 맡았다. 폰 레프 원수의 북부집단군은 20개 보병사단과 함께 3개 기갑사단 및 3개 기계화보병사단으로 구성된 제4기갑집단으로 편성되었다. 폰 보크 원수의 중부집단군은 제2·제3기갑집단 예하 9개 기갑사단과 6개 기계화보병사단 외에 35개 보병사단으로 구성되었다. 폰 룬트슈테트^{Gerd von Rundstedt}(1875~1953) 원수의 남부집단군은 5개 기갑사단과 3개 기계화보병사단으로 구성된 제1기갑집단에 더해 33개 보병사단 및 14개 루마니아 보병사단을 보유했다. 겨울전쟁으로 소련에게 적대적 감정을 가졌던 핀란드는 독일의 편에 섰다. 8개 독일 사단이 20개 핀란드 사단과 함께 핀란드 방면에서 소련을 공격할 예정이었다. 또한 독일군은 2개 기갑사단, 2개 기계화보병사단, 24개 보병사단으로 예비대를 편성했다. 소련 침공에 투입된 독일군 부대는 기갑사단 19개, 기계화보병사단 14개, 보병사단 120개 등 총 153개 사단이었으며, 루마니아와 핀란드의 40개 사단은 별도였다. 병력 수는 독일군이 330만 명, 동맹국들이 50만 명이었다.

투입된 전차는 3,300여 대였다. 1939년부터 1940년까지 1개 독일군 기갑사단은 약 400대의 전차를 보유했었으나, 소련 침공 시기에는 200여 대로 줄어 있었다. 각 집단군에는 1개 항공함대^{Luftflotte}가 배속되었다. 상대적으로 적은 수의 항공기를 보유했던 북부집단군에는 450여 대, 제일 많이 배치된 중부집단군에는 900여 대의 항공기가 있었고, 전투기와 폭격기의 비율은 4:6이었다. 기타 지역에 배치된 55개 사단과 항공기 1,500대까지 고려해보면, 독일군은 소련 침공 작전에 전체 육군 전력의 약 73%와 공군 전력 약 58%를 투입했다.

독일군을 상대해야 하는 소련군의 전투력은 독일군 정보부의 예상과는 달랐다. 독일군 정보부는 소련군이 국경지대에 147개 사단과 33개 여단을 배치했다고 판단했다. 소련의 전쟁준비상태는 독일에 비해 매우 부족했다. 그러나 실제 그곳에 배치된 소련군 병력은 170개 사단 규모였다. 이러한 독일의 정보판단 실수는 결과적으로 독일의 신속한 승리를 가로막은 큰 이유였다. 소련의 전쟁준비상태는 독일에 비해 매우 부족했지만, 그 규모가 독일의 예상보다 컸던 것이다.

소련군의 병력은 1936년 150만 명에서 1941년 475만 명으로 세 배이상 증가했다. 그러나 소련군은 양적으로만 증가했을 뿐 장교의 자질과 병력의 훈련 상태가 엉망이었다. 게다가 소련군은 1937~1938년에 실시된 스탈린의 군 지휘부에 대한 대규모 숙청으로 인해 능력과 경험을 갖춘 장군과 장교들이 부족했다. 숙청의 희생자들은 대부분 젊은 소장과 장교들이었다.

그럼에도 불구하고 소련은 핀란드와의 겨울전쟁의 교훈을 바탕으로 군대를 재편성하고 있었다. 1940년 4월, 티모셴코 원수가 실각한 보로실로프^{Kliment Voroshilov}(1881~1969)를 대신해 국방상 자리에 올랐다. 티모셴코는 1939년 군 기강 확립과 보로실로프가 해산시킨 대규모 기동부대를 재편성하는 등 군을 재건하기 위해 노력했다. 그러나 기갑부대의 재편성은 계획보다 늦은 1941년 3월부터 시작되었고, 당초 20개 기계화군단 가운데 전쟁이 발발한 6월까지 장비를 갖출 수 있었던 군단은 절반에도 못 미쳤다. 소련군의 전차 수는 독일군보다 여섯 배나 많았으나 대부분은 구식이거나 오랜 사용으로 기능 발휘가 제한되었다. 전쟁 시작시점을 기준으로 소련군의 전체 전차 중 40%만 사용 가능했던 것이다.

소련군의 항공기도 전차와 마찬가지로 숫자만 많았을 뿐 구식이거나 상태가 좋지 않았다. 1만 2,000대에 달하는 항공기 중 8,000여 대가 유럽에 면한 지역에 배치되었고, 국경지대에 위치한 1,200대의 항공기는 독일의 침공 첫날 날아오르지 못하고 지상에서 격파되었다. 소련 공군이 제공권을 어느 정도 회복한 시점도 1943년 중반이 되어서였다.

소련 해군은 육군을 지원하는 역할 정도밖에 하지 못했다. 1941년에 소련은 많은 잠수함을 보유했지만 어떤 역할도 하지 못했다. 개전 몇 주 만에 발트 해의 해군 기지들은 모두 독일군의 수중에 들어갔다. 소련의 북방함대 소속 수상함들은 레닌그라드로 철수해야 했고, 겨울 결빙으로 반년 동안 항구에 묶여 있었다. 그 후에도 이 수상함들은 독일 공군이 핀란드 만에 뿌린 기뢰 때문에 항구를 벗어날 수 없었다. 유일한 작전은 레닌그라드 항구에 정박한 수상함이 함포 사격으로 레닌그라드 방어에 도움을 준 것과 훗날 연합군의 호송선단 호위를 조금 맡은 정도였다. 흑해 함대와 태평양 함대 역시 제2차 세계대전 기간 북방함대처럼 별다른 활약을 하지 못했다.

전쟁의 발발과 1941년 상황

1941년 6월 22일 03시 30분 독일은 3,200km의 전선에서 기습적으로 소련을 침공했다. 폰 레프 원수의 북부집단군은 2개 군과 회프너[Erich Hoepner](1886~1944)의 제4기갑집단을 이끌고 전선을 넘었다. 이에 맞서는 소련의 북서부전선군의 지휘관은 쿠즈네초프[Fyodor Kuznetsov](1898~1961) 상급대장이었고, 해안 지역에 1개 군, 내륙 지역에 1개 군을 보유했을 뿐이었다. 전선군은 집단군과 대등한 의미를 갖는 소련군 용어이다. 북서부전선군 내의 1개 군은 4개 기갑사단과 2개 기계화보병사단, 19개 보병사단을 보유하고 있었다. 그러나 이들 대부분은 발트 3국 소속 군대였다가 붉은 군대에 편입된 부대들로 스탈린에 대한 충성도에 의문이 있었다.

폰 보크가 이끄는 중부집단군은 스몰렌스크Smolensk 방면을 통해 모스크바로 진격하고자 했다. 보크는 보유한 2개 기갑집단을 각각 전선의 남쪽과 북쪽에서 벨로루시 깊숙이 400km 진격시킨 후 민스크Minsk 동쪽에서 두 기갑집단을 합류시킴으로써 소련군을 포위섬멸하는 계획을 세웠다. 이들 독일 중부집단군 전면의 소련군은 파블로프Dmitry Grigoryevich Pavlov(1897~1941)가 지휘하는 벨로루시의 서부전선군이었다. 파블로프의 3개 군은 12개 기갑사단과 6개 기계화보병사단, 2개 기병사단, 그리고 24개 보병사단으로 구성되어 있었다.

전투는 보크의 의도대로 진행되었다. 전투가 개시되자 파블로프의 3개 군과 추가로 지원된 1개 군은 독일군을 향해 전면적으로 무모하게 진격했다. 그런데 6월 27일경 이들은 후방 깊숙이 들어온 독일군에게 비알리스톡Bialystok과 노보그로덱Novogrodek 인근에 형성된 거대한 2개 포위망에 완전히 갇혔다. 7월 8일까지 독일의 중부집단군은 소련군의 2개 군을 완전히 섬멸했고, 다른 3개 군에게는 치명적인 타격을 입혔다. 보크의 부대는 29만 명의 소련군 포로를 획득하고 2,500대의 전차 및 1,500문의 화포를 격파 또는 노획하는 성과를 거두었다. 7월 15일 구데리안은 남쪽으로부터 진격하여 스몰렌스크 점령에 성공했고, 북쪽에서 진격한 호트Hermann Hoth(1885~1971)는 7월 27일에 스몰렌스크에서 동쪽으로 이어지는 퇴로를 완전히 차단했다. 스몰렌스크에서 독일군의 포위를 뚫고 철수한 소련군은 소수에 불과했다. 8월 8일까지 그곳에서 독일군은 포로 34만 7,000명을 획득하고 전차 3,400대 및 화포 3,000문 이상을 파괴 또는 노획하는 전과를 거두었다. 이후 2주 동안 독일군은 추가로 소련군 7만 8,000여 명을 포로로 잡았다. 두 달 만에 중부집단군은 국경선부터 모스크바에 이르는 거리의 3분의 2에 해당하는 1,200km 진출에 성공했다.

하지만 독일의 전술적 성공은 전략적 성공을 의미하지 않았다. 소련군은 개전 초기 독일 중부집단군의 기습적인 공격으로 막대한 피해를 입으며 스몰렌스크까지 몰렸지만, 오히려 저항의 강도를 높여갔다. 독일군은 반대로 시간이 지남에 따라 손실이 더 커져가는 상황이었다. 뜨거운 여름의 태양 아래서 수백 km씩 진격하면서 독일 중부집단군의 전차와 트럭 절반이 고장 났다. 독일군 보병, 그리고 보급 마차와 야포를 끄는 군마 등의 피로도도 한계에 달해 있었다.

히틀러의 작전명령도 중부집단군의 전략적 성공의 방해물이었다. 바르바로사 작전명령에 따라, 중부집단군은 벨로루시의 소련군을 격파한 후 모스크바가 아닌 레닌그라드로 진격해야 했다. 히틀러에게 모스크바는 레닌그라드 점령 후의 부차적 공격 목표 정도였다. 보크와 구데리안 등 군지휘관들은 병사들의 전투력이 더 떨어지기 전에 모스크바로 진격하기를 원했지만, 히틀러는 이들의 요청을 무시하고 레닌그라드 점령을 고집했다.

전선의 제일 남쪽에 위치한 룬트슈테트 원수의 독일 남부집단군은 바르바로사 작전의 개시와 함께 프리퍄티 습지Pripet Marshes 남쪽의 우크라이나를 침공해 들어갔다. 스탈린은 독일의 목표가 우크라이나의 자원이라고 확신하고 프리퍄티 습지의 북쪽보다 남쪽에 더 많은 붉은 군대를 배치했다. 소련군의 키르포노스Mikhail Petrovich Kirponos(1892~1941) 상급대장의 남서부전선군은 4개 군을 보유했다. 루마니아 국경지대에 배치된 남부전선군은 2개 군을 보유한 신규 편성된 부대로 튤레네프Ivan Tyulenev(1892~1978) 대장이 지휘했다. 두 전선군의 총 전력은 20개 기갑사단, 10개 기계화보병사단, 6개 기병사단, 45개 보병사단이었다. 이는 해당 지역으로 공격해 들어오는 독일군 병력보다 훨씬 많은 수였다.

이 지역의 소련군 역시 다른 지역의 부대와 마찬가지로 여러 문제들이 있었다. 첫째, 이들은 구식 전차를 보유했고, 기계화 보병들을 위한 트럭의 수가 부족했다. 둘째, 제공권은 독일이 확보한 상태였다. 셋째, 무엇보다 전투가 벌어질 지역은 비교적 최근에 소련에 병합되었고, 소련에 대한 그곳 주민들의 반감이 매우 높았다. 따라서 여건상 독일군의 후방 교란 부대들이 마음대로 활동할 수 있었다.

그럼에도 불구하고 소련군은 전선의 남부 지역에서 독일군의 초기 공세를 늦추는 등 비교적 충실한 방어작전을 수행했다. 독일 제1기갑집단은 소련 남서부전선군 소속 전차들과 치열한 전투 때문에 돌파구 형성에 많은 시간을 허비하며 느린 속도로 기동했다. 소련의 제5군은 독일군의 측면을 우회하여 질서정연하게 프리퍄티 습지로 철수했다. 이는 피해를 최소화한 성공적 작전이었다. 소련의 남부전선군 역시 독일군의 공격을 지연시켰다. 개전 후 두 달 동안 독일 중부집단군이 800km 진격하며 수많은 포로를 획득했던 것에 비해 독일 남부집단군은 640km만을 진격하여 겨우 드네프르Dnieper 강에 도달했다. 그들이 확보한 소련군 포로는 다른 집단군에 비해 현격히 적었다.

7월 중순 이후 독일의 룬트슈테트는 제1기갑집단 예하 3개 군단 중 2개 군단을 베르디체프Berdichev에서 페르보마이스크Pervomaysk를 향해 남서부로 진격시켰다. 이러한 일부 부대의 기동 방향 변경으로 독일 남부집단군은 소련군 3개 군의 후방을 차단하는 데 성공했다. 독일 남부집단군은 제11 · 17군의 도움으로 8월 2일 우만Uman 포위망을 완성했고, 6일 뒤에는 포위망 내 소련군 10만 3,000명을 포로로 획득하는 전과를 올렸다. 소련의 남부전선군은 남은 병력을 드네프르 강 너머로 철수시켰고, 후방에 남은 오데사Odessa 요새는 독일군에게 고립되었다. 독일 남부집단군도 드디어 다른 지역의 집단군과 진격의 보조를 맞추게 된 것이다.

한편, 1941년 7월 29일 스탈린은 키예프Kyiv를 독일에게 내주고 남서부전선군을 철수시키자는 주코프의 요청을 거부했다. 이에 주코프는 스탈린에게 자신을 참모총장직에서 사임시키고 야전 사령관으로 임명해 줄 것을 건의했다. 스탈린은 그의 요청을 받아들였다. 모스크바 서쪽의 전선을 담당하는 예비전선군 사령관에 임명된 주코프는 독소전에서 처음으로 독일군을 옐냐Yelnya에서 격퇴시키는 데 성공했다. 그러나 그는 좌우의 다른 전선군들이 철수하는 상황에 몰려 전과를 확대할 수 없었다.

8월 18일 주코프는 독일군의 움직임에 관한 첩보사항을 보고받은 후 구데리안의 부대가 남쪽으로 진격하기 위해 재편성을 하고 있다고 판단했다. 그는 구데리안의 부대를 저지하기 위해 브랸스크Bryansk 일대에 방어부대를 배치해야 한다고 스탈린에게 건의했다. 그의 예측이 맞았다. 이는 히틀러의 명령에 따른 변화였다. 8월 중순부터 독일군 수뇌부가 히틀러에게 모스크바 진격을 강력히 건의했다. 그러나 히틀러는 이를 거부하는 동시에 구데리안의 부대를 남쪽으로 진격시켜 키예프로부터 동쪽으로 225km 떨어진 로흐비차Lokhvytsia에서 클라이스트의 제1기갑집단과 연결하도록 명령을 내렸다. 그는 그곳에서 소련의 남서부전선군 전체를 포위하려 했다.

스탈린은 구데리안의 부대를 방어하기 위한 부대 편성을 건의한 주코프에게 화답했다. 그는 예레멘코Andrey Yeryomenko(1892~1970) 상급대장을 지휘관으로 하는 브랸스크전선군을 편성했다. 그러나 예레멘코의 부대는 구데리안 부대의 진격 방향이 아닌 서측 방향을 방어하라는 명령을 받았다. 이로 인해 이 새로운 부대는 다른 방향에서 진격해 들어오는 구데리안의 기갑부대를 저지할 수 없었다. 9월 16일 구데리안의 전차들은 히틀러의 명령대로 클라이스트의 기갑부대와의 합류에 성공하며 키예프를 완전히 포위했다. 이틀 뒤 내려진 스탈린의 철수 명령은 시기적으로 늦었다. 키르포노스^{Mikhail Kirponos}(1892~1941)는 전사했고, 9월 26일경 그의 4개 군은 산산조각이 났다. 소련의 공식 통계에 따르면, 7월 7일부터 9월 26일 사이 우크라이나에서 포로가 된 붉은 군대 병력은 61만 6,304명에 이르렀다.

키예프가 함락되어가는 시점에 독일의 북부집단군은 레닌그라드를 위협했다. 9월 8일, 레닌그라드는 라도가^{Ladoga} 호수를 가로지르는 위험한 통로를 제외하고는 외부와 완전히 단절되었다. 다음날 스탈린은 위기를 타개하기 위해 주코프를 레닌그라드로 보냈다. 9월 14일 독일군은 레닌그라드로부터 불과 6.4km 떨어진 핀란드 만에 도달했다. 주코프는 사기가 바닥까지 떨어진 레닌그라드 방어군을 다시 일으켜 세우기 위해 수많은 장교들과 병사들을 처형하면서 전투를 독려했다. 9월 17일 독일군 6개 사단이 남쪽 방면에서 레닌그라드 방어선을 돌파하기 위해 시도했지만, 별다른 성과를 얻지는 못했다. 독일 북부집단군은 강력한 레닌그라드 방어선 돌파에 실패하자, 포위전으로 전술을 바꿨다. 9월 25일부터 이후 2년간 지속된 레닌그라드 포위전이 시작된 것이었다. 레닌그라드 포위전이 이렇게 장기화된 데에는 강력한 돌파력을 발휘해줄 것으로 믿었던 독일 북부집단군의 선봉인 제4기갑집단이 9월 12일부로 모스크바 공세를 위해 떠난 것도 적지 않은 영향을 미쳤다.

1941년 9월 30일에 시작되어 이듬해인 1942년 4월 20일까지 이어진 독일의 모스크바 공략 작전인 타이푼 작전^{Operation Typhoon}이 개시되었다. 모스크바 방어 임무를 맡은 브랸스크전선군과 예비전선군은 독일의 파상공세에 직면했다. 스탈린은 모스크바 방어를 위해 레닌그라드에 있던 주코프를 소환했다. 그곳에 배치된 소련군은 96개 사단과 14개 여단으로 구성된 125만 명의 대병력이었고, 이외에 2개 요새지대의 지원을

받았다. 그러나 계속된 손실로 인해 소련이 가진 기계화부대라고는 기갑사단 1개와 전차여단 13개가 전부였다. 그들이 보유하고 있던 전차는 770대 정도였고, 기계화보병사단도 2개에 불과했다. 그 외에 소련이 보유한 병력은 9개 기병사단과 84개 보병사단이었고, 박격포를 포함한 화포는 9,150문에 불과했다.

초기 전투에서 독일군이 입은 피해는 전사자 9만 4,000명과 부상자 34만 6,000명 정도로 소련군에 비하면 아주 가벼운 정도였다. 그러나 기갑집단이 기갑군Panzer army로 개칭된 1941년 8월 말부터는 독일군도 심각한 전투력 저하에 직면하기 시작했다. 9월 말 기준으로 제4기갑군만

●●● 소련군이 1941년 8월 1일 호텔 모스크바 옥상에서 대공포를 점검하고 있다. 독일의 파상공세에 직면한 스탈린은 모스크바 방어를 위해 레닌그라드에 있던 주코프를 소환했다. 〈출처: WIKI-MEDIA COMMONS | CC–BY–SA 3.0〉

편제에 거의 근접한 수의 전차를 보유하고 있었고, 나머지 제2기갑군은 절반의 전차만을, 제1·3기갑군은 편제 대비 75% 정도의 전차만을 보유하고 있었다. 독일군이 보유한 트럭도 편제 대비 30% 부족했다. 동부전선에 투입된 142개 사단 중 54개 사단은 병력이 80% 수준에 불과했다. 즉, 사단별로 편제에 대비해 병력이 약 3,000명 정도 부족했다.

독일군은 타이푼 작전을 수행하는 중부집단군의 병력과 장비를 보강시키기 위해 다른 집단군의 병력을 전환했다. 타이푼 작전 개시 당시 중부집단군은 동부 전선 전체 병력의 절반에 해당하는 14개 기갑사단, 8개 기계화보병사단, 48개 보병사단을 보유했다. 장비의 보강도 이루어져 독일 중부집단군은 모스크바를 방어하는 소련군에 비해 전차와 항공기의 경우 3:1, 포병 화력의 경우 2:1의 우위를 점했다. 구체적으로 공격하는 독일 중부집단군이 보유한 항공기는 1,000대였고, 방어하는 소련군은 360대를 보유했다.

1941년 9월 30일 구데리안은 타이푼 작전을 개시해 소련의 브랸스크전선군의 남쪽 측면 돌파에 성공한 뒤 이틀 만에 약 210km를 진격해 오렐Orel에 도달했다. 10월 6일 독일군에게 포위당한 소련의 3개 군은 동쪽으로 포위망을 뚫고 나가려 했지만 일부가 성공했을 뿐이었다. 소련군 5만 명 이상이 이곳에서 독일군의 포로가 되었다. 소련의 서부전선군과 예비전선군의 상황은 더욱 심각했다. 10월 2일 공격을 개시한 독일 제3·제4기갑군과 제4·제9군은 순식간에 소련군의 방어선을 돌파하며 진격을 이어간 끝에 10월 7일 비야즈마Vyazma 서쪽에서 합류에 성공했다. 45개 소련군 사단은 이번 독일군의 공격작전으로 인해 포위망에 갇혔고, 10월 19일부로 양 전선군 병력의 41%에 달하는 소련군 67만 3,000명(소련 측은 51만 4,338명으로 추산)이 독일군의 포로가 되었다.

10월 18일 독일 제40기갑군단은 모스크바로부터 100km 떨어진 모자이스크Mozhaisk를 점령했다. 모스크바의 군과 정치 수뇌부, 시민들 모두 공황에 빠졌다. 정부 부처의 관료와 외교관, 군 수뇌부는 쿼비셰프Kuybyshev로 떠났다. 시민들도 광범위한 약탈 등이 발생하던 모스크바를 떠나 피난길에 올랐다. 이러한 위기 속에서도 모스크바에 남아 있던 스탈린은 10월 19일을 기해 모스크바에 계엄령을 선포했다.

독일군의 거침없는 진격은 거기까지였다. 혹독한 날씨와 주코프라는 두 가지 요인 때문에 독일군의 진격 속도가 크게 느려졌다. 독일의 작전

●●● 독일 기갑군을 막기 위해 10만 명이 넘는 모스크바 거주 여성과 어린이들이 방어선과 참호, 대전차호 등을 구축하기 위해 동원되었다. 〈출처: WIKIMEDIA COMMONS | Public Domain〉

계획에 차질을 빚어낸 첫 번째 요인은 악화된 기상 상황이었다. 모스크바로 향하는 길목에는 10월 6일의 첫눈 이후 진눈깨비와 거센 비가 끊임없이 내렸다. 전차와 트럭, 마차 등이 모두 진창에 빠졌고, 진창을 행군하던 보병들은 식량과 탄약 등 보급을 받지 못해 전투를 수행할 수 없는 지경에 이르렀다. 이내 기온 하강으로 진흙탕이 얼어붙자 전차를 선두로 한 독일군은 다시 진격을 이어갈 수 있었지만, 강추위와의 싸움이라는 또 다른 문제가 있었다. 양측 모두에게 불리한 기상 조건이었지만,

긴 병참선을 유지해야 하는 독일군에게 더 가혹했다. 소련군은 재정비할 수 있는 시간을 얻게 되었다.

독일의 진격 속도를 늦춘 두 번째 요인은 주코프였다. 10월 7일 스탈린은 레닌그라드로부터 돌아온 주코프를 바로 모스크바 전선으로 보내 상황 파악에 나섰다. 바로 다음날 새벽 주코프는 모자이스크 방어선을 강화해야 한다고 스탈린에게 건의했다. 스탈린은 즉각 주코프에게 서부전선군과 예비전선군에 대한 지휘권을 부여했다. 서부전선군의 이전 지휘관인 코네프Ivan Konev(1897~1973)는 주코프의 부사령관으로 임명되어 모스크바 전선의 북부 칼리닌Kalinin 지구 일대의 부대를 지휘했다. 스탈린은 모자이스크 방어선 강화를 위해 예비대 및 여타 전선에서 14개 보병사단과 16개 전차여단, 40개 이상의 포병연대를 차출해 모스크바 전선의 4개 군을 재편성시켰다.

10월 17일 칼리닌 지구에 배치된 3개 군과 1개 임시 전투단은 코네프 지휘 하에 독립적인 칼리닌전선군으로 탈바꿈했다. 10월 18일 독일군은 칼리닌과 칼루가Kaluga를 점령한 후 모스크바를 남북으로 우회할 태세를 갖췄다. 주코프는 모스크바에서 겨우 64km 떨어진 곳에서 그의 전선군을 재편성할 수밖에 없었다. 수만 명의 모스크바 거주 여성과 어린이들은 방어선과 참호, 대전차호 등을 구축하기 위해 동원되었고, 남성들은 간단한 훈련과 함께 소총 한 자루만을 지급받고 '인민 민병대대 people's militia battalion'에 편입되었다.

11월 중순이 되자 독일군은 추운 날씨로 인해 단단해진 지면을 이용해 다시 진격 속도를 회복했지만, 새로운 문제에 봉착했다. 동계 전투를 고려하지 않았던 독일군에게 추위는 극복할 수 없는 어려움이었다. 여름옷을 입은 병사들이 동상에 걸렸고, 차량 및 전차의 연료, 부동액, 동절기 윤활유 모두 강추위에 얼어붙었다. 얼어붙은 야포와 포탄은 사용이

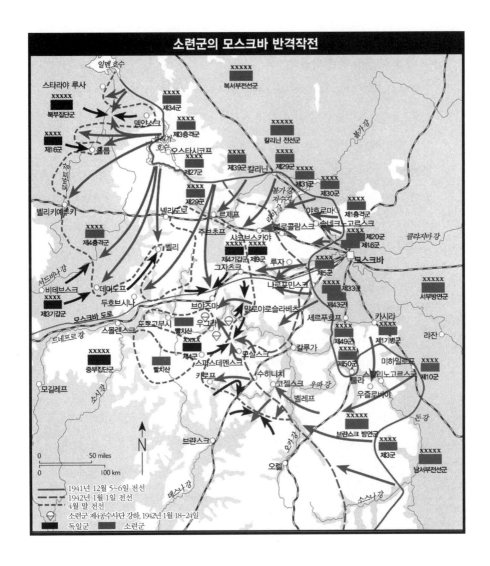

소련군의 모스크바 반격작전

일멘 호수

북서부전선군

스타라야 루사

XXXXX
북부집단군

제34군

뎬얀스크

제3충격군

XXXX
제16군

호수
오스타시코프

칼리닌 전선군

홀름

XXXX
제27군

XXXX
제39군 칼리닌

XXXXX
제29군

볼가 강

제31군

벨리키예루키

네리도로

르제프

야흐로마

제30군

볼로콜람스크

솔네크노고르스크

제1충격군

XXXX
제4충격군

주브초프

샤쿠브스카야

클랴지마 강

벨리

XXXXX XXXX
제4기갑군 제9군

루자

제20군
제16군

모스크바

세드바냐 강

그자츠크

나로포민스크

제5군

비테브스크

데머도프

제43군

제33군

서부방면군

모스크바 도로

두호브시냐

브야즈마

말로야로슬라베츠

세르푸호프

카시라

제3기갑군

도로고부시

우그라

XXXX
제49군

제1기병군

라잔

스몰렌스크

빨치산

스파스데멘스크

칼루가

제50군

미하일로프

스탈리노고르스크

XXXX
제10군

드네프르 강

중부집단군

빨치산

카로프

제4군

모살스크

수히니치

코젤스크 우파 강

툴라

우슬로비야

돈 강

모길레프

데스나 강

브랸스크

브랸스크 방면군

제3군

XXXXX
남서부전선군

오렐

소스나 강

```
0        50 miles
0      100 km
```
N↑

1941년 12월 5~6일 전선
1942년 1월 1일 전선
4월 말 전선
소련군 제4공수사단 강하, 1942년 1월 18~24일
독일군   소련군

어려웠다. 항공기와 전차, 차량, 야포 등을 야지에서 정비하는 일은 독일
군에게 고통스러운 일이었다. 또한 스탈린과 주코프의 초토화작전 명령
에 따라 소련군은 철수 시에 가능한 한 모든 건물들을 파괴했다. 독일군
은 소련군이 떠난 곳을 점령해도 몸을 녹일 건물조차 찾을 수 없었다.

　1941년 11월 말 독일군은 도저히 공세를 지속할 수 없는 상황에 봉착해 있었다. 소련은 독일과 달랐다. 그들은 비밀리에 극동에 있는 대규모 부대를 서부로 이동시켜 58개 사단으로 구성된 예비대를 확보했다. 소련군은 국지적 탐색을 통해 독일군이 크게 약화된 상황을 확인한 후 12월 5일 새벽 3시, 영하 25도의 맹추위 속에서 서부전선군과 칼리닌전선군으로 반격작전을 벌였다. 전차와 항공기에서 수적으로 열세였지만, 소련군은 따뜻한 방한복을 입고 있었고 충분한 식량과 동계 전투 장비를 공급 받았기 때문에 전투력이 독일 중부집단군보다 우세했다. 심지어 소련의 차량과 전차, 항공기 등은 혹독한 날씨에도 작동되도록 제작되어 있었다.

소련군은 100만 명의 병력을 동원해 34일간 반격작전을 벌였다. 독일 중부집단군은 소련군의 반격작전으로 적게는 100km에서 많게는 240km까지 서쪽으로 밀려났다. 소련군의 참모총장 샤포슈니코프^{Boris} ^{Shaposhnikov}(1882~1945)의 지지 속에 주코프는 정면공격을 피하며 독일의 중부집단군을 모스크바로부터 멀리 밀어냈다. 심지어 그는 소극적인 공격작전까지 수행해 이듬해의 공세를 위한 유리한 고지를 선점하고자 했다. 그러나 승리에 도취된 스탈린은 주코프 등 예하 장군들의 반대에도 불구하고 5개 전선군을 동원한 대공세를 명령했다. 1942년 1월 8일에 시작된 100만 명의 소련군 대공세는 4월 20일까지 계속되었다. 소련군은 어느 정도 성과를 거두기는 했지만, 1941년 12월의 주코프 공세와는 비교되지 않을 만큼 많은 손실을 입었다.

비슷한 시기 독일 중부집단군만이 아니라 룬트슈테트가 지휘하는 남부집단군도 혹독한 날씨와 소련군의 저항으로 어려움을 겪었다. 1941년 10월 11일경 독일 남부집단군의 진격이 진흙탕과 소련 남부전선군과 남서부전선군의 격렬한 저항으로 늦춰졌다. 예하 1기갑군이 미우스^{Mius} 강에 도달했지만, 더 이상 진출할 수 없는 상황이었다. 그러나 그보

●●● 1941년 12월 1일, 모스크바 인근 독일군 진지 상공을 날고 있는 소련 공군 항공기. 〈출처: WIKIMEDIA COMMONS | CC BY-SA 3.0〉

다 북쪽에서는 소련의 남서부전선군이 독일 제6군에게 큰 피해를 입고 도네츠Donets 강으로 철수할 수밖에 없었다.

하지만 여러 어려움 속에서도 독일군은 1941년 11월 20일 캅카스Caucasus로 가는 관문인 로스토프나도누Rostov-on-Don를 함락시켰다. 그런데 소련은 이곳에서 대대적인 반격작전을 준비해왔다. 소련의 제56군은 남쪽 방면에서 독일군을 붙잡아두었고, 제37군은 북쪽으로부터 남쪽으로 공격을 가했다. 소련의 강력한 공세로 인해 룬트슈테트의 남부집단군은 부대들을 미우스 강으로 철수시킬 수밖에 없었다. 히틀러는 철수에 반대하며 룬트슈테트를 경질했지만, 그 역시 얼마 시간이 지나지 않아 이러한 철수를 받아들여야 했다. 그나마 미우스 강으로 철수한 독일의 남부 집단군은 1942년 중반까지 그곳에서 소련군의 공세를 수월하게 방어한 후 다시 로스토프나도누와 캅카스로 진격할 수 있었다.

히틀러는 1941년 말 혹한의 추위 속에 일어난 예상치 못한 소련군의 대반격에 대한 대응으로 철수를 주장한 예하 장군들을 해임했다. 또한 그는 현지 사수를 주장했다. 심지어 그는 유능한 장군들이 떠난 빈자리를 자신이 직접 대신했다. 히틀러의 직접 지휘는 차후 독일군에게 재앙적인 결과로 돌아왔다. 반면에 소련은 모스크바 전투를 통해 전쟁 시작 후 처음으로 대규모 지상전에서 독일군을 패퇴시켰다. 반면 1941년의 전투에서 독일군은 소련군보다 상대적으로 피해가 적었지만, 예상치 못한 소련군의 격렬한 저항 때문에 상징적인 목표였던 3대 도시인 레닌그라드, 모스크바, 키예프 가운데 키예프만을 점령했을 뿐이었다. 반면에 소련군은 우랄^{Ural} 지역으로 옮긴 산업 기기들과 현지에 새로 건설한 산업 단지를 통해 막대한 장비 손실을 쉽게 보충했다. 또한 그들은 1941년 12월부터 전쟁에 뛰어든 미국으로부터 엄청난 물자를 제공받기 시작했다. 이는 손실에 대한 보충이 어려웠던 독일군과 정반대의 상황이었다. 전쟁 초기 서부 전선에서 만들어낸 독일의 엄청난 성과가 동부 전선에서의 전쟁을 통해 서서히 퇴색되어가고 있었다.

1942년

스탈린의 주장에 따라 1942년 1월 8일 시작된 칼리닌전선군과 서부전선군의 대공세는 어느 정도의 성과는 있었지만, 소련군에게도 상당한 피해를 주었다. 결국 시간이 지남에 따라 소련군의 대공세는 주코프와 샤

포슈니코프의 주장대로 제한된 공세 형태로 서서히 변화되어 4월까지 유지되었다. 그런데 소련의 제한된 공세는 공격 전면이 640km에 이르고, 참가 병력만도 95개 사단과 46개 여단 소속 100만 명에 달했다. 즉, 소련의 제한된 공세는 웬만한 국가의 전면적인 공세 수준이었고, 독일군의 모스크바 점령 시도 계획은 이룰 수 없는 꿈이 되어갔다.

히틀러는 최초 수립된 전쟁 계획의 목표를 달성할 수 없다고 판단하고 1942년부터는 공격의 초점을 남부 전선에 두고자 했다. 그의 계획은 남부집단군이 돈Don 강을 따라 동쪽으로 진격한 후 주요 공업도시인 스탈린그라드Stalingrad 북쪽에서 돈 강을 도하해 소련의 석유 공급로를 차단하는 것이었다. '청색 작전Fall Blau'으로 알려진 이 작전이 성공한다면, 소련이 사용하는 석유 대부분을 생산하던 캅카스 유전지대가 독일군에게 넘어가는 상황이었다. 이번 작전이 성공한다면, 독일은 고질적인 연료 부족 문제를 해결할 수 있고, 반대로 소련은 연료 수급에 어려움을 겪으며 전력이 약화될 터였다. 하지만 히틀러는 이 계획의 성공과 관련이 없는 '스탈린그라드' 점령에 집착했다. 그는 스탈린의 이름이 들어간 도시의 상징적 의미에 집착했다. 이에 대한 히틀러의 집착은 오래되지 않아 독일군에게 큰 불행의 씨앗이었음이 드러났다.

소련의 대공세로 수세에 몰렸던 독일군은 1942년 5월부터 다시 공세를 시작했다. 5월 17일 클라이스트의 독일군은 소련의 티모셴코 원수가 독일이 점령한 도시 중 가장 큰 하르코프Kharkov를 탈환하기 위해 움직이자 바르벤코보Barvenkovo 돌출부의 뿌리를 절단시켰다. 이로 인해 소련군 3개 군과 29개 사단이 거의 전멸되었고, 400여 대의 전차가 파괴되었다. 그리고 소련군 20만 명이 독일군의 포로가 되었다. 독일군은 북쪽 전선에서 레닌그라드의 포위를 풀어보려고 1개 군을 투입한 소련군의 시도를 분쇄했다. 남부 전선에서 독일군은 캅카스로 가기 위한 통로인 케르치 해협Kerch Strait으로 진격하며 방어에 투입된 소련군 6만 2,500여 명을 물리쳤다. 이 과정에서 소련군은 약 3만 명의 사상자가 발생했다.

1942년 보크의 남부집단군은 남부 전선에서 독일군의 본격적인 공세를 담당했다. 그의 부대는 독일의 4개 군과 동맹국으로부터 지원받은 4개 군으로 구성되어 있었다. 그는 양익포위 공격을 위해 돈 강 일대의 북쪽 날개에 호트 상급대장의 제4기갑군과 파울루스Friedrich Paulus(1890~1957) 상급대장의 제6군을 배치했고, 남쪽 날개에는 클라이스트의 제1기갑군과 루오프Richard Ruoff(1883~1967) 대장의 제17군을 배치했다. 만슈타인 상급대장의 제11군은 세바스토폴Sevastopol 공략전에서 승리한 후 남쪽 날개로 합류할 예정이었다. 헝가리 제2군과 이탈리아 제8군, 루마니아 제3군은 돈 강 일대에 배치되어 독일군의 측방을 보호할 계획이었다. 작전 개시 시점 기준으로 보크가 보유한 9개 기갑사단을 포함한 89개 사단의 병력은 거의 완편에 가까웠다. 이 당시 폴란드 전역에서 두각을 나타내기 시작했던 리스트가 흑해 방면에 새로 편성된 A집단군을 지휘하고 있었다.[18]

칸카스 유전지대를 확보하기 위해 독일의 보크가 지휘하는 남부집단군은 1942년 6월 28을 기해 동쪽으로는 스탈린그라드까지, 남쪽으로는 칸카스 유전지대 점령을 위해 공격을 개시했다. 이 과정에서 남부집단군의 주력은 스탈린그라드로 향하는 길목에서 보로네시Voronzh 인근을 지나쳐야만 했다. 소련군은 보로네시를 방어하기 위해 74개 사단과 6개 전차군단, 37개 여단 등 총 130만 명의 병력을 배치해두었다. 보로네시는 북동쪽에 위치한 모스크바 공격을 위한 발판이 될 수 있는 전략적으로 중요한 도시였기 때문이었다. 그런데 보크의 주요 공격 목표는 보로네시가 아니었다. 그의 군대는 굳이 대규모 소련군이 방어하고 있는 보로네시를 점령할 필요 없이 그 도시를 지나쳐서 스탈린그라드와 칸카스 유전지대로 진출하면 되었다. 그러나 보크는 제4기갑군의 3개 군단 중 2개 군단을 보로네시 탈취에 투입했다. 그 이유는 보로네시에 주둔 중인 소련군이 목표를 향해 진격하는 독일 남부집단군의 측방을 위협할 수 있다고 판단했기 때문이었다.

보크의 결정은 독일 남부집단군 전체 작전에 악영향을 미쳤다. 주력 부대의 측방을 보호하려는 부차적 임무 때문에 보크의 주력 부대가 7월 13일까지 보로네시 인근에서 발이 묶여버렸다. 반면에 소련군은 그 지역에 있는 주력 부대와 장비를 최대한 많이 지켜낼 수 있었다. 보로네시 방어에서 37만 명 이상의 손실을 입었지만, 그들의 희생으로 나머지 남서부전선군의 병력 대부분이 돈 강을 따라 동쪽으로 비교적 질서정연하게 철수할 수 있었다. 심지어 소련의 남서부전선군은 차후 작전에 활용이 가능한 대부분의 중장비를 가지고 철수했다. 그들의 추격을 맡았던 독일 제6군은 보병으로 구성된 부대였기 때문에 신속히 철수하는 소련군을 따라잡을 수 없었다.

1942년 7월 13일 히틀러는 보로네시 전투로 인한 공격 지연에 격분해 사령관 보크를 해임했다. 남부집단군은 B집단군으로 명칭이 바뀌었고, 사령관은 바이크스Maximilian von Weichs(1881~1954)가 맡았다.[19] B집단군은 앞서 잠깐 언급했던 흑해 연안에 새롭게 편성되었던 리스트의 A집단군과 함께 남부 전선을 맡게 되었던 것이다. 히틀러는 리스트의 A집단군을 캅카스로, 바이크스의 B집단군을 볼가Volga 강으로 각각 진격시켰다. 또한 그는 자신의 국방군 최고사령부를 동프로이센의 라스텐부르크Rastenburg에서 우크라이나의 빈니차Vinnitsa로 옮기고, 청색 작전 속행을 위한 작전명령 제43호(7월 11일)와 제45호(7월 23일)를 하달했다. 이들 명령의 핵심은 흑해 연안의 항구들과 카프카스의 유전을 장악하여 이란을 통해 소련에게 전쟁물자를 지원해온 연합군의 보급로를 차단하는 것이었다. 명령에 따라 A집단군의 기동계획은 예하 제17군과 클라이스트의 제1기갑군을 투입해 소련군을 추격하여 돈 강이 크게 휘감아 돌아가는 부분을 가로지른 후 로스토프나도누 후방 지역에서 소련군을 섬멸하는 것이었다. B집단군 예하 파울루스의 제6군은 호트가 지휘하는 제4기갑군의 지원 속에 돈 강을 따라 남동진하여 스탈린그라드로 진입해 소련군을 섬멸한 후 돈 강과 볼가 강 사이의 육로 교통로를 봉쇄해야 했다. 한편 동시에 히틀러의 작전명령 제44호(7월 21일)는 또 다른 연합군의 소련 보급로인 북극해의 무르만스크 철도 역시 차단하라고도 했다. 이들 작전이 성공한다면, 소련에게 물자를 보급할 수 있는 연합국의 보급로는 소련 동쪽 태평양의 항구 블라디보스톡Vladivostok만 남게 되는 상황이었다. 이 보급로는 시베리아를 횡단하는 험난하고 긴 루트로서 보급량에 한계가 있었다.

리스트가 지휘하는 A집단군은 예상보다 빠른 속도로 남진했다. 클라이스트의 제1기갑군 예하 전차들은 돈 강을 건넌 후 신속히 쿠반Kuban 초지대를 지나 마이코프Maikop에 도달했다.[20]

스탈린그라드 전투

히틀러의 명령에 따라, 바이크스의 B집단군은 큰 성과가 없었던 보로네시를 뒤로하고 스탈린그라드로 향했다. 파울루스의 독일 제6군의 병력은 보로네시에서 철수하는 소련군을 포위하지 못했고, 치열한 전투 후 지친 상태로 스탈린그라드로 행군을 이어갔다. 독일 제4기갑군 역시 7월 13일 콘스탄티노브카Konstantinovka에서 돈 강을 건넌 후 소련군을 포위하고자 했지만, 소련군은 이미 철수를 완료한 상태였다.

스탈린그라드 전투Battle of Stalingrad는 제2차 세계대전뿐만 아니라 인류사

●●● 1943년 2월 2일, 스탈린그라드의 폐허에서 소련군 병사들이 전투를 벌이고 있다. 추이코프와 그의 예하 지휘관들은 병사들을 위협하고 때에 따라서는 일부 병사들을 총살하는 극단적인 방법까지 사용해 그들을 스탈린그라드의 시가전으로 몰아넣었다. 〈출처: WIKIMEDIA COMMONS | CC BY-SA 3.0 DE〉

에서 가장 치열했던 전투로 기록되어 있다. 현재의 명칭이 볼고그라드Volgograd인 스탈린그라드는 스탈린이 러시아 내전 당시 백군의 결정적 공세를 막아냈던 차리친Tsaritsyn이라는 도시에 자신의 이름을 붙였을 만큼 스탈린에게 상징적인 도시였다. 전투는 독일의 B집단군 예하 제6군과 제4기갑군이 1942년 8월 23일 교통과 산업화의 중심 도시인 스탈린그라드에 진입하며 시작되었다. 독일에게 스탈린그라드 점령은 캅카스로 진격 중인 A집단군의 안전보장에 유리할 수 있지만, 반드시 점령해야 할

곳은 아니었다.

반대로 소련은 캅카스의 유전지대를 보호하기 위해 스탈린그라드를 반드시 사수해야만 했다. 소련은 이 상징적인 도시를 방어하기 위해 예레멘코가 지휘하는 남동부전선군을 편성했다. 추후 스탈린그라드전선군으로 이름이 개칭될 남동부전선군 예하 부대들 중 스탈린그라드 시내와 시 외곽에서 치열한 전투를 벌인 것은 제62군과 제64군이었다. 독일군 방어에 핵심적 역할을 했던 제62군의 지휘관은 제64군의 부사령관이었던 추이코프Vasily Chuikov(1900~1982) 중장이 맡았다. 그는 이전 전투과정에서 독일군 전차들이 항공기의 지원 없이 기동하지 않고 보병들이전차 없이 공격하지 않는 모습에 주목했다. 또한 그는 독일군 보병들이소총 사거리보다 훨씬 먼 거리에서부터 사격하는 것을 보고 그들이 근접전을 피하려 한다는 것을 알아차렸다. 추이코프의 이러한 관찰력은 그가 고안한 근접전에 의한 시가전 전술의 기초가 되었다. 그는 소련군의근접전 유도가 독일의 강력한 항공기와 전차의 보병 지원을 차단할 것이라고 보았다. 폐허가 된 스탈린그라드의 도심 지역은 독일군 보병을근접전으로 끌어들이기에 이상적인 조건을 제공해주었다.

소련의 스탈린그라드전선군은 추이코프가 고안한 근접전 수행을 위한 마지막 퍼즐을 필요로 했다. 그것은 계속적인 패배로 인해 사기가 떨어진 소련군에게 전투의지와 승리할 수 있다는 믿음을 주는 것이었다. 대규모 증원군이 도착하고 있는 가운데 한 발자국도 물러나지 말라는 스탈린의 명령 제227호가 하달되었지만, 소련군 병사들은 근접전 수행을 두려워했다. 이에 전선군 사령관인 예레멘코와 수석 정치장교였던 흐루시초프Nikita Khrushchyov(1894~1971)는 선동적인 연설을 통해 그들의 전투의지를 끌어올리고자 했다. 또한 추이코프와 그의 예하 지휘관들은 병사들을 위협하고 때에 따라서는 일부 병사들을 총살하는 극단적인 방법까지 사용해 그들을 스탈린그라드의 시가전으로 몰아넣었다.

추이코프의 시가지 전투 전술은 구체적으로 다음과 같았다. 건물 안 실내에서 벌어진 전투에서 병사들은 방에서 방으로 움직일 때마다 치열한 전투를 치러야 했다. 이러한 전투에서 기존의 소대와 중대 편성은 효율적이지 않았다. 추이코프는 제62군을 보병 20~50명, 2~3문의 경포, 공병 및 화염 방사기나 폭발물 전문 병사 1, 2개 조로 구성된 수많은 돌격대로 재편성시켰다. 이 돌격대원들은 독일군의 행동을 유심히 관찰하고 있다가 그들의 식사 시간이나 경계임무 교대 시간 등 취약한 틈을 이용해 공격을 감행했다.

돌격대는 공격조, 지원조, 그리고 예비조 등 크게 세 그룹으로 구성되었다. 6~8명으로 구성된 공격조는 기관단총, 수류탄 10~12개, 단검, 도끼와 유사한 용도로 사용될 야전삽으로 무장한 채 공격을 이끌었다. 공격조가 건물 침투에 성공하면, 그 뒤를 지원조가 후속했다. 중기관총, 박격포, 대전차포, 대전차 소총, 지렛대, 곡괭이, 폭발물 등으로 무장한 지원조는 필요한 경우 공격조를 지원했다. 그러나 지원조의 주요 임무는 공격조가 공격하는 건물의 접근로에 매복하고 있다가 건물 내의 독일군을 돕기 위해 이동해오는 독일군 증원부대를 공격하는 것이었다. 세 번째 집단인 예비조는 필요한 경우 지원조의 역할을 수행했지만, 그럴 필요가 없을 경우 공격조로 전환되어 공격 임무를 수행했다. 이러한 근접 시가전에서 독일 보병들은 그간 그들이 크게 의존해온 전차나 포병, 항공기의 집중 지원을 받을 수 없었다. 1, 2대의 전차나 야포가 근접전투 중인 독일군 보병을 지원하는 정도가 최선이었다. 즉, 스탈린그라드 시가전에서 독일의 장기인 제병협동 전술은 큰 의미가 없었다.

소련군은 독일군의 화력을 제압하기 위해 땅굴과 지뢰 매설을 적극 활용했다. 이는 소련군의 보급선을 위협하는 독일군의 포병부대를 제거하기 위한 방책이었다. 독일군은 소련의 후방 지역인 볼가 강 동안에서 서쪽 제방에 위치한 스탈린그라드 도심 작전 부대인 소련 제62군으로 이어지는 보급로와 보급선에 대해 집중적 포격을 가했다. 소련의 제62군은 이들 독일군 포대를 제압하기 위해 땅굴을 파고 폭약을 매설하는 지뢰 전술을 처음으로 고안했다. 한 예로 소련군 공병부대는 2주 동안의 노력 끝에 소련군의 보급로를 괴롭히던 독일군의 주 포병진지가 자리 잡은 건물 밑까지 땅굴을 뚫은 후 폭약 3톤을 그곳 지하에서 폭파시켰다. 소련군이 자주 활용한 땅굴과 지뢰 매설 전술은 스탈린그라드 전투에서 독일군을 괴롭혔다.

시내 중심의 도심 건물 내에서의 전투뿐만 아니라 스탈린그라드 시 외곽에 위치한 두 곳의 트랙터와 바리케이드 생산용 대규모 공업단지에서도 격렬한 전투가 이어졌다. 또한 소련군과 독일군 양측은 도시의 중심부를 감제할 수 있는 자그마한 마마예프 쿠르간Mamayev Kurgan 언덕을 차지하기 위해 치열한 전투를 벌여야 했다. 계속된 전투로 인해 그해 겨울 이 언덕에는 눈이 쌓이지 않을 정도였다. 계속된 전투와 포탄 투하 등으로 이 언덕 지면의 열기가 식을 날이 없었던 것이다. 볼가 강 서쪽 제방을 따라 수 마일 길이로 펼쳐져 있던 스탈린그라드 내에는 안전지대란 존재하지 않았다.

소련군은 전투 초기에 독일 B집단군의 주력인 제6군을 스탈린그라드 시내에 묶어두는 것에는 성공했지만, 격퇴시키지는 못하고 있었다. 그들은 스탈린그라드 북쪽 방향에서의 공격을 통해 독일군을 격퇴하고자 했지만 실패하고 말았다. 1942년 9월 중순 스탈린은 주코프와 바실리예프스키에게 독일군을 격퇴시킬 작전계획을 가져오라고 독촉했다. 이에 둘은 두 가지 핵심 사항으로 구성된 작전계획을 스탈린에게 보고했다. 첫 번째 사항은 소련군이 스탈린그라드를 결사적으로 사수하는 동시에 독일군을 최대한 전선 전방에 고착시키는 것이었다. 이때 소련군은 최소한의 병력만으로 독일 제6군을 스탈린그라드에 잡아두도록 계획되었다. 두 번째 사항은 독일군이 고착된 사이에 대규모 부대를 결집하여 독일군의 후방을 남과 북에서 공격하여 스탈린그라드 내 독일군 주력을 양익포위하는 것이었다. 소련군은 앞선 고착 작전에 최소한의 병력만을 투입함으로써 절약된 병력을 양익포위 작전에 투입하도록 계획을 수립했다.

독일군은 스탈린그라드까지 긴 보급선과 퇴로를 지키기 위해 루마니아, 이탈리아, 헝가리 등에서 합류한 동맹군을 활용했다. 예비 병력이 부족해 광대한 돈 강을 모두 지킬 수 없었던 독일군은 소련군 역시 자신들처럼 예비 병력이 부족할 것으로 판단했다. 그래서 히틀러는 돈 강 일대의 방어를 독일군에 비해 상대적으로 약했던 루마니아 제3군과 헝가리 제2군, 이탈리아 제8군 등에게 맡겼다. 이들은 전투력이 약했을 뿐만 아니라 전투의지 역시 크지 않았다. 소련군은 독일 동맹국으로부터 지원된 약한 군대를 공격해 독일군의 주력을 완전히 포위하고자 치밀한 계획을 수립한 것이다. 이것이 이른바 천왕성 작전Operation Uranus으로 알려진 소련의 반격작전이었다.

작전계획에 따라, 소련군은 볼가 강 서안의 스탈린그라드 교두보가 최악의 위기를 맞는 순간에도 거점 유지 및 독일군 고착을 위한 최소한의 병력만을 시내와 시 외곽에 위치시키며 저항했다. 반면에 그들은 양익포위에 투입될 돈전선군과 남서부전선군으로 병력을 집결시키기 시작했다. 이 작전은 기습 달성을 위한 기밀 유지가 핵심이었다. 소련군 수뇌부는 작전과 관련된 모든 명령을 무선과 문서가 아닌 구두로 전달했다. 심지어 소련군 수뇌부는 기밀 유지를 위해 스탈린그라드전선군 사령관인 예레멘코에게 작전과 관련된 개략적인 사항 외에는 세부 정보를 알리지 않았고, 오로지 현재의 전선을 반드시 사수하라는 명령을 하달했다.

양익포위의 북쪽 날개를 책임질 부대들은 돈 강의 남서쪽 제방의 두 교두보인 세라피모비치Serafimovich와 클레츠카야Kletskaya에서 공격 개시 준비를 했다. 작전의 핵심은 로마넨코Prokofy Romanenko(1897~1949) 중장이 지휘하는 제5기갑군이 칼라치Kalach 부근의 돈 강 방면으로 공격을 개시하고, 동시에 남쪽 날개를 구성하는 부대들이 북쪽을 향해 공격하여 제5기갑군과 연결하여 포위망을 완성하는 것이었다. 소련군은 스탈린그라드전선군을 돈전선군으로 개칭하고, 부대의 지휘관으로 로코소프스키Konstantin Rokossovsky(1896~1968) 중장을 임명했다. 남동부전선군은 스탈린그라드전선군으로 개칭되었고, 지휘관은 예레멘코가 계속 맡게 되었다. 바투틴Nikolai Vatutin(1901~1944)이 지휘하는 남서부전선군은 1942년 10월 말 새롭게 편성되어 돈전선군의 서쪽에 배치되었다.

소련군의 세부 계획에 따르면, 공세가 시작되면 남서부전선군 예하 제5기갑군은 안쪽 포위망의 서쪽 측면을 형성하고, 나머지 남서부전선군 예하 부대들은 루마니아군과 인근의 이탈리아 제8군을 뚫고 진출해 서쪽을 바라보고 바깥쪽 포위망을 형성하여 스탈린그라드에 갇힌 독일군의 구출 시도를 차단할 예정이었다. 소련군은 계획 실행을 위해 병력과 보급품 집적에 상당한 시간을 투자했다. 특히나 기밀 유지를 위해 병력과 장비, 보급품 등을 야간에 이동시켰기 때문에 작전은 1942년 11월 정도에나 감행될 수 있었다. 오랜 준비 시간 동안 주코프는 스탈린의 지시에 따라 작전 지역을 직접 방문해 계획 실행을 위한 세세한 부분들을 점검했고, 작전에 관한 진행 사항들은 스탈린에게 구두로 보고했다. 10월 초가 되어서야 일선의 고위급 지휘관들에게 천왕성 작전에 관한 내용이 전파되었다. 그나마도 하급 지휘관에게는 작전 개시가 임박해서 그 내용이 전파되었다.

소련군은 천왕성 작전을 위해 스탈린그라드 일대에 3개 전선군 예하

66개 보병사단, 19개 보병여단, 8개 기병사단, 5개 기갑군단, 15개 기갑여단, 2개 기계화군단을 은밀히 준비하는 데 성공했다. 소련의 지상군은 6개 항공군의 지원을 받았다. 모두 완편된 부대는 아니었지만, 이 작전을 위해 모인 소련군 병력은 114만 3,500여 명에 이르렀다. 작전을 위해 준비된 구경이 3인치 이상인 야포는 1만 3,500여 문, 전차는 900여 대가 준비되었다.

소련군이 준비한 부대의 규모는 독일군이 예상했던 소련군의 전력을 훨씬 뛰어넘는 규모였다. 소련군의 병력과 장비 이동 규모가 워낙 컸기 때문에 독일 정보부의 눈을 완전히 속일 수는 없었다. 다만, 독일 정보부의 겔렌[Reinhard Gehlen](1902~1979) 대령은 소련군의 움직임을 과소평가하는 과오를 범했다. 그는 스탈린그라드 북부에 소련군 병력이 좀 늘어나고 있는 정도로만 예측했을 뿐이었고, 남쪽에서의 병력 증가는 전혀 알아차리지 못했다. 소련의 반격작전 개시가 임박한 1942년 11월 첫 주에 독일 국방군 최고사령부는 루마니아 제3군과 대치하고 있는 소련군 병력이 이상하리만큼 크게 증가되고 있다는 증거들을 계속적으로 얻게 되었지만, 이러한 위험 징후를 무시한 채 스탈린그라드가 곧 함락될 것이라는 장밋빛 예상만 하며 대비할 시간을 허비했다.

한편 반격작전 개시 이전 상황을 본다면 독일군이 승리를 예감한 것은 이상한 일이 아니었다. 이러한 대규모 반격작전 준비로 인해 스탈린그라드에 소련군 예비병력 보강이 제대로 이뤄지지 않았고, 독일군의 대규모 공세가 어느 정도 성공하는 듯 보였다. 반격작전이 최초 입안되던 시점인 1942년 9월 중순 독일군은 스탈린그라드에서 새로운 공세를 시작했다. 스탈린그라드 도심에서 근접 시가전을 벌이던 소련 제62군은 예비병력이 보강되지 않아 쉽게 위기에 빠졌다. 위기 속에서도 소련군 수뇌부는 제62군이 스탈린그라드에서 괴멸되는 것을 막기 위해 예비대

소련군의 스탈린그라드 반격

남서부전선군

세라피모비치

제5기갑군

제21군

라스포핀스카야

루마니아 제3군

5개 사단

돈 전선군

클레츠카야

제65군

제24군

보코프스카야

페렐라조프스키

카칠린스카야

제26기갑군단

마노일린

제4기갑군단

골루빈스키

제66군

체르니셰프스카야

제1기갑군단

굼라크

일부

제62군

제6군 제4기갑군

스탈린그라드

오스트로프

칼라치

소베츠키

스탈린그라드 전선군

일부

제4기갑군

제13기갑군단

제4기갑군단

사르파 호수

B집단군

틴구타

제57군

차츠카 호수

베르흐니예-쿰스키

플로도비토예

제51군

아브가네로보

바르만차크 호수

0   25 miles
0   50 km

—— 1942년 11월 19일 전선
--- 1942년 11월 23일 전선
····· 1942년 11월 30일 전선
▨ 포위당한 추축군 부대

에서 겨우 1개 사단만을 빼내 지원했다. 물론 스탈린그라드가 무너진다
면 반격작전 전체가 무산되기 때문에 이후 10월 한 달간 소련군 수뇌부
는 6개 사단을 추가로 시가전에 투입했다. 다행히 소련군은 스탈린그라
드에서 제62군을 완전히 몰아내려던 독일 제6군의 기도를 좌절시키는
데 성공했고, 이제 반격작전의 실행만을 남겨두게 되었다.

소련군의 대규모 반격작전은 1942년 11월 19일 시작되었다. 최초 소
련의 반격작전은 1942년 11월 9일 남서부전선군과 돈전선군이, 11월
10일에는 스탈린그라드 전선군의 공세로 개시될 예정이었으나, 병력과

탄약, 부동액, 군마, 그리고 기타 여러 보급품 등의 투입 지연으로 약 10일 정도 뒤로 미뤄진 탓이었다. 소련군은 반격작전의 성공을 위해 독일군을 기만하기 위한 행동까지 했다. 스탈린은 그와 같은 작전을 위해 11월 17일 주코프를 전선으로 파견해 서부전선군과 칼리닌전선군이 반격작전 개시에 맞춰 독일 기동부대에 공세를 가하도록 했다. 반격작전의 또 다른 핵심 요소는 인근 지역에 있는 독일군이 스탈린그라드의 독일 제6군을 지원할 수 없도록 만드는 계략이었다.

소련군이 치밀한 계획을 통해 반격작전을 준비하고 실행하던 그 시점에 독일군은 반격작전에 적절히 대응할 수 없는 상황이었다. 독일군 정보부가 소련군이 대규모 반격작전을 준비 중이라는 사실을 파악하지 못했던 상황이다 보니 11월 초에 히틀러는 다른 정치적 행사를 준비하기 위해 빈니차를 떠나 베르히테스가덴으로 떠났다. 소련군의 공세가 개시되어 긴급한 상황에 히틀러는 독일 국방군 총사령부^{OKW} 소속의 소수 장교들만 동행한 채 베르히테스가덴의 북쪽에 위치한 베르크호프^{Berghof}에 있었다. 동행한 장교들 가운데 동부 전선 담당 관계자는 한 명도 없었다. 히틀러의 핵심 참모들 대부분은 베르그호프 외곽이나 잘츠부르크^{Salzburg} 기차역에 있던 히틀러의 전용 열차에 있었다. 독일의 공군 총사령부^{OKL}는 육군 총사령부와 함께 라스텐부르크에 있었지만, 공군 총사령관인 괴링^{Hermann Wilhelm Göring}(1893~1946)은 전선에서 멀리 떨어진 파리에 있었다. 게다가 지난 7월 중순에 빈니차로 옮겨왔던 히틀러의 사령부도 다시 라스텐부르크로 돌아가기 위해 준비 중이었다.

이 와중에 북아프리카의 상황은 독일에게 불리하게 흘러가고 있었다. 10월 23일 영국군은 북아프리카에서 반격작전을 시작했고, 11월 2일 롬멜^{Erwin Rommel}(1891~1944)의 부대도 철수를 시작했다. 11월 7일 영미 연합군이 프랑스령 북아프리카에 상륙하자 히틀러는 튀니지에 대규모

◈ 북아프리카 전역 ◈

제2차 세계대전 기간 연합군과 추축군은 북아프리카 지역에 대한 통제권을 차지하기 위해 1940년 6월 10일부터 1943년 5월 13일까지 약 3년간 치열한 전투를 벌였다. 주요 전장이었던 유럽 대륙이 아닌 지중해 남쪽에 위치한 북아프리카는 양측에게 여러 측면에서 중요한 지역이었다. 이 지역을 통제하는 측은 유럽과 아시아를 잇는 수에즈 운하와 중동의 석유를 차지할 수 있었다. 즉, 북아프리카는 제2차 세계대전에 참전한 모든 국가에게 지정학적으로 중요한 전략적 요충지였다.

양측 간의 전투는 북아프리카 동쪽 끝의 이집트로부터 리비아, 튀니지, 알제리, 그리고 가장 서쪽 끝의 모로코에서 이뤄졌다. 전투의 시작은 제2차 세계대전 이전부터 북아프리카 지역에 대한 영향력을 갖고 있던 영국군과 이탈리아군 간의 전투였다. 이탈리아는 독일이 프랑스 파리를 점령하기 바로 나흘 전인 1940년 6월 10일에 영국과 프랑스에 전쟁을 선포했다. 북아프리카 전역이 본격적으로 막이 오르자, 이집트에 주둔하던 영국군은 전차를 동반하여 리비아 국경을 넘어 들어가 이탈리아의 요새를 점령했다. 이탈리아는 반격작전으로 이집트로 침공해 들어가 1940년 9월 영국이 점령하고 있던 시디바라니$^{Sidi\ Barrani}$를 탈취했다. 영국은 컴퍼스 작전$^{Operation\ Compass}$을 벌여 같은 해 12월 시디바라니를 이탈리아로부터 되찾는 데 성공했다. 그들은 작전을 이어가 1941년 2월경 북아프리카의 이탈리아군을 거의 괴멸 상태에 빠뜨렸다.

독일은 동맹국인 이탈리아가 완전히 전선을 이탈하는 상태를 두고 볼 수 없었다. 훗날 사막의 여우라는 별명을 갖게 되는 롬멜은 이탈리아군을 돕기 위해 자신의 독일 아프리카 군단$^{Afrika\ Korps}$을 이끌고 1941년 2월 아프리카에 도착해 영국군과의 전투를 시작했다. 이탈리아군 일부를 포함한 독일군과 영국군은 이집트와 리비아를 차지하기 위해 치열한 수많은 전투를 벌이며 서로 밀고 밀리는 일진일퇴의 상황을 연출했다. 연합군의 미군은 1941년 12월 북아프리카의 영국군을 돕기 위한 전투에 참여하기로 결정했고, 1942년 5월부터 직접적인 군사적 지원을 시작했다.

영국군은 미군의 가세와 함께 제공권과 제해권을 통해 시간이 지남에 따라 북아프리카 전역에서의 우세를 달성해가고 있었다. 반대로 롬멜의 독일군은 병력과 장비의 보충 제한, 그리고 식량 부족 등 모든 면에서 보급 문제로 어려움을 겪고 있었다. 그럼에도 불구하고 롬멜은 뛰어난 전술적 능력으로 위기를 극복하며 선전하고 있었다.

북아프리카에 대한 통제권을 두고 벌인 양측 간 전투의 절정은 1942년 10월의 제2차 엘 알라메인 전투$^{Second\ Battle\ of\ El\ Alamein}$였다. 영국군의 사령관이었던 몽고메리$^{Bernard\ Montgomery}$(1887~1976)가 그곳에서 롬멜의 아프리카 군단에 결정적 타격을 입혔다. 결정적 패배를 당한 롬멜은 잔여 병력을 이끌고 튀니지로 퇴각할 수밖에 없었다. 여기에 더해 비슷한 시기 영국과 미국 연합군은 1942년 11월 토치 작전$^{Operation\ Torch}$(횃불 작전)을 벌여 비시 프랑스의 식민지인 모로코와 알제리 해안에 10만 명이 넘는 병력을 상륙시켰다. 연합군은 동과 서 양쪽에서 튀니지로 쫓겨나간 롬멜의 독일 아프리카 군단과 이탈리아군을 완전히 포위했다. 완전히 고립된 독일군과 이탈리아군은 부족한 장비와 무기, 그리고 식량 상태에서도 최후까지 저항하다가 1943년 5월에 연합군에게 항복하고 만다.

●●● 소련군은 1942년 11월 19일에서 11월 23일에 걸쳐 스탈린그라드의 독일군을 포위해 섬멸하려는 천왕성 작전을 실시하여 스탈린그라드 전투의 전세를 일거에 역전시켰다. 사진은 천왕성 작전 중에 칼라치로 진격하는 소련군의 모습. 〈출처: WIKIMEDIA COMMONS | Public Domain〉

부대를 파견했고, 8일에는 비시 프랑스를 점령하라는 명령을 내렸다.

1942년 11월 19일 06시 30분부터 약 80분간 화포 3,500문에서 쏜 아부은 포탄은 공격의 시작을 알리는 신호탄이었다. 소련군의 반격작전 부대가 지향한 돈 강 일대의 스탈린그라드 후방 지역에는 전투 의지가 약한 독일 동맹군들이 배치되어 있었다. 독일군 사령부도 동맹군들의 전투의지가 약하다는 것을 알았기 때문에 후방 지역의 전투력 보강 차원에서 독일군 제14·제22기갑사단을 배치해둔 상태였다. 그런데 대규모 소련군이 몰려오는 상황에서 제22기갑사단 예하 전차 대부분이 제대로 작동하지 않았다. 전차를 위장하기 위해 덮어둔 짚 속을 은신처 삼은 들쥐들이 전차의 주요 전선들을 끊어버리는 등의 문제들로 인해 독일군 전차들의 상당수는 제 기능을 발휘하지 못했다. 그나마 시동이 걸려 출동할 수 있었던 독일 제22기갑사단 예하의 일부 전차들은 엄청난 수의 소련 제5기갑군 T-34 전차의 기세를 막기에는 역부족이었다. 공격 개시 단 이틀 만인 11월 21일 루마니아 제3군의 10개 사단 가운데 5개 사단이 소련군에게 항복하고 말았다.

11월 20일에는 스탈린그라드 남부에서 스탈린그라드전선군 예하 3개 군이 반격을 개시했다. 기습적 공격에 독일 제29기계화보병사단과 루마니아 제4군 예하 7개 사단 중 4개 사단이 큰 피해를 입었다. 이어서 소련군 2개 기계화군단은 칼라치를 향해 진격했고, 1개 군은 돈 강 하류를 목표로 남서쪽에서 공격을 가했다. 북쪽과 남쪽에서 진격을 시작한 소련군 양측 날개는 11월 23일 마침내 칼라치에서 연결되며 큰 포위망을 형성했다. 소련이 만든 큰 포위망에 스탈린그라드 공격의 선봉에 섰던 독일 제6군 병력 전체를 비롯해 제4기갑군과 루마니아 제4군의 일부 등 총 20개 독일군 사단과 2개 루마니아 사단이 갇혀버렸다.

한편 히틀러는 완전한 포위망이 형성되기 하루 전인 11월 22일 제6군 사령관 파울루스 상급대장에게 사령부를 스탈린그라드로 이동시킨 후 도시에서 방어전을 할 수 있도록 준비하라고 명령했다. 파울루스는 히틀러의 명령을 따르는 가운데 같은 날 자신의 직속상관인 바이크스 B 집단군 사령관에게 제6군이 보유한 탄약과 연료가 거의 바닥난 상태이고, 식량도 6일분밖에 없다는 무전을 보냈다. 그는 후방 병참선이 차단된 상황을 회복시켜주지 못한 상태에서 자신의 부대도 완전히 고립된다면, 소련군의 포위망을 뚫고 나갈 수 있도록 허가해줄 것 역시 요청했다. 바이크스와 파울루스, 그리고 예하 지휘관 대부분은 당장 서쪽으로 철수하지 않으면 영원히 포위망에서 나올 수 없다는 것에 동의했다. 파울루스는 11월 23일 무전을 통해 히틀러에게 소련의 포위망을 뚫고 철수할 수 있도록 허가해줄 것을 요청했다. 그러나 히틀러는 파울루스의 요청을 받아들이지 않았다. 그는 공군에게 맡겨만 준다면 스탈린그라드에 대한 공중 보급은 전혀 문제 될 것이 없다는 괴링의 말을 신뢰했던 것이다.

공중 보급이 가능하다던 괴링의 주장은 비현실적이었다. 스탈린그라드에 갇힌 독일 제6군이 하루를 버티기 위해 필요한 물자는 750톤이었다. 그런데 당시 독일 공군의 주력 수송기인 융커스 Ju 52 1대가 공중 보급할 수 있는 최대량은 겨우 2.5톤에 불과했다. 즉, 같은 기종의 독일 공군 수송기가 하루에 최소 300번은 수송을 해줘야 제6군이 하루를 버틸 수 있었다. 그러나 같은 시기 독일 공군은 튀니지로 파견되는 병력을 실어 나르는 임무에 수송기를 대거 투입한 상태였다. 스탈린그라드 보급에 투입할 수송기 자체가 부족했던 것이다. 그나마도 추운 겨울 날씨에 독일 항공기의 고장률은 높았고, 해가 짧은 겨울에 야간 이착륙이 가능한 비행장 자체가 한 곳에 불과했다. 심지어 독일 수송기들은 소련 전투기들의 공격을 피하며 수송 작전을 펼쳐야 했다. 공중 보급이 가능하다던 괴링의 장담과 달리, 독일군이 처한 현실은 냉혹하기만 했다.

스탈린그라드 전선을 담당하던 독일 제4항공함대 사령관인 리히트호펜Wolfram von Richthofen(1895~1945)은 독일군 최고사령부와 바이크스 사령관에게 괴링의 주장에 동의할 수 없음을 분명히 밝혔다. 불행히도 히틀러는 리히트호펜이 아닌 괴링의 근거 없는 주장을 선택했다. 가장 실적이 좋은 날 스탈린그라드에 보급된 물자의 최대량은 필요량의 절반에도 못 미치는 289톤에 불과했다. 작전 기간 동안 하루에 평균적으로 100톤도 되지 않는 물자가 스탈린그라드의 독일군에게 보급되었다. 심지어 이러한 수송 작전에 투입된 독일군 항공기가 소련군의 고사포와 전투기의 공격으로 큰 피해를 입었다. 독일 공군 수송기 325대와 폭격기 165대가 소련군에게 격추당했다.

히틀러는 11월 27일 비테브스크Vitebsk에 주둔 중이던 제9군을 남쪽으로 이동시키는 한편, 제9군 사령관 만슈타인 원수를 새로 편성된 돈집단군의 지휘관에 임명했다. 돈집단군은 스탈린그라드에 포위된 22개 사단에 더해 4개 기갑사단, 16개 보병사단, 2개 기병사단까지 보유한 막강한 부대였다. 그러나 이러한 부대들은 숫자에 불과했다. 이들 중 완편되어 전투력이 온전한 부대는 프랑스로부터 이제 막 이동해온 제6기갑사단 1개뿐이었다. 2개 기갑사단이 보유한 전차는 각각 30여 대에 불과했고, 6개 루마니아 사단들은 소련군의 공격으로 뼈대만 남은 상황이었다. 만슈타인은 부족한 전력으로 소련과의 전투를 계속할 수 없다고 판단했다. 그는 히틀러에게는 스탈린그라드에 병력을 증원하기 위한 돌파 작전이라고 보고하고는 실제로는 탈출로를 뚫어 제6군을 빼내오려는 계획을 세웠다.

만슈타인은 소련군의 대비가 완벽할 것으로 여겨지던 스탈린그라드까지 64km의 최단거리 기동로가 아닌 다른 경로로 구출 작전을 하기로 결정했다. 소련 5기갑군단의 측면 공격과 돈 강 등을 도하해야 하는 코스 대신에 만슈타인이 선택한 코스는 코텔니코보Kotelnikovo에서 스탈린그라드로 연결된 철길을 따라 좀 더 남쪽으로 치우친 기동로였다. 이 기동로는 최단 코스보다 130km 정도 더 길었지만, 돈 강의 소규모 지류 외에는 별다른 장애물이 없었고 소련군 방어 병력도 5개 보병사단 정도였다. 만슈타인의 구체적 계획은 홀리트Karl-Adolf Hollidt(1891~1985)가 이끄는 전투단과 루마니아 제3군으로 후방의 방어선을 유지한 가운데 호트 상급대장이 지휘하는 2개 기갑사단이 북동쪽을 향해 공격해 들어가는 것이었다. 이때 루마니아 제4군은 호트의 측면을 보호하고, 독일 제48

기갑군단은 호트의 전진을 저지하려는 소련군의 후방을 타격하는 것이었다. 그리고 파울루스의 제6군은 만슈타인의 신호에 따라 포위망 안쪽에서 서쪽으로 치고 나와 호트의 부대와 연결할 예정이었다.

소련군은 만슈타인의 구출 계획에 제동을 걸었다. 소련군 기병사단은 1942년 11월 28일에 코텔니코보에 도착한 열차에서 하차하던 독일 제6전차사단을 포착한 뒤 공격을 가했다. 그 지역을 담당하던 소련의 예레멘코 사령관은 이 사건을 통해 독일이 최단거리가 아닌 남쪽 기동로를 통해 구출 작전을 수행할 수 있다고 판단하고, 상부에 증원군을 요청했다. 그는 전선의 남쪽 측면은 자체적으로 강화하기로 했다. 이렇게 독일군의 구출 작전을 방해하려는 소련군 때문에 만슈타인은 구출 작전 개시일을 12월 3일에서 12일로 미룰 수밖에 없었다. 구출 작전이 시작된 12일 호트가 이끄는 독일군 구출 부대는 예정된 진격로의 3분의 1의 거리를 주파했지만, 12월 14일부터 예레멘코의 전차들이 본격적인 반격에 나서자 진격이 더뎌졌다. 심지어 독일군 구출 부대는 스탈린그라드로부터 50km 떨어진 미시코바Myshkova 강에서 소련군에게 저지당했다. 12월 19일 더 이상 진격이 제한된다고 판단한 만슈타인은 파울루스에게 포위망 안쪽으로부터 공격을 개시해 호트의 부대 쪽으로 치고 나오라고 명령했다. 그러나 파울루스는 히틀러의 사수 명령과 연료의 부족을 이유로 만슈타인의 명령을 거부했다. 12월 24일 소련군 최고사령부인 스타브카Stavka는 2개 군을 독일 호트의 부대 저지에 투입했고, 3일만에 호트의 부대를 최초의 공격 개시선 너머로 밀어내 버렸다. 이때는 독일 제6군 등 스탈린그라드에 갇힌 부대를 구출할 마지막 희망이 사라진 순간이었다.

구출 작전이 실패로 돌아간 시점에 독일군은 또 다른 문제에 직면했다. 소련군 스타브카는 돈집단군의 보급선을 차단하는 동시에 스탈린그라드에 대한 공중 보급의 전진기지 역할을 담당하던 타친스카야Tatsinskaya 와 모로조프스크Morozovsk를 점령하기로 했다. 12월 16일에 시작된 소련 군의 공세로 이탈리아 제8군은 1주일도 되지 않아 괴멸되었다. 12월 28 일 소련군은 타친스카야와 모로조프스크 비행장을 점령했다. 결국 같은 날 현지 사수만을 고집하던 히틀러도 어쩔 수 없이 돈집단군에게 스탈 린그라드로부터 서쪽으로 240km 떨어진 선까지 철수하라는 명령을 내 렸다. 그러나 그는 아직도 A집단군이 캅카스에 있는 상황에서 파울루스 의 항복을 허가할 수 없었고, 자신이 가장 아끼던 친위기갑군단에게 스 탈린그라드에 포위된 부대들을 구출하도록 명령을 내렸다.

1943년

1943년 1월 스탈린그라드 내의 독일군은 소련군의 계속된 공세로 수세 에 몰리며 점령 지역이 축소되고 사기가 떨어지는 등 모든 면에서 더욱 위축되었다. 항공 수송 상황은 더욱 나빠졌다. 독일군 병사들은 말고기 200그램, 빵 70그램, 마가린이나 지방 14그램에 불과한 하루 식량 배급 으로 전투는커녕 추위와 싸우기도 벅찼다. 그들은 자신들이 보유했던 군 마 7,000필을 도살해서 먹은 지 오래였다. 독일군 병사들의 상당수가 기 아와 추위로 죽어가고 있었다.

1월 8일 독일 제6군 사령관 파울루스는 소련군 스타브카의 대표인 보 로노프Nikolay Voronov(1899~1968)와 로코소프스키의 항복 제안을 단번에 거절했다. 로코소프스키는 곧바로 스탈린그라드 내 독일군을 완전히 격 멸시키기 위해 고리라는 의미를 가진 콜초 작전Operation Koltso을 전개했다. 소련군은 새로운 작전 시작 4일 만에 독일군의 주 보급선 역할을 했던 피톰니크 비행장Pitomnik Airfield을 함락시켰다. 스탈린그라드 내 독일군을

●●● 항복한 파울루스가 제64군 본부에 도착하고 있다. 파울루스의 항복 요청을 불허한 히틀러
는 그를 원수로 진급시켰다. 갑작스런 파울루스의 원수 진급은 그에게 자살하라는 암묵적인 명령과
도 같았다. 소련군의 집중 공격을 받게 되자 파울루스는 드디어 소련군과의 협상에 나서 1월 31일
항복했다. 이로써 제2차 세계대전 최악의 전투였던 스탈린그라드 전투는 종결되었다. 〈출처: WIKI-
MEDIA COMMONS | CC BY 4.0〉

위한 항공 수송은 유일하게 굼라크^{Gumrak}의 보조 비행장만을 통해서 가
능하게 되었다. 1월 16일 야간에 포위되어 있던 독일군은 두 동강까지
났다. 독일군이 통제할 수 있는 스탈린그라드 내 지역은 절반 이하로 급
격히 줄어들었다. 1월 21일에는 굼라크 비행장마저도 소련군에게 넘어
갔고, 굼라크에 있던 파울루스의 사령부는 시내의 백화점 지하로 밀려
났다.

히틀러는 독일 제6군의 항복을 막기 위해 1월 23일 파울루스에게 항
복 불허 명령을 내렸다. 1월 30일 그는 파울루스를 원수로 진급시켰다.
그때까지 독일군 원수가 항복한 전례가 없었기 때문에 갑작스런 파울루
스의 원수 진급은 그에게 자살하라는 암묵적인 명령과도 같았다. 한편

파울루스가 진급하던 1월 30일 그날 소련 제64군의 지휘관 슈밀로프 Mikhail Shumilov(1895~1975) 대장은 파울루스 사령부가 있는 백화점으로 전차와 기계화보병을 보내 집중 공격을 가했다. 소련군의 집중 공격을 받게 되자 파울루스는 드디어 소련군과의 협상에 나섰고, 1월 31일 양측의 협상이 타결되었다. 협상 결과에 따라, 1월 31일 남쪽 포위망에 갇혀 있던 독일군들이 먼저 항복했고, 2월 2일 북쪽 포위망에 갇혀 있던 나머지 독일군들도 항복했다.

독일의 추축군은 스탈린그라드 전투와 돈 강 일대에서 벌어진 격전으로 인해 전투력의 큰 손실을 입었다. 그들은 독일 제6군 전체와 제4기갑군 일부, 루마니아 제3 · 제4군, 헝가리 제2군, 이탈리아 제8군 대부분을 잃었다. 독일군은 수송기를 통해 부상병을 중심으로 많은 군인들을 구출하고자 했으나, 이 과정에서 부상병들을 태운 독일의 수송기들이 소련의 대공포화와 전투기에 격추당해, 고작 8만 4,000여 명만을 구출할 수 있었다. 결국 스탈린그라드에 포위되었던 추축군 9만 1,000명이 소련에게 항복했다. 그들 대부분은 기아와 추위, 티푸스 등으로 인해 면역 기능이 떨어진 상태였기 때문에 모진 포로 생활 중 대부분 사망했다. 나중에 독일의 고향으로 돌아갈 수 있었던 포로는 고작 6,000여 명에 불과했다. 스탈린그라드 포위전에서 전사한 독일군의 수는 14만 7,200명으로 알려져 있다. 전사자와 포로, 실종자, 중상자 등을 합한 독일군의 순손실은 22만 6,000여 명이었다. 추축국 일원으로서 독일군과 함께 했던 루마니아군, 헝가리군, 이탈리아군의 나머지 부대원들은 스탈린그라드 전선에서 본국으로 철수해버렸다. 독일군은 추축국으로부터 지원받은 20만 명 이상의 병력 손실도 발생했다. 독일군은 추후 소련군의 공세에 대비하기 위해 여기서의 손실을 메우고자 했다. 그러나 독일의 새로운 보충병들은 스탈린그라드 전투에서 잃은 병력을 대체하기에는 전투력이나 자질 면에서 크게 떨어졌다.

 승리한 소련 역시 스탈린그라드 전투에서 많은 손실을 입었다. 1942년 7월 17일부터 11월 18일 사이에 스탈린그라드 방어를 위해 투입된 소련의 전투원 54만 7,000명 중 32만 3,856명이 전사하거나 포로로 잡히거나 부상을 당했다. 반격 시기인 1942년 11월 19일부터 이듬해 2월 2일 사이에 투입된 114만 3,500명의 소련군 가운데 15만 4,885명이 손

●●● 1943년 2월 폐허가 된 스탈린그라드 중심부로 진출하고 있는 소련군. 스탈린그라드 전투로 독일군은 22만여 명, 소련군은 53만 명의 손실을 입었다. 〈출처: WIKIMEDIA COMMONS | CC BY-SA 3.0〉

실되었다. 이외에 소련군은 돈 강 주변에서의 전투 중 5만 5,874명의 병력을 잃었다. 즉, 스탈린그라드 전투 전체 기간 중 소련군이 입은 총 손실은 53만 4,615명에 달했다. 소련군은 독일군과 달리 예비 병력과 탈환한 지역에서 징병 연령대의 남성들을 징집해 손실된 병력을 상대적으로 수월하게 메울 수 있었다. 이는 연합군이 독일군에 비해 상대적으로 자원과 병력 등 모든 면에서 보충이 쉬웠던 당시의 상황을 보여주는 하나의 예이자 앞으로 양측의 상황이 뒤바뀔 것을 보여주는 지표였다.

독일 A집단군은 B집단군이 스탈린그라드에서 무너지자 타만^{Taman} 반도와 투압세^{Tuapse}-노보로시스크^{Novorossiisk} 사이의 해안 지역 일대를 제외한 모든 캅카스 지역에서 철수할 수밖에 없었다. 그나마 다행인 것은 B집단군이 스탈린그라드에서 오래 버틴 덕분에 돈 강을 따라 남쪽으로 진격하여 A집단군의 퇴로를 차단하려는 소련군의 계획에 차질이 생겼다. 돈 강 방면에 적은 수의 소련군 병력만이 투입되었기 때문에 독일 A집단군은 전멸을 피할 수 있었다. 그러나 이 시점 캅카스 유전지대의 확보와 인도에 있던 일본군과의 연결을 시도하려던 히틀러의 원대한 계획은 실패하고 말았다.

1943년의 쿠르스크 전투

쿠르스크 전투^{Battle of Kursk}는 독일이 동부 전선에서 소련을 상대로 실시한 마지막 대공세였다. 이 전투는 1943년 7월 5일 개시되어 13일까지 약 1주일 동안 지속되었다. 이는 사상 최대의 전차전으로도 잘 알려져 있다. 한편 쿠르스크 전투 이후 소련은 수차례에 걸친 반격작전을 통해 1943년 8월 23일 하리코프까지 재탈환하게 된다. 전문가에 따라 하리코프 재탈환까지를 쿠르스크 전투로 보는 시각도 존재한다.

소련은 스탈린그라드에서 승리한 이후 1943년 2월 8일에 쿠르스크를, 2월 16일에는 하리코프를 탈환하는 데 성공했다. 이 시기 독일의 만슈타인은 스탈린그라드의 대승리로 방심하던 소련군에게 과감하게 기습적인 반격을 실시했다. 2월 말부터 시작된 만슈타인의 반격으로 소련군은 큰 타격을 입고 하르코프를 비롯해 스탈린그라드 전투 승리 후 수복한 지역의 일부를 독일군에게 내주고 도네츠 강 북부로 후퇴했다. 그러나 봄 해빙기가 되자 라스푸티차^{Rasputitsa}로 불리는 러시아, 우크라이나,

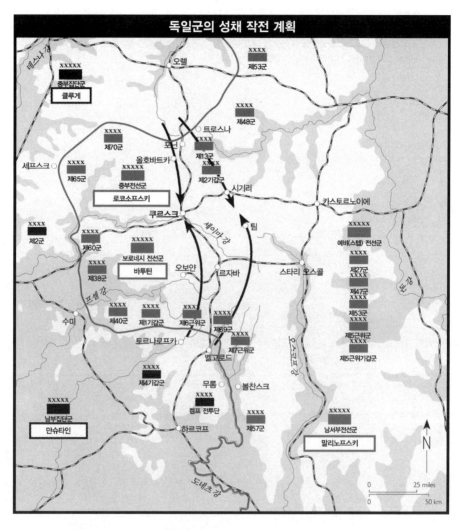

독일군의 성채 작전 계획

벨로루시 등지에서 봄과 가을에 토양이 진흙탕으로 변하는 현상이 일어나며 전선은 자연스럽게 소강상태를 맞게 되었다.

　만슈타인의 반격은 일부 지역에서 소련군을 밀어내는 효과를 얻었다. 이 과정에서 독일군 쪽으로 소련군의 커다란 돌출부가 전선에 형성되었다. 히틀러는 1943년 여름에 공세를 벌여 쿠르스크에 형성된 돌출부를 지키고 있던 소련의 중부전선군과 보로네시전선군을 섬멸하고자 했다.

●●● 1943년 6월 성채 작전에 투입된 무장친위대 다스라이히(Das Reich) 사단 병사들이 티거 1 전차 앞에서 진군하고 있다. 독일군의 작전계획은 두 집단군이 말로아르항겔스크-쿠르스크-벨고로드 선에서 쿠르스크 돌출부를 봉쇄하고 그 안에 있는 소련군을 분쇄하는 것이었다. 〈출처: WIKI-MEDIA COMMONS | CC BY-SA 3.0 DE〉

이 공세 작진의 이름은 성채 작전Operation Zitadelle이었다. 히틀러는 공세 개시일을 1943년 5월 3일로 명기한 작전명령 6호를 하달했다.[21] 만슈타인은 성채 작전을 빨리 실행에 옮기고자 했다. 그러나 히틀러의 최종 작전 개시 허가일은 7월 5일이었다. 히틀러는 중重전차인 티거Tiger 등의 신형 전차와 페르디난트Perdinand 대전차 자주포 등의 신형 무기를 최대한 많이 투입하고 싶어했기 때문에 이들이 대량 생산되어 작전에 투입될 수 있을 때까지 작전 개시를 미뤘던 것이다.

성채 작전에 투입된 독일군 부대는 만슈타인의 남부집단군과 클루게의 중부집단군이었다. 전투 기간 동안 이 두 집단군은 최대 전투력을 유지했을 때를 기준으로 병력 약 90만 명, 전차 2,700대, 야포 1만 문 정도를 보유했다. 독일군의 작전계획은 두 집단군이 말로아르항겔스크 Maloarkhangelsk－쿠르스크Kursk－벨고로드Belgorod 선에서 쿠르스크 돌출부를 봉쇄하고 그 안에 있는 소련군을 분쇄하는 것이었다.[22]

한편 소련군은 첩보를 통해 쿠르스크 방면으로 독일군이 공세를 펼칠 것이라고 예상하고 있었다. 그들의 방어 계획은 돌출부 방어선에서 독일군 기갑부대를 분쇄한 뒤에 좌익과 우익에 배치된 병력을 통해 역공으로 전환하는 것이었다. 방어를 준비 중인 그 지역에 집결한 소련군 부대들은 공세를 준비 중인 독일군에 비해 훨씬 더 많은 병력을 보유하고 있었다. 소련군의 최전방 전선 560km에 배치된 중부전선군과 보로네시 전선군의 전력은 병력 127만 2,700여 명, 전차와 대전차 자주포 3,306여 대, 야포 및 박격포 1만 9,300여 문, 그리고 카츄샤Katyushas로 불리는 다연장 로켓 발사기 920여 대였다. 이들의 후방에 위치한 예비대인 스텝전선군은 병력 40만여 명에 추가로 1개 기갑군을 보유했다.

이에 더해 소련군은 민간인 30만 명을 투입해 쿠르스크 돌출부에 전방 참호선으로부터 제6참호선까지 6중으로 된 방어선을 구축했다. 6중 방어선은 참호와 대전차호, 개인호 등으로 이루어져 있었다. 방어선의 전체 길이는 약 9,650km였고, 종심은 175km에 이르렀다. 게다가 스텝 전선군이 위치한 후방에도 2개의 추가 방어선이 구축되었다. 지뢰의 경우 1.6km 길이의 전선마다 대전차 지뢰 2,400개와 대인 지뢰 2,000개를 매설해 독일의 공세에 대비했다. 특히 소련은 보급과 병력 보충을 위해 쿠르스크 내에 철도와 도로를 신설 또는 확장 및 보수하는 치밀함도 보였다.

독일의 쿠르스크 돌출부에 대한 공격 결정은 전략적으로 당연했기 때문에 그곳에 대한 소련군의 방어력 보강과 대비는 자연스러운 것이었다. 결국 독일군 입장에서 승리를 위해서는 소련의 대비가 완벽하지 않은 시점에 빠르게 기습적으로 공격하는 것이 필요한 상황이었다. 그런데 공격 개시 기일이 늦어지면서 독일의 쿠르스크 전투는 초기부터 기습과 충격 효과 모두를 달성하지 못했다. 심지어 소련의 중부전선군 사령관 로코소프스키는 독일의 공격 개시 하루 전인 1943년 7월 4일 독일군 포로로부터 다음날 새벽 3시 30분에 독일군이 공세를 위한 포격을 시작할 것이라는 정보를 획득했다. 소련군의 주코프가 독일의 공격 개시 전인 새벽 2시 20분에 무의미한 선제적인 포격을 실시하는 과오도 범했지만, 정보획득을 통해 소련군은 독일군의 공격 시점을 정확히 파악하고 그에 대비하고 있었다.

1943년 7월 5일 오전 5시 30분 독일군 3개 기갑사단이 5개 보병사단의 지원 속에 전진을 시작하며 전투의 막이 드디어 올랐다. 모델^{Walter} ^{Model}(1891~1945) 상급대장이 지휘하는 독일 중부집단군 예하 제9군은 돌출부의 북쪽에서부터 공격해 들어가 전선의 정면 32km 길이에서 종심으로 10km 정도 전진했으나, 소련 중부전선군의 제2방어선에서 저지당했다. 모델의 군대는 소련의 제2방어선을 뚫기 위해 수많은 병력과 전차를 잃어가며 분전했지만, 이틀 만에 공격을 중지할 수밖에 없었다.

7월 7일부터 모델의 독일 제9군 주력 부대는 올호바트카^{Olkhovatka} 방향으로 공격을 시도했다. 독일군은 스스로 많은 사상자와 손실을 입으며 소련군의 방어선을 강타했다. 이때 소련의 포니리^{Ponyri} 마을은 독일군의 포위 공격으로 인해 스탈린그라드처럼 고립되었다. 그러나 11일까지 계속되었던 포니리 마을에 대한 모델의 공격 시도는 쿠르스크를 향한 결정적 돌파의 성공으로 이어지지 못했다. 오히려 7월 9일 소련의 스탈린이 주코프에게 12일을 기점으로 오렐 돌출부에 대하여 반격작전 개시 명령을 내렸다. 독일 중부집단군 사령관인 클루게는 오렐 돌출부에 대한 소련군의 반격작전을 감지하고 공세에 투입된 제9군에서 부대까지 차출해 대비할 수밖에 없었다. 12일을 기점으로 제9군을 선두로 실시된 독일 중부집단군의 공세 작전이 막을 내렸다.

만슈타인이 지휘하는 독일의 남부집단군 역시 중부집단군의 상황과 크게 다르지 않았다. 공격 당일 내린 비로 인해 하천에 물이 불어났고 교량 설치 작업은 더뎠다. 전차와 보병들의 진격은 원활하지 못했다. 그나마 제48기갑군단과 제2친위기갑군단을 선두로 한 제4기갑군이 소련 보로네시전선군의 제1방어선을 돌파한 후 공격 개시 이틀째에 전선의 종심 11km까지 진격할 수 있었다. 7월 7일부터 10일까지의 제4기갑군 상황을 살펴보면, 좌익의 제48기갑군단은 9일에 페나^{Pena} 강을 건넌 후 10일에 쿠르스크 진격의 최북단인 244.8고지를 공격했다. 소련군의 최초 방어선을 돌파한 제2친위기갑군단은 7월 10일 프로호로프카^{Prokhorovka}를 직접 공격하기 위해 재편성을 실시했다. 한편 독일의 켐프 특수임무군$^{Army\ Detachment\ Kempf}$ 역시 7월 9일 최초 방어선 돌파 후 북으로 진격했다.[23]

소련군 스타브카는 독일 남부집단군의 기세가 심상치 않자 예비대인 스텝전선군에서 제5근위기갑군과 제5근위군을 차출해 바투틴이 지휘하는 보로네시전선군에게 보냈다. 이들 예비대는 투입 후 얼마 지나지 않아 독일군과 교전을 시작했다. 대표적으로 7월 12일 소련의 제5근위기갑군이 프로호로프카에서 독일의 제2친위기갑군단과 정면으로 충돌했다. 그곳에서 소련의 850여 대의 전차와 자주포가 독일의 600여 대의

●●● 1943년 7월 미국의 무기 대여로 제공된 M3 Lee 전차중대가 쿠르스크 전투 중 제6근위군 최전선으로 진군하고 있다. 프로호로프카에서 소련군 850여 대의 전차와 자주포가 독일의 600여 대의 전차를 상대로 펼친 사상 최대의 전차전에서 소련이 승기를 잡았다. 〈출처: WIKIMEDIA COMMONS | CC BY 4.0〉

전차와 사상 최대의 전차전을 벌였다. 양측 모두 엄청난 손실을 입는 가운데 승기를 잡은 쪽은 소련군이었다. 이를 기점으로 전투의 주도권이 소련군에게 확실히 넘어갔다. 한편 독일의 켐프 특수임무군은 소련군의 강력한 압박 때문에 프로호로프카의 전투에서 수세에 몰린 제4기갑군에 합류하지 못했다.

1943년 7월 13일부로 히틀러는 성채 작전을 중지시켰다. 1943년 7월 5일 독일의 공세로 시작된 좁은 의미의 쿠르스크 전투가 종료되었다.

히틀러가 작전 종료를 결정하게 된 또 다른 요인도 있었다. 7월 10일 연합군이 시칠리아에 상륙한 것이다. 연합군이 유럽 본토에 상륙할 것이라는 예상이 있던 상황에서 실제로 의미 있는 일이 일어나자, 히틀러는 7월 13일 성채 작전에 투입된 부대의 상당수를 차출해 서부 전선으로 이동시키도록 명령을 내렸다. 히틀러는 작전을 계속하자는 만슈타인의 의견을 수용하지 않았다.

연합군의 상륙과 함께 이탈리아의 전쟁의지는 완전히 꺾였다. 7월 25일 무솔리니가 실각했다. 히틀러는 처칠과 루스벨트Franklin D. Roosevelt (1882~1945) 간의 통신을 무선 도청해 이탈리아가 항복하거나 연합군 편으로 돌아설 수도 있다는 것을 알았다. 자신의 우려대로 이탈리아의 상황이 좋지 않자, 히틀러는 유럽의 다른 지역으로 병력을 돌리기 위해 8월 1일부로 오렐 돌출부에 투입된 병력을 철수시켜 동부 전선의 전선 정면을 짧게 조정했다.

1943년 7월 13일경 소련군은 대반격의 제1단계로 쿠투조프 작전 Operation Kutuzov을 감행했다. 넓은 의미에서 쿠르스크 전투가 계속되고 있었던 것이다. 쿠르스크 돌출부 북부에서 대기 중이던 소련의 서부전선군과 브랸스크전선군이 오렐을 향해 공격을 개시해 독일 제9군의 후방을 위협했다. 독일군은 최초 3개 군으로 시작된 소련군의 공세를 막아냈다. 그러자 소련군의 양 전선군은 추가로 3개 군을 투입시켰다.

소련군의 반격작전 2단계는 남부전선군과 남서부전선군을 투입하는 루미얀체프 작전Operation Rumyantsev이었다. 만슈타인은 소련의 반격작전을 저지하기 위해 하르코프 지역에 있던 대부분의 기갑부대를 전용해야만 했다. 1943년 8월 3일 주코프는 만슈타인의 기갑부대 전용으로 생긴 방어의 공백을 놓치지 않고 보로네시전선군과 스텝전선군, 남서부전선군의 우익을 그 빈공간으로 투입시켰다. 소련의 제3단계 반격작전이었다.

이 소련군 부대들은 벨고로드와 하르코프를 향해 무섭게 진격해 들어 갔다. 완전히 허를 찔린 독일군은 8월 5일 벨고로드와 오렐을 소련군에 게 내주었다. 독일은 중부집단군으로 차출된 증원부대와 루미얀체프 작 전 저지를 위해 투입되었던 기갑부대를 불러들여 소련군의 3단계 반격 작전이 확대되는 것을 일시적으로 저지했다. 이때 히틀러는 모든 방법을 동원해 하르코프와 도네츠 강 유역을 고수하고자 했다. 독일군은 자신들 처럼 소련군의 예비병력이 거의 고갈되었을 것이라고 예상했다. 하지만 소련군은 4단계 반격작전을 개시했다. 소련군 수뇌부는 서부전선군과 칼리닌전선군의 좌익으로부터 11개 군과 기타 부대들을 동원해 스몰렌 스크 방면으로 진출시켜 히틀러의 방어계획을 좌절시켰다.

쿠르스크 전투와 이어진 소련의 반격작전은 스탈린그라드 전투만큼 결정적인 전투였다. 동부 전선에서 독일군의 최후 공세를 좌절시킨 소련 군은 즉각적으로 반격작전을 벌였다. 소련군이 벌인 최초의 하계 공세였 다. 스탈린그라드 전투 패배 후 독일군의 만슈타인이 대규모 반격작전을 성공시키며 패배의 영향을 최소화시켰던 것에 반해, 쿠르스크에서는 독 일의 어느 장군도 소련군의 공세를 막아낼 수 없었다. 쿠르스크 반격작 전에 동원된 소련의 8개 전선군이 보유한 병력은 469만 6,100여 명에 달했다. 그 수는 스탈린그라드 반격작전에 동원되었던 병력의 네 배 이 상이었다. 스탈린그라드에서 투입 병력의 13.5%가 피해를 입었던 것에 반해 소련군은 이번 작전에서는 7.7%에 해당하는 35만 8,000명의 병력 손실만을 입었다. 반면에 독일군의 순 병력 손실은 44만 8,000명이었 다. 이는 스탈린그라드에서의 손실인 22만 6,000명의 거의 두 배에 달 하는 수치였다.

1943년 여름, 소련군의 서진

쿠르스크 전투의 승리와 반격작전에 성공한 소련군은 본격적으로 독일 본토를 향해 서진하기 시작했다. 1943년 8월 13일 소련 스텝전선군이 하르코프로 진입해 10일간의 치열한 시가전 끝에 독일군을 도시에서 완전히 몰아냈다. 소련군은 이제 도네츠 강 유역을 목표로 전진했다. 독일은 도네츠 강을 지키기 위해 병력을 배치할 수 없었다. 그 당시 이탈리아 본토가 연합군에게 무너지는 상황 속에서 발칸 반도 방어를 책임지던 이탈리아군이 이탈했기 때문이었다. 히틀러는 동부 전선에 배치된 독일군으로 이탈리아군을 대체해야 했기 때문에 동부 전선을 더 이상 지탱할 수 없었다. 당시 277개의 독일 사단 중 194개 사단이 동부 전선에 있었던 상황이었기 때문에 독일 수뇌부는 여기서 발칸 반도로 병력을 차출해야만 했다. 만슈타인이 지휘하는 독일군 부대는 동쪽의 병력을 서쪽으로 철수시켜 드네프르 강 서안에 새로운 방어선을 구축할 수밖에 없었다.

소련의 중부전선군과 보로네시전선군, 스텝전선군(이후 제2벨로루스전선군으로 개칭), 제1·제2 우크라이나전선군은 드네프르 강을 향해 공격을 실시했다. 5개 전선군에 속한 116개 보병사단과 12개 전차군단, 5개 기계화군단, 12개 여단 등은 1943년 9월의 마지막 10일간 600km의 정면에서 드네프르 강을 향해 공격했다. 이내 그들은 강의 서쪽 제방에 교두보를 확보했다. 이 부대들은 서쪽 제방에서 잠시 진격을 멈춘 후 재편성과 재보급, 손실 병력 보충에 들어갔다. 한편 이 당시 소련군의 기동력은 전쟁 초기와 비교할 수 없을 만큼 향상된 상태였다. 소련군은 미국으로부터 공급받은 43만 4,000대의 지프와 3톤 트럭으로 보병 병력과 물자를 수송했다. 또한 미국의 차량 보급으로 소련의 차량 생산 공장

●●● 소련군의 T-34 전차와 베를린 거리에서 포로로 잡힌 국민돌격대(Volkssturm). 소련의 붉은 군대는 쿠르스크에서 반격작전 성공 후 압도적인 병력과 전차, 야포, 그리고 항공기를 동원해 서쪽으로 진격해 비스툴라 강, 오데르 강, 엘베 강을 차례차례 지나 서쪽으로 진격했다. 〈출처: WIKI-MEDIA COMMONS | CC BY 4.0〉

들은 차량 대신 전차 생산에 전념하게 되어 월 최대 2,000대의 전차를 생산했다. 이는 독일의 월 최대 전차 생산량의 두 배였다. 엄청난 규모의 붉은 군대를 저지해야 했던 독일의 남부집단군은 고작 37개 보병사단과 17개 기갑/기계화보병사단(기갑척탄병 사단으로 개칭)만을 보유했다. 사단 자체도 전투력이 저하되어 동부 전선의 독일군이 보유한 전차와 돌격포는 각각 257대와 220대에 불과했다.

소련군은 후퇴하는 독일군을 바짝 추격하며 드네프르 강 도하 후 키예프에서 남동쪽으로 80km에 위치한 부크린Bukrin에 교두보를 확보했다. 1943년 10월 초 소련군 1개 군은 키예프 북동쪽 32km 지점의 류테 시Lyutezh에 또 다른 교두보를 확보했다. 10월 16일 소련군은 이들 교두보에서 키예프 탈환을 위한 첫 공격을 개시했지만 소련군의 기도를 알아챈 독일군에게 쉽게 격퇴되며 엄청난 피해를 입었다. 소련의 주코프는 독일군의 허를 찌르기 위해 북쪽 교두보에서 공격하도록 계획을 수립했다. 11월 3일 시작된 제2차 키예프 탈환 작전에서 소련의 2개 군이 독일의 제4기갑군을 제압하며 11월 6일부로 키예프 탈환에 성공했다. 동부전선 대부분의 상황은 키예프와 다르지 않았다. 수세에 몰린 독일은 파도와 같은 소련군의 공세를 막아내기에 역부족이었다. 독일군은 일부 국지적인 승리를 거뒀지만 대세에 영향을 미치지 못했다. 소련의 붉은 군대는 쿠르스크에서 반격작전 성공 후 압도적인 병력과 전차, 야포, 그리고 항공기를 동원해 서쪽으로 진격해 비스툴라Vistula 강, 오데르Oder 강, 엘베Elbe 강을 차례차례 지나 서쪽으로 진격했다.

1944년과 1945년 동부전선의 상황은 독일 본토를 향한 소련의 계속된 서진이었다. 독일의 저항은 크지 않았다. 서부전선에서 1944년 6월 6일 감행된 서유럽 연합군의 노르망디 상륙작전과 뒤이은 독일 본토를 향한 동진은 동부전선에서 독일과 전투 중인 소련의 부담을 경감시켜주었다. 독일은 양면 전쟁으로 전력이 분산되었다. 1945년 동부전선과 서부전선 양측에서 연합군은 마침내 독일 본토에 진입했다. 1945년 4월 25일, 소련군과 미군은 토르가우Torgau 부근의 슈트렐라Strehla에서 상호 간의 첫 만남을 이뤘다. 그런데 독일은 소련이 아닌 서유럽 연합군과의 협상을 통해 1945년 5월 8일 항복했다.

4. 북서유럽 전선의 전쟁, 1944~1945

전쟁의 배경과 준비: 노르망디 상륙작전과 연합군의 반격

북서유럽 전선의 전쟁은 영미를 중심으로 한 서방 연합국이 노르망디 상륙작전의 성공부터 독일이 항복할 때까지의 시기를 다룬다. 이 전쟁에서 가장 중요한 사건인 노르망디 상륙작전은 동부 전선에서 독일이 소련의 거센 반격작전으로 수세에 몰려 있던 시기에 실행되었다.

노르망디 상륙작전으로 잘 알려진 오버로드 작전Operation Overlord은 계획 단계부터 1944년 6월 6일 실행되기까지 약 3년이라는 준비 기간을 필요로 했다. 서유럽 국가들은 독일과의 초기 전투에서 패배 후 모든 병력을 서유럽에서 철수시켰다. 즉, 서유럽 강대국들의 군사력이 됭케르크 탈출이라는 굴욕을 당했던 것이다. 이후 연합국은 독일과의 서부전선을 재구축하기 위해 다시 유럽 본토에 병력을 투입하는 상륙작전을 준비해야 했다. 1941년 12월 22일부터 3주간 미국 워싱턴에서 열린 아르카디아 회담Arcadia Conference에서 연합국 대표들은 프랑스 침공을 위한 개략적 계획에 의견을 모았다.

미국과 소련은 가장 적극적으로 조속히 프랑스 영토로 상륙할 것을 주장했다. 미국은 1942년 4월 마셜George C. Marshall(1880~1959) 등 군의 수뇌부를 영국에 파견했다. 미국 대표단은 1943년 가을 상륙작전을 실행하여 독일에게 강한 충격을 가하자며, 조금 더 구체화된 계획을 제안했다. 소련의 입장에서도 서부전선의 빠른 구축은 동부전선에 군대를 집중하고 있는 독일의 전투력을 분산시킬 수 있는 좋은 방안이었다. 그러나 영국은 좀 더 세밀하고 철저한 준비 후 상륙작전을 실행하자고 주장하며, 미국과 소련을 설득했다. 영국은 1943년 1월 열린 카사블랑카 회담

●●● 1943년 11월 카이로 회담에 참석한 장제스, 루스벨트, 처칠. 처칠과 루스벨트는 카이로 회담에서 상륙작전에 대한 세부사항을 합의했고, 동시에 이번 작전을 이끌 연합군 최고사령관으로 미국의 드와이트 D. 아이젠하워 대장을 임명했다. 이로써 연합군은 제2차 세계대전 종결을 위한 최후 작전의 구체적인 발판을 마련했다. 〈출처: WIKIMEDIA COMMONS | Public Domain〉

Casablanca Conference을 통해 철저한 계획 수립의 중요성을 연합국의 구성원들에게 납득시키는 동시에 상륙작전을 영국 해협 방면으로 할지 아니면 지중해 방면으로 할지 구체적인 논의를 이어나갔다. 수차례의 논의 끝에 상륙 시점은 대략 1944년으로 정해졌다. 영국의 처칠 수상과 미국의 루스벨트 대통령은 1943년 5월 트라이던트 회담Trident Conference과 쿼드런트 회담Quadrant Conference에서 이러한 일정을 재확인했다.

　1943년 11월 테헤란에서 열린 유레카 회담Eureka Conference에서 스탈린은 오버로드 작전을 자신들에게 유리한 방향으로 돌리고자 서방 연합국 정상들을 설득하려고 했다. 이때 소련은 오버로드 작전의 일부로써 서방 국가들이 발칸 반도로 상륙하지 못하게 만들었다. 소련이 전후 서유럽 국가들을 배제하고 발칸 반도에 강력한 영향력을 행사할 수 있었던 것은 이러한 배경 때문이었다. 끝으로 1943년 11월 처칠과 루스벨트는 카이로 회담Cairo Conference에서 상륙작전에 대한 세부사항을 합의했고, 동시에 이번 작전을 이끌 연합군 최고사령관으로 미국의 드와이트 D. 아이젠하워Dwight D. Eisenhower(1890-1969) 대장을 임명했다. 이로써 연합군은 제2차 세계대전 종결을 위한 최후 작전의 구체적인 발판을 마련했다. 당시 동부 전선에서는 소련군이 독일군을 몰아붙이고 있었고, 이탈리아 남부에서는 연합군이 서서히 북상하고 있던 상황이었다. 독일군은 연합군의 대규모 상륙작전을 막기 위해 롬멜의 지휘 하에 대서양 방벽을 강화하고 있었다.

북서 유럽에서의 전쟁은 소련을 제외한 서방 연합국과 독일 국방군 간의 대결이었다. 오버로드 작전은 연합 원정군Allied Expeditionary Forces으로 불리던 서방의 연합군 상륙군이 담당했다. 이들은 미국, 영국, 캐나다, 프랑스, 폴란드, 네덜란드, 벨기에, 체코슬로바키아의 군대로 구성되었다. 노르망디 상륙작전을 위해 영국 남부에 집결한 군인은 미군 162만 7,000명을 포함해 총 287만 6,433명으로 알려져 있고, 그들 중 약 100만 명이 지상군이었다.[24]

연합 원정군 최고사령부SHAEF, Supreme Headquarters Allied Expeditionary Forces의 사령관은 아이젠하워였다. 영국의 몽고메리Bernard Montgomery(1887-1976) 대장은 상륙 초반 연합군 지상군 사령관을 맡다가 9월 1일부로 영국-캐나다 제21집단군을 지휘했다. 같은 날부터 아이젠하워는 연합군 총사령관 겸 지상군 사령관을 겸했다. 제21집단군은 1944년 7월 미 제1군, 영국 제2군, 캐나다 제1군 등 총 3개 군으로 구성되어 있었다. 최초 미 제1

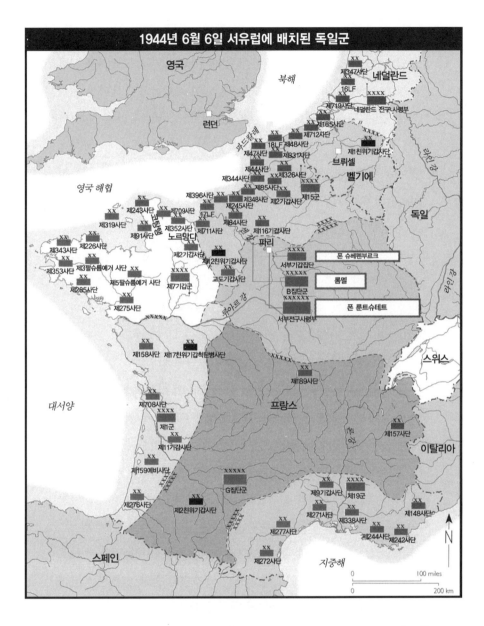

1944년 6월 6일 서유럽에 배치된 독일군

영국

북해

네덜란드

제347사단

16LF

제719사단　네덜란드 전구 사령부

제165사단

런던

제712사단

파드칼레

18LF　제48사단

브뤼셀

제47사단　제331사단

벨기에

제친위기갑사단

제44사단　제326사단

제344사단　제85사단

제396사단　제15군

영국 해협

제348사단　제2기갑사단

독일

제243사단

제709사단　제245사단

제319사단

17LF

제352사단　제84사단

제116기갑사단

파리

제91사단　제711사단

노르망디

제226사단

제2기갑사단

폰 슈베펜부르크

제343사단

제12친위기갑사단

서부기갑집단

제353사단

제3팔슈름예거 사단

교도기갑사단

롬멜

제285사단

제5팔슈름예거 사단

B집단군

제7기갑군

서부전구사령부

폰 룬트슈테트

제275사단

제158사단　제17친위기갑척탄병사단

제189사단

제708사단

프랑스

제1군

이탈리아

제157사단

제11기갑사단

제59예비사단

G집단군

제9기갑사단　제9군

제276사단

제2친위기갑사단

제271사단

제338사단

제148사단

제277사단

제244사단　제242사단

스페인

제272사단

지중해

N

대서양

스위스

0　　　100 miles

0　　　200 km

군 사령관이었던 미국의 브래들리^{Omar Bradley}(1893~1981)는 1944년 8월 1일부로 미 제12집단군 사령관이 되었다. 제12집단군은 미 제1군과 조지 패튼^{George S. Patton}(1885~1945)의 제3군으로 이루어져 있었다. 9월 프랑스 남부에서 상륙해 북동쪽으로 진격하던 미 제6집단군 등 부대들이 노르망디에 상륙한 부대들과 합류했다. 이때부터 남부에서 올라온 데버스Jacob Devers(1887~1979)의 미 제6집단군 역시 아이젠하워 대장의 지휘 아래 놓였다. 미 제6집단군은 미 제7군과 프랑스 제1군으로 구성되어 있었다.

영국의 해군 제독 램지Bertram Ramsay(1883~1945) 경은 노르망디 상륙작전 당시 상륙부대를 지원하는 대규모 함대의 지휘관을 맡았다. 연합군 원정 공군부대의 지휘는 영국의 공군 대장 레이-말로리Trafford Leigh-Mallory(1892~1944)가 맡았다. 그의 휘하에는 영국 왕립 공군과 미 육군 항공대 및 왕립 캐나다 공군이 있었다. 전술항공 지원은 미 제9·제19전술항공사령부가 담당했고, 영국-캐나다 제2전술공군은 지상전투부대 지원을 맡았다. 미 제8포격항공단과 영국 왕립 공군 폭격기사령부의 중폭격기들도 상륙부대에 대한 추가적인 지원 임무를 담당했다.

연합군의 상륙작전을 저지할 독일 국방군의 최고 지휘관은 서부전구 사령관인 룬트슈테트 원수였다. 그는 명목상 프랑스와 벨기에, 그리고 네덜란드에 배치된 모든 독일 국방군 부대에 대한 지휘권을 갖고 있었다. 그러나 대서양 방벽을 지키기 위한 독일의 부대들을 실질적으로 지휘한 장군들은 그의 예하 지휘관들이었다. 그 대표적 인물이 B집단군 사령관 롬멜 원수였다. 롬멜의 부대는 노르망디와 브르타뉴Bretagne의 제7군 및 르아브르Le Havre에서 파드칼레Pas-de-Calais를 따라 스헬데Schelde에 배치된 제15군으로 구성되어 있었다. 독일은 철조망과 벙커, 6만 발 이상의 지뢰와 대전차장애물들로 만들어진 대서양 방벽을 만들었다. 그 뒤에는 롬멜의 지휘 아래 있는 10개 기갑사단과 17개 보병사단, 31개 해안방어사단 등으로 구성된 약 70만 명의 지상군 병력이 있었다. 여기서 배치된 해안방어사단은 일반 정규사단에 비해 훈련이 부족한 부대였다.

●●● 1944년 5월 롬멜이 제21기갑사단 지역의 대서양 방벽을 방문하고 있다. 독일은 철조망과 벙커, 6만 발 이상의 지뢰와 대전차장애물들로 만들어진 대서양 방벽을 만들었다. 〈출처: WIKIME-DIA COMMONS | CC BY-SA 3.0 DE〉

    B집단군 이외에 독일의 방어부대로는 G집단군과 독립적으로 운영되며 네덜란드를 담당했던 제88군단이 있었다. 독일 G집단군은 프랑스 서부 대서양 연안 일대를 책임지던 제1군과 프랑스 남부 및 지중해 연안을 방어하는 제19군으로 구성되어 있었다. 연합군 상륙 시 융통성 있게 상륙지역으로 투입될 독일의 예비대는 슈베펜부르크Geyr von Schweppenburg(1886~1974)가 지휘하는 서부기갑집단이었다. 지상군을 지원하는 독일의 항공전력은 슈페를레Hugo Sperrle(1885~1953) 원수의 제3항공전단이었다. 그런데 전단이 보유한 900여 대의 전투기, 폭격기, 수

송기 중 작전에 투입 가능한 항공기는 500여 대에 불과했다.[25] 항공기들의 작전 가동률이 저하된 것은 연합군과의 전투로 인해 큰 피해를 입었기 때문이었다. 연합군 상륙 시 해양에서 반격작전을 맡은 부대는 크란케Theodor Krancke(1893~1973) 대장이 지휘하는 해군 서부전구 사령부였다. 해군 서부전구 사령부가 보유한 전력은 다수의 소형 수상함과 30척의 유보트, 일부 해안방어포대 정도였다.

양측의 작전계획

1944년 봄 기준으로 독일 육군은 전체 전선에 약 314개 사단을 보유했다. 그중 기갑사단은 47개였고, 66개 사단은 독일의 동맹국 군대였다. 이들 중 215개 사단은 동부전선에, 36개 사단은 발칸 반도에, 27개 사단은 스칸디나비아에, 25개 사단은 이탈리아에, 8개 사단은 다른 전선으로 이동 중이었다. 즉, 11개 기갑사단을 포함해 61개 사단만이 순수 프랑스 방어 병력이었다. 그럼에도 불구하고 이들 사단의 수와 그 예하 병력의 규모는 오버로드 작전에 참여한 연합군 전체 규모와 비슷했다. 연합군 상륙작전을 저지하기에 독일군의 육군 병력이 적지 않았음을 보여주는 지표였다.

문제는 독일군의 규모가 아닌 통합된 작전계획의 부재였다. 히틀러는 1944년 6월이나 7월 중 기상이 양호한 때에 연합군이 파드칼레로 상륙할 것이라고 예상했다. 그러나 프랑스 지역을 담당하는 그의 예하 지휘관은 한 명이 아니라 여럿이었고, 이들은 각기 다른 방어계획을 주장했다. 대표적인 의견 대립은 예비임무를 담당한 서부기갑집단의 슈베펜부르크 대장과 B집단군 사령관 롬멜 원수 간의 충돌이었다. 슈베펜부르크 대장은 자신의 기갑사단들을 해안에서 떨어진 곳에 집결시켜둔 후 연합군이 상륙 후 내륙으로 전진해올 때 반격을 가하고자 했다. 이는 전략적으로 유연한 방어계획인 기동방어였다.

롬멜은 슈베펜부르크의 기동방어를 반대했다. 북아프리카에서의 경험에 비추어볼 때, 롬멜은 그와 같은 기동방어가 연합군이 제공권을 장악하고 있는 상황에서는 실현될 수 없다고 보았다. 쉽게 말해, 그는 기동방어 계획에 따라 연합군의 부대를 공격하기 위해 독일의 기갑부대들이 집결지에서 나올 경우 연합군 항공부대들의 먹잇감이 될 것이라고 주장했다. 롬멜 역시 파드칼레를 연합군이 상륙할 최적의 장소라 여겼고, 독일이 연합군의 상륙을 격퇴할 수 있는 유일한 시기는 해안교두보를 확보하기 전이라고 보았다. 그는 상륙 후 24시간 이내에 연합군을 격퇴해야만 한다고 주장했다. 이를 위해 롬멜은 기갑부대를 자신의 지휘하에 두고 이들을 해안선 가까이에 배치하고자 했다. 그러나 그의 계획은 성공을 거두지 못했다.

연합군의 작전계획은 원정군 최고사령부의 전신인 총참모본부가 1943년 5월 이후부터 연구한 것을 기반으로 작성되었다.[26] 그들은 상륙 방향으로 전통적인 침공 경로인 도버 해협 횡단을 선호했다. 그곳에는 대서양 방벽이라는 독일의 강력한 요새가 있었고, 독일 제15군 예하 17개 사단이 연합군의 해안 상륙을 저지하기 위해 배치되어 있었다. 따라서 연합군 총참모본부는 독일 제7군 예하 11개 사단이 방어 임무 중에 있던 노르망디를 상륙지점으로 선정했다. 또한 그들은 1942년 8월 항구 탈취에 실패했던 디에프Dieppe 급습 작전의 교훈을 통해 사전에 조립한 항구를 만들어 상륙지역에 설치한다는 계획을 수립했다. 조립식 항구를 갖고 해협을 건넌다는 야심 찬 계획의 암호명은 멀베리Mulberry였다.

연합군이 승리를 위해 사전에 고려할 사항은 상륙지점에 독일군의 증원부대가 도착하기 전에 신속하게 상륙군을 상륙시킨 후 추가적인 병참

●●● 노르망디 상륙작전이 실시되기 이전에 남동부 항구에서 미끼로 사용된 가짜 상륙정. 연합군은 상륙작전의 규모와 시기, 그리고 장소에 대하여 기만작전을 펼쳤다. 이중간첩과 가짜 무선통신, 가짜 주둔지 건설, 허위 뉴스 등을 활용했다. 〈출처: WIKIMEDIA COMMONS | Public Domain〉

지원이 가능한지의 여부였다. 이를 위해 연합군은 사전에 다음의 두 가지 작전을 수행해야만 했다. 그 첫 번째는 독일군을 대상으로 상륙작전의 규모와 시기, 그리고 장소에 대하여 기만작전을 펼치는 것이었다. 포티튜드 작전Operation Fortitude라고 명명된 기만작전은 오버로드 작전 투입 병력이 실제보다 두 배가 많다는 인식을 심어주고, 시기가 1944년 6월 5일이 아닌 7월이며, 그 장소가 심지어 파드칼레라는 등의 허위 정보를 퍼뜨리는 것이다. 이를 위해 연합군은 이중간첩과 가짜 무선통신, 가짜 주둔지 건설, 허위 뉴스기사 등을 활용했다. 이는 상륙 이전과 이후에도 독일 제15군이 파드칼레 지역을 떠나 실제 상륙지역에 증원되지 못하도록 하기 위한 계책이었다.

두 번째로 연합군은 상륙의 성공을 위해 제공권 확보에 공을 들였다. 1944년 1월 공군의 레이-말로리 대장은 가용한 모든 항공 자산을 동원해 프랑스 지역의 운송 및 철도 체계를 공격한다는 계획을 입안했다. 이 계획의 목적은 독일이 전장으로 병력과 보급품을 수송하지 못하게 제한하는 동시에 독일 제3공군의 전투력을 약화시키는 데 있었다. 아이젠하워 사령관은 이 계획 실행을 위해 오랜 협상 끝에 독일 도시 폭격 전략을 선호하는 영국 폭격기사령부와 미국 제8공군에 대한 작전 지휘권을 얻어냈다. 그후 그는 레이-말로리 대장이 계획을 실행에 옮길 수 있도록 지원했다. 그 결과 연합군 공군은 상륙작전이 시작되기 이전에 프랑스 내 독일의 철도수송 역량의 약 40%와 독일 서부 전구의 공군 전력 대부분을 파괴할 수 있었다. 연합군은 프랑스 상공에 대한 주·야간 제공권을 확실히 장악한 상태에서 오버로드 작전의 디데이$^{D-Day}$를 맞이했다.

한편, 지상 작전을 입안한 것은 지상군 사령관이었던 영국의 몽고메리 장군이었다. 그의 계획은 1944년 5월 15일 개최된 연합군 최고사령부 전체 회의에서 최종적으로 확정되었다. 작전계획은 독일군이 슈베펜부르크 대장이 주장하는 바와 같이 탄력적인 기동방어를 위해 기갑부대를 내륙에 두고 연합군 상륙부대에 대하여 반격작전을 시도할 것이라는 가정하에서 작성되었다. 이에 따라 영국군과 미군은 각각 노르망디의 동부 해안과 서부 해안에 상륙하고, 상륙에 성공한 뒤에 양국의 군대는 내륙으로 진격하여 독일군 증원부대의 주의를 끄는 기만전술을 실시할 계획이었다. 실제 주력 부대는 독일군의 증원부대가 다른 곳에 집중하고 있는 틈을 타서 미군이 노르망디를 돌파한 후 서쪽으로 진출해 브르타뉴와 셰르부르Cherbourg 항구를 확보하는 것이었다. 이들 항구는 대규모 상륙부대와 추후 작전을 위한 군수기지 역할을 할 예정이었다. 이후 연합군의 4개 군은 동쪽으로 부대를 선회하여 넓은 전선을 따라 일제히 진격함으로써 독일군의 반격작전으로부터 측면을 보호하고자 했다. 세부적인 일정이 따로 확정되지 않았지만, 연합군은 작전 개시 90일 후 센Seine 강에 도달하고 다음 해 봄 전쟁을 종결하고자 했다.

노르망디 상륙작전 디데이

오버로드 작전의 최초 개시일은 1944년 6월 5일이었다. 실제 작전은 기상 때문에 24시간 지연되어 6월 6일 자정이 몇 분 지난 시각에 시작되었다. 디데이에 포병부대와 기갑부대로 증강된 6개 연합군 보병사단은 항공 엄호와 함포 사격 지원 속에 노르망디 지역의 5개 해변에 나란히 상륙했다. 영국-캐나다군은 캉Caen 바로 전면의 아로망슈Arromanches와 위스트리엠Ouistreham 일대 해안지대에 설정된 '골드Gold'와 '주노Juno', 그리고 '소드Sword' 해변에 상륙을 시도했다. 미군은 코탕탱Cotentin 반도의 남쪽 끝과 칼바도스Calvados 서부 연안에 설정된 '유타Utah'와 '오마하Omaha' 해변으로 상륙하고자 했다. 이때 연합군은 상륙 부대들을 독일군의 반격작전으로부터 보호하기 위해 상륙지역 양 측면에 추가로 영국 제6공수사단을 오른Orne 강과 캉 운하Canal de Caen의 교차점과 미군 제82·101공수사단을 코탕탱 반도에 강하시켰다.[27]

그런데 디데이 당일 상륙작전의 전황은 연합군 내에서 극명하게 갈렸다. 영국-캐나다군은 3개의 해변에 성공적으로 상륙한 후 교두보까지 확보했다. 다만, 상륙 첫날 캉을 확보한다는 그들의 계획은 달성되지 못했다. 독일군 방어선 대부분이 영국-캐나다군에게 돌파되었지만, 페리

●●● 노르망디 상륙작전 하루 전인 1944년 6월 5일 오후 8시 30분 아이젠하워 사령관이 유럽 대륙 침공의 첫 번째 공격에 참여하기 위해 수송기에 탑승하는 제502낙하산보병연대 장병들을 격려하고 있다. 공군 수송기에 탄 미군 2개 공수사단은 후방 지역 여러 곳에 낙하하다가 독일군의 대공사격 때문에 엄청난 사상자가 발생했지만, 악조건에도 불구하고 독일군의 통신선 차단과 후방 지역 교란으로 미군의 상륙작전을 도왔다. 더욱이 이들의 분산된 낙하는 독일군에게 상륙지점에 대한 오해를 불러일으키기도 했다. 〈출처: WIKIMEDIA COMMONS | Public Domain〉

에르Périers 능선에 배치된 독일군은 끈질기게 저항하여 골드와 주노 해변의 교두보를 연결하려는 영국-캐나다군의 작전을 방해했다. 심지어 독일군 제21기갑사단의 일부 부대는 오후에 반격에 나서 해안지대까지 진출하며 영국-캐나다군을 위협했다. 하지만 반격에 나선 독일군은 수적 열세에 놓인 상태에서 양 측방이 노출되다 보니 야간을 기하여 다시 능선으로 퇴각할 수밖에 없었다. 상륙지역의 측방에서 영국-캐나다군의 취약점을 공략했던 소규모 독일 기갑부대 역시 영국 제6공수사단에 의해 제압되었다.

●●● 1944년 6월 6일 오마하 해변에 상륙하고 있는 미 육군 1사단 장병들. 오마하 해변에서 어려움은 있었지만, 연합군의 노르망디 상륙작전은 성공적이었다. 성공 요인은 수개월간의 철저한 준비와 병사 개인의 영웅적 모습, 제공권과 제해권의 장악, 그리고 기만작전을 통한 기습의 달성 등을 꼽을 수 있었다. 〈출처: WIKIMEDIA COMMONS | Public Domain〉

미군의 전황은 영국-캐나다군과 달랐다. 유타 해변에 상륙한 미군은 교두보를 신속히 확보했다. 그러나 오마하 해변에 상륙한 미군은 바다로 밀려날 위기에 처했다. 오마하 해변의 가파른 절벽과 비좁은 골짜기라는 지형적 장애 속에 수륙양용 지원 장갑차들은 험한 파도 때문에 가라앉아버렸고 항공 폭격은 독일군의 방어 시설과 병력을 제대로 타격하지 못했다. 이곳의 독일군 방어 병력은 무서운 기세로 오마하 해변의 미군에게 집중포화를 퍼부었다. 압도적인 병력의 미군은 해군 함정들의 근거리 함포 지원 하에 필사적인 노력으로 독일군 방어부대를 제압하며 해

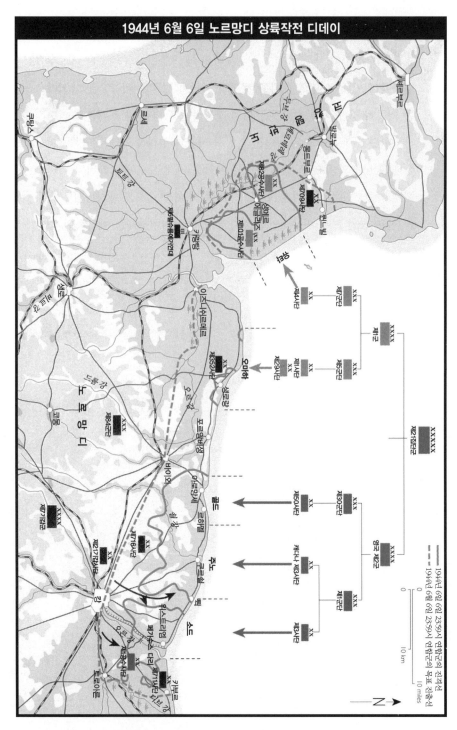

1944년 6월 6일 노르망디 상륙작전 디데이

안선 일대에 겨우 근거지를 마련하긴 했지만 다른 지역의 상륙군에 비해 피해가 엄청났다. 공군 수송기에 탄 미군 2개 공수사단은 후방 지역 여러 곳에 낙하하다가 독일군의 대공사격 때문에 엄청난 사상자가 발생했지만, 악조건에도 불구하고 독일군의 통신선 차단과 후방 지역 교란으로 미군의 상륙작전을 도왔다. 더욱이 이들의 분산된 낙하는 독일군에게 상륙지점에 대한 오해를 불러일으키기도 했다.

오마하 해변에서 어려움은 있었지만, 연합군의 노르망디 상륙작전은 성공적이었다. 성공 요인은 수개월간의 철저한 준비와 병사 개인의 영웅적 모습, 제공권과 제해권의 장악, 그리고 기만작전을 통한 기습의 달성 등을 꼽을 수 있었다. 상륙 시행 이전에 이미 제공권을 장악한 연합군의 공군 때문에 독일 공군은 상륙지점 근처에 접근할 수 없었다. 견제를 받지 않은 연합군 항공기에 의한 무차별적 폭격으로 작전지역 내 독일군의 통신시설들이 파괴되었고, 증원부대들의 이동도 원활하지 못했다. 독일 해군 역시 연합군의 상륙선단을 저지하기 위한 어떠한 적절한 조치도 하지 못했다. 더욱이 상륙지역에 배치된 독일군 부대들의 고위급 지휘관 다수가 부재중이었던 것도 독일군의 적절한 조치를 저해한 요인이었다. 결국 이러한 여러 요인들이 어우러져 연합군은 1944년 6월 6일 디데이 저녁 무렵 프랑스 노르망디 해안에 성공적으로 교두보를 마련할 수 있었다.

노르망디 전역 1: 교두보 확장의 더딘 진전

연합군은 상륙작전이 시행된 첫날에 계획대로 교두보를 확보했지만, 그 후 교두보 확장 단계는 순탄하지 않았다. 독일군이 강력한 기갑부대를 투입해 캉을 사수함으로써 영국-캐나다군을 바다로 몰아내고자 했다.

영국-캐나다군과 독일군은 캉을 두고 6주간의 치열한 공방전을 벌였다. 이는 처절한 소모전이었다. 독일군 최정예 부대의 저항으로 영국-캐나다군은 교두보를 확장하지 못하며 내륙 진출의 기회를 잡지 못했다. 심지어 독일은 반격작전을 위해 동부 전선에 있던 제2친위기갑군단을 노르망디 일대로 급파했고, 이들이 도착하기 전까지 영국-캐나다군을 비좁은 교두보에 묶어두고자 혼신의 힘을 다했다.

　미군 역시 교두보 확장과 내륙으로 진출에 어려움을 겪고 있었다. 브래들리 장군이 지휘하는 미 제1군은 제5군단과 제7군단으로 나뉘어 각기 목표를 향해 진격하기 시작했다. 오마하 해변에 상륙한 미 제5군단의 생로Saint-Lô 방면 진격 역시 지지부진했다. 미 제5군단은 1944년 6월 9일 이즈니Isigny를 함락시키며 생로로 가는 통로를 개방했으나, 지나치게 천천히 진격하는 사이에 독일군 예비대가 새로운 방어선을 구축해 신속히 생로로 진격할 수 있는 호기를 놓쳤다. 심지어 이들은 공세의 우선권을 부여받지 못하다 보니 6월 18일에는 생로까지 3.2km 남겨둔 지점에서 더 이상 진출하지 못했다.

　미 제7군단은 셰르부르 항구를 점령해야 했기 때문에 공세의 우선권을 부여받았다. 그들은 유타 해변에서 셰르부르 항으로 진격하고자 했으나 초반부터 퀴네빌Quineville 능선에서 독일군에게 저지당하는 등 진격 속도가 더뎠다. 또한, 셰르부르 점령에 실패한 미 제7군단은 우회해 항구를 고립시키기로 계획을 변경했다. 6월 15일 새로운 계획에 따라 공세를 개시한 미군은 이틀 후에 반도로 돌진하여 셰르부르를 고립시킬 수 있었다. 미 제7군단 예하 3개 사단은 6월 22일부터 셰르부르를 향한 총공세에 나섰다. 독일의 수비대는 치열하게 저항했으나 미군의 수적 우세에 결국 7월 1일 저항을 포기했다. 마침내 미군이 주요 항구를 점령하는 데 성공했지만, 최초 계획보다 늦게 점령한 데다가 독일군이 항구를 파

●●● 1944년 7월 10일, 영국 군인이 어린 소녀를 데리고 폐허로 변한 캉의 거리를 지나고 있다. 대규모 공중폭격을 동반한 작전은 캉 북부의 독일군 부대들의 병력 보충 및 보급에 심각한 지장을 주었다. 압도적 화력을 동반한 영국-캐나다군의 공세에 독일군은 물러날 수밖에 없었다. 〈출처: WIKIMEDIA COMMONS | Public Domain〉

괴해 사용할 수 없었다.

1944년 6월 26일 몽고메리는 노르망디 전선의 동쪽 측면에서 캉을 점령하기 위한 첫 대규모 공세를 시작했다. 공세를 담당한 영국 제2군 예하 제8군단은 강력한 공중폭격과 함포사격, 지상포격을 지원받을 예정이었으나 악천후로 인해 제대로 된 화력을 지원받지 못했다. 공격 작전은 계획처럼 이뤄지지 않았고 6월 28일 겨우 독일군 방어선에 8km

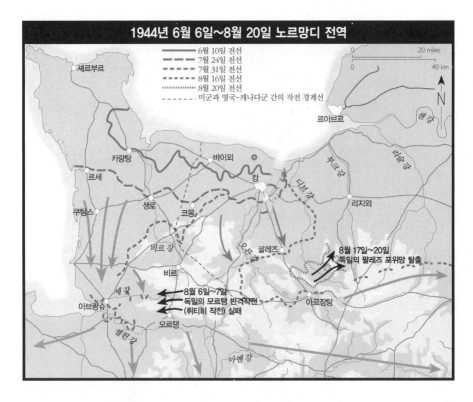

1944년 6월 6일~8월 20일 노르망디 전역

- ─────── 6월 10일 전선
- ─ ─ ─ ─ 7월 24일 전선
- ─ ─ ─ 7월 31일 전선
- ━ ━ ━ 8월 16일 전선
- ┈┈┈┈ 8월 20일 전선
- ─ ─ ─ 미군과 영국-캐나다군 간의 작전 경계선

셰르부르

르아브르

센 강

카랑탕

바이외

캉

르세

쿠탕스

생로

코몽

리지외

비르 강

팔레즈

8월 17일~20일
독일의 팔레즈 포위망 탈출

비르

세 강

아브랑슈

8월 6일~7일
독일의 모르탱 반격작전
(뤼티히 작전) 실패

아르장탕

모르탱

마옌 강

정도 크기의 돌파구를 만들었을 뿐이었다. 이후 독일군 역시 예비대를 투입해 6월 29일부터 본격적인 반격을 가했다. 동부 전선에서 온 독일 제2친위기갑군단도 반격작전에 가세했다. 그러나 독일군의 기세는 연합군의 강력한 공중폭격과 함포사격 등의 화력에 의해 곧 꺾였다. 독일군은 연합군의 공중폭격으로 큰 피해를 입고 작전 지속을 위한 군수 지원도 원활하지 않았기 때문에 반격작전에 실패했다.

1944년 7월 초 히틀러는 연합군을 다시 바다로 몰아낸다는 최초의 목표를 포기해야만 했다. 독일은 연합군의 교두보 확장과 내륙으로의 진출을 틀어막는 것으로 방어 계획을 변경했다. 그러나 이러한 작전은 해안에서 매우 가까운 거리에서 이뤄져야 했기 때문에 독일군이 연합군 함대의 함포 사거리에 내에서 불리한 소모전을 벌여야 함을 의미했다.

상황은 독일군에게 매우 불리하게 조성되었다.

몽고메리의 영국-캐나다군은 서서히 캉 점령을 위해 나아갔다. 지지부진한 상황을 타개하고자 몽고메리는 7월 8일 여러 개 군단의 일제 공격을 통해 일거에 캉을 점령하려는 찬우드 작전Operation Charnwood을 개시했다. 대규모 공중폭격을 동반한 작전은 캉 북부의 독일군 부대들의 병력 보충 및 보급에 심각한 지장을 주었다. 압도적 화력을 동반한 영국-캐나다군의 공세에 독일군은 물러날 수밖에 없었다. 최초 계획보다 4주 늦은 시점인 7월 9일에 몽고메리의 부대가 마침내 캉 북부에 진입했다.

한편, 브래들리의 미 제1군은 제5군단을 선봉에 세우고 생로를 점령하려다 진격이 느려진 상태에서 미 제7군단과 영국의 신예 사단들의 지원을 받았다. 7월 3일 시작된 미군의 공세는 여전히 지지부진했다. 독일의 저항이 거셌다. 미 제8군단과 제19군단 등이 차례로 생로 확보에 투입되어 약 15일간 독일군을 몰아세웠다. 7월 18일 화력과 수적으로 우세한 미군의 파상공세를 더 이상 견디지 못한 독일군이 생로에서 철수했다. 드디어 미군은 노르망디 일대에서 흔히 보이는 두터운 생울타리 지역을 벗어나 탁 트인 개활지로 진출하게 되었다. 미군은 대규모 돌파 작전인 코브라 작전Operation Cobra를 개시하기에 유리한 위치를 점하게 되었다.

미군이 새로운 작전을 준비하고 있던 시기에 몽고메리의 영국-캐나다군은 새로운 대규모 공세인 굿우드 작전Operation Goodwood을 개시했다. 이는 캉 남부를 점령한 후 부르귀에뷔스Bourguébus 능선까지 확보해 남쪽의 팔레즈Falaise 평원으로 진출할 수 있는 발판을 마련하기 위한 것이었다. 게다가 이 작전의 실행은 캉 일대에 독일군 예비대를 붙잡아둠으로써 돌파 작전을 준비 중인 미군을 지원할 수 있었다. 하지만 작전은 성공적이지 못했다. 기도가 쉽게 적에게 노출되어 영국-캐나다군은 엄청난 피해를 입었다. 잘 준비된 방어진지의 독일군은 투입된 영국군 전차 대부분을 파괴시켰다. 노르망디 지역에 배치된 연합군 전차의 3분의 1에 해당하는 엄청난 수의 전차가 피해를 입었다. 굿우드 작전은 캉 일대에 독일군 예비대를 묶어두는 제한적인 역할만 했을 뿐 다른 공격 목표를 달성하지 못한 실패한 작전이었다.

노르망디 전역 2: 코브라 작전과 블루코트 작전

몽고메리의 굿우드 작전은 원하는 모든 목표 달성에는 실패했지만, 독일군의 전력을 크게 약화시켰다. 게다가 작전 간의 연합군 공중폭격으로 인해 독일군의 보급로가 큰 타격을 입었다. 그러나 그의 무리한 작전에 대한 보급 우선 할당으로 인해 생로 지역을 담당하던 미군 부대들은 보급 측면에서 어려움을 겪었다. 그럼에도 불구하고 미군은 재보급에 어려움을 겪는 생로 지역의 독일군의 방어선을 돌파하기 위해 코브라 작전을 개시했다. 7월 25~26일간 이뤄진 미군의 공격으로 독일군 방어선에 돌파구가 생겼다.

미군은 독일군의 전선 돌파를 위해 당시로서는 혁신적인 전술을 사용했다. 미군은 융단폭격으로 독일군 방어선에 균열을 만들었다. 그 후 그들은 균열이 생긴 방어선의 협소한 정면을 따라 막대한 전력을 집중시켜 돌파구를 형성했다. 마지막 단계로 미군은 속도와 기동성을 이용해 우회 포위하는 전술을 사용해 돌파구를 종심 깊게 확장했다. 미 제1군 사령관 브래들리는 융단폭격 후 3개 보병사단을 강력한 공중 및 포병 지원 하에 전선에 투입해 돌파구를 만들었으며, 추가로 진격로까지 확보했다. 뒤이어 그는 3개 기계화보병사단을 신속하게 독일군 후방 지역으로 진격시켰다.

미군은 서툴기는 했지만 계획대로 새로운 전술을 사용해 독일군 방어 전선에 돌파구를 만든 후 후방으로 진격을 시도했다. 실제로 미 제7군단은 7월 25일 3.2km 전선을 뚫고 들어갔고, 7월 26일에는 8km 정도 적의 후방으로 밀고 들어갈 수 있었다. 보급품이 부족했던 독일군은 속수무책이었고, 다급한 나머지 영국군 전면에 배치된 제47기갑군단을 빼내서 전과를 확대하는 미군의 측면을 공격하고자 했다. 그러나 미군은 전면에서만이 아니라 측면에서도 비슷한 규모의 부대를 동시에 진격시켰다. 측면을 공격하려는 독일군의 계획은 물거품이 되었다.

7월 27일 독일군은 전선의 돌파구가 계속 커지고 예하 방어부대들이 후방으로 밀려나자 철수를 결정할 수밖에 없었다. 7월 28일 미국은 최초 의도했던 쿠탕스Coutances까지 점령했다. 게다가 방어를 하던 독일의 제84군단은 철수 시 실수를 범해 쿠탕스 남쪽에 새로운 방어선을 구축하지 못하고 미군에게 포위당하는 일까지 벌어졌다. 미군은 호기를 놓치지 않고 코브라 작전을 확대시켜 신속히 남쪽으로 진격해 7월 31일 퐁토볼Pontaubault에서 셀륀Selune 강을 건너 브르타뉴로 가는 통로까지 확보했다.

7월 말, 미군의 돌파 작전이 순조롭게 진행되는 시점에 몽고메리 장군도 블루코트 작전Operation Bluecoat을 개시해 코몽Caumont 일대의 독일군 방어선을 공략했다. 이 작전은 독일군 기갑부대가 미군 방면으로 전환되는 것을 막기 위한 의도였다. 그러나 독일군의 방어선은 예상보다 강했다. 게다가 영국군의 소심한 공격 태도 때문에 작전은 큰 성과로 이어지지 못했다. 8월 초 국군은 횡적 연락 및 보급로가 될 비르Vire를 신속히 점령하지 못했고, 오히려 독일군의 저항으로 인해 큰 피해를 당할 처지에 놓이기도 했다. 다행히 독일군 기갑부대들이 미군을 향한 서쪽으로의 진격에 몰두해 있었기 때문에, 영국군은 위기를 벗어날 수 있었다.

한편, 8월 1일 브래들리를 사령관으로 하는 미 제12집단군이 창설되

었다. 예하에는 제1군과 패튼 장군이 지휘하는 신예 제3군이 있었다. 드디어 미군은 신속한 기동전을 실시할 수 있는 여건을 마련했다. 쿠탕스 점령 후 남동쪽으로 진격한 제1군은 8월 3일 모르탱Mortain을 점령했고, 패튼의 제3군은 기동전을 통해 신속히 브르타뉴를 고립시킨 후 브르타

●●● 미국 기갑부대와 보병부대가 프랑스 쿠탕스의 파괴된 마을을 통과하고 있다. 미군은 융단폭격으로 독일군 방어선에 균열을 만든 후 방어선의 협소한 정면을 따라 막대한 전력을 집중시켜 돌파구를 형성한 다음 마지막 단계로 속도와 기동성을 이용해 우회 포위하는 전술을 사용해 돌파구를 종심 깊게 확장했다. 이는 당시로서는 혁신적인 전술이었다. 〈출처: WIKIMEDIA COMMONS | Public Domain〉

뉴 반도 깊숙이 진격해 퐁티비Pontivy를 점령했다. 하지만 독일군 수비대는 브르타뉴 반도에서 브레스트Brest 항구와 생말로St Malo, 그리고 로리앙Lorient으로 철수해 전쟁이 끝날 때가지 그곳을 사수했다.

퇴각과 추격의 연속

1944년 8월 2일 히틀러는 부상당한 롬멜의 후임으로 클루게 원수를 B 집단군사령관으로 임명했다. 클루게는 미국에게 반격을 실시해 아브랑슈Avranches를 탈환하고자 했다. 그러나 이 계획은 전력이 약화되었지만 안정적인 철수가 가능했던 독일군 주력을 연합군의 포위망 안에 넣어주는 꼴이었다. 가능성이 희박하지만 반격작전이 성공하더라도 보급품의 부족으로 고통받는 등 전투력이 약화된 독일군이 연합군으로부터 탈환한 아브랑슈 지역을 유지할 방법이 없기도 했다. 8월 6일부터 7일까지 독일의 제47기갑군단은 명령에 따라 모르탱과 아브랑슈를 향해 진격했으나 연합군에게 저지되었다. 오히려 독일군 주력은 무리하게 미군 지역으로 서진한 결과 미군과 영국-캐나다군에게 아르장탕Argentan-팔레즈 일대에서 포위되어 섬멸당할 처지에 놓였다.

1944년 8월 중순부터 말까지 독일군은 연합군의 계속된 추격과 새롭게 형성되는 포위망을 뚫고 센 강 너머로 철수하는 작전을 펼쳐야 했다. 무리하게 서쪽으로 전진했던 독일군에게 그나마 다행이었던 것은 연합군 역시 보급의 문제와 연합국 간의 작전 조율 문제 때문에 독일군이 센강 너머로 철수하는 것을 허용할 수밖에 없었던 것이다. 악천후로 인해 연합군의 공중폭격이 여의치 않았던 점도 독일군의 철수를 도왔다. 8월 한 달의 전황은 초기 독일의 잘못된 반격작전 시도 외에 프랑스에서 벨기에와 독일 국경지대로 허둥지둥 철수하는 독일군과 이를 바짝 추격하는 연합군 간의 추격전 양상이었다.

1944년 9월 9일까지만 해도 서유럽 전선의 독일군이 할 수 있었던 일은 그들을 추격하는 연합군의 진격 속도를 늦추려는 노력 정도였다. 그런데 연합군의 진격이 9월 10일을 기점으로 거의 멈춰섰다. 연합군 기동부대의 실제 진격 속도가 최초 예상보다 빨랐다. 연료와 탄약, 식량 등 보급이 연합군 부대의 진격 속도를 따라갈 수 없게 되자, 연합군 선두 부대들은 벨기에 해안으로부터 뫼즈Meuse-에스코Escaut 운하를 따라 마스트리히트Maastricht까지, 독일의 국경도시 아헨Aachen에서 벨포르Belfort 부근의 스위스 국경선에 이르는 전선에서 진격을 멈췄다. 연합군의 진격이 멈추자, 독일군은 9월 중순경 전선에 흩여져 있던 잔존 부대들과 낙오병들을 모아 수비대를 조직했다. 이와 동시에 독일군 최고사령부는 훈련도 마치지 못한 훈련병들을 서부 전선으로 보냈다. 훈련과 체계가 부족했지만, 새롭게 조직된 독일군은 변변찮은 무기로 무장한 채 서부 전선에서 갈 길 바쁜 연합군의 발목을 잡았다.

한편, 1944년 8월 말부터 연합군 내에서 차후 전략과 지휘권을 둘러싼 논쟁이 본격적으로 표출되었다. 최초 계획대로 9월 1일 기준으로 아이젠하워가 연합군 총사령관 직책을 유지한 채 미군 2개 집단군과 영국 1개 집단군을 지휘하는 연합군 지상군 사령관을 맡기로 했다. 그러나 미국의 아이젠하워와 영국의 몽고메리 간의 지휘권 문제는 여러 가지 속사정 속에 완전히 해결되지 않고 전쟁이 끝날 때까지 계속되었다.

아이젠하워에게 지상군 전체에 대한 지휘권을 내준 몽고메리는 제21 집단군의 사령관이 되었다. 미국의 여론은 미군이 다수를 차지하는 연합군의 지휘관을 다른 국가의 장군에게 맡기는 것을 허락하지 않았다. 영국의 몽고메리 장군은 자국이 상대적으로 소수의 육군 병력을 투입했음에도 지상군 지휘관을 맡기를 원했다. 그의 주장은 자신이 주인공이 되고 싶은 욕심과 전후 영국이 정치적인 우위를 갖게 하기 위함이었다. 또한 이는 광정면 전략과 국지적 집중 공격 간의 논쟁이기도 했다. 미국의 아이젠하워는 다수의 국가들로 구성된 연합군의 특성상 특정 국가가 주도적 역할을 수행하며 집중 조명을 받으면 안 된다고 생각했다. 몽고메리는 자신의 영국군을 선봉에 세우고 주변의 미군을 통합 지휘한 채 아르덴 북쪽에 집중 공격을 가하여 단숨에 독일의 루르Ruhr 공업지대까지 진출하고자 했다. 이는 거시적인 정치적 관점을 무시한 채 자신이 주인공이 되고자 하는 몽고메리의 고집을 보여주는 사례였고, 계속된 전투에서 미군과 영국군의 관계를 크게 악화시켰다.

마켓가든 작전과 미군의 서부 방벽 첫 돌파

연합군의 진격이 보급 문제로 멈춘 사이 제21집단군 사령관 몽고메리는 연합군의 공격 기세를 되찾을 방법으로 마켓가든 작전Operation Market Garden을 계획했다. 이는 공지합동작전을 통해 네덜란드 방면의 라인 강 상에 있던 교량을 확보하는 것이다. 작전의 숨은 의도로는 아이젠하워가 영국군이 주도하는 루르 지역에 대한 국지적 집중 공격 전략에 전력 배분 우선순위를 두도록 만들려는 것이었다. 소심했던 몽고메리가 과감한 작전을 계획한 또 다른 이유는 영국이 향후 정국을 주도하기 위함이었다. 영국의 특별한 기여 없이 미국 주도의 전쟁 승리는 전후 영국의 영향력 약화를 의미하는 것이기 때문이었다.

그런데 9월 17일부터 시작된 마켓가든 작전은 특별한 성과 없이 큰 피해만을 남기고 같은 달 26일경 종료되었다. 이 작전의 주요 골자는 몽고메리 장군이 지휘하는 영미 연합 공수부대가 네덜란드 북부 지역에 강하해 핵심 교량들을 장악하면, 영국 제30군단이 네덜란드 북부로 진격하여 공수부대와 연결한 후 확보된 핵심 교량을 통과하여 독일의 심장부까지 진출하는 것이었다. 하지만 몽고메리 장군이 바라던 결과는 일어나지 않았다. 영국 제1공수사단은 항공기를 타고 후방으로 침투 후 아른헴Arnhem의 주요 교량과 오스테르베크Oosterbeek 일대를 장악하는 데 성

●●● 마켓가든 작전에 투입된 제1공수사단이 네덜란드에 강하하고 있다. 마켓가든 작전의 주요 골자는 몽고메리 장군이 지휘하는 영미 연합 공수부대가 네덜란드 북부 지역에 강하해 핵심 교량들을 장악하면, 영국 제30군단이 네덜란드 북부로 진격하여 공수부대와 연결한 후 확보된 핵심 교량을 통과하여 독일의 심장부까지 진출하는 것이었다. 하지만 몽고메리 장군이 바라던 결과는 일어나지 않았다. 〈출처: WIKIMEDIA COMMONS | Public Domain〉

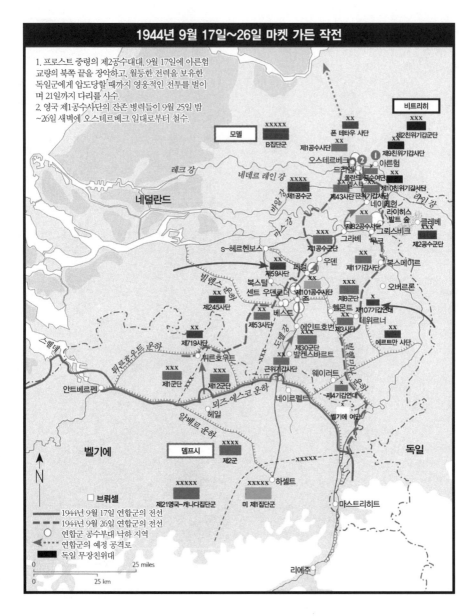

1944년 9월 17일~26일 마켓 가든 작전

1. 프로스트 중령의 제2공수대대, 9월 17일에 아른헴 교량의 북쪽 끝을 장악하고, 월등한 전력을 보유한 독일군에게 압도당할 때까지 영웅적인 전투를 벌이며 21일까지 다리를 사수.
2. 영국 제1공수사단의 잔존 병력들이 9월 25일 밤 ~26일 새벽에 오스테르베크 일대로부터 철수.

비트리히

모델

B집단군

제1공수사단

폰 테타우 사단

제2친위기갑군단

제9친위기갑사단

오스테르베크

드리엘

아른헴

엘스트

플란드 공수여단

제10친위기갑사단

레크 강

네데르 레인 강

제1공수군

제43사단 근위기갑사단

네이메헌

라이히스 발트 숲

클레베

네덜란드

제2공수사단

그리스비크

묵크

제2공수군단

s-헤르헨보스

페링

우덴

제1공수군단

그라베

제17기갑사단

복스메이르

오베르론

빌렌츠 운하

제59사단

복스텔

센트 우데로더

제101공수사단

존

제8군단

헬몬트

제107기갑연대

테위르너

제245사단

베스트

제53사단

에인트호번

제13사단

에르트만 사단

제719사단

투른호우트 운하

제30군단

발켄스바르트

튀른호우트

근위기갑사단

웨이러트

제4기갑연대

벨기에 여딘

안트베르펜

제1군단

제12군단

피즈에스코 운하

네이르펠트

헤일

알베르 운하

벨기에

뎀프시

제2군

독일

브뤼셀

제21영국~캐나다집단군

하셀트

미 제1집단군

마스트리히트

N

1944년 9월 17일 연합군의 전선
1944년 9월 26일 연합군의 전선
연합군 공수부대 낙하 지역
연합군의 예정 공격로
독일 무장친위대

0 ___ 25 miles
0 ___ 25 km

리에주

공했다. 영국 제30군단만 독일군의 저항을 물리치고 네덜란드 북쪽으로 진격해 공수부대와 연결하면 되는 상황이었다.

새로 독일의 B집단군 사령관으로 부임한 모델 원수는 영국 제30군단의 진격을 필사적으로 저지하며 마켓가든 작전을 방해했다. 독일의 제2친위기갑군단은 신형 쾨니히스 티거 전차까지 동원해 아른험의 교량을 지키는 영국군 제1공수사단 예하 부대를 5일 만에 전멸시켰다. 오스테르베크 일대의 제1공수사단 잔존 병력들도 독일군의 강력한 압박 때문에 라인 강 하류의 남쪽 제방으로 철수할 수밖에 없었다. 전력이 크게 약화되었다고 독일군을 얕잡아 봤던 영국군은 결국 작전에서 참혹하게 실패하고 말았다.

마켓가든 작전이 한창이던 시점에 브래들리의 미 제12집단군은 독일의 서부 방벽에 대해 처음으로 공격을 시도했다. 시타르트Sittard–에피날Epinal 전면을 담당하던 그의 부대는 꾸준히 동진해 지그프리트선으로 알려진 서부 방벽에 도달해 공격을 시작했다. 이곳은 독일의 서부 국경 지대를 방어하는 일련의 요새들이 구축되어 있었다. 북쪽 구간에서 미군은 시타르트를 점령 후 아헨 인근에서 지그프리트선에 대한 공격을 시작했다. 남쪽에는 패튼의 제3군이 80km 동진에 성공하며 모젤Mosel 강을 도하한 후 요새 도시인 메스Metz까지 위협했다.

독일의 역사적인 도시인 아헨을 둘러싼 전투는 약 5주간 이어졌다. 히틀러는 최후의 실탄 한 발까지, 그리고 최후의 병사 한 명까지 아헨을 사수하라는 명령을 내렸다. 아헨의 독일군 수비대는 9월 13일에 시작된 미군의 공격을 견고한 방어 시설에 의존해 10월 21일까지 막아냈다. 독일군은 탈영병을 막기 위해 즉결 사형 처분과 독전대Barrier Troops까지 운영하는 등 격렬히 저항했다. 심지어 독일군 수비대는 상대적으로 우세한 병력과 보급 능력을 가진 미군을 상대로 소규모의 국지적인 반격작전까지 실시했다. 10월 21일까지 버틴 독일군 수비대는 대단했다. 반면에 우세한 병력을 가진 미군은 아헨 점령을 통해 지그프리트선에 돌파구를 만들었지만, 큰 피해 속에 예상보다 상당히 지연된 시점에 목표를 달성할 수 있었다. 아헨에서 독일군 수비대의 강력한 저항은 연합군의 지휘관들이 지그프리트선에 대한 국지적인 개별적 돌파를 단념하게 만든 이유였다.

스헬데 강 하구 소탕작전과 라인 강으로의 진격

연합군은 독일 국경 지대로 깊숙하게 진격하고 있던 1944년 9월에도 대부분의 보급을 최초 상륙지점의 임시 접안 시설에 의존하고 있었다. 이는 히틀러가 프랑스와 벨기에 일대 항만 지역에 배치된 독일군 수비대에게 연합군이 항만을 사용하지 못하도록 끝까지 저항하도록 지시를 내렸기 때문이었다. 9월 4일 영국 제30군단이 북서유럽의 주요 항구인 안트베르펜Antwerpen을 점령하기는 했지만, 이 항구가 제구실을 하려면 스헬델Schelde 강 하구를 확보할 필요가 있었다. 이러한 임무를 맡은 부대가 캐나다 제1군이었다.

캐나다 제1군이 스헬델 강 하구를 점령하기 위해서는 네덜란드 남서부의 독일군을 물리쳐야 했다. 9월 4일부터 26일 사이 독일 제15군의 8만 6,000명 병력이 중포 616문을 휴대한 채 급조 선박과 뗏목을 이용해 스헬데 강 하구 남쪽 지역에서 강 건너 북쪽 지역으로 철수하는 데 성공했다. 이들은 연합군의 포위를 피했을 뿐만 아니라 강 건너 젤란트Zeelant 일대에 강력한 방어선을 구축하고 캐나다 제1군에 맞섰다.

캐나다 제1군의 작전은 오래 걸렸다. 그들은 스헬델 강 하구를 점령하기 이전 후방 지역의 안전을 도모하기 위해 9월 5일부터 10월 1일까지 르아브르 항과 볼로뉴Boulogne 항, 칼레 항을 차례로 점령했다. 그러고 나서야 이들은 스헬데 강 일대의 독일군 소탕에 나섰다. 작전이 종료된 시점은 11월 초였다. 연합군 전체의 길게 늘어진 보급선을 단축시키기 위한 작전은 무엇보다 중요했다. 그럼에도 이 작전에 대한 보급과 화력 지원 등의 우선순위는 낮았다. 몽고메리 장군은 자신이 역점을 두었던 마켓 가든 작전 부대에게 전투력 등 보급의 우선순위를 두었기 때문에 캐나다 제1군을 적극적으로 지원하지 않았다. 게다가 스헬데 강 하구 지역의 지형 자체가 공격보다는 방어에 훨씬 더 유리한 측면이 있었다. 독일 수비대 역시 이러한 지형적 이점을 잘 살려 장기간 방어에 성공하면서 갈 길 바쁜 캐나다 제1군의 발목을 잡았다. 캐나다군은 독일군의 저항을 완전히 분쇄하는 데 9주가 걸렸으며, 사상자가 1만 3,000명이나 발생했다.

한편, 독일군은 스헬데 강 일대에서 한창 작전이 벌어지던 시점에 영국군 정면에서 반격작전을 시도했다. 1944년 10월 26일 밤부터 다음날 새벽 사이에 독일군 2개 기계화사단이 메이엘Meijel 일대에서 국지적인 반격을 가해 에인트호번Eindhoven 남동쪽의 페일Peel 습지대 일대의 영국군 부대의 방어선을 뚫고 들어왔다. 그러나 독일군의 성공은 오래가지 않았다. 10월 29일 영국군은 예비대와 함께 막대한 포병 화력을 투입하기 시작했고, 11월 7일부로 독일군을 다시 공격 개시선으로 밀어냈다. 이 반격작전은 언제든 독일군이 연합군의 취약한 지점에 대해 국지적 반격작전을 실시해 큰 피해를 줄 수 있다는 것을 보여주었다. 반면에 연합군의 수적 우세로 독일군의 반격은 결국 성공을 거둘 수 없다는 사실도 동시에 드러냈다. 이러한 두 가지 측면의 교훈은 앞으로 양측의 전투 전개 상황과 전쟁의 결론을 집약적으로 보여주고 있었다.

1944년 11월 2일 총사령관 아이젠하워는 새로운 작전 지침을 내렸다. 세부 지침은 조공을 맡은 브래들리 집단군이 동쪽으로 진격하여 라인 강 너머에 교두보를 확보하는 동안 주공을 맡은 몽고메리의 집단군이 라인 강을 건너 루르 일대를 포위하는 것이었다. 11월 한 달간 연합군의 예하 부대들은 작전 지침에 따라 동쪽의 라인 강을 향해 여러 방면에서 진격을 시도했다. 독일군의 저항에 부딪혀 진격이 느린 부대부터 순조로운 진출을 보이는 부대까지 다양한 모습이 연출되었다. 12월 초까지도 이러한 모습이 계속되었다. 연합군 부대들은 여러 작전을 수행하며 라인 강에 도달하거나 라인 강 동쪽에 교두보를 구축하는 등 계획된 목표를 달성하는 듯했다. 그러나 1944년 12월 중순 독일군의 예상치 못한 대반격작전으로 연합군은 계획에 큰 차질을 빚었다.

벌지 전투

연합군이 무서운 기세로 독일 제국으로 몰려오기 시작한 1944년 9월 16일 히틀러는 서부 전선에서의 전세를 뒤집고 전략적 주도권을 되찾겠다는 일념으로 무리한 대반격작전을 결정했다. 그는 아르덴 삼림지대에서 기습 공격을 실시해 안트베르펜을 점령하고자 했다. 그가 정한 공격 시기는 제공권을 장악하고 있던 연합군의 공군이 악천후로 일정 기간 지상군에 대한 전술적 지원을 실시하지 못하는 때였다. 그래서 실시된 전투가 1944년 12월 16일부터 25일까지 벌어진 벌지 전투Battle of the Bulge였다.[28]

히틀러의 지시에 따라 독일군은 12월의 공세를 위해 10월부터 두 달간 작전이 노출되지 않도록 기만작전을 펼치며 아르덴 삼림지대 방면에 전투력을 모으기 시작했다. 독일군의 공세를 담당한 부대는 모델의 B집단군 예하 3개 군이었다. 친위대 상급대장 디트리히Josef Dietrich(1892~1966)의 제6친위기갑군과 만토이펠Hasso von Manteuffel(1897~1978)의 제5기갑군이 북부와 중부에서 주공을 맡을 예정이었다. 이들에 비해 상대적으로 전력이 약했던 제7군은 남부에서 주공 부대의 측면을 엄호하는 역할을 할 예정이었다. 기갑 차량은 대략 950

대 정도가 투입되었다. 물론, 공세에 투입된 부대들 중 상당수는 급하게 새로 조직되었다. 독일군은 주력 부대로 사용하기 위해 여러 곳에 흩어져 있던 병력을 모아 7개 기갑사단을 재조직했다. 또한 그들은 부족한 전투력을 보충하기 위해 해군 지원병, 공군 지상요원, 그리고 기타 병력 자원 등을 최대한 모아 12개 국민돌격사단^{Volkssturm}을 조직했다. 이들은 보병 전력을 보충하기 위한 부대였다.

독일이 공세 지점으로 정한 아르덴 삼림지대는 여러 구릉 사이에 수많은 하천이 흐르고 깊은 숲으로 덮여 있었다. 미군은 이 삼림지대가 기갑전에 적합하지 않다고 판단하고 4개 보병사단만을 배치해놓은 상태였다. 독일군의 국지적 공세가 성공할 가능성이 높은 것은 사실이었다. 문제는 히틀러가 원한 건 아르덴 삼림지대에서의 국지적인 전술적 승리가 아닌 150km 떨어진 안트베르펜까지 진격하는 매우 야심 찬 계획이었던 것이다. 이번 작전에서 독일군이 승리한다면, 히틀러는 미군과 영국군을 분단시키는 전략적 승리까지 쟁취할 수 있었다.

그런데 히틀러의 계획은 독일군이 처한 현실을 반영하지 못했다. 이미 제공권과 제해권을 연합군에게 빼앗긴 독일군은 지상 병력과 보급 측면에서 연합군의 상대가 되지 않았으며, 서부 전선과 동부 전선 양면에서 모두 주도권을 연합군에게 내준 지 오래였다. 연합군의 진격을 늦추기 급급한 상황에서 공세를 위해 병력을 차출한다는 것은 독일군에게 방어 작전을 위한 기갑 예비 전력의 소진과 추후 급박한 상황에서 융통성 상실이라는 최악의 상황을 만들어낼 가능성이 높았다. 독일군의 지휘관들은 공세 간 부족한 연료를 연합군의 연료 탈취로 해결한다는 계획을 수립해야 하는 현실에 맞닥뜨렸다. 그들은 이러한 상황을 반영해 이번 작전이 무리임을 히틀러에게 진언했다. 히틀러의 결심은 확고했고, 군지휘관들의 충언은 받아들여지지 않았다.

●●● 1944년 12월 18일, 독일군 병사들이 아르덴 공세에서 불타고 있는 미군의 반궤도차량 옆으로 진격하고 있다. 히틀러는 서부 전선에서의 전세를 뒤집고 전략적 주도권을 되찾겠다는 일념으로 무리한 대반격작전을 결정했다. 그는 아르덴 삼림지대에서 기습 공격을 실시해 안트베르펜을 점령하고자 했다. 〈출처: WIKIMEDIA COMMONS | Public Domain〉

벌지 전투는 1944년 12월 16일 새벽 시간 리에주(Liège) 남쪽 뫼즈 강에 놓인 교량들을 향한 독일군의 공격으로 막이 올랐다. 선두로 제6친위기 갑군 소속 국민척탄병들은 연합군 방어선의 깊숙한 곳으로 침투식 공격을 감행했다. 제1친위기갑군단이 그 뒤를 따랐다. 이는 이번 공세에서 독일의 북부 전선이었다. 공격의 선봉은 4호 전차, 판터 전차, 쾨니히

스 티거 중전차로 이뤄진 제6친위기갑군 예하 제6기갑사단 소속 파이퍼 Joachim Peiper(1915~1976) 중령의 기갑전투단이었다. 그의 임무는 독일군의 기습 공격을 받은 연합군이 정신 못 차리는 사이에 연합군을 유린하면서 안트베르펜을 향해 신속히 종심 깊은 돌파를 달성하는 것이었다. 이때는 기상이 좋지 않아 연합군의 공군 폭격이 제한되는 상황이었다.

그러나 12월 18일부터 19일 사이에 파이퍼 중령의 기갑전투단은 계획과 달리 스토몽Stoumont에서 더 이상 나아가지 못했다. 그 이유는 전차 기동에 어려운 지형과 연합군이 진격로 일대의 주요 교량을 파괴했기 때문이었다. 파이퍼 부대를 측면 엄호 및 지원하는 부대들은 이마저도 진격하지 못해 그의 부대에 대한 보급마저 끊겨버렸다.

독일군의 기습으로 당황했던 연합군은 독일 선봉부대의 전진이 지지부진하던 사이 전열을 가다듬었고, 12월 22일부터는 본격적인 반격에 돌입했다. 기습 초기부터 계속되던 짙은 안개와 구름이 걷히고 날이 갰다. 연합군 항공기들도 본격적인 활동을 개시했다. 전진은 고사하고 파이퍼의 기갑전투단은 라 글레즈La Gleize 마을에서 연합군에게 완전히 포위당했다. 12월 23일부터 24일 사이 이들 중 부상을 입지 않은 800여 명 정도의 독일군이 남은 장비들을 파괴하고 걸어서 겨우 탈출해 독일군 전선으로 복귀했다. 나머지 독일군 부상자들은 연합군의 포로가 되었다. 공세의 북쪽을 담당하던 제6친위기갑군은 제2친위기갑군단을 투입해 공세를 유지하고자 했지만, 만헤이Manhay에서 제2친위기갑군단마저 저지당했다. 독일군에게 북부 전선의 공세는 피해만 크고 얻은 것이 별로 없는 무익한 전투였다.

12월 16일 제5기갑군도 북부 전선의 제6친위기갑군의 남쪽에서 공세에 나섰다. 미군의 일부 저항에도 불구하고 제5기갑군 예하 2개 기갑군단은 생비트St Vith 남쪽에서 우팔리제Houffalilze와 바스토뉴Bastogne 방면으로 진격했다. 이들은 바스토뉴에서 미 제101공수사단을 포위하고, 공격목표인 뫼즈 강의 교량으로부터 6.4km 떨어진 곳까지 진격하는 데 성공했다. 그러나 그들의 선전은 거기까지였다. 대규모 연합군의 예비대가 뫼즈 강에 투입된 상황 속에 독일군은 보급 부족에 시달리며 더 이상 진격할 수 없게 되었다. 주도권을 잡은 미군은 12월 23일 반격을 개시해

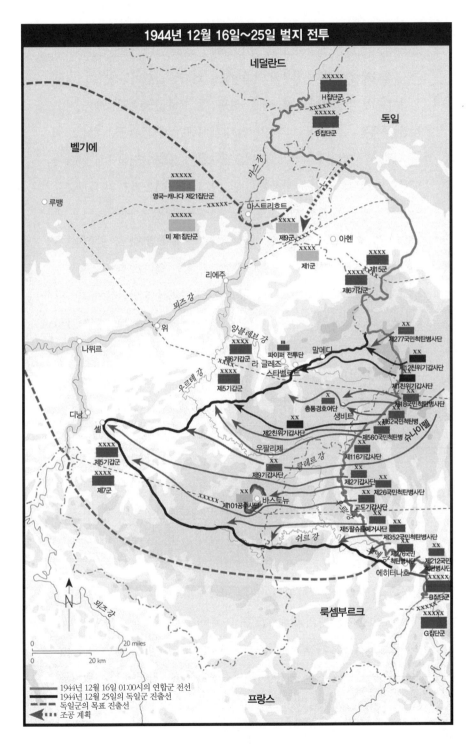

1944년 12월 16일~25일 벌지 전투

네덜란드

독일

벨기에

H집단군

B집단군

영국·캐나다 제21집단군

마스트리흐트

미 제1집단군

아헨

루뱅

제9군

제15군

제1군

리에주

제6기갑군

제277국민척탄병사단

뫼즈 강

위

앙블레브 강

제6기갑군

파이퍼 전투단

말메디

제1천위기갑사단

나뮈르

라 글레즈

스타벨로트

제1친위기갑사단

제5기갑군

제18국민척탄병사단

우르테 강

총통경호여단

생비트

제62국민척탄병

디낭

제2친위기갑사단

제560국민척탄병

슈나이펠

우팔리제

클레르 강

제116기갑사단

셀

제5기갑군

제9기갑사단

제2기갑사단

제7군

제26국민척탄병사단

제101공수사단

바스토뉴

교도기갑사단

제5팔슈름예거사단

쉬르 강

제352국민척탄병사단

제76국민척탄병사단

제212국민척탄병사단

에히터나흐

N

0 ——— 20 miles

0 ——— 20 km

B집단군

G집단군

룩셈부르크

━━━ 1944년 12월 16일 01:00시의 연합군 전선
━━━ 1944년 12월 25일의 독일군 진출선
- - - 독일군의 목표 진출선
◀━ 조공 계획

프랑스

26일에 바스토뉴 해방과 함께 뫼즈 강에 근접해 있던 독일군 선봉부대마저 격퇴시켰다. 벌지 전투가 최종적으로 실패한 순간이었다.[29]

벌지 전투의 실패에도 불구하고 히틀러는 예하 군지휘관들에게 계속적인 공세를 지시했다. 벌지 전투에서 패배했던 제5기갑군은 주공으로서 히틀러의 명령에 따라 1945년 1월 1일 바스토뉴 인근에서 아르덴 방향으로 새로운 공격을 시작했다. 전날인 1944년 12월 31일 독일군은 알자스-로렌 일대에서 조공으로서 노르트빈트 작전Operation Nordwind을 개시했다. 조공 작전의 전체적인 계획은 자르Saar에서 남쪽으로 공격을 개시한 6개 사단과 라인 강 서쪽에 형성되어 있는 콜마르Colmar 돌출부로부터 북쪽을 향해 공격을 개시한 부대 간의 연결선을 만든다는 것이었다. 궁극적인 목표는 연합군의 증원부대가 독일 주공부대인 제5기갑군이 작전하는 아르덴 삼림지대로 투입되는 것을 막으려는 것이었다. 하지만 노르트빈트 작전은 큰 피해만을 남겼고 연합군 증원부대의 아르덴 투입도 막지 못했다. 제5기갑군의 공세는 조기에 기세를 잃었다. 1945년 1월 3일 반격 중인 연합군은 독일군이 형성한 거대한 돌출부를 북쪽과 남쪽에서 차근차근 조여 들어갔다. 궁지에 몰린 상황 속에서 히틀러는 신속한 철수를 통해 얼마 남지 않은 병력을 구하자고 했던 독일군 지휘관들의 건의를 묵살했다. 그는 무조건 끝까지 지연전을 수행하며 오래 버틸 것만을 주장했다. 이는 무모했던 벌지 전투에서 독일군의 피해가 더 늘어난 이유이기도 했다.

벌지 전투에서 모델의 B집단군은 병력 12만 명과 기갑 차량 600여 대를 잃었다. 이 전투의 피해로 인해 1945년 1월 이후 독일군은 크게 약화되었고, 라인 강을 향해 파죽지세로 진격해 들어오는 연합군을 저지하기는커녕 지연시키지도 못했다. 벌지 전투는 히틀러가 저지른 최악의 전략적 실책 가운데 하나였다. 독일은 전략적 이점 하나 얻을 수 없었던 상황에서 무리하게 공세를 밀어붙여 최후의 기갑 예비전력을 헛되이 소진시켰던 것이다. 더욱이 독일군은 서부 전선의 벌지 전투를 위해 동부 전선의 예비대까지 전용했다. 이 때문에 독일군은 1945년 1월 중순에 소련군이 공세를 재개해 폴란드로부터 독일 본토로 진격하는 것을 바라볼 수밖에 없었다. 1945년 1월 말이 되자 독일군은 동부 전선과 서부 전선 모두에서 괴멸 상태에 이르렀다.

라인 강 도하와 독일의 패망

독일군은 1944년 12월 16일 시작된 벌지 전투와 12월 31일에 감행된 노르트빈트 작전까지 4주간의 무모한 공세로 얼마 남지 않은 병력의 상당수를 잃었다. 남은 병력으로 독일군은 자신들의 최후 저항선인 지그프리트선을 지키기에도 역부족이었다. 독일군의 지휘관들은 지그프리트선을 이용해 연합군의 진격 속도를 둔화시키며 점진적으로 독일군 부대들을 라인 강 동안으로 철수시키고자 했다. 또한 그들은 천연장애물인 라인 강에 연하여 방어작전을 펼칠 것을 히틀러에게 건의했다. 연합군에게 수적으로 열세했음에도 불구하고 히틀러는 이를 받아들이지 않고 어떻게든 라인 강 서안에서 연합군을 최대한 저지하라고 지시했다. 이는 독일군의 더 빠른 붕괴를 가져온 결정이었다.

연합군은 1945년 1월 중순부터 서부 전선 전체에서 동쪽 방향으로 진격하기 시작했다. 연합군의 전력은 독일의 룬트슈테트가 지휘하는 서부전구 사령부 예하 3개 집단군에 비해 병력 면에서 네 배가 많았다. 그들이 가진 기갑 차량은 독일에 비해 여덟 배나 많았다. 연합군의 가장 북쪽에는 몽고메리가 지휘하는 제21집단군이 위치했다. 이들 정면에 있는 로테르담Rotterdam에서 루르몬트Roermond에 이르는 전선에서 블라스코비

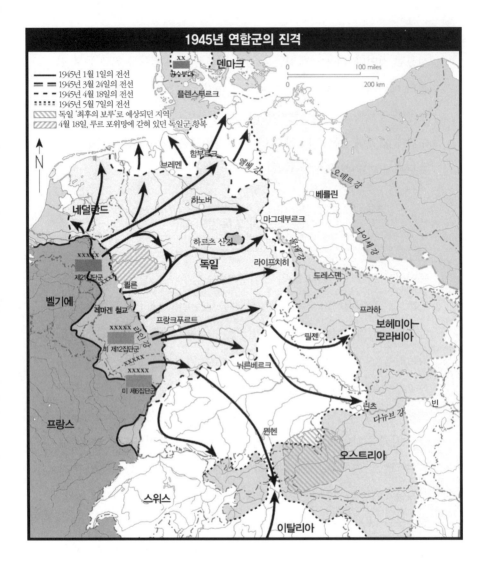

1945년 연합군의 진격

- 1945년 1월 1일의 전선
- 1945년 3월 24일의 전선
- 1945년 4월 18일의 전선
- 1945년 5월 7일의 전선
- 독일 '최후의 보루'로 예상되던 지역
- 4월 18일, 루르 포위망에 갇혀 있던 독일군 항복

덴마크

공수부대

플렌스부르크

0   100 miles
0   200 km

N

네덜란드

브레멘

함부르크

하노버

마그데부르크

오데르 강

베를린

나이세 강

하르츠 산지

독일

라이프치히

드레스덴

엘베 강

벨기에

쾰른

제21집단군

레마겐 철교

프랑크푸르트

뮐젠

프라하

보헤미아-
모라비아

미 제12집단군

뉘른베르크

린츠

빈

미 제6집단군

다뉴브 강

프랑스

뮌헨

오스트리아

스위스

이탈리아

츠Johannes Blaskowitz(1883~1948)의 독일 H집단군이 방어를 실시하고 있었다. 독일 H집단군의 제1공수군은 연합군의 핵심 목표인 라이히스발트Reichswald 숲을 방어하고 있었다. 연합군의 중앙에는 브래들리의 제12집단군이 있었다. 모델의 B집단군은 루르몬트에서 남쪽으로 트리어Trier에 이르는 라인란트 지역에 배치되어 정면에 있던 브래들리 예하 부대들의

진출을 저지하고자 했다. 서부 전선의 가장 남쪽에는 미국 데버스의 제6집단군이 위치했다. 독일 G집단군은 자를란트에서 스위스 국경 지대에 이르는 전선에서 데버스의 제6집단군을 저지하고자 했다.

북부의 영국-캐나다군 주축의 제21집단군, 그리고 중부와 남부의 미군 2개 집단군은 1945년 1월 중순부터 서서히 라인 강을 향해 진격했다. 이들은 독일군의 부분적인 저항으로 일부 진출이 제한되기도 했지만, 시간이 약간 지연될 뿐이었지 전체적인 작전 수행에 지장을 받지는 않았다. 예를 들어, 몽고메리의 지휘를 받던 미 제9군은 2월 9일 독일군이 슈바메나우엘 댐의 수문을 개방하여 루르 계곡에 홍수를 만드는 바람에 일시적으로 공세를 이어가지 못했다. 지그프리트선에서 진격을 이어가던 연합군의 진출을 열흘 이상 발목을 묶어둔 사건이었다. 그러나 이는 잠시 멈춰야 함을 의미한 것이지, 공세를 완전히 단념해야 하는 상황은 아니었다. 미 제9군은 물이 빠지자 2월 23일부터 다시 공세를 이어갔다. 캐나다 제2군단은 예비대를 보충받은 후 잘 구축된 방어시설물에 의지하여 효과적인 방어를 펼친 독일군에 의해 진출이 여의치 않았지만, 끈질긴 공세로 적의 전투력을 소모시키며 라인 강 서안에 도달할 수 있었다. 2월 한 달간의 작전으로 연합군의 3개 집단군은 3월 초에 예하부대 대부분을 라인 강 서안에 접근시킬 수 있었다.

1945년 2월 극소수지만 독일의 일부 지휘관은 연합군의 대규모 공세 속에서 자신의 부하들을 살리기 위해 또는 더 좋은 방어선에서 전투하기 위해 히틀러의 승인 없이 라인 강 동안으로 철수했다. 그들을 처벌하려는 시도가 있었지만, 히틀러는 당시의 전황과 주변의 만류로 그러한 결정을 내리지 못했다. 더욱이 히틀러도 3월 초가 되자 독일군 부대들의 라인 강 동안으로의 철수를 어느 정도 용인했다.

1945년 3월부터 독일은 본토를 방어할 수 있는 최후의 보루인 라인 강에서 결정적인 방어작전을 수행해야 했다. 그러나 히틀러의 애매한 지시로 라인 강에서의 방어작전은 처음부터 꼬였다. 히틀러는 독일군이 철수를 완료하기 전에 라인 강의 교량을 폭파하는 지휘관을 총살하겠다고 엄포를 내렸다. 이와 동시에 그는 지휘관이 라인 강의 교량을 연합군이 사용할 수 있는 상태로 내어주는 행위 역시 총살이라고 했다. 교전하는 두 집단이 상호 밀착되어 있는 전투 상황을 고려한다면, 군의 지휘관 입장에서 두 가지 임무를 동시에 달성하는 것은 매우 어려운 일이었다.

독일군은 히틀러의 애매한 지시 때문에 라인 강 도하에 사용 가능한 중요한 교량 하나를 연합군에게 넘겨주었다. 독일군은 최대한 병력을 철수시킨 후 라인 강의 교량 대부분을 폭파시켰다. 그런데 독일군이 미 제12집단군의 작전 지역인 레마겐Remagen에서 철교 하나를 폭파시키는 데 실패했다. 연합군의 빠른 진격 속도에 위협감을 느낀 상태에서 1945년 3월 6일 이 지역의 독일 지휘관은 독일군 병력들을 철수시키고 있었다. 그는 총살을 면하기 위해 독일군 병사 모두를 철수시키고자 교량 폭파를 다음날 오전으로 미뤘다. 위력적인 신형 퍼싱Pershing 전차를 앞세운 미군 기갑부대는 예상보다 훨씬 빠르게 기동해 레마겐 철교를 점령했다. 당황한 독일군은 즉각적으로 다리에 설치된 폭탄의 폭파 스위치를 눌렀다. 그러나 폭탄은 터지지 않았다. 이어진 예비 폭탄까지 폭파시켰지만, 다리는 약간 파손되었을 뿐 사용에 무리가 없었다.

철교 확보 후 수 시간 만에 미군 기갑부대는 신속히 레마겐 철교를 건너 라인 강 동안에 교두보를 형성했다. 라인 강이라는 천연적인 자연 장애물을 통해 연합군의 독일 본토 진출을 저지하겠다는 히틀러의 희망이 산산조각 난 순간이었다. 이에 광분한 히틀러는 교량 책임과 관련된 장교 7명에 대하여 총살을 지시하고 룬트슈테트 서부전구 사령관을 해임시켰다. 그 자리는 이탈리아 전선을 지휘하던 케셀링Albert

●●● 셔먼 전차가 수리 중인 레마겐 다리를 건너고 있다. 신형 퍼싱 전차를 앞세운 미군 기갑부대는 예상보다 훨씬 빠르게 기동해 레마겐 철교를 점령했다. 당황한 독일군은 즉각적으로 다리에 설치된 폭탄의 폭파 스위치를 눌렀으나 폭탄은 터지지 않았다. 〈출처: WIKIMEDIA COMMONS | Public Domain〉

Kesselring(1885~1960) 원수가 맡았다. 또한 히틀러의 레마겐 철교 파괴 지시에 따라 독일군은 열흘 가까이 전폭기와 V2 로켓, 포병 화력 등을 총동원해 3월 17일 레마겐 철교를 파괴했다. 그러나 이미 많은 수의 연합군 부대가 라인 강 동안에 교두보를 확장하고 있는 중이었다. 게다가 철교 주변에 여러 개의 부교들이 설치된 상태라 철교 폭파는 별다른 의미가 없었다.

1945년 3월 8일 연합군 총사령관 아이젠하워는 예하부대에게 라인 강을 도하한 후 새로운 공세를 개시하도록 명령했다. 이 시기 연합군의 부대 대부분은 라인 강에 연한 독일의 주요 도시를 점령하거나 라인 강 도하 작전 등을 수행했다. 라인 강을 향해 개별적으로 진격하던 부대들이 라인 강에 연한 지역에서 서로 연결작전까지 수행하며 독일 본토 진입 시 발생할 수 있는 측방의 위협까지 제거했다. 주요 도시들이 연합군 측에 넘어갔고, 미군 책임지역 내 일부 부대는 기습적으로 라인 강을 도하해 교두보를 마련하기 시작했다. 미처 라인 강 동안으로 철수하지 못한 수많은 독일군 병사들은 연합군의 포위 공격으로 인해 포로가 되었다. 1945년 2월 10일부터 3월 23일 연합군 5개 군이 라인 강 서안을 확보하는 과정에서 독일군에는 9만 6,000명의 사상자가 발생했고, 28만 명이 연합군의 포로가 되었다.

1945년 3월 19일 히틀러는 연합군이 공격작전에 사용할 수 있는 모든 것들을 파괴하라는 극단적인 초토화작전 명령을 하달했다. 다행히 그의 명령은 독일의 완전한 파괴를 원치 않던 슈페어^{Albert Speer}(1905~1981) 장관에 의해 유야무야되었다. 3월 중순까지 미군 2개 집단군은 라인 강 동쪽에 최소 2개의 교두보를 확보하고 자르 일대의 독일군 격퇴에 성공한 반면, 영국군 몽고메리의 제21집단군은 여전히 베젤^{Wesel}에서 라인 강을 도하하기 위한 준비에 여념이 없었다. 영국군이 주축이 된 제21집단군은 사령관인 몽고메리 장군의 지나친 신중함 때문에 준비 시간이 많이 소요되어 미군 2개 집단군에 비해 라인 강 도하가 늦었던 것이다.

몽고메리의 제21집단군의 라인 강 도하 작전명은 플런더 작전^{Operation Plunder}이었다. 미 제9군이 증강된 몽고메리의 부대는 1945년 3월 23일 늦은 시각 베젤에서 라인 강 도하를 시작했다. 이들은 연합군 공군과 포

●●● 1945년 3월 25일 라인 강 동쪽에 상륙하고 있는 처칠. 플런더 작전의 성공으로 3월 24일 해질녘 제21집단군은 라인 강 동안에 종심 8km의 교두보를 확보했다. 〈출처: WIKIMEDIA COMMONS | Public Domain〉

병부대의 막강한 화력 공격에 뒤이어 약 32km의 정면에서 일제히 라인 강을 도하했다. 영국군 2개 공수사단은 이 지역을 방어하는 독일군의 직후방으로 침투 작전을 벌였다. 제21집단군 전면에는 독일 제1공수군 예하 13개 사단이 방어하고 있었다. 과거의 강력했던 모습과 달리, 독일의 13개 사단은 6만 9,000명의 병력과 45대의 전차만을 보유할 정도로 약화되어 있었다. 그럼에도 불구하고 이들은 연합군의 공수작전을 미리 예견하고 대량의 고사포를 준비시켜두었다. 독일군은 공수작전에 투입된 105대의 연합군 항공기를 격추시키는 전과를 거두기도 했다. 그러나 독일군의 선전은 부분적으로 연합군의 진격을 늦췄을 뿐이었다. 영국군 2개 공수사단 병력은 마켓가든 작전의 실패를 교훈 삼아 효과적인 전투로 독일군을 후방에서 교란했다. 또한 그들은 연합군 제21집단군의 도하 주력부대와 조기에 연결작전에 성공했다. 3월 24일 해질녘쯤 제21집단군은 라인 강 동안에 종심 8km의 교두보를 확보했다.

몽고메리의 작전이 성공하던 시점에 미군은 레마겐과 오펜하임 Oppenheim 교두보 외에도 추가적으로 2개의 교두보를 더 확보하는 성공을 거뒀다. 대규모 연합군 부대들이 라인 강을 넘어 독일 본토에 본격적으로 진입하기 시작했다. 연합군의 지상군 74개 사단은 제공권과 제해권을 확보한 상태에서 서진해오는 소련군과 연결하기 위해 동진을 계속했다. 소련군은 1943년 쿠르스크 전투 승리 이후 꾸준히 서진을 해왔고, 1945년 봄 서유럽 연합군이 독일의 서쪽에 진입했던 그때 독일 본토 동쪽에 진입한 상태였다. 반면에 독일군은 붕괴 직전이었다. 라인 강 동안에서의 전투에 독일군은 국민척탄병까지 총 27개 사단을 투입했지만, 사기와 전투력 등 모든 측면에서 연합군의 상대가 되지 못했다. 독일군은 병력과 장비, 식량 등 모든 면에서 어려움을 겪었다. 그들은 연합군 공군의 활발한 활동 때문에 더 위축된 상태였다.

●●● 1945년 5월 7일 참모총장 요들 장군이 항복문서에 서명하고 있다. 1939년 9월 1일 독일의 폴란드 침공으로 시작된 인류 역사상 최악의 전쟁이었던 제2차 세계대전의 유럽 전역이 독일의 항복으로 1945년 5월 8일 공식적으로 종료되었다. 〈출처: WIKIMEDIA COMMONS | Public Domain〉

1945년 3월 28일 기준으로 아이젠하워 연합군 사령관은 새로운 기동 계획을 예하부대에 하달했다. 이는 전략 목표를 베를린에서 엘베 강으로 바꾸는 것이었다. 브래들리에게 베를린이 아닌 엘베 강까지 진격하라고 한 것이다. 아이젠하워의 명령으로 영국군을 가장 먼저 베를린에 입성시켜 자신들을 전쟁 승리의 주역으로 만들고자 했던 몽고메리의 꿈은 깨지고 말았다.

　연합군의 3개 집단군은 상급부대의 지침에 맞춰 각자의 기동계획을 수립한 후 엘베 강을 향해 기동을 시작했다. 독일군의 일부 저항은 있었지만 연합군의 동진을 저지하지 못했다. 독일의 서부 전선은 거의 붕괴된 상태였다. 한편, 아이젠하워 사령관은 동진하는 서유럽 연합군과 서진해오는 소련군 간의 연결이 서로 간의 충돌로 비화되지 않도록 주의할 것을 명령한 가운데 실제로 독일 내에서 양측의 군대가 처음으로 조우하게 된다. 4월 25일 미군의 순찰대가 동쪽으로 진출한 가운데 토르가우^{Torgau} 부근의 슈트렐라^{Strehla}에서 소련군과 접촉한 것이다. 또한 4월의 마지막 날 히틀러의 자살 소식까지 전해졌다. 괴벨스^{Joseph Goebbels}(1897~1945)가 히틀러의 뒤를 이어 독일의 수장이 되었으나 그도 다음날인 5월 1일 자살했다. 히틀러에 이어 총통의 자리에 오른 되니츠^{Karl Dönitz}(1891~1980)와 서부에 있던 독일군 지휘관들은 즉각 연합군과 항복에 관한 협의를 시작했다. 그리고 이들은 1945년 5월 7일 연합군의 무조건적 항복 요구를 받아들이며, 항복문서에 서명했다. 1939년 9월 1일 독일의 폴란드 침공으로 시작된 인류 역사상 최악의 전쟁이었던 제2차 세계대전의 유럽 전역이 독일의 항복으로 1945년 5월 8일 공식적으로 종료되었다.

CHAPTER 4

종전과 평가

1. 전쟁 결과

1945년 4월 22일 소련군은 독일의 수도 베를린을 포위했다. 이 시점 독일은 내부에서도 무너졌다. 최후의 1인까지, 최후의 1발까지 저항하라고 지시했던 히틀러는 수도에서 끝까지 저항할 것을 결정했다. 그때 괴링과 히믈러 등 히틀러가 믿었던 부하들은 히틀러와는 다른 방법으로 저항과 타협의 길을 모색하고자 했다. 그들의 방법은 히틀러와 큰 의견 충돌만을 낳았을 뿐 저항에도 협상에도 성공하지 못했다. 결국 히틀러는 독일 해군 사령관 되니츠 해군 원수에게 자신이 죽은 후에도 끝까지 저항하라는 명령을 남긴 채 1945년 4월 30일 자살했다. 이때 소련군은 히틀러가 자살한 총통 관저의 지하 벙커로부터 불과 300m 거리까지 와 있었다.

1945년 5월 1일 되니츠는 새로운 독일 제국의 총통이 되었다. 독일과 덴마크 국경 지대에 사령부를 설치한 그는 현실을 정확히 인지하고 있었다. 그는 최후까지 저항하라는 히틀러의 명령과 달리 독일이 전쟁에서

●●● 1945년 5월 7일 참모총장 요들 장군이 항복문서에 서명하고 있다. 1939년 9월 1일 독일의 폴란드 침공으로 시작된 인류 역사상 최악의 전쟁이었던 제2차 세계대전의 유럽 전역이 독일의 항복으로 1945년 5월 8일 공식적으로 종료되었다. 〈출처: WIKIMEDIA COMMONS | Public Domain〉

패배했음을 알고 항복을 준비했다. 되니츠의 현실 판단에 의한 빠른 항복 시도는 독일의 모든 것을 파괴하려는 소련으로부터 최대한 많은 국민과 재산을 구하기 위한 결정이었다. 그는 전략적으로 동부 전선에서 소련군과 항전하는 가운데 서부 전선에서는 서방 연합군에게 조금씩 항복해 독일군 병사들이 포로가 되어 스탈린의 강제수용소로 끌려가는 경우를 최대한 줄이고자 했다. 그러나 독일군의 상황과 연합군의 진격 속도는 되니츠의 전략적 계획을 달성할 수 없게 만들었다. 되니츠가 이끄는 독일에게 주어진 선택지는 무조건적인 항복뿐이었다. 1945년 5월 7일 오전 2시 41분 요들은 항복문서에 서명했고, 영국 시간으로 1945년

5월 8일 11시 1분부로 항복문서의 내용은 효력을 발휘했다. 동부 전선에서 끝까지 저항하던 독일군은 1945년 5월 15일부로 총을 내려놓았다. 이때가 제2차 세계대전 중 유럽 전역에서 전투가 완전히 멈춘 시점이었다.

제2차 세계대전은 1939년 9월 1일 시작해 1945년 5월 8일에 종료되었다. 유럽과 태평양 전역 양측에서 전투 중 사망한 군인의 수는 1,500만 명이 넘었고, 부상당한 군인의 수는 2,500만 명 이상이었다.[30] 총력전으로 수행된 전쟁이었던 만큼 민간인 사망자 수도 3,800~4,500만 명이상이었다. 유럽 전역에 참전한 주요국들의 희생은 다음과 같다. 전쟁을 일으킨 주범 독일의 경우, 군인 사망자가 553만 3,000명, 민간인과 군인 전체를 합한 사망자가 660만~880만 명으로 추정되었다. 서방 연합군의 주축이었던 세 국가 중 미국은 자국에서 전투하지 않았기 때문에 전투 중 사망한 군인은 41만 6,800명이었고, 민간인은 단지 1,700명 정도 희생된 것으로 보고되었다. 영국은 38만 3,600명의 군인이 사망했고, 민간인까지 포함한 사망자는 45만 700명이었다. 이는 영연방 국가의 일원으로 참전한 오스트레일리아와 캐나다, 인도 등의 피해를 포함하지 않은 숫자이다. 국가 전체를 독일에 내주었던 프랑스는 21만 7,600명의 군인 희생자와 56만 7,600명의 군인과 민간인을 합한 인명 피해를 입었다. 끝으로 연합군의 동부 전선을 담당했던 소련은 가장 큰 피해를 입었다. 소련군 880만~1,070만 명 정도가 제2차 세계대전에서 사망했고, 민간인까지 포함한 총 소련의 사망자는 2,400만 명에 달했다. 이외에도 수많은 국가가 제2차 세계대전으로 큰 피해를 입었다. 그런데 이 모두는 정확한 수치가 아닌 추정치일 뿐이다.

전쟁은 경제적으로도 큰 피해를 낳았다. 국가별로 미국이 3,414.91억 달러, 영국이 1,200억 달러, 프랑스가 150억 달러, 소련이 1,920억 달러, 그리고 독일이 2,700억 달러 등 천문학적 비용을 전쟁에 지출했다.[31] 전쟁으로 인한 문화적 손실도 상당했다. 각국의 전문가와 담당자, 그리고 군인과 정치 지도자의 노력에 힘입어 전쟁 기간 중 소중한 문화유산이 지하 저장고와 동굴 등으로 옮겨져 보관되어 큰 피해를 피한 경우가 많았다. 그럼에도 불구하고 역사적인 도시와 건물이 파괴되었다. 대표적으로 독일의 베를린과 드레스덴, 영국의 런던 등의 도시가 폭격 등에 큰 피해를 입었다. 소련의 레닌그라드와 폴란드의 바르샤바, 오스트리아의 빈, 헝가리의 부다페스트, 프랑스의 캉 등의 도시도 전투와 폭격 등으로 아름다웠던 옛 모습을 잃었다. 특히 그 이름을 나열하기 힘들 정도로 많은 독일의 중소 도시들이 완전히 파괴되어버렸다. 그럼에도 불구하고 프랑스의 파리, 이탈리아의 로마, 피렌체, 베니치아, 그리스의 아테네, 네덜란드의 암스테르담, 그리고 영국의 옥스퍼드와 케임브리지 등의 유서 깊은 건축물들은 전쟁의 포화 속에서 살아남아 현재에도 이어지고 있다.[32]

2. 승패에 영향을 미친 요인

제2차 세계대전은 총력전이라는 특징을 갖는다. 참전국은 자신이 가진 모든 능력을 총동원해 생존을 위한 전쟁을 벌였다. 남녀노소 구분 없이 전 국민이 전쟁에 참여해야 했고, 징집 연령의 모든 남성이 전쟁터로 향했다. 대규모 군대가 전쟁을 벌였기 때문에, 사상자의 수 역시 대규모였다. 민간인의 직간접적 전쟁 참여와 무차별적인 폭격으로 인해 민간인 사상자 수도 엄청날 수밖에 없었다. 전쟁은 많은 사람들의 삶의 터전을 파괴했고, 수많은 사람들이 여러 이유로 고향을 떠나야만 했다. 여기에 더해 역사적인 도시와 문화재가 큰 피해를 입었다. 참전국은 대부분의 국가 재정을 전쟁에 사용했다. 장기간의 전쟁으로 참전국만이 아니라 전

세계 모든 국가가 경제적인 면에서도 큰 타격을 입었다. 가장 잔인했던 전쟁은 끝난 후에도 사람들에게 경제적인 어려움을 안겨주었다.

전쟁은 연합국의 승리로 끝났다. 제1차 세계대전의 애매한 종전 결과와는 달리 제2차 세계대전은 독일의 무조건적인 항복으로 그 마침표를 찍었다. 총력전에서의 승리는 전체적인 국력이 우세했던 연합국의 당연한 승리로 보였지만, 꼭 그렇지만도 않았다. 전쟁 초기 독일의 무서운 기세와 프랑스 점령은 마치 추축국을 이번 전쟁의 승리자로 만들어줄 것 같았다. 전황은 한때 추축국에게 유리했고, 반대로 연합국은 패배의 문턱까지 몰리기도 했다.[33] 양측의 전쟁 승패 요인은 그리 단순한 문제가 아니었다. 여기서는 양측 승패의 요인을 자원과 지휘체계, 그리고 전략 개념의 차이로 설명하고자 한다.

승패 요인의 첫 번째인 자원의 문제는 총력전의 수행 능력 차이를 말한다. 여기서 총력전 수행 능력을 구성하는 자원은 천연자원부터 인구, 경제력 등 모든 것을 의미한다. 연합국은 구성원의 국가 수로만 봐도 추축국에 비해 인구와 자원에서 압도적인 우위를 보였다. 주요 국가로 한정해보면, 유럽 전역에 참전한 연합국의 주 구성국인 미국, 영국, 프랑스, 소련의 인구 규모는 1938년 기준으로 각각 1억 3,050만 명, 4억 5,380만 명, 4,200만 명, 1억 6,700 만명 정도였다. 영국과 프랑스는 식민지 인구를 포함한 수치로, 이들의 합은 거의 8억 명에 가까운 7억 9,330만 명이었다. 반면에 추축국 중 유럽 전역의 주요 국가인 독일과 이탈리아는 6,860만 명과 4,340만 명이었다. 이들의 총합은 1억 1,200만 명이었다.[34] 전쟁 직전 유럽 전역에서의 연합국과 추축국 간 인구 비율은 7:1로 연합국이 우세했다. 전쟁 시작 이후 추축국은 영토를 확장하며 인구가 늘어나기는 했지만 전쟁 기간 동안 연합국보다 인구가 많았던 적은 없었다.

〈표 1〉 주요 참전국의 GDP(1938~1945년)

	1938	1939	1940	1941	1942	1943	1944	1945
미국	800	869	943	1,094	1,235	1,399	1,499	1,474
영국	284	287	316	344	353	361	346	331
소련	359	366	417	359	274	305	362	343
프랑스	186	199	82	130	116	110	93	101
소계	1,629	1,721	1,758	1,927	1,978	2,175	2,300	2,249
독일	375	411	414	441	444	454	466	322
이탈리아	141	151	147	144	145	137	117	92
소계	516	562	561	585	589	591	583	414

단위: 10억 달러(1990년 국제 달러 기준)

국가 간 GDP^{Gross Domestic Product}(국내총생산) 측면에서도 전쟁 직전과 전쟁 기간 동안 추축국은 연합국을 앞선 적이 한 번도 없었다. 전쟁 직전인 1938년 기준 연합국의 GDP가 추축국의 GDP의 세 배 이상 많았다. 전쟁이 한창이던 1943년 프랑스를 제외하고 계산해도 연합국이 추축국에 비해 여전히 세 배 이상 많은 GDP를 기록했다. 전쟁 전체 기간에 걸쳐 이러한 세 배 이상의 경제 규모 차이는 계속 유지되었다. 즉, 전쟁 기간 동안 연합국은 병력과 자원, 식량, 그리고 무기와 장비 등에 있어 동원할 수 있는 능력이 추축국에 비해 월등했던 것이다. 미국은 유럽과 태평양에서의 전쟁으로 국내에서 거의 피해를 입지 않았다. 미국인들은 국내 공장에서 안정적으로 무기와 장비, 차량 등을 생산했고, 미국 농업인들은 농장에서 식량을 생산할 수 있었다. 이러한 대량의 물자가 양대 전역에서 싸우고 있는 자국군과 동맹군의 군인에게 보급되었다. 또한 연합국의 국민들도 미국에서 들어오는 막대한 식량의 보급으로 장기화된 전쟁에서 오래 버틸 수 있었다.

반대로 독일을 비롯한 추축국의 일원은 부족한 식량과 자원, 장비, 그리고 무기로 인해 장기화된 전쟁을 이어가기 어려웠다. 독일의 본토 역시 전쟁으로부터 자유로울 수 없었다. 수많은 연합군의 전략폭격으로 인해 독일 본토의 생산시설과 농업시설이 피해를 입었다. 이 와중에 1943년부터는 연합군이 제해권과 제공권까지 완벽히 장악했다. 추축국은 연합군 해군에 의해 해상이 봉쇄되어 해외로부터 자원과 식량을 공급받을 수 없는 상황에 이르렀다. 이는 공업적 역량을 보유한 추축국이 원자재 부족으로 무기와 장비, 차량 생산에 차질을 빚게 만든 요인이기도 했다. 여기에 더해 무기 생산과 관련된 기술 측면에서도 연합국이 추축국을 서서히 압도하기 시작했다. 질 좋은 대량의 무기가 연합군에게 보급되면서 추축군은 시간이 지남에 따라 더 고전할 수밖에 없었다. 이처럼 연합군은 인구와 경제력, 자원 등에서의 우위를 통해 추축군의 초반 기세를 꺾고 장기전에서 승리할 수 있었던 반면에 추축군은 총력전에 필요한 자원의 부족으로 인해 초기의 승리를 전쟁의 승리로 연결하지 못했다.

전쟁의 승패를 가른 두 번째 요인은 양측의 지휘체계 차이였다. 먼저, 연합국 측은 정치 영역과 군사 영역이 분리되어 있었다. 루스벨트와 처칠, 스탈린은 전쟁 승리를 위해 국내적으로 국가와 국민의 노력을 결집시켰다. 국제적으로도 그들은 국가 간 상호 협조를 위해 힘을 합쳤다. 1941년부터 1945년까지 연합국 지도자들은 수차례의 회담을 통해 전쟁의 목표와 방향, 주요 연합작전에 관한 사항 등을 논의를 통해 결정했다. 그렇다고 정치 지도자들이 군사 분야에 관련된 세부적인 사항들을 결정한 것은 아니었다. 정치 지도자들은 군사 전문가가 결정해야 할 군사 영역의 문제의 경우 군사 지도자들이 결정할 수 있도록 했다.

연합국의 군사 지도자들은 정치 지도자들이 결정한 목표와 방향에 따라 군사전략 측면에서 대부대의 계획을 수립했다. 작전술과 전술은 그들의 예하 지휘관들이 담당했다. 또한 국가 간의 연합작전 역시 추축국에 비해 상대적으로 원활하게 수행되었다. 미군과 영국군은 연합참모부를 구성해 노력을 통합했다. 특히 연합국은 노르망디 상륙작전을 위한 계획과 준비, 그리고 실행 단계에서 아이젠하워 장군을 사령관으로 임명했고, 예하 지상군 부대 사령관, 해군과 공군 지휘관 등이 능력에 맞게 적절히 배분되어 임명되었다. 서부 전선에서 서방 연합군의 진격하는 모습은 마치 하나의 국가가 전쟁을 수행하는 것처럼 보였다. 동부 전선의 경우는 소련의 단독 작전이었기 때문에 큰 문제가 없었다. 스탈린은 정치 지도자로서의 역할을 담당하고, 군사 지휘관의 조언 속에 군사작전을 진행시켰다. 즉, 연합국의 경우 정치 영역과 군사 영역이 잘 분리되었으며, 국가 간 연합과 군사 지휘체계도 비교적 잘 작동했다.

연합국과 달리 추축국의 지휘체계는 문제가 많았다. 추축국은 크게 독일, 이탈리아, 일본 간의 연합이었다. 그런데 일본은 독일과 전혀 다른 지구 반대편의 태평양에서 연합군과 전쟁을 벌였다. 따라서 독일과 일본 간의 연계된 작전을 펼치기에는 물리적 한계가 분명했다. 거의 서로 다른 전쟁을 하고 있다고 평가해도 무방했다. 이탈리아는 독일에게 도움이 아닌 짐이었다. 이탈리아군은 동부 전선에서 큰 보탬이 되지 못했다. 이탈리아는 독립된 전선을 구축해 자신의 몫을 하지 못했을 뿐만 아니라 어느 전선에서든 연합군에게 쉽게 패했다. 이를 극명하게 보여준 사례가 북아프리카의 이탈리아군의 모습이었다. 이탈리아가 시작한 북아프리카 전역에서 이탈리아군은 영국군에게 쉽게 패배해 괴멸 직전에 봉착했다. 독일은 이탈리아를 돕기 위해 롬멜이 지휘하는 아프리카 군단을 보내야 했다. 독일군은 다른 전선에서 전투 중인 상황에서 병력을 북아프리카로 보낸 것이었다. 동유럽의 다른 동맹군들 역시 이탈리아와 다르지 않았다. 동부 전선의 스탈린그라드 전투에서 동유럽 국가의 군대는 후방의 병참선을 지키는 임무를 맡았다. 독일군에 비해 전투력이 떨어졌기 때문에 보조적 임무를 맡았던 그들은 소련군의 반격작전 시 힘 없이 무너졌다. 독일은 연합국과 달리 외로운 전투를 해야 했다.

한편 독일 내부의 지휘체계에도 큰 결함이 있었다. 히틀러의 독단이 군사작전을 방해하는 경우가 많았다. 히틀러는 군사 영역에도 깊게 관여해 직접 작전계획을 수립했다. 그는 심지어 실행 중인 중요한 군사작전도 직접 지시했다. 그는 작전 수립 등 중요한 군사적 결정 과정에서 군수뇌부의 의견과 조언을 무시하고 현장 지휘관의 목소리를 듣지 않았다. 예를 들어, 히틀러는 초기 프랑스 전역에서 아르덴 삼림지대 돌파 후 파죽지세로 진격하던 독일군 부대를 예하 지휘관들과 상의 없이 멈춰 세워 영국군 대부분과 프랑스군 일부가 됭케르크에서 철수할 수 있는 시간을 허용했다. 군사 전문가가 아닌 그가 작전에 직접 관여하는 것은 옳지 않았다. 게다가 그는 군사 지휘관의 조언을 듣지 않았다. 수세에 몰리는 상황에서 그는 백전노장 군사 지휘관들을 경질하고 그 자리에 자신에게 맹목적으로 충성하는 비전문가들을 임명하기도 했다. 그의 독단적인 군사 개입과 불통은 독일의 전술적 성과를 축소시키고, 전략적 승리를 달성하는 데 큰 저해 요인으로 작용했다. 이렇듯 연합국과 추축국 사이의 지휘체계 차이는 전쟁의 승패를 가른 중요한 요인이었다.

마지막 세 번째 승패의 요인은 양측 간의 전략 개념 차이였다. 전쟁은 추축국의 선제공격으로 시작되었다. 초기 그들은 준비가 부족한 연합국을 압도했다. 그런데 그들의 전쟁계획은 장기적인 안목이 없었다. 독일은 전략적 고려와 장기전에 대한 계획 없이 전쟁을 시작한 것이다. 히틀러는 전술적 승리를 추구했고, 그에 따른 승리를 거뒀다. 그러나 양대 강국 사이에 놓인 독일의 지정학적 입장에서 그들은 전략적으로 양면 전쟁을 회피해야 했다. 그러나 독일은 프랑스에 대한 전쟁 승리와 동시에 영국, 그리고 동부의 소련과 전쟁을 시작했다. 게다가 히틀러의 독일은 미국과도 전쟁을 해야 했다. 이는 독일이 시작한 전쟁이 단기전이 아닌 장기전으로 연결될 수밖에 없음을 의미하는 것이었다. 히틀러는 이러한 모든 상황을 고려하지 않고 전쟁을 시작함으로써 패배를 자초한 것이다.

여기에 더해 히틀러의 독일은 항공력의 전략적 운용 개념마저 부족했다. 독일은 항공기를 전술적으로 잘 사용해 지상군을 직접 지원하며 각개 전투의 승리를 이끌어냈다. 그러나 항공력을 전략적으로 사용하지 못했다. 현대전에서 항공력의 전술적 운용에 더해 전략적 운용의 중요성을 미처 몰랐던 것이다. 무기체계 확보와 운용 전반에 걸쳐 이러한 실수들이 많았다. 전략폭격기의 생산보다 잠수함 생산에만 몰두한 것도 이러한 독일의 전략적 사고의 부족에 기인했다고 봐도 무방할 것이다.

반대로 연합국은 전략적 개념에서도 추축국을 앞섰다. 이들은 전략적으로 독일에게 양면 전쟁을 강요했다. 미국은 막대한 군수지원을 통해 동부 전선에서 소련이 독일과 전쟁을 할 수 있도록 도왔다. 연합국은 미국과 소련 간의 이데올로기 차이보다 전쟁 승리라는 목표 하에 하나의 대오를 이뤘던 것이다. 독일의 전투력 분산은 장기전을 수행한 병력과 장비, 자원 등이 부족했던 독일에게 치명적이었다.

또한 연합국은 제공권을 장악하는 동시에 전략폭격을 통해 독일의 전시 생산체제를 무너뜨림으로써 독일의 장기전 능력을 무력화시켰다. 제공권을 장악한 연합군은 지상에서도 자유로웠다. 시간이 지남에 따라 연합군의 전술과 전략폭격에 의해 독일군은 기동력을 잃었고 전체적으로 전투력이 급격히 약화되었다. 이처럼 양측의 전략 개념 차이도 전쟁의 승패 요인에 중요한 부분이었다.

3. 전쟁의 영향: 새로운 국제질서와 냉전

제2차 세계대전의 종전은 단순히 끝이 아닌 새로운 국제질서의 시작이기도 했다. 그러한 특징을 잘 보여주는 것이 냉전^{Cold War}의 시작과 식민체제의 붕괴, 그리고 국제연합의 탄생이었다. 첫째, 전쟁의 종결과 함께 미국과 소련 간의 냉전이 시작되었다. 새로운 국제질서가 탄생한 순간이었다. 1917년 러시아의 볼셰비키 혁명으로 탄생한 소련은 사회주의와 공산주의를 이념으로 택한 국가였다. 그들은 자유민주주의와 시장경제를 택하고 있는 미국과 완전히 정반대에 서 있었다. 그런데 서로 다른 두 국가는 제2차 세계대전 기간 공동의 적인 전체주의 국가 독일에 맞서 같은 편으로 싸웠다.

독일은 미국을 중심으로 한 서방 연합국과 소련이 서로 다른 이념을 갖고 있는 점을 이용해 전쟁 기간 내내 서방 연합국과의 평화협상을 시도한 바 있다. 하지만 1943년 초 미국과 영국의 정상은 신중한 논의 끝에 독일에게 무조건 항복을 요구하는 최후통첩을 전달했다. 전쟁 기간 동안 동방과 서방, 자본주의에 기반한 민주주의 국가들과 공산독재국가 사이의 이상한 동맹은 독일이 패망할 때까지 계속되면서 그들의 승리를 이끌었다.

그런데 1945년 독일의 패망과 함께 미국과 소련 간의 이념적 대립이 즉각적으로 표면화되었다. 두 국가는 전후 유럽의 질서 재편 과정에서 서로의 이데올로기를 기반으로 각자의 영향력을 확대하기 위한 적극적 정책을 추진하며 팽팽한 긴장관계를 형성했다. 이는 1991년 12월 소련이 붕괴될 때까지 계속되면서 전 세계를 핵전쟁의 공포로까지 몰고 갔다.

둘째, 제2차 세계대전의 종식과 함께 유럽 열강들의 식민지들이 독립하게 되었다. 유럽에서 시작된 전쟁은 아프리카와 중동으로 번졌다. 그곳은 서구 열강들의 식민지가 있던 곳이기 때문이었다. 일찍이 시작된 제국주의에 기반한 식민지 확보 경쟁으로 아프리카 대륙과 중동 지역은 유럽 열강들의 지배하에 있었다. 이들 지역은 전략적으로 중요한 지역이었기 때문에 열강들의 전쟁터가 되었다.

그런데 전쟁 과정에서 아프리카와 중동 지역에 탈식민지화의 바람이 불었다. 제2차 세계대전 종전 후 사회적인 변화와 경제적인 성장은 이들 지역을 크게 뒤흔들었다. 탈식민지화의 큰 흐름 속에 식민지들이 서서히 독립하기 시작했고, 제2차 세계대전 종전 30년 만에 아프리카와 중동 내 유럽 열강의 식민지는 존재하지 않게 되었다. 이전의 식민지였던 국가들은 단순한 독립을 넘어 유럽 국가들의 내정 간섭에서도 벗어나는 계기도 마련했던 것이다.

마지막 세 번째 변화는 국제연합United Nations(이하 유엔)의 창설과 새로운 국제질서의 태동이다. 제1차 세계대전 후 창설된 국제연맹은 아무런 역할을 하지 못했다. 제2차 세계대전을 겪은 세계는 이전과는 다른 조직을 통해 제3차 세계대전을 막고자 했다. 그 과정에서 탄생한 것이 유엔이었다. 유엔의 시작은 1944년 미국 워싱턴 근교와 1945년 샌프란시스코에서 그 그림이 그려졌다. 그리고 1945년 10월 24일 미국과 영국, 소련, 그리고 중국이 만든 유엔 헌장을 50개 회원국이 서명하여 정식으로 탄생했다. 유엔은 이전과 달리 실효성 있게 전쟁을 방지하려는 목적에서 설립된 국제기구이다.

여기에 더하여 미국을 중심으로 한 서구 세계는 전쟁을 막기 위해 유럽의 경제를 재건하고 자유민주주의 국가들의 자립 계획을 재정적으로 지원하기 위한 여러 조치를 취했다. 제1차 세계대전 후 세계 경제의 붕괴가 또 다른 세계대전으로 이어진 것에 착안한 전쟁 방지 노력의 일환이기도 했다. 미국의 국무장관 마셜George Marshall은 제2차 세계대전으로 황폐화된 유럽을 다시 부흥시키기 위해 마셜 플랜을 제창하기도 했다. 미국은 1947년부터 약 4년간 16개 동맹국들에게 120억 달러 규모의 경제적 지원을 하고 유럽의 재건과 함께 공산주의의 확산을 방지하고자 했다.

제2차 세계대전은 전대미문의 잔혹한 최악의 전쟁이었다. 총력전의 개념하에 전 세계 대부분의 국가가 모든 국가의 모든 능력을 전쟁에 투입해 싸웠다. 그 결과는 최대의 사상자와 치유할 수 없는 상처를 남겼다. 전 세계는 다시는 그와 같은 전쟁이 발생하지 않도록 하기 위해 유엔을 창설해 집단안보체제를 갖추고자 했고, 유럽의 경제부흥을 통해 전쟁의 또 다른 씨앗을 제거하고자 노력했다. 한편으로 평화에 대한 기대와 달리 전쟁에서 함께했던 서로 다른 이념을 가진 미국과 소련은 이데올로기 간의 대립 속에 팽팽한 긴장관계를 유지했다. 제2차 세계대전이 끝났지만 또 다른 냉전이 시작된 것이다. 심지어 1945년 미국의 핵무기 개발과 1949년 소련의 핵실험 성공으로 전 세계는 핵전쟁의 공포 속에 살게 되었다. 제2차 세계대전의 종료와 함께 냉전과 새로운 국제질서가 만들어졌던 것이다.

주(註)

1 https://dcas.dmdc.osd.mil/dcas/app/conflictCasualties/ww2, https://www.nationalww2museum.org/students-teachers/student-resources/research-starters/research-starters-worldwide-deaths-world-war

2 마틴 폴리, 박일송·이진성 옮김, 『지도로 보는 세계대전사: 제2차 세계대전』(서울: 생각의 나무, 2008), p. 12.

3 온창일, "1·2次 世界大戰의 原因分析", 『군사』 제23호, 1991. 2, p. 171.

4 임상우, "베르사유 조약(Treaty of Versailles)과 유럽평화의 이상", 『통합유럽연구』 제9권 2호, 2018. 9, p. 2.

5 앞의 논문, p. 9.

6 박윤덕 외 23명, 『서양사 강좌』(파주: 아카넷, 2021), p. 542.

7 앞의 책, p. 545.

8 온창일, "1·2次 世界大戰의 原因分析", 『군사』 제23호, 1991. 2, p. 174.

9 박윤덕 외 23명, 『서양사 강좌』, p. 559.

10 한승윤, "체임벌린의 대독 유화정책 결정 과정과 평화체제 유지의 상관관계 연구", 『전략연구』 제79호, 2019. 11, p. 172.

11 제임스 S. 코럼, 『젝트 장군의 군사개혁』(대전: 육군대학, 1998), pp. 43-46.

12 남도현, 『히틀러의 장군들: 독일의 수호자, 세계의 적 그리고 명장』(서울: 플래닛미디어, 2017), pp. 23-24.

13 젝트의 비밀재군비의 내용은 코럼의 『젝트 장군의 군사개혁』, 남도현의 『히틀러의 장군들: 독일의 수호자, 세계의 적 그리고 명장』, 그리고 최창윤, "Versailles 軍備制限下에서의 獨逸軍의 再軍備"『국방연구』 제20권 제2호, 1977, pp. 347-368 참조.

14 전쟁 경과에 관해서는 다음의 책을 중심으로 작성했고, 이 책에 대한 것만은 중복된

인용 표시를 하지 않았음을 미리 밝힌다. 폴 콜리어 등 9명, 강민수 옮김, 『제2차 세계대전: 탐욕의 끝, 사상 최악의 전쟁』(서울: 플래닛미디어, 2008).

15 존 키건, 류한수 옮김, 『2차 세계대전사』(서울: 청어람미디어, 2004), p. 71.

16 앞의 책, pp. 106~116.

17 Robert A. Doughty, *The Breaking Point: Sedan and the Fall of France, 1940* (North Haven, CT: Archon Books, 1990).

18 존 키건, 『2차 세계대전사』, p. 332.

19 앞의 책, p. 335.

20 앞의 책, p. 336.

21 마크 힐리, 이동훈 옮김, 『쿠르스크 1943』(서울: 플래닛미디어, 2007), p. 25.

22 앞의 책, pp. 57-58.

23 앞의 책, p. 156.

24 Micheal Clodfelter, *Warfare and Armed Conflicts: A Statistical Encyclopedia of Casualty and Other Figures, 1492-2015*(Jefferson, NC: McFarland & Company, 2017), p. 472.

25 스티븐 배시, 김홍래 옮김, 『노르망디 1944』(서울: 플래닛미디어, 2006), p. 27.

26 앞의 책, p. 38.

27 앞의 책, pp. 45~46.

28 스티브 J. 젤로거, 강민수 옮김, 『벌지 전투 1944(1): 생비트, 히틀러의 마지막 도박』(서울: 플래닛미디어, 2007).

29 스티브 J. 젤로거, 강민수 옮김, 『벌지전투 1944(2): 바스토뉴, 벌지 전투의 하이라이트』(서울: 플래닛미디어, 2007).

30 이후 전쟁의 피해에 관한 모든 데이터는 다음의 사이트를 참고했다. https://www.nationalww2museum.org/students-teachers/student-resources/research-starters/research-starters-worldwide-deaths-world-war

31 https://historyandheritage.cityofparramatta.nsw.gov.au/research-topics/world-war-two/world-war-two-financial-cost

32 존 키건, 『2차 세계대전사』, pp. 876-877.

33 기세찬 외 8명, 『전쟁의 역사: 동서양 고대 세계의 전쟁부터 미래 전쟁까지』(서울: 사회평론아카데미, 2023), p. 429.

34 1938년 기준 세계 인구 통계 자료는 다음 사이트를 참고했다. https://www.statista.com/statistics/1333819/pre-wwii-populations/

참고문헌

〈단행본〉

기세찬 외 8명, 『전쟁의 역사: 동서양 고대 세계의 전쟁부터 미래 전쟁까지』, 사회평론아카
　　데미, 2023.

남도현, 『히틀러의 장군들: 독일의 수호자, 세계의 적 그리고 명장』, 플래닛미디어, 2017.

마틴 폴리, 박일송·이진성 옮김, 『지도로 보는 세계대전사: 제2차 세계대전』, 생각의나무,
　　2008.

마크 힐리, 이동훈 옮김, 『쿠르스크 1943』. 서울: 플래닛미디어, 2007.

박윤덕 외 23명, 『서양사 강좌』, 아카넷, 2021.

스티븐 배시, 김홍래 옮김, 『노르망디 1944』, 플래닛미디어, 2006.

스티브 . 젤로거, 강민수 옮김, 『벌지전투 1944(1): 생비트, 히틀러의 마지막 도박』, 플래닛
　　미디어, 2007.

스티브 J. 젤로거, 강민수 옮김, 『벌지전투 1944(2): 바스토뉴, 벌지 전투의 하이라이트』, 플
　　래닛미디어, 2007.

제임스 S. 코럼, 『젝트 장군의 군사개혁』, 육군대학, 1998.

존 키건, 류한수 옮김, 『2차 세계대전사』, 청어람미디어, 2004.

폴 콜리어 등 9명, 강민수 옮김, 『제2차 세계대전: 탐욕의 끝, 사상 최악의 전쟁』, 플래닛미
　　디어, 2008.

Micheal Clodfelter, *Warfare and Armed Conflicts: A Statistical Encyclopedia
　　of Casualty and Other Figures, 1492-2015*, Jefferson, NC: McFarland &
　　Company, 2017.

Robert A. Doughty, *The Breaking Point: Sedan and the Fall of France*, North Haven, CT: Archon Books. 1990.

〈논문〉

온창일, "1 · 2次 世界大戰의 原因分析",『군사』제23호, 1991, 2.

임상우, "베르사유 조약(Treaty of Versailles)과 유럽평화의 이상",『통합유럽연구』제9권 2호, 2018, 9.

최창윤, "Versailles 軍備制限下에서의 獨逸軍의 再軍備",『국방연구』제20권 제2호, 1977.

한승윤, "체임벌린의 대독 유화정책 결정 과정과 평화체제 유지의 상관관계 연구",『전략연구』제79호, 2019.

〈인터넷 사이트〉

https://dcas.dmdc.osd.mil/dcas/app/conflictCasualties/ww2

https://historyandheritage.cityofparramatta.nsw.gov.au/research-topics/world-war-two/world-war-two-financial-cost

https://www.nationalww2museum.org/students-teachers/student-resources/research-starters/research-starters-worldwide-deaths-world-war

https://www.statista.com/statistics/1333819/pre-wwii-populations/

https://www.statista.com/statistics/1334676/wwii-annual-war-gdp-largest-economies/

PART 4

제2차 세계대전 (태평양 전역): 세계대전의 불완전한 종식

문용득 | 육군3사관학교 군사사학과 조교수

전남대학교 정치외교학과를 졸업하고, 육군 학사장교로 임관하여 국방정보본부 등 주로 군사정보 분야에서 근무했다. 서강대학교 국제대학원에서 국가정보학 전공으로 국제관계학 석사 학위를 받았고, 중앙대학교 대학원에서 국제정치학 박사과정을 수료했다. 뒤늦게 전쟁사에 매료되어 동서양 전쟁과 군사고전을 공부했다. 육군3사관학교 군사사학과에서 사관생도들에게 6·25전쟁과 전쟁사를 강의하고 있다. 주요 연구 분야는 6·25전쟁, 세계대전, 전쟁 양상의 변화이며, 특히 전쟁과 정보활동에 대한 연구에 집중하고 있다.

'태평양전쟁The Pacific War'이라는 명칭은 1941년 12월 7일(하와이 현지 시간 기준) 일본의 진주만 기습공격Attack on Pearl Harbor 이후 미국 등 연합국이 일본에 선전포고하여 태평양 지역에서 전개된 전쟁을 가리킨다. 개전 초기 일본 제국은 미국 등 연합국과의 전쟁을 서구 세력의 침탈에 맞서 대동아 신질서를 건설한다는 의미에서 '대동아전쟁大東亞戰爭'이라고 불렀다. 하지만 패전 이후 일본은 승전국인 미국의 명명을 수용하여 '태평양전쟁'이라고 바꿔 불렀다. 최근에는 이 전쟁이 태평양에서 미국과 일본 간의 전쟁을 넘어 중국, 미얀마, 인도차이나, 인도네시아 등 아시아 지역의 전쟁을 포괄하고 있으므로 '아시아·태평양전쟁'이라는 명칭으로도 널리 사용되고 있다. 제4부는 주로 일본과 미국이 대결을 벌였던 태평양 전역에 한정해 기술했다. 일본의 진주만 기습은 동아시아에 국한되어 있던 일본 제국의 침략 전쟁이 태평양 지역으로 확대되는 사건이었고, 고립주의를 표방하던 미국을 제2차 세계대전의 주역으로 등장시킨 사건이었다. 태평양전쟁은 제2차 세계대전을 아시아와 태평양 지역까지 전지구적으로 확산시킴으로써 진정한 의미의 세계대전을 완성한 사건이었다.

CHAPTER 1

시대적 배경

1. 제국주의 일본의 확립

메이지 유신과 군국주의

1868년 일본은 메이지 유신^{明治維新}을 계기로 봉건제도를 무너뜨리고 왕
정복고에 성공했다. 이후 일본은 국가 운영의 모든 분야에서 급속한 개
혁의 길을 걷게 되었다.[1] 일본은 선진국과 대등한 위치가 되는 것을 목표
로 부국강병과 문명개화를 추구했다. 경제적으로는 자본주의를 확립했
고, 정치적으로는 입헌정치를 도입했으며, 사회·문화적으로는 근대화를
추진했다. 또한, 국제적으로는 제국주의 국가로서 국왕 중심의 절대주의
를 국가체제의 모든 분야에 실현해나갔다.

일본은 메이지 유신 이전까지 약 700년에 걸쳐 봉건제도를 유지했
다. 봉건제도 하에서 일본 천황^{天皇}*(일본의 왕)은 상징적인 존재에 불과

---

* 천황은 '일본에서, 그 왕을 이르는 말'이라는 뜻의 표준어로 표준국어대사전에 수록되어 있다. 일왕

●●● 1869년 2월 29일 교토(京都)에서 도쿄(東京)로 이동하는 메이지(明治) 천황의 가마와 행렬. 1868년 일본은 메이지 유신(明治維新)을 계기로 봉건제도를 무너뜨리고 왕정복고에 성공했다. 이후 일본은 국가 운영의 모든 분야에서 급속한 개혁의 길을 걷게 되었다. 〈출처: WIKIMEDIA COMMONS | Public Domain〉

했고, 국가의 실질적 통치는 장군將軍(쇼군), 지방 영주, 그리고 그들의 부하인 무사 집단이 담당했었다. 그러나 메이지 유신을 통한 왕정복고의

은 '일본의 왕'을 의미하는 것으로, 표준어는 아니지만 국립국어원의 사용자 참여용 사전인 우리말샘에 등재된 단어이다. 한국 정부는 국민의 정부 시절인 1998년 김대중 대통령의 일본 국빈 방문을 계기로 "상대국의 명칭을 그대로 사용한다"는 견해를 밝히었고, 이후 정부의 공식 호칭은 일본에서 부르는 '천황'이라는 단어를 사용하고 있다. 국내에서는 여전히 일본의 왕을 부르는 용어에 대해 견해 차이가 있지만, 이 글에서는 당사국에서 사용하는 단어를 고려하여 '천황'으로 기술했다.

성공으로 일본 정치체제는 천황을 국가 운영의 전면에 내세웠다. 살아 있는 신으로 추앙받는 천황과 그에 대한 국민의 맹목적인 신봉이 근대 일본의 국가 이데올로기로 자리매김했다. 천황은 무사 집단을 국왕의 권위와 정치 질서를 확립하는 데 활용했다. 봉건적이고 분권화되어 있던 무사 집단이 중앙집권적이며 현대화된 군대로 바뀌면서 천황제 아래에서 지배적 위치를 차지하게 되었다.[2] 새로운 일본 군대가 천황의 군대로 정의되면서 왕에 대한 절대적인 충성심이 강조되었고, 무사도 정신으로 무장한 군대가 왕의 신격화를 뒷받침했다. 칼은 무사의 정신이며 신의 상징이었다. 이 신성불가침한 천황제와 무사도 정신으로 무장한 근대 일본은 분명 호전적인 국가일 수밖에 없었다.[3]

천황제로 탈바꿈한 근대 일본은 세계가 살아 있는 신, 즉 천황의 지배를 받는 것이 마땅한 것이며, 이를 위해 때로는 군사력의 사용도 필요하다고 보았다. 그러나 이미 아시아와 태평양 지역에는 유럽과 미국 등 열강들이 수세기에 걸쳐 식민지들을 확보해왔다. 영국은 말라야Malaya(지금의 말레이시아, 싱가포르), 버마(지금의 미얀마), 인도를, 프랑스는 인도차이나(지금의 베트남, 캄보디아, 라오스)를, 네덜란드는 동인도 제도(지금의 인도네시아)를, 그리고 독일은 뉴기니 일부를 손에 넣었다. 서구 열강들은 강력한 군사력을 앞세워 국력이 쇠퇴하고 혼란에 빠진 중국에도 진출하여 상당한 이익을 얻어냈다.[4] 이런 대외 환경에서 일본이 제국주의적 팽창에 성공하기 위해서는 무엇보다도 근대화된 육군과 강력한 해군을 보유할 필요가 있었다.

일본이 독일식 참모본부와 군사교육 제도를 도입하는 과정에서 독일군의 전통이 일본 군대에 스며들었다. 특히 군과 정부와의 관계에서 정부 내각의 육·해군상(장관직)과 육군 참모본부의 참모총장과 해군 군령부의 군령부장이 서로 독립적인 지위를 갖고 천황에게 직속되는 이원적인 구조가 만들어졌다.[5] 즉, 육군참모총장과 해군군령부장이 천황에 직속되어 군의 지휘·통수에 관한 권한을 내각을 거치지 않고 천황에 직접 보고하는 권한을 가지게 된 반면, 육·해군상과 내각을 배제하는 결과를 초래하게 된 것이었다.[6] 군부를 정부로부터 독립된 지위에 올려놓은 이유는 정치에 대한 군의 중립성을 유지하고 반대로 정쟁으로부터 군의 독립성을 지키기 위함이었다. 그러나 내각과 동일한 지위에 있었던 군부는 제도의 특성으로 인해 점차 정부 내각보다 우위를 차지해나갔다. 정부 내각이 구성되기 위해서는 모든 부서의 장관이 임명되어야 했다. 내각의 육·해군상은 현역 장성만이 보직될 수 있었으므로 만약 육군과 해군이 현역 장성을 장관으로 보내지 않으면 정부 내각 자체가 성립될 수 없었다. 전쟁을 포함하여 중요한 정치적 선택은 내각 구성원들의 만장일치 투표로 이루어졌다. 내각이 합의에 도달하지 못하면 내각은 해체되고 새로운 내각이 구성되어야만 했다. 실제로 군부가 정부 정책에 불만을 갖고 육·해군상에서 사임한 후 후임 인사를 보내지 않아 내각 총사퇴를 야기한 사례가 여러 차례 있었다. 1930년대에 민간인 내각 구성원들은 극우민족주의자들의 무자비한 정치적 폭력에 굴복했고, 정책은 군부에 의해 지배되었다.[7] 요컨대 군부는 정부 내각 구성을 거부하거나 붕괴시킬 수 있는 강력한 영향력을 가지고 있었다. 이러한 배경에서 군부를 중심으로 군사력에 의한 국가의 발전을 가장 우선시하는 군국주의가 일본 정치체제를 주도해나갔다.

한편, 일본이 강력한 군사력을 보유하려면 서둘러 산업화를 이뤄야 했다. 근대 일본의 자본주의 산업은 군사력을 근대적으로 정비하기 위한 수단으로 육성되었다. 거대 상인은 관료와 결탁해 막대한 특권을 누리며 보호를 받았다. 이들은 국가 자본과 더불어 상업운수·금융·광산에 지배적 영향력을 행사했고, 1880년대 후반부터 근대 산업화의 선두에 섰으며, 처음부터 독점적 지위를 차지하며 발전했다. 그러나 산업이 성장할수록 천연자원이 부족했던 일본의 자본주의 산업은 원자재 조달처와 상품 판매 시장이 필요했다.

일본은 19세기 유럽 열강이 어떻게 아시아의 식민지를 획득해나갔는지를 이해하고 있었다. 특권적 대자본을 통해 군사력 강화에 전력을 쏟은 일본은 유럽 열강이 사용했던 무력과 조약의 방법으로 주변국에 대해서 제국주의적 팽창을 추구했다. 일본은 팽창 과정에서 서구 열강의 눈치를 보면서 동시에 그것에 대한 보상과 자존심의 회복을 주변국의 침략을 통해 실현하고자 했다. 그 결과 근대 일본은 메이지 유신부터 약 80년 동안 청일전쟁, 러일전쟁, 제1차 세계대전, 만주침략과 중일전쟁, 태평양전쟁으로 이어지는 전쟁의 역사를 반복해나갔다.[8]

제국주의의 팽창

19세기 말 일본의 침략 정책은 조선을 주목했고, 조선을 둘러싼 이해관계를 놓고 청과의 대립을 본격화했다. 1894년 일본은 조선에 대한 주도권을 놓고 청과 벌인 전쟁에서 승리를 거두었다. 이듬해, 청일전쟁에서 승리한 일본은 시모노세키下關에서 청으로부터 대만과 랴오둥遼東 반도를 할양받고, 서구 열강이 확보한 특권을 일본도 똑같이 누릴 수 있도록 청에게 불평등조약을 강요했다.

청일전쟁은 일본이 제국주의 국가로 발돋움하는 계기가 되었다. 하지만 조선에서 청을 몰아낸 일본은 러시아라는 더 강력한 적과 직면했고, 러시아, 프랑스, 독일 세 국가의 간섭(삼국간섭)으로 인해 청에게서 획득한 이익을 온전히 얻지 못하게 되었다. 일본이 제국주의적 팽창을 지속할수록 아시아에서 경제적 기득권을 장악한 서구 열강과의 마찰은 피할

●●● 1894년 벌어진 청일전쟁에서 일본군 병사들이 무라다(村田) 소총을 발사하고 있다. 전쟁에서 승리한 일본은 시모노세키에서 청으로부터 대만과 랴오둥 반도를 할양받고, 서구 열강이 확보한 특권을 일본도 똑같이 누릴 수 있도록 청에게 불평등조약을 강요했다. 〈출처: WIKIMEDIA COMMONS | Public Domain〉

◈ 삼국간섭 ◈

1895년 4월 17일, 청일전쟁에 승리한 일본은 시모노세키에서 청과 불평등 강화조약을 체결했다. 조약의 결과 일본은 랴오둥 반도, 대만 등을 할양받았고, 조선에 대한 청의 주도권을 빼앗았다. 또한 상당한 전쟁배상금을 청에 강요했고, 서구 열강이 청으로부터 확보한 특권을 일본도 동일하게 누릴 수 있는 내용에 합의했다.

이에 대해 극동과 만주 일대에 세력을 확장하려던 러시아는 일본의 랴오둥 반도 영유를 저지하고자 열강들을 회유했다. 독일과 프랑스가 러시아의 제안에 화답하면서 러시아·독일·프랑스 3국이 일본에 랴오둥 반도를 청에 반환하도록 압박했다. 일본이 랴오둥 반도를 영유하는 것은 청의 수도를 위태롭게 하고 조선의 독립을 유명무실하게 하는 등 동아시아의 평화를 위태롭게 한다는 명분이었다.

결국 일본은 삼국의 간섭으로 인해 랴오둥 반도를 포기했다. 일본에서는 3국에 대한 분노와 적개심이 고조되었다. 10년 뒤 일본이 러시아와 전쟁을 감행한 것도 삼국간섭으로 인한 적개심이 한 원인이었다. 일본이 팽창할수록 열강과의 마찰은 불가피했다.

수 없는 현실이었다.

열강과의 관계에서 현실의 벽에 부딪힌 일본의 지도자들은 일본이 제
국주의 성공에 필요한 세 가지 조건을 자각했다. 첫째, 동아시아에서 일
본만이 강대한 군비를 독점하는 것, 둘째, 서구 열강과 멀리 떨어져 있
고 주변 국가는 모두 약체국이라는 정치 · 지리적 이점을 최대한 활용하
는 것, 셋째, 열강 상호 간의 대립, 혹은 다른 이유로 일본이 유력한 제국
주의 국가의 지지를 얻는 것이었다.[9] 이 중 가장 기본적인 것이 군사력의
독점이므로 일본은 군비 확장에 집중했다. 비효율적인 군사비 지출로 인
해 내수시장이 정체되었다. 이에 따른 부작용으로 대자본이 해외시장으
로 눈을 돌리게 되면서 침략욕을 부추겼다. 따라서 군사력 확장에 집중
하는 군국주의와 침략적 자본주의는 상호 보완적인 관계를 유지하며 발
전했다.[10] 한편, 일본은 독자적으로 동아시아 지역에서 주도권을 갖기에
는 힘이 부족했다. 따라서 열강 간의 대립을 이용하고, 그 가운데 유력한
나라의 지지가 필요했다. 그 결과 1902년 영국과의 동맹이 성사되었다.

군사력을 꾸준히 확장하고 영국이라는 강대국 동맹을 얻은 일본은 러
시아와 전쟁을 결심해 1904년 2월 랴오둥 반도의 뤼순旅順항을 봉쇄하
고 조선과 만주에 군대를 보냈다. 일본과 러시아 양측 모두 엄청난 사
상자가 발생한 공방전을 벌인 끝에 일본은 만주 일대에서 러시아 육군
을 제압했고, 봉쇄된 뤼순항을 구하러 온 러시아 함대를 격파했다. 1905
년 사상 처음으로 아시아 군대가 유럽 군대를 패배시킨 것이었다.[11] 영
국의 지지는 러일전쟁에서 일본이 승리한 주요 요인 중 하나였다. 러일
전쟁 결과 미국 포츠머스Portsmouth에서 일본과 러시아는 강화조약을 맺었
다. 일본은 조선과 남만주에 대한 주도권을 장악했고, 사할린Sakhalin 남부
지역도 손에 넣었다. 청일전쟁과 러일전쟁을 거치면서 근대 일본은 군사
력을 증명했고, 영국이라는 유력한 동맹을 확보하는 등 제국주의 성공을

●●● 러일전쟁 당시 만주의 선양(瀋陽) 인근에서 벌어진 펑톈(奉天) 전투 패배 후 후퇴하는 러시아군. 러일전쟁 결과 미국 포츠머스에서 일본과 러시아는 강화조약을 맺었다. 일본은 조선과 남만주에 대한 주도권을 장악했고, 사할린 남부 지역도 손에 넣었다. 〈출처: WIKIMEDIA COMMONS | Public Domain〉

위한 조건들을 갖춰나갔다.

한편 러일전쟁 이후 일본 경제에 불황이 이어졌다. 일본은 경제적 취약점을 만주, 조선, 대만에서 약탈을 통해 만회하고 있었다. 이윽고 일본은 남만주에서 모든 외세를 완전히 배제하는 방침을 결정했고, 1910년 조선을 일본의 식민지로 강제 병합했다.

일본이 제국주의적 팽창정책을 추구할수록 영국과 미국의 자본이 필요했고, 이들 국가에 대한 종속은 심화되었다.[12] 그럼에도 불구하고 이러한 일본의 팽창정책은 특히 만주 지역에서 미국과의 대립으로 발전했다.

일본은 식민지 민족의 반일투쟁 진압과 중국에 대한 침략을 확대하고 나아가 잠재적인 적으로서 미국 등 서구 열강과의 대립에 대응하기 위해 군비의 무한 확장을 도모했다. 일본은 정치·경제적 어려움을 군사력으로 만회한다는 기본정책을 더욱 강화해나갔다.[13]

2. 강대국으로 부상한 일본

제1차 세계대전의 참전과 영향

제1차 세계대전은 일본에게 강대국으로 도약할 기회를 제공했다. 일본은 제1차 세계대전으로 인해 막대한 이익을 거두었다. 일본은 유럽에 지상군을 보내지 않았음에도 불구하고 전쟁 종결 이후 승전국의 일원으로서 독일이 중국과 태평양에서 점유하고 있던 땅을 모두 점령했다. 전쟁으로 인해 발생한 엄청난 군수품 수요 덕분에 일본의 산업은 계속 확장되었고, 생산된 물자를 효과적으로 해외에 운송하기 위해 상선대가 창설되었다.[14] 제1차 세계대전 종전 후 일본은 상선대를 기반으로 미국, 영국에 이어 해군력 세계 3위 국가로 성장했다.

1914년 7월 28일 오스트리아-헝가리가 세르비아에 선전포고를 하면서 제1차 세계대전이 시작되었다. 제1차 세계대전은 동아시아 지역의 세력균형에 큰 변화를 가져왔다. 유럽에서 전쟁이 일어나자 일본은 국내 문제의 어려움을 타개함과 동시에 일본의 국제적 위상을 높일 수 있는 절호의 기회라며 반겼다.[15] 유럽 열강이 전쟁의 소용돌이에 빠지자 이미 대만과 조선 등을 병합한 일본이 동아시아 지역에서 제국주의 경쟁의 유리한 상황을 맞게 된 것이다. 전쟁 초기 영국 정부는 일본에 참전을 요구했다. 일본 정부는 대내외에 중립을 선언하고자 했으나, 일본 군부를 중심으로 산둥성山東省 일대 독일의 중국 조차지를 장악해 중국과 만주, 몽골 진출의 발판으로 삼아야 한다는 주장이 대두되었다. 결국 일본은 1902년에 체결한 영일동맹을 구실로 참전 의사를 표명했다.

이에 대해 동아시아 지역에서 기득권을 가지고 있던 영국, 네덜란드, 미국 등은 일본이 영토 확대의 의도가 분명하고, 나아가 자국의 식민지가 침략당할 수 있다며 우려를 표명했다. 일본은 유럽에서 전쟁이 일어난 지 한 달 만인 1914년 8월 23일 독일에게 산둥성 칭다오青島에 위치한 자오저우만膠州灣 조차지를 양도하라며 최후통첩했다. 대부분의 일본 국민은 경기 활성화에 대한 기대감과 청일전쟁 직후 삼국간섭을 주도하며 산둥 반도의 이권을 확보한 독일에 대한 반감으로 참전을 지지했다.[16]

1914년 9월에 일본은 산둥성 칭다오를 점령하고, 11월에 독일의 항복을 받아냈다. 10월에는 태평양 일대의 독일령 캐롤라인Caroline · 마리아나Mariana · 마셜Marshall 제도 등의 여러 섬을 점령했다. 영국과 미국을 주축으로 한 열강의 반응은 부정적이었다. 영국령 오스트레일리아와 뉴질랜드에서는 일본의 남진에 따른 위기감이 고조되었고, 미국은 필리핀 통치에 위협을 느끼며 경계했다. 영국은 일본에 유럽과 지중해 전선으로 파병할 것을 요청했지만, 일본은 전장을 동아시아 밖으로 확대하지 않았다. 1914년 일본 육군과 해군의 참전은 아시아 지역에 위치한 독일 기지와 그 해군력 격퇴에 목표를 맞추었다. 즉, 산둥 반도의 칭다오 전역과 태평양 방면의 해전에 국한해 제한적으로 실시된 것이었다.[17] 일본의 참전 목적이 중국과 태평양 지역의 독일의 이권을 차지하고 제국주의 열강 사이에서 위상을 강화하는 데 있었기 때문이다.[18]

독일과의 전쟁에서 자신감을 얻은 일본은 산둥성에 군대를 주둔시키고 중국 위안스카이袁世凱 정권에 '21개조 요구'를 강요했다. 일본이 내세운 명분은 독일의 조차지를 중국에 반환하기 위해 막대한 군사비를 투자하여 참전했으니, 그에 대한 대가를 지불하라는 것이었다.[19] 그 내용은 가히 중국을 일본의 식민지로 삼겠다는 것이었다.

◈ **21개조 요구** ◈

제1호 독일 조차지인 산둥 지역에서 일본의 권익을 보장할 것 등 4개조

제2호 남만주와 내몽골에서 일본의 특수한 지위를 더욱 강화할 것 등 7개조

제3호 제철 기업인 한야평공사를 중·일이 합작할 것 등 2개조

제4호 중국 연안의 항만·도서를 타국에 양도·대여하지 않을 것 등 1개조

제5호 정치·군사·재정 부문에서 일본인 고문을 초빙하고, 중국의 치안 유지에 일본이 참여할 수 있도록 하며, 일본이 무기를 공급하도록 하거나 혹은 중·일 합작으로 무기 공장을 건설할 것 등 7개조

　21개조 요구가 알려지자, 중국인들의 반일 적개심이 각지에서 확산되었고, 이웃 국가라는 생각보다는 일본 제국주의를 자신들의 적으로 인식하기 시작했다. 21개조 요구에 대한 열강의 반응도 부정적이었다. 그럼에도 불구하고 일본이 위안스카이 정권에 최후통첩하는 등 압박을 계속하자, 결국 위안스카이는 1915년 5월에 일본의 요구를 승인했다. 한편 중국 내부에서는 1916년 위안스카이가 죽고 난 뒤 1928년까지 군벌 사이에 잦은 무력충돌이 발생하는 등 정치적 혼란이 가중되었다.

　유럽은 전쟁 중인 가운데 동아시아를 둘러싸고 일본과 미국·영국을 주축으로 갈등과 경쟁 구도가 형성되었다. 특히 미국은 중국에서 동등한 통상의 기회를 추구하면서 일본과 대립했고, 중국에 조차를 요구하지 않고 차관을 제공하면서 중국과의 관계를 우호적으로 조성해나갔다. 하지만 1917년 4월 미국이 제1차 세계대전에 참전하면서 유럽 전선에 전념하기 위해 일본과의 관계 개선을 추진했고, 일본도 이에 호응하며 1917

년 11월에 '랜싱-이시이 협정Lansing-Ishii Agreement'을 체결했다. 그 결과 미국은 중국에서 일본의 특수 권익을, 일본은 중국의 독립과 문호 개방·기회의 균등을 존중하기로 각각 약속했다.[20]

한편, 러시아는 만주에 있는 러시아의 권익을 보호하고, 영국·미국·독일의 세력 강화를 견제하기 위해 일본과의 관계 악화는 곤란하다고 판단했다. 러시아와 일본 두 나라는 1916년 비밀리에 제4차 러일협약을 체결하고 협력을 약속했다.[21]

이렇듯 제1차 세계대전 과정에서 일본은 열강과의 상호 이익을 인정하는 방법으로 중국에 대한 영향력을 확대했다. 또한 남태평양의 독일령 여러 섬들을 점령했고, 자국 및 연합국의 상선을 보호한다는 명분으로 지중해에 함대를 배치하는 등 군사적 성장도 이루었다. 나아가 중국과 아시아 등에서 거래되었던 서구 열강의 상품들이 빠르게 일본 상품으로 대체되고 연합국에 무기와 군수품을 판매하는 등 경이적인 경제적 성장도 이루었다. 요컨대, 제1차 세계대전을 거치면서 동아시아에서의 열강의 대립과 갈등은 일본을 주축으로 조정되었고, 모든 협상의 결과는 일본의 입지를 강화하는 방향으로 흘러갔다.[22]

세계 5대 강국으로 성장

1919년 1월부터 제1차 세계대전의 전후 처리를 위한 강화회의가 파리에서 시작되었다. 영국, 프랑스, 이탈리아, 미국 등 승전국들은 독일을 비롯한 패전국들에게 막대한 보상금을 부과하고 식민지를 나누어 갖기로 합의했다. 청일전쟁과 러일전쟁에 이어 제1차 세계대전에서도 승전한 일본은 파리강화회의에서 최고이사회의 일원으로 모든 회의에 참여할 권리를 획득하는 등 세계 5대 강국의 하나로 부상했다.[23]

●●● 1919년 1월 18일 파리에서 열린 평화회의 제1차 전체 회의. 청일전쟁과 러일전쟁에 이어 제1차 세계대전에서도 승전한 일본은 파리강화회의에서 최고이사회의 일원으로 모든 회의에 참여할 권리를 획득하는 등 세계 5대 강국의 하나로 부상했다. 〈출처: WIKIMEDIA COMMONS | CC BY-SA 4.0〉

　　미국과 영국은 여전히 일본의 제국주의 팽창 의도를 경계했다. 미국, 영국, 일본, 프랑스, 이탈리아 등 9개국은 1921년 11월부터 이듬해 2월까지 3개월간 워싱턴Washington에 모여 해군 군축과 극동 문제의 현안 처리를 의제로 협상을 진행했다. 해군 군축 문제는 세계대전 진행 중에 태평양 지역에서 일본과 미국의 해군력 경쟁이 치열하게 전개되고 있었던 점이 배경이었다.[24] 미국은 1919년부터 유럽 방면에 배치되었던 해군 전력을 태평양으로 전환시키기 위해 드레드노트Dreadnought급 전함 6척을 포함한 새로운 함정을 대규모로 건조했다. 일본은 1920년에 전함 8척, 순양함 8척을 건조한다는 이른바 '88함대' 건설 법안을 처리했다. 영국은 1921년에 초대형 전함 4척을 건조한다는 계획을 수립했다. 이러한 군비 경쟁의 결과 군사비가 국가 예산의 20% 이상을 차지하는 상황이 발생했다.[25] 이러한 건함 경쟁은 또 다른 전쟁 발발을 우려하기에 충분했고, 미국과 유럽에서는 군비를 축소하자는 여론이 높아졌다.[26] 미국은 향후 10년간 주력함의 건조를 중지할 것과 각 국가별 주력함의 보유 비율을 5:5:3으로 할 것을 제안해 결국 프랑스, 이탈리아를 포함한 5개국은 각국의 주력함 보유 비율을 5:5:3:1.75:1.75로 유지하기로 합의했다. 결과적으로 미국과 영국이 태평양뿐만 아니라 대서양에서도 해군력을 유지해야 한다는 점을 감안한다면, 이런 비율로도 일본은 서태평양에서 가장 강한 해군국으로 남을 수 있게 되었다.[27]

워싱턴 회의Washington Conference는 사안별로 협의 내용에 따라 5개국 조약(해군 군축 문제), 4개국 조약, 9개국 조약이 체결되었다. 미국, 영국, 일본, 프랑스가 태평양에 있는 각국의 현재 영토를 존중하고 상호 안전보장을 수용하는 내용에 합의함으로써 4개국 조약이 체결되었다. 영일동맹 존속 여부와 관련된 논의로 4개국이 합의에 이르자 영일동맹은 폐기되었다. 9개국 조약은 5개국에 더해 벨기에, 네덜란드, 포르투갈, 중국이 참여해 진행되었다. 이 회의는 중국 문제에 관한 것으로, 중국의 주권과 독립을 존중하고 중국에 대한 일본의 우월적 지위를 배제하는 것을 목표로 했다. 그 결과 중국에 대한 문호개방과 기회균등의 원칙이 포괄적으로 합의됐다.[28] 한편, 이 조약은 일본의 대륙 진출을 견제하기 위한 목적이었으나, 만주와 몽골에서의 일본의 권익을 부인하지도 않았다. 9개국 조약 체결에 따라 랜싱-이시이 협정은 소멸되었다.

일본은 기본적으로 베르사유 체제와 워싱턴 체제를 통해 영국과 미국 등 국제질서의 주도국가들과 긴밀히 협조했다. 동시에 일본은 조선, 만주, 몽골 등 일본의 세력 범위 내에 있는 지역에서 이익을 극대화하려는 상반된 입장을 견지했다.

3. 일본의 중국 침략

일본 제국주의의 위기

워싱턴 체제로 인해 아시아·태평양 지역에서 열강 간 경쟁은 일시적 안정기를 맞는 듯했다. 하지만 동아시아에서 일본의 군사력 독점은 흔들리기 시작했고, 중국을 열강의 공동관리에 둠으로써 일본의 중국에 대한 우월적 지위도 약화되었다. 더욱이 미국의 압력이 작용해 영일동맹이 폐기됨으로써 일본 제국주의는 점차 고립되어갔다.[29]

세계대공황은 1929년 미국 뉴욕 주식시장의 주가 대폭락으로 시작되었지만, 일본은 그보다 앞선 제1차 세계대전 종전 이후 과잉생산으로 인해 1920년부터 심각한 어려움을 겪기 시작했다. 일본 경제는 1920년 3월 주식 폭락으로 인해 완전히 흔들렸다. 1921년에 군비 축소에 이어, 1922년에는 29개 은행이 파산했고, 1923년 관동대지진을 겪으면서 수많은 공장이 파괴되었다. 세계 경제의 호황세가 주춤하면서 서구 각국은 보호무역을 추구하며 무역장벽을 세웠는데, 이는 일본 경제에 엄청난 타격을 입혔다. 일본에서는 1926년에 300만 명 이상의 산업노동자들이 실직하고 1927년에는 금융 위기가 발생하는 등 일본은 이미 대공황을 겪고 있었다.[30]

한편 일본은 만주와 중국 북부에서도 새로운 난관에 부딪혔다. 러시아는 일본의 극동 지역을 향한 세력 확장에 대해 반발했고, 중국은 장제스

蔣介石를 중심으로 민족주의자들이 단결하고 있었다. 역설적으로 일본은 스스로 광적인 민족주의에 도취되어 있었음에도 불구하고 중국이나 조선 등 다른 아시아 국가들의 민족주의적 열망은 철저히 무시했다.[31] 장제스가 이끄는 중국국민당은 1925년 7월 광둥順東 국민정부를 세우고, 1926년 베이징北京 일대의 친일 군벌세력에 대한 북벌을 시작했다. 이에 대해 일본은 중국이 단일지배체제로 통일되기 이전에 중국을 분열시켜 자국에 유리한 시장을 확보해야만 했다.[32]

1927년 5월 일본은 중국 국민정부가 상하이上海를 점령하자 거류민 보호라는 명분을 내세우며 산둥 지역에서의 권익을 지키기 위해 '제1차 산둥 침략'을 감행했다. 일본은 이듬해에도 거류민 보호라는 명목을 내세워 '제2차 산둥 침략'을 강행하는 등 적극적인 군사행동을 실시했다. 일본은 자국의 이익을 위해 군대를 동원해 중국 통일이라는 중국인의 민족주의까지 서슴없이 제압하려 했다. 그러나 중국 국민정부는 일본과의 충돌을 확대하지 않고 북벌에 집중하여 1928년 6월 친일 베이징 정부를 몰아내고 북벌을 종료했다.

북벌 이후 중국 국민정부가 만주 일대에 대한 일본의 권익을 회수하는 등 국권회수 정책을 펼치자, 일본은 베이징 정부를 앞세워 중국 본토에서 남진하려던 계획을 수정해야만 했다. 러일전쟁에서 피를 흘려 쟁취한 만주와 몽골에서의 이익은 결코 포기할 수 없는 것이었기 때문에 만주 지역을 안전하게 지키는 것이 더 중요한 일이 되었기 때문이다.[33] 일본은 만주와 몽골을 자원 확보와 해외시장 개척을 위해 매우 중요한 곳으로 간주하고 있었다.

만주의 정세가 일본의 이익을 침해하는 상황으로 변해가자, 만주에 주둔하던 일본 관동군은 무력 사용을 통한 사태 해결을 본격적으로 검토했다. 러일전쟁 승리 이후 일본 육군은 장차 만주가 국방의 최전선이라는 생각을 굳게 갖고 있었다. 관동군은 표면적으로는 중국 영토인 만주 지역의 상업 활동을 보호하고 발전시키는 것을 목표로 하며 만주 철도 의 치안을 담당했다. 우수하고 야심만만한 일본군 장교들이 이곳에 배 치되기 위해 서로 치열하게 경쟁했다.[34] 그들은 만주 문제의 해결을 위해 1931년 9월 18일 무력 행동을 단행했다.

관동군 수비대가 류타오거우柳條湖(유조호) 지역 남만주 철도 선로에 미 리 설치해놓은 폭약을 폭발시켰다. 관동군 장교들은 중국인들이 철도에 폭약을 설치해 폭발시켰다고 사건을 조작하면서 이를 구실로 인근 지방 군벌을 공격해 순식간에 만주를 장악했다. 당시 관동군의 총병력은 약 1 만 명 정도였지만, 중국의 군벌은 수적으로는 우세하나 질적으로는 상대 가 안 되었다.[35] 관동군의 무력 도발에 대해 일본 정부는 다음날 확전 불 가 방침을 관동군에 지시했다. 그러나 관동군은 이를 받아들이지 않고 작전을 확장해 약 5개월 만에 만주의 주요 도시를 장악했다. 관동군이 정부의 통제를 받지 않고 군사작전을 감행한 사례에서 볼 수 있듯이 일 본 육군은 태평양전쟁 말기까지 국정의 중심부에서 전쟁 전반을 좌지우 지했다.

1932년 3월 일본은 괴뢰국인 만주국을 세워 청의 마지막 황제 푸이溥儀 를 이름뿐인 황제로 내세웠다. 실제 일본인이 만주국 정부의 장관과 차 관을 맡았으며, 실권은 일본의 관동군 사령관이 장악했다.

이것이 이른바 만주사변이다. 일본은 만주사변을 통해 중국 침략을 노 골화하기 시작했다. 이에 대해 미국은 일본을 맹비난했으며, 국제연맹은 조사를 시행한 후에 일본을 침략자로 결론지었다.[36] 국제연맹은 만주의 중국 주권 인정과 만주국 비승인 등을 주요 내용으로 하는 리튼Lytton 보 고서를 채택했다. 이에 반발한 일본은 1933년 3월 27일에 국제연맹을 탈퇴했다.

●●● 1932년 3월 12일 만주 주둔 일본군 사령관 혼조 시게루(本庄 繁) 중장이 만주 괴뢰국의 건국을 축하하는 만주 거주 일본인 행렬에게 감사를 표하고 있다. 1932년 3월 일본은 괴뢰국인 만주국을 세워 청의 마지막 황제 푸이를 이름뿐인 황제로 내세웠다. 실제 일본인이 만주국 정부의 장관과 차관을 맡았으며 실권은 일본의 관동군 사령관이 장악했다. 〈출처: WIKIMEDIA COMMONS | Public Domain〉

◈ 만주국(1932년 3월 1일~1945년 8월 18일) ◈

일본 관동군이 만주사변 이후 세운 괴뢰국. 수도는 창춘長春, 면적은 일본 본토의 세 배 이상인 115만km² 달했다. 인구 3,400만의 국가로 성장했으며, 여기에는 일본 이민자 24만 명도 포함되어 있었다. 일본 이민자 수는 1939년 무렵 83만 7,000명으로 늘었다. 만주국은 낙토樂土 건설을 국가비전으로 제시했으나, 그 실권을 일본의 관동군 사령관이 장악한 일본의 꼭두각시 국가에 불과했다. 1945년 8월 15일 일본의 항복과 함께 만주국은 붕괴되었다.

일본은 1934년 말부터 1936년 초까지 워싱턴 군축조약과 런던 해군 군축조약(1930년 4월 체결, 미·영·일 간 순양함과 잠수함을 비롯한 보조함의 비율을 약 10:9:6으로 규정)을 차례로 탈퇴하면서 미국과 영국에 대한 적대적 태도를 점차 분명히 했다. 이들에 맞서기 위해 일본은 제1차 세계대전 이후 형성된 국제질서를 타파하려는 독일과 이탈리아를 새로운 협력 동반자로 선택했다. 1936년 10월 25일, 일본 제국과 나치 독일은 소련을 가상의 적으로 삼아 방공협정Anti-Comintern Pact(반反국제공산당 조약)을 체결했고, 1937년 11월 6일, 이탈리아가 일독방공협정에 가입함으로써 일본·독일·이탈리아의 파시즘 진영이 형성되었다.[37] 일본이 소련을 적으로 삼았던 이유는 소련이 극동 지역의 군사력을 늘리기 시작하면서 만주국에 큰 위협이 된다고 판단했기 때문이다.

만주사변과 국제연맹 탈퇴 이후 일본은 다른 제국주의 국가들이 일본에 등을 돌리도록 군국주의와 대외 팽창을 노골적으로 확대했다. 일본은 과거 영국과 미국에 협조하며 세력 확장을 시도했던 소위 '일면 종속, 일면 침략'의 전략을 버리고 오로지 침략의 길로 나아가고 있었다.

중일전쟁의 발발

중일전쟁이 시작되기 직전인 1937년 6월에 고노에 후미마로近衛文麿 내각이 수립되었다. 고노에는 만주사변 이후 일본을 비판하는 국제연맹이나 그 배후의 영국, 미국 등을 반박했다. 오히려 국제평화를 위협하는 주요 요인은 영국과 미국 등 현상 유지를 추구하는 국가들이 자원과 영토를 과다 점유하는 데에 있다고 주장했다. 그의 총리 기용은 일본의 팽창적 대외정책을 지지하던 군인들과 관료들의 기대를 모았다.[38] 일본은 국제연맹에서 탈퇴하고 영국과 미국에 대립의 각을 세웠다. 관동군은 만주

●●● 1937년 6월 고노에 후미마로(앞줄 오른쪽 첫 번째) 내각이 수립되었다. 그의 총리 기용은 일본의 팽창적 대외정책을 지지하던 군인들과 관료들의 기대를 모았다. 일본은 국제연맹에서 탈퇴하고 영국과 미국에 대립의 각을 세웠다. 관동군은 만주와 몽골 일대에서 일본의 통제를 강화해 나갔고, 텐진에 주둔 중인 중국파견군은 점차 중국 본토로 침략을 준비했다. 〈출처: WIKIMEDIA COMMONS | Public Domain〉

와 몽골 일대에서 일본의 통제를 강화해나갔고, 텐진天津에 주둔 중인 중국파견군은 점차 중국 본토로 침략을 준비했다. 중일전쟁 이전 일본의 작전계획은 화베이華北 방면에서 2, 3개 사단으로 베이징 및 텐진, 화중華中 방면에서 1, 2개 사단으로 상하이 및 그 주변 지역, 화난華南 방면에서 1개 사단 내외로 푸저우福州, 산두汕頭를 각각 점령하는 것을 목표로 했다.[39]

1937년 7월 7일 밤, 베이징에서 수 km 떨어진 곳에서 기동훈련 중이

◈ 루거우차오 사건(노구교 사건, 1937년 7월 7일) ◈

루거우차오蘆溝橋(노구교)는 베이징 남서쪽 융딩허永定河에 놓인 석조다리로, 1937
년 7월 7일 이 다리 위에서 중국군과 일본군이 충돌했다. 상호 교전으로 인해 일본
군 병사 한 명이 실종되는 일이 일어나자, 일본군은 이를 구실로 중국군 주둔 지역
으로 진입을 요구했으나 중국군에게 거절당했다. 이로 인해 일본군이 중국군 진영
에 포격을 가해 사건이 확대되면서 중일전쟁이 시작되었다.

●●● 1937년 7월 7일 루거우차오 사건 당시 일본 침략자들에 맞서 총을 쏘고 있는
중국군의 모습. 〈출처: WIKIMEDIA COMMONS | Public Domain〉

던 일본군 파견대가 총격 사건(루거우차오蘆溝橋 사건)을 일으켰다. 이 사건
이 확대되면서 선전포고 없는 일본과 중국 간의 전쟁, 즉 중일전쟁(일본
에서는 지나사변支那事變이라고 불림)이 시작되었다. 고노에 내각은 즉각 중
국 화베이 지역에 파병을 결정했다. 7월 28일 일본군은 총공격을 개시
해 베이징과 톈진을 점령했고, 화베이 각지로 전장을 확대해나갔다. 베
이징 점령 후 일본 정부가 전쟁 불확대 방침을 정하고 장제스와 정전 교

●●● 1937년 8월 상하이 전투 당시 방독면을 쓴 일본 제국 해군 특수 상륙부대원들이 상하이의 잔해 속에서 진격하기 위해 준비 중인 모습이다. 〈출처: WIKIMEDIA COMMONS | Public Domain〉

섭을 시도하자 일본군의 공세는 일시적으로 정체되었다.

한편 8월 6일, 중국 국민당 정부는 전면적 항일전쟁을 결정했다. 8월 14일, 중국 국민당 군대의 폭격기들이 상하이에 정박 중이던 일본 군함들을 공격했다. 상하이 해안의 해군이 습격을 당하자 일본 정부는 전쟁 불확대 방침을 철회하고 중일전쟁의 확전을 결정했다. 이에 따라 일본 군부는 화베이 일대의 전략적 거점 확보, 상하이 점령, 중국 연안의 해안

봉쇄를 목표로 한 작전계획을 완성했다.[40] 이후 국민정부의 항전 의지를 꺾기 위해 수도인 난징南京 점령을 작전목표로 선정했다.[41] 일본군은 속전속결로 상하이를 점령해 난징의 국민정부를 항복시키고자 했다. 일본 해군은 상하이를 시작으로 난징, 항저우杭州 등을 폭격했다. 일본 해군은 난징이 함락될 때까지 무려 4개월에 걸쳐 공습했고, 화중과 화난의 60여 개 도시를 무차별 폭격했다.[42]

일본군의 공세에 밀린 장제스는 마오쩌둥毛澤東이 이끄는 중국 공산당과 협력을 모색했다. 당시 중국 공산당은 점령지에 괴뢰정부를 세운 일본군을 상대로 게릴라전을 펼치고 있었다. 1937년 9월 국공합작이 성립됨에 따라 국민당 군대는 주로 정규전을 담당했고, 공산당 군대는 적 후방에서 게릴라전을 수행했다.

국제연맹은 일본의 군사행동이 1928년 성립된 부전不戰조약(켈로그-브리앙Kellogg-Briand 조약) 위반이라고 결론지었다. 물론 일본은 이미 국제연맹을 탈퇴한 상태였기 때문에 국제연맹이 직접적인 제재를 가하지 못했지만 국제사회의 여론이 일본에 대해 매우 부정적으로 조성되었다. 일본이 중일전쟁을 지나사변으로 표현하는 이유는 이 사태를 전쟁으로 선언할 경우 일본도 가입한 부전조약에 위배되어 전쟁에 필요한 자원 확보에 어려움을 겪을 수 있다는 판단이 작용했기 때문이다.

1937년 11월, 일본군은 3개월간의 전투 끝에 중국 국민당 군대를 상하이 외곽으로 축출했고, 상하이를 점령한 일본군은 12월에 중국 국민당의 수도인 난징을 장악한 후 6주 동안 대규모 학살과 강간, 약탈을 자행했다. 이로 인해 민간인 수십만 명 이상이 살해당하는 끔찍한 전쟁범죄가 발생했다. 종전 후 진행된 극동국제군사재판에서는 피해자의 규모를 약 20만 명으로 추산했으나, 중국 정부는 34만 명 정도 발생했다고 주장했다.[43]

●●● 난징 대학살 당시 난징 서문 밖의 친화이강을 따라 늘어선 희생자들의 시신들. 상하이를 점령한 일본군은 12월에 중국 국민당의 수도인 난징을 장악한 후 6주 동안 대규모 학살과 강간, 약탈을 자행했다. 이로 인해 민간인 수십만 명 이상이 살해당하는 끔찍한 전쟁범죄가 발생했다. 종전 후 진행된 극동국제군사재판에서는 피해자의 규모를 약 20만 명으로 추산했으나, 중국 정부는 34만 명 정도 발생했다고 주장했다. 〈출처: WIKIMEDIA COMMONS | Public Domain〉

　　일본 정부는 일본군이 난징을 점령하면 중국이 굴복하리라 생각했다. 하지만 국민당 정부는 이미 11월 20일까지 난징을 탈출해 내륙도시 충칭重慶으로 천도를 한 상태였다. 난징 점령이 국민정부가 항전을 포기할 정도로 치명적이지는 않았다. 단시일 내에 중국 점령 가능성이 희박해지자 일본은 독일을 통해 강화 중재를 추진했지만 가혹한 요구 조건을 제시해 실패로 끝났다. 결국 중국군의 완강한 저항으로 인해 일본의 전쟁 초기 속전속결 구상은 달성되지 못했다.

이 시기 일본 비행기와 해안포대는 난징으로부터 외교관들을 소개시키던 미국 군함 퍼네이 함^{USS Panay}을 격침시켰다. 이 사건에 대해 미국 정부는 일본의 사과를 받는 선에서 사건을 마무리했다. 하지만 다수의 선교사를 비롯해 수많은 중국 주재 서방 관측통들이 일본군의 잔학성을 폭로하자, 미국 정부도 차츰 중국 국민당 정부를 도울 방법을 모색하기 시작했다.⁴⁴ 루스벨트 대통령은 미국의 주력 함대를 대서양에서 태평양으로 이동시켜 일본 해군을 견제하는 태세를 취하게 했다.

1937년에 일본은 성공적인 군사작전을 수행했지만, 육군과 해군의 합동성을 강화하고, 정치와 군사 양 측면의 전략을 정부 차원에서 종합적으로 논의할 수 있는 협의체의 필요성을 절감하게 되었다. 그런 문제의식에서 1937년 11월 21일에 대본영大本營, Imperial General Headquarter을 설치했다. 대본영은 총리, 육군상, 해군상, 외상, 대장상, 내무상 등의 내각 각료와 육군 참모총장, 해군 군령부총장, 국왕의 자문기관인 추밀원 의장 등이 참가하여 전시 군사 분야는 물론 정치와 외교에 이르기까지 제반 정책 현안을 논의하는 기구로 활용되었다.⁴⁵

1938년 말, 중국 본토 깊숙이 진격한 일본군은 중국 북부의 대부분과 양쯔강揚子江 하안, 그리고 해안지역의 여러 거점을 확보했다. 중국군은 드넓은 지리적 특성을 이용해 지구전을 전개해나가면서 일본군을 소진시켰다. 일본의 속전속결 전략이 성공하지 못하며 전쟁은 장기화되었다.

이 시점에서 일본은 딜레마에 봉착했다. 중국 본토 전체를 점령한다는 것은 힘겨운 일이었다. 전쟁은 밑 빠진 독처럼 일본의 자원, 연료, 재정을 소모하고 있었다. 일본의 동원 능력은 이미 한계에 이르렀다. 일본이 대중국전을 빨리 끝내려면, 동남아시아의 석유 등 전쟁에 사용할 자원이 절대적으로 필요했다. 당시 일본으로서는 서방 국가들이 석유를 공급하지 않으면 석유가 있는 곳을 침략해서라도 조달해야 할 상황이었다. 그러나 일본 해군 지휘관들은 일본의 남방 진출이 곧 미국과의 전쟁을 의미하는 것임을 잘 알고 있었다. 일본은 더 큰 전쟁에 조금씩 다가서고 있었다.

CHAPTER 2

태평양전쟁의 원인

1. 중일전쟁의 장기화와 일본의 전쟁 딜레마

1938년 말, 중일전쟁이 대치 국면으로 고착되자 중국을 둘러싼 국제질서는 일본 대 영국·미국·소련의 대립 관계로 격화되었다. 당시 소련은 일본의 북진을 저지하기 위해 가장 실질적으로 중국에 원조를 제공했다. 1937년 8월 21일 중소 상호불가침조약을 체결한 소련은 차관 제공, 군수물자 공급, 항공지원대 직접 파견을 통해 중국의 항전을 지원했다. 미국과 영국은 차관을 제공했다.[46] 일본에 대한 영국·미국·소련의 적대관계가 심화할수록 전쟁은 장기전의 수렁 속으로 더욱 빠져들었다.

1939년 일본과 소련 사이에 군사적 긴장이 발생했다. 5월 12일 만주 북방 노몬한Nomonhan(몽골어·러시아어 할힌골Khalkhin Gol) 일대에서 약 700명의 외몽골 병력이 월경해 만주군의 일부와 교전이 벌어진 사건이었다. 이 노몬한 지역은 만주-몽골-소련 영토의 국경선 획정을 둘러싸고 항상 잡음이 있었던 곳으로, 일본군은 할힌골 강을 국경선으로 주장한 반면에 소련과 몽골은 이 강에서 동쪽으로 약 30km 떨어진 노몬한 부근

◈ 할힌골 전투(노몬한 사건, 1939년 5월 12일~8월 31일) ◈

1939년 4월, 관동군은 만주 북방에서 소련, 몽골과의 국경선 분쟁이 예상됨에 따라 국경 방어부대에 적극적이고 과감한 행동을 지시했다. 1939년 5월 12일, 만주와 몽골 국경 인근 노몬한(할힌골)에서 관동군이 외몽골군과 충돌했다. 양측은 점차 병력을 증강하여 8월 중순 무렵 관동군은 제23사단을, 소련군은 전차 및 장갑차 약 400대로 무장한 대규모 기갑부대를 외몽골군과 함께 편성하여 대치했다. 8월 20일, 소련군은 전차 및 포병부대를 집중시켜 일본군에 반격했고, 특히 기갑부대는 증원된 일본군 기병부대를 포위공격해 대부분 전멸시켰다. 일본군은 전투원 1만 5,000여 명 중 약 1만 1,000명이 사상당하는 대규모 피해를 입었다. 같은 해 9월 16일에 정전협정이 체결되면서 국경선은 대략 소련의 주장대로 확정되었다.

일본군은 이 전투를 통해 소련군의 실력을 새롭게 평가했다. 첫째, 소련 육군의 핵심 무기체계로서 강력한 전차와 포병 운용, 둘째, 철도에서 600km 이상 떨어진 전장까지 대병력을 집중하고 대량의 군수품을 보급할 수 있는 능력, 셋째, 전투마다 융통성을 갖춘 전술 운용 등이었다. 반면, 일본 육군은 변화하는 무기체계의 발전을 인식하지 못하고 여전히 정신 전력과 백병전 위주의 진부한 전술적 운용을 중시하고 있었다.

을 주장했다.[47] 관동군은 이 사건이 일본의 대중국 작전을 견제하기 위한 소련의 음모라고 간주하고 소련군 정면에 대규모 병력을 투입했다. 하지만 일본 관동군은 1만 1,000명이 넘는 전사자가 발생하는 심각한 손실을 입고 패배했다. 결국 일본은 소련과의 확전을 피하려고 9월 16일 정전협정을 체결했고, 이후 일본군은 북방에서의 전투 수행에 적극적으로 나서지 못하게 되었다.[48] 할힌골 전투Battles of Khalkhin Gol 결과 일본은 소련의 군사력을 새롭게 인식했다. 소련 방면에 대한 상당한 병력의 증강 없이는 전쟁이 쉽지 않겠다는 판단에서 일본 육군 내에서도 남진론南進論이 대두하게 되었다.[49]

1940년 초 일본은 여전히 중일전쟁의 수렁에서 빠져나오지 못했고,

●●● 1939년 8월 할힌골 전투에서 포로가 된 일본군. 일본 관동군은 1만 1,000명이 넘는 전사자가 발생하는 심각한 손실을 입고 패배했다. 결국 일본은 소련과의 확전을 피하려고 9월 16일 정전협정을 체결했고, 이후 일본군은 북방에서의 전투 수행에 적극적으로 나서지 못하게 되었다. 〈출처: WIKIMEDIA COMMONS | Public Domain〉

더욱이 미국, 소련, 영국 등 열강에 의해 국제적으로 더욱 고립되어갔다. 일본은 연내에 중일전쟁을 종결시키기 위해 총력을 다하기로 결정했다. 일본이 중일전쟁을 종결하기 위해서는 전쟁 필수 자원을 외국에 의존할 수밖에 없었다. 조선과 대만의 쌀, 조선의 전력·경금속·철합금, 만주의 철광석·석탄·대두, 화베이의 원료탄·점토·면화·소금, 네덜란드령 동인도의 석유와 보크사이트, 말라야의 고무, 그리고 이들 지역의 풍부한 노동력 없이 전쟁 수행은 불가능했다.[50] 특히 만주, 화베이 등 중국 내에서는 석유, 보크사이트, 주석, 고무, 니켈 등 전쟁에 필수적인 자원을 확보할 수 없었다. 항공유는 전량 미국에서 수입했다. 이 자원들을 획득할 수 있느냐에 따라 중일전쟁의 성패가 좌우되는 상황이었다.[51] 일본은 네덜란드령 동인도의 석유, 프랑스령 인도차이나의 주석, 영국령 말라야의 고무, 철광석, 니켈 등을 일본으로 가져오기 위해 동남아시아 지역으로 관심을 돌렸다.

한편, 미국도 동남아시아를 자국 안보의 핵심적인 지역으로 간주하고 있었다. 1940년에 미국은 전쟁 수행에 필수적인 전략자원 중 세계 고무의 60%, 크롬의 45%, 주석의 40%, 망간의 36%를 소비하고 있었고, 그 대부분을 동남아시아에서 수입했다. 동남아시아는 전쟁 수행에 필수적인 전략자원의 주산지였다.[52] 만약 일본이 동남아시아를 점령하면 미국은 전략자원의 수급이 제한될 수도 있었다. 동남아시아를 두고 미국과 일본의 이해관계가 상충되었다.

1940년 5월, 독일의 서유럽 침공은 상황을 반전시켰다. 프랑스와 네덜란드가 불과 한 달 만에 일방적으로 패배했다. 1940년 7월 27일에 고노에 내각은 새로운 동아시아 질서 구축에 관한 계획을 발표했다. 이 계획의 주요 내용은 동아시아에서 서구 제국주의와 공산주의 세력을 제거해 이른바 대동아공영권을 건설하겠다는 것이었다.[53] 그러나 대동아공영권은 구호만 거창할 뿐 결국은 일본이 아시아 국가들을 일본의 자원공급원 겸 공산품 시장으로 만들겠다는 발상에 불과했다. '기본국책요강'으로 불리는 이 계획은 유럽의 정세를 이용해 조기에 중일전쟁을 종결하고, 기회를 포착해 남방 문제를 해결하는 것을 방침으로 했다.[54] 이를 위해 일본은 이미 삼국 방공협정이 체결된 독일 및 이탈리아와의 제휴를 강화하고, 무주공산이나 다름없던 프랑스령 인도차이나 북부로 진격할 것을 결정했다. 또한 네덜란드령 동인도에서의 자원 확보, 남태평양의 영국 및 오스트레일리아, 프랑스의 위임통치지역에 대한 점령 등을 목표로 삼았다. 나아가 필요하다면 미국과의 전쟁도 준비할 것을 결정했다.[55] 요컨대 일본의 남진전략은 유럽의 정세와 맞물려 대동아공영권 건설을 기치로 추진되었고, 서구에 의존하고 있는 경제체제를 벗어나 부족한 전시 자원을 남방에서 획득해 중일전쟁을 해결하려는 목적이었다. 이를 위해 일본은 서방 국가들과의 전쟁도 불사하며 전쟁준비태세를 더욱 강화해나갔다.

그러나 일본이 교착된 중일전쟁의 전선을 타개하기 위해 동남아시아로 진격할 경우 이 지역에 오랫동안 식민지배권을 유지해온 미국, 영국, 네덜란드 등과의 물리적 마찰은 불가피한 것이었다. 일본은 남방의 자원 확보 없이는 중국전 승리가 불가능한 상황 속에서 남진하더라도 그것이 서구 열강들과 또 다른 전쟁을 초래할 수 있다는 딜레마에 직면해 있었다.

2. 유럽에서의 전쟁과 진영의 양극화

1939년 9월 1일 독일이 폴란드를 침공했고, 9월 3일에 영국과 프랑스가 독일에 전쟁을 선포했다. 독일은 1940년 6월까지 노르웨이, 덴마크, 네덜란드, 프랑스 등 유럽 주요 국가들을 파죽지세로 함락했다. 중국 전선이 지지부진하고 만주 북쪽에서 소련의 견제도 가중되는 상황에서 유럽 전황이 독일에 유리하게 전개되자, 일본은 남진을 결정했다.

1940년 9월, 일본이 프랑스령 인도차이나 북부로 진격할 때, 일본, 독일, 이탈리아 3국은 9월 27일에 베를린 히틀러 관저에서 삼국동맹(추축국동맹)을 체결했다. 이 삼국동맹 조약은 제3국에 의해 각국이 공격을 받으면 서로 정치적·경제적·군사적으로 지원한다는 내용을 담고 있었다.

일본 육군은 미국과의 전쟁이 발발할 가능성에 대비하기 위해 독일과의 동맹 체결이 필요하다고 판단했다. 해군 측은 대미 관계 악화에 대한

●●● 1940년 9월 27일 삼국동맹이 체결되었다[앞줄 왼쪽부터 구루스 사부로(来栖三郎) 일본 대사, 갈레아초 치아노(Galeazzo Ciano) 외무장관, 히틀러 독일 총통]. 삼국동맹 조약은 제3국에 의해 각국이 공격을 받으면 서로 정치적·경제적·군사적으로 지원한다는 내용을 담고 있었다. 삼국동맹이 체결되면서 세계적으로는 추축국과 연합국이, 동아시아에서는 일본과 미국이 대립하는 양극적 구조가 형성되었다. 유럽의 전쟁으로 형성된 진영의 양극화가 중일전쟁의 해결에 도움이 되지 못하고 오히려 태평양전쟁으로 확대될 수밖에 없는 계기로 작동했다. 〈출처: WIKIMEDIA COMMONS | Public Domain〉

우려로 남진전략의 실행과 삼국동맹 체결에 대해 신중한 입장을 피력했다. 하지만 고노에 후미마로 총리, 육군상 도조 히데키東條英機 등은 미국과 영국에 대한 일본의 독자적인 권익을 확보하는 데 중점을 두었다. 따라서 고노에 내각은 동아시아 지역에서 영국, 프랑스, 네덜란드, 포르투갈 등이 보유했던 식민지 지역을 동아 신질서에 포함했다.[56] 일본 정부는 추축국 진영이 전쟁의 승기를 쥐고 있음에 따라 중일전쟁의 조속한 해결을 도모하고 남방작전의 호기를 포착하기 위해 독일 및 이탈리아와의 군사적 동맹을 추진한 것이었다. 또한, 일본은 유사시 미국의 참전을 저지해 독일을 돕겠다는 의도가 있었다.[57] 독일도 동아시아에서 일본의 세력확장을 이용해 영국과 미국을 견제하겠다는 구상을 했다. 1940년 8월부터 영국 본토 상륙을 시도하던 독일은 미국의 영국에 대한 원조가 점점 강화되자 이를 견제하기 위해서라도 일본과 제휴하는 것이 독일에 큰 도움이 될 수 있다고 판단했다.[58]

결국, 일본은 삼국동맹 체결 직후인 1940년 9월 30일에 프랑스령 인도차이나 북부지역에 무력 진군을 감행했다. 이로써 남진을 위한 교두보를 확보할 수 있었다.[59] 아울러 일본은 버마에서 충칭의 장제스 정부로 연결되는 연합국 측의 중국 지원 루트를 차단하려고 시도했다. 일본은 독일의 공격 위협을 받고 있던 영국에게 버마 루트 폐쇄를 강요해 3개월 동안 연합국의 중국에 대한 지원 루트가 봉쇄되기도 했다.[60] 동남아 일대에 식민지 등으로 중요한 이해관계를 가지고 있던 미국, 영국, 오스트레일리아, 네덜란드는 공동으로 해당 지역의 방어 계획을 논의했다. 영국은 영국·인도·오스트레일리아군으로 말라야와 싱가포르 방어를 강화하고자 했지만, 유럽과 중동에 비해 말라야 방어는 우선순위가 높지 않았다.

1941년 6월, 독일이 소련을 침공하자 상황은 다시 급변했다. 일본은 소련이 유럽에서 독일과의 혈전을 치르는 틈을 타서 소련의 극동 영토를 넘볼 수도 있었고, 아니면 유럽에서의 전쟁 때문에 안심하고 남방으로 세력 팽창을 계속할 수도 있었다. 일본 대본영은 유럽 전황과 연계해 북방 문제를 해결하기 위해 관동군에 대규모 병력을 증강했다. 이른바 관동군특종연습이라는 훈련 상황으로 위장해 관동군은 일시에 40만 명에서 70만 명으로 증강되었다.[61] 일본은 극동 지역을 향한 대규모 무력을 준비했다. 그러나 독일과 소련의 전황이 독일의 일방적 우세가 아닌 지구전 양상으로 전개되었다. 일본 지도자들이 동맹의 파트너로서 독일을 선택한 이유는 독일이 유럽을 장악할 것이라는 낙관적 예상 때문이었다.[62] 그러나 실제 독소전의 전황은 일본 지도부의 바람대로 전개되지 않았다. 소련과 불가침조약을 체결한 상태였던 일본은 소련에 대한 개전을 단념하고 남방을 공격하기로 결정했다.[63] 결국, 1941년 7월 말에 일본은 프랑스령 인도차이나의 남부로 진군했다.

결과적으로 유럽의 전쟁으로 인해 삼국동맹이 체결되면서 세계적으로는 추축국과 연합국이, 동아시아에서는 일본과 미국이 대립하는 양극적 구조를 형성했다. 유럽에서의 전쟁으로 형성된 진영의 양극화가 중일전쟁의 해결에 도움이 되지 못하고 오히려 태평양전쟁으로 확대될 수밖에 없는 계기로 작동했다.

3. 일본의 남진과 미·일 대립의 격화

1940년 6월, 영국과 프랑스 연합군이 독일군에 의해 됭케르크에서 철수하고 프랑스가 독일에 함락되면서 미국의 참전 움직임이 탄력을 받게 되었다. 9월 말에 일본이 프랑스령 인도차이나 북부에 진군하자, 미국과 일본과의 관계가 급격히 악화되었다. 삼국동맹 형성과 추축국 진영의 침략전쟁이 세계적으로 확대되자 미국은 참전을 기정사실로 간주하고 동아시아 전략을 준비했다. 미국은 대서양과 태평양 양쪽에서 동시에 작전을 벌일 수 있도록 대규모 해군력 확장 프로그램을 가동했다. 이어서 9월에 미국 의회는 평시 징병제 시행을 규정한 법안을 의결하고, 중국 국민당 정부에 1억 달러의 차관을 공여하기로 결의했다.[64] 미국은 일본의 남진을 억제하기 위해 경제제재를 한층 강화해 거의 모든 종류의 금속 류를 수출금지목록에 포함시켰다. 독일에서 들어오는 소량의 물자를 제외하고는 유일한 공급원은 미국이었다. 1941년 2월에는 석유 저장용기 및 저장탱크 등을 수출금지 품목에 포함함으로써 일본의 추가적인 석유 비축을 제한했고, 일본에 물자선적을 금지하는 조치를 취했다.[65] 1941년 초 미국 루스벨트 대통령은 더 이상 고립주의 정서가 미국의 대외정책을 제약할 수 없다고 언급했고, 미국적 삶의 방식을 위협하는 전체주의 국가들의 시도를 용납하지 않겠다고 선언했다. 일본의 남방 진출 시도와 이에 대한 미국의 강력한 대응에 양국의 대립이 격화하기 시작했다.

한편 영국에 무기를 제공하며 유럽 전선에 더 적극적이었던 미국이 당장 일본과의 전쟁을 피하고자 협상을 시도하면서 1941년 4월에 미·일 교섭이 시작되었다.[66] 미국은 이 교섭을 통해 동남아시아를 향한 일본의 진격을 지연시킬 수 있을 것으로 판단했다. 일본 역시 교섭을 통해 전쟁 준비 시간을 벌고자 했다.[67]

미국의 코델 헐Cordell Hull 국무장관은 1941년 4월, 대일 국제행동의 4원칙(모든 나라의 영토와 주권 존중, 타국 내정에 대한 불간섭, 통상에서의 평등 원칙 준수, 무력을 통한 태평양에서 현상 변경의 폐지)을 제시했다.[68] 이것은 미국이 일본에 그동안 국제질서의 규약을 무시한 채 감행한 무력 팽창을 중지하고 워싱턴 체제 이후 성립된 국제평화조약의 기본원칙을 준수하라는 요구였다. 다시 말해, 일본이 동남아시아는 물론 중국까지도 포기하라는 것이었다.

그러나 일본의 팽창정책을 저지하려는 미국의 의도는 협상에서 효과를 발휘하지 못했다. 1941년 6월 22일에 독소전쟁이 발발하자, 일본 정부는 독일의 능력을 과대평가하며 독일이 승리할 것이라 믿었다. 이후 독소전의 추이를 보며 상황이 일본에 유리하게 전개된다면 소련을 상대로 무력행사에 나서기로 했다. 동시에 남방에 관해서는 목적 달성을 위해 영국과 미국을 상대로 전쟁도 불사하겠다고 결정하고 남진전략을 더욱 강경하게 밀어붙였다.[69] 특히 일본은 미국의 고립주의 정서와 빈약한 정신력을 근거로 미국의 참전 가능성을 낮게 판단했다.[70]

1941년 7월 2일, 일본이 미국·영국과의 전쟁을 불사하며 남진을 결정했다. 하지만 그때까지도 일본 내각은 어느 정도까지 미국과 협상을 추진해야 하는지를 놓고 의견 일치를 보지 못하고 있었다. 대미 협상의 전망에 대해 비관적이었던 도조 히데키 육군상은 연말이 되면 열대 몬순 기후로 인해 작전이 어려워지므로 대미 개전을 하려면 그 이전에 해야 한다고 강력하게 주장했다. 반면에 미·일 교섭 타결을 위해 유임된 고노에 총리는 가능한 한 끝까지 협상을 시도하고자 했다. 그 후 몇 달간 일본의 외교적 행보는 혼선을 거듭했다.[71]

일본의 남진 결정은 곧바로 미국에 포착되었다. 미국은 이른바 '매직 Magic'이라고 알려진 암호 해독 정보를 토대로 일본이 외교적 노력과 전쟁 준비를 병행하고 있음을 파악했다. 곧이어 미국은 일본이 남방에 진군하기로 결정을 내렸다는 사실도 확인했다. 미국은 일본과의 교섭을 단념했고, 일본과의 관계가 급격히 악화되었다. 루스벨트는 영국의 처칠 수상과 회담을 갖고 8월 14일에 '대서양 헌장'을 발표했다. 나치 폭정의 종식을 포함해 세계 평화의 구상을 담고 있는 이 선언은 독일과 동맹을 맺고 있는 일본에 대해서도 '무장해제'를 위한 강력한 대응조치를 취할 수 있다는 의지를 내포하고 있었다.[72]

일본은 1941년 7월 25일에 프랑스령 인도차이나의 진군을 공식화했다. 일본의 군사행동은 미·일 교섭을 결정적인 파국으로 몰아넣었다. 미국은 즉각 경제제재 조치를 단행했다. 이틀 후, 미국은 영국 및 네덜란드와 공동으로 자국 내 일본 자산을 동결하고 추가적인 무역 금지를 단

●●● 대서양 헌장 회의 기간에 뉴펀들랜드 플라센티아 만에 있는 프린스 오브 웨일즈(HMS Prince of Wales) 항공모함 갑판에 모인 회의 지도자들. 앞에 프랭클린 D. 루스벨트 미국 대통령 (왼쪽)과 윈스턴 처칠 영국 총리(오른쪽)가 앉아 있다. 나치 폭정의 종식을 포함해 세계 평화의 구상을 담고 있는 이 선언은 독일과 동맹을 맺고 있는 일본에 대해서도 '무장해제'를 위한 강력한 대응 조치를 취할 수 있다는 의지를 내포하고 있었다. 〈출처: WIKIMEDIA COMMONS | Public Domain〉

행했다. 자산 동결은 미국 정부가 일본의 남진을 오히려 자극할 수 있다는 이유에서 마지막까지 제재 조치에 포함하고 있지 않았던 강력한 수단이었다.[73] 8월부터는 항공유에 사용하는 고옥탄 휘발유와 원유의 대일 수출을 전면 금지시켰다. 또한, 미 육군에서 퇴역한 후 필리핀 군사고문을 맡고 있던 더글러스 맥아더^{Douglas MacArthur} 원수를 극동지역 미군 사령관으로 현역에 복귀시켰다.[74]

이러한 통상 금지 조치들로 일본 경제는 막대한 타격을 입게 되었다. 이미 일본 군부가 일본의 전쟁지속능력을 평가한 바에 따르면, 경제적 고립상태로 인해 육군과 해군의 항공작전은 약 1년, 해상 결전은 약 반년 정도밖에 유지할 수 없다고 판단했다.[75] 하지만 인도차이나, 그리고 더 나아가 최종적으로는 중국에서 철수하는 것을 엄청난 체면 손상으로 여기고 있던 일본 군부와 내각은 이것을 받아들일 수가 없었다.[76] 미국 등 연합국의 강력한 제재 조치는 일본 지도자들을 억제하기보다는 오히려 자극했다. 동남아시아를 정복하겠다는 일본 지도자들의 의지는 더욱 확고해졌다. 결국 미·일 교섭의 시작에도 불구하고 전시경제가 무너져 가는 일본이 선택할 수 있는 유일한 해결책은 동남아시아를 정복해 중일전쟁을 승리로 이끌 수 있는 자원을 확보하는 것뿐이었다.[77]

1941년 9월 6일, 일본 지도부는 협상을 계속하되 만일 10월 10일까지 진전이 없으면 개전하는 것을 전제로 외교적 협상과 전쟁 준비를 병행하기로 했다.[78] 미·일 교섭이 정체된 가운데 일본의 육군과 해군은 10월 하순을 목표로 각각 미국·영국·네덜란드와의 전쟁 준비 완결에 몰두하고 있었다. 해군은 9월 1일에 전시편성을 전군에 발령했고, 육군도 정세의 추이에 따라 즉각 대응할 수 있도록 작전준비를 각 부대에 하달했다.[79] 일본 군부의 강경노선과 미국의 원안 고수로 미·일 교섭은 실패로 끝났다. 대미 개전에 반대하며 미·일간 정상회담의 추진으로 협상에 기대를 걸었던 고노에 총리는 10월 15일에 사퇴의 뜻을 밝혔다.

히로히토^{裕仁} 천황은 육군상 도조 히데키를 새로운 총리로 지명했다. 10월 17일, 도조가 육군상을 겸한 채 총리직에 취임했다. 도조는 극동에서 일본의 우위를 확보하고 동아시아에 식민지를 가진 서방 국가들을

●●● 1941년 10월 18일 도조 히데키의 초대 내각(앞줄 중앙의 군복 차림이 도조 히데키). 도조는 극동에서 일본의 우위를 확보하고 동아시아에 식민지를 가진 서방 국가들을 물리치는 동시에, 중국을 병합하면서 동남아 지역에 대동아공영권을 확립하겠다는 야망에 차 있었다. 〈출처: WIKIMEDIA COMMONS | Public Domain〉

물리치는 동시에, 중국을 병합하면서 동남아 지역에 대동아공영권을 확립하겠다는 야망에 차 있었다.[80] 동남아시아와 미국을 상대로 한 전쟁은 현실로 다가왔다.

미국은 일본이 이미 전쟁 준비를 하고 있다는 것을 파악하고 있었다. 미국은 암호로 된 일본 외교 메시지를 해독해 11월 25일이 무언가 중요한 날짜임을 알아냈다. 한편, 일본은 미국이 중국 문제에 간섭하지 않는다면 석유가 생산되는 어떤 섬도 점령하지 않겠다고 제안했다. 11월 26일, 미국은 국무장관 코델 헐Cordell Hull을 통해 이른바 '헐 노트Hull Note'라고 알려진 「미합중국 및 일본국 간 협정의 기초 개략」을 제시하며 '인도

차이나와 중국에서 철수할 것과 장제스 정권의 정통성을 인정할 것, 그리고 독일 및 이탈리아와 맺은 삼국동맹을 탈퇴할 것' 등을 재차 촉구했다.[81] 헐 노트를 접수한 도조 내각은 이것이 수락 불가능한 내용이라고 판단하고 개전을 결정했다. 12월 1일, 내각과 군 통수부가 모두 참여한 어전회의에서 히로히토 천황은 영국과 미국 등 서방 국가들을 상대로 한 전쟁 개시를 승인했고, 육군과 해군은 12월 8일을 기해 무력을 발동한다는 천황의 재가를 받았다.[82]

CHAPTER 3

태평양전쟁 개시
(1941~1942년)

1. 전쟁 준비

1941년 11월 초 일본 정부는 전시 훈령을 내려 외교관들에게 11월 25일까지 협상을 마무리하라고 지시했고, 교섭에 실패할 경우 12월 8일을 기해 필리핀과 말라야, 동인도 제도, 하와이 등의 지역에서 미국과 영국을 상대로 전쟁을 단행한다는 내용의 「제국국책수행요령」을 결정했다.[83] 개전일을 12월 8일(일본 현지 시간 기준)로 결정한 것은 첫째, 1942년 4월쯤이 되면 미국의 해군력이 성장해 일본에 불리하게 작용할 것이라는 점, 둘째, 남방작전이 약 5개월 정도 소요된다고 가정하면 이듬해 봄까지는 마쳐야 북방작전을 시작할 수 있다는 점, 셋째, 개전 시기의 지연이 연합국 측에 전쟁 준비를 강화할 수 있는 여유를 줄 것이라는 점, 넷째, 말라야의 1~2월 기상 환경은 상륙작전에 적합하지 않다는 점 등을 고려했기 때문이다.[84]

대본영은 즉각 전쟁 준비를 시작했다. 육군은 데라우치 히사이치寺內壽一 대장을 총사령관으로 임명해 남방군을 편성하고, 동남아시아 침공을 위한 준비 명령을 하달했다. 해군은 야마모토 이소로쿠山本五十六 연합함대 사령관에게 진주만 공격을 위한 기동부대 등을 준비시키도록 명령했다.

중일전쟁의 수렁에 빠져 있던 일본이 미국과 영국 등을 상대로 전쟁을 감행한 것은 무모한 것처럼 여겨졌으나, 개전 직전 일본 육군의 군사력은 전체 병력이나 보병사단 규모에서 미국보다 우위를 점하고 있었다. 다만 육군의 대다수는 중국 전선에 투입되어 남방작전에 동원하기 위해서는 정치적 결정이 수반되어야 했다. 남방작전에 투입될 육군의 규모로 11개 사단, 9개 전차연대, 항공기 700기, 총 병력 40만 명 정도가 설정되었다 (626쪽 〈표 1〉 참조).[85] 해군력도 전체적으로 일본이 우위에 있었다. 미국 해군이 대서양과 태평양으로 분산되어 있어 태평양에서는 일본의 해군력이 미국보다 우세했다(626쪽 〈표 2〉 참조).

문제는 전쟁지속능력이었다. 1941년 국민총생산GNP, Gross National Product 의 경우 미국은 일본에 비해 11.8배, 공업생산력의 지표인 강철생산력은 12.1배, 국내 석유생산량은 776.8배, 인구는 1.8배 정도로 양국 간에 현격한 차이가 존재했다.[86] 따라서 전쟁이 장기화할 경우 일본의 전쟁지속능력은 감소하고 상대적으로 미국의 능력은 강화될 것이 분명했다. 개전 직전 단기간의 상대적 전력 우세와 장기적인 전쟁지속능력의 열세 속에서 일본은 기습적인 단기결전과 자원확보에 전략적 방점을 두었다.

일본의 전쟁 목표는 3단계로 계획되었다.[87] 제1단계 목표는 일본 연합함대가 진주만에 있는 미국 태평양함대를 공격함과 동시에 다른 육군과 해군 부대가 말라야, 네덜란드령 동인도, 필리핀으로 이루어지는 이른바 남방에서 적을 파괴하고 중요 지역을 확보하는 것이었다. 이어서 일본군은 미군과 연합군의 반격에 대비하기 위해 일본 본토 북쪽의 쿠릴Kuril 열도에서부터 웨이크Wake 섬, 마셜Marshall 제도, 길버트Gilbert 제도, 비스마르크Bismarck 제도, 뉴기니New Guinea 북부, 순다Sunda 열도, 말라야, 버마에 이르

〈표 1〉 개전 시 미·일 양국의 육군 전력 비교

구분	미국	일본	전력 비교 (미:일)
병력	160만	212만	0.75:1
보병사단	29	51	0.57:1
기갑사단	4	0	–
기병사단	2	0	–
항공기	202중대	148중대	1.36:1

출처: 박영준, 『제국 일본의 전쟁, 1868-1945』(서울: 사회평론아카데미, 2020), p. 351.

〈표 2〉 개전 시 미·일 양국의 해군 전력 비교

구분	미국			일본	태평양 전력 비교 (미:일)
	합계	대서양	태평양		
전함	17	8	9	10	0.90:1
항모	7	4	3	9	0.33:1
중순양함	18	5	13	18	0.72:1
경순양함	19	8	11	20	0.55:1
구축함	214	147	67	112	0.60:1
잠수함	114	60	54	64	0.84:1
총 척수	389	232	157	233	0.67:1
총 톤수	142.6만 톤	66.2만 톤	76.3만 톤	97.6만 톤	0.78:1
해군 항공기	5,500			3,202	–

출처: 박영준, 『제국 일본의 전쟁, 1868-1945』(서울: 사회평론아카데미, 2020), p. 350.

는 외곽 방어선을 확립하는 것이었다. 제2단계의 목표는 제1단계 작전
의 성과를 확장해 형성된 외곽 방어선을 요새화하고, 이를 통해 연합국
의 반격을 저지하는 것이었다. 제3단계에서는 전개된 전황을 굳히는 것
에 작전의 중점을 두어 미국의 전쟁의지가 상실되도록 소모전을 수행하

고, 필요하다면 전쟁을 인도양, 나아가 인도 자체로 확장하는 것이었다. 일본의 전쟁 목표가 달성되기 위해서는 먼저 미 태평양함대의 주력을 무력화해 미군이 일본의 남방작전에 개입하지 못하도록 하는 것이 우선되어야 했다.

전쟁 제1단계에 해당하는 일본 남방작전의 목적은 동아시아에서 미국, 영국, 네덜란드의 주요 근거지를 격멸하고, 중요 지역을 확보하는 것이었다. 이를 위해 일본 육군과 해군이 공략할 지리적 범위로 버마, 홍콩, 말라야(이상 영국령), 보르네오Borneo, 수마트라Sumatra, 자바Java, 셀레베스Celebes 제도(이상 네덜란드령), 티모르(포르투갈령), 필리핀, 괌(이상 미국령), 비스마르크 제도(오스트레일리아 위임통치령) 등이 설정되었다.[88] 작전 목적을 달성하기 위한 방침은 육군과 해군이 긴밀히 협동해 필리핀과 말라야, 홍콩, 괌 섬, 웨이크 섬, 비스마르크 제도를 동시에 신속히 공격하는 것이었다. 그리고 두 작전을 신속하게 마무리한 뒤 네덜란드령 동인도 지역으로 전과를 확대하기로 했다. 육군은 남방작전을 지휘하는 남방군 예하에 필리핀 방면 제14군, 태국과 버마 방면 제15군, 네덜란드령 동인도 방면 제16군, 말라야 방면에 제25군을 편성했고, 제3·5비행집단을 남방군 직할로 두어 목표 지역의 제공권 확보와 지상작전의 지원 임무를 수행하도록 했다. 남방군과는 별도로 중국 전선을 담당하는 중국파견군 예하의 제23군이 홍콩 방면에 투입되어 향후 전황에 따라 동인도 작전까지 활용될 계획이었다. 괌, 웨이크, 비스마르크 방면은 대본영 직할로 남해지대支隊(한시적 특수임무 파견부대)를 편성했다.[89] 해군은 기존 연합함대 소속의 제1·2함대와 추가로 제3·4·5·6남방파견함대, 제1항공함대, 제11항공함대를 새로 편성했다. 그리고 민간선박 징발을 일본 전체 선박 보유량의 30%까지 실시하며 전시태세를 갖추었다.[90]

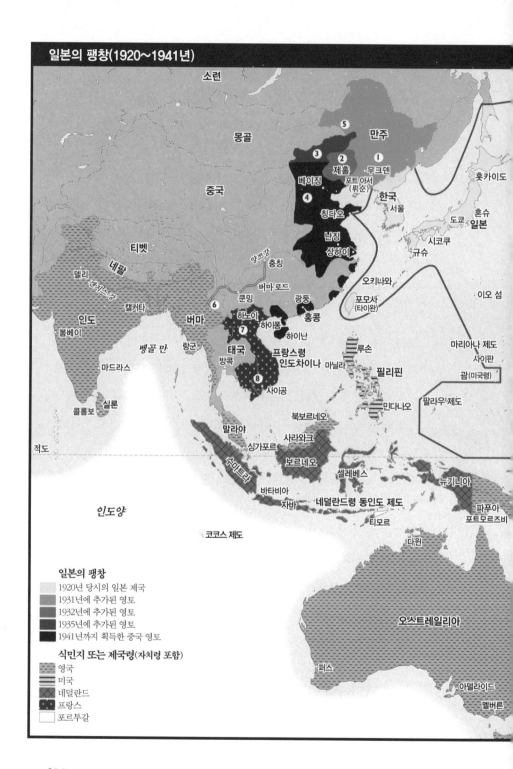

일본의 팽창(1920~1941년)

일본의 팽창
1920년 당시의 일본 제국
1931년에 추가된 영토
1932년에 추가된 영토
1935년에 추가된 영토
1941년까지 획득한 중국 영토

식민지 또는 제국령(자치령 포함)
영국
미국
네덜란드
프랑스
포르투갈

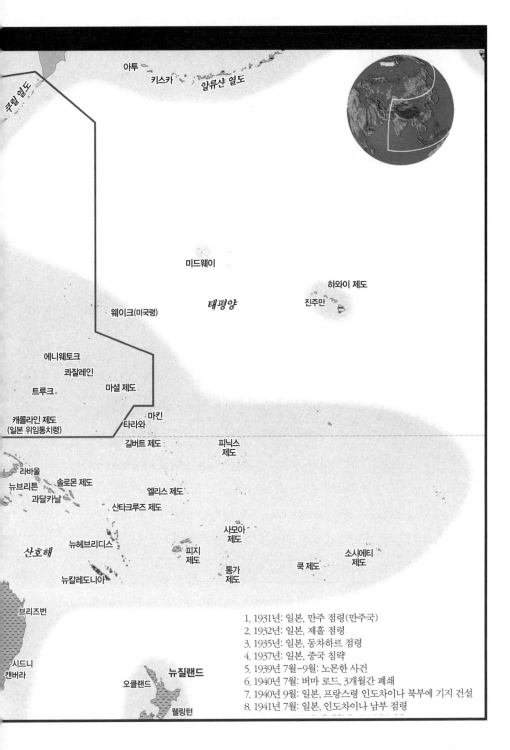

아투
키스카   알류샨 열도

쿠릴 열도

미드웨이

하와이 제도

태평양   진주만

웨이크(미국령)

에니웨토크
콰잘레인
트루크   마셜 제도
마킨
캐롤라인 제도   타라와
(일본 위임통치령)   길버트 제도   피닉스
제도

라바울
뉴브리튼   솔로몬 제도   엘리스 제도
과달카날   산타크루즈 제도

사모아
제도
산호해   뉴헤브리디스
피지   소시에티
제도   제도
쿡 제도
통가
뉴칼레도니아   제도

브리즈번

시드니
캔버라   뉴질랜드

오클랜드

웰링턴

1. 1931년: 일본, 만주 점령(만주국)
2. 1932년: 일본, 제홀 점령
3. 1935년: 일본, 동차하르 점령
4. 1937년: 일본, 중국 침략
5. 1939년 7월~9월: 노몬한 사건
6. 1940년 7월: 버마 로드, 3개월간 폐쇄
7. 1940년 9월: 일본, 프랑스령 인도차이나 북부에 기지 건설
8. 1941년 7월: 일본, 인도차이나 남부 점령

2. 일본의 진주만 기습과 태평양전쟁의 시작

진주만 기습

진주만Pearl Harbor 항공기습은 연합함대 사령관 야마모토 이소로쿠가 제안했다. 미국 하버드 대학에서 유학하고 다년간 주미 대사관의 무관으로 근무했던 야마모토는 미국의 잠재된 전쟁지속능력을 잘 이해하고 있었다. 그는 하와이에 미국 태평양함대를 남겨두면 일본 본토에 치명적인 위험이 초래된다고 주장하며 우선 진주만에 정박 중인 미국의 주력 함대를 무력화시키고자 했다. 대본영의 개전 결정 이후 일본 해군은 진주만 공습을 위해 진주만과 유사한 항만에서 비밀리에 저공비행 어뢰 공격 훈련을 실시했다. 1941년 11월 26일, 야마모토는 기동함대 사령관인 나구모 주이치南雲忠一 중장에게 "니타카 산에 오르라 1208"는 내용의 암호를 보내며 작전을 시작했다. 나구모의 전력은 일본의 최정예 항모 6척, 전함 2척, 순양함 2척, 전위 구축함대, 그리고 지원함 8척으로 구성되었다.[91] 항모 6척에는 진주만 공습에 사용될 뇌격기와 급강하폭격기, 호위전투기 353대와 함대방어 및 예비임무용 항공기 등 총 432대가 탑재되어 있었다.[92] 일단 쿠릴 열도를 떠난 일본 연합함대는 그들의 기도를 노출하지 않기 위해 철저히 무선 침묵을 유지하며, 하와이로 가는 기존 항로가 아닌 태평양의 최북단 바닷길로 항해했다.

미군은 이 항모선단의 존재는 알고 있었지만, 목적지가 어딘지는 알지 못했다. 11월 26일, 루스벨트 대통령은 일본군 5만 명을 태운 대규모 수송선단이 대만 남쪽 바다에 있다는 보고를 받았다. 이튿날 미 해군본부는 각각 진주만과 마닐라에 정박해 있던 태평양함대와 아시아함대에 '전쟁 경보'를 발령했다.[93] 기습이 있던 당일 아침 진주만에 배치된 레이

●●● 1941년 12월 7일 진주만 공습 개시일 아침 쇼카쿠(翔鶴) 항공모함에서 이륙할 준비를 하고 있는 일본 해군 항공기. 일본의 전력은 최정예 항모 6척, 전함 2척, 순양함 2척, 전위 구축함대와 지원함 8척으로 구성되었다. 항공모함 6척에는 진주만 공습에 사용될 뇌격기와 급강하폭격기, 호위전투기 353대와 함대방어 및 예비임무용 항공기 등 총 432대가 탑재되어 있었다. 〈출처: WIKIMEDIA COMMONS | Public Domain〉

더가 미상 비행기 무리의 접근을 감지했다. 하지만 이 경보는 곧 자국 항공기 증강 계획에 따른 아군 항공기의 비행이라며 무시되었다. 당시 미드웨이Midway와 웨이크Wake 섬 일대에는 항공기의 증강이 진행되고 있었다.

12월 7일 동이 틀 무렵(현지 시간), 일본 기동함대는 하와이 북쪽 약

440km 지점에 도착해 있었다. 그리고 이들과는 별도로 소형 잠수정 5척도 진주만으로 접근하고 있었다. 아침 6시(당시 일본 시간 12월 8일 01시 30분), 함재기들이 항공모함의 갑판에서 이륙하기 시작했다. 당시 가장 강력한 제로전투기 43대를 비롯한 뇌격기와 급강하폭격기 183대가 편대를 갖추었다. 일본군 폭격대가 진주만이 있는 오하우^{Oahu} 섬 북쪽의 구릉지대 사이로 은밀히 침투해올 무렵, 하와이 비행장의 공군 병사들과 항만의 해군 수병들은 아무것도 모른 채 평시 공휴일처럼 여유로운 일요일 오전을 맞고 있었다.

아침 7시 55분, 일본군의 급강하폭격기들의 공습이 시작되었고, 45분 뒤에 176대로 이뤄진 2차 공격대가 공습을 계속했다. 전함 6척을 격침시키고 2척에 손상을 입혔으며, 경순양함 3척, 구축함 3척, 기타 선박 4척을 격침 또는 손상시켰다. 최초의 타격을 입은 전함 애리조나 함 ^{USS Arizona}은 1,511명의 장교와 승무원들 가운데 거의 4분의 3이 전사했다. 약 2시간 진행된 공격으로 오하우 섬의 모든 육상 비행장이 공격당했고, 전체 항공기의 80%가 넘는 항공기 188대가 파괴되고 159대가 심하게 손상되었다.[94] 폭격으로 인해 군인과 민간인 사망자 수도 2,403명에 달했고, 1,178명이 부상을 당했다. 일본의 피해는 전투기 9대, 급강하폭격기 15대, 뇌격기 5대 등 항공기 28대, 대형잠수함 1척, 특수잠항정 5척과 사상자 129명 뿐이었다.[95]

당시 미국의 전쟁 경보 기간이 길어지면서 준비태세의

●●● 1941년 12월 7일 일본의 진주만 공격 이후 불타고 있는 전함 애리조나 함. 아침 7시 55분, 일본군의 급강하폭격기들의 공습이 시작되었고, 45분 뒤에 176대로 이뤄진 2차 공격대가 공습을 계속했다. 전함 6척을 격침시키고 2척에 손상을 입혔으며, 경순양함 3척, 구축함 3척, 기타 선박 4척을 격침 또는 손상시켰을 뿐만 아니라, 육상 비행장의 비행기 164대를 대파시켰고 128대에 손상을 입혔다. 〈출처: WIKIMEDIA COMMONS | Public Domain〉

강도가 무뎌져 있었다.[96] 진주만의 미군 방어는 미약했다. 진주만의 함선 위에 있는 대공포의 4문 중 3문에는 병력이 배치되지 않았고, 육군의 31개 포병중대 가운데 4개 중대만이 가동되었다. 더욱이 탄약을 창고에 보관해 두느라 탄약이 장전되지 않은 화포가 많았다.[97]

일본의 진주만 기습은 야마모토의 기대를 훨씬 뛰어넘는 성공을 거두었다. 그러나 일본의 진주만 기습의 성과는 전술적인 승리였을 뿐, 애초에 그들이 기대했던 전략적 승리를 거두지는 못했다.[98] 미군은 손상된 함정을 신속하게 복구했고, 피해를 본 전함들도 3척을 제외하고는 모두 수리해 현역에 복귀시켰다. 또 일본군이 미 해군의 연료저장시설을 파괴하지 않는 바람에 미군은 450만 배럴의 유류를 그대로 사용할 수 있었다. 만약, 연료저장소와 기타 항만시설이 모두 파괴되었다면, 미 해군은 미국 본토의 서해안으로 퇴각할 수밖에 없었을 것이다. 당장 전함 8척이 전열에서 이탈하게 되었지만, 일본군의 주요 공격목표였던 항공모함과 중순양함들은 손상을 면했다. 항공모함 3척은 그곳에 없었다. 렉싱턴 함USS Lexington과 엔터프라이즈 함USS Enterprise은 당시 항공기를 싣고 웨이크 섬과 미드웨이 제도로 가고 있었다. 새러토가 함USS Saratoga은 수리를 받으러 미국 본토에 있었다.[99] 일본군은 그날 한 차례 공격을 더 감행할 수도 있었지만, 진주만 공습을 마무리하고 다음 단계인 남방 공세를 향해 나아갔다. 이로써 일본 연합함대는 미 항공모함과 연료저장소 등 진주만의 중요 목표를 타격하지 못하면서 미 태평양함대의 완전한 무력화에 실패했다.

일본이 진주만을 기습 공격한 후 일본의 천황은 미국 등 연합국에 대한 개전을 선포했다. 다음날 미국과 영국이, 이어서 캐나다 및 영연방국가들이 차례로 일본에 대해 선전포고를 했다. 1942년 1월 1일에는 미국·영국·소련·중국 등 26개국이 '국제연합선언'을 발표하며 연합국들

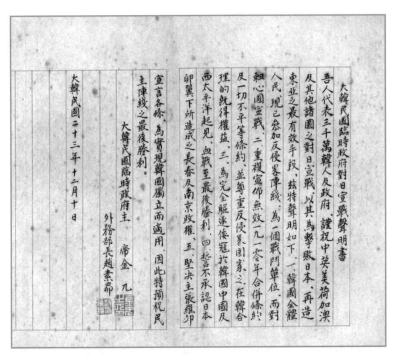

●●● 1941년 12월 10일 대한민국 임시정부가 일본 제국에 대해 이미 교전 상태에 있음을 공식화하고 제2차 세계대전에서 연합국을 지지할 것에 대한 내용을 정식으로 밝힌 대한민국 임시정부 대일선전성명서(大韓民國臨時政府對日宣戰聲明書). 〈출처: WIKIMEDIA COMMONS | Public Domain〉

의 공동전선을 형성했다.[100]

대한민국임시정부도 12월 10일에 대일선전성명서를 정식으로 발표하며 민주국가 진영의 일원으로서 대일 연합전선에 참전하고자 했다. 대한민국임시정부가 세운 광복군은 중국 국민정부의 지원을 받으면서 주로 중국 내에서 활동을 전개했고, 1942년 5월에 좌익 계열의 조선의용대가 광복군에 편입되어 이념을 아우르는 항일민족연합전선이 형성되었다.[101]

남방작전

일본의 진주만 기습은 성공했다. 그 외의 지역에서도 일본군이 어딘가를 공격하려 한다는 분명한 징후가 있었다. 개전 이후 14시간도 되지 않는 짧은 시간 동안 일본은 하와이를 비롯해 말라야, 태국, 필리핀, 홍콩, 괌 섬, 웨이크 섬을 동시에 공격했다. 1941년 12월부터 1942년 3월까지 일본군은 성공적인 군사작전을 펼쳤다.

그중에서도 가장 주목할 만한 것은 말라야 지역의 작전이었다. 말라야에서는 항공작전과 상륙작전을 동시에 실시해, 12월 8일 새벽에 일본군 제25군이 말라야 반도 동쪽 해안 싱고라Singora(지금의 태국 송클라Songkhla)와 코타 바루Kota Bahru에 상륙하기 시작했다.[102] 야마시타 도모유키山下奉文 중장의 제25군 예하 6만 병력은 영국 아서 퍼시벌Arthur Percival 중장이 지휘하는 영국, 오스트레일리아, 인도, 말라야의 영연방군 8만 8,000명과 대치했다. 그러나 항공력에 있어서는 항모와 육상에 기지를 둔 일본이 수적으로나 질적으로 영국군을 완전히 압도하고 있었다.[103] 12월 10일, 싱가포르에서 출격한 영국 동양함대의 전함 프린스 오브 웨일즈와 순양함 리펄스HMS Repulse가 일본군 항공기의 공격으로 격침당했다. 프랑스령 인도차이나 남부에서 발진한 일본군 뇌격기들이 항공기의 엄호를 받지 못한 영국의 상징적인 전함(프린스 오브 웨일스는 처칠 수상이 루스벨트와의 대서양 회담을 위해 대서양을 횡단할 때 승선했던 함정)을 무자비하게 공격했다. 해안기지에서 발진한 일본군 항공기가 '언싱커블Unsinkable'이라고 불리는 영국의 최신예 전함을 침몰킨 것이다. 영국 해군 제독들은 두 전함 모두 1분에 수만 발을 발사할 수 있는 대공포로 무장하고 있어서 항공기 공습에 안전할 것이라고 생각했다.[104] 해상전에서 아무리 큰 구경의 대포와 대공포를 장착한 거함이라고 해도 항공기 공격에 속수무책으로

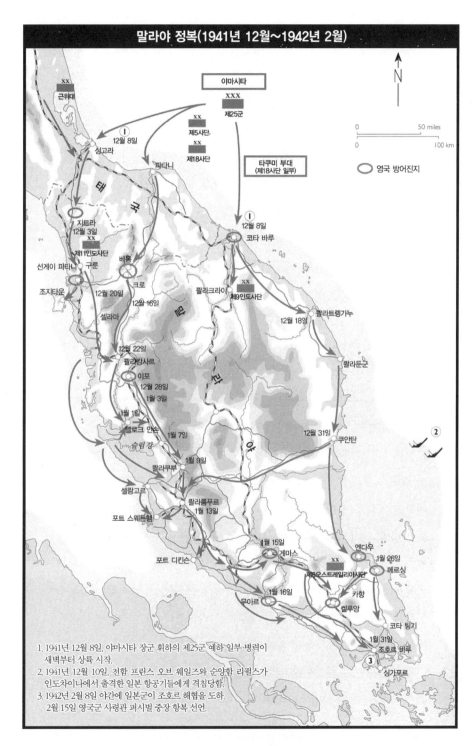

말라야 정복(1941년 12월~1942년 2월)

야마시타

XXX
제25군

XX
제5사단

XX
제18사단

타쿠미 부대
(제18사단 일부)

○ 영국 방어진지

0 ———— 50 miles
0 ———— 100 km

N

XX
근위대

12월 8일
싱고라

파타니

태
국

지트라
12월 3일
XX
제1인도사단

선게이 파타니   구룬
조지타운   크로
셀라마   12월 20일   12월 16일

베통

팔리크라이
XX
제9인도사단
12월 18일

12월 8일
코타 바루

쿠알라트렝가누

쿠알라둔군

12월 22일
쿠알라캉사르
이포
12월 28일
1월 3일

1월 1일
텔로크 안손
슬림 강
1월 7일

쿠알라쿠부
1월 9일

말
라
야

12월 31일
쿠안탄

셀랑고르
쿠알라룸푸르
1월 13일

포트 스웨튼햄

포트 디킨슨

1월 15일
게마스

엔다우
1월 26일

메르싱

XX
제8오스트레일리아사단

1월 16일
무아르

카항

코타 팅기
1월 31일
조호르 바루

렌루앙

싱가포르

1. 1941년 12월 8일, 야마시타 장군 휘하의 제25군 예하 일부 병력이
   새벽부터 상륙 시작.
2. 1941년 12월 10일, 전함 프린스 오브 웨일즈와 순양함 리펄스가
   인도차이나에서 출격한 일본 항공기들에게 격침당함.
3. 1942년 2월 8일 야간에 일본군이 조호르 해협을 도하.
   2월 15일 영국군 사령관 퍼시벌 중장 항복 선언.

당하면서 항공전력의 중요성이 대두되는 획기적인 전투였다.

이후 일본 제25군의 주력은 상륙을 무사히 완료하고 싱가포르를 향해 말라야 반도를 빠르게 남진해나갔다. 1942년 1월 31일, 일본군은 약 1,000km를 진격하여 조호르Johore를 점령하고 영연방군을 싱가포르 섬으로 몰아넣었다. 당시 싱가포르의 영연방군은 심각한 타격을 받기는 했지만, 중동 전선에서 병력을 보충받아 8만 5,000명이 넘는 병력을 보유하고 있었다.[105] 퍼시벌은 싱가포르 섬 북부 해안의 약 50km 전역에 예하 대대들을 배치했다. 그러나 야마시타는 2월 8일 야음을 틈타 3만 5,000명의 병력을 이끌고 섬 북서쪽을 통해 조호르 해협을 도하해 싱가포르의 영연방군을 집중공격했다. 일본군의 집중공격을 받은 오스트레일리아군 제22여단과 제27여단은 급속히 무너졌다. 2월 15일 싱가포르에 물을 공급하는 저수지가 일본군에 의해 장악되었다.[106] 버티다 못한 퍼시벌 중장은 2월 15일에 항복을 선언했다. 약 8만 명이 넘는 영연방군이 병력 면에서 상대적으로 열세한 일본군에게 항복한 것이었다. 싱가포르 함락으로 극동에서 영국의 권위는 바닥에 떨어졌다.[107]

일본군은 대만에서 항공기를 발진시켜 당시 미국의 식민지였던 필리핀 지역을 공습했다. 전역 후 현역으로 복귀해 필리핀 주둔 미군과 필리핀군을 지휘하던 맥아더 역시 진주만 공습 사실을 통지받고도 성과 있는 대응을 취하지 못했다. 필리핀 주둔 미군 항공기 약 200대가 일본군 제11항공함대의 주력기 500여 대에 대항해 분전했지만, 수적 열세를 극복하지 못했다.[108] 일본군은 미군에게 진주만 공습에 필적하는 악몽을 선사하면서 지상에 있는 미군기 대부분을 격파했다. 이 공습으로 미국은 B-17기 18대와 다른 항공기 86대를 잃었다.[109]

필리핀 상공의 제공권을 장악한 일본군이 필리핀에 상륙하기 시작했다. 1941년 12월 22일, 혼마 마사하루本間雅晴 중장의 제14군이 약 4만

●●● 1942년 7월 일본군의 포로가 된 웨인라이트 장군(앞줄 왼쪽에서 세 번째). 맥아더의 후임으로 바탄 반도의 미군을 지휘했던 조나단 웨인라이트 중장은 1942년 5월 6일에 코레히도르 섬에서 항복했다. 〈출처: WIKIMEDIA COMMONS | Public Domain〉

3,000명의 병력으로 루손Luzon 섬 링가옌Lingayen 만에, 12월 24일에는 라몬Lamon 만에 차례로 상륙했다. 1942년 1월 2일, 제14군의 주력부대는 필리핀의 수도 마닐라Manila를 별다른 저항 없이 점령했다. 맥아더는 미육군 약 1만 3,000명의 병력을 비롯해 새로 편성된 필리핀군 10만 명을 방어작전에 운용하고 있었으나[110], 자신의 전투력이 일본 남방군의 주력으로 평가받는 제14군의 전투력보다 열세임을 인식했다. 이에 따라 맥아더는 자신의 사령부를 마닐라 만에 있는 코레히도르Corregidor 섬으로 이전했고, 바탄Bataan 반도와 코레히도르로 미군을 집결시켜 지구전에 돌입했다.[111] 식량과 탄약 부족으로 큰 고통을 겪어야 했던 미군은 바탄 지역의 정글지대를 적절히 이용하고 종심 깊게 구축한 진지에서 일본군의 공격을 석 달 넘게 버텼다. 결국, 맥아더는 3월 12일에 코레히도르 섬을 빠져나와 민다나오Mindanao 섬으로 간 후 비행기로 옮겨 타고 오스트레일리아로 피신했다. 바탄 공격에 성과가 지지부진했던 일본군 제14군에 중국 상하이에서 제4사단이 증원되면서 4월 3일부터 바탄 총공격이

재개되었다. 바탄에 남아 있던 미군과 필리핀군은 4월 9일에 항복했으며, 맥아더의 후임으로 바탄 반도의 미군을 지휘했던 조나단 웨인라이트 Jonathan Wainwright 중장은 5월 6일에 코레히도르 섬에서 항복했다.[112]

홍콩 방면에서도 12월 8일에 일본군 제23군 예하 제38사단이 공격을 시작했다. 홍콩은 영국, 인도, 캐나다 등 영연방군 소속 6개 대대 1만 2,600명의 병력으로 방어하고 있었다.[113] 일본군은 12월 12일에 홍콩을 점령했으나, 캐나다군 800명을 포함한 수비대 4,400명은 크리스마스까지 저항을 계속했다.[114]

진주만 공습 당일 일본 항공기들은 괌과 웨이크 섬에 있는 미국의 태평양 기지도 폭격했다. 12월 10일에 괌은 곧바로 함락되었지만, 서태평양 외곽 미국의 전초기지인 웨이크 섬에서는 12월 11일에 방어하던 미군 해병대가 해안포와 전투기들을 활용해 일본군 구축함 2척을 침몰시키는 등 일본군 상륙을 지연시켰다. 12월 23일, 일본군이 하와이에서 돌아오던 기동부대와 협공해 1,500명의 병력으로 다시 한 번 상륙을 감행하자, 미군 수비대는 결국 패배하고 말았다.[115]

중립을 선언했던 태국에서는 일본군 제15군이 12월 8일에 말라야 침공과 동시에 후방 확보 차원에서 태국에도 상륙했다. 이튿날 일본군은 태국의 수도 방콕Bangkok에 진주를 마쳤으며, 태국 총리는 태국군에게 저항 중지 명령을 내렸다.

12월 8일을 시작으로 일본군이 미국과 영국이 지배하던 하와이, 말라야, 필리핀, 홍콩, 괌과 웨이크 섬, 중립국 태국 등에 실시한 군사작전은 의도한 대로 성공을 거두었다. 이를 발판으로 일본은 1942년 1월부터 네덜란드령 동인도 제도, 영국령 버마, 비스마르크 제도 등에 대한 후속 공세에 돌입할 수 있었다.

일본 남방작전의 핵심 목표는 네덜란드령 동인도 제도의 자원을 획득하는 것이었다. 이곳의 공략을 위해 일본군은 수마트라, 보르네오, 셀레베스 등 3개 도서를 동쪽과 서쪽에서 동시에 장악한 후 중앙의 자바 방면으로 공략해간다는 작전계획을 수립했다.[116] 책임부대인 제16군에는 홍콩 작전을 담당했던 제38사단과 필리핀 전역에 참전했던 제48사단을 추가로 편입하여 군사력을 보강했다.

연합국은 이 지역 방어를 위해 1942년 1월 15일에 ABDA(미국·영국-네덜란드-오스트레일리아)군 사령부를 조직하고, 그 본부를 자바 섬에 두었다. 버마에서 싱가포르를 거쳐 동인도 제도와 오스트레일리아 북부에 이르는 광대한 지역 일대의 방어책임자로 영국 육군 아치볼드 웨이벨Archibald Wavell 대장이 임명되었지만, 이 지역의 연합군은 전반적으로 병력도 부족하고 공조체제도 허술했다.[117]

1942년 1월 12일, 일본 육군이 보르네오 섬 동쪽 해안에 상륙했고, 2월 14일에 수마트라 공수작전이 시작되면서 17일에 이르러 점령에 성공했다. 그 사이 16일에는 자바에도 상륙작전이 시행되었다. 한편 동인도 제도를 포기할 수 없었던 네덜란드는 미국 및 영국 해군 함대의 지원을 받아 총 14척의 함정으로 연합함대를 편성했다.[118] 2월 27일, 네덜란드인 카렐 도어만Karel Doorman 해군 소장의 지휘 아래 연합함대는 일본 해군과 맞서 태평양전쟁 최초의 함대전인 수라바야Surabaya 해전을 벌였다. 하지만 함정 10척이 일본 해군에 격침당하면서 패배했다. 이로 인해 ABDA군 사령부의 주력 함정이 대부분 사라져버렸다. 자바로 향하는 항로가 확보되자 3월 1일에 일본 제16군이 자바 본토 상륙을 재개했고, 3월 9일에 네덜란드군이, 12일에는 ABDA군 사령부가 공식적으로 항복했다. 이로 인해 ABDA군 사령부는 약 두 달 만에 사라지게 되었다. 항복한 ADBA연합군 병력은 네덜란드군 약 9만 3,000명과 미국·영국·오스트레일리아군 약 5,000명 정도였다.[119]

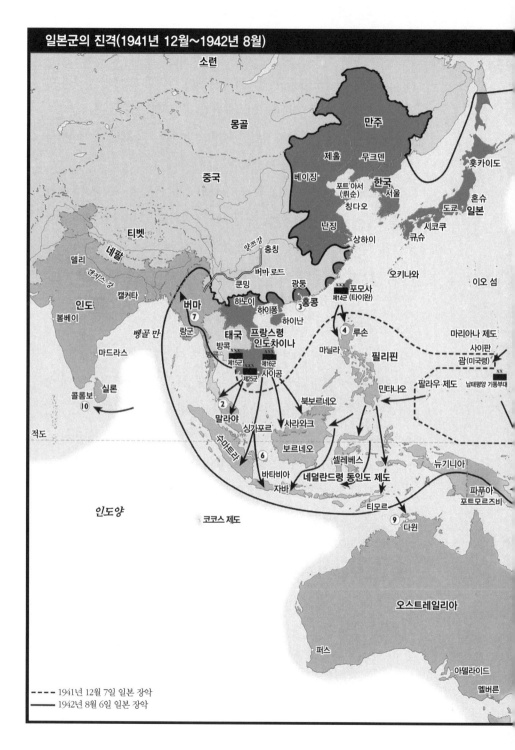

일본군의 진격(1941년 12월~1942년 8월)

소련

몽골

만주

제홀   무크덴

베이징
포트 아서   한국
(뤼순)   서울
칭다오   도쿄   홋카이도

중국   혼슈
난징   일본
상하이   시코쿠
규슈

티벳
네팔   충칭
델리   양쯔강
캘커타   버마 로드   오키나와   이오 섬
쿤밍
인도   하노이   광둥   포모사
봄베이   버마   하이퐁   홍콩   제14군 (타이완)
⑦   하이난   하이난
벵골 만   루손   마리아나 제도
랑군   ④   사이판
마드라스   태국   프랑스령   마닐라   필리핀   괌(미국령)
방콕   인도차이나
제15군   필라우 제도   남태평양 기동부대
실론   제16군   민다나오
콜롬보   제25군   사이공
⑩   사이공
적도   ②   북보르네오
말라야   사라와크
싱가포르
수마트라   ⑥   보르네오   뉴기니아
바타비아   셀레베스
자바   네덜란드령 동인도 제도   파푸아
포트모르즈비
인도양   코코스 제도   티모르
⑨   다윈

오스트레일리아

퍼스
아델라이드
멜버른

- - - - 1941년 12월 7일 일본 장악
——— 1942년 8월 6일 일본 장악

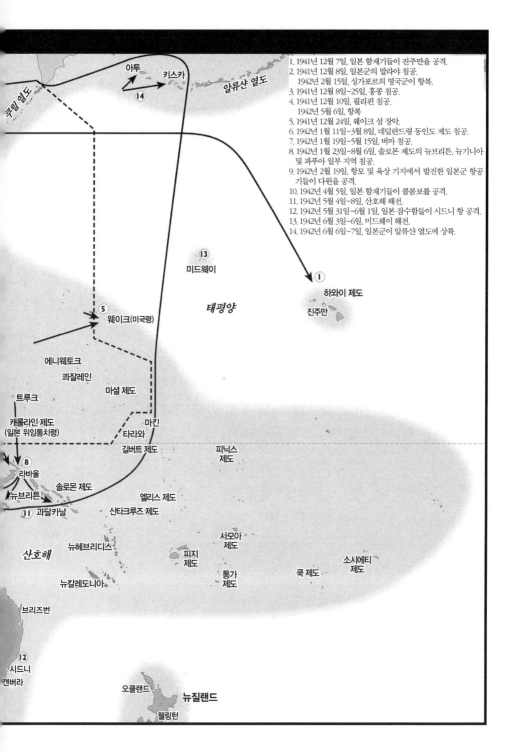

1. 1941년 12월 7일, 일본 함재기들이 진주만을 공격.
2. 1941년 12월 8일, 일본군의 말라야 침공.
   1942년 2월 15일, 싱가포르의 영국군이 항복.
3. 1941년 12월 8일~25일, 홍콩 침공.
4. 1941년 12월 10일, 필리핀 침공.
   1942년 5월 6일, 항복.
5. 1941년 12월 24일, 웨이크 섬 장악.
6. 1942년 1월 11일~3월 8일, 네덜란드령 동인도 제도 침공.
7. 1942년 1월 19일~5월 15일, 버마 침공.
8. 1942년 1월 23일~8월 6일, 솔로몬 제도의 뉴브리튼, 뉴기니아 및 파푸아 일부 지역 침공.
9. 1942년 2월 19일, 항모 및 육상 기지에서 발진한 일본군 항공 기들이 다윈을 공격.
10. 1942년 4월 5일, 일본 함재기들이 콜롬보를 공격.
11. 1942년 5월 4일~8일, 산호해 해전.
12. 1942년 5월 31일~6월 1일, 일본 잠수함들이 시드니 항 공격.
13. 1942년 6월 3일~6일, 미드웨이 해전.
14. 1942년 6월 6일~7일, 일본군이 알류샨 열도에 상륙.

비슷한 시기에 일본은 남서태평양 비스마르크 제도의 뉴브리튼New Britain 섬의 라바울Rabaul에 대한 공세도 이어갔다. 라바울은 오스트레일리아가 위임통치하던 지역으로 일본은 연합함대의 전진기지로 사용하던 캐롤라인 제도의 트루크Truk 섬 방어를 위해 이 지역의 확보가 필요했다.[120] 1942년 1월 11일, 보르네오 섬 동쪽에 있는 타라칸Tarakan 섬을 장악한 일본군은 23일에는 라바울 상륙작전으로 오스트레일리아군 수비대를 격파했고, 곧 이곳을 점령했다.

1942년 1월 중순에 태국 주둔 일본 제15군은 태국을 가로질러 버마로 진격했다. 제15군 소속 제33사단과 제55사단은 잘 훈련되어 있었으며 비행기 300대의 지원을 받았다.[121] 버마를 지키고 있던 영연방군 소속 버마군과 인도군은 일본군의 우세한 전투력으로 인해 밀려났고, 결국 3월 7일에 일본군은 랑군Rangoon(지금의 양곤Yangon)을 장악했다. 중국 국민당 정부가 자신들의 생명선과도 같은 보급로인 버마 로드Burma Road를 지키기 위해 버마로 병력을 급파했지만, 일본군 제18사단과 제56사단이 보강되고 항공기 지원을 추가로 받으며 기세를 탄 일본군을 저지할 수는 없었다. 먼저 영국군과 중국군을 갈라놓은 일본군은 5월 20일경에는 영국군을 버마에서 몰아내 인도 국경까지 밀어냈다. 이와 동시에 일본군은 태평양 전선의 서쪽을 확실히 굳히기 위해 진주만을 공격했던 나구모의 기동부대를 인도양으로 출격시켜 콜롬보Colombo의 영국군 기지를 타격했다. 이 공격으로 4월 5일부터 9일 사이에 영국은 항공모함과 순양함 2척 등 군함 7척을 잃었다.[122] 일본군의 버마 작전은 계획대로 종결되었고, 이렇게 일본의 남방작전 1단계는 성공적으로 마무리되었다.

3. 서전의 평가와 전망

1942년 5월, 일본은 필리핀과 버마를 함락시켜 남방작전의 1단계를 성공적으로 마무리했다. 전쟁 전 일본 지도부는 남방작전 성공의 핵심 조건으로 제해권과 제공권의 획득이 필수적이라고 판단했다. 목표한 작전 지역을 확보하기 위해서는 투입 병력이 안전하게 작전지역으로 수송된 후 목표지역에 상륙작전을 감행해야 했다. 또한, 연합군보다 부족한 병력이 동시에 다수 지역에서 작전을 수행하기 위해서는 전투마다 피해를 최소화해야만 했다.

남방작전 초기의 성공 요인은 상륙작전을 감행하기 전 해상 안전을 보장하고 제공권을 확보했던 것이 중요하게 작용했다. 이로 인해 일본군은 목표지역에 병력을 집중하여 방어하는 연합군 부대를 각개격파할 수 있었다. 항공기의 활약은 진주만 공습의 성공과 영국 동양함대 파괴에서 알 수 있듯이 제공권은 물론 제해권을 얻는 데에도 매우 중요한 역할을 했다. 그러나 일본 해군은 항모 중심으로 해군을 변화시키지 못하고 여전히 야마토大和와 무사시武藏 같은 대형 전함이 주포 공격으로 해상에서 결전하는 작전을 고수했다.

남방작전의 또 다른 성공 요인은 패배의 당사자인 연합국에서 찾을 수 있다. 미국은 본토에서 동아시아로 아직 병력을 파견할 준비가 되어 있지 않았다. 마찬가지로 영국을 비롯한 다른 연합군은 본국의 정예부대는 소수였고, 대부분 장비와 훈련 수준이 미흡한 식민지 군대로 편성되어 있었다.[123] 초기 작전에서 일본의 승리는 준비가 부족한 연합군을 상대로 승리한 것이라고 볼 수 있다. 역설적으로 보면 일본의 승리는 일시적인 성격이 강했다. 연합국이 전쟁 준비를 완료한다면 전세는 언제든 바뀔 수 있기 때문이다. 일본의 지도부는 서전의 승리에 도취되어 연합국의 전력, 반격 시기, 나아가 전쟁지속능력 등을 과소평가했고, 향후 작전에 대한 준비를 소홀히 했다. 1944년 미군의 반격이 격렬해지던 시기에 도조 일본 총리는 "1942년 한 해를 허송세월한 것이 매우 아쉬운 일이다"라고 토로한 바 있다.[124] 이는 일본이 제1단계 작전의 성공 이후 승리에 취해 차후 준비에 소홀했음을 의미했다.

서전의 대성공으로 일본 대본영은 미국의 전쟁의지가 상실되도록 "장기-소모전을 수행한다"는 기존의 수세적 전략을 벗어나 단기 결전의 공세적 전략으로 전환을 검토했다. 미군은 하와이 해군기지와 미드웨이 전진기지, 3척의 항공모함만이 남아 있었고, 동아시아 지역의 영국과 네덜란드 함대는 기능을 상실한 상태였다. 남방작전이 종료된 후에도 일본군은 온전한 전투력을 유지할 정도로 피해가 미미했으므로 연합국의 대응능력을 과소평가해 공세적인 계획을 검토하기 시작한 것이다.

일본 대본영은 진주만에서 패전한 미국이 영국과 함께 인도양 방면에서, 그리고 오스트레일리아와 함께 남태평양 방면에서 양쪽으로 반격해오리라 예상했다.[125] 이에 대해 일본 육군과 해군은 통일된 전략이 부재했다. 별다른 피해 없이 기대보다 큰 성과를 달성한 일본 해군은 적극적인 공세작전을 연속적으로 실시해 미국에 단기 결전을 강요하는 전략을 구상했다.[126] 해군은 맥아더의 거점이 된 오스트레일리아를 침공하자고 주장했다. 반면에 일본 육군은 침공에 필요한 병력을 중국이나 만주에서 전용할 수 없다는 이유로 해군 측 주장에 반대했다. 오히려 일본 육군으로서는 독일군의 소련 공세에 호응해 소련에 대한 개전의 기회를 잡으려고 했다.[127] 관동군은 여전히 70만 대군을 보유한 상태였다. 오스트레일리아 공략을 위해 고려해야 할 또 다른 중요한 문제는 200만 톤에 이르는 상당한 물량의 군수물자를 수송해야 하는 것이었다. 이는 동남아시아-일본 구간의 자원 운반에 운용할 수송선을 전부 오스트레일리아 침공을 위해 전환해야만 해결되는 문제였다. 오히려 일본 육군은 오스트레일리아 대신 인도를 공격하자는 제안도 내놓았다. 한편 해군 내부에서도 의견이 엇갈렸다. 진주만 기습을 성공으로 이끌었던 연합함대 사령관 야마모토는 오스트레일리아 침공보다 태평양 한복판에 있는 미드웨이 섬으로 미 태평양함대를 끌어내어 해상 결전을 벌이고 싶어했다.[128]

결국, 일본 군부는 오스트레일리아나 인도 침공을 백지화했다. 대신 미국과 오스트레일리아 사이의 병참선을 차단해 오스트레일리아를 고립시키는 데 주안점을 두었다. 이를 위해 일본은 오스트레일리아가 위임 통치하고 있던 뉴기니의 수도인 포트모르즈비Port Moresby와 인근 해역의 솔로몬 제도를 장악하고, 미국과 오스트레일리아 병참선 상의 뉴칼레도니아, 피지, 사모아를 공략하기로 했다. 또한, 미 태평양함대의 전진기지인 미드웨이 제도도 공격 대상에 포함했다. 일본 군부는 미국-오스트레일리아 간 차단작전을 통해 오스트레일리아를 고립시키기만 해도 미국의 반격이 어려울 것이라고 판단했다.[129] 이것은 연합군의 전력 회복 수준과 그 반격의 규모에 대한 과소평가에서 나온 낙관적인 계획이었다. 이로 인해 남방작전의 성공 후 외곽 방어선의 목표지역이 더욱 확대되었고, 외곽 방어선 바깥 지역이었던 미드웨이와 남태평양 솔로몬 제도의 과달카날Guadalcanal 섬에서 처절한 전투를 초래하게 되었다.

한편, 연합국은 일본의 공세가 한창인 가운데 태평양 전선에서 새로운 전략 틀을 짜는 데 골몰했다. 당시 추축국 진영에 대한 포괄적인 전쟁 전략은 미국과 영국의 참모총장들로 구성된 연합참모본부가 담당하고 있었다. 이들은 독일과의 전쟁을 연합작전의 최우선순위에 두고, 태평양전쟁은 미군 합동참모본부가 단독으로 관할하기로 했다. 미국은 진주만 기습공격을 받은 이후 가용 전력을 최대한 태평양으로 전환해 중부태평양부터 일본군에게 반격을 가하는 공세전략을 구상했다.

이에 따라 태평양 전역에서 미국의 대응은 전례 없이 강화되기 시작했다. 미 육군과 육군 항공대(공군의 전신)가 유럽과 태평양에 나뉘어 배치된 데 비해, 미 해군의 주력은 태평양에 대부분 배치되었다. 1940년 7월에 약 16만 명이었던 해군 병력은 1945년 8월에는 450만 명으로 증가했다. 이 기간에 미국은 최대 90대의 함재기를 탑재하는 대형 항공모함에서부터 함대기 16~36대를 탑재하는 소형 호위 항공모함에 이르기까지 각종 항공모함 147척, 상륙정 8만 8,000척, 잠수함 215척, 기타 군함 952척을 건조했다. 미 해군은 6개 해병사단을 모두 태평양 전선에 투입했다.[130] 또한, 암호해독능력의 향상 및 레이더와 같은 최신 기술을 적극적으로 활용하면서 정보능력도 한층 강화했다.[131]

미군 최고지휘부도 태평양 전선의 전쟁 준비에 점차 집중하기 시작했다. 1942년 3월 해군참모총장에 취임한 어니스트 킹Ernest King 제독은 전쟁이 끝날 때까지 같은 자리에서 전선을 지원했고, 태평양함대 사령관 체스터 니미츠Chester Nimitz 제독은 취임 당시 보유 전력이 겨우 항모 3척에 불과했지만, 가능한 한 빨리 반격을 취하고자 했다. 한편, 필리핀에서 철수한 맥아더는 오스트레일리아 멜버른Melbourne에서 미군과 오스트레일리아군의 연합작전을 지휘하는 남서태평양 총사령관으로 임명되었다. 맥아더에게 주어진 최초의 임무는 필리핀과 동인도 방향으로 진격하기 위해 뉴브리튼 섬에 있는 라바울을 재탈환하라는 것이었다.[132] 당시 남서태평양 지역은 미국의 전략적 우선순위에서 밀려나 있었기 때문에 오스트레일리아에 주둔 중인 미군의 전력은 열악했고 오스트레일리아군과의 연합작전이 매우 중요했다.

◈ 레인보우 5 계획 ◈

미국은 1898년 스페인과 전쟁을 통해 필리핀을 식민지로 삼고 괌, 하와이에 이르는 태평양 제국을 건설했다. 20세기 들어 미국은 태평양에서 영구적인 이익을 확보하기 위해 구체적인 군사전략이 필요했다. 1906년에 오렌지 계획War Plan Orange이 탄생했고, 태평양의 지정학적 인식에 기초해 미국은 일본이 태평양에서 공세행동을 취할 경우 '방어-공격-봉쇄' 3단계의 틀을 가지고 총력전 개념의 전쟁계획을 발전시켰다. 오렌지 계획은 해군을 중심으로 30년 넘게 발전을 거듭하면서 태평양에서 일본을 가상 적국으로 선정하여, 해군은 공세적으로, 육군은 수세적으로 운용하도록 작성되었다.[133]

1930년대 후반에 들어서 유럽의 위기가 고조되자, 미 육군은 태평양전쟁 발발 시 미군이 방어적 태세를 유지해야 한다고 주장하며 오렌지 계획을 반대했다. 1939년 오렌지 계획을 대체할 수세적 방어계획인 '레인보우 1Rainbow 1' · '레인보우 4Rainbow 4' 계획과 공세적 성격의 '레인보우 2Rainbow 2' · '레인보우 3Rainbow 3' 계획을 수립했다. 그러나 이 네 가지 레인보우 계획Rainbow plans은 승인되지 않았다. 1940년 12월 7일, 유럽을 우선하는 태평양 방어전략인 '레인보우 5Rainbow 5' 계획이 작성되면서 오렌지 계획은 폐지되었다. 이 계획에는 해군의 공세적 운용 개념도 반영되어 태평양 지역의 해군력을 강화하는 내용도 포함되었다.

미국은 1941년 5월에 정식 공포된 '레인보우 5' 계획으로 제2차 세계대전을 수행했다. 가장 중요한 목표는 지상군 공격을 통한 독일의 패배이고, 대서양에서 미 해군의 임무는 해상교통로의 보호였다. 태평양에서 미국의 임무는 전략적 방어였다. 태평양함대는 서태평양을 포기하고 동태평양을 방어해야 했다. 이 계획에 따라 태평양 지역의 미군은 제한적이고 방어적으로 싸워야 했다. 그러나 실제 태평양전쟁이 발발하자, 미 해군은 수십 년 전부터 오렌지 계획을 토대로 발전시켜온 대일본 공세 개념으로 전쟁을 수행했다. 그리고 전쟁지도부도 오렌지 계획의 공세 및 총력전 개념을 보완하면서 전략을 계획하고 실행했다.[134]

CHAPTER 4

태평양전쟁 경과
(1942~1945년)

1. 일본의 확전과 미국의 반격

산호해, 미드웨이

일본 대본영은 남방작전 제1단계가 성공적으로 수행됨에 따라 오스트레일리아를 고립시키기 위해 뉴기니 남쪽의 포트모르즈비와 솔로몬 제도를 장악하고, 더 남쪽으로 확장하여 남태평양의 뉴칼레도니아, 피지, 사모아를 공략하기로 결정했다.

한편, 하와이의 태평양함대에 기습을 허용한 미국도 가만히 있을 수는 없었다. 진주만 기습을 받은 바로 다음날 미 의회에서 행해진 대통령 루스벨트의 "치욕의 날Day of Infamy" 연설 이후 미국 여론은 참전을 향해 뜨겁게 달아올랐다. 새롭게 태평양함대 사령관으로 취임한 니미츠 제독은 곧 군사행동을 준비하기 시작했으며, 2월과 3월 중에 그의 항모에서 발진한 항공기들이 길버트 제도와 마셜 제도에 건설된 일본군 기지들과 뉴기니 부근의 일본군 수송선단을 공습했다. 4월 18일에는 제임스 둘리틀

●●● 1942년 4월 18일 일본에 대한 미국의 첫 공습에 참여하기 위해 항모 호넷 함에서 이륙하고 있는 B25 폭격기. 제임스 둘리틀 중령이 이끄는 B-25폭격기 16대가 미드웨이 섬에서 출항한 항모 호넷 함에서 발진해 일본 도쿄를 전격적으로 공습했다. 이 공습은 일본에 큰 물리적 피해를 주지는 못했지만, 일본의 심장부이자 천황이 살고 있는 도쿄가 공격을 받았다는 사실로 심리적인 충격은 상당했다. 〈출처: WIKIMEDIA COMMONS | Public Domain〉

James Doolittle 중령이 이끄는 B-25폭격기 16대가 미드웨이 섬에서 출항한 항모 호넷 함USS Hornet에서 발진해 일본 도쿄를 전격적으로 공습했다. 이 공습은 일본에 큰 물리적 피해를 주지는 못했지만, 일본의 심장부이자 천황이 살고 있는 도쿄가 공격을 받았다는 사실로 심리적인 충격은 상당했다. 이로 인해 일본 해군은 미드웨이를 우선 공격해야 한다는 야마모토 연합함대 사령관의 주장을 받아들였다.[135] 그 결과 일본 해군은 피지, 사모아 방면 작전에 앞서 미드웨이 결전을 실시하고, 육군은 남해지대를 편성하여 포트모르즈비를 공략하기로 했다.

5월 초, 일본군은 뉴기니 남부 해안에 있는 포트모르즈비를 점령하기 위해 라바울로부터 즈이카쿠瑞鶴, 쇼카쿠翔鶴, 쇼호祥鳳 항모 3척을 포함한 기동함대를 출격시켰다. 통신 감청을 통해 이러한 사실을 파악한 연합군은 항모 렉싱턴USS Lexington과 요크타운USS Yorktown을 서둘러 산호해Coral Sea에 파견했다. 미국과 일본 양국 해군이 항공 공격으로 싸운 최초의 근대 해전으로 평가되는 산호해 해전Battle of the Coral Sea이 전개되었다.[136] 5월 7일, 서로가 상대방을 보지 못한 가운데 벌어진 첫 해전에서 미군 항공기들은 일본군의 경항모 쇼호를 격침시켰다. 다음날, 양측은 서로를 확인하고 항공 공격을 감행해 전력상 약간 우세한 일본군이 렉싱턴을 격침시키고, 요크타운에 손상을 입혔다. 반면, 미 해군은 대형 항모 쇼카쿠 갑판을 명중시켜 항공기 발착이 어려울 정도로 피해를 입혔다. 산호해 해전이 벌어지자, 일본 육군은 남해지대를 태우고 포트모르즈비를 향해 이동 중이던 수송선단을 북쪽으로 철수시켰다. 산호해 해전으로 양측 함대는 각각 항모 1척이 침몰하고, 1척이 대파되는 등 대등한 손실을 입었으나, 포트모르즈비 점령을 위해 병력을 전개하던 일본 육군은 해상상륙 시도를 일단 중단하게 되었다.[137]

미국의 니미츠 제독은 산호해 해전의 결과 일본의 포트모르즈비 공략이 저지된 것을 전략적인 승리라고 평가했다. 무엇보다 진주만 패전 이후 연패를 거듭하던 연합군이 해전에 대한 자신감을 얻게 된 것이 큰 수확이었다.[138] 니미츠는 손상을 입고 복귀한 항모 요크타운을 수리해 사흘 안에 복구시킬 것을 지시하는 등 다가올 일본 연합함대와의 결전을 준비했다.

일본군은 산호해 해전으로 잠정 중단된 포트모르즈비 공략의 재개 여부를 6월 초로 예정된 미드웨이 공격의 결과에 따라 결정하기로 했다. 미드웨이 작전의 목적은 초기 공세에서 일본이 확보한 영역에 대해 미 해군이 반격을 취하지 못하도록 하와이 북서 방면에 있는 미드웨이에서 미 해군의 주력을 격파하는 것이었다.[139] 이를 위해 일본 제1기동함대의 항공기와 육군 부대가 협력해 미드웨이에 있는 미군 육상기지를 공격하고자 했다. 앞선 산호해 해전의 결과는 미드웨이 해전에 영향을 주었다. 바로 산호해에서 입은 손실 때문에 미드웨이 공격에 나설 일본군의 전력이 약화되었다는 점이다. 항공모함이 1척 더 있느냐 없느냐는 해상전에서 전투의 승패를 가를 수 있는 중요한 요소였기 때문이다.[140]

1942년 5월 말, 일본 해군은 미 함대와의 결전을 위해 야마모토의 연합대 주력을 총출동시켰다. 항모 6척과 전함 11척을 근간으로 한 전력은 크고 작은 함정 350척, 항공기 1,000대, 병력 약 10만 명 규모의 대함대였다.[141] 한편 니미츠는 일본군의 암호를 해독해 미드웨이를 공격하려 한다는 내용을 알아냈고, 이를 막기 위해 그나마 부족한 전력을 총동원했다. 그의 주력은 엔터프라이즈, 호넷, 그리고 산호해에서 큰 피해를 입었음에도 불구하고 항해와 항공기 발진 등 필수 기능 위주로 단 3일 만에 수리를 마친 요크타운까지 총 3척의 항모로 구성되었다. 여전히 미국 태평양함대는 일본 연합함대에 비해 상대적으로 열세였다. 일본군 항모들은 항공기를 각각 70대씩, 미군 항모들은 겨우 60대씩을 탑재할

●●● 산호해 해전이 벌어진 1942년 5월 8일 미 해군 항공모함 렉싱턴에서 큰 폭발이 일어난 후 버섯구름이 솟아오르고 있다. 5월 7일 벌어진 첫 해전에서 미군 항공기들은 일본군의 경항모 쇼호를 격침시켰다. 다음날, 양측은 서로를 확인하고 항공 공격을 감행해 전력상 약간 우세한 일본군이 렉싱턴을 격침시키고, 요크타운에 손상을 입혔다. 반면, 미 해군은 대형 항모 쇼카쿠 갑판을 명중시켜 항공기 발착이 어려울 정도로 피해를 입혔다. 〈출처: WIKIMEDIA COMMONS | Public Domain〉

수 있었다. 전투 당일에 일본군 항공기 227대가 미군 항공기 180대와 겨루었는데, 실제로 이것은 엄청난 전력의 차이였다.[142]

전투는 6월 5일 새벽 일본 항모 기동부대의 미드웨이 공습으로 시작되었다. 일본군은 1차로 108대의 함재기를 동원해 미드웨이 육상기지를 공습했다. 그러나 일본의 미드웨이 공격을 사전에 간파한 미군은 항공기를 미리 대피시켜놓았다. 공습의 효과를 거두지 못한 일본은 귀환해 제2차 공격을 준비했다. 미군 항공기가 일본 기동부대를 공습했으나 전투력이 우세한 일본 호위전투기가 거의 모든 미군기를 격추했다. 이때까지 일본 해군은 미 항모 기동부대가 미드웨이 해상에서 대기하고 있는 것을 미처 알지 못했다.

한편, 일본 기동함대 사령관 나구모는 작전지휘 간 중대한 잘못을 범했다. 이미 항모 함재기에는 미 해군 기동함대를 목표로 해 어뢰가 장착되어 있었다. 그러나 제1차 육상기지 공격에 별다른 성과가 없었음에도 제2차 공격도 육상기지를 목표로 정했다. 나구모는 함재기에 장착된 어뢰를 공대지 폭탄으로 교체하라고 지시했다. 이로 인해 함재기에 장착한 어뢰를 공대지 폭탄으로 교체해야만 했다. 이 순간에 나구모는 정찰기로부터 미 기동부대를 발견했다는 보고를 받았다. 이 순간 항모 갑판 아래에서 함재기 폭탄 교체를 위해 동분서주하던 일본 기동함대는 미 항공기에 급습을 허용했다. 미군 뇌격기와 수평폭격기가 거의 모두 일본 호위전투기에 의해 격추된 상황이었으나, 마지막으로 남은 급강하폭격기 30여 대가 구름 사이에서 일본 항모 기동함대를 발견했고, 항공모함 아카기赤城, 가가加賀, 소류蒼龍를 모두 명중시켰다. 항모 갑판 아래에서 교체를 진행하던 폭탄과 어뢰가 연이어 폭파하면서 일순간 항모 3척을 상실했다. 다른 한 척의 항공모함인 히류飛龍의 함재기가 미 항공모함 요크타운에 피해를 주었으나, 그 자신도 곧 전력을 상실했다. 나구모의 기동함대 4척의 항모가 모두 격침되어버렸다. 주력 항모의 괴멸적 타격을 확인한 연합함대 사령관 야마모토는 전황이 불리하다고 판단해 결국 작전중지를 명령하며 귀환을 지시했다.

미드웨이 해전은 일본 함재기의 발진 직전 겨우 5분 차이로 승패가 갈린 우연에 의한 전투로 회자되고 있다. 그러나 사실 언젠가는 일어날 실

●●● 1942년 6월 4일 미드웨이 해전에서 일본 폭격기의 공격을 받은 후 검은 연기가 피어오르는 미국 해군 항공모함 요크타운(위 사진)과 갑판을 수리하고 있는 승무원들(아래 사진). 미드웨이 해전은 태평양 전쟁의 분수령을 이루는 결정적인 전투였다. 미군 요크타운 항모가 결국 일본 잠수함에 의해 격침당했지만, 일본 해군도 주력 항모 4척과 다수의 우수한 항공기 조종사를 상실함으로써 양측 전력의 균형에 큰 변화가 일어났다. 진주만 기습의 성공으로 우세를 점했던 일본 해군의 전력은 미드웨이 해전 이후 열세로 돌아섰다. 〈출처: WIKIMEDIA COMMONS | Public Domain〉

패였다. 미 해군이 진주만에서 전함 대부분을 상실함으로써 해상의 주력을 항공모함에 두고 기동부대를 준비한 것에 반해서 일본 해군은 여전히 전함 중심의 함대결전주의(적의 함대를 직접적으로 격파해 제해권을 추구하는 군사력 운용 방안)에서 벗어나지 못했었다.[143] 이때도 연합함대 사령관 야마모토는 나구모가 지휘하는 항모 기동부대에는 전위적 임무를 부여하고, 본인이 지휘하는 야마토 전함 이하의 본대를 전력의 중심으로 생각하고 있었다. 결국 미드웨이 항공전에서 일본 기동부대가 엄호 부족, 지휘통신 기능의 불충분, 정찰 부족으로 고전한 것도 연합함대 본대가 전혀 전투에 참가하지 않아 전력이 분산되는 결과를 초래했기 때문이다.

미드웨이 해전에서 일본은 정찰을 소홀히 함으로써 중대한 전술적 실패를 초래했다. 미 기동부대는 산호해 해전의 결과를 거울삼아 적 색출에 모든 능력을 집중시켜 항공모함 탑재기의 3분의 1을 정찰기로 활용하고 있었다.[144] 반면에 일본의 기동부대는 겨우 몇 대의 수상기를 정찰에 운용했다. 결과적으로 그 능력에는 몇 배의 차이가 있었다. 미국은 일본의 움직임을 예상하고 전투를 치밀하게 준비한 반면, 일본은 미국의 대응을 예상하지 못했다. 일본이 그들의 예상과는 달리 상대에게 허를 찔린 것은 당연한 결과였다. 이외에도 일본군이 미드웨이 해전에서 실패한 요인은 암호 누설, 기도 노출, 정보에 기초하지 않은 낙관적 전망 등이 있다. 일본군은 서전의 성공에 도취해 작전 보안과 정보를 중요시해야 하는 전쟁의 일반적인 교훈을 지키지 않았던 것이었다.[145] 전투 편성과 전술 운용 측면에서 미군은 상황의 변화와 전투 경험에 따라 적절히 변화하는 유연성을 갖고 있었으나, 일본군은 기존 편성을 고수하는 경직된 전술을 운용했다. 이러한 양측의 차이가 전투의 승패로 연결된 요인들이었다.

미드웨이 해전은 태평양 전쟁의 분수령을 이루는 결정적인 전투였다. 미군 요크타운 항모가 결국 일본 잠수함에 의해 격침당했지만, 일본 해군도 주력 항모 4척과 다수의 우수한 항공기 조종사를 상실함으로써 양측 전력의 균형에 큰 변화가 일어났다. 진주만 기습의 성공으로 우세를 점했던 일본 해군의 전력은 미드웨이 해전 이후 열세로 돌아섰다.[146] 항모 전력의 감소는 해상에서 일본군의 제공권과 제해권이 상실될 수 있음을 의미했다. 전황이 남서태평양 지역부터 일본에 불리하게 바뀌기 시작했다.

포트모르즈비, 과달카날

산호해와 미드웨이에서 미국과의 결전에 실패한 일본은 뉴칼레도니아, 사모아, 피지 작전을 취소했다. 하지만 일본은 미국의 본격적인 반격 이전에 서둘러 뉴기니의 남쪽 거점도시인 포트모르즈비를 점령해야 할 필요성이 더욱 커졌다. 그러나 솔로몬 해상을 이용한 일본군의 포트모르즈비 공략은 제해권이 확보되지 않은 상황에서는 불가능했다. 일본 대본영은 육로를 통한 포트모르즈비 점령 방안을 계획했다. 일본 육군은 제17군을 편성해 뉴기니 동북부로 상륙한 후 남북을 가로지르는 오웬스탠리산맥Owen Stanley Range을 넘어 포트모르즈비로 진군할 계획이었다.

한편, 1942년 7월 미 합참은 미드웨이 승리의 여세를 몰아 일본 연합함대의 전진기지인 라바울을 탈환하기 위해 뉴기니와 솔로몬 제도에서 육군과 해군이 합동으로 공세에 나서기로 결정했다. 미군의 계획은 일단 해병대가 과달카날 섬에 상륙해 일본군이 건설하고 있는 비행장을 확보하고, 맥아더의 부대가 뉴기니 동부해안의 부나Buna로 진출한 후 그곳에 활주로를 건설해 라바울 탈환을 지원한다는 것이었다.[147]

1942년 7월 21일 밤 일본군이 한발 먼저 포트모르즈비 점령을 위해 뉴기니 부나에 상륙했다. 일본 제17군 소속의 남해지대는 험난한 지형과 질병, 배고픔 등과 싸우면서 오웬스텐리 산악지대를 넘어 조금씩 포트모르즈비를 향해 진출했다. 과달카날을 놓고 혈투가 진행되던 1942년 8월 말, 일본군은 뉴기니에서 2개 방면으로 동시에 공격을 가했다. 일본군은 먼저 오웬스탠리 산맥을 넘는 구불구불한 코코다Kokoda 산길을 따라 공격을 개시하면서 동시에 뉴기니 남동 해안에 있는 밀른Milne 만에 해군 육전대를 상륙시켰다.

그러나 솔로몬 해상의 제공권과 제해권을 빼앗긴 일본군은 보급이 매우 어려웠다. 9월 6일에 반격에 나선 오스트레일리아군 2개 여단은 밀른 만에서 일본군을 무찌르고 퇴각하게 만들었다. 11월에는 코코다 지역의 일본군도 오스트레일리아군에 결국 패배하고 말았다. 일본군이 공격을 지속할 수 있을 만큼 원활한 보급지원이 불가능했기 때문이었다. 8월 말, 일본 대본영은 과달카날 작전을 포트모르즈비 작전보다 중요하게 판단했고, 라바울의 일본군 지휘부마저 병력과 물자를 과달카날 섬 쪽으로 돌리기 위해 오웬스탠리 공세를 중단했다.

한편 1942년 5월, 미군 지휘부는 일본군이 솔로몬 제도 남쪽의 과달카날 섬에 비행장을 건설하고 있다는 정보를 확인했다.[148] 과달카날은 미국과 오스트레일리아 사이의 병참선을 위협할 수 있는 곳이었다. 일본이 과달카날에 활주로를 건설한 이유는 바로 오스트레일리아로 철수한 맥아더의 부대가 미 본국으로부터 증원을 받아 솔로몬 제도를 거쳐 필리핀 방면으로 진출할 가능성을 차단하기 위함이었다.[149] 따라서 미국은 일본의 과달카날 비행장 건설을 간과할 수 없었다. 1942년 8월 7일에 로버트 곰리Robert Ghormley 해군 소장이 지휘하는 제1해병사단 소속 약 2만 명의 해병대가 과달카날 섬에 상륙했다.

●●● 1942년 8월 7일 아침, 미국 해병들이 과달카날 섬 해변에 상륙하고 있다. 과달카날 전역은
1942년 8월 7일부터 1943년 2월 9일까지 솔로몬 제도 남부의 과달카날 섬에서 제2차 세계대전의
일환으로 진행된 태평양 전구의 전역으로, 주로 미군으로 구성된 연합군의 일본군에 대한 첫 번째 대규
모 공세였다. 과달카날 전역에서 연합군이 전략적 승리를 거둔 후, 일본군은 수세로 돌아서게 되었다.
〈출처: WIKIMEDIA COMMONS | Public Domain〉

이에 대해 일본은 정세를 매우 안이하게 판단했다. 일본은 미국의 반격 시점을 대략 1943년 중반 이후로 전망하여 미군의 과달카날 상륙작전이 정찰 목적에 불과하다고 본 것이었다.[150] 과달카날 섬을 놓고 이듬해 2월까지 계속된 소모전은 양측의 전력이 결정적으로 전환되는 계기가 되었다. 미 해병사단의 과달카날 기습상륙작전은 태평양 전쟁에서 본격적인 연합군 반격의 신호탄이었다.

새로 건설한 활주로를 미군에게 점령당한 일본군은 라바울에서 출동한 제8함대의 항공기들로 미군을 공격했다. 일본군의 공습으로 인해 미군 항모 3척이 과달카날 해상에서 철수하자, 나머지 미군 함선들은 일본군의 공격에 고스란히 노출될 수밖에 없었다. 이런 상황에서 일본 연합함대의 주력도 솔로몬 해역으로 집결하기 시작했다. 8월 8일 야간에 사보Savo 섬 일대에서 벌어진 제1차 솔로몬 해전에서 일본군 순양함들은 오스트레일리아 순양함 캔버라와 미국 순양함 3척을 격침시켰다. 이 승리의 여세를 몰아 일본군은 8월 18일부터 괌에 주둔하고 있던 약 2,500명의 병력을 과달카날 섬에 상륙시켜 탈환을 노렸다. 하지만 8월 21일, 헨더슨 비행장Henderson Field 공격에 나선 일본 지상군이 미군의 우세한 포병 화력과 전차의 역습으로 인해 처참한 패배를 당하면서 비행장 탈환에 실패했다. 비행장을 사수한 덕분에 21일부터 미 항공기가 비행장으로 진출하기 시작했다. 이후 과달카날 섬 부근에서 해전이 계속되었다. 8월 28일에 제2차 솔로몬 해전에서는 항모 류조龍驤가 침몰당하고 증원 선단도 큰 피해를 입었다. 그 결과 8월 말 무렵 솔로몬 해역의 제공권은 미군이 장악하게 되었다.

1942년 8월 말, 일본 대본영은 과달카날 탈환 작전을 포트모르즈비 점령 작전보다 높은 우선순위로 조정했다. 자바에 주둔하고 있던 제2사단을 제17군에 편입시켰다. 일본군은 축차적으로 병력을 과달카날에

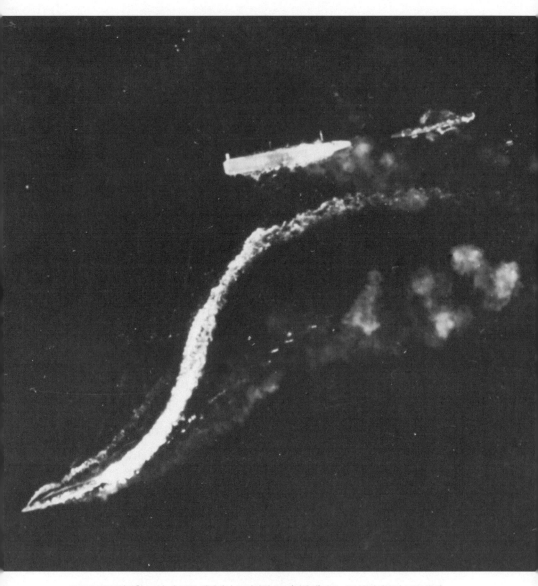

●●● 1942년 8월 24일, 솔로몬 해전에서 무력화된 류조(정중앙)가 B-17 폭격기들의 고공 폭격
을 받고 있다. 구축함 아마츠카제(天津風)(가운데 밑)가 류조로부터 최고속력으로 벗어나고 있으며
도키츠카제(時津風)(가운데 중앙에 희미하게 보임)도 B-17의 폭격을 피하기 위해 류조로부터 멀어지
고 있다. 〈출처: WIKIMEDIA COMMONS | Public Domain〉

투입하며 비행장 탈환을 위해 공세를 거듭했다. 제2사단의 일부는 9월 13일 밤 비행장 탈환을 위해 재공격을 감행했다. '피의 능선Bloody Ridge' 전투로 알려진 이 혈전에서는 일본군 2,000명이 대거 돌격하여 그중 일부는 비행장으로부터 불과 900m까지 접근하기도 했다.[151] 그러나 메리트 에드슨Merit Edson 중령이 이끄는 비행장 방어부대는 일본군의 거센 공격을 끝까지 막아냈다. 또 헨더슨 비행장에서 출격한 항공기들이 적절한 항공지원을 제공해줌으로써 미군 지상부대의 방어작전에 크게 이바지했다.

10월 들어 일본군 제17군은 제2사단을 주축으로 육군과 해군의 정밀한 합동작전을 준비했다. 비행장이 기능을 상실할 정도로 일본 해군 함정들이 함포 지원을 했다. 10월 24일부터 비행장 탈환을 위한 공격을 재개했다. 일본군은 야간 전투 위주로 치열한 공방전을 벌였으나, 미군의 압도적인 항공·포병 화력에 의해 2,200명의 병력을 상실했다.[152] 해상 수송이 차단되어 병기와 물자의 보급이 중단된 일본군은 미군의 전투력과 비교가 되지 않았다. 전투는 소모전 양상을 보였다.

일본의 보급이 갈수록 어려워지자, 과달카날 섬에서 아사자가 나오기 시작했다. 11월 10일부터 축차적으로 과달카날에 도착한 일본군 제38사단도 상륙 이후 보급난에 허덕였다. 11월 12일부터 사흘간 제3차 솔로몬 해전이 진행되면서 일본군 보급수송선 11척이 모두 침몰당했다.[153] 영양실조나 말라리아, 열병 같은 질병에 시달리는 일본군 병사가 속출했다.

11월 초, 연합군은 약 3개 사단 규모로 증강되었고, 이들은 점차 작전반경을 넓혀나갔다. 일본군은 주변의 산과 밀림지대 계곡을 방어진지 삼아 진격해오는 미군에게 강력히 저항했다.[154] 그러나 일본군은 이미 솔로몬 해역 일대의 제공권과 제해권을 상실한 상태였으므로 결과는 불 보듯 뻔했다. 점차 전세는 연합군 쪽으로 기울었다.

이 같은 상황에서 1942년 12월 31일에 일본 대본영은 남태평양에서 일본군이 전략적 방어태세를 취하기로 결정했다. 앞서 11월 중순에 라바울을 중심으로 솔로몬 제도와 동부 뉴기니의 전황을 안정시키기 위해 신설된 제8방면군은 1943년 2월 1일부터 8일까지 과달카날의 일본군 병력 약 1만 2,000명을 솔로몬 제도 북쪽의 부건빌Bougainville 섬으로 철수시켰다. 이로 인해 일본군은 태평양전쟁 개전 이래 처음으로 방어태세로 전환하게 되었다.[155]

일본군은 과달카날에서 약 2만 4,000명의 병력을 잃었으며, 반면 미군은 약 1,600명을 상실했다. 그리고 이 전투에서 최정예 조종사들과 많은 항공기를 잃은 일본군은 전쟁이 끝날 때까지 그 손실을 끝내 회복하지 못했다.[156] 일본의 남방작전 목표를 고려했을 때 과달카날이 미국의 손으로 넘어갔다는 사실 자체는 그리 중요하지 않을 수 있다. 그러나 일본은 약 7개월에 이르는 대량 소모전을 치르면서 정예 전투력을 대거 상실했고, 향후 군사작전에 큰 지장을 받게 되었다.

2. 태평양에서의 연합군 공세

미드웨이 해전과 과달카날 전투에서 승리한 미국은 대일 반격의 공세를 강화하기 시작했다. 최종 목표는 일본 본토였다. 미 육군과 해군은 책임 지역을 분담했다. 맥아더가 지휘하는 지상군은 과달카날을 발판으로 삼아 뉴기니-필리핀-대만-오키나와沖繩 방면으로 공세를 전개하고자 했고, 니미츠가 지휘하는 해군은 마리아나 제도-오가사와라小笠原 제도-일본 본토 축선으로 공격을 시작했다.[157]

한편 일본은 미드웨이와 과달카날 전투 이후 해군력과 항공전력이 급격히 축소되었다. 연합군과 일본군 간의 전력 격차가 점점 커지고 일본

●●● 하와이 진주만에서 함께한 맥아더, 루스벨트, 니미츠. 일본 본토를 최종 목표로 설정한 미육군과 해군은 책임지역을 분담했다. 맥아더가 지휘하는 지상군은 과달카날을 발판으로 삼아 뉴기니-필리핀-대만-오키나와 방면으로 공세를 전개하고자 했고, 니미츠가 지휘하는 해군은 마리아나 제도-오가사와라 제도-일본 본토 축선으로 공격을 시작했다. 〈출처: WIKIMEDIA COMMONS | Public Domain〉

의 전쟁지속능력도 이미 한계에 다다른 상황이었다. 전세를 역전시켜 주도권을 확보한 연합국은 남서태평양과 중부태평양 방면 양쪽에서 총공세를 펼치며 일본을 수세로 몰아넣기 시작했다.

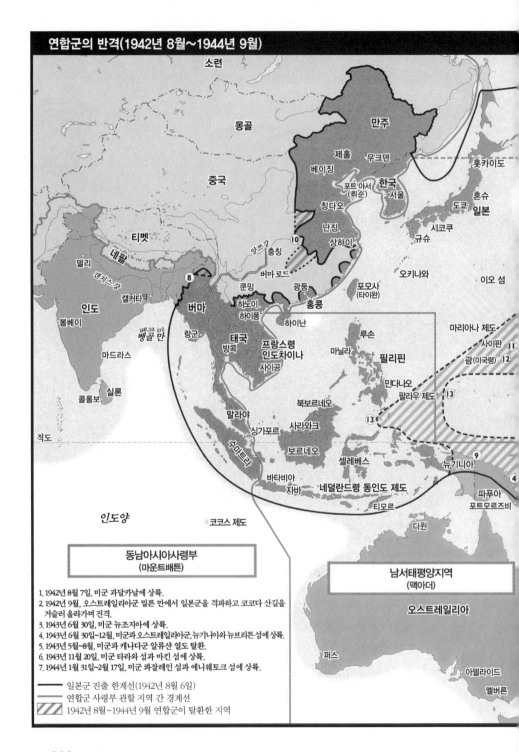

연합군의 반격(1942년 8월~1944년 9월)

소련

몽골

만주

중국

제훌
무크덴

베이징
포트아서
(뤼순)
칭다오
한국
서울

훗카이도

혼슈
도쿄 일본
시코쿠
규슈

난징
상하이

티벳
네팔

델리
갠지스강
캘커타

10

버마로드

쿤밍

양쯔강
충칭

오키나와

이오 섬

인도

봄베이

뱅골 만
벵골만

버마
랑군

하노이
하이퐁

광둥

홍콩

포모사
(타이완)

마리아나 제도
사이판
괌(미국령)

11

12

8

태국
방콕

하이난

루손

마드라스

실론

프랑스령
인도차이나
사이공

마닐라

필리핀

민다나오
팔라우 제도

13

콜롬보

말라야

싱가포르

북보르네오

사라와크

13

적도

수마트라

보르네오

셀레베스

뉴기니

9

4

바타비아
자바

네덜란드령 동인도 제도

티모르

파푸아
포트모르즈비

인도양

코코스 제도

다윈

동남아시아사령부
(마운트배튼)

남서태평양지역
(맥아더)

오스트레일리아

퍼스

아델라이드

멜버른

1. 1942년 8월 7일, 미군 과달카날에 상륙.
2. 1942년 9월, 오스트레일리아군 밀른 만에서 일본군을 격파하고 코코다 산길을
   거슬러 올라가며 진격.
3. 1943년 6월 30일, 미군 뉴조지아에 상륙.
4. 1943년 6월 30일~12월, 미군과 오스트레일리아군, 뉴기니아와 뉴브리튼섬에 상륙.
5. 1943년 5월~8월, 미군과 캐나다군 알류샨 열도 탈환.
6. 1943년 11월 20일, 미군 타라와 섬과 마킨 섬에 상륙.
7. 1944년 1월 31일~2월 17일, 미군 콰잘레인 섬과 에니웨토크 섬에 상륙.

── 일본군 진출 한계선(1942년 8월 6일)
── 연합군 사령부 관할 지역 간 경계선
▨▨ 1942년 8월~1944년 9월 연합군이 탈환한 지역

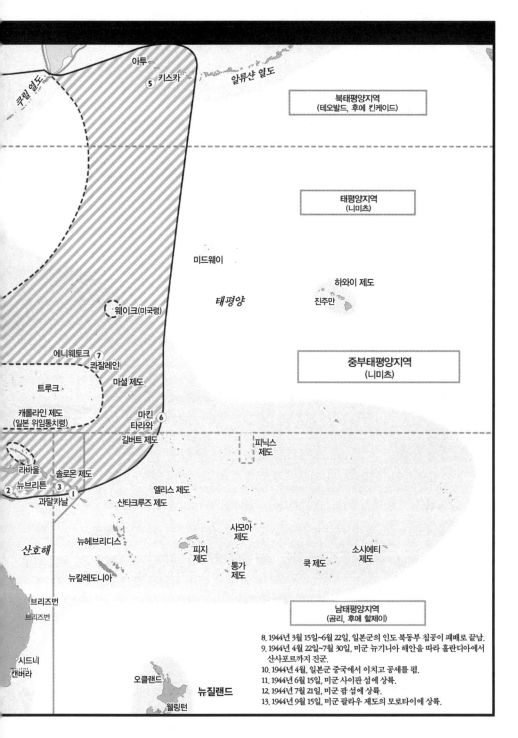

북태평양지역
(테오발드, 후에 킨케이드)

태평양지역
(니미츠)

미드웨이

하와이 제도

태평양

진주만

웨이크(미국령)

에니웨토크 ⑦

중부태평양지역
(니미츠)

콰잘레인

마셜 제도

트루크

마킨
타라와 ⑥

캐롤라인 제도
(일본 위임통치령)

길버트 제도

피닉스
제도

라바울

뉴브리튼 ③ ①

엘리스 제도

솔로몬 제도

산타크루즈 제도

② ①

과달카날

사모아
제도

산호해

뉴헤브리디스

피지
제도

소시에티
제도

통가
제도

쿡 제도

뉴칼레도니아

브리즈번
브리즈번

시드니
캔버라

남태평양지역
(곰리, 후에 할제이)

8. 1944년 3월 15일~6월 22일, 일본군의 인도 북동부 침공이 패배로 끝남.
9. 1944년 4월 22일~7월 30일, 미군 뉴기니아 해안을 따라 홀란디아에서
    산사포르까지 진군.
10. 1944년 4월, 일본군 중국에서 이치고 공세를 폄.
11. 1944년 6월 15일, 미군 사이판 섬에 상륙.
12. 1944년 7월 21일, 미군 괌 섬에 상륙.
13. 1944년 9월 15일, 미군 팔라우 제도의 모로타이에 상륙.

오클랜드

뉴질랜드

웰링턴

아투

키스카 ⑤

알류샨 열도

쿠릴 열도

남서태평양 전역: 솔로몬 제도, 뉴기니

일본군은 남태평양 일대의 방어를 강화할 목적으로 1942년 11월에 이마무라 히토시今村均 중장의 제8방면군 사령부를 라바울에 설치했다. 방면군 예하 제17군은 솔로몬 제도와 뉴브리튼 섬을 지키고 있었고, 제18군은 뉴기니를 방어하고 있었다. 과달카날에서 철수한 제38사단이 제8방면군 직할로서 라바울의 방어를 담당했다. 이들 일본군의 총 병력은 8만~9만 명 정도였지만, 이들은 3주 이내에 약 6만 명을 증원받을 수도 있었다. 이외에 일본군은 현지에 전투기 약 320대를 보유하고 있었고, 48시간 이내에 전투기 270대를 추가로 지원받을 수도 있었다.[158]

그러나 일본은 과달카날을 상실함으로써 솔로몬 제도와 뉴기니 동남부가 미 항공기의 제공권 안에 들어갔다는 사실을 깨닫지 못하고 있었다. 남서태평양 지역 연합군 공군사령관 조지 케니George Kenny 중장은 일본 증원군을 실은 대규모 수송선단이 접근 중이라는 통신정보부대와 정찰기들의 첩보를 보고받자 이 수송선단을 비스마르크 해역에서 타격하라고 명령했다.[159] 케니는 공대함 전술에서 혁명을 일으킨 인물이었다. 항공기 조종사들의 명중률이 저조한 원인이 높은 고도에서 정밀폭격하는 방식임을 깨닫고, 낮은 고도에서 기관포와 세열폭탄으로 공격하는 훈련을 강화했다. 그 결과 비스마르크 해에서는 미 B-25 중거리 폭격기, A-20 중거리 폭격기, 오스트레일리아 보파이터 전투기 100대가 해수면 고도에서 스치듯 날아서 일본 함대를 공격해 모든 수송선과 호위 구축함 8척 중 4척을 침몰시켰다.[160] 일본은 제공권을 상실한 상태에서 무리하게 남은 항공전력을 투입해 남서태평양 지역의 주도권을 가져오려고 시도했으나, 그나마 부족한 전력을 쓸데없이 소모하는 결과를 초래했다.

이 무렵 연합군 정보부서는 암호 해독을 통해 일본 연합함대의 야마모토 사령관이 부건빌 섬을 방문할 것이라고 간파했다. 1943년 4월 18일, 야마모토가 탄 비행기는 이 정보를 기반으로 헨더슨 기지에서 출격한 P-38 라이트닝Lightning 전투기들에 의해 격추당하고 말았다. 남서태평양에서 이미 수세에 몰리고 있던 일본군은 야마모토의 죽음으로 또다시 커다란 타격을 입었다. 야마모토의 뒤를 이어 연합함대 총사령관 자리에 오른 것은 고가 미네이치古賀峯一 대장이었다.[161]

남서태평양 일대에서 주도권을 장악하기 시작한 연합국은 차근차근 북상을 시도했다. 1943년 1월, 루스벨트와 처칠은 향후 전략적 방향을 정립하기 위해 모로코의 카사블랑카Casablanca에서 회담을 가졌다. 이 회담 결과 태평양 전장에서 라바울을 점령해야 한다는 목표를 재확인했다.[162] 이를 위해 미군은 다시 한 번 임무를 분담했다. 남태평양 지역을 담당한 할제이William Halsey 제독이 과달카날에서 라바울을 향해 북상하면서 중간에 솔로몬 제도 북부의 부건빌을 점령하는 동안, 맥아더에게는 뉴기니의 후온Huon 반도 뉴브리튼 섬의 서쪽 끝부분을 탈환하라는 임무가 주어졌다. 즉, 라바울 점령을 놓고 할제이의 해군은 북쪽에서, 맥아더의 지상군은 남쪽에서 라바울을 에워싸는 모양이었다. 전체 작전은 '수레바퀴 작전Operation Cartwheel'으로 명명되었다.

1943년 6월 30일, 할제이의 주력 부대가 뉴조지아New Georgia와 렌도바Rendova 섬에 상륙하면서 작전이 시작되었다. 뉴조지아 상륙전에 투입된 오스왈드 그리스월드Oswald Griswold 소장의 예하 3개 사단은 얼마 지나지 않아 거세게 저항하는 일본군을 상대로 악전고투를 벌이게 되었다. 한편, 라바울에서 급히 출발한 일본군 지원 부대는 전투함들의 호위를 받으며 남하하다가 몇 차례 미 해군과 충돌했다. 야간 전투에 익숙한 일본군이 미군과 오스트레일리아군 군함 몇 척에 피해를 줬지만, 일본 수송선 3척이 미군 레이더에 의해 차례차례 포착되면서 약 1,500명에 이

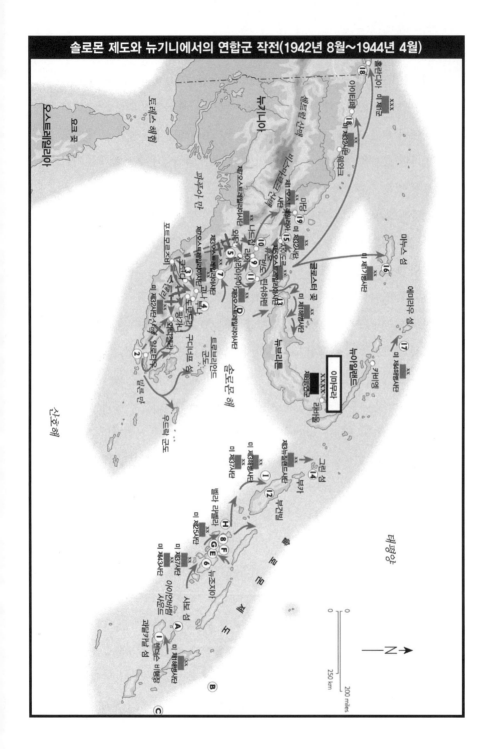

솔로몬 제도와 뉴기니에서의 연합군 작전(1942년 8월~1944년 4월)

르는 일본군 병사들이 바다에 수장되었다. 9월 중순에 이르러 희생자가 2,000명이나 발생한 일본군은 뉴조지아에서 퇴각하기 시작했다. 탄약 부족과 기아에 시달리던 일본군은 이내 격멸되었다. 그러나 이 무렵 미군도 1,000명 이상이 전사한 상황이었다. 미군은 몇 개 섬을 건너뛰어 곧바로 벨라라벨라Vella Lavela 섬에 상륙했고, 10월에는 미군과 뉴질랜드군 부대들이 부건빌 부근의 몇 개 섬에 상륙함으로써 솔로몬 제도 중부를 장악했다.

일본군은 라바울에 이르는 솔로몬 제도의 북부 부건빌 섬에 제17군의 주력 약 3만 5,000명을 대비시켰다.[163] 1943년 11월 1일 미 제3해병사단이 부건빌 남부의 대규모 일본군 집결지를 우회하여 서해안 쪽에 있는 엠프레스 오거스타Empress Augusta 만에 상륙했다. 다음날 아침, 미 해군

〈670쪽 지도 설명〉

지상전

1. 1942년 8월 7일, 미군 과달카날 섬에 상륙. 일본군 1943년 2월 7일 철수.
2. 1942년 8월 25일~9월 6일, 밀른 만에 상륙한 일본군 오스트레일리아군에게 패퇴.
3. 1942년 8월 26일~11월 2일, 일본군 코코다 산길을 따라 포트모르즈비로부터 155km 떨어진 곳까지 진격. 그러나 오스트레일리아군에게 밀려 후퇴.
4. 1942년 11월 16일~1943년 1월 22일, 미군과 오스트레일리아군 부나, 고나, 사나난다에서 일본군을 격파.
5. 1943년 1월 28일~9월 11일, 일본군 와우 공격. 그러나 오스트레일리아군의 반격으로 살라마우아까지 후퇴.
6. 1943년 6월 30일, 미군 뉴조지아에 상륙.
7. 1943년 6월 30일, 미군 나소 만에 상륙.
8. 1943년 8월 15일, 미군 벨라 라벨라에 상륙.
9. 1943년 9월 4일, 오스트레일리아군 라에에 상륙.
10. 1943년 9월 5일, 나드잡에 상륙한 오스트레일리아군 마크햄 밸리까지 진격.
11. 1943년 9월 22일, 오스트레일리아군 핀쉬하펜에 상륙.
12. 1943년 11월 1일, 미군 부건빌에 상륙.
13. 1943년 12월 15일과 26일, 미군 뉴브리튼 섬에 상륙.
14. 1944년 2월 15일, 뉴질랜드군 그린 섬에 상륙.
15. 1944년 1월 2일, 미군 사이도르에 상륙.
16. 1944년 2월 29일, 미군 로스 네그로스에 상륙.
17. 1944년 3월 20일, 미군 에미라우에 상륙.
18. 1944년 4월 22일, 미군 홀란디아와 아이타페에 상륙.
19. 1944년 4월 24일, 오스트레일리아군 마당에 상륙.

해전

A. 사보 섬 해전(1942년 8월 9일)
   에스페란스 곶 해전(1942년 10월 11일)
   과달카날 해전(1942년 11월 12일~15일)
   타사프롱가 해전(1942년 11월 30일)
B. 솔로몬 해전(1942년 8월 24일)
C. 산타그루즈 해전(1942년 10월 26일)
D. 비스마르크 해전(1943년 3월 2일~4일)
E. 쿨라 만 해전(1943년 7월 5일~6일)
F. 콜롬방가라 해전(1943년 7월 12일~13일)
G. 벨라 만 해전(1943년 8월 6일~7일)
H. 벨라 라벨라 해전(1943년 10월 6일~7일)
I. 엠프레스 오거스타 만 해전(1943년 11월 2일)

기동부대가 일본 순양함 1척과 일본군 제8함대 소속 구축함 1척을 대파했다. 미군의 해상 수송을 차단하기 위해 구리다 다케오^{栗田健男} 소장이 이끄는 일본의 기동부대가 라바울에 나타나자, 할제이의 항모 2척과 케니의 제5공군 항공기들이 구리다의 기동부대에 심각한 타격을 입혀 일본 해군의 전진기지인 트럭^{Truk} 섬으로 퇴각시켰다. 뉴브리튼 섬의 교두보를 확보한 연합군은 공중 공격을 계속해 일본군의 항공기와 함대를 라바울로부터 철수하도록 강요했다. 12월 15일, 제1해병사단은 뉴브리튼 섬 남해안에 상륙을 시작했고, 12월 26일에는 치열한 전투를 치른 끝에 서부 글로체스터^{Glouchester} 만 상륙에도 성공했다. 일본 제17군은 야음을 틈타 미군이 상륙한 지점으로 역상륙해 배후 공격을 시도했다.[164] 1944년 3월, 일본군은 미군 기지에 대해 전면적인 대공세를 펼쳤지만, 미군은 이를 성공적으로 막아냈다.

부건빌을 중심으로 솔로몬 제도에서 라바울에 이르는 지역을 확보한 할제이의 부대가 뉴기니에서 전진하는 맥아더의 부대와 서로 연결되어 곧 라바울을 장악할 수 있는 것처럼 보였다. 이제 라바울의 일본 제8방면군 사령부는 완전히 고립되며 연합군의 위협에 상시 노출되었다.

뉴기니 지역에서는 솔로몬 제도에서와 달리, 해전보다는 주로 대규모 지상전이 이어졌다. 솔로몬 제도 방면 전투에 발맞추어 맥아더의 부대도 뉴기니에서 진격 속도를 냈다. 일본군 제18군은 부나 부근에서 견고한 진지를 구축해 미국과 오스트레일리아 연합군을 방어했다.[165] 1942년 말 무렵부터 일본군은 살라마우아^{Salamaua}, 라에^{Lae}) 방면으로 후퇴하기 시작했다. 1943년 3~8월에 오스트레일리아 제3사단은 와우에서 살라마우아에 이르는 밀림으로 뒤덮인 산악지대를 향해 꾸준히 진격했다. 일본의 제4항공군은 뉴기니에 추가로 항공기들을 배치했지만, 암호 해독을 통해 이를 사전에 알고 있던 케니의 제5항공군은 새로이 건설된 전

●●● 1943년 12월 26일, 미 해병대 제1사단이 거친 파도를 헤치고 뉴브리튼 섬 글로스터 곶 (Cape Gloucester) 해변에 상륙하고 있다. 수레바퀴 작전 중에 벌어진 글로스터 곶 전투(1943년 12월 26일~1944년 4월 22일)를 기점으로 남태평양의 일본군 전진기지였던 라바울에 대한 포위망이 본격적으로 형성되기 시작했다. 〈출처: WIKIMEDIA COMMONS | Public Domain〉

진 비행기지들에서 전폭기들을 출격시켜 웨와크Wewak 부근 지상에 대기 중이던 일본 항공기들을 무참히 파괴했다.[166]

1943년 9월 4일, 오스트레일리아 제9사단이 라에 부근에 상륙했다. 이후 9월 11일에는 살라마우아가, 15일에는 라에가 연합군에게 함락되었다. 9월 22일, 핀쉬하펜Finschhafen에 상륙한 오스트레일리아군은 뉴기니 해안을 따라 계속 진군했으며, 오스트레일리아 제7사단은 내륙지역에서 제5항공군을 위한 비행장들이 건설되고 있던 마캄Markham과 라무Ramu 계곡의 일본군을 소탕한 후 일본군 보급기지인 마당Madang을 향해 밀고 나갔다. 1944년 1월 2일, 미군 제32사단이 뉴기니 해안의 사이도르Saidor에 상륙했다. 일본군 제20사단과 제51사단 병력은 미군의 공격에 보급기지가 차단되어 후퇴할 수밖에 없었다. 1943년 3월부터 1944년 4월까지 오스트레일리아군은 약 1,200명의 전사자를 내면서 일본군에게 3만 5,000명 이상의 손실을 입혔다.[167]

1944년 2월 29일, 미군은 뉴기니 북쪽의 애드미럴티Admiralty 제도를 점령했다. 이곳을 확보함으로써 B-29 슈퍼포트리스Superportress 폭격기가 일본 연합함대의 본거지인 트럭 섬을 폭격할 수 있게 되었다.[168] 일본 해군의 핵심 거점이 연합군의 함포와 폭격으로 포위되었다.

맥아더는 애드미럴티 군도를 확보하자 라바울을 공략할 필요 없이 필리핀 방향으로 전진할 수 있다고 판단했다. 곧 연합군은 라바울 공략 계획을 백지화했다. 이로 인해 라바울을 지키고 있던 막대한 수의 일본군 방어부대는 종전까지 쓸모없는 부대가 되었다.

라바울을 내버려둔다는 결정이 내려진 후, 맥아더는 라바울 대신 뉴기니 북쪽 해안 곳곳에 병력을 상륙시켜 웨와크 지역의 일본군 제18군의 주력을 고립시키는 작전을 실시했다. 맥아더의 부대가 4월 22일부터 24일까지 뉴기니 북부 해안 아이타페Aitape와 홀란디아Hollandia를 점령하고

●●● 1944년 4월 22일, 뉴기니 홀란디아 앞바다 훔볼트(Humboldt) 만의 연합군 수륙양용군. 맥아더의 부대가 4월 22일부터 24일까지 뉴기니 북부 해안 아이타페와 홀란디아를 점령하고 비행장을 확보함으로써 일본군은 뉴기니의 가장 유력한 항공기지를 상실하고 말았다. 미국이 반드시 제해권과 제공권을 확대해나가면서 목표지역을 확보해갔던 반면에, 전략적 방어태세로 전환한 일본군은 "무조건 후퇴는 없다"라는 식의 사고에 갇혀 죽을 때까지 싸우는 것 외에 다른 전술적 판단을 하지 못했다. 〈출처: WIKIMEDIA COMMONS | Public Domain〉

비행장을 확보함으로써 일본군은 뉴기니의 가장 유력한 항공기지를 상실하고 말았다.[169]

5월 27일에는 미군이 일본군 비행장 3개가 있는 비아크Biak 섬에 상륙했다. 일본군 방어부대가 동굴 진지를 이용해 결사항전했지만 화력의 현격한 차이를 극복할 수 없었다. 6월 말부터 미군 항공부대는 비아크 섬의 비행장을 사용하기 시작했다.[170] 7월 30일에는 필리핀으로 돌아가는 출발점으로서 뉴기니의 서쪽에 있는 포겔코프Vogelkop 반도의 일명 '새의 머리' 지역인 산사포르Sansapor를 점령했다. 뉴기니 일대 제공권을 완전히 장악한 미군은 필리핀 전역에 대한 폭격이 가능하게 되었다. 맥아더는 상륙하는 곳마다 비행장을 건설하거나 탈취해 다음 상륙 지원을 위한 비행기지를 마련했다. 맥아더의 부대는 항공모함을 1척도 보유하지 않고 중부태평양으로부터 지원도 한정적인 상태에서 3개월 동안에 1,400km 이상을 진격했다.[171] 맥아더는 곧바로 필리핀으로 향할 준비를 갖추었다.

미군과 오스트레일리아군은 수레바퀴 작전을 통해 정글전의 전투기술을 배워갔다. 미군은 그 과정에서 많은 시행착오를 겪어야 했지만 그들만의 방식으로 작전을 수행해나갔다. 미군은 대규모 군수 지원을 포함한 동원 가능한 모든 해·공군 자원을 투입하여 육상 부대의 작전을 지원했다. 또한 오스트레일리아군도 전투 경험이 축적됨에 따라 정글전에 적응하는 데 성공했다. 특히 미군처럼 대량의 무기와 보급품을 활용할 수 없었던 오스트레일리아군은 효과적인 정찰 활동을 통해 처음부터 전투에서 일본군을 능가할 수 있었다. 미군과 오스트레일리아군은 일본군보다 훨씬 나은 의료지원체계 덕분에 말라리아 같은 열대 질병에 효과적으로 대처할 수 있었다.[172]

일본군은 앞서 말라야, 버마, 필리핀, 뉴기니에서 연합군에 대한 기습을 성공시킨 바 있다. 일본군 보병은 깊은 밀림 속을 신속히 이동하면서 연합군의 방어거점을 쉽게 우회했다. 방어 측면에서도 일본군은 잘 위장된 거점들을 구축하고, 높은 전투의지와 기술을 가지고 있었다. 그러나 작전 수립의 측면에서 일본군 지휘관들은 지역 고수의 전술적 경직성을 버리지 못했다. 미군의 공세에 대응해 지역을 고수하기 급급했던 일본군은 대규모 병력과 전력을 축차적으로 투입하는 경직된 작전을 반복했기 때문에 남서태평양 지역에서 13만 명의 전사자와 함정 70척, 항공기 8,000대를 상실하고 말았다.[173] 또한 연합군의 대규모 함포·항공 화력의 위력을 충분히 인식하지 못했다. 미국이 반드시 제해권과 제공권을 확대해나가면서 목표지역을 확보해갔던 반면에, 전략적 방어태세로 전환한 일본군은 "무조건 후퇴는 없다"라는 식의 사고에 갇혀 죽을 때까지 싸우는 것 외에 다른 전술적 판단을 하지 못했다.

중부태평양 전역: 길버트·마셜·마리아나 제도

1943년 9월, 이탈리아가 항복하면서 추축국 진영의 한 축이 붕괴했고, 남서태평양 방면에서 너무 큰 전력 손실을 입었기 때문에 일본의 지도부는 전략의 근본적인 변화를 모색해야만 했다. 초기 작전의 성공으로 외곽 방어지대를 강화하고 장기전을 통해 강화협상을 추구하려던 의도를 실현할 수 없게 된 것이다. 일본은 전략방침을 수정할 수밖에 없었다. 그 결과 기존 외곽 방어선을 축소해 새로운 절대방어권으로 변경했다. 그 범위는 쿠릴 열도, 오가사와라 제도, 중서부태평양, 뉴기니 서부, 순다 열도, 버마로 설정되었다.[174] 시간을 벌면서 항공력을 강화하고, 절대방어권에 들어오는 미군의 주력과 항공 결전을 통해 전세를 만회하겠다는 것이 핵심 내용이었다.

일본 대본영은 중서부태평양 일대 서부 캐롤라인, 마리아나, 오가사와라 방면에서 해군과 더불어 육군 작전을 담당할 제31군을 트럭 섬에 배치했다.[175] 일본군은 니미츠의 마리아나 제도 공략 가능성을 인식하고 1944년 봄부터 제31군의 2개 사단과 2개 독립여단을 마리아나에 배치했다. 일본 해군은 중부태평양방면함대를 창설하고 그와 별도로 제1항공대의 항공기 1,200대를 마리아나 제도에 배치해두었다. 일본은 본토, 마리아나, 필리핀에서 출격한 기동부대로 중서부태평양 방면에서 반격하는 미군의 주력을 격멸하고자 계획했다. 이른바 '아고ｱﾞ號(아호)' 작전이라 부르는 결정적 항공전을 통해 전세를 만회하고자 했다.[176] 한편, 맥아더가 이끄는 연합군이 남서태평양 일대를 장악하며 라바울을 우회하기로 결정하자 라바울에 주둔하는 일본의 30만 대군은 고립되며 무용지물이 되어버렸다. 결국 시간을 확보하면서 전세를 만회하고자 했던 일본의 새로운 절대방어권의 설정은 시기를 놓치면서 중부태평양 방면에서 미군의 공격이 시작되자마자 무너지기 시작했다.

남서태평양사령관 맥아더가 자신에게 병력과 자원을 집중해야 한다고 주장한 것과 달리, 미 해군참모총장 킹 제독은 미국의 해군력을 중부태평양에서부터 일본군을 무력화하는 데 써야 한다고 강조했다.[177] 1943년 1월, 카사블랑카에서 루스벨트와 처칠은 미 해군이 제안한, 캐롤라인 제도와 마셜 제도를 공격해 중부태평양을 거쳐 필리핀으로 전진한다는 계획에 합의한 바 있었다.

미 해군이 중부태평양에서 독자적인 작전수행능력을 갖추게 된 것은 1943년 후반 이후였다. 항모와 항공기 등 해군의 필수 전력은 미국의 전시생산체제가 본격적으로 가동하기 시작하면서 대량 양산에 들어갔다. 그 결과 진주만 기습 당시 미 해군은 태평양에 겨우 항모 3척을 가지고 있었지만, 1943년 말에 니미츠 제독은 중·대형 항공모함 10척과 호위 항공모함 7척, 전함 12척을 보유하게 되었다.[178] 이에 비해 일본은 1944년에 가서야 신규 항모 5척이 취항했을 뿐이었다. 항공기 역시 1942년 12월 기준으로 미국 670대, 일본 376대였던 항공전력의 비율이 1년 뒤인 1943년 12월에는 미국 2,111대, 일본 434대로 격차가 압도적으로 벌어졌다.[179]

1943년 말부터 미군은 막강한 해·공군 전력을 동원하여 태평양의 여러 섬에 건설된 일본군의 기지들을 공습하기 시작했고, 1943년 11월

●●● 타라와 전투는 일본군으로부터 타라와 섬을 빼앗기 위해 미군이 타라와 섬에 상륙하여 벌인 전투로, 미군의 사상자 수가 컸던 상륙작전 중 하나였다. 사진은 타라와 섬 레드 비치 3(Red Beach 3)에서 사상자들과 한데 뒤섞여 해안 방벽 뒤에 몸을 숨기고 있는 미 해병대원들의 모습이다. 〈출처: WIKIMEDIA COMMONS | Public Domain〉

20일에는 스프루언스Raymond Spruance 제독이 이끄는 제5함대의 미 해병과 육군 부대들이 일본의 외곽 방어선 맨 가장자리에 있는 길버트 제도의 마킨Makin 섬과 타라와Tarawa 섬에 상륙했다. 소규모 일본군 병력이 방어하던 마킨을 비교적 쉽게 점령할 수 있었지만, 타라와에서는 상황이 달랐다. 전투 결과 약 5,000명의 일본군이 거의 전멸했지만 목숨을 걸고 방어하는 일본군의 거센 저항으로 미 해병대원 약 1,000명이 죽고 2,000명이 다쳤다. 미 해병대는 피의 교훈으로 여기고 이 같은 피해를 반복하지 않기 위해 일본군 모형 방어시설을 만들어 해병대원들에게 그것을 극복하는 실전적 훈련을 시켰다.[180]

이후 미 해군은 관심을 마셜 제도로 돌려, 1943년 12월과 1944년 1월에 항모 기동부대가 해당 지역 섬들에 대한 공습을 감행했다. 니미츠는 마셜 제도의 다른 섬들의 일본군 방어부대를 내버려두고 맨 서쪽에 있는 콰잘레인Kwajalein과 에니웨토크Eniwetok 섬을 공략했다. 1월 31일, 미 해병과 육군 병력은 콰잘레인 섬에 상륙했으며, 2월 17일에는 에니웨토크를 계획보다 6주나 앞서 함락시켰다. 그 사이 마크 미처Marc Mitscher 소장이 지휘하는 제58기동함대의 항모들은 그 지역의 제공권을 완전히 장악하기 위해 트럭 섬의 일본 해군 기지를 폭격해 막대한 타격을 입혔다. 트럭 섬은 항공기를 400대까지 수용할 수 있는 일본군 연합함대의 전방 정박지였는데, 미 해군은 30여 차례의 공습을 가해 일본군 항공기 275대와 상선, 군함 등 39척을 격침했다.[181] 이로써 중부태평양의 요충지로서 일본 해군의 본거지로 사용되었던 이른바 '일본의 진주만'으로 불린 트럭 섬은 괴멸당했고, 연합함대 사령부는 팔라우Palau 섬으로 옮겨갔다.

맥아더가 뉴기니에서 필리핀으로 진격하는 동안, 니미츠는 마리아나 제도에 관심을 집중하고 있었다. 미군이 일본 본토에서 약 3,000km 이내에 위치한 마리아나 제도의 사이판, 괌, 티니안 등의 주요 섬들을 점령하고 비행장을 건설한다면, 신형 B-29 폭격기를 이용해 일본 전역을 폭격할 수 있었다.

1944년 6월, 유럽의 연합군은 노르망디 상륙작전을 시작했고, 태평양에서는 필리핀과 일본 본토를 향해 공세를 강화해나가는 상황이었다. 마리아나 공격을 지휘하게 된 스푸르언스는 항모 15척과 함정 800척 이

●●● 일본 상공에서 소이탄을 투하하고 있는 B-29 폭격기. 맥아더가 뉴기니에서 필리핀으로 진격하는 동안, 니미츠는 마리아나 제도에 관심을 집중하고 있었다. 미군이 일본 본토에서 약 3,000km 이내에 위치한 마리아나 제도의 사이판, 괌, 티니안 등의 주요 섬들을 점령하고 비행장을 건설한다면, 신형 B-29 폭격기를 이용하여 일본 전역을 폭격할 수 있다고 판단했던 것이다. 〈출처: WIKIMEDIA COMMONS | Public Domain〉

상의 기동함대, 항공기 1,000대, 그리고 해병 3개 사단, 육군 2개 사단 등 13만 명에 달하는 병력을 보유하고 있었다. 마리아나 작전보다 9일 앞서 6월 6일에 노르망디에서 벌어진 오버로드 작전에 투입된 병력보다 불과 2만 2,500명 적은 대규모 병력이었다. 스프루언스는 이 대규모 병력을 선박 535척에 태우고 마리아나로 향했다.[182]

한편 남쪽에서 맥아더의 공세가 성공적으로 진행됨에 따라 일본의 대비도 동인도 제도와 중부태평양 사이에서 혼선을 겪게 되었다. 3월 말에 미 기동부대는 팔라우로 이동한 일본 연합함대를 공격해 항공기 200대, 함선 20척을 파괴하고, 연합함대 주력을 북쪽으로 패퇴시켰다. 미군이 5월 말 비아크 섬을 점령하여 뉴기니 일대의 제공권을 장악하자, 이를 되찾기 위해 일본은 연합함대의 절반 가까이인 약 480대를 동인도 제도 해역으로 이동시켰다. 이로 인해 마리아나에서 아고 작전이 개시되었을 때 이들 전투력은 분산되어버렸고, 심지어 다수의 병력들이 말라리아에 걸려 항공전에 참여하지도 못했다.[183]

1944년 6월 11일, 항모 함재기들이 마리아나 제도를 공격하기 시작했고, 상륙에 앞서 전함들이 상륙지대 안에 수천 발의 함포사격을 지원했다. 일본군 제1항공대는 준비 부족과 훈련 미숙으로 대부분 지상에서 격멸되었다. 6월 15일에 일본군은 아고 작전을 발동했고, 일본 연합함대가 증원되기 전에 해병 중장 홀랜드 스미스Halland Smith가 이끄는 제3상륙군단이 사이판 섬에 상륙하기 시작했다. 첫날에만 2만 명이 넘는 미군이 상륙했는데, 이는 지금까지 벌어진 태평양의 상륙작전에서 단연 최대의 병력이었다. 6월 19일, 일본 제1기동함대가 전세를 역전시키고자 항모와 지상 기지에서 발진한 항공기를 동원하여 미군 함대를 공격했지만 오히려 미군에게 완전히 압도당하고 말았다. 미처의 58기동함대는 레이더와 지휘통제, 함선 및 항공기 운용과 기술 측면에서 모두 일본 제1기동함대에 비해 우위에 있었다. '마리아나의 칠면조 대사냥Great Marianas Turkey Shoot'으로 역사에 이름을 남기게 된 마리아나 일대의 항공전에서 일본은 항공기 373대 중 243대가 격추된 반면, 미국의 손실은 겨우 29대뿐이었다.[184] 일본은 이외에도 히요飛鷹 등 항모 3척을 잃었으며, 그중 일본 해군에서 가장 큰 신형 항모인 다이호大鳳와 고참 쇼카쿠翔鶴 2척은 미국 잠수함에 의해 격침당했다. 사이판 앞바다에서의 교전으로 일본군 항모 작

●●● 필리핀 해 전투 당시 1944년 6월 20일 오후 늦게 일본 항공모함 즈이카쿠(瑞鶴)와 구축함 아키즈키(秋月)와 와카츠키(若月)가 미국 해군 항공모함의 공격을 받고 있다. '마리아나의 칠면조 대사냥'으로 역사에 이름을 남기게 된 마리아나 일대의 항공전에서 일본은 항공기 373대 중 243대가 격추되었고, 이외에도 히요(飛鷹) 등 항모 3척을 잃었으며, 그중 일본 해군에서 가장 큰 신형 항모인 다이호(大鳳)와 고참 쇼카쿠(翔鶴) 2척은 미국 잠수함에 의해 격침당했다. 〈출처: WIKIMEDIA COMMONS | Public Domain〉

전 병력이 반으로 줄고 항공기 병력의 3분의 2가 급감해 괌, 사이판, 티니안 섬의 지상부대는 고립상태에 놓이게 되었다.

바다에서와 마찬가지로 사이판 섬에서도 일본군 방어부대는 미 상륙군을 상대로 처절한 전투를 치러야 했다. 7월 2일경 일본군은 거의 모든 전력을 소모했다. 일본군 지휘부는 한 명이 열 명을 쓰러뜨린다는 '일인

십살一人十殺'의 정신력을 독려하며 폭탄을 메고 미군에게 달려드는 맹목적인 자폭공격에 매달렸다. 9일이 되어서야 일본군의 저항을 물리치고 미군이 사이판을 확보했다. 처절한 사이판 전투의 결과, 일본 측 사망자 수는 3만 명에 달했고, 미군도 4,000명이 넘게 전사하는 등 1만 명이 넘는 사상자가 발생했다.[185] 한편, 일본 민간인들은 일본군의 강요에 의해 자폭하거나 절벽에서 몸을 던져 자살하는 경우도 있었다. 이는 포로가 되느니 차라리 죽음을 선택하겠다는 적극적인 의지의 발현이 아니라 일본군이 강요한 전쟁에 대한 절망과 인간성 상실의 비극적 단면이었다.[186]

그동안 괌에서는 미군의 공격부대가 7월 8일부터 21일까지 일본군 진지에 함포 사격과 공습을 지속했다. 미군 해병과 육군 상륙부대들은 7월 21일에 상륙을 시작하여 8월 11일에 점령을 완료했다. 일본이 아고 작전의 실패로 해군과 공군을 지원할 수 없는 상황이었음에도 불구하고 미군은 쉽사리 상륙작전을 전개할 수 없었다. 섬 내에서 일본군의 조직적인 저항은 끝났지만, 패잔병들이 산악 지역의 밀림 속으로 숨어 들어갔다. 티니안 섬에는 미군 2개 해병사단이 7월 24일에 상륙해 8월 1일부로 일본군 방어부대를 전멸시켰다. 티니안 점령 간에 태평양 전역에서는 처음으로 네이팜탄Napalm bomb이 사용되기 시작했다.

중부태평양에서의 공세는 남서태평양에서의 전진과는 완전히 대비되는 작전이었다. 뉴기니와 솔로몬 섬들을 점령하기 위해 육군 맥아더가 실시한 섬 건너뛰기Leapfrogging* 최장 거리는 부나와 살라무아 사이의 270km이고, 할제이의 경우에는 과달카날에서 뉴조지아까지 180km

---

* 섬 건너뛰기(Leapfrogging, Island hopping)는 제2차 세계대전 태평양전쟁 당시 맥아더 장군이 지휘하던 미군이 사용한 전략 혹은 전술로, 당시 미군은 전략적으로 중요한 섬(거점)을 점령하기 위해 마치 개구리가 점프하듯이 섬을 건너뛰면서 강력한 방어태세를 갖춘 일본군 거점을 우회해 배후 지역 섬에 병력을 상륙시켜 적의 보급선을 차단해 일본군을 무력화했다.

정도였다. 이와 대조적으로 중부태평양에서는 길버트 제도의 타라와 섬과 필리핀의 루손 섬 사이에는 바다가 3,600km나 펼쳐져 있었다.[187]

미군은 압도적인 해·공군 전력을 토대로 필요한 지점에만 상륙하고, 나머지는 그냥 지나치는 작전을 구사했다. 일본군은 솔로몬과 뉴기니 전역의 결과로 해상과 항공전력을 대부분 상실했다. 하늘과 바다에서 입체적인 경계와 감시가 없다면 아무리 견고한 진지를 구축한 섬일지라도 방어작전은 의미가 없는 것이었다. 따라서 미군은 일본군이 강하게 대비하고 있던 지역이라도 불필요한 곳은 우회해 일본군의 저항을 거의 받지 않고 목표한 지점만 상륙할 수 있었다.[188] 태평양전쟁 초기 일본군이 수행한 섬 건너뛰기 작전이 미군의 그것과 달랐던 것은 적의 대비가 강한 곳을 공략했다는 것인데, 이는 목표지역 기동로 상의 제해권과 제공권을 확보하기 위해서 적의 거점들을 우선 장악해야 했기 때문이다.

미군은 마리아나 제도를 확보함으로써 각 섬에 비행장을 건설했다. 미군의 새 폭격기 B-29 폭격기가 일본 본토를 직접 공격할 수 있게 되면서 태평양함대가 필리핀을 공격할 준비를 개시할 수 있었다. 반대로 항모 전력의 대량 손실과 제1차 세계대전 이후 통치해 온 마리아나 제도의 상실은 일본군에게 결정적인 타격을 안겨주었다. 7월 18일, 마리아나 작전에 대한 책임을 지고 도조 히데키가 총리와 육군상에서 물러났고, 육군 참모총장과 해군 군령부총장이 경질되었다. 이후 일본은 새로운 전략 방침을 수립했고 필리핀, 대만, 오키나와 제도, 본토로 이어지는 방어선에 주안점을 두었다.

필리핀(레이테, 루손) 전역

맥아더가 지휘하는 연합군 남서태평양사령부는 뉴기니의 포겔코프 반도를 1944년 7월 말에 확보한 데 이어 9월 15일에는 필리핀 남부 민다나오 섬 바로 아래에 위치한 모로타이Morotai 섬을 장악했다. 태평양함대가 마리아나 제도를 확보하자, 남서태평양사령부는 팔라우 제도의 펠렐리우Peleliu 섬도 9월 15일부터 공략하기 시작했다. 일본 본토로 가는 길목인 필리핀 탈환을 눈앞에 두고 있었다.[189] 필리핀을 탈환한다면 일본 본토와 남방을 완전히 차단할 수 있었다. 그만큼 필리핀은 미군에게 아주 중요한 곳이었다. 할제이 제독은 필리핀 남부의 민다나오 섬을 점령하는 대신 필리핀 군도 중앙에 위치한 레이테Leyte 만을 시작으로 루손 섬에 진군할 것을 주장했다. 맥아더는 할제이의 주장을 받아들여 미 합동참모회의에서 레이테 섬 상륙작전 개시 권한을 위임받아 작전을 준비했다.

월터 크뤼거Walter Krueger가 이끄는 육군 제6군과 해군 소장 토머스 킨케이드Thomas Kinkaid가 지휘하는 제7함대가 주축이 되어 레이테 만 공격부대를 구성했다. 그리고 16척에 이르는 항모를 보유한 할제이 제독의 제3함대가 이들을 지원하고 있었다. 공격에 나선 미군의 총 전력은 함정 700척과 병력 16만 명에 달했다.[190] 이 항모 함대는 최소 일본군 항공전력의 세 배에 이르는 3,000대의 항공기를 운용할 수 있었다.[191]

1944년 10월 20일, 미군의 선봉이 필리핀 중부 레이테 만에 상륙했다. 일본군은 필리핀 남쪽 민다나오 섬에 대비를 강화하고 있었으므로 레이테 섬의 일본군 저항은 약했다. 레이테 섬을 방어하는 일본군은 제14방면군 예하 제16사단 약 1만 6,000명의 병력에 지나지 않았으므로 미 제6군의 4개 사단(제10군단 예하 해병 제1사단·24사단, 제24군단 예하 제7·96사단)과 맞서기에는 역부족이었다.[192]

10월 18일에 일본 대본영은 남방군과 해군이 협동해 필리핀 방면으로 공격해오는 미군 주력과의 결전을 명령한 '쇼이치고捷1号(첩1호)' 작전을 발동했다.[193] 제14방면군의 레이테 결전에 협력하게 된 일본 해군은 오자

●●● 1944년 10월 20일 레이테에 상륙하는 맥아더 장군. 미 해군이 패배 위기에 몰리기도 했던 레이테 전투는 해전사에 남는 대규모 전투였을 뿐만 아니라 태평양전쟁의 결정적인 전투 중 하나였다.
〈출처: WIKIMEDIA COMMONS | Public Domain〉

와 지사부로^{小澤治三郎} 소장의 지휘 아래 레이테 섬 상륙을 엄호하는 미 제3함대와 제7함대를 격멸하는 데 모든 전력을 집중했다. 오자와는 자신의 항모들을 이용하여 할제이의 제3함대를 상륙지역에서 멀리 떨어진 북쪽으로 유인하는 한편, 전함과 중순양함으로 구성된 2개 공격대를 레이테 만으로 보내 수송선과 상륙정을 격멸한다는 양동작전을 계획했다.[194]

10월 24일부터 벌어진 전투는 오자와의 계획대로 진행되지 않았다. 전투가 시작되고 일련의 교전과 함께 전황이 팽팽하게 진행되고 있던 상황에서 일본군의 2개 공격대 중 하나를 지휘하고 있던 구리다 소장이 전투를 중지하고 퇴각하면서 계획된 양동작전은 실패했다. 할제이를 유인하는 데 성공했지만, 구리다가 퇴각하는 바람에 오자와의 항모들은 할제이의 함재기들에게 공격을 받아 괴멸적인 피해를 입었다. 10월 26일까지 일본군은 오자와의 기함이며 진주만 공격에 참여했던 즈이카쿠^{瑞鶴} 함를 포함해 항모 4척, 무사시^{武蔵} 등 전함 3척, 순양함 9척, 구축함 10척을 잃었다. 그 후 일본 해군은 이 전투에서 입은 피해를 다시는 복구하지 못하며 사실상 소멸했다.[195] 필리핀 상륙 이전에 미 해군은 일본군의 함재기 및 육상기지 항공기 500대 이상을 파괴해 필리핀 일대의 일본군 항공전력도 사실상 괴멸시켰다.[196] 미 해군이 패배 위기에 몰리기도 했던 레이테 전투는 해전사에 남는 대규모 전투였을 뿐만 아니라 태평양전쟁의 결정적인 전투 중 하나였다.

이 무렵 일본군의 정세 판단이나 지휘 능력은 마비상태에 빠져 있었고, 제공권이 없는 상태에서 무모한 해상 공격을 감행하는 전술적 한계를 드러냈다. 특히, 항공력의 압도적 열세를 어떻게든 회복해보려고 가미카제^{神風} 특공대가 자폭공격을 시도했으나 승패에 영향을 미칠 만한 효과를 거두지 못했다. 점차 이 야만적이고 비인도적인 자폭 전술은 일본군의 유일한 전술이 되어갔다.[197]

바다에서 괴멸당하고 필리핀까지 내주게 될 절박한 상황에 부닥친 일본군 지휘부는 결사적인 반격을 시도했다. 마침 이 무렵 미군 항모들이 다른 임무를 위해 이동했고, 일부 비행장이 파괴되어 레이테 섬의 비행장들이 항공기지 역할을 제대로 수행할 수 없게 되자 미군의 항공 우세가 약화되었다. 덕분에 일본군은 비교적 원활하게 증원 병력을 레이테 만으로 수송할 수 있었다. 11월 무렵 레이테 섬에는 제16사단 외에 제1사단, 제30·102사단 일부가 축차적으로 도착했다.[198] 미 제6군은 일본군의 결사적인 저항에 부딪혔다. 12월 5일부터 일본은 비행장 탈환을 위해 낙하산부대를 미군 비행장에 낙하시키는 대담한 작전을 벌이기도 했지만, 지상군과의 협조가 제대로 이루어지지 않아 나흘간 전투 끝에 이들은 모두 섬멸당하고 말았다. 미군은 총 7개 사단(제32·77사단, 11공정사단 증원)을 동원해 힘겨운 전투를 벌인 끝에 12월 25일에 마침내 저항을 분쇄했다. 일본군 사상자는 5만 6,000명에 달한 반면, 미군은 약 3,000명이 전사하고 1만 명이 부상을 입었다. 이후에 제6군은 로버트 아이첼버거Robert Eichelberger 중장의 제8군과 임무를 교대했다.[199]

미 육군 제6군은 필리핀 점령 임무를 지속했다. 1945년 1월 9일, 제6군이 필리핀의 수도 마닐라가 있는 루손 섬의 링가옌 만에 상륙했다. 미군은 17만 5,000명의 병력을 상륙시키는 데 성공했다. 반면, 일본군 제14방면군은 레이테 결전을 포기하고 약 9만의 병력으로 산악 거점을 이용해 지구전을 준비했다.[200] 10개 사단을 동원해 전투에 나선 제6군은 전차전, 상륙작전, 공수작전, 게릴라전 등 모든 형태의 전투를 치러야 했다.[201] 2월 6일에 마닐라 외곽으로 진출해 약 2주 후에는 시내로 진입했다. 산산이 부서진 마닐라를 차지하기 위해 벌어진 2주간의 전투에서 필리핀인 10만 명, 일본군 1만 6,000명, 미군 1,000명 이상이 희생되었다. 루손 전투는 6월 말이 되어서야 종결되었다. 필리핀인의 희생이 컸던 이

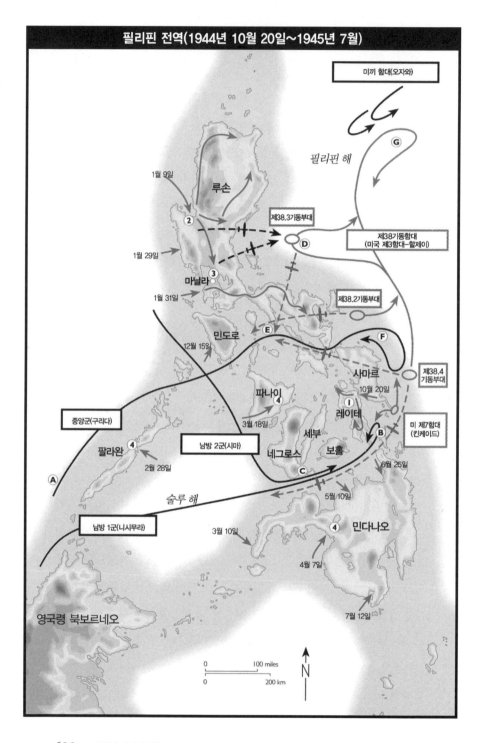

필리핀 전역(1944년 10월 20일~1945년 7월)

미끼 함대(오자와)

필리핀 해

G

루손

1월 9일

2

제38.3기동부대

D

제38기동함대
(미국 제3함대-할제이)

1월 29일

3

마닐라

1월 31일

제38.2기동부대

12월 15일

민도로

E

파나이

4

3월 18일

사마르

F

10월 20일

제38.4
기동부대

레이테

I

미 제7함대
(킨케이드)

세부

B

중앙군(구리다)

네그로스

보홀

팔라완

4

남방 2군(시마)

C

6월 25일

2월 28일

A

술루 해

5월 10일

남방 1군(니시무라)

3월 10일

4

민다나오

4월 7일

영국령 북보르네오

7월 12일

0   100 miles

0   200 km

N

유는 철수하는 일본군이 시민들에게 저지른 대학살 때문이었다. 일본군은 미군이 루손 섬에 상륙하면 필리핀 주민이 게릴라로 변할 가능성이 있다고 판단하여 1944년 11월부터 게릴라에 대한 토벌을 진행했다.[202]

루손 섬과 마닐라를 점령한 제6군은 일본 본토 침공 준비에 들어갔다. 한편, 레이테 전투 이후 제6군으로부터 작전지역을 인수한 제8군은 수많은 상륙작전을 벌이면서 필리핀 남부 일대에 고립된 여러 일본군 부대들에 대한 토벌작전을 전개했다. 루손 섬 상륙과 토벌작전은 필리핀 지역 대부분을 일본으로부터 해방시켰지만, 최종적으로 일본전에서 승리하는 데 직접적인 기여를 하지 못했다. 필리핀에서 미군의 진격으로 궁지에 몰린 제14방면군이 산악지역에서 끝까지 항전했기 때문이다. 루손 섬의 일본군은 부족한 병력으로도 옥쇄전법을 사용하지 않고 지구전을 수행하며 미군을 상대로 종전까지 분전했다. 필리핀 전투에서 미군의 피해는 사망, 부상, 실종 등을 포함해 약 6만 명이었고, 일본군은 약 33만 6,000명이 죽고, 1만 2,000명이 부상당했다.[203]

〈690쪽 지도 설명〉

상륙 및 지상 작전

1. 1944년 10월 20일, 제6군(크뤼거) 4개 사단이 레이테 만에 상륙. 3개 사단이 추가로 투입되어 12월에 레이테 섬을 확보.
2. 1945년 1월 9일, 제6군 4개 사단이 링가옌 만에 상륙. 6개 사단이 추가로 상륙하여 루손 탈환전에 투입됨. 6월에 주요 전투는 끝났으나 고립된 일본군 거점들은 계속 저항.
3. 1945년 2월 4일~3월 3일, 마닐라 탈환전.
4. 1945년 2월~7월, 미 제8군(아이첼버거)의 5개 사단이 필리핀 남부에서 소탕전 실시. 상륙전만 50회 실시. 그중 14회는 중규모 내지 대규모 작전.

레이테 전투

A. 1944년 10월 23일, 미군 잠수함들 일본 순양함 2척을 격침시키고 1척에 손상을 입힘.

B. 1944년 10월 24일, 일본의 제1유격부대(니시무라)가 수리가오 해협에 진입했다가 미군 제7함대(킨케이드)와 조우. 일본군 함정은 1척만 살아남음.
C. 1944년 10월 24일, 일본의 제2유격부대(시마)가 수리가오 해협에 들어오지 않고 철수.
D. 1944년 10월 24일, 미 해군 항모 프린스턴 함이 지상기지에서 발진한 일본 항공기에 격침당함.
E. 1944년 10월 24일, 미군이 공중공격으로 일본 전함 1척을 격침하고 순양함 1척을 손상 입힘.
F. 1944년 10월 25일, 일본 주력 함대(구리다)가 순양함 2척을 잃은 후 산 베르나디노 해협을 통해 퇴각. 미군은 호위 항모 2척, 구축함 2척, 구축함 호위함 1척을 잃음.
G. 1944년 10월 25일, 할제이의 제3함대가 오자와의 미끼 함대와 조우한 후 남쪽의 위험에 대응하기 위해 철수.

◈ 중국 전역 ◈

1943년에 접어들자 중국 전역의 일본군 작전목표에는 중국군뿐만 아니라 중국에서 활동하는 미 육군 항공대가 포함되었고, 점차 후자의 비중이 증가하게 되었다.[204] 1943년 초 일본의 중국파견군에 부여된 새로운 임무는 중국군의 항전의지를 상실시키고, 중국에 주둔하는 미 육군 항공대의 일본 본토 공습을 방지하는 것이었다.

1944년 4월, 일본은 62만 병력을 동원해 중국 남부 각 도시에 산재한 연합군 비행장들을 파괴하기 위한 대공세(이치고一號 작전)를 펼쳤다. 중국의 군벌들과 국민당 군대는 일본군의 적수가 되지 못했다. 12월이 되자 일본군은 쿤밍昆明과 충칭重慶까지 위협했다. 상황이 이렇게 되자, 중국으로부터 일본 본토 남부를 공습해 제한적이나마 성공을 거두고 있던 미군의 신형 B-29 폭격기들을 인도로 철수할 수밖에 없었다.

이치고 작전은 전술적으로는 군사목표의 일부를 달성했다고 평가할 수 있지만, 전략적으로는 실패한 작전이었다. 일시적으로 미군의 전략폭격이 중지되었지만, 미군이 태평양에서 B-29 폭격기를 운영하기 위해 마리아나 제도를 탈환했고, 1944년 11월부터는 사이판 비행장을 통해 일본 본토 공습이 본격적으로 수행되었다. 중국도 엄청난 사상자와 광범위한 파괴를 겪었음에도 불구하고 미국의 군사지원을 받으며 계속하여 맹렬히 저항했고, 특히 중공군이 사용하는 게릴라 전술은 일본군의 늘어진 보급선을 끊임없이 괴롭히며 일본의 전투력을 소진시켰다.

1944년 말 일본군은 중국에 대한 공세를 중지했다. 버마의 일본군은 태평양 지역으로 병력을 전환해야 했고, 1945년에는 점증하는 소련군의 위협에 대비하기 위해 만주로도 병력을 증강해야 했다. 특히, 연합군의 진격에 맞서 점차 본토 방어에 초점이 맞추어지기 시작했다. 이 무렵 중국군은 미군과 연합해 북동부 전선에서 일본군을 밀어내고 있었다. 일본군이 장악한 해안 지역부터 충칭에 이르는 회랑에서 일본군의 공세를 막아냈고, 1945년 1월에는 반격을 개시해 일본군을 남중국해 방면으로 몰아냈다. 1945년 1월, 장제스 군대는 버마 로드를 다시 확보했다. 이로써 인도에 있는 연합군 기지에서부터 충칭 부근의 국민당 핵심 지역까지 직접 육로로 이루어지는 보급원이 확보되었다.

중국 땅에서 벌어진 전쟁으로 인해 중국인 수백만 명이 아사했으며, 중국 군인들도 130만 명이나 목숨을 잃었다. 하지만 이들은 일본군 100만 명을 중국 땅에 묶어놓았다. 비록 태평양전쟁의 향방은 대륙이 아닌 태평양 지역에서 결정되었으나, 1945년 중국에서 벌어진 전쟁은 서태평양 바다에서 일본과 미국 사이에 벌어지는 주요 전투의 결과와 긴밀하게 얽혀 있었다.[205]

◈ 임팔 작전 ◈

남방 작전 초기 버마 전역에서 승리한 일본 제15군 사령관 무타구치 렌야牟田口廉也 중장은 인도를 향한 작전을 구상했다. 1944년 초 버마 국경 지역에서 영국군 및 중국군의 압박이 거세지자, 일본 제15군은 버마 서부 친드윈Chindwin 강 서쪽 지역의 영연방군을 격멸하고, 신속하게 인도 동부 임팔Imphal과 코히마Kohima 지역을 점령하는 작전을 구상했다.

1944년 3월 15일, 제15군 예하 제15사단이 임팔을 목표로, 제31사단이 코히마를 목표로 출동했다. 제33사단은 임팔 방면을 후속 지원했다. 4월 6일에 제31사단이 코히마를 점령했고, 제15·33사단은 임팔 외곽 지역을 점령하며 포위태세를 갖추었다. 하지만 임팔 지역의 영연방군은 공중보급을 받으며 전력을 유지한 반면, 일본군은 탄약과 식량의 결핍으로 고전했다. 6월부터 일본군은 밀리기 시작했다. 탄약과 대전차 병기의 부족, 배고픔과 질병, 항공지원의 제한 등으로 일본군의 전력은 급감했다. 영연방군은 점차 전력을 회복해 코히마를 탈환했다. 영연방군은 6월 23일 무렵 코히마와 임팔을 연결하는 도로를 확보하고, 전차부대를 선두로 임팔 방면으로 증원군을 보냈다. 지상에서도 보급을 받기 시작한 영연방군은 강력한 증원부대를 확보하며 전세를 역전시켰다.

제15군 사령관은 코히마에서 철수 중인 제31사단과 제15사단의 잔여 병력을 집결시켜, 임팔 점령을 위한 최후 공격을 시도하려 했다. 하지만 보급이 전무한 상태에서 작전은 실행될 수 없었고, 경직된 지휘로 인해 누구도 작전 중지를 결단하지 못했다. 작전 성공 가능성이 없는 것을 알면서도 적시에 물러서지 못했다. 결국, 7월 8일에 대본영으로부터 제15군에 퇴각 명령이 내려졌다. 영연방군은 퇴각하는 일본군을 추격하며 친드윈 강을 건너 버마 중부 만달레이Mandalay를 향해 진격을 계속했다.

임팔 작전의 실패는 상대를 경시하고 보급을 무시한 제15군의 독선적인 작전계획이 원인이었다. 첫째, 무타구치 제15군 사령관은 비행기, 전차, 중포로 무장한 영연방군을 상대로 소화기 정도만을 휴대한 일본군이 기습을 통해 순간적으로 기선 제압하는 전술을 중시했다. 근본적으로 전력의 상대적 우세를 통해 결전을 수행함으로써 적을 격멸한다는 발상이 결여되어 있었다. 둘째, 제15군의 보급계획은 가정에 기반한 현실성이 없는 내용이었다. 장병들이 소량의 식량과 탄약을 휴대하고, 수송수단으로 코끼리나 소를 사용하여 싣고 있던 짐이 소진되면 소를 잡아먹고, 풀을 먹는 것도 각오하며, 코히마와 임팔을 점령하면 현지에서 보급을 실시한다는 것이었다. 이러한 비현실적이고 취약한 보급계획은 실제 작전 개시 후 치명적인 걸림돌로 작용했다.

한편 영연방군은 임팔 작전에서 제공권의 장악을 중시했고, 이를 통해 포위 상황에서도 공중 보급을 통해 전선을 유지했다. 공정작전을 통해 일본군의 후방을 교란하기도 했고, 벌집 형태의 원형 방어거점을 구축하여 조직적인 저항을 지속해나갈 수 있었다.

3. 일본 본토로의 진격

이오 섬과 오키나와 전투

1944년부터 전황이 불리하게 전개되자, 일본 최고지도부는 연합군이 일본 본토에 상륙할 것을 예상하고 '본토 결전'을 준비했다. 대본영은 미군의 진격 방향을 두 가지로 예상했다. 하나는 필리핀-중국 화난-오키나와로 진격하는 것이고, 다른 하나는 화난에 상륙하지 않고 바로 이오 섬硫黃島(유황도)이 있는 오가사와라 제도를 공략한 후 오키나와-대만으로 향하는 루트였다.[206] 실제 태평양전쟁이 막바지에 다다를 무렵 일본 본토에서는 두 번의 전투가 벌어졌는데, 하나는 이오 섬 전투이고, 다른 하나는 오키나와 전투이다.

이오 섬은 중요한 거점이었다. 이곳을 일본군이 점령하고 있는 한, 마리아나 제도를 이륙한 B-29 폭격기들은 그곳을 피해 구부러진 항로를 날아 일본 본토를 폭격해야 했다. 그러면 연료 소모가 증가하고 폭탄 적재량은 줄어들어 작전효율이 떨어질 수밖에 없었다. 반대로 미군이 이곳을 점령하면 P-51 장거리 전투기의 기지로 활용해 마리아나에서 출격하는 B-29 폭격기를 호위할 수 있었고, 일본 본토 공습에 중형 폭격기를 운용할 수도 있었다. 또한, 이오 섬은 귀환하는 폭격기들의 비상 착륙 장소로 사용할 수도 있었다. 게다가 이오 섬은 전통적으로 일본 영토이기 때문에, 점령 시 일본 국민에게 심리적 충격을 안겨줄 수도 있었다.[207] 이러한 매력적인 이유로 니미츠 함대는 이오 섬 공략을 시행했다.

루손 섬이 태평양전쟁의 가장 큰 전투지였다면, 이오 섬은 가장 피비린내 나는 격전지였다. 이오 섬은 길이가 겨우 8km에 불과한 작은 섬이었지만, 지하 벙커와 땅굴이 거미줄처럼 얽혀 있고 잘 위장된 화포가 곳곳에 배치된 요새화된 섬 자체였다. 이오 섬 방어는 구리바야시 타다미치栗林忠道 중장이 지휘하는 일본 육군 제109사단 예하의 9개 보병대대, 전차 23대, 화포 600문, 병력 2만 3,000명(육군 1만 7,500명, 해군 5,500명)이 담당했고, 식량은 대략 2개월분이 전부였다.[208] 섬 주민들이 이미 오래전에 본토로 소개된 상태에서 사단장은 무모한 자살공격 방식을 취하지 않고 섬 전체를 땅굴 요새화해 악착같이 지구전을 수행했다. 이것은 일본 본토 방위의 시간을 확보하기 위한 고육지책이기도 했다.[209]

1945년 2월 19일, 해리 슈미트Hary Schmidt 소장이 이끄는 미 해병 2개 사단이 3일 동안 이어진 항공기와 함포의 격렬한 지원사격을 받으며 섬 동남쪽 해안에 상륙을 단행했다. 그러나 현무암 층의 해변에 도착한 해병들은 그칠 줄 모르는 일본군의 포격과 기관총 세례에 노출되었다. 첫날, 땅굴 진지에서 일본군의 극렬한 저항이 있었다. 하지만 미군은 병력 약 1만 명과 전차 200대를 상륙시켰다. 21일에는 해병 3개 사단이 상륙했고, 이어서 대포, 전차, 그리고 화염방사기를 총동원하여 벌집 같은 일본군의 땅굴 요새들을 하나하나 공격했다. 그 결과 내륙으로 2km에 달하는 교두보를 확보했다. 23일에는 이오 섬 남단 스리바치산擂鉢山을 점령하며 이 섬의 남쪽 절반을 장악했다. 스리바치산 정상에 성조기를 꽂는 미 해병들의 모습을 찍은 사진은 제2차 세계대전에서 가장 유명한 사진 가운데 하나가 되었다. 그러나 아직 지상에서의 혈투는 계속되었다. 이오 섬의 바다와 하늘이 미군에 포위된 상황에서도 제109사단은 2월 말까지 방어 요새에서 격렬히 저항했다. 3월 2일, 일본군은 비행장과 중요 진지가 있는 모토야마本山 일대를 상실하자 조직적인 저항이 점차 불가능해졌다. 3월 말이 되어서야 사실상 미군은 이오 섬을 확보했다.

약 한 달에 걸친 격전 끝에 일본군 방어 병력 2만 1,000여 명은 전원이 전사했다. 상륙전에 참가한 미 해병 24개 대대 지휘관 가운데 19명이

●●● 이오 섬 전투 승리 후 가파른 용암으로 뒤덮인 비탈을 조금씩 올라간 후 수리바치산 정상에서 성조기를 게양한 미 해병대원. 상륙전을 지휘했던 홀랜드 스미스 해병 중장이 "해병대 역사 168년 동안 이만큼 처절한 전투는 없었다"고 회고할 정도로 이오 섬 전투에서 예상보다 큰 희생이 발생했다. 〈출처: WIKIMEDIA COMMONS | Public Domain〉

죽거나 다쳤으며, 해병 6,821명이 죽고 2만 명이 부상했다. 상륙전을 지휘했던 홀랜드 스미스 해병 중장이 "해병대 역사 168년 동안 이만큼 처절한 전투는 없었다"고 회고할 정도로 예상보다 큰 희생이 발생했다.[210]

오키나와 전투는 1945년 4월 1일부터 6월 26일까지 68일에 걸쳐 전개되었다. 미국은 거대한 전력을 집결시켜 오키나와 공격을 시작했다. 미국은 항공모함 40척, 전함 18척, 구축함 200척을 포함해 함정 1,300척을 동원했으며, 여기에 영국의 태평양함대까지 가세했다. 미 제10군은 사이먼 버크너Simon Buckner 중장의 지휘 아래 해병 2개 사단과 육군 3개 사단 등 총 25만 명을 상륙시켰다.[211] 반면, 1879년 류큐琉球 제도를 병합한 이래 오키나와를 자국 영토의 일부로 간주해왔던 일본군은 우시지마 미쓰루牛島滿 중장이 이끄는 제32군 장병 약 8만 6,000명이 맹렬하게 저항했다.

본래 제32군은 제9·24·64사단과 제44여단 등을 주축으로 편성되어 있었으나, 1945년 1월에 대본영은 필리핀 전황이 악화하면서 대만의 방어를 강화할 필요성이 제기됨에 따라 제9사단을 대만으로 전용했다. 대본영은 일본 본토 인근의 전략적 요충지인 오키나와 일대에서 항공 결전을 통해 연합군에 큰 타격을 입혀 본토 결전의 발판을 마련하고자 했다. 그러나 실제 오키나와에는 항공 결전을 수행할 만한 전력이 없었다. 더욱이 대본영이 오키나와에 제9사단을 대체할 추가적인 병력을 증원하지 않자, 제32군은 항공 결전이 아닌 지상전 중심으로 지구전 방침을 정했다. 항공 전략적으로 중요했던 중부와 북부 비행장 두 곳은 오키나와 중부 이남에 형성한 제32군 주진지 외곽에 방치되었다.[212]

3월 26일, 일본군은 해군과 육군의 항공전력을 망라한 본토 소속 항공기 약 200대와 특공기 300대, 대만 방면 항공기 약 200대와 특공기 250대 등 970대를 통합운용하는 텐고天號(천호) 항공작전을 개시했다.

하지만 결정적인 전과는 없었다.[213] 4월 1일 아침에 미군이 오키나와 서쪽 해역에 상륙을 시작해 곧바로 가데나嘉手納 지역 인근 중부와 북부 비행장 두 곳을 점령했고, 저녁까지 약 5만 명의 병력이 상륙에 성공했다. 일본 제32군은 제9사단 차출에 따른 공백으로 인해 전장을 오키나와 남

●●● 1945년 5월 오키나와 전투 당시 와나 능선에서 총을 쏘고 있는 미 해병 제1사단 1연대 2대대 소속 해병대원의 모습. 태평양전쟁이 막바지이던 1945년 4월 1일부터 6월 23일까지 83일에 걸쳐 치른 오키나와 전투는 이오 섬 전투에 이어 최초로 일본 영토 내에서 벌어진 미군과 일본군의 전면전으로 미국인들과 일본인들 및 세계인들에게 큰 충격을 주었다. 〈출처: WIKIMEDIA COMMONS | Public Domain〉

부로 한정한 상태였다. 일본군은 이곳에 방어준비를 강화하여 진지 지구전에 중점을 두고 있었다. 그러나 대본영과 해군 측은 비행장 피탈에 실망하고 제32군에 적극적인 탈환작전을 요구했다. 결국, 준비된 진지에서 지구전을 전개하고자 했던 제32군은 비행장 탈환을 위해 4월 8일부

터 반격에 들어갔다. 하지만 13일에 공세를 중지하고 상당한 피해를 입은 채 본래의 지구전 태세로 돌아갔다. 미군이 오키나와 상륙작전을 전개할 초기에 일본은 대본영과 현지 제32군 사이에 항공결전이냐 지구전이냐를 두고 갈등이 벌어져 작전 방침을 통일하지 못했고, 대본영이 현지 부대의 작전 지휘에 일일이 간섭하는 등의 문제점이 드러났다.[214]

바다에서는 일본군 가미카제 자살특공대가 1,900회에 달하는 공격을 가해오면서 치열한 전투가 벌어졌다. 일본군 가미카제 자살특공대의 공격으로 미 제5함대는 36척이 침몰하고 368척이 손상을 입었으며, 수병 약 5,000명이 전사했다. 다만 항모·전함·순양함은 단 한 척도 침몰시키지 못했다.[215]

지상에서 제32군이 반격을 도모하던 4월에 연합함대는 단번의 결전을 위해 편도거리 분량만 급유해 주력 전함 야마토大和를 출격시켰다. 4월 7일, 제공권이 확보되지 않은 상태에서 감행한 출격으로 인해 거대 야마토 함은 미 함재기에 포착되어

●●● 1945년 5월 11일 규슈 앞바다에서 일본 가미카제 자살특공대의 공격으로 불타고 있는 항공모함 벙커힐(USS Bunker Hill). 일본군 가미카제 자살특공대가 1,900회에 달하는 공격을 가해오면서 치열한 전투가 벌어졌다. 일본군 자살특공대의 공격으로 미 제5함대는 36척이 침몰하고 368척이 손상을 입었으며, 수병 약 5,000명이 전사했다. 다만 항모·전함·순양함은 단 한 척도 침몰시키지 못했다. 〈출처: WIKIMEDIA COMMONS | Public Domain〉

●●● 1945년 4월 2일 자수한 민간인 할머니에게 미 해병대원이 물을 따라주고 있다. 일본군은 9만 명에 달하는 병력이 거의 전멸했고, 오키나와 주민 약 20만 명도 징집되어 전사하거나 자살 등으로 목숨을 잃었다. 오키나와 전투는 항복을 인정하지 않는 비정한 전쟁관을 가진 군대가 전쟁의 극한 상황에 처한 국민을 얼마나 참혹한 상황에 빠지게 할 수 있는지를 적나라하게 보여주었다. 〈출처: WIKIMEDIA COMMONS | Public Domain〉

이렇다 할 성과 없이 일본 수병 3,000명과 함께 동중국해에 침몰하고 말았다.

오키나와에서도 이오 섬 전투와 같이 동굴 진지 안에서 일본군은 미군에 상당한 출혈을 강요하며 지구전을 수행했다. 이후 5월 4일에 실시한 일본군 총공격도 모두 막대한 피해를 남긴 채 실패로 끝났다. 6월에 들어서자 일본군은 지상과 공중에서 모두 조직적인 전투가 불가능한 상태가 되었고, 대본영은 전세를 만회할 가능성이 없다는 판단에 이르렀다.

일본군의 치열한 저항을 분쇄하는 과정에서 미군은 제10군 사령관 버크너 중장을 포함한 7,600명이 희생되었고, 6월 22일이 되어서야 오키나와를 완전히 점령할 수 있었다. 일본군은 9만 명에 달하는 병력이 거의 전멸했고, 오키나와 주민 약 20만 명도 징집되어 전사하거나 자살 등으로 목숨을 잃었다. 오키나와 전투는 항복을 인정하지 않는 비정한 전쟁관을 가진 군대가 전쟁의 극한 상황에 처한 국민을 얼마나 참혹한 상황에 빠지게 할 수 있는지를 적나라하게 보여주었다.[216]

미군의 오키나와 점령은 남방에서 벌어지고 있던 다른 모든 전투를 전략적으로 무의미하게 만들 정도로 중요한 의미를 지녔다. 미 합참은 5월 25일에 맥아더와 니미츠에게 11월 1일 일본 규슈에 최초로 상륙하는 것을 목표로 일본 본토 침공을 준비하라는 명령을 하달했다. 그러나 미국은 오키나와에서 미군이 입은 피해를 보고 큰 충격을 받았다. 오키나와 상륙전에서 미 해군 및 해병의 사상률이 무려 35%였다는 것을 고려했을 때 규슈 상륙 시 사상자가 수만 명에서 수십만 명에 이를 것이라는 예상이 나오자, 미국은 심각한 고민에 빠지게 되었다.[217] 오키나와 전투는 일본이 비록 패하기는 했지만, 미국의 일본 본토 침공 계획을 재고하게 만든 계기가 되었다.

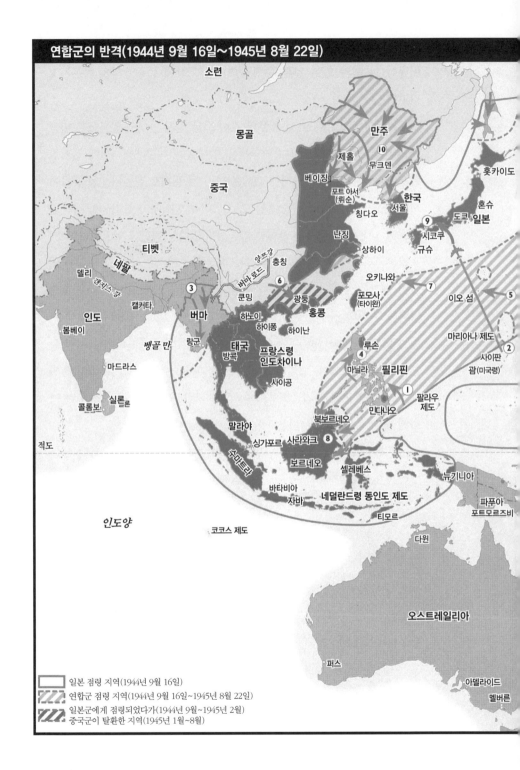

연합군의 반격(1944년 9월 16일~1945년 8월 22일)

소련

몽골

중국

만주

제홀

무크덴

10

베이징

포트 아서
(뤼순)

칭다오

한국

서울

홋카이도

혼슈

도쿄 일본

9

시코쿠

규슈

티벳

네팔

델리

갠지스 강

캘커타

인도

봄베이

마드라스

실론

콜롬보

티모르

적도

충칭

양쯔강

버마 로드

쿤밍

6

광둥

난징

상하이

오키나와

포모사
(타이완)

7

이오 섬

5

버마

하노이

하이퐁

하이난

홍콩

마리아나 제도

2

사이판

괌(미국령)

뼁골 만

랑군

태국

방콕

프랑스령
인도차이나

사이공

루손

4

마닐라 필리핀

1

팔라우
제도

민다나오

말라야

싱가포르

사라와크

8

북보르네오

수마트라

보르네오

셀레베스

뉴기니아

바타비아

자바

네덜란드령 동인도 제도

파푸아
포트모르즈비

인도양

코코스 제도

다윈

오스트레일리아

퍼스

애들라이드

멜버른

□ 일본 점령 지역(1944년 9월 16일)
▨ 연합군 점령 지역(1944년 9월 16일~1945년 8월 22일)
▧ 일본군에게 점령되었다가(1944년 9월~1945년 2월)
▨ 중국군이 탈환한 지역(1945년 1월~8월)

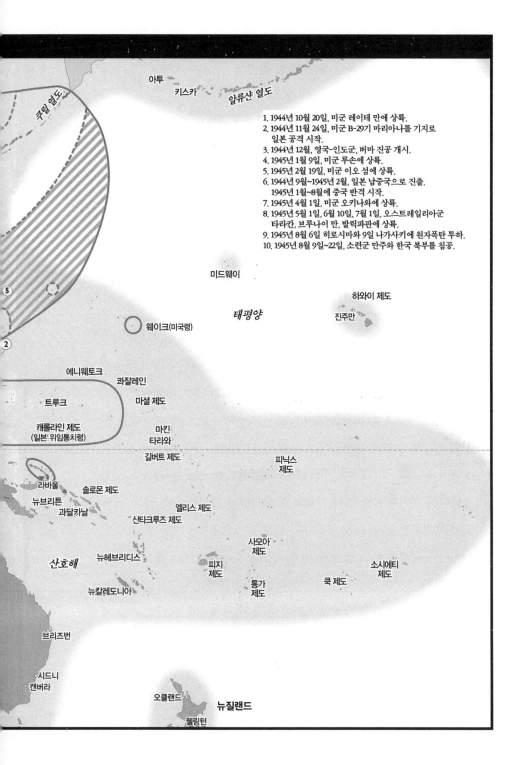

1. 1944년 10월 20일, 미군 레이테 만에 상륙.
2. 1944년 11월 24일, 미군 B-29기 마리아나를 기지로
   일본 공격 시작.
3. 1944년 12월, 영국-인도군, 버마 진공 개시.
4. 1945년 1월 9일, 미군 루손에 상륙.
5. 1945년 2월 19일, 미군 이오 섬에 상륙.
6. 1944년 9월~1945년 2월, 일본 남중국으로 진출.
   1945년 1월~8월에 중국 반격 시작.
7. 1945년 4월 1일, 미군 오키나와에 상륙.
8. 1945년 5월 1일, 6월 10일, 7월 1일, 오스트레일리아군
   타라칸, 브루나이 만, 발릭파판에 상륙.
9. 1945년 8월 6일 히로시마와 9일 나가사키에 원자폭탄 투하.
10. 1945년 8월 9일~22일, 소련군 만주와 한국 북부를 침공.

일본 본토 공습

일본에 대한 전략폭격은 신형 B-29 폭격기의 개발과 함께 본격화했다. 원래 이 폭격기는 1944년 6월부터 중국에서 발진해 공습을 실시했지만, 큰 성과를 거두지 못했다. 11월부터는 기지를 마리아나 제도로 바꿔 일본 내 항공기 공장 등의 군수시설을 목표로 공습을 지속했다. 이에 따라 일본의 항공기 생산량은 1945년 1월에서 6월까지 월평균 1,900대로 1944년 월평균 2,300대를 훨씬 밑돌았다.[218] 하지만 일본 전쟁지도부의 항전의지를 꺾기에는 큰 효과가 없었으므로 항공작전의 목표를 재검토하게 되었다.

1945년 3월, B-29 전략폭격기의 작전을 담당하는 제20공군의 사령관으로 커티스 르메이Curtis LeMay 소장이 부임했다. 르메이는 폭격 방식을 군수시설 중심의 특정표적 폭격에서 야간 저공 네이팜탄을 활용한 지역표적 폭격 방식으로 바꿨다. 3월 9일과 10일에 도쿄 야간 대공습을 비롯하여 일본 전역의 도시들이 공습을 당했다. 미 공군은 작전에 참가한 비행기 334대 가운데 손실이 14대에 불과했지만, 도쿄는 약 40km²가 불타면서 민간인 8만 명이 사망하고 4만 명이 부상했으며, 건물 25만 채가 파괴되는 큰 피해를 입었다.[219] 새로운 전술목표에 따른 공습 결과, 일반인의 희생은 이루 말할 수 없을 정도로 증가했다. 미국은 일본 국민의 피해가 커지면 국민의 사기에 영향을 미쳐 종전을 앞당길 수 있다는 판단에 무차별 폭격을 가했던 것이다. 일본의 패전 직후 파악한 본토 피해는 가옥 소실 230만 호, 사망자 26만 명, 부상자 42만 명, 이재민 920만 명으로 추정되었다. 그러나 일본 최고지도부는 국민의 희생은 안중에 없었다.[220] 군대나 경찰, 소방대는 전부 천황이나 귀족, 관공서, 고위 관료, 대부호들의 집을 지키는 데 전력을 기울였고, 민가는 타도록 내버려

●●● 1945년 5월 25일 도쿄를 폭격하는 B-29 폭격기 편대. 도쿄는 약 40km²가 불타면서 민간인 8만 명이 사망하고 4만 명이 부상했으며 건물 25만 채가 파괴되는 큰 피해를 입었다. 〈출처: WIKIMEDIA COMMONS | Public Domain〉

두었다.[221] 일본 국민의 사기는 바닥을 쳤다.

1945년 3월 이후 실시된 전략폭격은 일본 경제와 국민에게 커다란 어려움을 안겨주었다. 수백만 명의 이재민들은 오두막에서 살아야 했고, 굶주림과 질병이 만연했다. 일본의 국력과 전쟁수행능력은 거의 소진되어갔다. 1945년 6월에 미국 정부는 일본의 식량 사정을 고려할 때 1946년 봄 이후에는 일본이 전쟁을 더 이상 지속할 수가 없다고 평가했다. 일본의 전쟁수행능력 자체도 한계에 다다랐다. 군사 장비를 교체할 여유가 없었고, 연료 부족으로 선박과 비행기를 움직이기조차 힘들어졌다.[222] 이와 같은 국민의 피해와 전쟁지속능력의 상실 등 일본이 직면한 현실은 참담했지만, 일본 전쟁지도부는 전쟁을 포기할 생각이 없었다. 실제 미국의 원자폭탄이 일본 본토에 투하될 때까지도 연합군의 상륙에 대비하기 위해 온갖 종류의 자살특공대를 조직하는 등 일본은 무의미한 항전을 지속했다.

원자폭탄 투하와 무조건 항복

일본 본토가 해상과 공중에서 연합국에 완전히 봉쇄되어 일본은 절망적인 상황에 놓였다. 미국과 영국의 함재기들은 일본 본토를 계속 공습했고, 미국 함정들은 동해를 비롯한 주변 해역을 장악하고 있었다. 일본 해군 함정은 대부분 침몰했고, 해외의 일본 해군은 고립되거나 항복한 상태였다.[223] 승리의 희망이 없는 상황에도 불구하고 일본 전쟁지도부는 본토에서의 결전을 준비하고 있었다. 이를 위해 일본 육군은 1945년 5월까지 본토에 45개 사단을 창설했고, 8월까지 본토에 육군 240만과 해군 130만 총 370만 명의 대군을 편성했다.[224] 이외에도 특공기 3,000대와 일반 전투기 5,000대, 특공보트 3,300척, 그리고 예비 병력으로 2,800

만 명에 달하는 의용군을 대기시켰다.[225]

반면, 미국은 이오 섬 전투와 오키나와 전투에서의 희생이 예상외로 매우 컸기 때문에 일본 본토 상륙작전을 아주 신중하게 추진해나갔다. 1945년 5월 9일, 독일의 항복으로 인해 미군은 유럽의 병력을 전환하여 태평양에 대규모 병력 투입이 가능해졌다. 미국은 일본의 무조건 항복을 강요하기 위해 2개의 본토 상륙작전을 계획(멸망작전Operation Downfall)했다. 첫 번째 작전은 1945년 11월부로 맥아더 휘하 제6군과 제5해병군단이 규슈를 공략해 일본군을 괴멸시키는 것(올림픽작전Operation Olympic)이었다. 또 다른 작전은 1946년 3월에 제8군과 제10군을 도쿄가 있는 혼슈에 투입하고 이어서 유럽에서 전환된 제1군을 후속시켜 도쿄 일대를 점령한다는 것(코로넷 작전Operation Coronet)이었다.[226] 하지만 이 작전계획은 미국이 이전과는 차원이 다른 무기체계 개발에 성공함으로써 실행되지 못하고 종전의 길로 접어들었다.

일본은 미군의 본토 상륙 계획을 정확히 예상하고 규슈와 관동 지역 방어에 중점적으로 대비하고 있었다. 일본군의 본토 준비 상황을 파악한 미국 정부와 군부 지도자들은 작전 실행 시 예상되는 엄청난 사상자 발생 시나리오에 대해 매우 우려하고 있었다. 이러한 상황에서 7월 16일에 미국은 뉴멕시코 사막지대에서 원자폭탄 실험에 성공했다. 같은 시기에 미국·영국·소련의 정상은 베를린 외곽 포츠담Potsdam에서 회의를 열어 종전 문제를 논의하고 있었다. 7월 26일, 연합국은 일본이 무조건 항복을 하지 않으면 일본 본토를 철저히 파괴하겠다는 내용의 포츠담 선언Potsdam Declaration을 발표했다. 그러자 7월 30일, 일본 총리는 전쟁 지속을 다짐하는 성명을 발표하며 연합국의 요구를 일축했다.

1945년 8월 6일, 미국은 전쟁을 지체없이 끝내기 위해 원자폭탄 투하를 결정했다. 티니안 섬의 미군 기지에서 출격한 '이놀라 게이Enola Gay'라는 이름의 B-29 폭격기 1대가 '리틀보이Little Boy'라는 애칭으로 불린 원자폭탄을 히로시마広島에 투하했다. 일순간에 13만 명 이상이 사망했고 히로시마가 완전히 파괴되었다. 8월 8일, 소련은 일본에 선전포고하며 시베리아에서 만주 방향으로 진격했다. 8월 9일 아침, '복스 카Bock's Car'라는 이름의 B-29 폭격기가 '팻맨Fat Man'이라고 명명된 또 다른 원자폭탄을 나가사키長崎에 떨어뜨렸다. 나가사키 원자폭격으로 6만 명 이상의 희생자가 발생했다.[227]

8월 9일 밤, 일본은 어전회의를 열었다. 어전회의에 참석한 각료 6명 중 3명은 항복에 동의했지만, 군부 출신의 3명은 계속 항전하기를 원했다. 미국의 원자폭탄 투하가 최후까지 저항하겠다는 강경파 육군의 결심을 변화시키지 못했다. 그럼에도 불구하고 1945년 3월부터 이어진 장기간의 전략폭격의 피해와 두 번의 원자탄 피폭은 일본 지도자들에게 항복은 피할 수 없음을 확신시켜주었다. 다음날 아침, 일본 정부는 연합국이 천황의 특권을 손상시키지 않는다면, 연합국의 포츠담 선언을 받아들이겠다고 발표했다. 이에 대해 미국은 천황이 연합군 총사령관의 권위에 복종해야 한다고 일본 정부의 대응을 일축했다. 8월 14일, 마침내 일본의 천황은 연합국의 조건을 수용한다고 최종 결정했다. 8월 15일 정오, 천황은 직접 낭독해 녹음한 "적대행위를 중지하라"는 종전 조서를 방송으로 발표했다. 천황은 항복이라는 표현을 쓰지 않는 대신, "세계 대세와 전국이 일본에게 유리하지만은 않게 전개되었으며, 적이 '극도로 잔인한 새로운 폭탄'을 사용하기 때문에, 참을 수 없는 어려움을 참고 견딜 수 없는 고통을 견디며 다가올 모든 세대를 위해 원대한 평화의 길을 닦기로 결심했다"고 언급했다.[228] 이로써 일본의 침략전쟁이 실패로 끝나면서 태평양전쟁은 종전을 맞게 되었다.

천황의 항복 선언 이후에도 만주에서는 잠시나마 전쟁이 계속되었

●●● 1945년 8월 6일과 9일 히로시마와 나가사키에 보잉 B-29 슈퍼포트리스가 투하한 원자폭탄의 폭발로 버섯구름이 솟아오르고 있다. 8월 14일, 마침내 일본의 천황은 연합국의 조건을 수용한다고 최종 결정했다. 8월 15일 정오, 천황은 직접 낭독해 녹음한 "적대행위를 중지하라"는 종전조서를 방송으로 발표했다. 왼쪽 사진은 1945년 8월 6일 히로시마에 떨어진 원자폭탄 '리틀보이'이 폭발하는 모습이고, 오른쪽 사진은 1945년 8월 9일 나가사키에 떨어진 원자폭탄 '팻맨'이 폭발하는 모습이다. 〈출처: WIKIMEDIA COMMONS | Public Domain〉

다. 1945년 4월부터 8월 사이에 소련의 스탈린은 30개 사단 약 75만 병력을 유럽에서 극동 지역으로 이동시켰다. 이후 80개 사단과 150만 병력, 기갑차량 5,500대, 그리고 비행기 약 5,000대를 보유한 대규모 극동사령부를 창설하고 그 사령관으로 알렉산드르 바실리예프스키^{Alexandr} ^{Vasilevsky} 원수를 임명했다. 만주의 일본 관동군은 총 24개 사단으로 구성되어 있었지만, 이 가운데 8개 사단은 겨우 10일 사이에 동원된 병력이었다. 일본군도 숫자상으로는 100만 명에 이르는 병력을 보유하고 있었지만, 소련군보다는 수적으로 열세인 데다가 장비도 열악하고 훈련 정도나 사기는 이루 말로 할 수 없을 정도로 형편없었다. 스탈린은 승전국의 이점을 노리며 소련군의 만주 침공을 독려했다. 독일군과의 전투를 통해 기동전의 전문가로 거듭난 소련군 지휘관들은 순식간에 만주를 석권했다. 8월 18일에는 하얼빈^{哈爾濱}이, 8월 22일에는 뤼순^{旅順}이 소련군의 수중에 떨어졌다. 소련의 남진 과정에서 약 35만 명 이상의 일본군이 사망하거나 실종되었고, 64만 명은 전쟁포로가 되어 소련의 노동수용소로 보내졌다.[229] 더 나아가 소련은 8월 말에 일본 본토 북부인 홋카이도^{北海道}에 상륙할 계획까지 세우고 있었다. 스탈린은 홋카이도에서 일본의 항복을 받겠다는 자신의 제안을 미국의 트루먼^{Harry S. Truman} 대통령이 강력하게 반대하자 결국 계획을 취소했다. 소련군은 한반도를 향해 진군을 계속했다.

CHAPTER 5

종전과 그 이후

1. 전쟁의 결과

1945년 8월 30일, 연합국 군대는 일본을 점령하기 위해 병력 약 7,500명과 함선 380척에 달하는 대규모 전력을 요코하마^{横浜}에 상륙시켰다. 9월 2일에 일본 외상과 육군 참모총장이 도쿄 앞바다에 정박한 미국 미주리 함^{USS Missouri} 함상에서 일본 천황을 대신해 항복문서에 서명했다. 연합국은 앞서 7월에 발표한 포츠담 선언의 내용에 기초해 일본의 무조건 항복을 공식적으로 처리했다. 8월 15일부로 연합군최고사령관^{SCAP,} ^{Supreme Commander of the Allied Powers}에 임명된 맥아더 원수와 연합국 9개국(미국, 영국, 소련, 중국, 프랑스, 네덜란드, 오스트레일리아, 뉴질랜드, 캐나다) 대표가 참여해 일본의 항복문서를 승인했다. 마침내 제2차 세계대전은 연합국의 승리로 끝났다.

과거 제1차 세계대전 시기에는 전차, 항공기, 잠수함, 독가스와 같은 새로운 무기체계가 등장했다. 제2차 세계대전에서도 항공모함, 전투기, 폭격기, 네이팜탄, 그리고 원자폭탄 등 새로운 무기체계가 전쟁의 주역

●●● 1945년 9월 2일 더글라스 맥아더 장군이 미주리 함에서 연합군 최고사령관으로서 항복 문서에 서명하고 있다. 9월 2일에 일본 외상과 육군 참모총장이 도쿄 앞바다에 정박한 미국 미주리 함 함상에서 일본 천황을 대신해 항복문서에 서명했다. 연합국은 앞서 7월에 발표한 포츠담 선언의 내용에 기초하여 일본의 무조건 항복을 공식적으로 처리했다. 8월 15일부로 연합군최고사령관에 임명된 맥아더 원수와 연합국 9개국(미국, 영국, 소련, 중국, 프랑스, 네덜란드, 오스트레일리아, 뉴질랜드, 캐나다) 대표가 참여하여 일본의 항복문서를 승인했다. 마침내 제2차 세계대전은 연합국의 승리로 끝났다. 〈출처: WIKIMEDIA COMMONS | Public Domain〉

〈표 3〉 아시아 · 태평양 전장에서 미국과 일본 군인의 인명피해 현황

구분		전사자	부상자	계
미 국	육군 (항공대 포함)	41,686	109,425	151,111
	해군	31,485	31,701	63,186
	해병	19,733	67,207	86,940
	계	92,904	208,333	301,237
일 본	육군 (항공대 포함)	1,289,605	53,028	1,342,633
	해군	298,209	7,844	306,053
	계	1,587,814	60,872	1,648,686

출처: Micheal Clodfelter, *Warfare and armed conflicts: a statistical encyclopedia of casualty and other figures, 1492–2015*(Mcfarland & Company, 2017), p. 529.

으로 등장했다. 이러한 신무기들은 이전과는 비교할 수 없을 정도의 큰 파괴력으로 막대한 전쟁 피해를 발생시켰다. 흔히 제2차 세계대전은 인간이 저지른 사상 최악의 재앙이라고 불린다. 제2차 세계대전의 엄청난 희생은 정확한 사상자 수치를 파악하기 힘들 정도이다. 많은 국가의 민간인들이 군인보다 훨씬 더 많은 희생을 당했다. 홀로코스트, 학살, 기아, 질병 등으로 인한 민간인 희생자는 최소 3,000만 명에서부터 최대 5,500만 명까지로 추산된다. 제2차 세계대전으로 인한 기아 사망자만 2,000만 명으로 추산되는데, 그중 중국의 기아 사망자는 약 1,000만 명이고 인도 및 아시아 지역의 기아 사망자는 500만 명인 것으로 조사되었다.[230] 한편, 군인 희생자는 일본군이 약 600만 명 동원되어 158만 명(육군 128만, 해군 30만)이 사망했고, 6만 명 정도가 부상당했다. 일본군 희생자 중 사망자의 비율이 압도적으로 높은 이유는 승리의 가능성이 없는 상황에서도 철수를 용인하지 않고 희망 없는 결사항전을 고

◈ 전쟁범죄 범주 구분 ◈

1945년 8월 8일 연합국 미국, 영국, 프랑스, 소련 4개국은 런던에서 '유럽 추축국의 중요 전쟁범죄인의 소추 및 처벌에 관한 협정'을 맺었다. 이 협정 제6조에는 국제군사재판소가 관할하는 범죄의 범주를 다음과 같이 규정하고 있다.

A항 침략전쟁의 계획, 준비, 수행 등의 평화에 대한 죄
B항 통상의 전쟁범죄 - 집단살해를 포함한 전쟁법규와 전쟁관습법의 위반, 포로 및 민간인에 대한 가혹한 대우, 불필요한 파괴행위
C항 인도人道에 관한 죄 - 전쟁 전·후에 민간인에 대한 추방, 노예화, 절멸, 집단살해와 종교·인종·정치적 이유로 박해하거나 국내법의 위반을 무시하고 구금하는 행위

흔히 A·B·C급으로 표현하며 A급이 가장 무겁고 중요하다고 연상하지만, A·B·C라고 하는 것은 죄의 정도와는 관련이 없다.

집한 지휘부의 전술적 경직성 때문이었다. 반면, 미군은 태평양전쟁에서 약 9만 명의 전사자와 20만 명의 부상자가 발생했다. 제1차 세계대전에서 발생한 미국의 희생자 수와 비교하면 비슷한 수치였다. 태평양전쟁이 이전 전쟁보다 훨씬 큰 살상을 초래한 전쟁이었음에도 불구하고 향상된 의료기술과 서비스의 확대는 미군의 피해를 실질적으로 감소시킨 요인 중의 하나였다.[231]

일본이 항복하자 연합국 최고사령부는 도조 히데키 등 5,000명이 넘는 전쟁범죄자들을 체포했다. 1946년 5월부터 극동국제군사재판이 시작되어 1948년 12월에 최종 판결이 내려졌다. 그 결과는 도조 히데키 등 7명에 대해 사형을 선고하는 등 A급 전범 25명과 900명에 대한 형을 확정했다. 이어서 여러 후속 전범재판들이 도쿄 이외의 9개국 49개 재

●●● 1948년 11월 12일 극동국제군사재판에서 사형을 선고받은 도조 히데키. 그는 같은 해 11월 23일 0시 1분에 스가모(巢鴨) 형무소에서 교수형에 처해졌다. 〈출처: WIKIMEDIA COMMONS | Public Domain〉

판소에서 1956년까지 진행되었다.[232] 이 재판들은 각 피해국이 스스로 규정을 만들어 각국 법정에서 이루어졌다. 그 결과 약 5,700명이 기소되어 984명이 사형을 선고받고 4,400여 명이 유죄판결을 선고받았다. 유죄판결을 받은 자들 중 약 7%는 식민지 출신자였는데, 강제징용된 조선인도 148명이 포함되어 있었다.[233]

한편 극동국제군사재판은 전쟁범죄 처리에 있어 몇 가지 한계를 지니고 있다. 우선 태평양전쟁 발발의 최고책임자인 일본 천황이 기소되지 않았다. 재판 초기에 일본 천황의 기소 여부를 놓고 중국, 오스트레일리아, 소련 등 연합국 대부분은 대체로 기소해야 한다는 태도였다.[234] 하지만 일본을 단독 점령한 미국은 천황의 기소가 일본 국민의 큰 저항을 불러오리라고 예상했다. 이 같은 예상에 대해 점령군 사령관 맥아더 역시 일본 국내의 저항을 잠재우기 위해서는 더 큰 규모의 군사력이 필요하고, 종전 후에도 계속된 비극이 발생할 것이라고 우려했다. 전쟁이 지속되는 내내 일본 내각과 군부의 강경파는 본질적으로 일본의 실체와 천황을 동일시했고, 이들의 선택지는 천황제를 유지하거나 전면적인 결사항전뿐이었다.[235] 결국, 미국은 점령의 부담을 빌미로 영국과 합의해 일본 천황을 전범자로 처리하지 않았다.[236]

또한, 일본군이 자행한 생화학전, 강제노동 및 성노예 등 반인륜적 행위 대부분도 다뤄지지 않음으로써 전쟁범죄가 충분히 규명되지 못했다. 극동국제군사재판의 결과는 여전히 일본과 아시아 민족 간에 화해하지 못한 역사 인식이 존재하는 이유 중 하나이다. 일본군에 잡혀 있던 전쟁포로는 혹독한 노동과 가혹한 대우로 인해 많은 이가 목숨을 잃었다. 살아남은 포로들조차도 배고픔과 질병에 시달려 걷지 못하는 사람이 많았다. 또한, 일본군에 의해 강제 동원된 노동자와 위안부 여성들은 신체적·정신적으로 큰 고통을 받았으며, 전쟁 이후에도 그 후유증에 시달려야 했다.

　일본은 중일전쟁과 태평양전쟁을 치르기 위해 일본 본토와 조선을 비롯한 모든 통치지역에서 인적·물적 자원을 강제로 동원했다. 일본은 조선인을 군인, 군무원, 노무자, 위안부 등으로 전쟁에 동원했다. 위안부 피해자를 제외하더라도 최대 780만 명이 동원되었음이 확인되고 있으며, 중복 동원을 고려하더라도 실제 동원된 규모는 대략 200만 명으로 추산되고 있다.[237] 일본은 전쟁 말기에 접어든 1944년 9월 1일부터 조선인도 일본 군대에 징병하기 시작해 총 20여 만 명을 입대시켰다. 게다가 일본은 국가총동원법에 근거해 조선의 쌀과 물자 등을 전쟁 기간 내내 점증적으로 수탈했다. 예컨대 한강 이북의 군수공장에서 생산된 군수물자는 주로 중국과 만주 전선으로 보내졌고, 이남에서 만든 물자는 일본으로 가져갔다.[238] 한반도는 일본이 침략전쟁을 수행하기 위한 수탈의 땅이었다.

2. 승패에 영향을 미친 요인

일본은 초기 공세의 성공을 이어가지 못하고 종국에는 패배하고 말았다. 한편 미국을 중심으로 연합국은 전쟁 초기 일본의 연이은 공세와 유럽에서 독일의 파상공격으로 인해 고전을 면치 못했다. 하지만 결국 연합국 진영은 전세를 뒤집고 추축국 진영을 항복시켰다.

　전쟁의 승리는 군사적 승리를 통해 가능하다. 그러나 군사적 승리를 뒷받침하기 위해서는 정치, 외교, 경제, 과학기술 등 국력의 여러 요소가 종합적으로 고려되어야 한다. 결국, 태평양전쟁의 승패에도 합동성, 작전수행능력, 군사력 강화, 정보, 작전지속지원 등 군사적 기능이 얼마나 효과적으로 발휘되었느냐가 전쟁 결과와 직결되었지만, 동시에 군과 정치의 관계, 전쟁목적의 일관성, 군사력 강화와 과학기술의 발전 측면 등도 전쟁의 과정과 결과에 이르기까지 매우 중요한 요인으로 작용했다.

첫째, 군과 정치의 관계 측면이다. 일본은 청일전쟁을 시작으로 반세기가 넘게 제국주의적 침략전쟁을 지속하면서 군부 우위의 군국주의 국가체제가 정착했다. 군부와 내각은 각각 천황에 직속되어 있었기 때문에 일본의 팽창 과정에서 군부는 내각의 견제를 거의 받지 않고 국가권력의 중심으로 성장했다. 태평양전쟁 기간 육군 출신 도조 히데키가 총리로서 전쟁을 지도하고 군부 출신이 내각을 장악했다. 이에 따라 전쟁 지도에 있어 정치, 외교, 경제 등 비군사적인 고려가 약화되고 군사 일변도로 치달았다. 군부의 전쟁 수행을 적절히 관리하고 견제할 수 있는 정치와 외교의 기능이 매우 약해졌다. 더욱이 국가권력의 최고 정점인 천황도 가장 중요한 국책인 전쟁에 관해 군부와 내각의 대립을 조율하고 군부를 통제할 능력을 보여주지 못했다.[239] 따라서 일본의 전쟁 지도는 정치, 경제, 외교, 군사 등 국가 제반 요소를 종합적으로 고려해 결정하지 못하고 주로 군사 위주의 대응만을 쫓아가게 된 것이었다.

정치와 외교의 기능이 실종되자, 일본은 동맹과의 협조된 관계를 이어가지 못했다. 독일은 제2차 세계대전 초기 유럽과 아프리카 북부를 석권하고 그 기세를 몰아 소련까지 침공했다. 일본 역시 전쟁 초기 태평양 일대에서 연합국 진영과 싸우면서 승전을 이어갔다. 그러나 일본과 독일은 상호이익을 기반으로 한 공통된 전쟁목표를 선정하지 못함으로써 군사전략이나 연합작전 등 군사동맹의 협조체제를 작동시키지 못했다. 결과적으로 일본과 독일은 각기 다른 지역에서 다른 상대와 전쟁을 수행하는 허울뿐인 동맹에 불과했다. 반면에 연합국 진영은 유럽과 태평양 지역에서 각각 독일과 일본을 타도한다는 분명하고 공통된 전쟁목표를 바탕으로 긴밀히 협력했다. 연합국 진영은 1941년 미국이 참전하기 전부터 미·영참모회의(ABD-1 회의)를 시작으로 전쟁에 협력하기 위한 목적으로 총 40차례가 넘는 연합국 회담이 진행되었다. 1943년 11월에는 이란 테헤란에서 루스벨트, 처칠, 스탈린이 만났다. 이 회담에서 미국, 영국, 소련은 소련의 대일전 참전을 합의하고, 독일의 전후 처리를 논의하는 등 지리와 이데올로기의 차이를 극복하고 협력하기 시작했다. 이를 통해 연합국들은 추축국 간의 단결을 저지하고, 연합작전체제를 충실히 이행함으로써 전쟁을 승리로 이끌 수 있었다.

둘째, 전쟁목적의 일관성 측면이다. 일본이 계획한 남방작전의 목적은 동아시아에서 미국, 영국, 네덜란드의 주요 근거지를 격멸하고, 자원 획득을 위해 중요 지역을 확보하는 것이었다. 남방작전이 성공한다면 다음 단계로서 외곽 방어지대를 강화하고, 연합국의 반격을 저지하고자 했다. 실제로 진주만 기습과 남방작전에서 일본의 초기 공세는 성공적이었다. 그러나 서전의 성공에 도취한 일본의 전쟁지도부는 합리적인 상황판단을 소홀히 했고, 작전목적을 일관되게 견지하지 못했다. 태평양전쟁의 전환점이라 불리는 미드웨이와 과달카날 전투는 원래 일본의 작전목적에는 포함되지 않은 지역이었다. 두 전투는 일본 대본영이 일본군 자신의 능력을 정확히 고려하지 않고 한계를 넘어선 작전을 시도했기 때문에 초기 작전에서 이룬 성과를 전쟁목표 달성과 연결하지 못하는 패착을 불러왔다. 해군 통수부가 군사력의 한계를 초월한 미드웨이나 오스트레일리아 공략을 주장했던 것도 전쟁목적과 전쟁수행능력에 대한 정확한 인식이 없었기 때문이다. 남태평양 방면에서도 포트모르즈비 공략과 과달카날 비행장 확보를 놓고 정확하고 합리적인 상황판단을 했어야 했다. 일본 육군과 해군은 전쟁목적에 부합하지 않았던 지역에서 심대한 희생을 치르고 나서야, 결국 공세에서 수세로 전환할 수밖에 없었다.

셋째, 과학기술의 발전과 무기체계 개발 측면이다. 미국은 무기체계의 급속한 개량과 발전 능력을 보여주었으나, 일본은 그렇게 할 여력이 없었다. 일본은 군사 우선주의로 인해 민간의 기술 수준이 낙후했기 때문에 국내의 일반적인 기술 수준이 낮았다.[240] 예를 들어 어뢰, 잠수함, 야간탐조등 등의 기술은 전쟁 초기 일본 해군이 위력을 발휘할 수 있는 무기체계와 장비였으나, 미국의 참전과 본격적인 기술 개량으로 그 우위는 곧 상쇄되었다. 주목할 점은 일본이 한때 항공기나 군함 생산에서 세계적인 수준에 도달해 있었지만, 원자재, 부품, 특허 등 세부 측면에서 외국 의존도가 높았다는 점이다. 예컨대, 미국이 일본에 대한 고철 수출을 금지하자 일본은 군용 철강 생산에 치명적인 타격을 받아 결국 비행기, 함정 등 전투 현장에 필요한 핵심 무기체계의 생산에 심각한 차질을 가져왔다. 전쟁 초기에 최상의 과학기술과 무기체계를 보유하더라도 군사력의 무한한 우위를 보장하는 것은 불가능에 가까운 것이었다.

넷째, 육군과 해군 사이의 합동성 측면이다. 일본은 군부와 내각의 대립으로 전쟁 지도에 차질을 초래했다. 이러한 대립과 분열은 군부 내부에서도 나타났다. 육군과 해군의 대립으로 결정적 시점에 상호 협조적인 작전수행을 하지 못했다. 1942년에 미드웨이 해전과 과달카날 전투 결과로 태평양전쟁의 전황이 연합국에 유리하게 조성되었고, 이후 남서태평양 지역에서 연합군이 반격하자 일본 해군은 고전을 면치 못하고 있었다. 태평양은 일본 해군이 작전을 담당하는 구역이었다. 이 시기에 일본 육군의 주력은 중국과 만주에 전념하고 있었다. 이미 1941년 6월 독소전쟁 발발 이후 일본 육군은 소련과의 전쟁을 가정하며 관동군 병력을 70만 명까지 확대해놓은 상태였다. 1943년부터 남방 방면으로 육군 병력이 전환되기 시작했지만, 절반 이상은 여전히 북방 전선에 고착되어 있었다.[241] 육군과 해군의 대립으로 소중한 시간을 낭비했던 것이었다. 전후 도조 히데키 전 총리는 1942년에 별다른 대응 없이 허송세월한 것을 전쟁의 패인으로 한탄한 바 있다. 요컨대, 일본의 군사적 패인 중 하나는 주요 전장이 중국 본토에서 태평양으로 전환되어 미국을 상대로 결전을 치르던 시기에 육군의 주력을 효과적으로 전환하지 못했다는 점과 그 배경이 육군과 해군의 대립이었다는 것이다.

다섯째, 작전수행능력 측면이다. 전쟁은 정확히 계산된 전투력을 기초로 합리적인 상황판단이 이루어져야 하며, 이를 통해 실현 가능한 작전계획이 수립되어야 한다. 미군은 합리성에 기초한 작전계획과 이를 위한 물리적인 전투력 강화를 중시했다. 그 결과 생산력 강화에 주력하여 기동력, 항공력, 화력, 보급 등 물리적 요소를 매우 중요시했다. 그러나 일본군은 물리적인 전투력의 강화보다 정신력을 중시했고, 화력전보다 백병전을 고수했다. 여러 상륙작전의 사례에서 알 수 있듯이 미군은 계산된 전투력을 통해 화력과 병력을 집중하는 강습상륙 형태의 정공법을 택했다. 하지만 일본군은 야음과 적의 허를 찌르는 기습상륙을 기본 전술로 사용했다. 즉, 일본군은 합리적 상황판단에 의한 계산된 작전수행이 아니라 희망적인 가정과 우연에 의존한 도박적인 작전수행을 추구한 것이다.[242] 일본군의 작전수행이 일시적인 전투에서 승리한 사례는 여러 차례 있었다. 하지만 총력전 시대의 전쟁은 일시적인 것으로 승리할 수 없었다. 결국 전투력의 상대적인 우위를 어떻게 달성하고, 운영하며, 지속할 수 있는가가 전쟁의 승패를 좌우하는 요인인 것이다.

정신력을 중시하는 일본군 작전수행의 특징은 천황에게 맹목적으로 충성하는 일본군의 전통과 관련이 있다. 일본 군대는 천황의 군대이며 지배체제를 보위하기 위한 군대였을 뿐, 국민을 위한 군대로 볼 수 없었다. 일본 군인으로서 최고의 미덕은 천황을 위해 생명을 바치는 것이었다. 이와 같은 일본군의 특성은 일본군의 전략·전술을 매우 경직되게 했다. 도조 히데키가 육군상에 재직 중일 때 전군에 배포한 '전진훈戰陣訓'에서는 포로가 되기보다 죽을 것을 훈계하고 있다.[243] 이로 인해 어떠한 상황에서도 포로가 되는 것이 허락되지 않았고, 절망적인 상황에서도 '옥쇄玉碎'라는 이름으로 무조건적인 희생이 반복되었다. 일본군에는 나아갈 때 만용을 부리고, 적시에 물러서지 못하는 폐해가 있었다.[244] 전황이 변화하면 그 상황을 정확히 판단하고 그에 맞는 최선의 대응책을 마련하는 유연한 전술이 필요하다. 그러나 일본군은 시종일관 기존 방침만을 고수하는 경직된 전술을 구사함으로써 차후 작전을 위한 여건 조성에 실패했고, 장병들의 목숨을 의미없이 희생시켰다.

여섯째, 군사력 강화 측면이다. 태평양전쟁 발발 이전부터 일본은 미국의 산업력이 전쟁의 승패에 결정적인 영향을 줄 것으로 판단했다. 따라서 일본은 단기결전과 자원확보에 전략적 방점을 두고 전쟁을 시작했다. 하지만 전쟁이 일본의 의도대로 흘러가지 않으면서 미국의 압도적인 산업능력은 전쟁의 승패에 지대한 영향을 주었다. 예컨대, 전쟁 말기인 1945년 7월 무렵 미군은 태평양 전선에만 항공기 2만 1,908대를 보유하고 있었던 반면, 일본군의 항공기 수는 겨우 4,100대에 불과했다. 종전 직후 고노에 후미마로近衛文麿 전 총리는 항복 결정을 내리게 된 가장 큰 요인으로 B-29 폭격기의 지속적인 일본 본토 폭격이라고 밝힌 바 있었다.[245] 단순히 항공기 생산량만이 미국의 승리를 보장하지 않았다. 미국은 조종사와 승무원 훈련에 힘쓰면서 비행기의 성능 개량을 꾸준히 발전시켰다. 반면, 일본은 개전 초기 하와이 기습과 남방작전에서 보여주었던 항공전의 우위를 지속하지 못하고, 불과 반년쯤 지나 숙련된 조종사를 차례로 소모하고 항공기의 기술적 발전도 이룩하지 못했다. 결국, 1943년 무렵 항공전에서 미군의 항공전력이 일본을 압도하게 되었다.[246]

일곱째, 정보활동 측면이다. 성공적인 작전수행을 위해서는 합리적인 상황판단이 선행되어야 하며, 상황판단은 정확한 정보활동을 기초로 가능하다. 일본은 개전 초 진주만을 기습할 때 미국의 전쟁수행능력을 오판했다. 진주만 기습과 초기 공세는 준비되지 않은 연합군을 상대로 한 것이어서 이 기간에 일본과 연합국 간의 결전은 발생하지 않았다. 그러나 일본은 서전의 성공 후 차후 전략을 검토할 때 미국이 태평양 전선에 참여하려면 적어도 6개월은 소요되리라 상황을 낙관했다. 일본이 진주만 기습 이후 반년이 채 되지 않아 1942년 4월에 미군의 둘리틀 편대에 본토 공습을 허용하고, 5월에는 산호해 해전에서 고전했으며, 6월에 미드웨이에서 대패했다. 이는 초기 공세의 성공 이후 정확한 정보에 근거한 합리적 상황판단을 하지 못한 결과였다.

일본은 대체로 상황을 자신에게 유리하게 판단해 작전을 수행하면서 정보수집과 정찰활동을 소홀히 했다. 예컨대 일본은 레이더 기술의 발전이 자국의 작전활동에 해를 끼칠 수 있다고 판단해 기술 개발을 규제했다. 반면, 미국은 레이더 기술을 최대한 개발해 일본과의 전쟁에 이를 적극적으로 활용했다.[247] 1943년부터 레이더 성능의 현격한 차이로 미군은 일본군 항공기를 정확히 추적했고, 미군의 활동을 파악하지 못한 일본군을 상대로 일방적인 항공전을 수행했다. 마리아나 탈환 작전을 전개하던 미군과 이에 대응하여 아고 작전을 펼친 일본의 항공전 결과 일본의 항공력은 붕괴되었다. 마리아나 제도를 탈환한 미군은 B-29 폭격기로 일본 본토를 마음껏 공습할 수 있었다.

마지막으로 작전지속지원 측면이다. 전술적으로 보면 미군은 태평양에서 섬 건너뛰기를 하는 과정에서 제공권과 제해권을 장악하여 일본군의 병참 기능을 마비시켰다. 미군은 매일 충분한 보급을 받은 반면, 일본군은 드물게 소량 정도의 보급을 받는 것에 그쳤다. 미군의 충분한 보급지원은 '함대 보급열차Fleet Train'로 불리던 미 해군의 보급수송선단 덕분이었다.[248] 일본군이 아무리 결사항전의 정신으로 무장했더라도 보급과 수송이 단절된 상태에서 배고픔과 무기, 탄약, 장비의 부족을 극복할 수 없었다.

1945년 2월부터 미군은 일본 본토를 거침없이 폭격하기 시작했다. 일본 대부분의 산업시설과 군수기지에 몇 달간 전략폭격이 지속되었다. 예컨대, 1945년 8월 1일에 미 B-29 폭격기의 야간공습으로 인구 15만 명의 산업도시 도야마富山는 도시의 90% 이상이 파괴되었다. 일본의 경제가 버틸 수 없는 상황이었고, 일본은 더 이상 전쟁을 지속할 수 없었다. 전쟁지속능력을 상실한 일본은 비인간적인 가미카제 자살특공대 공격을 통해 미군에 손실을 가함으로써 강화협상에 의한 전쟁 종결에 희망을 걸 뿐이었다.

3. 전쟁의 영향

태평양전쟁은 끝났지만, 아시아 곳곳에서는 아직 전쟁이 끝나지 않았다. 인도차이나와 동인도 제도에서는 영국과 프랑스 등 식민지 제국과 민족해방전쟁이 시작되었고 이어 내전으로 발전했다. 중국에서도 1946년 7월, 국공내전이 전면적으로 재개되어 전쟁의 참상이 되살아났다. 마찬가지로 한반도에서도 일본 제국의 패망으로 인한 광복의 환희는 찰나에 불과할 뿐 전쟁의 기운이 코앞에 다가왔다.

일본이 패망했지만, 그 영향은 한반도에 직접적인 악영향을 끼쳤다. 바로 한반도가 분단된 것이다. 1945년 7월, 미국이 원자폭탄 개발에 성공하자, 미국은 소련의 참전을 배제하고 전쟁을 끝내 일본 본토뿐만 아니라 한반도와 만주를 단독으로 점령하려고 했다.[249] 8월 6일에 히로시마에 원자폭탄을 투하했지만, 일본은 바로 항복하지 않았다. 1945년 8월 8일, 소련은 대일 선전포고를 하고 만주, 한반도, 사할린 등지로 남진했다. 대일전에 참전함으로써 일본을 항복시키고, 전후 처리의 이권

을 확보하려는 의도였다. 당시 미국은 일본의 항복에 대비해 일본 본토
와 식민지에 대한 전후 질서를 구상하는 데 주도적인 역할을 했다. 미국
이 '연합군 일반명령 제1호'를 작성해 소련과 영국에게 통고했고, 각국
은 이견 없이 합의했다. 이 내용에 따라 북위 38도 이북의 한반도는 소
련이, 38도 이남의 한반도는 미국이 일본군의 무장해제를 담당했다. 일
본군 무장해제를 위해 편의적으로 구분한 군사분계선이었던 38도선은
해방 이후 소련과 미국에 의한 점령과 신탁통치의 과정을 거치면서 한
반도를 대한민국과 조선인민공화국으로 분단시키는 결과를 낳았다. 만
약 일본의 항복이 미국의 원자폭탄 투하로 비롯된 것이 아니라 1945년
말부터 1946년까지 시행하기로 계획된 일본 본토 상륙작전을 통해 이
루어졌다면, 소련도 홋카이도 상륙작전을 실행에 옮겼을 것이다. 그렇게
되었다면 일본 역시 독일처럼 소련과 기타 연합국에 의해 분할 점령되
었을지도 모른다. 어디까지나 이것은 가정일 뿐이다. 다만 분명한 사실
은 일본의 패망이 한반도 분단과 밀접한 관련이 있다는 것이다.

주(註)

1 폴 콜리어 외, 강민수 옮김, 『제2차 세계대전』(서울: 플래닛미디어, 2016), p. 440.

2 Samuel P. Huntington, *The Soldier and the State*(Cambridge: Harvard University Press, 1957), p. 126.

3 앞의 책, p. 127.

4 폴 콜리어 외, 강민수 옮김, 『제2차 세계대전』, p. 441.

5 김광진, 『제복과의 대화-제1차 세계대전과 제2차 세계대전에서 라이벌과 민군관계』(서울: 서강대학교 출판부, 2021), p. 268.

6 박충석, "일본국군주의의 형성-그 정치·사회적 기원을 중심으로", 『사회과학연구논총』 제4권(2000), p. 118.

7 Gideon Rose, *How Wars End: Why We Always Fight the Last Battle*(Simon & Schuster, 2010), p. 95.

8 일본역사연구회, 아르고(ARGO)인문사회연구소 편역, 『태평양전쟁사 1-만주사변과 중일전쟁』(서울: 채륜, 2017), pp. 17-18.

9 앞의 책, p. 22.

10 앞의 책, p. 23.

11 폴 콜리어 외, 강민수 옮김, 『제2차 세계대전』, p. 442.

12 일본역사연구회, 아르고(ARGO)인문사회연구소 편역, 『태평양전쟁사 1-만주사변과 중일전쟁』, p. 25.

13 앞의 책, p. 26.

14 폴 콜리어 외, 강민수 옮김, 『제2차 세계대전』, p. 442.

15 한중일3국공동역사편찬위원회, 『한중일이 함께 쓴 동아시아 근현대사 1』(서울: 휴머니스트, 2018), p. 142.

16 한중일3국공동역사편찬위원회,『한중일이 함께 쓴 동아시아 근현대사 1』, p. 143.

17 박영준,『제국 일본의 전쟁, 1868-1945』(서울: 사회평론아카데미, 2020), p. 199.

18 한중일3국공동역사편찬위원회,『한중일이 함께 쓴 동아시아 근현대사 1』, p. 144.

19 앞의 책, p. 144.

20 앞의 책, p. 148.

21 앞의 책, p. 147.

22 앞의 책, p. 148.

23 박영준,『제국 일본의 전쟁, 1868-1945』, p. 213.

24 앞의 책, p. 216.

25 앞의 책, p. 218.

26 한중일3국공동역사편찬위원회,『한중일이 함께 쓴 동아시아 근현대사 1』, p. 167.

27 폴 콜리어 외, 강민수 옮김,『제2차 세계대전』, p. 443.

28 박영준,『제국 일본의 전쟁, 1868-1945』, p. 220.

29 일본역사연구회, 아르고(ARGO)인문사회연구소 편역,『태평양전쟁사 1-만주사변과 중일전쟁』, p. 35.

30 폴 콜리어 외, 강민수 옮김,『제2차 세계대전』, p. 443.

31 앞의 책, p. 444.

32 일본역사연구회, 아르고(ARGO)인문사회연구소 편역,『태평양전쟁사 1-만주사변과 중일전쟁』, pp. 35-39.

33 한중일3국공동역사편찬위원회,『한중일이 함께 쓴 동아시아 근현대사 1』, p. 176.

34 폴 콜리어 외, 강민수 옮김,『제2차 세계대전』, p. 444.

35 앞의 책, p. 444.

36 앞의 책, p. 445.

37 한중일3국공동역사편찬위원회,『한중일이 함께 쓴 동아시아 근현대사 1』, p. 191.

38 박영준,『제국 일본의 전쟁, 1868-1945』, p. 290.

39 하야시 사부로, 최종호 옮김,『태평양전쟁의 지상전』(서울: 논형, 2021), p. 28.

40 박영준,『제국 일본의 전쟁, 1868-1945』, p. 295.

41 하야시 사부로, 최종호 옮김,『태평양전쟁의 지상전』, p. 30.

42 한중일3국공동역사편찬위원회,『한중일이 함께 쓴 동아시아 근현대사 1』, p. 195.

43 박영준,『제국 일본의 전쟁, 1868-1945』, p. 299.

44 폴 콜리어 외, 강민수 옮김, 『제2차 세계대전』, p. 448.

45 박영준, 『제국 일본의 전쟁, 1868-1945』, p. 300.

46 한중일3국공동역사편찬위원회, 『한중일이 함께 쓴 동아시아 근현대사 1』, p. 201.

47 일본역사연구회, 아르고(ARGO)인문사회연구소 편역, 『태평양전쟁사 1-만주사변과 중일전쟁』, pp. 533-534.

48 박영준, 『제국 일본의 전쟁, 1868-1945』, p. 315.

49 후지와라 아키라, 서영식 옮김, 『일본군사사 上』(서울: 육사 화랑대연구소, 2012), p. 293.

50 일본역사학연구회, 아르고(ARGO)인문사회연구소 편역, 『태평양전쟁사 2-광기와 망상의 폭주』(서울: 채륜, 2019), p. 132.

51 앞의 책, p. 138.

52 이지원, "일본의 동아시아 패권정책과 미국의 견제정책에 관한 연구-중일전쟁(1937-41)과 태평양전쟁의 연계성을 중심으로-", 고려대학교 박사학위논문, p. 206.

53 폴 콜리어 외, 강민수 옮김, 『제2차 세계대전』, p. 449.

54 쿠로노 타에루, 최종호 옮김, 『참모본부와 육군대학교』(서울: 논형, 2015), p. 204.

55 이지원, "일본의 동아시아 패권정책과 미국의 견제정책에 관한 연구-중일전쟁(1937-41)과 태평양전쟁의 연계성을 중심으로-", 고려대학교 박사학위논문, p. 204.

56 박영준, 『제국 일본의 전쟁, 1868-1945』, p. 325.

57 하야시 사부로, 최종호 옮김, 『태평양전쟁의 지상전』, p. 39.

58 일본역사연구회, 아르고(ARGO)인문사회연구소 편역, 『태평양전쟁사 2-광기와 망상의 폭주』, pp. 98-99.

59 박영준, 『제국 일본의 전쟁, 1868-1945』, p. 329.

60 앞의 책, pp. 322-323.

61 하야시 사부로, 최종호 옮김, 『태평양전쟁의 지상전』, p. 43.

62 이지원, "일본의 동아시아 패권정책과 미국의 견제정책에 관한 연구-중일전쟁(1937-41)과 태평양전쟁의 연계성을 중심으로-", 고려대학교 박사학위논문, p. 216.

63 폴 콜리어 외, 강민수 옮김, 『제2차 세계대전』, p. 454.

64 앞의 책, pp. 450-451.

65 마이클 반하트, 박성진 옮김, 『일본의 총력전-1919-1941년 경제 안보의 추구』(성남: 한국학중앙연구원 출판부, 2016), p. 327.

66 한중일3국공동역사편찬위원회, 『한중일이 함께 쓴 동아시아 근현대사 1』, p. 206.

67 이지원, "일본의 동아시아 패권정책과 미국의 견제정책에 관한 연구-중일전쟁(1937-

41)과 태평양전쟁의 연계성을 중심으로-", 고려대학교 박사학위논문, p. 225.

68 존 키건, 류한수 옮김, 『2차세계대전사』(서울: 청아람미디어, 2016), pp. 368-369.

69 일본역사연구회, 아르고(ARGO)인문사회연구소 편역, 『태평양전쟁사 2-광기와 망상의 폭주』, p. 200.

70 하야시 사부로, 최종호 옮김, 『태평양전쟁의 지상전』, p. 47.

71 폴 콜리어 외, 강민수 옮김, 『제2차 세계대전』, pp. 466-467.

72 박영준, 『제국 일본의 전쟁, 1868-1945』, p. 340.

73 마이클 반하트, 박성진 옮김, 『일본의 총력전-1919-1941년 경제 안보의 추구』, p. 363.

74 폴 콜리어 외, 강민수 옮김, 『제2차 세계대전』, p. 467.

75 하야시 사부로, 최종호 옮김, 『태평양전쟁의 지상전』, p. 49.

76 폴 콜리어 외, 강민수 옮김, 『제2차 세계대전』, p. 467.

77 이지원, "일본의 동아시아 패권정책과 미국의 견제정책에 관한 연구-중일전쟁(1937-41)과 태평양전쟁의 연계성을 중심으로-", 고려대학교 박사학위논문, p. 235.

78 폴 콜리어 외, 강민수 옮김, 『제2차 세계대전』, p. 468.

79 일본역사연구회, 아르고(ARGO)인문사회연구소 편역, 『태평양전쟁사 2-광기와 망상의 폭주』, p. 219.

80 폴 콜리어 외, 강민수 옮김, 『제2차 세계대전』, p. 469.

81 앞의 책, p. 469.

82 박영준, 『제국 일본의 전쟁, 1868-1945』, p. 348.

83 앞의 책, p. 346.

84 하야시 사부로, 최종호 옮김, 『태평양전쟁의 지상전』, pp. 61-62.

85 박영준, 『제국 일본의 전쟁, 1868-1945』, pp. 348-350.

86 이지원, "일본의 동아시아 패권정책과 미국의 견제정책에 관한 연구-중일전쟁(1937-41)과 태평양전쟁의 연계성을 중심으로-", 고려대학교 박사학위논문, p. 247.

87 존 키건, 류한수 옮김, 『2차세계대전사』, pp. 378-379.

88 박영준, 『제국 일본의 전쟁, 1868-1945』, p. 348.

89 하야시 사부로, 최종호 옮김, 『태평양전쟁의 지상전』, pp. 57-58.

90 후지와라 아키라, 서영식 옮김, 『일본군사사 上』, pp. 308-310.

91 폴 콜리어 외, 강민수 옮김, 『제2차 세계대전』, p. 469.

92 Micheal Clodfelter, *Warfare and armed conflicts: a statistical encyclopedia of* *casualty and other figures, 1492-2015* (NC: Mcfarland & Company, 2017), p. 499.

93 폴 콜리어 외, 강민수 옮김, 『제2차 세계대전』, p. 470.

94 맥스 부트, 송대범 · 한태영 옮김, 『MADE IN WAR: 전쟁이 만든 신세계』(서울: 플래닛 미디어, 2022), p. 490.

95 Micheal Clodfelter, *Warfare and armed conflicts: a statistical encyclopedia of casualty and other figures, 1492-2015*, p. 500.

96 존 키건, 류한수 옮김, 『2차세계대전사』, p. 377.

97 앞의 책, p. 384.

98 폴 콜리어 외, 강민수 옮김, 『제2차 세계대전』, p. 472.

99 앞의 책, p. 383.

100 한중일3국공동역사편찬위원회, 『한중일이 함께 쓴 동아시아 근현대사 1』, p. 207.

101 한영우, 『다시찾는 우리역사』(파주: 경세원, 2015), p. 516.

102 일본역사학연구회, 아르고(ARGO)인문사회연구소 편역, 『태평양전쟁사 2-광기와 망상의 폭주』, p. 248.

103 폴 콜리어 외, 강민수 옮김, 『제2차 세계대전』, p. 476.

104 맥스 부트, 송대범 · 한태영 옮김, 『MADE IN WAR: 전쟁이 만든 신세계』, p. 525.

105 폴 콜리어 외, 강민수 옮김, 『제2차 세계대전』, p. 477.

106 존 키건, 류한수 옮김, 『2차세계대전사』, p. 390.

107 폴 콜리어 외, 강민수 옮김, 『제2차 세계대전』, p. 477.

108 박영준, 『제국 일본의 전쟁, 1868-1945』, p. 354.

109 폴 콜리어 외, 강민수 옮김, 『제2차 세계대전』, p. 475.

110 Micheal Clodfelter, *Warfare and armed conflicts: a statistical encyclopedia of casualty and other figures, 1492-2015*, p. 504.

111 일본역사학연구회, 아르고(ARGO)인문사회연구소 편역, 『태평양전쟁사 2-광기와 망상의 폭주』, p. 250.

112 폴 콜리어 외, 강민수 옮김, 『제2차 세계대전』, p. 478.

113 Micheal Clodfelter, *Warfare and armed conflicts: a statistical encyclopedia of casualty and other figures, 1492-2015*, p. 500.

114 폴 콜리어 외, 강민수 옮김, 『제2차 세계대전』, p. 478.

115 Micheal Clodfelter, *Warfare and armed conflicts: a statistical encyclopedia of casualty and other figures, 1492-2015*, p. 500.

116 박영준, 『제국 일본의 전쟁, 1868-1945』, p. 357.

117 폴 콜리어 외, 강민수 옮김, 『제2차 세계대전』, p. 478.

118 박영준, 『제국 일본의 전쟁, 1868-1945』, p. 358,

119 하야시 사부로, 최종호 옮김, 『태평양전쟁의 지상전』, p. 66.

120 박영준, 『제국 일본의 전쟁, 1868-1945』, p. 358.

121 존 키건, 류한수 옮김, 『2차세계대전사』, p. 396.

122 폴 콜리어 외, 강민수 옮김, 『제2차 세계대전』, p. 481.

123 후지와라 아키라, 서영식 옮김, 『일본군사사 上』, p. 314.

124 하야시 사부로, 최종호 옮김, 『태평양전쟁의 지상전』, p. 73.

125 박영준, 『제국 일본의 전쟁, 1868-1945』, p. 363.

126 요시다 유카타, 최혜주 옮김, 『아시아태평양전쟁』(서울: 어문학사), p. 104.

127 후지와라 아키라, 서영식 옮김, 『일본군사사 上』, p. 314.

128 폴 콜리어 외, 강민수 옮김, 『제2차 세계대전』, p. 481.

129 앞의 책, p. 482.

130 앞의 책, pp. 460-461.

131 박영준, 『제국 일본의 전쟁, 1868-1945』, p. 364.

132 Peter J. Dean, *MacArthur's Coalition*(Kansas: University Press of Kansas), p. 28.

133 Edward S. Miller, *War Plan Orange: The U.S. Strategy to Defeat Japan 1897-1945*(Annapolis: Naval Institute Press), pp. 223-232.

134 앞의 책, pp. 313-322.

135 폴 콜리어 외, 강민수 옮김, 『제2차 세계대전』, p. 483.

136 후지와라 아키라, 서영식 옮김, 『일본군사사 上』, p. 318.

137 하야시 사부로, 최종호 옮김, 『태평양전쟁의 지상전』, p. 84.

138 박영준, 『제국 일본의 전쟁, 1868-1945』, p. 364.

139 하야시 사부로, 최종호 옮김, 『태평양전쟁의 지상전』, p. 87.

140 폴 콜리어 외, 강민수 옮김, 『제2차 세계대전』, p. 486.

141 일본역사학연구회, 아르고(ARGO)인문사회연구소 편역, 『태평양전쟁사 2-광기와 망상의 폭주』, p. 255.

142 존 키건, 류한수 옮김, 『2차세계대전사』, p. 410.

143 후지와라 아키라, 서영식 옮김, 『일본군사사 上』, p. 321.

144 후지와라 아키라, 서영식 옮김, 『일본군사사 上』, p. 321.

145 앞의 책, p. 321.

146 박영준, 『제국 일본의 전쟁, 1868-1945』, p. 365.

147 폴 콜리어 외, 강민수 옮김, 『제2차 세계대전』, p. 488.

148 앞의 책, p. 488.

149 후지와라 아키라, 서영식 옮김, 『일본군사사 上』, p. 322.

150 일본역사학연구회, 아르고(ARGO)인문사회연구소 편역, 『태평양전쟁사 2-광기와 망상의 폭주』, p. 256.

151 폴 콜리어 외, 강민수 옮김, 『제2차 세계대전』, p. 490.

152 하야시 사부로, 최종호 옮김, 『태평양전쟁의 지상전』, p. 94.

153 앞의 책, p. 95.

154 폴 콜리어 외, 강민수 옮김, 『제2차 세계대전』, p. 492.

155 하야시 사부로, 최종호 옮김, 『태평양전쟁의 지상전』, p. 100.

156 폴 콜리어 외, 강민수 옮김, 『제2차 세계대전』, p. 492.

157 박영준, 『제국 일본의 전쟁, 1868-1945』, p. 367.

158 폴 콜리어 외, 강민수 옮김, 『제2차 세계대전』, p. 498.

159 앞의 책, p. 494.

160 존 키건, 류한수 옮김, 『2차세계대전사』, pp. 444-445.

161 폴 콜리어 외, 강민수 옮김, 『제2차 세계대전』, p. 494.

162 앞의 책, pp. 496-498.

163 하야시 사부로, 최종호 옮김, 『태평양전쟁의 지상전』, p. 113.

164 앞의 책, p. 113.

165 앞의 책, p. 102.

166 폴 콜리어 외, 강민수 옮김, 『제2차 세계대전』, p. 500.

167 앞의 책, p. 501.

168 하야시 사부로, 최종호 옮김, 『태평양전쟁의 지상전』, p. 115.

169 앞의 책, p. 151.

170 앞의 책, p. 152.

171 폴 콜리어 외, 강민수 옮김, 『제2차 세계대전』, p. 506.

172 폴 콜리어 외, 강민수 옮김, 『제2차 세계대전』, p. 502.

173 일본역사학연구회, 아르고(ARGO)인문사회연구소 편역, 『태평양전쟁사 2-광기와 망상의 폭주』, p. 374.

174 앞의 책, p. 377.

175 하야시 사부로, 최종호 옮김, 『태평양전쟁의 지상전』, p. 117.

176 일본역사학연구회, 아르고(ARGO)인문사회연구소 편역, 『태평양전쟁사 2-광기와 망상의 폭주』, p. 448.

177 폴 콜리어 외, 강민수 옮김, 『제2차 세계대전』, p. 503.

178 폴 콜리어 외, 강민수 옮김, 『제2차 세계대전』, p. 503.

179 박영준, 『제국 일본의 전쟁, 1868-1945』, p. 367.

180 존 키건, 류한수 옮김, 『2차세계대전사』, p. 450.

181 앞의 책, p. 451.

182 폴 콜리어 외, 강민수 옮김, 『제2차 세계대전』, p. 506.

183 하야시 사부로, 최종호 옮김, 『태평양전쟁의 지상전』, p. 155.

184 존 키건, 류한수 옮김, 『2차세계대전사』, p. 456.

185 폴 콜리어 외, 강민수 옮김, 『제2차 세계대전』, p. 507.

186 일본역사학연구회, 아르고(ARGO)인문사회연구소 편역, 『태평양전쟁사 2-광기와 망상의 폭주』, p. 450.

187 존 키건, 류한수 옮김, 『2차세계대전사』, p. 448.

188 하야시 사부로, 최종호 옮김, 『태평양전쟁의 지상전』, p. 150.

189 존 키건, 류한수 옮김, 『2차세계대전사』, p. 827.

190 폴 콜리어 외, 강민수 옮김, 『제2차 세계대전』, p. 522.

191 존 키건, 류한수 옮김, 『2차세계대전사』, p. 829.

192 앞의 책, p. 830.

193 하야시 사부로, 최종호 옮김, 『태평양전쟁의 지상전』, p. 177.

194 존 키건, 류한수 옮김, 『2차세계대전사』, p. 831.

195 앞의 책, p. 835.

196 폴 콜리어 외, 강민수 옮김, 『제2차 세계대전』, p. 522.

197 일본역사학연구회, 아르고(ARGO)인문사회연구소 편역, 『태평양전쟁사 2-광기와 망상의 폭주』, p. 460.

198 하야시 사부로, 최종호 옮김, 『태평양전쟁의 지상전』, p. 180.

199 폴 콜리어 외, 강민수 옮김, 『제2차 세계대전』, p. 523.

200 하야시 사부로, 최종호 옮김, 『태평양전쟁의 지상전』, p. 187.

201 폴 콜리어 외, 강민수 옮김, 『제2차 세계대전』, p. 523.

202 하야시 사부로, 최종호 옮김, 『태평양전쟁의 지상전』, p. 187.

203 앞의 책, p. 191.

204 앞의 책, p. 191.

205 존 키건, 류한수 옮김, 『2차세계대전사』, p. 837.

206 하야시 사부로, 최종호 옮김, 『태평양전쟁의 지상전』, p. 198.

207 폴 콜리어 외, 강민수 옮김, 『제2차 세계대전』, p. 528.

208 일본역사학연구회, 아르고(ARGO)인문사회연구소 편역, 『태평양전쟁사 2-광기와 망상의 폭주』, p. 469.

209 박영준, 『제국 일본의 전쟁, 1868-1945』, p. 384.

210 폴 콜리어 외, 강민수 옮김, 『제2차 세계대전』, p. 529.

211 앞의 책, p. 530.

212 노나카 이쿠지로 외, 박철현 옮김, 『일본 제국은 왜 실패하였는가?』(인천: 주영사, 2009), p. 241.

213 하야시 사부로, 최종호 옮김, 『태평양전쟁의 지상전』, p. 203.

214 노나카 이쿠지로 외, 박철현 옮김, 『일본 제국은 왜 실패하였는가?』, p. 226.

215 일본역사학연구회, 아르고(ARGO)인문사회연구소 편역, 『태평양전쟁사 2-광기와 망상의 폭주』, p. 471.

216 후지와라 아키라, 서영식 옮김, 『일본군사사 上』, p. 336.

217 Richard B. Frank, *Downfall: the end of the Inperial Japanese Empire*(New York, Penguin, 2001), p. 191.

218 하야시 사부로, 최종호 옮김, 『태평양전쟁의 지상전』, p. 207.

219 폴 콜리어 외, 강민수 옮김, 『제2차 세계대전』, p. 531.

220 후지와라 아키라, 서영식 옮김, 『일본군사사 上』, p. 336.

221 일본역사학연구회, 아르고(ARGO)인문사회연구소 편역, 『태평양전쟁사 2-광기와 망상의 폭주』, p. 478.

222 폴 콜리어 외, 강민수 옮김, 『제2차 세계대전』, p. 535.

223 앞의 책, p. 552.

224 후지와라 아키라, 서영식 옮김, 『일본군사사 上』, p. 337.

225 폴 콜리어 외, 강민수 옮김, 『제2차 세계대전』, p. 553.

226 하야시 사부로, 최종호 옮김, 『태평양전쟁의 지상전』, pp. 235-236.

227 맥스 부트, 송대범 · 한태영 옮김, 『MADE IN WAR: 전쟁이 만든 신세계』, p. 586.

228 폴 콜리어 외, 강민수 옮김, 『제2차 세계대전』, p. 555.

229 Gideon Rose, *How Wars End: Why We Always Fight the Last Battle*, p. 117.

230 Micheal Clodfelter, *Warfare and armed conflicts: a statistical encyclopedia of casualty and other figures, 1492-2015*, p. 527.

231 앞의 책, p. 529.

232 유하영, "제2차 세계대전 이후 극동지역 전시범죄 재판 개관", 『동북아연구』 34권 1호(2019), pp. 80-81.

233 앞의 논문, p. 83.

234 이상호, "맥아더의 극동국제군사재판 처리와 전후 한일관계 굴절의 기원", 『군사』 제85호(2012), p. 170.

235 Gideon Rose, *How Wars End: Why We Always Fight the Last Battle*, p. 119.

236 앞의 책, p. 184.

237 정혜경, 『일본의 아시아태평양전쟁과 조선인 강제동원』(서울: 동북아역사재단, 2019), p. 109.

238 앞의 책, p. 115.

239 박영준, 『제국 일본의 전쟁, 1868-1945』, p. 408.

240 후지와라 아키라, 서영식 옮김, 『일본군사사 上』, p. 345.

241 박영준, 『제국 일본의 전쟁, 1868-1945』, p. 406.

242 후지와라 아키라, 서영식 옮김, 『일본군사사 上』, p. 342.

243 앞의 책, p. 347.

244 하야시 사부로, 최종호 옮김, 『태평양전쟁의 지상전』, p. 146.

245 맥스 부트, 송대범 · 한태영 옮김, 『MADE IN WAR: 전쟁이 만든 신세계』, p. 588.

246 후지와라 아키라, 서영식 옮김, 『일본군사사 上』, p. 344.

247 박영준, 『제국 일본의 전쟁, 1868-1945』, p. 407.

248 폴 콜리어 외, 강민수 옮김, 『제2차 세계대전』, p. 874.

249 이완범, 『한국해방 3년사』(파주: 태학사, 2008), p. 36.

참고문헌

〈단행본〉

김광진, 『제복과의 대화』, 서강대학교출판부, 2021.

노나카 이쿠지로 외 6인, 박천현 옮김, 『왜 일본 제국은 실패하였는가?』, 주영사, 2009.

마이클 반하트, 박성진 옮김, 『일본의 총력전-1919-1941년 경제 안보의 추구』, 한국학중앙연구원 출판부, 2016.

맥스 부트, 송대범·한태영 옮김, 『MADE IN WAR: 전쟁이 만든 신세계』, 플래닛미디어, 2022.

박영준, 『제국 일본의 전쟁 1868-1945』, 사회평론아카데미, 2020.

요시다 유타카, 최혜주 옮김, 『아시아태평양전쟁』, 어문학사, 2013.

이완범, 『한국해방 3년사』, 태학사, 2008.

일본역사연구회, 아르고(ARGO)인문사회연구소 편역, 『태평양전쟁사 1-만주사변과 중일전쟁』, 채륜, 2017.

_____, 아르고(ARGO)인문사회연구소 편역, 『태평양전쟁사 2-광기와 망상의 폭주』, 채륜, 2019.

정혜경, 『일본의 아시아태평양전쟁과 조선인 강제동원』, 동북아역사재단, 2019.

존 키건, 류한수 옮김, 『2차 세계대전사』, 청어람미디어. 2016.

쿠르노 타에루, 최종호 옮김, 『참모본부와 육군대학교』, 논형, 2015.

폴 콜리어 외 8인, 강민수 옮김, 『제2차 세계대전』, 플래닛미디어, 2016.

하야시 사부로, 최종호 옮김, 『태평양전쟁의 지상전』, 논형, 2021.

한영우, 『다시찾는 우리역사』, 경세원, 2015.

한중일 3국 공동역사편찬위원회, 『한중일이 함께 쓴 동아시아 근현대사 1』, 휴머니스트, 2018.

후지와라 아키라, 서영식 옮김, 『일본군사사』, 육군사관학교 화랑대연구소, 2012.

Edward S. Miller, *War Plan Orange: The U.S. Strategy to Defeat Japan 1897-1945*, Naval Institute Press, 1991.

Gideon Rose, *How Wars End: Why We Always Fight the Last Battle*, Simon & Schuster, 2010.

Micheal Clodfelter, *Warfare and armed conflicts: a statistical encyclopedia of casualty and other figures, 1492-2015*, Mcfarland & Company, 2017.

Peter J. Dean, *MacArthur's Coalition*, University Press of Kansas, 2018.

Richard B. Frank, *Downfall: the end of the Inperial Japanese Empire*, Penguin, 2001.

Samuel P. Huntington, *The Soldier and the State*, Harvard University Press, 1957.

〈논문〉

박충석, "일본국군주의의 형성-그 정치·사회적 기원을 중심으로", 『사회과학연구논총』, 제4권, 2000.

유하영, "제2차 세계대전 이후 극동지역 전시범죄 재판 개관", 『동북아연구』, 34권 1호, 2019.

이상호, "맥아더의 극동국제군사재판 처리와 전후 한일관계 굴절의 기원", 『군사』, 제85호, 2012.

이지원, "일본의 동아시아 패권정책과 미국의 견제정책에 관한 연구", 고려대 박사학위논문, 2012.

맺음말

진정한 의미의 세계대전은 유럽의 근대화를 가져온 프랑스 혁명에서 시작되었다. 자유, 평등, 우애로 대표되는 혁명이념의 확산을 우려한 유럽의 봉건 군주들은 이를 저지하기 위해 동맹군을 편성했다. 유럽 전역은 자연스럽게 반혁명 전쟁에 휩싸였다. 이런 정치·군사적 격변기에 혜성과 같이 등장한 나폴레옹은 순식간에 정치권력을 장악하고, 황제의 자리에 올라 유럽 전체에 전쟁을 선포했다. 갑작스러운 나폴레옹 등장에 그의 권위를 인정할 수 없었던 유럽의 전통 강국들은 나폴레옹 타도라는 구호 아래 자연스럽게 하나가 되었다.

프랑스 혁명 직후인 1792년부터 나폴레옹이 몰락하는 1815년까지 유럽은 전쟁과 강화를 거듭하며 끝없는 전쟁의 소용돌이에 휘말렸다. 전쟁의 핵심적 원인에는 항상 나폴레옹이 관련되어 있었다. 나폴레옹 전쟁 동안 유럽 대부분의 국가는 개별적이거나 동맹의 형태로 프랑스와 전쟁을 수행했다. 이에 따라 유럽 전역이 전쟁터로 변모했고, 많은 인명 피해가 발생했다. 비록 절대적인 피해 규모가 이후의 제1차 세계대전에 비할 수는 없지만, 실질적인 참전 인원과 전쟁 지속 기간을 고려할 때, 나폴레옹 전쟁은 전쟁 성격상 세계대전에 가까웠다.

나폴레옹 전쟁은 기존의 소수 상비군이 아닌 보편적 징병에 의한 국민군을 탄생시켰고, 이로 인해 전쟁 규모는 급격히 증가했다. 또한 전쟁에서의 승리를 위해 나폴레옹은 국가 역량의 상당 부분을 전쟁에 투입함으로써 초보적 형태의 총력전 개념이 등장하기 시작했다. 나폴레옹이 주도한 이러한 전쟁 양식의 변화는 자연스럽게 나폴레옹과 교전하는 주변국에게도 영향을 주었다. 그리고 전쟁 수행 과정에서 자연스럽게 유럽 전체 국가가 근대적인 군사체계로의 전환을 추진하게 되었다.

1815년 6월, 워털루 전투의 패배로 나폴레옹 전쟁은 종식되었지만, 전쟁 과정에서 새로운 대규모 국제 전쟁의 씨앗이 잉태되었다. 특히 1806년 10월, 나폴레옹의 프로이센 침공 과정에서 프로이센이 경험한 굴욕적인 패배는 독일 민족의 근대적인 자각을 가져왔다. 독일의 민족주의는 그동안 수많은 소국으로 분열되어 주변 강대국의 눈치를 살펴야 했던 독일계 소국들의 통일운동을 가져왔다. 그리고 독일 민족주의 확산의 중심에는 프랑스의 실질적인 속국으로 전락한 프로이센이 있었다.

프로이센은 프랑스의 압박에서 탈피하기 위해 국가 전반의 근본적인 혁신을 추진했다. 특히 군사 분야에 있어 샤른호르스트를 중심으로 하는 소수의 혁신파들이 나폴레옹군의 장점과 프로이센의 군사적 전통을 융합시킨 새로운 형태의 군사혁신을 추진했다. 기득권 세력의 반발에도 주권 회복이라는 대의명분으로 추진한 프로이센의 군사혁신은 결국 나폴레옹의 몰락에도 중요한 역할을 했다. 나폴레옹 몰락 이후, 프로이센은 근대 사조에 맞는 국가적 차원의 혁신을 주도하며 분열된 독일계 국가들의 통일운동을 주도했다.

프로이센 주도의 독일 통일운동은 민간 관료의 수장인 비스마르크 총리와 군부 대표인 룬Albrecht von Roon 전쟁장관 및 몰트케 총참모장이 합심하여 추진했다. 그 과정에서 프로이센은 독일 통일을 방해하는 덴마크, 오스트리아, 프랑스와의 전쟁을 단행했다. 세 번의 전쟁에서 압도적인 단기 결전으로 대승을 거둔 프로이센은 나폴레옹에게 당한 모욕을 갚기 위해 1871년 1월, 프랑스의 중심인 베르사유 궁전에서 독일제국 선포식을 거행했다. 이는 프랑스 국민의 자존감에 큰 상처를 안겨주어 극도의 반독일 감정을 야기했다. 결국 나폴레옹이 프로이센에게 안겨준 굴욕감은 다시 프랑스에게로 되돌아왔다.

독일은 이제 유럽의 중심국이 되었다. 과거 나폴레옹이 유럽의 질서를 정리했던 것처럼 이제는 독일이 유럽의 현안을 중재하며 국가 간의 갈등을 조율했다. 유럽의 강국으로 부상한 독일은 뒤늦게 해외 식민지 개척을 위한 해군력 증강에 집중하면서 자연스럽게 유럽 대륙 문제에 방관하던 영국을 자극했다. 유럽 대륙의 중심국인 독일은 유럽 외부에서도 우월적 권위를 인정받기를 원했다. 과거 나폴레옹의 강압적인 권위가 주변 유럽국의 반발과 연대를 가져온 것처럼 이제는 독일에 대한 반대 세력이 증가하기 시작했다.

1914년 8월, 세계정책을 추진하던 독일은 동맹국인 오스트리아-헝가리의 지원 요청에 개전을 결정했다. 개전 결정은 지휘부의 안일한 인식에서 시작되었다. 오스트리아-헝가리와 세르비아의 외교적 갈등에서 시작된 전쟁은 동맹체제에 의해 자연스럽게 확전되었다. 독일은 과거 통일 전쟁에서 경험했던 단기 결전을 예상했으나, 1914년의 전쟁은 그들의 예상과 다르게 전개되었다. 결국 독일이 프랑스를 대상으로 시작한 전쟁은 전 세계로 확대되면서 제1차 세계대전이라 명명된 대규모 국제전이 되고 말았다.

4년에 걸친 전쟁에 모든 국력을 쏟은 독일이 패전을 인정함으로써 제1차 세계대전은 종전되었다. 하지만 패전국인 독일에 대한 연합국의 가혹한 처사는 자연스럽게 과거 나폴레옹이 그랬던 것처럼 독일 국민의 연합국에 대한 반감을 증폭시켰다. 특히 프랑스의 독일에 대한 압박은 독일의 반프랑스 감정을 악화시켰다. 전후 세계대공황의 회오리 속에서 실의에 빠져 있던 독일 국민에게 히틀러라는 급진적인 민족주의자가 등장했다. 대중적인 인기를 기반으로 선거를 통해 권력을 장악한 히틀러는 기존 베르사유 체제를 무시하고 군비를 강화하기 시작했다.

독일은 제1차 세계대전에서는 비록 패했지만, 프로이센을 거쳐 독일 제국 시기에 축적된 군사적 기반에 힘입어 단기간에 군사 강국으로 부활했다. 압도적인 지지를 기반으로 정권을 잡은 히틀러는 결국 극단적인 민족주의로 국민을 현혹시켜 새로운 전쟁의 길을 열고 말았다. 1939년 9월, 독일은 과거의 영토였던 폴란드에 대한 침공을 시작으로 새로운 전쟁을 개시했다. 굳건한 군사적 기반과 기술력으로 무장한 독일군은 순식간에 서유럽을 제패했고, 급기야 나폴레옹이 시도했던 소련까지 침공했다. 그리고 한동안 중립을 지키던 신흥강국 미국도 급기야 참전을 결정함으로써 본격적인 제2차 세계대전이 시작되었다.

제2차 세계대전은 유럽 전역에만 한정되지 않았다. 아시아에서는 독일에 자극받은 동맹국 일본이 대동아공영권 건설이라는 명분으로 새로운 대규모 전쟁을 개시했다. 1937년 7월 중국 침탈의 야욕으로 시작한 중일전쟁은 지구전 양상으로 접어들면서 일본의 전쟁지속능력을 고갈시켰고, 미국과의 관계를 크게 악화시켰다. 결국 중일전쟁의 종결을 위해서 동남아시아의 자원이 절대적으로 필요했던 일본은 미국, 영국, 네덜란드 등 영미권 국가들과의 전쟁을 결정했다. 1941년 12월, 일본의 진주만 기습으로 시작된 태평양전쟁은 아시아 전역을 대상으로 하는, 또 다른 세계대전으로 확전되었다.

독일에 의해 시작된 제2차 세계대전은 유럽을 중심으로 하여 전 세계를 전쟁으로 몰아갔다. 유럽 이외의 지역에서도 유럽 국가들의 이해관계에 따라 우방국 또는 식민모국을 지원하는 차원에서 자연스럽게 전쟁에 개입했다. 크고 작은 전투가 곳곳에서 발생했다. 독일의 영향을 받은 동맹국 일본이 개시한 태평양전쟁으로 아시아와 태평양 전역도 전화에 휘말렸다. 결국 유럽에서의 제2차 세계대전은 1945년 5월, 히틀러의 자살 이후 독일의 무조건 항복에 따라 종전되었고, 아시아에서의 태평양전쟁은 미국의 원자폭탄 공격으로 전의를 상실한 일본이 연합국의 항복 요구를 수용함에 따라 1945년 8월에서야 종전되었다.

인류는 두 차례에 걸친 세계대전을 경험하며, 전쟁의 억제는 어느 특정 국가의 노력만으로 달성할 수 있는 것이 아니라는 역사적 교훈을 얻었다. 그 결과 제1차 세계대전의 전후처리 과정에서 국제연맹이라는 국제기구를 탄생시켰지만, 주도국인 미국마저 가입하지 않은 국제연맹은 근본적인 한계를 가질 수밖에 없었다. 국제연맹의 한계는 히틀러라는 독재자에 의해 너무나 쉽게 붕괴되었다. 결국 제1차 세계대전의 상흔이 아물기도 전에 또 다른 세계대전이 발생했다. 제2차 세계대전은 기술의 진보와 더불어 무기체계의 급격한 살상력 증가로 인류 문명에 더 심각한 위협을 가져왔다. 그 결과 종전과 더불어 국제평화를 강제하기 위한 국제기구로서 국제연합이 탄생했다.

국제연합은 국제연맹의 과오를 되풀이하지 않기 위해 보다 강력한 규범으로 국제평화를 유지하기 위한 다양한 역할을 수행해 왔다. 하지만 안타깝게도 제2차 세계대전 이후 최초의 국제전쟁이 한반도에서 발생했다. 이에 국제연합은 국제평화 유지라는 대의명분을 위해 과감히 미군 주도의 국제연합군을 편성했고, 3년에 걸친 전쟁 끝에 공산군을 격퇴하고 대한민국을 지켜냈다. 그리고 국제연합은 6·25전쟁 이후에도 다양한 형태의 평화강제활동을 통해 각종 국제 분쟁이 세계대전으로 확전되지 않도록 성공적으로 억제하고 있다.

이 책을 기획하면서 저자들은 인류 역사의 수많은 전쟁에서 국제사회에 가장 큰 파급력이 있었던 세계대전이라는 주제에 집중했다. 그리고 많은 논의 끝에 나폴레옹 전쟁이야말로 진정한 세계대전의 출발점이었다는 점에 공감대를 형성했다. 그래서 책의 집필 범위를 제0차 세계대전이라 칭할 수 있는 나폴레옹 전쟁부터 인류가 경험한 마지막 세계대전인 태평양전쟁까지로 선정했다. 그리고 독자들의 이해를 돕기 위해 하나의 세계대전에서 다음 단계의 세계대전으로 이어지는 과정도 충실히 설명하고자 했다. 특히 세계대전의 간극이 비교적 길고 그동안 많이 알려지지 않은 나폴레옹 전쟁부터 제1차 세계대전까지 100년의 과정을 집중적으로 설명하고자 노력했다.

1990년대 냉전체제의 종식으로 역사는 미국이 주도하는 자유민주주의 진영의 승리로 종결되는 듯했다. 하지만 국제사회에는 새로운 갈등 원인과 주체의 등장으로 여전히 다양한 형태의 전쟁이 지속되고 있다. 1945년 10월에 창설된 국제연합은 현재까지는 제3차 세계대전의 발발을 성공적으로 억제하고 있지만, 새로운 세계대전의 발생 가능성은 여전히 존재한다. 특히 21세기에 들어 급격히 국력이 신장된 중국과 전통 패권국인 미국의 전략적 경쟁은 국제사회에 새로운 갈등과 위기를 고조시키고 있다.

영국 출신의 역사학자 모리스Ian Morris는 "역사가 미래의 우리를 위한 훌륭한 지침을 항상 제공하는 것은 아니지만, 역사는 현재의 우리가 가지고 있는 유일한 지침"이라고 말하며 우리가 역사를 대해야 하는 자세를 일깨우고 있다. 끔찍했던 세계대전의 역사를 과거의 기록으로만 이해하고 역사가 주는 교훈을 받아들이지 못한다면, 우리는 어쩌면 인류의 마지막 전쟁이 될 수도 있을 제3차 세계대전을 경험할 수도 있다. 이제는 1914년 유럽의 세력균형 붕괴가 가져온 역사적 비극을 교훈 삼아, 현재 한반도를 중심으로 조성되고 있는 세력균형의 미래를 진지하게 고민해야 할 것이다. 이 책이 독자들에게 대한민국의 희망적 미래를 위한 해답의 실마리를 제공하기를 기대한다.

근현대 세계대전사

한 권으로 읽는 나폴레옹 전쟁과 제1·2차 세계대전

초판 1쇄 인쇄 2024년 1월 18일
초판 1쇄 발행 2024년 1월 25일

지은이 황수현 · 박동휘 · 문용득
펴낸이 김세영

펴낸곳 도서출판 플래닛미디어
주소 04044 서울시 마포구 양화로6길 9-14 102호
전화 02-3143-3366
팩스 02-3143-3360
블로그 http://blog.naver.com/planetmedia7
이메일 webmaster@planetmedia.co.kr
출판등록 2005년 9월 12일 제313-2005-000197호

ISBN 979-11-87822-82-0 03900